세상의 참신한 이야기

世說新語

1

宋 劉義慶 撰
梁 劉孝標 注
金長煥 譯注

> 세상의 참신한 이야기
> 세설신어
> 1

초판1쇄 인쇄일 2008년 12월 20일
초판1쇄 발행일 2008년 12월 28일

송 유의경 찬
양 유효표 주
김장환 역주

만든이 : 임성렬
만든곳 : 도서출판 신서원

ISBN 978-89-7940-075-5 94820
　　　978-89-7940-074-8(전3권)

서울특별시 종로구 교남동 47-2(협신209호)
등록 제300-1994-183호(1994.11.9)
Tel : (02)739-0222 · 0223
E-메일 : sinseowon@naver.com
신서원 blog : http://blog.naver.com/sinseowon

세상의
참신한 이야기

세설신어

1

송 유의경 찬
양 유효표 주
김장환 역주

도서출판 신서원

『세상의 참신한 이야기, 세설신어』를 옮기면서

❋────

　'세설신어', 아니 '세설'이라는 말만 들어도 옮긴이는 언제나 마음이 설렌다. 대학원 석사과정 때 처음 접하고 그 명징明澄한 문장에 매료되어 연구를 시작한 이후로 지금까지 『세설신어』는 옮긴이의 공부 길을 늘 함께 걸어오면서 말의 품위와 행동의 기품과 생각의 깊이를 가르쳐 준 고마운 벗이다.

　『세설신어』는 그 성격상 문文·사史·철哲을 아우르고 있기 때문에 중국 위진남북조魏晉南北朝 시대의 문학사상·사전史傳·현학玄學·미학 등을 연구하는 전공자들에게는 필독서 가운데 하나다. 또한 우리나라에는 일찍이 통일신라시대에 전래된 이후로 고려시대와 조선시대에 여러 문인학자들이 즐겨 애독하고 그들의 시문詩文에 폭넓게 수용한 바 있으므로, 『세설신어』는 국내의 한문학漢文學 연구에도 매우 유용한 작품 가운데 하나다.

　『세설신어』에 대한 번역서 가운데 유효표劉孝標 주까지 완역한 것으로는 현재 메카다 마코토目加田誠 교수의 일역본(1975~1977)과 리차드 마더(Richard B. Mather) 교수의 영역본(1976) 2종이 있다. 본 역주서도 이들의 선행작업에 많은 도움을 받았다. 이 기회를 빌려 두 분께 학문적인 존경과 고마움을 표한다. 국내의 경우는 본 역주서가 처음으로 유효표 주까지 완역하고 역주를 첨부한 것이다.

❋

　이 책은 10여 년 전에 간행된 역주서의 내용을 대폭 수정 보완한 것이다. 전체적으로 오자와 탈자를 바로잡은 것은 물론이고, 번역상의 오류를 보다 정확하게 고쳤으며, 이전보다 훨씬 상세하고 풍부한 내용이 담긴 장편의 「해제」를 첨부했다. 아울러 편집을 새롭게 하여 열독閱讀의 편리함을 도모했으며, 또한 현재까지 나온 『세설신어』 연구자료 목록을 대대적으로 보충하여 최근의 연구경향을 쉽게 파악할 수 있도록 했다.
　『세설신어』 1,130조 전체를 하나하나 꼼꼼히 재검토하여 우리말로 다시 옮기고 역주를 마쳤지만, 홀가분함보다는 착잡함이 앞선다. 옮긴이로서는 최선을 다했다고 생각하지만, 그 짧은 언담들 속에 담겨 있는 철학적인 사고의 깊이와 숨 가쁜 역사의 호흡을 비롯하여, 곳곳에 숨어 있는 비유와 암시, 유머와 기지, 조롱과 독설, 그리고 무엇보다도 등장인물 내면의 심리상태 등등을 우리말로 얼마만큼 제대로 전달할 수 있을지 여전히 의문이다. 옮긴이가 미처 파악하지 못한 행간行間의 뜻을 읽어 내는 것은 독자들께 맡기며, 제현諸賢의 꼼꼼한 지적과 호된 질책을 기다릴 뿐이다.
　이 책이 나오기까지 누구보다도 가족들의 희생이 컸다. 공부한답시고 늘 비워둔 남편자리를 묵묵히 기다림으로 채워준 사랑

❋────────

하는 아내 영미榮美와 고3이라는 무거운 짐을 지고서도 늘 깔깔대고 웃는 귀여운 딸 부이府以와 이제 막 사춘기 폼을 잡기 시작한 소중한 아들 정鼎에게 이 책이 작은 위안이 되었으면 한다.

『세상의 참신한 이야기, 세설신어』를 세상에 내놓는 마당에서 급견지재及肩之才가 느꼈던 그간의 소회所懷를 다음의 말로 대신하고자 한다.

"任重而道遠!"

2008년 8월 더위가 한풀 꺾인 날
세설헌世說軒에서 김장환 씀

목 차

『세상의 참신한 이야기, 세설신어』를 옮기면서 · 5

제1편 덕행德行 ………………………………… 13
제2편 언어言語 ………………………………… 77
제3편 정사政事 ………………………………… 229
제4편 문학文學 ………………………………… 263
제5편 방정方正 ………………………………… 389
제6편 아량雅量 ………………………………… 487
제7편 식감識鑒 ………………………………… 539

『세상의 참신한 이야기, 세설신어』2 목차

　　　제 8편 상예賞譽　　　　제 9편 품조品藻
　　　제10편 규잠規箴　　　　제11편 첩오捷悟
　　　제12편 숙혜夙惠　　　　제13편 호상豪爽
　　　제14편 용지容止　　　　제15편 자신自新
　　　제16편 기선企羨　　　　제17편 상서傷逝
　　　제18편 서일棲逸　　　　제19편 현원賢媛
　　　제20편 술해術解　　　　제21편 교예巧藝
　　　제22편 총례寵禮　　　　제23편 임탄任誕
　　　제24편 간오簡傲　　　　제25편 배조排調

『세상의 참신한 이야기, 세설신어』3 목차

　　　제26편 경저輕詆　　　　제27편 가휼假譎
　　　제28편 출면黜免　　　　제29편 검색儉嗇
　　　제30편 태치汰侈　　　　제31편 분견忿狷
　　　제32편 참험讒險　　　　제33편 우회尤悔
　　　제34편 비루紕漏　　　　제35편 혹닉惑溺
　　　제36편 구극仇隙

　　부록 1　世說新語 佚文
　　부록 2　劉義慶傳 / 劉孝標傳 / 歷代 序跋文 / 歷代 著錄 /
　　　　　　劉注 引用書目 / 人名譜
　　부록 3　표 - 「世說新語關係年表」·「三國晉宋世系表」·「漢晉官制簡表」
　　　　　　찾아보기 - 「人名」·「官名」·「地名」·「評語」·「成語」·「劉注 引用書名」
　　　　　　硏究資料目錄

일러두기

1. 이 책은 상·중·하 3권으로 구성되어 있다. 상권에는 제1「덕행德行」편에서 제7「식감識鑑」편까지, 중권에는 제8「상예賞譽」편에서 제25「배조排調」편까지, 하권에는 제26「경저輕詆」편에서 제36「구극仇隙」편까지 실려 있으며, 부록으로「세설신어일문世說新語佚文」,「유의경전劉義慶傳」,「유효표전劉孝標傳」,「역대서발문歷代序跋文」,「역대저록歷代著錄」,「유주인용서목劉注引用書目」,「인명보人名譜」,「표表」,「인명·관명·지명·평어·성어·유주인용서목 찾아보기」,「연구자료목록硏究資料目錄」 등이 실려 있다.
2. 이 책은 청대에 간행된 왕선겸王先謙의 사현강사본思賢講舍本[上海: 上海古籍出版社 影印, 1984]을 저본으로 했으며, 당대 사본寫本『세설신서잔권世說新書殘卷』, 송대 간본[臺北: 世界書局 影印, 1974], 명대 원경袁褧의 가취당본嘉趣堂本[臺北: 中華書局 影印, 1975]을 참고했다.
3. 이 책의 번역은 메카다 마코토[目加田誠]의 일역본과 리차드 마더(Richard B. Mather)의 영역본을 주로 참고했으며, 기타 여러 종의 백화 번역본을 참고하였다.
4. 이 책의 역주는 여가석余嘉錫의『세설신어전소世說新語箋疏』, 양용楊勇의『세설신어교전世說新語校箋』, 서진악徐震堮의『세설신어교전世說新語校箋』, 메카다 마코토 일역본의 어석語釋 부분, 장만기張萬起의『세설신어사전』을 주로 참고했다.
5. 본서에서 언급되는 인명과 지명 등 고유명사는 모두 우리말 발음으로 표기하고, 각 고사마다 처음에만 원문을 병기했다.
6. 유효표 주는 원서에는 해당부분에 두 줄로 병기되어 있으나, 본서에서는 편의상 ① ② ③ …으로 번호를 달아 분리했다.
7. 이 책의 역주는 해당부분에 ① ② ③ …으로 번호를 달아 처리했다.
8. 이 책의 각 고사 처음에 표기되어 있는 숫자는 차례대로 편명의 순서, 각 편에서의 고사순서, 전체고사의 순서를 나타낸다. 예) '2 : 031[0078]'은「언어」편 제31조로서『세설신어』전체로는 제78조에 해당하는 고사를 뜻한다.

세상의 참신한 이야기
세설신어
1

제1편

덕 행
德 行
Virtuous Conduct

본편은 『세상의 참신한 이야기, 세설신어』의 1번째 편으로 총 47조가 실려 있다.

본편의 내용은 충의·효도·청렴·인애仁愛와 같은 전통적인 유가도덕을 칭송한 것이 대부분이지만, 일부고사는 당시의 시대적인 특성에 따른 도덕규범을 칭송한 것도 있다. 예를 들어 완적阮籍이 취했던 '지신至愼'의 처세태도는 위진의 사인士人들이 격렬한 왕권쟁탈의 와중에서 화를 피하고 목숨을 보전할 수 있었던 방법 가운데 하나였다. 유의경이 이러한 고사를 「덕행」편에 실었다는 것은 바로 전통적인 '덕행'의 개념이 당시의 시대환경에 의해 변모되었음을 의미한다.

전통적인 유가의 예교禮敎는 군주에 대한 '충'과 부모에 대한 '효'를 근간으로 하고 있는데, 「덕행」편에는 '효'에 관한 고사는 많지만 '충'에 관한 고사는 거의 보이지 않는다. 그 이유를 노신魯迅은 「위진풍격과 문장 및 약과 술의 관계[魏晉風度及文章與藥酒之關係]」라는 글에서 "위진시대에는 왜 효로써 천하를 다스리려 했는가? 제위帝位를 선양받았다고는 하지만 그것은 교묘한 수단이나 힘으로 빼앗은 것이었으므로, 만약에 충으로 천하를 다스려야 한다고 주장하면 그들의 입장이 불안해지고 일처리가 곤란해지며 입론立論도 어려워지기 때문이었다"라고 했다. 그래서 제위찬탈자들은 종종 '효'를 표방하면서 반대파 사족士族들의 저항을 진압했는데, 공융孔融·혜강嵇康·여안呂安을 비롯한 한말위진의 많은 명사들이 모두 '불효'라는 죄명으로 죽음을 당했다.

우리는 「덕행」편을 통하여 당시인들이 가졌던 '덕행'에 대한 개념과 그 양상을 충분히 유추해낼 수 있을 것이다.

• 1 : 01 [0001]

　진중거陳仲擧[陳藩]의 말은 선비의 준칙이 되었으며, 행동은 세상의 모범이 되었다. 수레에 올라 말고삐를 잡고서는 천하를 깨끗이 하려는 뜻이 있었다.① 예장豫章태수가 되어② 그곳에 이르자 곧장 서유자徐孺子[徐穉]가 있는 곳을 묻고서 먼저 그를 만나보려 하였더니③ 주부主簿①가 아뢰었다.

　"모두들 부군府君②께서 먼저 관청으로 납시기를 바라고 있습니다."
　그러자 진중거가 말했다.

　"옛날 주周 무왕武王은 상용商容이 사는 마을을 향해 수레에서 허리를 굽히느라 자리가 따뜻해질 겨를이 없었다 하니,④ 내가 현자에게 예의를 차리는 것이 안될 게 무어란 말이냐?"⑤

①·『여남선현전汝南先賢傳』: 진번陳藩은 자가 중거며 여남汝南 평여平與사람이다. 집이 황폐해졌어도 치우지는 않고 말했다.

　"대장부는 마땅히 국가를 위하여 천하를 쓸어야지."

　후한 환제桓帝 말년에 이르러 환관이 국사를 주도하고 외척이 횡포를 부렸다. 이때 진번은 태부太傅에 제수되었는데, 대장군 두무竇武와 모의하여 환관들을 주살하려다가 도리어 해를 입었다.

②·『해내선현전海內先賢傳』: 진번이 상서尙書가 되었는데 그의 충정이 외척들에게 거슬렸기 때문에 조정에 있지 못하고 예장태수로 좌천되었다.

③·사승謝承의 『후한서後漢書』: 서치徐穉는 자가 유자며 예장 남창南昌사람이다. 그 사람됨이 청묘하고 고매했으며 세속을 초탈했다. 자주 여러 공공들에게 초빙되었으나 나가지 않았다. 하지만 그들이 죽게 되면 만 리 길을 조문하러 가곤 했는데, 갈 때는 항상 미리 닭 한 마리를 굽고 베를 술 속에 담가두었다가 말려서 그것으로 닭을 싸가지고 가서 가야 할 무덤의 길 밖에 이르러, 물로 베를 적시고 쌀밥 한 말에 흰 띠풀로 자리를 삼아 닭을 앞에 놓고 술 따르기를 끝내면, 명함만 남겨놓고 곧 떠났으며 상주도 만나보지 않았다.

④ 。허숙중許叔重[許愼] : 상용은 은殷나라의 현인으로 노자老子의 스승이다.
  。수레 위에서 꿇어앉아 예를 표하는 것을 식式이라 한다.
⑤ 。원굉袁宏의 『한기漢紀』 : 진번이 예장에 있을 때, 서치를 위하여 특별히 평상 하나를 마련해 두고서 그가 돌아가면 매달아 놓곤 했는데, 서치가 진번에게 예우받음이 이와 같았다.

[역주]
① 主簿 : 관청에서 문서 장부를 관리하는 관직.
② 府君 : 漢나라 때 태수의 통칭.
[참고] 『後漢書』53, 『太平御覽』474.

陳仲擧言爲士則, 行爲世範, 登車攬轡, 有澄淸天下之志.① 爲豫章太守,② 至, 便問徐孺子所在, 欲先看之.③ 主簿曰; "羣情欲府君先入廨." 陳曰; "武王式商容之閭, 席不暇煖.④ 吾之禮賢, 有何不可!"⑤

① 。『汝南先賢傳』曰; 陳蕃, 字仲擧, 汝南平輿人. 有室, 荒蕪不掃除, 曰; "大丈夫當爲國家掃天下." 値漢桓之末, 閹豎用事, 外戚豪橫. 及拜太傅, 與大將軍竇謀誅宦官, 反爲所害.
② 。『海內先賢傳』曰; 蕃爲尙書, 以忠正忤貴戚, 不得在臺, 遷豫章太守.
③ 。謝承『後漢書』曰; 徐穉, 字孺子, 豫章南昌人. 淸妙高跱, 超世絶俗. 前後爲諸公所辟, 雖不就, 及其死, 萬里赴弔. 常豫炙雞一隻, 以綿漬酒中, 暴乾以裹雞, 徑到所赴冢隧外, 以水漬綿, 斗米飯, 白茅爲藉, 以雞置前. 酹酒畢, 留謁卽去, 不見喪主.
④ 。許叔重曰; 尙容, 殷之賢人, 老子師也.
  。車上跪曰式.
⑤ 。袁宏『漢紀』曰; 蕃在豫章, 爲穉獨設一榻, 去則懸之, 見禮如此.

----------- • 1 : 02 [0002]

주자거周子居[周乘]가 늘 말했다.
"내가 잠시라도 황숙도黃叔度[黃憲]를 만나보지 못하면 비루하고 인색한 마음이 다시 생겨난다."①

① 。주자거에 대해서는 따로 나온다.①
  。『전략典略』 : 황헌黃憲은 자가 숙도며 여남汝南 신양愼陽사람이다. 당시 논자論者들이 모두 말했다.

"안자顏子가 다시 태어났다."
그러나 그의 일족은 출신이 비천하여 아버지가 우의牛醫였다. 영천潁川의 순계화荀季和[荀叔]는 황헌의 손을 잡고 말했다.
"그대는 나의 스승이오."
그 후에 순계화가 원봉고袁奉高[袁閎]를 만나 말했다.
"경의 나라에 안자가 있다는데 당신은 그것을 알고 계십니까?"
그러자 원봉고가 말했다.
"경께서는 우리나라의 황숙도를 만나보신 게로군요."
대량戴良은 남에게 굽히는 바가 드물었는데, 황헌을 보면 스스로 머리를 숙이고서 멍하니 마치 잃어버린 것이 있는 듯했다. 그의 어머니가 물었다.
"너는 왜 시무룩해 하느냐? 또 우의의 아들 집에서 오는 길이냐?"
그러자 대량이 말했다.
"'앞에서 보이다가도 홀연히 뒤에 계시다'[2]는 말처럼 이른바 저의 스승이십니다."

[역주]
① 따로 나온다 : 「賞譽」1 劉孝標 注[1]에 나옴.
② 앞에서~계시다 : 원문은 "瞻之在前, 忽焉在後." 이 구절은 『論語』「子罕」에 보임. 원래는 顏回가 공자의 德風을 감탄한 말인데, 여기서는 대량이 이 말을 인용하여 황헌에 대한 존경을 나타내고 있음.

[참고] 『後漢書』53.

周子居常云; "吾時月不見黃叔度, 則鄙吝之心已復生矣."[1]
[1]。子居, 別見.
  。『典略』曰: 黃憲, 字叔度, 汝南愼陽人. 時論者咸云; "顏子復生." 而族出孤鄙, 父爲牛醫. 潁川荀季和執憲手曰; "足下吾師範也." 後見袁奉高曰; "卿國有顏子, 寧知之乎?" 奉高曰; "卿見吾叔度邪?" 戴良少所服下, 見憲則自降簿, 悵然若有所失. 母問; "汝何不樂乎? 復從牛醫兒所來邪?" 良曰; "瞻之在前, 忽焉在後, 所謂良之師也."

• 1 : 03 [0003]

곽림종郭林宗[郭泰]이 여남汝南에 가서 원봉고袁奉高[袁閎]를 방문할 적에1 수레는 바퀴를 멈추지도 않고 말방울 소리는 멍에에서 그치지도 않을 만큼 잠깐만 들르더니, 황숙도黃叔度[黃憲]를 방문해서는 이내 하루를 다 보내고 다음 날까지 머물렀다. 사람들이 그 까닭을 묻자 곽림종이 말했다.

"숙도의 넓고 넓음은 마치 1만 이랑이나 되는 못과 같아서, 이를 맑게 하려 해도 깨끗해지지 않으며 흔들어도 흐려지지 않으니, 그의 기량은 깊고도 넓어서 측량하기 어렵소."2

1 ▫『속한서續漢書』: 곽태郭泰는 자가 임종이며 태원太原 개휴介休사람이다. 곽태는 어려서 부모를 여의였으며, 나이 20에 성고成皐 굴백언屈伯彦의 학당에 나아가 공부했다. 양식이 부족했고 옷은 몸을 가리지도 못했으나, 곤궁함에 처해서도 학문의 도를 즐겨 그 즐거움을 바꾸지 않았다.

이원례李元禮[李膺]가 한번 보고서 그를 칭찬하여 말했다.

"나는 선비를 많이 보아왔지만 임종과 같은 사람은 없었다."

그가 죽자 채백개蔡伯喈[蔡邕]가 그를 위하여 비석을 만들면서 말했다.

"내가 남을 위하여 묘지명을 지을 적에 일찍이 내심 부끄러운 얼굴을 짓지 않은 적이 없었는데, 오직 곽유도郭有道[郭泰]의 비송碑頌을 지을 적에는 부끄러움이 없었다."

일찍이 유도有道①의 군자로서 조정에서 불렀으나 곽태가 말했다.

"내가 천문天文과 인사人事를 관찰해보건대 하늘이 버린 바는 지탱할 수가 없는 것이다."

그러면서 끝내 병을 이유로 사양했다.

▫『여남선현전汝南先賢傳』: 원굉袁閎은 자가 봉고며 신양愼陽사람이다. 어렸을 때에 황숙도와 벗했으며, 시골에서 진중거陳仲擧[陳蕃]를 추천하기도 했다. 태위연太尉掾②으로 초치招致되었다가 죽었다.

2 ▫『곽태별전郭泰別傳』: 설공조薛恭祖가 묻자 곽태가 대답했다.

"원봉고의 기량은 솟아나는 샘물에 비유할 수 있는데, 비록 맑기는 하지만 쉽게 길어올릴 수가 있다."

[역주]……………………

① 有道 : 한나라 때 인재선발 과목 중의 하나로, 여기에 통과하면 "유도"라는

칭호가 주어짐.
② 太尉掾 : 태위는 三公의 우두머리로 武事를 관장함. 掾은 胥吏를 말하는 것으로 아전이나 속관을 말함.

[참고] 『後漢書』53, 『太平廣記』169, 『事文類聚』別27.

郭林宗至汝南造袁奉高,① 車不停軌, 鸞不輟軛. 詣黃叔度, 乃彌日信宿. 人問其故, 林宗曰; "叔度汪汪, 如萬頃之陂. 澄之不淸, 擾之不濁, 其器深廣, 難測量也."②

①。『續漢書』曰; 郭泰, 字林宗, 太原介休人. 泰少孤, 年二十, 行學至成皐屈伯彦精廬. 乏食, 衣不蓋形, 而處約味道, 不改其樂. 李元禮一見稱之曰; "吾見士多矣, 無如林宗者也." 及卒, 蔡伯喈爲作碑, 曰; "吾爲人作銘, 未嘗不有慚容, 唯爲郭有道碑頌無愧耳." 初, 以有道君子徵. 泰曰; "吾觀乾象人事, 天之所廢不可支也." 遂辭以疾.

。『汝南先賢傳』曰; 袁宏, 字奉高, 愼陽人. 友黃叔道於童齒, 薦陳仲擧於家巷. 辟太尉掾, 卒.

②。『泰別傳』曰; 薛恭祖問之, 泰曰; "奉高之器, 譬諸汎濫, 雖淸易挹也."

• 1 : 04 [0004]

이원례李元禮[李膺]는 풍격이 수려하고 엄정했으며 고상하게 스스로 높은 긍지를 지니고 있어서, 세상에 명분의 가르침①을 펴고 시비를 바로잡는 것을 자기의 임무로 삼으려 했다.① 후배된 선비로서 그의 당堂에 올라 수업을 받은 자는 모두 등용문登龍門했다고 여겼다.②

①。설영薛瑩의 『후한서後漢書』: 이응李膺은 자가 원례며 영천潁川 양성襄城 사람이다. 고상한 뜻이 맑고도 오묘했으며, 문무에 뛰어난 재주가 있었다. 사례교위司隸校尉로 옮겨갔다가 당사黨事②로 인해 자살했다.

②。『삼진기三秦記』: 용문은 일명 하진河津이라고도 하며, 장안長安에서 9백 리 떨어져 있다. 물이 매달린 듯 가파르게 떨어져서 거북이나 물고기 등이 거슬러 올라갈 수가 없는데, 올라가기만 하면 용으로 변화한다고 한다.

[역주]
① 명분의 가르침 : 위진시대 노장철학의 가르침에 대하여 실질적인 유교도덕의

가르침을 말함.
② 黨事 : 黨錮의 禍를 말함. 당고의 화는 후한 말에 당시 정권을 전횡하고 있던 환관이 자기들을 반대하던 세력을 黨人이라고 지목하여 탄압 추방하던 일련의 사건을 말함.

李元禮風格秀整, 高自標持, 欲以天下名敎是非爲己任.① 後進之士, 有升其堂者, 皆以爲登龍門.②

①▫『後漢書』曰; 李膺, 字元禮, 潁川襄城人. 抗志淸妙, 有文武儁才. 遷司隷校尉, 爲黨事自殺.
②▫『三秦記』曰; 龍門, 一名河津, 去長安九百里. 水懸絶, 龜魚之屬莫能上, 上則化爲龍矣.

--------- • 1 : 05 [0005]

이원례李元禮[李膺]가 일찍이 순숙荀淑과 종호鍾晧에 대해 감탄하며 말했다.①

"순군荀君의 맑은 식견은 그 위에 다른 것을 더하기 어려우며, 종군鍾君의 지극한 덕은 가히 스승이 될 만하다."②

①▫『선현행장先賢行狀』: 순숙은 자가 계화季和며 영천 영음潁陰사람이다. 그에 의하여 발탁된 빈천하고 신분이 낮은 사람 중에서 문서기록을 맡아보던 관리들은 모두 영재가 되었다. 방정과方正科①에 급제하여 낭릉후朗陵侯의 재상에 임명되었는데, 그가 있는 곳에는 교화가 널리 퍼졌다. 종호는 자가 계명季明이며 영천 장사長社사람이다. 부친과 조부는 지극한 덕으로 이름이 자자했다. 종호의 고상한 덕풍도 선대를 이어받았으며, 임려林慮의 장長②에 제수되었으나 관직에 나아가지 않았다. 사람이 준 직위는 보잘 것이 없었으나 하늘이 준 작록은 남음이 있었다.

②▫『해내선현전海內先賢傳』: 영천의 선배들로서 세상의 모범이 될 만한 자는 정릉定陵의 진치숙陳穉叔과 영음의 순숙과 장사의 종호가 있다. 소부少府 벼슬을 한 이응은 이 세 사람을 받들어 숭상하여 항상 말했다.

"순군의 맑은 식견은 뛰어넘기 어려우며, 진치숙과 종호의 지극한 덕은 가히 스승이 될 만하다."

[역주]……………………
① 方正科 : 한나라 때 인재선발 과목 중의 하나.
② 長 : 한나라에서는 만 戶를 기준으로 하여 大縣과 小縣을 구분하고서, 대현의 우두머리를 令이라 하고 소현의 우두머리를 長이라 함.

[참고] 『後漢書』62.

李元禮嘗歎荀淑·鐘皓①曰; "荀君淸識難尙, 鍾君至德可師.②

① 『先賢行狀』曰; 荀淑, 字季和, 潁川潁陰人也. 所拔韋褚劭牧之中, 執案刀筆之吏, 皆爲英彦. 擧方正, 補朗陵侯相, 所在流化. 鍾皓, 字季明, 潁川長社人. 父·祖至德著名. 皓高風承世, 除林慮長, 不之官. 人位不足, 天爵有餘.

② 『海內先賢傳』曰; 潁川先輩, 爲海內所師者, 定陵陳釋叔·潁陰荀淑·長社鍾皓. 少府李膺宗此三君, 常言: "荀君淸識難尙, 陳·鍾至德可師."

──────── • 1 : 06 [0006]

  진태구陳太丘[陳寔]가 순랑릉荀朗陵[荀淑]을 방문할 때였는데, 가난하고 검소해서 노복이 없었다.① 그래서 맏아들 진원방陳元方[陳紀]에게 수레를 몰게 하고,② 막내아들 진계방陳季方[陳諶]에게 지팡이를 들고 뒤따르게 했으며, 손자 진장문陳長文[陳群]은 아직 어렸으므로 수레에 태웠다. 이윽고 순랑릉의 집에 이르자, 순랑릉은 셋째아들 순숙자荀叔慈[荀靖]에게 대문에서 그들을 맞아들이게 하고, 여섯째아들 순자명荀慈明[荀爽]에게는 술을 가져오게 하고, 나머지 여섯 용들에게는 식사를 내오게 했으며,③ 손자 순문약荀文若[荀彧]은 역시 어렸으므로 무릎 앞에 앉게 했다.
  이때에 태사太史①가 임금께 아뢰었다.
  "진인眞人②들이 동쪽으로 몰려갔습니다."④

① 『진식전陳寔傳』: 진식은 자가 중궁仲弓이며 영천潁川 허창許昌사람이다. 문희聞喜의 영令과 태구太丘의 장長이 되었는데, 그의 덕풍의 교화가 널리 퍼졌다.

② 『선현행장先賢行狀』: 진기陳紀는 자가 원방이며 진식의 장남이다. 지극

한 덕이 세속을 초탈하여 진식과 더불어 높은 명성을 나란히 했으며, 동생 진심陳諶도 또한 이들과 짝했다. 매번 재부宰府③에서 부를 적마다 검은 염소와 기러기④가 무리를 이루었다. 세상에서 이들을 불러 '삼군三君'이라 했으며, 모든 성城에서 이들의 초상을 그렸다.

③ ◦ 장번張璠의 『한기漢紀』: 순숙荀淑에게는 여덟 아들이 있었는데, 검儉·곤鯤⑤·정靖·도燾·왕汪⑥·상爽·숙肅·부敷⑦가 이들이다. 순숙은 서호리西豪里에서 살았는데, 그곳 현령인 원강苑康이 말했다.

"옛날 고양씨高陽氏⑧에게 재주있는 아들 여덟 명이 있었다."

그러면서 마침내 그 마을을 고양리高陽里라 이름 지었다. 당시사람들이 그들을 불러 '팔룡八龍'이라 했다.

④ ◦ 단도란檀道鸞의 『속진양추續晉陽秋』: 진중궁이 여러 아들과 조카를 거느리고 순숙 부자를 방문했는데, 그때 하늘에 덕성德星⑨이 모여들자 태사가 아뢰었다.

"5백 리 안에 현인들이 모여들었습니다."

[역주]⋯⋯⋯⋯⋯⋯⋯⋯⋯⋯
① 太史 : 天文曆法을 담당하는 관리. 천문현상을 관측하여 그것에 따른 지상의 이변을 예측함으로써 길흉을 판단함.
② 眞人 : 원래는 『莊子』에 나오는 말로 참된 도를 깨달은 사람을 말하나, 여기에서는 진정한 현인을 가리킴.
③ 宰府 : 재상이 일하는 관청. 相府라고도 함.
④ 검은 염소와 기러기 : 원문은 "羔雁". 본래는 제후가 천자를 조회할 때 가져가는 예물인데, 여기서는 관청에서 진식 부자를 부를 때 가져온 예물을 말함.
⑤ 鯤 : 宋本과 『後漢書』권62 「荀淑傳」에는 "緄"이라 되어 있음.
⑥ 汪 : 『三國志』「魏書·荀彧傳」注에 인용된 張璠의 『漢紀』에는 "詵"이라 되어 있음.
⑦ 敷 : 『後漢書』권62 「荀淑傳」에는 "專", 『三國志』「魏書·荀彧傳」注에 인용된 張璠의 『漢紀』에는 "敷"라 되어 있음.
⑧ 高陽氏 : 三皇五帝 중의 하나인 顓頊. 黃帝의 손자며 昌意의 아들이라 함.
⑨ 德星 : 상서로운 징표로 나타나는 별. 瑞星 또는 景星이라고도 함.
[참고] 『白氏六帖』6, 『太平御覽』849, 『事文類聚』後3·別27.

陳太丘詣荀朗陵, 貧儉無僕役.① 乃使元方將車,② 季方持杖後從. 長文尙小, 載著車中. 旣至, 荀使叔慈應門, 慈明行酒, 餘六龍下食.③ 文若亦小, 坐箸膝前. 于時太史奏: "眞人東行."④

①▫陳寔, 字仲弓, 潁川許昌人. 爲聞喜令・太丘長, 風化宣流.

②▫『先賢行狀』曰; 陳紀, 字元方, 寔長子也. 至德絶俗, 與寔高名並著, 而弟諶又配之. 每宰府辟召, 羔雁成羣, 世號三君', 百城皆圖畫.

③▫張璠『漢紀』曰; 淑有八子, 儉・鯤・靖・燾・汪・爽・肅・敷. 淑居西豪里, 縣令苑康曰; "昔高陽氏有才子八人." 遂署其里爲高陽里. 時人號曰'八龍'.

④▫檀道鸞『續晉陽秋』: 陳仲弓從諸子姪造荀父子, 于時德星聚, 太史奏: "五百里賢人聚."

• 1 : 07 [0007]

어떤 객이 진계방陳季方[陳諶]에게 물었다.①

"그대의 부친이신 태구太丘[陳寔]께서는 어떠한 공덕이 있으시기에 천하의 뛰어난 명성을 한 몸에 짊어지고 계십니까?"

그러자 진계방이 말했다.

"저희 부친은 비유하자면 계수나무가 태산 언덕에서 자라는 것과 같아서, 위로는 만 길이나 되는 높이가 있으며 아래로는 헤아릴 수 없는 깊이가 있습니다. 그래서 위로는 감로甘露가 적셔주고 아래로는 깊은 연못이 윤택하게 해주니, 이런 지경에 있게 되면 계수나무가 어떻게 태산의 높음과 연못의 깊음을 알겠습니까? 부친께서는 자기에게 공덕이 있는지 없는지조차도 모르고 계십니다."

①▫『해내선현전海內先賢傳』: 진심陳諶은 자가 계방이며 진식陳寔의 막내아들이다. 재주와 식견이 널리 통달하여 사공연司空掾이 관거官車을 내어 초징했으나 나아가지 않았다.

[참고]∙∙∙∙∙∙∙∙∙∙∙∙∙∙∙∙∙∙∙∙∙∙∙∙

『藝文類聚』89, 『太平御覽』518・957, 『太平廣記』169.

客有問陳季方;① "足下家君太丘, 有何功德, 而荷天下重名?" 季方曰; "吾家君譬如桂樹生泰山之阿, 上有萬仞之高, 下有不測之深; 上爲甘露所霑, 下爲淵泉所潤. 當斯之時, 桂樹焉知泰山之高, 淵泉之深? 不知有功德與無也!"
① 『海內先賢傳』曰; 陳諶, 字季方, 寔少子也. 才識博達, 司空掾公車徵, 不就.

--------- • 1 : 08 [0008]

진원방陳元方[陳紀]의 아들 진장문陳長文[陳群]은 영특한 재주를 지니고 있었는데,① 진계방陳季方[陳諶]의 아들 진효선陳孝先[陳忠]② 과 더불어 각기 자기 아버지의 공덕을 논하면서 다투었으나 결론이 나지 않았다. 그래서 할아버지인 진태구陳太丘[陳寔]에게 물었더니 진태구가 말했다.

"원방은 형 되기가 어려우며 계방은 동생 되기가 어렵다."③

① · 『위서魏書』: 진군陳群은 자가 장문이다. 조부 진식이 일찍이 종실사람들에게 일러 말했다.

"이 애가 반드시 우리 종실을 흥성케 할 것이다."

장성해서는 넓은 식견과 큰 도량을 지녔으며, 그가 친하게 사귄 사람들은 모두 부친의 친구들이었다.

② · 『진씨보陳氏譜』: 진심陳諶의 아들 진충陳忠은 자가 효선이다. 주州에서 벼슬을 하라고 불렀으나 가지 않았다.

③ · 어떤 판본에는 "원방은 동생 되기 어려우며 계방은 형 되기 어렵다"고 되어 있다.

[참고]··················
『事文類聚』後8.

陳元方子長文有英才,① 與季方子孝先,② 各論其父功德, 爭之不能決. 咨於太丘, 太丘曰; "元方難爲兄, 季方難爲弟."③

① · 『魏書』曰; 陳羣, 字長文, 祖寔, 嘗謂宗人曰; "此兒必興吾宗." 及長, 有識度. 其所善, 皆父黨.

② · 『陳氏譜』曰; 諶子忠, 字孝先. 州辟不就.

③ · 一作"元方難爲弟, 季方難爲兄."

─────── • 1 : 09 [0009]

순거백荀巨伯이 멀리 친구의 병을 위문하러 갔는데,[1] 때마침 호적胡賊이 군郡을 침공했다. 친구가 순거백에게 말했다.

"나는 이제 죽을 것이니 자네는 떠나는 게 좋겠네."

그러자 순거백이 말했다.

"멀리서 자네를 보러왔는데 자네는 날더러 떠나라 하니, 이는 의리를 해쳐서 목숨을 구하자는 것이니 어찌 나 순거백이 행할 바이겠는가?"

도적이 이미 이르러 순거백에게 말했다.

"대군이 밀어닥쳐 온 군이 도망가 텅 비었는데, 너는 어떤 사내이기에 감히 홀로 남아 있느냐?"

그러자 순거백이 말했다.

"친구가 병이 들어 차마 버리고 떠날 수가 없으니, 차라리 내 몸으로 친구의 목숨을 대신하고자 한다!"

이에 도적들이 서로 말했다.

"우리같이 의리 없는 사람들이 의로운 나라에 잘못 들어왔구나!"

그러고는 마침내 군대를 이끌고 돌아갔다. 그래서 온 군이 아울러 온전함을 얻게 되었다.

[1] ◦ 『순씨가전荀氏家傳』: 순거백은 한나라 환제桓帝 때 사람이다. 역시 영천潁川출신이지만, 그의 생애는 자세히 알 수가 없다.

[참고]..................
『藝文類聚』21, 『太平御覽』409.

荀巨伯遠看友人疾,[1] 値胡賊攻郡, 友人語巨伯曰; "吾今死矣, 子可去!" 巨伯曰; "遠來相視, 子令吾去, 敗義以求生, 豈荀巨伯所行邪?" 賊旣至, 謂巨伯曰; "大軍至, 一郡盡空, 汝何男子, 而敢獨止?" 巨伯曰; "友人有疾, 不忍委之, 寧以我身代友人命!" 賊相謂曰; "我輩無義之人, 而入有義之國!" 遂班軍而還.

一郡並獲全.
① ▫『荀氏家傳』曰; 巨伯, 漢桓帝時人也. 亦出潁川, 未詳其始末.

──────── • 1 : 10 [0010]

화흠華歆은 자식 대하기를 매우 엄정하게 하여 비록 한가로이 집에 있을 때라도 엄격함이 마치 조정의 의식과 같았으나,① 진원방陳元方陳紀 형제는 부드럽고 사랑스런 방법으로 자식들을 방임했다. 그렇지만 두 집안 가운데 어느 쪽도 화기애애한 법도를 잃지 않았다.

① ▫『위지魏志』: 화흠은 자가 자어子魚며 평원平原 고당高唐사람이다.
▫『위략魏略』: 영제靈帝 때 화흠은 북해北海의 병원邴原·관녕管寧과 더불어 유학하면서 서로 친하게 지냈다. 당시 사람들이 이 세 사람을 한 마리의 용이라 불렀는데, 화흠을 용의 머리라 하고 관녕을 용의 배라 하고 병원을 용의 꼬리라 했다.①

[역주]·······················
① 관녕을 용의 배라 하고 병원을 용의 꼬리라 했다 : 원문은 "寧爲龍腹, 原爲龍尾". 『三國志』「魏書·華歆傳」注에 인용된 『魏略』에는 "原爲龍腹, 寧爲龍尾"라 되어 있음.

[참고] 『太平御覽』511, 『續談助』4.

華歆遇子弟甚整, 雖閒室之內, 嚴若朝典.① 陳元方兄弟恣柔愛之道. 而二門之裏, 兩不失雍熙之軌焉.
① ▫『魏志』曰; 歆, 字子魚, 平原高唐人.
▫『魏略』曰; 靈帝時, 與北海邴原·管寧俱遊學相善, 時號三人謂一龍. 謂歆爲龍頭, 寧爲龍腹, 原爲龍尾.

──────── • 1 : 11 [0011]

관녕管寧과 화흠華歆이 함께 동산에서 채소밭을 호미질을 하다가① 땅에 금 조각이 있는 것을 보았다. 관녕은 호미질을 계속하면서 금 조각을 기와나 돌과 다름없이 여겼는데, 화흠은 그것을 주워서 던져버렸다.

　또 한번은 자리를 같이하고 책을 읽고 있었는데, 훌륭한 마차를 타고 면류관을 쓰고 문 앞을 지나가는 사람이 있었다. 관녕은 여전히 변함없이 책을 읽었는데, 화흠은 책을 덮고 나가서 구경했다. 그러자 관녕은 자리를 갈라 따로 앉고서 말했다.

　"그대는 내 친구가 아니네!"②

①・『부자傅子』: 관녕은 자가 유안幼安이며 북해北海 주허朱虛사람으로 제齊나라 재상 관중管仲의 후손이다.

②・『위략魏略』: 관녕은 젊어서부터 마음이 욕심이 없고 고요하여, 항상 병원邴原과 화자어華子魚[華歆]가 벼슬하고자 하는 뜻을 갖고 있음을 비웃었다. 화흠이 사도司徒①가 되었을 때 관녕에게 자기의 관직을 양보하겠다고 상주上奏하자, 관녕이 이를 듣고 웃으면서 말했다.

　"자어는 본래 늙은 벼슬아치가 되고자 했기 때문에 그까짓 사도벼슬을 영광스럽게 여기고 있다."

[역주]……………………
① 司徒: 三公의 하나로 인사를 맡아보았음. 한나라 때에는 丞相을 大司徒라 하고, 大司馬・大司空과 함께 삼공이라 함.

[참고] 『藝文類聚』5・65・69・83, 『北堂書鈔』97・133・155, 『事類賦』5・9, 『太平御覽』409・611・709・764・811・824, 『太平廣記』235, 『事文類聚』續9.

管寧・華歆共園中鋤菜,① 見地有片金. 管揮鋤與瓦石不異, 華捉而擲去之. 又嘗同席讀書, 有乘軒冕過門者, 寧讀書如故, 歆廢書出看. 寧割席分坐曰; "子非吾友也!"②

①・『傅子』曰; 寧, 字幼安, 北海朱虛人, 齊相管仲之後也.

②・『魏略』曰; 寧少恬靜, 常笑邴原・華子魚有仕宦意. 及歆爲司徒, 上書讓寧. 寧聞之, 笑曰; "子魚本欲作老吏, 故榮之耳."

───── • 1 : 12 [0012]

　왕랑王朗은 매번 식견과 도량으로 인해 화흠華歆을 추앙했는데,①

화흠이 사제일蠟祭日②에 일찍이 자식과 조카들을 모아놓고 연회를 열자, 왕랑도 그것을 따라했다. 어떤 사람이 장화張華에게 이 일을 이야기 하자, 장화가 말했다.

"왕랑이 화흠을 따라한 것은 모두 껍데기에 불과한 것이니, 그렇게 할수록 더욱 화흠으로부터 멀어지게 된다."③

① · 『위서魏書』: 왕랑은 자가 경흥景興이며 동해 담郯사람으로, 위魏나라의 사도司徒였다.

② · 『예기禮記』: 천자의 대사大蠟에는 여덟 신神①이 있는데, 이기씨伊耆氏②가 처음 사제를 행했다. 사蠟는 색索[찾다]의 뜻이다. 1년 중 12월에 만물을 모아서 신을 찾아 배향한다.

· 『오경요의五經要義』: 삼대三代[夏·殷·周]에서 납제臘祭를 이름지어, 하夏나라는 가평嘉平이라 했고 은殷나라는 청사清祀라 했고 주周나라는 대사라 했는데, 이를 총칭하여 납臘이라 한다.

· 진晉나라 박사博士 장량張亮의 주의奏議: 사제는 온갖 물건을 모아 신을 찾아 배향하는 것으로 세모歲暮에 노인들을 쉬게 하고 백성들을 위안하는 것이며, 납제는 종묘와 오사五祀③에 제사 드리는 것이다. 「전傳」에 이르기를 "납臘은 접接[이어받는다]의 뜻이다" 하였다. 그러니 제사를 드리면 새해와 묵은해가 서로 이어받게 되는 것이다. 진晉·한漢 이래로 납제 다음날을 축세祝歲④라 하는 것은 옛날부터 전해 오는 말이다.

③ · 왕은王隱의 『진서晉書』: 장화는 자가 무선茂先이며 범양范陽사람이다. 여러 벼슬을 거쳐 사공司空에 이르렀으나 조왕趙王 사마윤司馬倫에게 살해당하였다.

[역주]
① 여덟 神: 『禮記』「郊特牲」 鄭玄 注에는 先嗇·司嗇·農·郵表畷·猫虎·坊·水庸·昆蟲의 八神을 지칭하는 것으로 되어 있으나 그밖에 다른 설도 있음.
② 伊耆氏: 중국 고대 천자의 이름.
③ 五祀: 『禮記』「曲禮下」 鄭玄 注에는 戶·竈·中霤·門·行에 드리는 다섯 제사를 지칭하는 것으로 되어 있으나 그밖에 다른 설도 있음.
④ 祝歲: 宋本에는 "初歲"라 되어 있음.

[참고] 『玉燭寶典』12, 『藝文類聚』5, 『北堂書鈔』155, 『事類賦』5, 『太平御覽』33, 『續談助』4.

王朗每以識度推華歆.① 歆蜡日,② 嘗集子姪燕飲, 王亦學之. 有人向張華說此事, 張曰; "王之學華, 皆是形骸之外, 去之所以更遠."③

① ▫『魏書』曰; "朗, 字景興, 東海郯人, 魏司徒.
② ▫『禮記』曰; 天子大蜡八. 伊耆氏始爲蜡. 蜡, 索也. 歲十二月, 合聚萬物而索饗之.
  ▫『五經要義』曰; 三代名臘, 夏曰嘉平, 殷曰淸祀, 周曰大蜡, 總謂之臘.
  ▫ 晉博士張亮議曰; 蜡者, 合聚百物索饗之, 歲終休老息民也. 臘者, 祭宗廟五祀.「傳」曰; "臘, 接也." 祭則新故交接也. 秦・漢以來, 臘之明日爲祝歲, 古之遺語也.
③ ▫ 王隱『晉書』曰; 張華, 字茂先, 范陽人也. 累遷司空, 而爲趙王倫所害.

──────── • 1 : 13 [0013]

화흠華歆과 왕랑王朗이 함께 배를 타고 난리를 피하던 중에 어떤 사람이 함께 타고 가자고 하자 화흠이 난색을 표했더니, 왕랑이 말했다.

"다행히 빈자리가 있는데도 어째서 안된다는 말이오?"

나중에 도적의 추격이 닥쳐오자, 왕랑은 도리어 자기가 태워준 사람을 버리고자 했다. 그러자 화흠이 말했다.

"애당초 내가 의심했던 까닭이 바로 이 때문이었소. 이미 자기에게 의탁한 사람을 받아들인 이상, 상황이 급박하다고 어찌 다시 버릴 수가 있겠소?"

그러고는 마침내 처음대로 구해 주었다. 세상사람들은 이것을 가지고 화흠과 왕랑의 우열를 결정했다.①

① ▫ 화교華嶠의『보서譜敍』: 화흠이 하규下邽의 현령으로 있을 때 한나라의 조정이 바야흐로 어지러워지자, 뜻을 같이하는 정태鄭太 등 6~7명과 함께 세상을 도피했다. 무관武關을 벗어나 길에서 홀로 걸어가는 한 남자를 만났는데, 그 사람이 함께 가기를 원하자 모두들 불쌍히 여겨 허락했다. 그런데 화흠이 홀로 말했다.

"안되오. 지금은 위험 중에 있지만 화복禍福과 환난에 처해서도 의義는 오히려 한결같아야 합니다. 지금 아무런 이유도 없이 그를 받아들인다는 것은 그 의를 모르는 것입니다. 만약에 함께 가다가 진퇴양난의 상황에 처한다면 도중에 다시 버리겠습니까?"

그렇지만 다른 사람들은 차마 그렇게 하지 못하고 마침내 함께 가게 되었다. 그런데 이 남자가 도중에 우물에 빠지자 모두들 그냥 버리고 떠나려 했다. 이에 화흠이 말했다.

"이미 함께 가기로 해놓고선 다시 그를 버린다는 것은 의롭지 못한 일이오."

그러고는 마침내 함께 돌아가 건져내 준 뒤에 헤어졌다.

華歆·王朗俱乘船避難, 有一人欲依附, 歆輒難之. 朗曰; "幸尙寬, 何爲不可?" 後賊追至, 王欲捨所攜人. 歆曰; "本所以疑, 正爲此耳. 旣已納其自託, 寧可以急相棄邪?" 遂攜拯如初. 世以此定華·王之優劣. [1]

[1] ◦ 華嶠『譜敍』曰; 歆爲下邽令, 漢室方亂, 乃與同志士鄭太等六七人避世. 自武關出, 道遇一丈夫獨行, 願得與俱, 皆哀許之. 歆獨曰; "不可. 今在危險中, 禍福患害, 義猶一也. 今無故受之, 不知其義. 若有進退, 可中棄乎?" 衆不忍, 卒與俱行. 此丈夫中道墮井, 皆欲棄之. 歆乃曰; "已與俱矣, 棄之不義." 卒共還, 出之而後別.

• 1 : 14 [0014]

왕상王祥은 계모 주부인朱夫人을 매우 정성들여 섬겼다.[1] 집에 자두나무 한 그루가 있었는데 열매가 아주 탐스러웠다. 계모는 항상 왕상에게 그것을 지키라고 했다. 때때로 비바람이 심하게 몰아치면 왕상은 나무를 끌어안고 울었다.[2]

왕상이 한번은 별실에서 자고 있었는데 계모가 어둠을 틈타 와서 그를 베어 죽이려 했다. 마침 왕상이 소변을 보러간 터라 헛수고로 이불만 베고 말았다. 왕상은 돌아와 계모가 자기를 못 죽인 것을 몹시 유감스럽게 생각하고 있는 것을 알고는 계모 앞에 무릎 꿇고서 죽음을 청했다. 계모는 이에 감동하여 잘못을 깨닫고 자기 자식처럼 그를 사랑하게 되었다.[3]

1 ▫ 『진제공찬晉諸公贊』: 왕상은 자가 휴징休徵이며 낭야琅邪 임기臨沂사람이다.
　▫ 『왕상세가王祥世家』: 왕상의 부친 왕융王融은 고평高平의 설씨薛氏를 아내로 맞아 왕상을 낳았으며, 여강廬江의 주씨朱氏를 후처로 삼아 왕람王覽을 낳았다.
　▫ 『진양추晉陽秋』: 계모는 자주 왕상을 무고하고 매번 무리한 일로 왕상을 부렸다. 그럴 때마다 이복동생인 왕람이 왕상과 함께 일을 했으며, 또한 왕상의 처를 심하게 부리면 왕람의 처도 역시 달려가 함께 일하곤 하여 계모가 그것을 걱정했다. 한번은 몹시 추워 물이 얼었는데 계모가 산 잉어를 먹고 싶어 했다. 왕상은 옷을 벗고 얼음을 깨고 들어가 잉어를 잡으려 했는데, 그때 마침 얼음이 약간 갈라진 곳에서 잉어가 튀어나왔다.
　▫ 소광제蕭廣濟의 『효자전孝子傳』: 왕상의 계모가 문득 황작黃雀의 구운 고기를 먹고 싶어 했다. 왕상은 갑자기 얻기에는 어려운 일이라 고심하고 있었는데, 문득 수십 마리의 황작이 그의 장막으로 날아들어 왔다. 그밖에도 계모가 원하는 것은 반드시 몸소 뛰어다니면서 구해오지 못하는 것이 없었다. 그의 지극한 정성이 이와 같았다.

2 ▫ 소광제의 『효자전』: 왕상의 계모가 있는 뜰 안에 자두나무가 있었는데, 열매가 맺기 시작하면 계모는 왕상에게 낮에는 새가 쪼아 먹는 것을 살피게 하고 밤에는 쥐를 쫓게 했다. 하룻밤은 비바람이 크게 몰아치자 왕상은 새벽까지 나무를 끌어안고 울었는데, 계모가 이를 보고 측은해했다.

3 ▫ 우예虞預의 『진서晉書』: 왕상은 계모를 섬기느라고 늘그막까지 벼슬을 하지 않다가, 나이 육십이 되어서야 자사刺史 여건呂虔이 초문招文을 내려 별가別駕①가 되었다. 당시 사람들이 노래했다.
　"해기海沂②가 평안한 것은 왕상의 덕택이며, 나라가 황폐해지지 않는 것은 별가의 공이로세."③
　여러 벼슬을 거쳐 태보太保④에 이르렀다.

[역주]
① 別駕: 別駕從事史의 약칭. 州刺史의 속관 중 가장 높은 자.
② 海沂: '海'는 東海, '沂'는 沂水를 말함. 즉 徐州의 북부지방을 말함.
③ 海沂가~공이로세: 원문은 "海沂之康, 寔賴王祥. 邦國不空, 別駕之功". 『晉書』 권33 「王祥傳」에서 "于時寇盜充斥, 祥率勵兵士, 頻討破之, 州界淸靜, 政化大行"이라 함.

④ 太保 : 太師·太傅와 더불어 三公 중의 하나.
[참고] 『晉書』33, 『太平御覽』413.

王祥事後母朱夫人甚謹.① 家有一李樹, 結子殊好, 母恒使守之. 時風雨忽至, 祥抱樹而泣.② 祥嘗在別牀眠, 母自往闇斫之. 值祥私起, 空斫得被. 旣還, 知母憾之不已, 因跪前請死. 母於是感悟, 愛之如己子.③

① ○『晉諸公贊』曰; 祥, 字休徵, 琅邪臨沂人.
○『祥世家』曰; 祥父融, 娶高平薛氏, 生祥. 繼室以廬江朱氏, 生覽.
○『晉陽秋』曰; 後母數譖祥, 屢以非理使祥, 弟覽輒與祥俱. 又虐使祥婦, 覽妻亦趨而共之. 母患. 方盛寒冰凍, 母欲生魚, 祥解衣將剖冰求之, 會有處冰小解, 魚出.
○蕭廣濟『孝子傳』曰; 後母忽欲黃雀炙, 祥念難卒致. 須臾, 有數十黃雀飛入其幕. 母之所需, 必自奔走, 無不得焉. 其誠至如此.

② ○蕭廣濟『孝子傳』曰; 祥後母庭中有李, 始結子, 使祥書視鳥雀, 夜則趁鼠. 一夜, 風雨大至, 祥抱泣至曉, 母見之惻然.

③ ○虞預『晉書』曰; 祥以後母故, 陵遲不仕. 年向六十, 刺史呂虔檄爲別駕. 時人歌之曰; "海沂之康, 寔賴王祥. 邦國不空, 別駕之功!" 累遷太保.

• 1 : 15 [0015]

진晉 문왕文王[司馬昭]은 완사종阮嗣宗[阮籍]이 지극히 신중하다고 칭찬했다. 매번 그와 더불어 담론할 때마다 그 말은 모두 현묘하고 심원했으며, 한 번도 인물의 선악을 비평한 적이 없었다.①

① ○『위서魏書』: 문왕은 휘諱가 소昭며 자는 자상子上으로 선제宣帝[司馬懿]의 둘째아들이다.
○『위씨춘추魏氏春秋』: 완적阮籍은 자가 사종이며 진류陳留 위지尉氏사람으로 완우阮瑀의 아들이다. 성격이 활달하고 구속받지 아니하여 예속禮俗에 얽매이지 않았다. 연주兗州자사 왕창王昶이 만나보기를 청했지만, 종일토록 말을 붙일 수가 없었다. 왕창은 이를 부끄럽게 여겨 탄식하면서 스스로 그를 헤아릴 수 없다고 생각했다. 입으로는 세상사를 논하지 않아 저절로 고매해졌다.
○이강李康①의『가계家誡』: 옛날에 일찍이 선제先帝[즉 文帝]를 옆에서 모셨

는데, 그때 3명의 장사長史②와 함께 알현했다. 그들이 물러나올 때 주상께서 이르셨다.

"관리의 우두머리가 되어서는 마땅히 청렴하고 신중하고 근면해야 하오. 이 세 가지를 수양한다면 무슨 근심인들 해결하지 못하겠소?"

아울러 조서를 내리셨다. 그들이 물러가자 주상께서 우리들을 돌아보고 이르셨다.

"반드시 부득이해서 버린다면 이 셋 중에서 어느 것을 먼저 하겠는가?"③

그러자 어떤 이가 대답했다.

"청렴이 진실로 근본이 되어야 합니다."

다시 나에게 물으시기에 내가 대답했다.

"청렴과 신중의 도는 서로 어우러져 이루어지는 것인데, 꼭 부득이하다면 신중이 가장 큰 것이 되겠습니다."

그러자 주상께서 이르셨다.

"그 말이 타당하오! 근세에 매우 신중한 사람을 들라면 누구를 들겠소?"

내가 이에 전 태위太尉 순경천荀景倩[荀顗]과 상서尙書 동중달董仲達과 복야僕射④ 왕공중王公仲을 들자 주상께서 이르셨다.

"이 여러 사람들은 아침부터 저녁까지 온화하고 공손하며 일을 하는데도 삼감이 있어서 또한 각각 신중하다 할 만하오. 그렇지만 세상에서 가장 신중한 사람은 오직 완사종뿐이오. 매번 그와 더불어 담론할 적마다 그 말이 현묘하고 심원했으며, 시속時俗의 일을 평론한다거나 인물의 선악을 비평한 적이 한 번도 없었소. 그러니 가히 지극히 신중하다 할 만하오."

[역주]
① 李康 : 諸本에는 '李康'이라 되어 있는데, 『三國志』「魏書・李通傳」 注에 인용된 王隱의 『晉書』에는 "李緖子秉, 字玄冑. 有篤才, 爲時所貴, 官至秦州刺史. 秉嘗答司馬文王問, 因以『家誡』云云…"이라 되어 있어서 '李康'은 '李秉'의 잘못으로 보임.
② 長史 : 한대에는 三公・丞相・大將軍 등의 속관의 장이었으며, 육조시대에는 軍府속관의 장이었음.
③ 반드시 부득이해서~먼저 하겠는가 : 원문은 "必不得已而去, 於斯三者何先". 『論語』「顔淵」에 이 구절이 보임.

④ 僕射 : 상서성의 차관. 尙書僕射라고도 함. 좌·우 복야가 있었음.
[참고] 『太平御覽』390.

晉文王稱阮嗣宗至愼. 每與之言, 言皆玄遠, 未嘗臧否人物.①

① 『魏書』曰; 文王諱昭, 字子上, 宣帝第二子也.

『魏氏春秋』曰; 阮籍, 字嗣宗, 陳留尉氏人, 阮瑀子也. 宏達不羈, 不拘禮俗. 兗州刺史 王昶請與相見, 終日不得與言. 昶愧歎之, 自以不能測也. 口不論事, 自然高邁.

李康『家誡』曰; 昔嘗侍坐於先帝, 時有三長史俱見, 臨辭出, 上曰; "爲官長當淸·當愼·當勤, 修此三者, 何患不治乎?" 並受詔. 上顧謂吾等曰; "必不得已而去, 於斯三者何先?" 或對曰; "淸固爲本." 復問吾, 吾對曰; "淸·愼之道, 相須而成, 必不得已, 愼乃爲大." 上曰; "辦言得之矣! 可擧近世能愼者誰乎?" 吾乃擧故太尉荀景倩·尙書董仲達·僕射王公仲. 上曰; "此諸人者, 溫恭朝夕, 執事有恪, 亦各其愼也. 然天下之至愼者, 其唯阮嗣宗乎! 每與之言, 言及玄遠, 而未嘗評論時事, 臧否人物, 可謂至愼乎!"

———— • 1:16 [0016]

왕융王戎이 말했다.

"혜강嵇康과 더불어 20년을 기거했지만, 일찍이 그의 기뻐하고 화내는 얼굴을 본 적이 없다."①

① 『혜강집嵇康集』서敍 : 혜강은 자가 숙야叔夜며 초국楚國 질銍사람이다.

왕은王隱의 『진서晉書』: 혜강의 본래 성은 계溪이다. 그 선조가 원한을 피하여 상우上虞①를 떠나 초국 질현으로 이사했다. 회계會稽출신이기 때문에 국명의 일부분을 취하여② 혜嵇라 했는데, 음은 그대로 해奚를 근본으로 했다.

우예虞預의 『진서晉書』: 질현에 혜산嵇山이 있는데, 그 기슭에서 살았으므로 혜를 성씨로 했다.

『혜강별전嵇康別傳』: 혜강의 성품은 나쁜 일일랑 속에 감추고서 드러내지 않았으며, 애증愛憎이 마음속에서 갈등을 일으키지도 않았고, 희노喜怒가 얼굴에 나타나지도 않았다. 친구인 왕준충王濬沖[王戎]이 양성襄城에서 수백 번이나 그를 만났지만 한 번도 화난 목소리를 듣거나 성난 얼굴을 본 적이 없었다. 이것 또한 세간의 훌륭한 모범이며 인류의 뛰어난 덕업德業이다.

『문장서록文章敍錄』: 혜강은 위魏 장락정주長樂亭主③의 남편이 되어 낭중

郎中④에 천거되었으며 중산대부中散大夫⑤에 제수되었다.

[역주]··························
① 上虞 : 會稽縣에 있는 지명.
② 국명의 일부분을 취하여 : 원문은 "取國一支". 국명은 회계를 말함. 즉 '會稽'의 '稽'자에서 '旨'를 떼버리고 대신 '山'을 집어넣어 '嵇'라 했다는 뜻.
③ 長樂亭主 : 魏 武帝의 증손녀.
④ 郎中 : 낭관의 일종으로 秀才와 孝廉에 천거된 자가 나아가는 관직. 문관관료가 출세하는 첫걸음은 여기에서 시작됨.
⑤ 中散大夫 : 光祿勳에 속하며 천자의 곁에서 국사를 논의하는 데 참여함. 정원이나 실권이 없는 명예직임.

[참고] 『晉書』49.

王戎云; "與嵇康居二十年, 未嘗見其喜慍之色." ①
① ◦『康集敘』曰; 康, 字叔夜, 譙國銍人.
  ◦ 王隱『晉書』曰; 嵇本姓溪, 其先避怨徙上虞, 移譙國銍縣. 以出自會稽, 取國一支, 音同本奚焉.
  ◦ 虞預『晉書』曰; 銍有嵇山, 家於其側, 因氏焉.
  ◦『康別傳』曰; 康性含垢藏瑕, 愛惡不爭於懷, 喜怒不寄於顏. 所知王濬沖在襄城, 面數百, 未嘗見其疾聲朱顏. 此亦方中之美範, 人倫之勝業也.
  ◦『文章敘錄』曰; 康以魏長樂亭主壻遷郎中, 拜中散大夫.

—————— • 1 : 17 [0017]

왕융王戎과 화교和嶠가 동시에 친상親喪을 당했는데 모두 효성으로 이름이 나 있었다. 왕융은 슬퍼서 뼈만 남은 채 침상에 의지하고 있었으나, 화교는 곡읍哭泣하면서 예를 갖추었다.① 진무제晉武帝가 유중웅劉仲雄[劉毅]에게 말했다.②

"경은 왕융과 화교를 자주 보았소? 듣건대 화교는 애통함이 예에 지나쳐 사람들을 걱정케 한다던데!"

그러자 유중웅이 말했다.

"화교는 비록 예는 갖추었지만 정신과 기력은 손상되지 않았고,

왕융은 비록 예는 갖추지 않았지만 애통함이 몸을 망쳐 뼈만 남았습니다. 신이 생각건대 화교는 살아서 효도를 하고, 왕융은 죽더라도 효도를 하겠다는 것입니다. 그러니 폐하께서는 화교를 걱정하실 게 아니라 응당 왕융을 걱정하셔야 합니다."③

①▫『진제공찬晉諸公贊』: 왕융은 자가 준충濬沖이며 낭야琅邪사람으로 태보太保 왕상王祥의 일족이다. 문제文帝가 섭정할 때 종회鍾會가 그를 천거하며 말했다.

"배해裴楷는 청렴하면서도 사리에 통했고, 왕융은 대범하면서도 요령이 있습니다."

그러자 문제가 즉시 이 둘을 불러 연掾①으로 삼았다. 진晉이 왕조를 세우자 여러 벼슬을 거쳐 형주荊州자사에 거용되었으며, 오吳를 평정한 공으로 안풍후安豊侯에 봉해졌다.

▫『진양추晉陽秋』: 왕융이 예주豫州자사가 되었을 적에 모친상을 당했는데, 성품은 지극히 효성스러웠으나 예법에는 구애받지 않았다. 그래서 술 마시고 고기를 먹거나 또는 장기와 바둑을 두는 것을 구경하기도 했지만, 용모는 초췌하여 지팡이를 짚은 뒤에야 일어났다. 당시 여남汝南의 화교도 역시 이름난 선비로서 예법으로 스스로를 지켰는데, 친상에 처했을 때 죽을 가려서 먹었다.② 그렇지만 초췌함과 애통함은 왕융에 미치지 못했다.

②▫왕은王隱의『진서晉書』: 유의劉毅는 자가 중웅이며 동래東萊 액掖사람으로 한나라 성양경왕城陽景王[劉章]의 후손이다. 성품이 정직하고 청렴하여 옳지 못한 일이 있는 것을 보면 반드시 그것을 비판했다. 그래서 왕공王公과 대인大人들이 그의 풍격을 우러러 경외했다. 양평陽平에 거할 때에 태수 두서杜恕가 그를 초치하여 공조功曹③로 삼았는데, 군의 관리 중 3백여 명을 사직시켰다. 삼위三魏④지방에서 모두들 말했다.

"다만 유공조劉功曹[劉毅]는 들어봤어도 두부군杜府君[杜恕]은 들어보지 못했다."

여러 벼슬을 거쳐 상서尙書와 사례교위司隷校尉에 거용되었다.

③▫『진양추』: 진 세조世祖[즉 武帝]와 당시의 논자들은 이 일로 왕융을 귀히 여겼다.

[역주]……………………
① 掾 : 屬官으로서 7품관에 상당함.
② 죽을 가려서 먹었다 : 원문은 "量米而食". 喪中에 먹는 죽의 진하고 묽음을 예법에 따라 가려서 먹는다는 뜻.
③ 功曹 : 郡太守의 左吏. 功曹吏라고도 하며 인사를 담당함.
④ 三魏 : 魏郡·陽平·廣平의 세 지방을 가리킴.
[참고] 『晉書』43.

王戎·和嶠同時遭大喪, 俱以孝稱. 王雞骨支牀, 和哭泣備禮.① 武帝謂劉仲雄曰;② "卿數省王·和不? 聞和哀苦過禮, 使人憂之!" 仲雄曰; "和嶠雖備禮, 神氣不損, 王戎雖不備禮, 而哀毀骨立. 臣以和嶠生孝, 王戎死孝. 陛下不應憂嶠, 而應憂戎."③

①。『晉諸公贊』曰; 戎, 字濬沖, 琅邪人, 太保祥宗族也. 文皇帝輔政, 鍾會薦之曰; "裴楷淸通, 王戎簡要." 卽俱辟爲掾. 晉踐祚, 累遷荊州刺史, 以平吳功, 封安豐侯.
。『晉陽秋』曰; 戎爲豫州刺史, 遭母憂, 性至孝, 不拘禮制, 飮酒食肉, 或觀棊突, 而容貌毁悴, 杖而後起. 時汝南和嶠, 亦名士也, 以禮法自持. 處大憂, 量米而食, 然顇領哀毁, 不逮戎也.
②。王隱『晉書』曰; 劉毅, 字仲雄, 東萊掖人, 漢城陽景王後也. 亮直淸方, 見有不善, 必評論之. 王公大人, 望風憚之. 僑居陽平, 太守杜恕致爲功曹, 沙汰郡吏三百餘人. 三魏斂曰; "但聞劉功曹, 不聞杜府君." 累遷尙書·司隷校尉.
③。『晉陽秋』曰; 世祖及時談, 以此貴戎也.

———————— • 1:18 [0018]

양왕梁王[司馬肜]과 조왕趙王[司馬倫]①은 황실의 가까운 친족으로 당시에 존귀한 사람이었는데, 배령공裴令公[裴楷]②이 해마다 이 두 나라의 조세 중에서 수백만 금을 청하여 내외친척 중에서 가난한 자들을 구제해주었다. 어떤 사람이 이를 비꼬아 말했다.
"어찌하여 남의 물건을 구걸해서 은혜를 베푼단 말인가?"
그러자 배령공이 말했다.
"남아도는 것을 덜어 부족한 데 보태는 것은 하늘의 도道이지요."①③

1⃣ ▫ 주봉朱鳳의 『진서晉書』: 선제宣帝[司馬懿]의 장부인張夫人은 양효왕梁孝王 사마동司馬彤을 낳았는데 자는 자휘子徽고 벼슬은 태재太宰에 이르렀으며, 환부인桓夫人은 조왕 사마륜司馬倫을 낳았는데 자는 자이子彝고 벼슬은 상국相國에 이르렀다.

2⃣ ▫ 『진제공찬晉諸公贊』: 배해裴楷는 자가 숙칙叔則이며 하동河東 문희聞喜사람으로 사공司空 배수裴秀의 사촌동생이다. 부친 배휘裴徽는 기주冀州자사였는데 뛰어난 식견이 있었다. 배해는 특히 『역易』의 뜻에 정통했다. 여러 벼슬을 거쳐 하남윤河南尹과 중서령中書令에 등용되었다가 죽었다.

3⃣ ▫ 『명사전名士傳』: 배해는 처신과 취사取捨를 마음에 맡겨 행동했는데, 비방과 칭찬이 비록 자기에게 이를지라도 편안하게 대처한 것이 모두 이런 류였다.

[역주]························

① 남아도는 것을~하늘의 道이지요 : 원문은 "損有餘, 補不足, 天之道也." 『老子』제77장에 "天之道, 損有餘而補不足. 人之道則不然, 損不足而奉有餘."라는 구절이 있음.

[참고] 『晉書』35.

梁王·趙王,1⃣ 國之近屬, 貴重當時. 裴令公2⃣歲請二國租錢數百萬, 以恤中表之貧者. 或譏之曰; "何以乞物行惠?" 裴曰; "損有餘, 補不足, 天之道也."3⃣

1⃣ ▫朱鳳『晉書』曰; 宣帝張夫人生梁孝王彤, 字子徽, 位至太宰. 桓夫人生趙王倫, 字子彝, 位至相國.

2⃣ ▫『晉諸公贊』曰; 裴楷, 字叔則, 河東聞喜人, 司空秀之從弟也. 父徽, 冀州刺史, 有俊識. 楷特精『易』義. 累遷河南尹·中書令, 卒.

3⃣ ▫『名士傳』曰; 楷行己取與, 任心而動, 毀譽雖至, 處之晏然, 皆此類.

———— • 1 : 19 [0019]

왕융王戎이 말했다.

"왕태보王太保[王祥]는 정시正始①연간에 능언가能言家에는 들지 않았지만, 그와 함께 담론해 보면 이치가 청묘淸妙하고 심원함에 들어맞아, 그의 덕행이 뛰어나다고 해서 그의 언변을 가리지는 않는다."[1]
  [1]▫『진양추晉陽秋』: 왕상王祥은 어려서부터 훌륭한 덕행을 지녔다.
   [역주]⋯⋯⋯⋯⋯⋯⋯⋯⋯⋯
   ① 正始 : 240년에서 249년까지 사용한 魏 廢帝 曹芳의 연호. 이 시기는 청담의
    황금기였음.
   [참고]『晉書』33.

王戎云; "太保居在正始中, 不在能言之流. 及與之言, 理致淸遠, 將無以德掩
其言!"[1]
  [1]▫『晉陽秋』曰; 祥少有美德行.

──────── • 1 : 20 [0020]

  왕안풍王安豊[王戎]이 친상을 당했는데 지극한 효성이 남달랐다.
배령裵令[裵頠]이 가서 조문하고 말했다.
  "만약에 한 번 통곡할 때마다 사람이 상하게 된다면, 왕준충
王濬沖[王戎]은 성명性命을 끊었다는 비난을 반드시 면하지 못할 것
이다."[1]
  [1]▫『예기禮記』「곡례曲禮」: 상을 치르는 예는 몸이 상하여 수척함이 드러나서
   도 안되며, 눈과 귀가 쇠약해져서도 안 된다. 상을 당한 슬픔을 이겨내지 못
   하면 자애롭지 못하거나 효성스럽지 못한 것과 같다.
    ▫『효경孝經』: 슬픔으로 몸이 상할지라도 성명을 끊어서는 안 된다는 것이
   성인의 가르침이다.
   [참고]⋯⋯⋯⋯⋯⋯⋯⋯⋯⋯
   『晉書』43.

王安豊遭艱, 至性過人. 裵令往弔之, 曰; "若使一慟果能傷人, 濬沖必不免滅
性之譏."[1]
  [1]▫「曲禮」曰; 居喪之禮, 毁瘠不形, 視聽不衰. 不勝喪, 乃比於不慈不孝.

▫『孝經』曰; 毀不滅性, 聖人之敎也.

──────── • 1 : 21 [0021]

왕융王戎의 부친 왕혼王渾은 훌륭한 명성이 있었으며, 벼슬은 양주涼州자사에 이르렀다.[1] 왕혼이 죽자 그가 역임했던 아홉 군郡에서 그의 은의恩義를 입은 사람과 친구들이 그의 은덕을 기려 서로 다투어 수백만 전錢의 부의금을 바쳤는데, 왕융은 한 푼도 받지 않았다.[2]

[1] ▫『세어世語』: 왕혼은 자가 장원長源이다. 재주와 덕망이 있었으며 상서尙書와 양주자사를 지냈다.

[2] ▫우예虞預의『진서晉書』: 왕융은 이로 말미암아 이름을 세상에 드러내게 되었다.

[참고]⋯⋯⋯⋯⋯⋯⋯⋯⋯
『晉書』43,『太平御覽』550.

王戎父渾有令名, 官至涼州刺史.[1] 渾薨, 所歷九郡義故, 懷其德惠, 相率致賻數百萬, 戎悉不受.[2]

[1] ▫『世語』曰; 渾, 字長源, 有才望. 歷尙書·涼州刺史.
[2] ▫虞預『晉書』曰; 戎由是顯名.

──────── • 1 : 22 [0022]

유도진劉道眞[劉寶]이 일찍이 도형徒刑에 처해졌는데,[1] 부풍왕扶風王 사마준司馬駿[2]이 5백 필의 베로 그를 대속시켜 주고 얼마 뒤에 종사중랑從事中郎으로 기용했더니, 당시사람들이 훌륭한 일이라고 여겼다.

[1] ▫『진백관명晉百官名』: 유보劉寶는 자가 도진이며 고평高平사람이다.
　　▫도형은 죄를 지은 대가로 노역하는 것이다.
[2] ▫우예虞預의『진서晉書』: 사마준은 자가 자장子臧이며 선제宣帝[司馬懿]의 17째 아들로, 학문을 좋아하고 지극히 효성스러웠다.

◦『진제공찬晉帝公贊』: 사마준은 8살 때 산기상시散騎常侍[1]가 되어 위魏 齊王[曹芳]을 모시고 강학講學했다. 진나라가 위나라로부터 제위를 선양받자 부풍왕에 봉해져 관중關中을 다스렸는데, 매우 훌륭한 정치를 폈다. 죽자 무왕武王이란 시호를 추증했다. 관중의 사람들은 그를 사모하여 그의 송덕비를 보기만 해도 모두 절하면서 울었다. 그가 후세에까지 사랑받음이 이와 같았다.

[역주]
① 散騎常侍 : 魏 文帝 때 설치한 것으로, 황제를 측근에서 모시는 中常侍와 황제가 외출할 때 말을 타고 모시던 散騎를 합하여 부르는 관직.

劉道眞嘗爲徒,① 扶風王駿②以五百匹布贖之, 旣而用爲從事中郎, 當時以爲美事.

① ◦『晉百官名』曰; 劉寶, 字道眞, 高平人.
 ◦ 徒, 罪役作者.
② ◦虞預『晉書』曰; 駿, 字子臧, 宣帝第十七子, 好學至孝.
 ◦『晉諸公贊』曰; 駿八歲爲散騎常侍, 侍魏齊王講. 晉受禪, 封扶風王, 鎭關中, 爲政最美. 薨, 贈武王. 西土思之, 但見其碑贊者, 皆拜之而泣. 其遺愛如此

———— • 1 : 23 [0023]

왕평자王平子[王澄]와 호무언국胡毋彦國[胡毋輔之] 같은 사람들은 모두 제멋대로 방종하는 것을 통달했다고 여겼는데, 그 중에는 나체인 자도 있었다.① 악광樂廣이 이를 비웃으며 말했다.

"훌륭한 성현의 가르침에도 절로 즐거운 경지가 있는데 하필 그렇게까지 할 필요가 뭐람!"

① ◦『진제공찬晉諸公贊』: 왕징王澄은 자가 평자며 달통한 식견을 지니고 있었다. 형주荊州자사를 지냈다.
 ◦『영가류인명永嘉流人名』: 호무보지胡毋輔之는 자가 언국이며 태산泰山 봉고奉高사람이다. 상주湘州자사를 지냈다.
 ◦ 왕은王隱의 『진서晉書』: 위나라 말년에 완적阮籍은 술을 좋아하고 제멋대로 행동하여, 관을 쓰지 않은 채 머리를 드러내놓고 머리카락을 풀어헤치

거나 어깨를 열어젖히고 다리를 쭉 뻗고 앉고는 하였다. 그 후 귀족의 자제 중에서 완첨阮瞻・왕징・사곤謝鯤・호무보지의 무리들이 모두 완적을 받들어 모시고서, 그가 대도大道의 근본을 깨달았다고 여겼다. 그들은 일부러 관을 쓰지 않고 의복을 벗어던지면서 추태를 드러내기가 금수와 같았다. 제일 심한 자를 이름하여 '통通'이라 하고, 다음가는 자를 이름하여 '달達'이라 하였다.

[참고] ························
『晉書』43, 『文選注』38・39・40.

王平子・胡母彦國諸人, 皆以任放爲達, 或有裸體者.① 樂廣笑曰; "名敎中自有樂地, 何爲乃爾也!"

① ・『晉諸公贊』曰; 王澄, 字平子, 有達識, 荊州刺史.
・『永嘉流人名』曰; 胡母輔之, 字彦國, 泰山奉高人, 湘州刺史.
・王隱『晉書』曰; 魏末阮籍, 嗜酒荒放, 露頭散髮, 裸袒箕踞. 其後貴游子弟阮瞻・王澄・謝鯤・胡母輔之之徒, 皆祖述於籍, 謂得大道之本. 故去巾幘, 脫衣服, 露醜惡, 同禽獸. 甚者名之爲通, 次者名之爲達也.

———————— • 1:24 [0024]

치공郗公[郗鑒]이 영가永嘉의 난①을 만나 향리로 가서 살았는데 매우 빈궁하여 굶주렸다. 마을사람들이 치공의 훌륭한 덕망을 생각하여 돌아가면서 함께 그를 먹여주었는데, 치공은 늘 형의 아들인 치매郗邁와 외조카인 주익周翼, 이 두 아이를 데리고 가서 얻어먹었다. 그러자 마을사람들이 말했다.

"우리 각자도 기근으로 빈곤하나 당신이 어질기 때문에 모두 당신만큼은 구제하려 합니다만, 아무래도 데리고 온 아이들까지는 도와드릴 수가 없을 것 같습니다."

치공은 이에 혼자 가서 먹었는데, 밥을 머금어 양쪽 뺨 가에 넣어두었다가 돌아와 뱉어서 두 아이들에게 주곤 했다. 그래서 나중에

모두 살아남게 되어 함께 강남으로 옮겨갔다.①

　치공이 죽었을 때 주익은 섬현剡縣을 다스리고 있었는데, 사직하고 돌아와서 치공의 영전에 상석喪席을 깔고 심상心喪②으로 3년을 마쳤다.②

　　① ▫『치감별전郗鑒別傳』: 치감은 자가 도휘道徽며 고평高平 금향金鄕사람으로 한나라 어사대부御史大夫 치려郗慮의 후손이다. 어려서부터 몸가짐을 바르게 했으며, 경전을 탐독하여 학자다운 아량으로 이름이 났다. 영가 말년에 세상이 크게 어지러워지고 기근이 계속 닥쳐오자, 고관 이하 모든 사람들이 자기의 재물을 덜어 치감을 도와주었다. 원제元帝가 그를 불러 영군領軍으로 기용했으며, 나중에는 사공司空과 태위太尉로 전임되었다.

　　▫『중흥서中興書』: 치감의 형의 아들 치매는 자가 사원思遠이다. 세상을 다스릴 재략이 있었으며, 여러 벼슬을 거쳐 소부少府와 중호군中護軍에 기용되었다.

　　② ▫『주씨보周氏譜』: 주익은 자가 자경子卿이며 진군陳郡사람이다. 조부 주혁周奕은 상곡上谷태수였으며 부친 주우周優는 거기자의車騎諮議였다. 주익은 섬현剡縣의 현령과 청주靑州자사·소부경少府卿을 역임하고서 64세에 죽었다.

　　[역주]┈┈┈┈┈┈┈┈┈┈┈┈┈┈┈┈┈┈┈
　　① 永嘉의 난: 西晉 말 영가연간(307~313)에 일어났던 大亂. 八王의 난(300) 이후에 대두된 왕족 상호간의 권력쟁탈과 중원의 황폐를 틈타, 흉노족 劉淵이 漢王을 자칭하고 羯族의 石勒과 王彌를 귀속하여 河南과 山東 일대를 근거지로 삼아 세력을 확장했으며, 312년에는 유연의 아들 劉聰이 수도 洛陽을 침공하여 懷帝를 平陽에 유폐시켰다가 살해하고 愍帝를 長安에서 옹립함. 서진은 이 난 때문에 사실상 붕괴되었으며 華北은 五胡十六國時代로 접어들게 되었음.
　　② 心喪: 상복은 입지 않고 마음속으로 치르는 상. 제자가 스승을 위하여 치르는 상을 말하기도 함.

　　[참고] 『晉書』67, 『蒙求』下, 『白氏六帖』6, 『太平御覽』367·486·512.

郗公值永嘉喪亂, 在鄕里窮餒. 鄕人以公名德, 傳共飴之. 公常攜兄子邁及外生周翼二小兒往食. 鄕人曰; "各自饑困, 以君之賢, 欲共濟君耳, 恐不能兼有所存." 公於是獨往食, 輒含飯著兩頰邊, 還吐與二兒. 後並得存, 同過江.① 郗公亡, 翼爲剡縣, 解職歸, 席苫於公靈牀頭, 心喪終三年.②

① ▫『郗鑒別傳』曰; 鑒, 字道徽, 高平金鄉人. 漢御史大夫郗慮後也. 少有體正, 耽思經籍, 以儒雅著名. 永嘉末, 天下大亂, 饑饉相望, 冠帶以下, 皆割己之資供鑒. 元皇徵爲領軍, 遷司空·太尉.
▫『中興書』曰; 鑒兄子邁, 字思遠, 有幹世才略. 累遷少府·中護軍.
② ▫『周氏譜』曰; 翼, 字子卿, 陳郡人. 祖奕, 上谷太守. 父優, 車騎咨議. 歷剡令·青州刺史·少府卿, 六十四而卒.

━━━━━━ • 1 : 25 [0025]

고영顧榮이 낙양洛陽에 있을 때 한번은 남의 초청에 응하여 갔었는데, 구운 고기를 나르는 사람이 그 고기를 먹고 싶어 하는 기색이 있음을 알아채고서 자기 것을 거두어 그에게 주었다. 같이 앉았던 사람들이 이를 비웃자 고영이 말했다.

"어찌 종일토록 고기를 만지면서도 그 맛을 모르는 자가 있어서야 되겠는가?"

뒤에 난리를 만나 강남으로 건너가게 되었는데, 위급함을 겪을 때마다 항상 어떤 사람①이 자기를 도와주곤 했다. 그래서 그 까닭을 물었더니 그에게서 고기를 받아먹었던 바로 그 사람이었다.①

① ▫『문사전文士傳』: 고영은 자가 언선彦先이며 오군吳郡사람이다. 그 선조는 월왕越王 구천勾踐의 방계혈족으로 고읍顧邑에 봉해졌기 때문에, 자손들이 마침내 고顧를 성씨로 했다. 대대로 오나라의 명문가가 되었는데, 조부 고옹顧雍은 오나라 승상이었으며 부친 고목顧穆은 의도宜都태수였다. 고영은 어려서부터 재주가 놀랄 만했으며, 풍격이 높고도 빼어나 정위정廷尉正을 역임했다. 한번은 관청에서 동료들과 함께 술을 마셨는데, 구운 고기를 나르는 자 중에 보통 노복과는 다른 자가 있음을 보고서, 자기 고기를 나누어 그에게 먹게 했다. 뒤에 조왕趙王 사마륜司馬倫이 왕위를 찬탈했을 때, 그의 아들이 중령군中領軍이 되자 억지로 고영을 장사長史로 기용했다. 사마륜이 주살되자 고영도 또한 체포되었는데, 살육을 당한 자가 무릇 십여 명이나 되었다. 그때 고영을 구해 준 어떤 자가 있었는데, 그 까닭을 물었더니 그 사람

이 말했다.

"언젠가 모 관청에서 고기를 받아먹은 신하입니다."

고영이 그제야 알아차리고 탄식하며 말했다.

"한 끼 밥의 은혜를 지금까지 잊지 못한다고 하더니, 옛사람이 어찌 헛된 말을 했겠는가!"

[역주]
① 어떤 사람:『晉書』권68「顧榮傳」에 따르면, 고영에게서 고기를 얻어먹은 사람이 당시에 督率이 되었다고 함.

[참고] 『晉書』68,『北堂書鈔』145,『太平御覽』477·863,『事文類聚』續10.

顧榮在洛陽, 嘗應人請, 覺行炙人有欲炙之色, 因輟己施焉. 同坐嗤之. 榮曰; "豈有終日執之, 而不知其味者乎?" 後遭亂渡江, 每經危急, 常有一人左右己, 問其所以, 乃受炙人也.①

① 『文士傳』曰; 榮, 字彦先, 吳郡人. 其先越王句踐之支庶, 封於顧邑, 子孫遂氏焉, 世爲吳著姓. 大父雍, 吳丞相. 父穆, 宜都太守. 榮少朗俊機警, 風穎標徹, 歷廷尉正. 曾在省與同僚共飮, 見行炙者有異於常僕, 乃割炙以噉之. 後趙王倫篡位, 其子爲中領軍, 逼用榮爲長史. 及倫誅, 榮亦被執. 凡受戮等輩十有餘人. 或有救榮者, 問其故, 曰; "某省中受炙臣也." 榮乃悟而歎曰; "一餐之惠, 恩今不忘, 古人豈虛言哉!"

———————— • 1 : 26 [0026]

조광록祖光祿[祖納]은 어려서 아버지를 여의고 가난하게 살았지만, 성품이 지극히 효성스러워 항상 어머니를 위하여 손수 불을 때 밥을 지었다.① 왕평북王平北[王乂]이 그의 훌륭한 명성을 듣고 여종 두 명을 보내주고 이어서 그를 중랑中郞으로 등용했다.② 사람들 중에서 이를 비웃는 자가 말했다.

"종놈의 값이 종년의 배로구나."

그러자 조광록이 말했다.

"백리해百里奚 또한 어찌 반드시 검은 양가죽 다섯 장보다 쌌다고 하겠는가?"③

1 ▫ 왕은王隱의 『진서晉書』: 조납祖納은 자가 사언士言이며 범양范陽 주適사람이다. 9대에 걸쳐 효렴孝廉①에 천거되었다. 조납의 이복형 세 명도 품행을 잘 수양했으며 청담에 능했다. 조납은 태자중서자太子中庶子와 정위경廷尉卿을 역임했으며, 강남으로 피난해서는 온교溫嶠의 추천으로 광록대부光祿大夫가 되었다.

2 ▫ 『왕예별전王乂別傳』: 왕예는 자가 숙원叔元이며 낭야琅邪 임기臨沂사람이다. 당시 촉蜀이 평정되었는데, 두 장군이 난을 일으키자 문제文帝[司馬昭]는 서쪽 장안으로 옮겨가 왕예를 불러 상국사마相國司馬로 등용했다. 나중에 대상서大尚書로 옮겨갔다가 조정을 나와 도독유주제군사都督幽州諸軍事와 평북장군平北將軍이 되었다.

3 ▫ 『초국선현전楚國先賢傳』: 백리해는 자가 정백井伯이며 초국사람이다. 젊어서 우虞나라에서 벼슬하여 대부大夫가 되었다. 진晉나라가 우나라에서 길을 빌어 괵虢나라를 치려했을 때, 백리해가 간했으나 듣지 않자 이에 우나라를 떠나버렸다.

▫ 『설원說苑』: 진秦나라 목공穆公이 상인들에게 우나라에서 소금을 실어오게 했는데, 여러 상인들이 양가죽 다섯 장을 주고 백리해를 사서 노비로 부렸다. 실어온 소금을 목공이 보다가 수레를 끄는 소가 살쪄 있는 것을 이상하게 여겨 그 까닭을 물었더니, 백리해가 대답했다.

"때에 맞춰 물과 먹이를 주고 난폭하지 않게 부렸더니 이 때문에 살이 쪘습니다."

이에 목공이 담당관리에게 명하여 그를 목욕시키고 의관을 입히게 했다. 공손지公孫支가 자기의 경卿 지위를 백리해에게 양보하고 그를 일러 오고대부五羖大夫라 했다.

[역주]
① 孝廉: 漢代에서 시작된 擧士科目 중의 하나. 지방관청의 하급관리나 재야의 유능한 인재를 州郡의 장관이 조정에 천거하여 조정에서 인정하게 되면, 郞中에 임명되어 관직의 길을 걷게 됨.

[참고] 『晉書』62, 『藝文類聚』35, 『太平廣記』246.

祖光錄少孤貧, 性至孝, 常自爲母炊爨作食.1 王平北聞其佳名, 以兩婢餉之,因取爲中郞.② 有人戲之者曰; "奴價倍婢." 祖云; "百里奚亦何必輕於五羖之皮邪?"③

①.『王隱『晉書』曰; 祖納, 字士言, 范陽遒人, 九世孝廉. 納諸母三兄, 最治行操, 能淸言. 歷太子中庶子·廷尉卿. 避地江南, 溫嶠薦爲光祿大夫.

②.『王乂別傳』曰; 乂, 字叔元, 琅邪臨沂人. 時蜀新平, 二將作亂, 文帝西之長安, 乃徵爲相國司馬, 遷大尙書, 出督幽州諸軍事·平北將軍.

③.『楚國先賢傳』曰; 百里奚, 字凡伯, 楚國人. 少仕於虞, 爲大夫. 晉欲假道於虞以伐虢, 諫而不聽, 奚乃去之

.『說苑』曰; 秦穆公使賈人載鹽於虞, 諸賈人買百里奚以五羊皮. 穆公觀鹽, 怪其牛肥, 問其故, 對曰; "飮食以時, 使之不暴, 是以肥也." 公令有司沐浴衣冠之. 公孫支讓其卿位, 號曰五羖大夫.

―――――――― • 1 : 27 [0027]

주진周鎭이 임천臨川태수를 그만두고 도성으로 돌아왔는데, 아직 뭍으로 올라와 거주하지 못하고 그냥 배에 탄 채로 청계저靑溪渚①에 정박해 있었다.① 왕승상王丞相[王導]이 가서 그를 만나보았는데,② 때는 여름이라 폭우가 갑자기 쏟아졌다. 배는 몹시 좁았고 게다가 비가 크게 새어 거의 앉을 자리가 없었다.

왕승상이 말했다.

"호위胡威의 청렴함인들 어찌 이보다 더하겠는가?"

그리고는 즉시 상주하여 오흥吳興태수로 등용했다.③

①.『영가류인명永嘉流人名』: 주진은 자가 강시康時며 진류陳留 위지尉氏사람이다. 조부 주화周和는 고안故安의 현령이었으며, 부친 주진周震은 사공장사司空長史였다.

.『중흥서中興書』: 주진은 청렴하고 욕심이 적었으며 그가 다스린 곳마다 남다른 공적이 있었다.

②.『왕승상별전王丞相別傳』: 왕도王導는 자가 무홍茂弘이며 낭야琅邪사람이다. 조부 왕람王覽은 덕행으로 이름이 났으며, 부친 왕재王裁는 시어사侍御史②였다. 왕도는 젊어서부터 이름이 알려졌는데, 집안이 대대로 빈궁했지

만 느긋한 마음으로 도를 즐겨 일찍이 속세의 일을 가지고 걱정한 적이 없었다.

③ 『진양추晉陽秋』: 호위는 자가 백호伯虎며 회남淮南사람이다. 부친 호질胡質은 충의와 청렴으로 이름이 났었다. 호질이 형주荊州자사로 있을 때, 호위가 도성에서 그를 만나보러 갔는데 돌아가겠다고 고하자 호질이 호위에게 비단 한 필을 주었다. 호위가 무릎 꿇고 말했다.

"아버님께서는 청렴함으로 이름이 높으신데 어디서 이것을 얻으셨습니까?"

그러자 호질이 말했다.

"이것은 내 봉록의 나머지다. 그래서 너의 노자로 주는 것이다."

이에 호위가 받아가지고 갔다. 매번 객사에 이를 때마다 손수 말안장을 풀고 땔감을 가져다가 밥을 지었으며, 식사가 끝나면 다시 여정을 따라 길을 재촉했다. 그런데 호질의 부하인 장하도독帳下都督이 몰래 식량을 싸가지고 그를 기다리고 있다가, 그와 함께 동반하여 매사에 서로 도와 일을 처리했으며, 또한 식사도 마련해주었다. 호위가 이것을 이상히 여겨 은밀히 그를 유도하여 물어본 결과, 그가 바로 부친의 장하도독이라는 것을 알아냈다. 그래서 그에게 사례하고 돌려보냈다. 나중에 이 일을 호질에게 얘기했더니, 호질이 도독을 곤장 백 대의 형벌에 처하고 그의 관직을 삭탈해 버렸다. 부자의 청렴하고 신중함이 이와 같았다.

호위가 서주徐州자사로 있을 때, 세조世祖[武帝]가 그에게 친견親見을 허락하여 그와 함께 변방의 일을 논했는데, 그것이 평생토록 계속되었다. 무제가 그의 부친의 청렴함에 감탄하여 호위에게 일러 말했다.

"그대와 그대의 부친 중에 누가 더 청렴한가?"

그러자 호위가 대답했다.

"신의 청렴함이 부친만 못합니다."

다시 무제가 말했다.

"무엇을 가지고 그대보다 낫다고 하는가?"

그러자 호위가 대답했다.

"신의 부친의 청렴함은 남이 알까봐 걱정하지만, 신의 청렴함은 남이 알아주지 않을까봐 걱정합니다. 이 때문에 부친만 훨씬 못합니다."

[역주]..........................
 ① 靑溪渚 : 靑溪는 지금의 江蘇省 江寧縣 동북쪽에 있는 하천.
 ② 侍御史:『晉書』권65 「王覽傳」에는 "撫軍長史", 同書 권65 「王導傳」에는 "鎭軍司馬"
   를 지냈다고 되어 있음.
[참고]『北堂書鈔』38,『蒙求』下,『太平御覽』21·262

周鎭罷臨川郡還都, 未及上住, 泊靑溪渚.① 王丞相往看之,② 時夏月, 暴雨卒至, 舫至狹小, 而又大漏, 殆無復坐處. 王曰; "胡威之淸, 何以過此!" 卽啓用爲吳興郡.③
①○『永嘉流人名』曰; 鎭, 字康時, 陳留尉氏人也. 祖父和, 故安令. 父震, 司空長史.
  ○『中興書』曰; 鎭淸約寡欲, 所在有異績.
②○『丞相別傳』曰; 王導, 字茂弘, 琅邪人. 祖覽, 以德行稱. 父裁, 侍御史. 導少知名, 家世貧約, 恬暢樂道, 未嘗以風塵經懷也.
③○『晉陽秋』曰; 胡威, 字伯虎, 淮南人. 父質以忠淸顯. 質爲荊州, 威自京師往省之. 及告歸, 質賜威絹一匹. 威跪曰; "大人淸高, 於何得此?" 質曰; "是吾奉祿之餘, 故以爲汝糧耳." 威受而去. 每至客舍, 自放驢取樵爨炊. 食畢, 復隨旅進道. 質帳下都督, 陰齎糧要之, 因與爲伴, 每事相助經營之. 又進少飯, 威疑之, 密誘問之, 乃知都督也. 謝而遣之. 後以白質, 質杖都督一百, 除其吏名. 父子淸愼如此. 及威爲徐州, 世祖賜見, 與論邊事, 及平生. 帝歎其父淸, 因謂威曰; "卿淸孰與父?" 對曰; "臣淸不如也." 帝曰; "何以爲勝汝邪?" 對曰; "臣父淸畏人知, 臣淸畏人不知. 是以不如遠矣."

———————— • 1 : 28 [0028]

　　등유鄧攸가 처음 피난 갈 때, 도중에서 자기 자식은 버려두고 동생의 자식만 온전하게 데리고 갔다.① 이미 강남으로 건너와 첩을 한 명 얻었는데 매우 총애했다. 몇 년이 지난 뒤 그녀에게 어디에서 왔는지를 물었더니, 첩이 갖추어 말하는데 자기도 북쪽 사람으로 난리를 만나 여기로 왔다는 것이었다. 그래서 부모의 성명을 더듬어보았더니 바로 자신의 조카였다. 등유는 평소에 덕행을 쌓아 언행에 결점이 없었는데, 이를 듣고서 슬피 탄식하며 종신토록 다시는 첩을 두지 않았다.

1 ▫『진양추晉陽秋』: 등유는 자가 백도伯道며 평양平陽 양릉襄陵사람이다. 7살 때 부모와 조부모①를 여의고 9년 동안 거듭 상을 치렀다. 성품이 청렴하고 신중하면서도 대범했다.

▫ 등찬鄧粲의『진기晉紀』: 영가永嘉연간(307~313)에 등유가 석륵石勒에게 붙잡혔는데, 석륵이 그를 불러 막하에 세워두고 함께 얘기해보고는 기뻐하여 앉게 하고 식사를 대접했다. 등유의 마차를 세워둔 곳에 호인胡人의 마차가 옆에 있었는데, 호인이 실화失火하여 거영車營②을 태웠다. 석륵의 부하관리가 호인을 심문하자 호인이 등유를 무고했다. 등유는 더불어 논쟁할 수 없음을 헤아리고서 말했다.

"조금 전에 제가 노모를 위하여 죽을 끓이다가 실화하여 불이 번졌습니다. 그러니 그 죄는 만 번 죽어 마땅합니다."

그러자 석륵이 그 말을 듣고 그를 놓아주었다. 무고했던 호인이 등유에게 깊이 감사하여 자기의 노새와 말을 주고 호송하여 도망갈 수 있게 해주었다.

▫ 왕은王隱의『진서晉書』: 등유는 피난길이 멀어 수레를 부숴버리고 우마에 처자를 태워 떠났는데, 도적이 우마까지 약탈했다. 등유가 아내에게 일러 말했다.

"내 동생은 일찍 죽고 오직 유민遺民③이만 남았소. 지금 걸어가면서 두 아이를 다 업고 간다면 모두 죽게 될 것이니, 차라리 우리 자식은 버리고 유민이를 안고 가는 것이 좋겠소. 우리는 나중에라도 자식을 낳을 수 있으니 말이오."

그러자 부인이 그의 말에 따랐다.

▫『중흥서中興書』: 등유가 풀숲에 아이를 버렸는데, 아이가 울면서 뒤쫓아와 저녁 무렵에 다시 만나게 되었다. 등유는 다음날 나무에다 아이를 매놓고 떠나 마침내 강남으로 건너갔다. 뒤에 상서좌복야尙書左僕射에 이르렀다가 죽었다. 동생의 아들 등수鄧綏가 등유를 위해 자최상齊衰喪④ 3년을 치렀다.

[역주] ······························
① 祖父母:『晉書』권90「鄧攸傳」에는 "攸七歲喪父, 尋喪母及祖母, 居喪九年, 以孝致稱."이라 되어 있어서, 원문의 '祖父母'는 '祖母'의 잘못으로 보임.

② 車營: 수레를 세워놓은 진영.
③ 遺民: 『晉書』권90 「鄧攸傳」에는 "一息"이라 되어 있는데, 斠注에 遺民은 逸民으로 동생의 아들 綏의 어릴 적 이름이라 함.
④ 齊衰喪: 『儀禮』「喪服」에 따르면, 부친상을 당했을 때는 斬衰라고 하는 상복을 입고 3년간 상을 치르고, 백숙부의 상을 당해서는 齊衰라고 하는 상복을 입고 1년간 상을 치름. 백부를 위해 자최상 3년을 치른 것은 자기를 살려준 은혜에 감사하여 親喪의 禮로 3년을 치른 것으로 보임.

[참고] 『晉書』90.

鄧攸始避難, 於道中棄己子全弟子. ①旣過江, 取一妾, 甚寵愛. 歷年後, 訊其所由, 妾具說是北人遭亂. 憶父母姓名, 乃攸之甥也. 攸素有德業, 言行無玷, 聞之哀恨, 終身遂不復畜妾.

①『晉陽秋』曰; 攸, 字伯道, 平陽襄陵人. 七歲喪父母及祖父母, 持重九年. 性淸愼平簡.
◦鄧粲『晉紀』曰; 永嘉中, 攸爲石勒所獲, 召見, 立幕下與語, 說之, 坐而飯焉. 攸車所止, 與胡人隣轂, 胡人失火燒車營, 勒吏案問胡, 胡誣攸. 攸度不可與爭, 乃曰; "向爲老姥作粥, 失火延逸, 罪應萬死." 勒知遣之. 所誣胡厚德攸, 遺其驢馬, 護送令得逸.
◦王隱『晉書』曰; 攸以路遠, 斫壞車, 以牛馬負妻子以叛, 賊又掠其牛馬. 攸語妻曰; "吾弟早亡, 唯有遺民. 今當步走, 儋兩兒盡死, 不如棄己兒, 抱遺民. 吾後猶當有兒." 婦從之.
◦『中興書』曰; 攸棄兒於草中, 兒啼呼追之, 至莫復及. 攸明日繫兒於樹而去, 遂渡江. 至尙書左僕射, 卒. 弟子綏, 服攸齊衰三年.

• 1 : 29 [0029]

왕장예王長豫[王悅]는 사람됨이 신중하고 온순했으며, 부모를 섬기는 데 색양지효色養之孝①를 극진히 했다.① 그래서 부친 왕승상王丞相[王導]은 왕장예를 보면 기뻐했으나, 동생 왕경예王敬豫[王恬]를 보면 화를 냈다.② 왕장예와 왕승상이 얘기할 때는 항상 신중함과 은밀함을 첫째로 삼았다. 왕승상이 관청에 출근할 때면 떠날 때마다 수레 뒤를 따라가면서 배웅해드리지 않은 적이 없었다. 그리고 항상 어머니 조부인曹夫人을 위하여 상자 속에 든 어머니의 물건들을 함께 정리해드렸다. 나중에 왕장예가 죽은 뒤 왕승상은 관청에 출근할 때 수레에 오른 뒤 관청 문 앞까지 울면서 갔으며, 조부인도 대나무 상자를 만들었지만[2] 아들 생각이 날까봐 봉해두고서 차마 열지 못했다.[3]

[1]◦『중흥서中興書』: 왕열王悅은 자가 장예며 승상 왕도王導의 큰아들이다. 벼슬은 중서시랑中書侍郞에까지 이르렀다.

[2]◦『문자지文字志』: 왕념王恬은 자가 경예며 왕도의 둘째아들이다. 어려서부터 성격이 독립적이고 자유분방했으며 학문을 싫어하고 무예를 좋아하여 왕도의 사랑을 받지 못했다. 벼슬은 중군장군中軍將軍에까지 이르렀다. 재예才藝가 많아 예서隸書에 능했으며, 제양濟陽의 강반江虨과 더불어 바둑 잘 두기로 소문났다.

[3]◦『왕씨보王氏譜』: 왕도는 팽성彭城 조소曹韶의 딸을 아내로 맞이했는데 이름은 숙淑이었다.

[역주]..........................

① 色養之孝 : 자식이 늘 얼굴빛을 부드럽게 하여 극진히 부모를 섬기는 효도. 일설에는 부모의 얼굴빛을 보고 그 마음에 맞도록 자식이 봉양하는 효도라고도 함.『論語』「爲政」에 "子夏問孝, 子曰: '色難, 有事, 弟子服其勞, 有酒食, 先生饌, 曾是以爲孝乎?'"라는 구절이 있음.

② 대나무 상자를 만들었지만 : 원문은 "作簏". 원문대로 대나무 상자를 다시 만들었다는 것은 문맥상 맞지 않음. 아마도 지난날 王悅이 정리했던 그 상자를 봉인해 두고 차마 열지 못했다고 하는 것이 문맥상 타당할 것 같음.

[참고]『晉書』65.

王長豫爲人謹順, 事親盡色養之孝.[1] 丞相見長豫輒喜, 見敬豫輒嗔.[2] 長豫與丞相語, 恒以愼密爲端. 丞相還臺, 及行, 未嘗不送至車後. 恒與曹夫人幷當箱篋. 長豫亡後, 丞相還臺, 登車後, 哭至臺門. 曹夫人作簏, 封而不忍開.[3]

[1]◦『中興書』曰: 王悅, 字長豫, 丞相導長子也. 仕至中書侍郞.

[2]◦『文字志』曰; 王恬, 字敬豫, 導次子也. 少卓犖不羈, 疾學尙武, 不爲導所重. 至中軍將軍. 多才藝, 善隸書, 與濟陽江虨以善奕聞.

[3]◦『王氏譜』曰; 導娶彭城曹韶女, 名淑.

• 1:30 [0030]

환상시桓常侍[桓彝]는 사람들이 심공深公[竺法深]에 대해 비평하는 소리를 들으면 곧바로 말했다.

"그분은 이미 훌륭한 명성이 있으며 게다가 고승高僧으로 알려져 있습니다. 또한 저의 선친과는 아주 가까운 사이셨습니다. 그러니 그를 비평하는 것은 옳지 않습니다."1

1。『환이별전桓彝別傳』: 환이는 자가 무륜茂倫이며 초국譙國 용항龍亢사람으로, 한나라 오경五更 환영桓榮의 10대손[1]이다. 부친 환영桓潁은 명성이 높았다. 환이는 어려서 부모를 여의었으며, 인물을 감식하는 데 밝았다. 난리를 피해 강남으로 건너간 뒤 여러 벼슬을 거쳐 산기상시散騎常侍에 등용되었다.

。승僧 법심法深은 그 속성俗姓[2]은 알 수 없지만 아마도 귀족의 자손일 것이다. 도道가 드높아 명망이 산동山東에 퍼져 중주中州 유공劉公[劉元眞]의 제자가 되었다. 영가永嘉의 난을 만나자 양주楊州에 은둔했다. 그 후 도성[建鄴]에 머물면서, 안으로는 계율을 닦고 밖으로는 사람들의 신망을 받아 불도를 크게 전하는 법사가 되었다. 그러나 행업行業이 더욱 청정해지자 더 이상 속진俗塵을 참을 수 없어서, 섬현剡縣 동쪽 200리에 있는 앙산岬山 중에 암자를 짓고 뜻을 같이한 10여 명과 함께 노닐면서 맑고 고고한 생활을 했다. 지도림支道林[支遁]이 그의 풍격을 우러러 고려도인高麗道人에게 보내는 서신에서 그의 덕행을 칭송했다. 79세[3]에 앙산에서 죽었다.

[역주]
① 10대손:『晉書』권74「桓彝傳」에는 "九世孫"이라 되어 있음.
② 俗姓:『高僧傳』권4「竺潛傳」에서는 "竺潛, 字法深, 姓王, 琅邪人. 晉丞相武昌郡公敦弟也."라고 함.
③ 79세:『高僧傳』에는 "八十九歲"라 되어 있음.

桓常侍聞人道深公者, 輒曰; "此公旣有宿名, 加先達知稱, 又與先人至交, 不宜說之."1

1。『桓彝別傳』曰; 彝, 字茂倫, 譙國龍亢人, 漢五更桓榮十世孫也. 父潁, 有高名. 彝少孤, 識鑒明朗, 避亂渡江, 累遷散騎常侍.

。僧法深, 不知其俗姓, 蓋衣冠之胤也. 道徹高扇, 譽播山東, 爲中州劉公弟子. 值永嘉亂, 投迹楊土, 居止京邑. 內持法綱, 外允具瞻, 弘道之法師也. 以業慈淸淨, 而不耐風塵, 考室剡縣東二百里㕔山中, 同遊十餘人, 高棲浩然. 支道林宗其風範, 與高麗道人書, 稱其德行. 年七十有九, 終於山中也.

———————— • 1 : 31 [0031]

유공庾公[庾亮]이 타던 말 가운데 적로的盧라는 흉마凶馬가 있었는데,① 어떤 사람이 그에게 팔아버리라고 말하자② 유공이 말했다.

"이것을 판다면 반드시 살 사람이 있겠지만 다시 그 주인을 해칠 것이니, 어찌 자기에게 편하지 않다고 해서 그것을 다른 사람에게 옮길 수 있겠는가? 옛날에 손숙오孫叔敖가 뒷사람을 위해 머리 둘 달린 뱀을 죽였다는 옛 미담도 있으니,③ 이를 본받는 것이 또한 도리에 맞는 것이 아니겠는가?"

① □ 『진양추晉陽秋』: 유량庾亮은 자가 원규元規며 영천潁川 언릉鄢陵 사람으로 명목황후明穆皇后의 큰오라비다. 깊은 아량에 덕량德量을 갖추고 있어서, 당시 사람들이 그를 하후태초夏侯太初[夏侯玄]와 진장문陳長文[陳群]의 무리에 견주었다. 부친 유침庾琛을 모시고 회계會稽에 은둔했는데, 몸가짐이 단정하고 위엄이 있어 군인郡人들이 매우 경외하여 직접 그를 접견한 사람은 몇 명뿐이었다. 여러 벼슬을 거쳐 정서대장군征西大將軍과 형주荊州자사에 등용되었다.

□ 백악伯樂의 『상마경相馬經』: 말 중에서 이마의 흰 반점이 입을 지나 앞 이빨까지 있는 것을 이름하여 '유안楡鴈'이라 하는데 일명 '적로'라고도 한다. 이 말은 노비가 타면 객사하고 주인이 타면 기시棄市의 형벌①에 처하게 되는 불운을 당한다. 바로 흉마다.

② □ 『어림語林』: 은호殷浩가 공에게 말을 팔라고 권했다.

③ □ 가의賈誼의 『신서新書』: 손숙오가 어렸을 때 길을 가다가 머리 둘 달린 뱀을 보고 죽여서 묻었다. 그리고 집에 돌아와 그의 어머니를 보고 울었다. 어머니가 그 까닭을 묻자 대답했다.

"머리 둘 달린 뱀을 본 사람은 반드시 죽는다고 하는데, 오늘 나갔다가 보았기 때문에 우는 것입니다."

어머니가 다시 물었다.

"뱀은 지금 어디에 있느냐?"

그러자 손숙오가 대답했다.

"뒷사람이 볼까봐 걱정되어 죽여서 묻어버렸습니다."

이를 듣고 어머니가 말했다.

"대저 남모르게 베푼 은덕이 있으면 반드시 남들이 다 알게 복을 받는다고 했으니 너는 걱정 말아라."

손숙오는 나중에 마침내 초楚나라 조정에서 이름을 세웠으며, 장성해서는 초나라 영윤令尹②이 되었다.

[역주]……………………

① 棄市의 형벌 : 사형수를 대중 앞에서 처형하고 그 시체를 저자에 버려 사람들에게 경계를 하던 형벌.

② 令尹 : 楚나라 최고의 大臣.

[참고] 『晉書』73.

庾公乘馬有的盧,① 或語令賣去.② 庾云; "賣之必有買者, 卽當害其主. 寧可不安己而移於他人哉? 昔孫叔敖殺兩頭蛇以爲後人, 古之美談,③ 效之, 不亦達乎?"

①·『晉陽秋』曰; 庾亮, 字元規, 潁川鄢陵人, 明穆皇后長兄也. 淵雅有德量, 時人方之夏侯太初·陳長文之倫. 侍從父琛, 避地會稽, 端拱凝然, 郡人嚴憚之. 覯接之者, 數人而已. 累遷征西大將軍·荊州刺史.

·白樂『相馬經』曰; 馬白額入口至齒者, 名曰楡雁, 一名的盧. 奴乘客死, 主乘棄市, 凶馬也.

②·『語林』曰; 殷浩勸公賣馬.

③·賈誼『新書』曰; 孫叔敖爲兒時, 出道上, 見兩頭蛇, 殺而埋之. 歸見其母, 泣. 問其故, 對曰; "夫見兩頭蛇者, 必死. 今出見之, 故爾." 母曰; "蛇今安在?" 對曰; "恐後人見, 殺而埋之矣." 母曰; "夫有陰德, 必有陽報, 爾無憂也." 後遂興於楚朝. 及長, 爲楚令尹.

──────── • 1 : 32 [0032]

완광록阮光祿[阮裕]이 섬현剡縣에 있을 때 좋은 수레가 있었는데, 빌려달라는 사람에게는 모두 빌려주지 않은 적이 없었다. 어떤 사람이 모친을 장례지내면서 그 수레를 빌리고 싶었으나 감히 말하지 못했다. 완광록이 나중에 그것을 듣고 탄식하며 말했다.

"나에게 수레가 있지만 사람들로 하여금 감히 빌려가지 못하게 했으니 이 수레를 어디에 쓰겠는가?"

그러고는 마침내 불살라 버렸다.[1]

[1] ·『완광록별전阮光祿別傳』: 완유阮裕는 자가 사광思曠이며 진류陳留 위지尉氏사람이다. 조부 완략阮略은 제국내사齊國內史[1]였으며, 부친 완의阮顗는 여남汝南태수[2]였다. 완유는 학문에 널리 통하고 이치에 맞는 식견을 지니고 있어서 여러 벼슬을 거쳐 시중에 기용되었다. 병이 들자 회계會稽의 섬산剡山에 집을 짓고 요양했다. 금자광록대부金紫光祿大夫에 초징되었으나 나아가지 않았다. 61세에 죽었다.

[역주]
① 齊國內史 :『晉書』 권49 「阮放傳」에는 "齊郡太守"를 지냈다고 되어 있음.
② 汝南太守 :『晉書』 권49 「阮放傳」에는 "淮南內史"를 지냈다고 되어 있음.

[참고]『晉書』49.

阮光祿在剡, 曾有好車, 借者無不皆給. 有人葬母, 意欲借而不敢言. 阮後聞之, 歎曰; "吾有車而使人不敢借, 何以車爲?" 遂焚之.[1]

[1] ·『阮光祿別傳』曰; 裕, 字思曠, 陳留尉氏人. 祖略, 齊國內史. 父顗, 汝南太守. 裕淹通有理識, 累遷侍中. 以疾築室會稽剡山. 徵金紫光祿大夫, 不就. 年六十一卒.

• 1 : 33 [0033]

사혁謝奕이 섬현령剡縣令으로 있을 때,[1] 한 노인이 법을 어겼다. 그래서 사혁이 독한 술로써 그를 벌주었는데, 이미 과도하게 취했는데도 그만두지를 않았다. 동생 사태부謝太傅[謝安]는 그때 나이가 7~8살쯤 되었는데, 푸른 바지를 입고 형의 무릎 옆에 앉아 있다가 간언했다.

"형님[1]! 노인네가 정말 불쌍합니다. 어찌 이렇게까지 할 수 있습니까?"

사혁이 이에 용모를 가다듬으며 말했다.

"아우[1]아! 그를 놓아주고 싶으냐?"

그러고는 마침내 그를 보내주었다.

① •『중흥서中興書』: 사혁은 자가 무혁無奕이며 진군陳郡 양하陽夏사람이다. 조부 사형謝衡은 태자소부太子少傅였으며, 부친 사부謝裒는 이부상서吏部尙書였다. 사혁은 젊어서부터 기량과 식견이 있어 태위연太尉掾과 섬현령으로 초치되었으며, 여러 벼슬을 거쳐 예주豫州자사에 등용되었다.

[역주]························
① 형님, 아우 : 원문은 "阿兄"과 "阿奴". '阿~'는 친근한 감정을 나타내는 호칭으로 형과 아우를 지칭하는 육조시대의 칭호

[참고]『晉書』79,『太平御覽』516.

謝奕作剡令,① 有一老翁犯法, 謝以醇酒罰之, 乃至過醉, 而猶未已. 太傅時年七八歲, 箸靑布絝, 在兄膝邊坐, 諫曰; "阿兄! 老翁可念, 何可作此?" 奕於是改容曰; "阿奴欲放去邪?" 遂遣之.

① •『中興書』曰; 謝奕, 字無奕, 陳郡陽夏人. 祖衡, 太子少傅. 父裒, 吏部尙書. 奕少有器鑒, 辟太尉掾·剡令, 累遷豫州剌史.

———————— • 1 : 34 [0034]

사태부謝太傅[謝安]가 저공褚公[褚裒]을 매우 중시하여 늘 칭찬했다.

"저계야褚季野[褚裒]는 비록 말은 하지 않지만 사시四時의 기운이 또한 갖추어져 있다.[1]"

① •『문자지文字志』: 사안謝安은 자가 안석安石이며 사혁謝奕의 동생이다. 집안 대대로 학덕이 있었다. 사안은 사물의 이치에 널리 통달했으며 온아하고 부드러운 성품을 지녔다. 그가 4살 때 환이桓彛가 보고 칭찬하여 말했다.

"이 아이는 풍골風骨이 뛰어나므로 틀림없이 왕동해王東海[王承]의 뒤를 이을 것이다."

그는 행서行書에도 뛰어났다. 여러 벼슬을 거쳐 태보太保과 녹상서사錄尙書事[2]에 등용되었으며, 죽은 뒤 태부에 추증되었다.

◦『진양추晉陽秋』: 저부褚裒는 자가 계야며 하남河南 양적陽翟사람이다. 조부 저곽褚䂮은 안동장군安東將軍이었으며, 부친 저치褚治[③]는 무창태수武昌太守였다. 저부는 어려서부터 대범하면서도 고귀한 풍격이 있었으며 과묵하다는 칭송을 받았다. 여러 벼슬을 거쳐 강주江州자사와 연주兗州자사에 등용되었으며, 죽은 뒤 시중侍中과 태부에 추증되었다.

[역주]························
① 비록 말은~갖추어져 있다 : 원문은 "雖不言, 而四時之氣亦備". 이 말은 『論語』「陽貨」의 "天何言哉? 四時行焉, 萬物生焉, 天何言哉"라는 구절에 근거하고 있음.
② 錄尙書事 : 尙書令의 위에 있으면서 상서[문서를 담당하는 관리]의 일을 감독하는 관리.
③ 褚治 : '褚洽'의 오기로 보임. 宋本과 『世說敍錄』・「人名譜・河南陽翟褚氏譜」에는 모두 "褚洽"이라 되어 있음.

[참고] 『晉書』93.

謝太傅絶重褚公, 常稱; "褚季野雖不言, 而四時之氣亦備."[1]
[1]『文字志』曰; 謝安, 字安石, 奕弟也. 世有學行, 安弘粹通遠, 溫雅融暢. 桓彝見其四歲時, 稱之曰; "此兒風神秀徹, 當繼蹤王東海." 善行書. 累遷太保・錄尙書事, 贈太傅.
◦『晉陽秋』曰; 褚裒, 字季野, 河南陽翟人. 祖䂮, 安東將軍. 父治, 武昌太守. 裒少有簡貴之風, 沖默之稱. 累遷江・兗二州刺史, 贈侍中・太傅.

----------- • 1 : 35 [0035]

유윤劉尹[劉惔]이 군의 태수로 있을 때 죽음에 임박하여 숨이 금방이라도 끊어질 듯했는데, 샛문 아래에서 신에게 제사지내느라고 고무鼓舞하는 소리를 듣더니 정색하며 말했다.

"사신邪神에게 제사하지 말라!"[1]

밖에서 아전이 수레에 실어온 소를 잡아 신에게 제사지내자고 청하자 유진장劉眞長[劉惔]이 대답했다.

"공자님도 '구丘가 기도한 지 오래되었도다!'[①]라고 말씀하셨으니, 더 이상 번거롭게 하지 말라!"[2]

①。『유윤별전劉尹別傳』: 유담劉惔은 자가 진장이며 패국沛國 소蕭② 사람으로 한漢나라 황실 유씨劉氏의 후손이다. 유진장은 아량이 있었으며, 비록 사립문을 한 궁벽한 마을에 살았어도 마음만은 편안했다. 사도좌장사司徒左長史・시중侍中・단양윤丹陽尹을 역임했으며, 정사를 처리함이 침착하고 성실하여 세속의 이해利害가 그의 뜻을 옮길 수 없었다.

②。포씨包氏의 『논어論語』 주注 : '도禱'는 신에게 청하는 것이다.

。공안국孔安國 : 공자의 평소 행실이 천지신명의 뜻에 부합되기 때문에 "구가 기도한 지 오래 되었도다!"라고 말씀하신 것이다

[역주]……………………

① 丘가 기도한 지 오래 되었도다 : 원문은 "丘之禱久矣". 『論語』 「述而」에 "子疾病, 子路請禱. 子曰; '有諸?' 子路對曰; '有之. 誄曰; "禱爾于上下神祇." 子曰; '丘之禱久矣.'"라는 구절이 있음.

② 蕭 : 『晉書』 권75 「劉惔傳」에는 "相"이라 되어 있음.

[참고] 『晉書』75.

劉尹在郡, 臨終綿愊, 聞閣下祠神鼓舞. 正色曰; "莫得淫祀!"① 外請殺車中牛祭神. 眞長答曰; "丘之禱久矣, 勿復爲煩!"②

①。『劉尹別傳』曰; 惔, 字眞長, 沛國蕭人也. 漢氏之後. 眞長有雅裁, 雖蓽門陋巷, 晏如也. 歷司徒左長史・侍中・丹陽尹. 爲政務鎭靜信誠, 風塵不能移也.

②。包氏『論語』曰; 禱, 請也.

。孔安國曰; 孔子素行合於神明, 故曰; "丘之禱久矣."

──────── • 1 : 36 [0036]

사공謝公[謝安]의 부인이 자식들을 가르치면서 남편인 사태부謝太傅[謝安]에게 물었다.

"어찌하여 나리께서 자식 가르치는 것을 한번도 볼 수가 없습니까?"

그러자 사공이 대답했다.

"나는 항상 자식들을 가르치고 있소."①

①。『사씨보謝氏譜』 : 사안謝安은 패국沛國 유탐劉耽의 딸을 아내로 맞았다.

◦ 생각건대 : 태위太尉 유자진劉子眞[劉寔]은 청렴하고 지조가 있었으며 예법에 따라 처신했으나, 두 아들은 불초하여 모두 재물을 부정하게 써서 죄를 지었다. 그래서 유자진도 연좌되어 파면되었다. 객이 말했다.
"그대는 어찌하여 자식들을 훈계하지 않소?"
그러자 유자진이 말했다.
"내가 일하는 것은 자식들이 귀와 눈으로 모두 듣고 보는 바인데도 본받지 않으니, 어찌 엄한 훈계를 한다 해서 바뀔 일이겠소?"
그러니 사안석謝安石[謝安]의 생각은 유자진의 뜻과 같았던 것이다.

謝公夫人敎兒, 問太傅; "那得初不見君敎兒?" 答曰; "我常自敎兒."[1]
[1] ◦『謝氏譜』曰; 安娶沛國劉耽女.
◦ 按; 太尉劉子眞, 淸潔有志操, 行己以禮, 而二子不才, 並黷貨致罪. 子眞坐免官. 客曰; "子奚不訓導之?" 子眞曰; "吾之行事, 是其耳目所聞見, 而不放效, 豈嚴訓所變邪?" 安石之旨, 同子眞之意也.

———————— • 1 : 37 [0037]

진晉 간문제簡文帝[司馬昱]가 무군장군撫軍將軍으로 있을 때,[1] 앉는 의자 위에 쌓인 먼지를 털어내지 못하게 해서 그 위로 쥐가 지나간 발자국을 보고 좋은 일의 징조를 점쳤다. 한 참군參軍이 대낮에 쥐가 돌아다니는 것을 보고 수판手板[①]으로 때려 죽였더니, 무군장군이 불쾌한 기색을 보였다. 이 일로 부하들이 참군에 대한 탄핵문을 올렸더니, 무군장군이 교서를 내려 말했다.
"쥐가 해를 입은 것도 오히려 마음속으로 잊을 수 없는데, 지금 또 쥐로 인해서 사람을 해치게 된다면 옳지 않은 일이 아니겠는가?"

[1] ◦『속진양추續晉陽秋』 : 간문제는 휘가 욱昱이고 자가 도만道萬이며 중종中宗[元帝]의 막내아들이다. 어질고 총명했으며 지략도 있었다. 목제穆帝가 어렸기 때문에 무군장군이 되어 정사를 보필했다. 나중에 대사마大司馬 환온桓溫이 해서공海西公[廢帝 司馬奕]을 폐하고 그를 황제로 옹립했다. 재위 3년[②]

만에 죽었다.

[역주]
① 手板 : 笏을 말함. 관원이 조정에 들어갈 때 비망을 적기 위하여 지니는 작은 판때기.
② 3년 : 『晉書』 권8 「簡文帝紀」의 "咸安元年冬十一月己酉, 卽皇帝位, 二年秋七月乙未, 崩於東堂."이란 구절을 보면, '三年'은 '二年'의 잘못으로 보임.

[참고] 『事文類聚』後41.

晉簡文爲撫軍時,① 所坐牀上, 塵不聽拂, 見鼠行跡, 視以爲佳. 有參軍見鼠白日行, 而手板批殺之, 撫軍意色不說. 門下起彈, 敎曰; "鼠被害, 尙不能忘懷, 今復以鼠損人, 無乃不可乎?"
①. 『續晉陽秋』曰; 帝諱昱, 字道萬, 中宗少子也. 仁聞有智度. 穆帝幼沖, 以撫軍輔政. 大司馬桓溫廢海西公而立帝, 在位三年而崩.

• 1 : 38 [0038]

범선范宣이 8살 때 후원에서 채소를 뜯다가 잘못하여 손가락을 다쳐 엉엉 울었다. 어떤 사람이 물었다.

"아파서 그러느냐?"

그러자 범선이 대답했다.

"아프기 때문이 아니라 '신체발부身體髮膚는 감히 훼상해서는 안된다'①고 했기 때문에 우는 것입니다."①

범선은 품행이 청렴결백하여 한예장韓豫章[韓伯]이 그에게 비단 100필을 주었으나 받지 않았다.② 다시 50필을 감하여 주었으나 역시 받지 않았다. 이렇게 반씩 감하여 마침내 1필까지 내려갔으나 끝내 받지 않았다. 한예장이 나중에 범선과 함께 수레를 탔을 때, 수레 안에서 비단 2장丈②을 끊어 범선에게 주면서 말했다.

"사람이 어찌 자기 부인을 고쟁이 없이 다니게 할 수 있겠는가?"

그러자 범선이 웃으면서 받았다.

① ▫『범선별전范宣別傳』: 범선은 자가 자선子宣이며 진류陳留사람으로, 한나라 내무현萊無縣의 장長이었던 범단范丹의 후손이다. 10살 때 이미 『시경』과 『서경』을 외울 수 있었다. 어렸을 때 손을 다쳤는데 몸가짐을 가다듬으면서 반성하자, 집안사람들이 그가 나이가 어린데도 그렇게 하는 것을 보고 모두 기특하게 여겼다. 태학박사太學博士와 산기상시散騎常侍에 초징되었으나 한 군데도 나아가지 않았다. 54세에 죽었다.

② ▫『중흥서中興書』: 범선의 집은 매우 가난하여 사람들의 왕래가 드물었다. 예장태수 은선殷羨이 범선의 초가집이 성치 못한 것을 보고 집을 고쳐주고자 했으나 범선은 극구 사양했다. 은선은 그를 좋게 여겨, 범선의 집이 가난하고 게다가 흉년과 질병이 닥쳐왔기 때문에 식량을 넉넉하게 주었으나 범선은 또한 받지 않았다.

▫『속진양추續晉陽秋』: 한백韓伯은 자가 강백康伯이며 영천穎川사람이다. 학문을 좋아했으며 논리에 밝았다. 예장태수와 영군장군領軍將軍을 역임했다.

[역주]······························
① 身體髮膚는 감히 毁傷해서는 안된다 : 원문은 "身體髮膚, 不敢毁傷". 『孝經』권1 「開宗明義章」에 "身體髮膚, 受之父母. 不敢毁傷, 孝之始也."라는 구절이 있음.
② 2丈 : 반 필에 해당함. 『漢書』「食貨志下」에서 "布二尺四寸爲一幅, 四丈爲一匹."이라 함.

[참고] 『晉書』91, 『太平御覽』370·426·696·817, 『事文類聚』續21.

范宣年八歲, 後園挑菜, 誤傷指, 大啼. 人問; "痛邪?" 答曰; "非爲痛, 身體髮膚, 不敢毁傷, 是以啼耳!" ① 宣潔行廉約, 韓豫章遺絹百匹, 不受. ② 減五十匹, 復不受. 如是減半, 遂至一匹, 既終不受. 韓後與范同載, 就車中裂二丈與范, 云; "人寧可使婦無褌邪?" 范笑而受之.

① ▫『宣別傳』曰; 宣, 字子宣, 陳留人, 漢萊蕪長范丹後也. 年十歲, 能頌詩書. 兒童時, 手傷改容, 家人以其年幼, 皆異之. 徵太學博士·散騎常侍, 一無所就. 年五十四卒.

② ▫『中興書』曰; 宣家至貧, 罕交人事. 豫章太守殷羨見宣茅茨不完, 欲爲改室, 宣固辭. 羨愛之, 以宣貧, 加年饑疾疫, 厚餉給之, 宣又不受.

▫『續晉陽秋』曰; 韓伯, 字康伯, 穎川人. 好學, 善言理. 歷豫章太守·領軍將軍.

―――― • 1 : 39 [0039]

왕자경王子敬[王獻之]이 병들어 위독했는데, 이런 경우 도가에서는 상장上章①하여 마땅히 죄를 고백해야만 했다. 그래서 도사道士가 왕자경에게 지금까지 무슨 특별한 일이나 크게 잘못한 일이 있었는지 물어보았다. 이에 왕자경이 말했다.

"다른 일이 있었는지는 모르겠으나, 오직 생각나는 것은 부인 치가郗家와 이혼한 것뿐입니다."[1]

[1] ▫『왕씨보王氏譜』: 왕헌지王獻之는 고평高平 치담郗曇의 딸 치도무郗道茂를 아내로 맞아들였는데 나중에 이혼했다.

▫『왕헌지별전』: 조부 왕광王曠은 회남淮南 태수였으며, 부친 왕희지王羲之는 우장군右將軍이었다. 왕헌지는 함녕咸寧연간(275~279)에 천자의 명으로 여요공주餘姚公主②에게 장가들었으며, 중서령中書令에 등용되었다가 죽었다.

[역주]⋯⋯⋯⋯⋯⋯⋯⋯⋯⋯

① 上章 : 도교의 재액구제법의 일종. 음양오행의 術數에 따라 사람의 목숨을 계산하여 章表의 의례에 따라 공물을 바치고 향을 태워 자기 죄를 고백하면서 천신께 제사드림으로써 재액을 없애주기를 기원하는 의식.

② 餘姚公主 : 簡文帝의 셋째 딸로 新安公主라고도 함.

[참고]『晉書』80.

王子敬病篤, 道家上章應首過. 問子敬; "由來有何異同得失?" 子敬云; "不覺有餘事, 唯憶與郗家離婚."[1]

[1] ▫『王氏譜』曰; 獻之娶高平郗曇女, 名道茂, 後離婚.

▫『獻之別傳』曰; 祖父曠, 淮南太守. 父羲之, 右將軍. 咸寧中, 詔尚餘姚公主, 遷中書令, 卒.

―――― • 1 : 40 [0040]

은중감殷仲堪이 형주荊州자사로 있을 때 수재水災를 당하자, 식사는 항상 하루에 다섯 공기의 밥 외에는 다른 반찬이 없었다. 그리고 밥

알이 소반과 자리 사이에 떨어지면 곧장 주워 먹곤 했다. 이것은 비록 사람들에게 솔선하여 모범을 보이고자 한 것이었겠지만, 또한 그의 성품이 본래 검소한 탓이기도 했다. 매번 자제들에게 말했다.

"내가 지금 주자사州刺史에 임명되었다고 해서 옛날에 평소 마음 먹었던 뜻이 이루어졌다고는 말하지 말라. 지금 나의 처지는 아직 순조롭지 않다. 그렇지만 '가난이라는 것은 선비에게 늘 있는 것'[①] 이라 했으니, 어찌 가지에 오르려고 그 밑동을 버릴 수 있겠느냐? 너희들은 이것을 마음속에 새겨두어라!"[1]

[1]。『진안제기晉安帝紀』: 은중감은 진군陳郡사람으로 태상太常 은융殷融의 손자다. 거기장군車騎將軍 사현謝玄이 초청하여 장사長史로 삼았는데, 효무제孝武帝[司馬曜]가 그를 좋게 여겨 얼마 뒤 황문시랑黃門侍郎에 임명되었다. 원열袁悅을 죽인 뒤부터 효무제는 신중히 사후死後의 계획을 세웠는데, 먼저 왕공王恭을 내보내 북방수비를 맡게 했으며, 형주자사 왕침王忱이 죽자 조서를 내려 은중감을 기용하여 그를 대신하게 했다.

[역주]..........
① 가난이라는 것은 선비에게 늘 있는 것 : 원문은 "貧者, 士之常". 『列子』「天瑞」에 "貧者, 士之常也. 死者, 人之終也. 處常得終, 當何憂哉."라는 구절이 있음.

[참고] 『晉書』84.

殷仲堪旣爲荊州, 值水儉, 食常五椀盤, 外無餘肴. 飯粒脫落盤席閒, 輒拾以噉之. 雖欲率物, 亦緣其性眞素. 每語子弟云; "勿以我受任方州, 云我豁平昔時意. 今吾處之不易. 貧者士之常, 焉得登枝而捐其本? 爾曹其存之!"[1]

[1]。『晉安帝紀』曰; 仲堪, 陳郡人, 太常融孫也. 車騎將軍謝玄請爲長史, 孝武說之, 俄爲黃門侍郎. 自殺袁悅之後, 上深爲晏駕後計, 故先出王恭爲北蕃, 荊州刺史王忱死, 乃中詔用仲堪代焉.

일찍이 환남군桓南郡[桓玄]과 양광楊廣이 함께 은형주殷荊州[殷仲堪]에게 은기殷顗[1]의 남만교위南蠻校尉 직을 빼앗아 스스로를 방비함이 마땅하다고 권했다.① 은기도 역시 그러한 의도를 즉각 알아차리고 있었는데, 한번은 행산行散[2]하러 나갔다가 돌연히 고향집으로 내려가 다시는 돌아오지 않았다. 안팎으로 아무도 그가 그렇게 한 뜻을 아는 자가 없었다. 그의 마음과 안색은 차분히 가라앉아 있어서 옛날 투생鬪生이 화난 안색을 짓지 않았던 것과 같았다. 당시 논자들은 이 일을 가지고 그를 존경했다.②

① ▫『환현별전桓玄別傳』: 환현은 자가 경도敬道며 초국譙國 용항龍亢사람으로, 대사마大司馬 환온桓溫의 막내아들이다. 그가 어렸을 때 환온이 그를 매우 사랑하여 임종할 때 그를 후사로 삼으라고 명하였다. 그래서 나이 일곱에 남군공南郡公에 습봉되고 태자세마太子洗馬와 의흥태수義興太守에 임명되었으나, 뜻을 얻지 못하여 얼마 뒤에 관직을 버리고 자기 나라로 돌아갔다. 형주자사 은중감殷仲堪과는 본디 친한 사이로 우의가 매우 도타웠다.

▫ 주지周祗의 『융안기隆安記』: 양광은 자가 덕도德度며 홍농弘農사람으로 양진楊震의 후손이다.

▫『진안제기晉安帝記』: 은기는 자가 백도伯道며 진군陳郡사람이다. 중서랑中書郎으로 있다가 나와서 남만교위가 되었다. 은기도 또한 대범하고 재기가 있다고 일컬어져 사촌동생인 은중감과 함께 이름이 널리 알려졌다.

▫『중흥서中興書』: 처음에 은중감이 병사를 일으키고자 은밀히 은기를 불렀는데 은기는 동의하지 않았다. 그러자 양광과 그의 동생 양전기楊佺期가 은기를 죽이라고 권했으나 은중감은 허락하지 않았다.

② ▫『춘추전春秋傳』: 초楚나라 영윤令尹 자문子文은 투씨鬪氏다.

▫『논어論語』[3]: 영윤 자문은 세 번이나 영윤벼슬을 했으나 기뻐하는 기색이 없었으며 세 번이나 그만두었으나 화난 기색이 없었다.

[역주]
① 殷顗: 「輕詆」27과 『晉書』권83 本傳에는 "殷顗"라 되어 있음.
② 行散: '五石散'이라 하는 일종의 마약을 먹고 그 약기운을 발산하기 위하여 산보하는 일로 行藥이라고도 함. 이러한 풍습이 위진시대에 유행함.

③『論語』: 인용문은「公冶長」편에 나옴.
[참고]『晉書』83.

初, 桓南郡・楊廣共說殷荊州, 宜奪殷覬南蠻以自樹.① 覬亦卽曉其旨, 嘗因行散, 率爾去下舍, 便不復還. 內外無預知者. 意色蕭然, 遠同鬪生之無慍. 時論以此多之.②

① ▫『桓玄別傳』曰; 玄, 字敬道, 譙國龍亢人, 大司馬溫少子也. 幼童中, 溫甚愛之, 臨終命以爲嗣. 年七歲, 襲封南郡公, 拜太子洗馬・宜興太守, 不得志, 少時去職, 歸其國. 與荊州刺史殷仲堪素舊, 情好甚隆.
▫ 周祗『隆安記』曰; 廣, 字德度, 弘農人, 楊震後也.
▫『晉安帝紀』曰; 覬, 字伯道, 陳郡人. 由中書郎出爲南蠻校尉. 覬亦以率易才悟著稱, 與從弟仲堪俱知名.
▫『中興書』曰; 初, 仲堪欲起兵, 密邀覬, 覬不同. 楊廣與弟佺期勸殺覬, 仲堪不許.
② ▫『春秋傳』曰; 楚令尹子文, 鬪氏也.
▫『論語』曰; 令尹子文, 三仕爲令尹, 無喜色, 三已之, 無慍色.

─────────── • 1 : 42 [0042]

왕복야王僕射[王愉]가 강주江州자사로 있을 때, 은중감殷仲堪과 환현桓玄에게 쫓겨 예장豫章으로 숨어들었으나 그 생사를 예측할 수 없었다.① 그의 아들 왕수王綏는 도성에 있었는데 근심과 슬픔이 얼굴에 역력했으며 거처하는 것이나 먹고 마시는 것 등 모든 일을 평상시보다 낮추어 했다. 그래서 당시 사람들은 그를 미리 시험 삼아 상례를 지키는 효자라고 불렀다.②

① ▫ 서광徐廣의 『진기晉紀』: 왕유王愉는 자가 무화茂和며 태원太原 진양晉陽사람으로, 안북장군安北將軍 왕탄지王坦之의 둘째아들이다. 보국사마輔國司馬의 신분으로 조정을 나와 강주자사가 되었다. 왕유가 막 강주의 진鎭에 이르렀을 때 환현과 양전기楊佺期가 병사를 일으켜 왕공王恭에게 호응하고자 장강의 흐름을 타고 갑자기 들이닥쳤다. 왕유는 그때 무방비상태였던지라 황급히 임천臨川으로 도망갔으나 환현에게 붙잡히고 말았다. 그 후 환현이 제위

를 찬탈하고 나서 그를 상서좌복야尙書左僕射에 기용했다.

②。『중흥서中興書』: 왕수는 자가 언유彦猷며 왕유의 아들이다. 어려서부터 훌륭한 명성이 있었다. 왕혼王渾으로부터 왕탄지에 이르는 6대가 모두 덕망이 높았으며, 왕수도 또한 세상에 이름이 알려져 당시 고관들 중에서 그에게 비할 만한 자가 없었다. 벼슬은 중서령中書令과 형주荊州자사에 이르렀으며, 환현이 패한 뒤 부친 왕유와 함께 모반했다가 주살당했다.

[참고]··························
『晉書』75.

王僕射在江州, 爲殷·桓所逐, 奔竄豫章, 存亡未測.① 王綏在都, 旣憂戚在貌, 居處飮食, 每事有降. 時人謂爲試守孝子.②

①。徐廣『晉紀』曰; 王愉, 字茂和, 太原晉陽人, 安北將軍坦之次子也. 以輔國司馬, 出爲江州刺史. 愉始至鎭, 而桓玄·楊佺期擧兵以應王恭, 乘流奄至. 愉無防, 惶遽奔臨川, 爲玄所得. 玄簒位, 遷尙書左僕射.

②。『中興書』曰; 綏, 字彦猷, 愉子也. 少有令譽. 自王渾至坦之, 六世盛德, 綏又知名, 于時冠冕, 莫與爲比. 位至中書令·荊州刺史. 桓玄敗後, 與父愉謀反, 伏誅.

──────── • 1 : 43 [0043]

환남군桓南郡①이 이미 은형주殷荊州[殷仲堪]을 격파하고 은형주의 막료 10여 명을 포로로 잡았는데, 자의참군諮議參軍 나기생羅企生도 들어 있었다.② 환남군은 평소 나기생을 후대하던 터라 장차 죽이려 할 적에 먼저 사람을 보내 말했다.

"만약 나에게 사죄하기만 하면 죄를 사하여 주겠노라."

그러자 나기생이 대답했다.

"나는 이미 은형주의 관리가 되었고, 또한 지금 은형주가 도망하여 그의 생사도 아직 모르는데 내가 무슨 낯으로 환공桓公[桓玄]에게 사죄한단 말이오?"③

이미 저자거리로 그를 끌어내 처형하게 되었는데, 환남군이 다시 사람을 보내 무슨 할 말이 있는지 물어보게 했더니, 나기생이 대답했다.

"옛날 진晉 문왕文王[司馬昭]이 혜강嵇康을 죽였으나 그의 아들 혜소嵇紹는 살아남아 진나라의 충신이 되었다고 하니,[4] 공께 청하건대 하나뿐인 동생을 살려주어 늙으신 어머님을 봉양토록 해주시오."

그러자 환남군이 그 말대로 나기생의 동생을 풀어주었다. 환남군은 이에 앞서 검은 양 갖옷 한 벌을 나기생의 모친 호씨胡氏에게 보내주었다. 호씨는 그때 예장豫章에 있었는데 나기생이 처형되었다는 소식이 전해지자 그날로 갖옷을 불살라버렸다.

[1]。환남군은 환현桓玄이다.
[2]。『환현별전』: 환현이 형주를 격파하고 은도호殷道護와 은중감殷仲堪의 참군 나기생・포계례鮑季禮를 죽였는데, 이들은 모두 은중감의 심복이었다.
[3]。『중흥서中興書』: 나기생은 자가 종백宗伯이며 예장사람이다. 은중감이 처음에 그를 부府의 공조功曹로 삼았다가 환현이 공격해 오자 자의참군으로 전임시켰다. 은중감은 의심이 많고 결단력이 부족하여 나기생이 이를 매우 걱정했다. 그가 동생 나준생羅遵生에게 말했다.

"은후殷侯[殷仲堪]는 어질기는 하지만 결단력이 없어 틀림없이 일에 성공하지 못할 것이다. 그렇지만 성공과 실패는 하늘의 뜻이니 나는 마땅히 생사를 걸고 그것을 하겠다."

은중감이 패주할 때 문관・무관 중에서 그를 전송해주는 자가 아무도 없었으나 나기생만이 그를 뒤따랐다. 가는 길에 나기생의 집 앞을 지나게 되었는데, 동생 나준생이 그를 속여 말했다.

"이렇게 헤어지면서 어찌 손이라도 한번 잡아보지 않을 수 있겠습니까?"

이에 나기생이 말을 돌려 손을 내밀자, 그때 나준생이 재빨리 그를 끌어내리면서 말했다.

"집에 늙으신 어머님이 계시는데 장차 어디로 가시려 합니까?"

이에 나기생이 눈물을 뿌리며 말했다.

"오늘 일로 나는 틀림없이 죽게 될 것이니, 너희들은 어머님을 잘 봉양하여 자식된 도리를 잃지 않도록 하여라. 한 가문에 충신과 효자가 함께 있게 된다면 다시 무엇을 한탄하겠느냐!"

나준생이 형님을 못 가게 더욱 꽉 붙잡았다. 그때 은중감은 길에서 그를 기다리고 있었는데, 나기생이 멀리서 그를 불러 말했다.

"오늘의 죽고 사는 것은 다 한 가지이니 원컨대 잠시만 기다려 주시길 바랍니다!"

그러나 은중감은 그가 동생에게서 벗어날 수 없음을 보고서 말을 채찍질하여 가버렸다. 잠시 뒤 환현이 밀어닥치자 사람들과 관리들이 모두 환현에게 나아갔으나, 나기생 혼자만 가지 않고 은중감의 집을 관리했다. 어떤 이가 말했다.

"환현은 성질이 의심 많고 급해서 당신의 충성과 절개를 이해하지 못할 것이니, 만약 끝내 그에게 나아가지 않는다면 틀림없이 화가 미칠 것이오!"

그러자 나기생이 정색하며 말했다.

"나는 은후의 관리가 되었으며 또한 국사國士로 대우를 받았는데도 그와 함께 역적을 목 베지 못하고 이렇게 패주하게 되었으니, 무슨 면목으로 환현에게 나아가 목숨을 구걸하겠소?"

환현이 이를 전해 듣자 분노하여 그를 잡아다놓고 말했다.

"내가 그대를 대우함이 이처럼 후한데도 어찌하여 나를 배반하는가?"

그러자 나기생이 말했다.

"당신은 은후와 함께 맹세하면서 마신 피가 입가에 아직 마르지도 않았는데 이런 간사한 계책을 꾸몄소이다. 나는 내 힘이 부족하여 역적을 베어버릴 수 없음을 가슴 아파하면서 나의 죽음이 늦어지는 것을 한탄할 뿐이오!"

환현이 마침내 그를 목 베었으니 그의 나이 37세였다. 사람들이 모두 그를 애도했다.

4 · 왕은王隱의 『진서晉書』: 혜소는 자가 연조延祖며 초국譙國 질銍사람이다. 부친 혜강은 훌륭한 재주가 있었으며 변론에 뛰어났다. 혜소는 10살 때 부친을 여의고 모친을 효성스럽게 모셨다. 여러 벼슬을 거쳐 산기상시散騎常侍에

기용되었다. 혜제惠帝[司馬衷]가 탕음蕩陰에서 패하자 백관과 좌우신하들이 모두 뿔뿔이 도망갔으나, 오직 혜소만이 의연히 의관을 정제하고 직접 황제를 호위했다. 칼날이 어연御輦에 교차되고 나는 화살이 비처럼 쏟아지는 속에서 마침내 그는 죽음을 당했다.

[참고]‥‥‥‥‥‥‥‥‥‥‥‥
『晉書』89.

桓南郡①既破殷荊州, 收殷將佐十許人, 諮議羅企生亦在焉.② 桓素待企生厚, 將有所戮, 先遣人語云; "若謝我, 當釋罪." 企生答曰; "爲殷荊州吏, 今荊州奔亡, 存亡未判, 我何顔謝桓公?"③ 既出市, 桓又遣人問欲何言. 答曰; "昔晉文王殺嵇康, 而嵇紹爲晉忠臣.④ 從公乞一弟以養老母." 桓亦如言宥之. 桓先曾以一羔裘與企生母胡, 胡時在豫章, 企生問至, 即日焚裘.

① ▫ 玄也.
② ▫『玄別傳』曰; 玄克荊州, 殺殷道護及仲堪參軍羅企生·鮑季禮, 皆仲堪所親仗也.
③ ▫『中興書』曰; 企生, 字宗伯, 豫章人. 殷仲堪初請爲府功曹, 桓玄來攻, 轉咨議參軍. 仲堪多疑少決, 企生深憂之, 謂其弟遵生曰; "殷侯仁而無斷, 事必無成. 成敗天也, 吾當死生以之." 及仲堪走, 文武並送者, 唯企生從焉. 路經家門, 遵生紿之曰; "作如此分別, 何可不執手?" 企生回馬授手, 遵生便牽下之, 謂曰; "家有老母, 將欲何行?" 企生揮泣曰; "今日之事, 我必死之. 汝等奉養, 不失子道. 一門之內, 有忠與孝, 亦復何恨!" 遵生抱之愈急, 仲堪於路待之. 企生遙呼曰; "今日死生是同, 願少見待!" 仲堪見其無脫抪, 策馬而去. 俄而玄至, 人士悉詣玄, 企生獨不往而營理仲堪家. 或謂曰; "玄性猜急, 未能取卿誠節, 若遂不詣, 禍必至矣!" 企生正色曰; "我殷侯吏, 見遇以國士, 不能共殄醜逆, 致此奔敗, 何面目就桓求生乎?" 玄聞, 怒而收之, 謂; "相遇如此, 何以見負?" 企生曰; "使君口血未乾, 而生此奸計. 自傷力劣不能翦定凶逆, 我死恨晚爾!" 玄遂斬之. 時年三十有七, 衆咸悼之.
④ ▫ 王隱『晉書』曰; 紹, 字延祖, 譙國銍人. 父康有奇才偉緯. 紹十歲而孤, 事母孝謹. 累遷散騎常侍. 惠帝敗於蕩陰, 百官左右皆奔散, 唯紹儼然端冕, 以身衛帝. 兵交御輦, 飛箭雨集, 遂以見害也.

―――― · 1:44 [0044]

왕공王恭이 회계會稽에서 돌아왔을 때① 왕대王大[王忱]가 그를 방문했는데,② 왕공이 6척의 대자리를 깔고 앉아 있는 것을 보고 왕공에게 말했다.

"그대는 동쪽에서 왔기 때문에 응당 이 물건이 많을 것이니 하나만 나에게 줄 수 있겠는가?"

그러자 왕공은 말없이 있다가 왕대가 간 뒤에 즉시 앉아 있던 것을 거두어 그에게 보내주었다. 그리고는 여분의 자리가 없어 자기는 짚자리 위에 앉았다. 나중에 왕대가 이를 듣고 매우 놀라며 말했다.

"나는 그대에게 많이 있는 줄로 알았기 때문에 달라고 했던 것인데."

그러자 왕공이 대답했다.

"어르신은 저를 잘 알지 못하는군요. 저라는 사람은 쓸모없는 여분의 물건은 두지 않습니다."

1 · 주지周祇의 『융안기隆安記』: 왕공은 자가 효백孝伯이며 태원太原 진양晉陽 사람이다. 조부 왕몽王濛은 사도좌장사司徒左長史를 지냈으며 청아한 기품이 높았다. 부친 왕온王蘊은 진군장군鎭軍將軍을 지냈으며 역시 세상의 칭송을 받았다.

· 『왕공별전』: 왕공은 청렴하고 고귀했으며 세상을 바로잡는 데 뜻을 두었다. 저작랑著作郎으로 벼슬을 시작하여 단양윤丹陽尹과 중서령中書令을 역임했으며, 조정을 나와서는 오주도독五州都督과 전장군前將軍, 그리고 청주靑州·연주兗州의 자사가 되었다.

2 · 왕침王忱은 어릴 적 자가 불대佛大다.

· 『진안제기晉安帝紀』: 왕침은 자가 원달元達이며 북평장군北平將軍 왕탄지王坦之의 넷째아들이다. 당시에 이름이 널리 알려졌다. 친족①인 왕공과는 어렸을 적부터 서로 친했으며 명성을 나란히 했다. 벼슬은 형주荊州자사에 이르렀다.

[역주]
① 친족 : 王忱은 王恭의 從叔임.

[참고] 『晉書』84.

王恭從會稽還,⃞1 王大看之.⃞2 見其坐六尺簟, 因語恭: "卿東來, 故應有此物, 可以一領及我?" 恭無言. 大去後, 即擧所坐者送之. 旣無餘席, 便坐薦上. 後大聞之, 甚驚, 曰: "吾本謂卿多, 故求耳." 對曰: "丈人不悉恭, 恭作人無長物."

⃞1 ◦ 周祗『隆安記』曰; 恭, 字孝伯, 太原晉陽人. 祖父濛, 司徒左長史, 風流標望. 父蘊, 鎭軍將軍, 亦得世譽.

◦『恭別傳』曰; 恭淸廉貴峻, 志存格正. 起家著作郞, 歷丹陽尹·中書令, 出爲五州都督·前將軍·靑兗二州刺史.

⃞2 ◦ 王忱, 小字佛大.

◦『晉安帝紀』曰; 忱, 字元達, 平北將軍坦之第四子也. 甚得名於當世, 與族子恭少相善, 齊聲見稱. 仕至荊州刺史.

• 1 : 45 [0045]

오군吳郡의 진유陳遺⃞1는 집안에서 지극히 효성스러웠다. 그의 어머니는 솥 밑에 누른 누룽지를 좋아했는데, 진유는 군의 주부主簿가 되어서도 항상 자루 하나를 가지고 다니면서 밥을 지을 때마다 누룽지를 긁어모아 돌아와서 어머니께 드리곤 했다. 뒤에 손은孫恩의 도적이 오군에 나타나자⃞2 원부군袁府君[袁山松]⃞3이 그날로 바로 정벌에 나섰다. 그때 진유는 여러 말의 누룽지를 모았지만 미처 집에 돌아갈 겨를이 없어 마침내 그것을 메고 종군했다. 호독滬瀆의 싸움에서 패하여 병사들이 뿔뿔이 흩어져 산속으로 도망했지만 대부분 굶어 죽었다. 그러나 진유만은 누룽지 때문에 살아남게 되었는데, 당시 사람들은 이를 지극한 효성에 대한 보답이라고 여겼다.

⃞1 ◦ 진유는 미상이다.

⃞2 ◦『진안제기晉安帝紀』: 손은은 일명 손령수孫靈秀라고 하며 낭야琅邪사람이다. 숙부 손태孫泰가 오두미도五斗米道[1]를 섬겨 반란을 도모하다가 주살당하자, 손은은 바닷가로 숨어들어가 10만 명의 무리를 모아 각지의 군현을 공략했다. 뒤에 임해태수臨海太守 신병辛昺이 그를 참수하여 그 머리를 보냈다.

⃞3 ◦ 원산송袁山松은 따로 나온다.[2]

[역주]..........................
① 五斗米道 : 後漢 말에 張陵이 창시한 도교 종단. 장릉을 따라 도를 받은 자는 다섯 말의 쌀을 바쳤기 때문에 오두미도라고 함. 장릉이 죽은 뒤에 아들 장형張衡과 손자 장로張魯가 뒤를 이었는데 장로 때 교세가 가장 번창했음.
② 따로 나온다 : 「排調」60 劉孝標 注에 나옴.
[참고]『南史』73.

吳郡陳遺,① 家至孝, 母好食鐺底焦飯. 遺作郡主簿, 恒裝一囊, 每煮食, 輒貯錄焦飯, 歸以遺母. 後値孫恩賊出吳郡,② 袁府君③卽日便征, 遺已聚斂得數斗焦飯, 未展歸家, 遂帶以從軍. 戰於滬瀆, 敗, 軍人潰散, 逃走山澤, 皆多饑死, 遺獨以焦飯得活. 時人以爲純孝之報也.
①。未詳.
②。『晉安帝紀』曰; 孫恩, 一名靈秀, 琅邪人. 叔父泰, 事五斗米道, 以謀反誅. 恩逸逃於海上, 聚衆十萬人, 攻沒郡縣. 後爲臨海太守辛昺斬首送之.
③。山松, 別見.

---------- • 1 : 46 [0046]

공복야孔僕射[孔安國]는 효무제孝武帝[司馬曜]의 시중侍中이 되었는데 평소에 후한 대접을 받았다. 열종烈宗[孝武帝]이 붕어했을 때 공복야는 태상太常으로 있었는데, 몸이 본래 깡마른데다가 중복重服①을 입고 종일 눈물을 줄줄 흘리니, 보는 사람들이 정말로 친상을 당한 효자 같다고 여겼다.①

①。『속진양추續晉陽秋』: 공안국은 자가 안국이며 회계會稽 산음山陰사람으로, 거기장군車騎將軍 공유孔愉의 여섯째아들이다. 어려서 부친을 여의고 가난하게 살았지만 절조를 잘 지켜 진정한 선비라고 일컬어졌다. 시중·태상·상서尚書를 역임했으며 좌복야左僕射·특진特進②으로 전임되었다가 죽었다.

[역주]..........................
① 重服 : 大功[五服 중의 하나로 服期는 9개월임] 이상의 상복을 말함. 중제重制라고도 함.
② 特進 : 공덕이 뛰어난 자의 본래 관명에 부가하는 명예호칭.『晉書』권78「孔安國

傳」에는 "卒, 特進左光祿大夫."라 되어 있음.
[참고] 『晉書』78.

孔僕射爲孝武侍中, 豫蒙眷接. 烈宗山陵, 孔時爲太常, 形素羸瘦, 著重服, 竟日涕泗流漣, 見者以爲眞孝子.①

① □『續晉陽秋』曰; 孔安國, 字安國, 會稽山陰人, 車騎愉第六子也. 少而孤貧, 能善樹節, 以儒素見稱. 歷侍中·太常·尚書, 遷左僕射·特進, 卒.

• 1 : 47 [0047]

오도조吳道助[吳坦之]와 오부자吳附子[吳隱之] 형제가 단양군丹陽郡에 살았는데, 나중에 모친 동부인童夫人의 상을 당하자① 아침부터 저녁까지 사모의 정이 지극했으며, 빈객이 조문하러 오면 발을 구르며 애절하게 통곡하여 길가는 사람들조차 이 때문에 눈물을 흘렸다. 한강백韓康伯[韓伯]은 그때 단양윤丹陽尹으로 있었으며 그의 모친 은씨殷氏도 그 군에 있었는데, 매번 오씨 형제의 곡성을 듣고 측은하게 여겨 한강백에게 말했다.

"네가 만약 선관選官①이 되거든 이 사람들을 잘 대우해주어라."

한강백도 그들과 서로 잘 알고 지냈다. 한강백은 나중에 과연 이부상서吏部尙書가 되었다. 형인 오도조는 끝까지 복상服喪을 그만두지 않았지만, 동생인 오부자는 마침내 귀하게 영달했다.②

① □ 도조는 오탄지吳坦之의 어릴 적 자며, 부자는 오은지吳隱之의 어릴 적 자다.
□ 『오씨보吳氏譜』: 오탄지는 자가 처정處靖이며 복양濮陽사람이다. 벼슬은 서중랑장공조西中郞將功曹에 이르렀다. 부친 오견吳堅은 동원東苑 동쾌童儈의 딸 진희秦姬를 아내로 삼았다.

② □ 정집鄭緝의 『효자전孝子傳』: 오은지는 자가 처묵處默이다. 어려서부터 효행이 있었는데 모친상을 당해서는 예법에 지나칠 정도로 애통해했다. 당시 태상太常이었던 한강백과 이웃하여 살았다. 한강백의 모친은 양주揚州자사 은호殷浩의 동생으로서 총명한 부인이었다. 오은지가 매번 곡을 하면 한강

백의 모친은 문득 하던 일을 멈추고 눈물을 흘리면서 스스로 슬픔을 이기지 못했다. 그러면서 한강백에게 말했다.

"네가 뒤에 선관의 직책에 있게 되면 마땅히 이들을 등용하도록 하여라."

나중에 한강백이 이부상서가 되자 곧 그를 등용했다.

▫『진안제기晉安帝紀』: 오은지는 본래 성실한 성품을 지닌데다가 청렴결백하기도 하여, 봉록을 친족들에게 나눠주어 버리고 자기는 겨울에 이불도 없이 살았다. 환현桓玄이 영남嶺南의 피폐함을 개혁하고자 그를 광주廣州자사로 삼았다. 광주에서 20리 떨어진 곳에 탐천貪泉이라는 샘물이 있는데 세상에 전하기를, 그 물을 마시는 자는 그 마음에 만족함이 없이 탐욕스러워진다고 했다. 그렇지만 오은지는 곧장 그곳으로 가서 샘물을 떠 마시고 시를 지어 말했다.

"석문石門에 탐천이 있는데, 한 번만 마시면 천금을 갈망하게 된다네. 허나 시험 삼아 백이伯夷·숙제叔齊더러 마시게 한다면, 그 마음 변치 않을 것이네."

노순盧循에게 무고당하여 경사京師로 소환되었다. 상서와 영군장군領軍將軍을 역임했다.

▫『진중흥서晉中興書』: 예로부터 전해오기를, 광주에 가서 탐천의 물을 마시면 청렴결백한 성품을 잃게 된다고들 했다. 오은지가 광주자사가 되었을 때 탐천의 물을 직접 떠 마시고 석문에 시를 지었다고 한다.

[역주]••••••••••••••••••••••••
① 選官 : 관리를 선발하고 전형하는 관리. 즉 吏部尙書를 말함.
[참고]『晉書』90.

吳道助·附子兄弟, 居在丹陽郡. 後遭母童夫人艱,① 朝夕哭臨. 及思至, 賓客弔省, 號踊哀絶, 路人爲之落淚. 韓康伯時爲丹陽尹, 母殷在郡, 每聞二吳之哭, 輒爲悽惻. 語康伯曰; "汝若爲選官, 當好料理此人." 康伯亦甚相知. 韓後果爲吏部尙書. 大吳不免哀制, 小吳遂大貴達.②

①▫道助, 坦之小字. 附子, 隱之小字也.
▫『吳氏譜』曰; 坦之, 字處靖, 濮陽人. 仕至西中郞將功曹. 父堅, 娶東苑童儈女, 名秦姬.
②▫鄭緝『孝子傳』曰; 隱之, 字處默. 少有孝行, 遭母喪, 哀毁過禮. 時與太常韓康伯鄰居. 康

伯母揚州刺史殷浩之妹, 聰明婦人也. 隱之每哭, 康伯母輒輟事流涕, 悲不自勝, 終其喪如此. 謂康伯曰; "汝後若居銓衡, 當用此輩人." 後康伯爲吏部尙書, 乃進用之.

◦『晉安帝紀』曰; 隱之旣有至性, 加以廉潔, 奉祿頒九族, 冬月無被. 桓玄欲革嶺南之弊, 以爲廣州刺史. 去州二十里有貪泉, 世傳飮之者其心無厭. 隱之乃至水上, 酌而飮之, 因賦詩曰; "石門有貪泉, 一歃重千金. 試使夷·齊飮, 終當不易心." 爲盧循所攻, 還京師. 歷尙書·領軍將軍.

◦『晉中興書』曰; 舊云, 往廣州飮貪泉, 失廉潔之性. 吳隱之爲刺史, 自酌貪泉飮之, 題石門爲詩云云.

제2편

언 어
言語
Speech and Conversation

본편은 『세상의 참신한 이야기, 세설신어』의 2번째 편으로 총 108조가 실려 있다.

　본편은 위진魏晉 명사들이 일상생활에서 나눈 대화를 중심으로 기록했는데, 여기에 반영된 생활면모가 매우 광범위하고 함의 또한 매우 풍부하다. 수많은 대화 속에는 교묘한 논변방법, 민첩한 기지, 심오한 철리, 당시 명사들의 다양한 인생태도, 자연물을 형상화한 고도의 표현수법 등이 담겨 있어서 위진시대의 독특한 언어풍격이 잘 드러나 있다. 이러한 언어풍격은 당시에 유행한 청담淸談과 밀접한 관련이 있다.

• 2 : 001 [0048]

변문례邊文禮[邊讓]가 원봉고袁奉高[袁閎]①를 방문했는데 응대의 차례를 잃고 말았다.② 원봉고가 말했다.

"옛날에 요堯임금이 허유許由를 초빙했지만 허유는 얼굴에 당황한 기색이 없었는데,③ 그대는 어찌하여 옷을 거꾸로 입을 정도[1]로 당황하고 있소?"

그러자 변문례가 대답했다.

"명부明府[2]께서 처음 부임하셔서 요임금과 같은 덕이 아직 드러나지 않으신지라 이 때문에 이 미천한 사람이 옷을 거꾸로 입을 정도로 당황한 것입니다."④

[1] ◦ 원봉고는 원굉袁閎이다.

[2] ◦ 『문사전文士傳』: 변양邊讓은 자가 문례며 진류陳留사람이다. 재주가 빼어나고 언변이 훌륭했기에 대장군 하진何進이 그의 명성을 듣고 불러 영사令史[3] 벼슬을 주고서 예를 갖추어 그를 대했다. 변양은 응대함이 한가하면서도 운치가 있었으며 목소리가 물 흐르는 듯하여 좌객들이 모두 그를 경모했다. 변양이 부서에 부임했을 때 공융孔融과 왕랑王朗 등이 먼저 아전이 되어 있었는데, 함께 이름을 써내고서 변양을 따랐다. 그러나 변양은 동등하게 그들과 교제했다. 나중에 구강태수九江太守가 되었다. 위魏 무제武帝[曹操]에게 살해당했다.

[3] ◦ 황보밀皇甫謐: 허유는 자가 무중武仲이며 양성陽城 괴리槐里사람이다. 요임금과 순舜임금이 모두 그를 스승으로 삼아 배우고 섬겼다. 나중에 패택沛澤 안에 은거할 적에 요임금이 천하를 그에게 선양하려 했는데, 허유는 사람됨이 의義를 따라 올바름을 실천하여 그릇된 자리에는 앉지도 않고 그릇된 음식은 먹지도 않았으므로, 요임금이 천하를 자기에게 선양하려 한다는 말을 듣자 곧 떠나가 버렸다. 그의 친구인 소부巢父는 허유가 요임금으로부터 천하를 선양받으려 했다는 말을 듣자, 자기를 오염시켰다고 생각하여 연못에 가서 귀를 씻었다. 그랬더니 연못 주인이 노하여 말했다.

"어찌하여 내 연못물을 더럽히는가?"

허유는 이에 중악中嶽의 영수潁水 북쪽에 있는 기산箕山 아래에 숨어 밭을 갈면서 죽을 때까지 천하를 경영해보겠다는 생각일랑 하지 않았다. 죽은 뒤 양성 남쪽 10리에 있는 기산 마루에 장사지냈다. 요임금이 그의 묘소에 나가 호를 기산신공箕山神公이라 하고서 오악五嶽④에 배향하고 제사지냈다. 그 후 대대로 제사를 모셔 지금까지 끊이지 않고 있다.

④ ◦ 생각건대 : 원굉은 태위연太尉掾으로 생을 마쳤으며 여남汝南태수가 된 적이 없으므로 이 말은 잘못된 것이다.

[역주]··························

① 옷을 거꾸로 입을 정도 : 원문은 "顚倒衣裳". 『詩經』「齊風·東方未明」에서 "東方未明, 顚倒衣裳"이라 함. 이 시는 아직 날이 밝지도 않았는데 임금이 절제 없이 불시에 신하들을 조정에 불러들이는 것을 풍자한 것임.

② 明府 : 太守의 존칭으로 英明한 府君이라는 뜻.

③ 令史 : 尙書郞 밑의 속관으로 잡일을 맡아보던 하급관리.

④ 五嶽 : 泰山東嶽·華山西嶽·衡山南嶽·恒山北嶽·嵩山中嶽의 다섯 명산으로 대대로 천자가 순행하여 제사를 드리던 곳.

邊文禮見袁奉高①失次序.② 奉高曰; "昔堯聘許由, 面無怍色.③ 先生何爲顚倒衣裳?" 文禮答曰; "明府初臨, 堯德未彰, 是以賤民顚倒衣裳耳."④

①◦闒也.

②◦『文士傳』曰; 邊讓, 字文禮, 陳留人. 才儁辯逸, 大將軍何進聞其名, 召署令史, 以禮見之. 讓占對閑雅, 聲氣如流, 坐客皆慕之. 讓出爲曹, 時孔融·王朗等並前爲掾, 共書刺從讓, 讓平衡與交接. 後爲九江太守, 爲魏武帝所殺.

③◦皇甫謐曰; 由, 字武仲, 陽城槐里人也. 堯舜皆師而學事焉. 後隱於沛澤之中, 堯乃致天下而讓焉. 由爲人據義履方, 邪席不坐, 邪饍不食, 聞堯讓而去. 其友巢父聞由爲堯所讓, 以爲汚己, 乃臨池洗耳. 池主怒曰; "何以汚我水?" 由於是遁耕於中嶽潁水之陽, 箕山之下, 終身無經天下色. 死葬箕山之巓, 在陽城之南十里. 堯因就其墓, 號曰箕山公神, 以配食五嶽. 世世奉祀, 至今不絶也.

④◦按; 袁閎卒於太尉掾, 未嘗爲汝南, 斯說謬矣.

• 2 : 002 [0049]

서유자徐孺子[徐穉]①가 9살 때 달빛 아래서 놀고 있었는데, 어떤 사람이 그에게 말했다.

"만약 달 속에 다른 물건이 없다면 틀림없이 더욱 밝아지겠지?"②

그러자 서유자가 말했다.

"그렇지 않습니다. 비유하자면 사람 눈 속에 동자가 있어서 이것이 없으면 절대로 밝지 않는 것과 같은 이치입니다."

①▫서유자는 서치徐穉다.

②▫『오경통의五經通義』: "달 속에 토끼와 두꺼비가 있는 것은 어째서인가?" "달은 음陰이고 두꺼비도 음인데 토끼와 더불어 밝은 것은 음이 양陽에 머물러 있기 때문이다."①

[역주]······

① 『後漢書』「天文志」注에는 "羿가 西王母에게 불사약을 청했는데 姮娥가 이를 훔쳐가지고 달로 도망가 두꺼비가 되었다"고 기록되어 있음. 뒤에 달을 '蟾蜍'라 부르는 것은 여기에서 비롯됨. 한편 中華書局排印本 『初學記』 권1에는 본문이 "月中有兎與蟾蠩何. 兎, 陰也. 蟾蠩, 陽也. 而與兎並明, 陰係於陽也."라고 교감되어 있음.

[참고] 『事類賦』1, 『太平御覽』385, 『太平廣記』164.

徐孺子①年九歲, 嘗月下戲. 人語之曰; "若令月中無物, 當極明邪."② 徐曰; "不然. 譬如人眼中有瞳子, 無此必不明."

①▫穉也.

②▫『五經通義』曰; "月中有免·蟾蜍者何?" "月陰也, 蟾蜍亦陰也. 而與免並明, 陰繫於陽也."

• 2 : 003 [0050]

공문거孔文擧[孔融]①가 10살 때 아버지를 따라 낙양洛陽에 갔었는데, 당시 이원례李元禮[李膺]는 명성이 자자한 자로 사례교위司隷校尉였다. 그래서 그 집 문을 드나드는 자는 모두 재주가 뛰어나고 고결한 선비들이었으며, 내외 친척들만이 통교했다. 공문거는 문에 이르러 문지기에게 말했다.

"나는 이부군李府君[李膺]과 친척간이오."

그렇게 통과하여 이원례 앞에 앉았더니 이원례가 물었다.

"자네와 내가 어떤 친척간인가?"

공문거가 대답했다.

"옛날 저의 선조이신 중니仲尼^①께서 당신의 선조이신 백양伯陽^②을 스승으로 존대하셨으니, 이것이 바로 저와 당신이 세세토록 친교를 맺은 증거입니다."

그러자 이원례와 빈객들이 모두 그를 기특하게 여겼다. 태중대부太中大夫 진위陳韙^③가 나중에 들어오자 사람들이 그 이야기를 들려주었더니, 진위가 말했다.

"어릴 때 똑똑하다^④고 해서 커서도 반드시 훌륭하리란 법은 없지!"

이에 공문거가 대꾸했다.

"그렇다면 당신은 어렸을 때 틀림없이 똑똑했겠군요!"

그러자 진위는 크게 당황해했다.②

① · 공문거는 공융孔融이다.

② · 『속한서續漢書』 : 공융은 자가 문거며 노국魯國사람으로, 공자의 24세손^⑤이다. 고조부인 공상孔尙은 거록鉅鹿태수였으며, 부친 공주孔宙는 태산도위泰山都尉였다.

· 『공융별전』 : 공융이 4살 때 형과 함께 배를 먹었는데 언제나 작은 것을 가져가자 사람들이 그 까닭을 물었더니 대답했다.

"어린 사람이 작은 것을 먹는 것이 당연하지요."

10살 때 아버지를 따라 도성에 갔었는데, 당시 하남윤河南尹인 이응李膺이 명성이 자자했으므로 공융은 그의 인물됨을 보려고 마침내 그 집으로 찾아갔다. 이응이 물었다.

"자네의 선조가 일찍이 우리 집안과 친교가 있었단 말이지?"

그러자 공융이 대답했다.

"그렇습니다. 저의 선조이신 공자께서 당신의 선조이신 이로군李老君

[老子]과 덕의德義를 같이하면서 서로 스승과 벗으로 지내셨으니, 저와 당신 집안은 세세토록 통교한 셈이지요."

이것을 보고 좌중의 사람들 중에 감탄하지 않은 이가 없었으며 모두들 말했다.

"기특한 어린이로다!"

태중대부 진위가 나중에 들어오자 같이 앉아 있던 사람들이 그 이야기를 들려주었더니, 진위가 말했다.

"사람이 어렸을 때 똑똑한 자라고 해서 커서도 반드시 뛰어나라는 법은 없지."

공융이 이에 대꾸했다.

"만약 당신의 말대로 한다면 당신은 어렸을 때 아마도 정말로 총명했겠군요?"

그러자 이응이 크게 웃으며 공융을 돌아보면서 말했다.

"장성하면 반드시 큰 그릇이 되겠구나!"

[역주]······················
① 仲尼 : 孔子의 字.
② 伯陽 : 老子의 字.『史記』「孔子世家」와「老子列傳」에 공자가 노자에게 예를 물은 고사가 나옴.
③ 陳韙 :『後漢書』권70「孔融傳」과『三國志』「魏書」권12「崔琰傳」注에 인용된『續漢書』에는 "陳煒"라 되어 있음.
④ 똑똑하다 : 원문은 "了了". 똑똑하고 영리하다는 육조시대의 말.
⑤ 24세손 :『後漢書』「孔融傳」과『三國志』「崔琰傳」注에 인용된『續漢書』에는 "二十世孫"이라 되어 있음.

[참고]『後漢書』70,『三國志』12注.

孔文擧①年十歲, 隨父到洛. 時李元禮有盛名, 爲司隸校尉. 詣門者皆儁才淸稱, 及中表親戚乃通. 文擧至門, 謂吏曰; "我是李府君親." 旣通, 前坐. 元禮問曰; "君與僕有何親?" 對曰; "昔先君仲尼, 與君先人伯陽, 有師資之尊. 是僕與君奕世爲通好也." 元禮及賓客莫不奇之. 太中大夫陳韙後至, 人以其語語之. 韙曰; "小時了了, 大未必佳!" 文擧曰; "想君小時必當了了!" 韙大踧踖.②
①·融也.
②·『續漢書』曰; 孔融, 字文擧, 魯國人, 孔子二十四歲孫也. 高祖父尙, 鉅鹿太守. 父宙, 泰

山都尉.
  ▫『融別傳』曰; 融四歲, 與兄食梨, 輒引小者. 人問其故, 答曰; "小兒, 法當取小者." 年十歲, 隨父詣京師. 河南尹李膺有重名, 融欲觀其爲人, 遂造之. 膺問; "高明父祖, 嘗與僕周旋乎?" 融曰; "然. 先君孔子與君先人李老君, 同德比義, 而相師友. 則融與君累世通家也." 衆坐莫不歎息, 僉曰; "異童子也!" 太中大夫陳韙後至, 同坐以告. 韙曰; "人小時了了者, 長大未必能奇." 融應聲曰; "卽如所言, 君之幼時, 豈實慧乎?" 膺大笑, 顧謂融曰; "長大必爲偉器!"

─────── • 2 : 004 [0051]

공문거孔文擧[孔融]에게 두 아들이 있었는데, 형은 6살이고 동생은 5살이었다. 낮에 아버지가 잠자고 있을 때, 동생이 상에서 술을 훔쳐 먹었더니 형이 말했다.

"어찌하여 배례拜禮를 하지 않느냐?"

그러자 동생이 대답했다.

"훔쳐 마시는데 무슨 예를 행한단 말인가!"

[역주]························
 * 「言語」 12에도 이와 유사한 고사가 실려 있는데 그것은 鍾毓 형제에 관한 것임. 혹시 이 고사가 와전된 것이 아닌가 함.
[참고] 『太平御覽』385, 『事文類聚』前46.

孔文擧有二子, 大者六歲, 小者五歲. 晝日父眠, 小者牀頭盜酒飮之. 大兒謂曰; "何以不拜?" 答曰; "偸, 那得行禮!"

─────── • 2 : 005 [0052]

공융孔融이 체포되어 조정의 안팎이 모두 두려워했다. 당시 공융의 아들은 형이 9살이고 동생이 8살이었는데, 두 아이는 못치기놀이[1]를 하면서 조금도 당황하는 기색이 없었다. 공융이 사자使者에게 말했다.

"죄가 내 몸에서 그쳤으면 좋겠소 두 아들은 온전할 수 있겠소?"

그러자 아들이 천천히 다가오면서 말했다.

"아버님께서는 엎어진 새집 아래에서 깨지지 않고 온전한 알이 있는 것을 보셨습니까?"

얼마 뒤에 아들도 또한 잡혀 들어갔다.①

① ▫『위씨춘추魏氏春秋』: 공융은 손권孫權의 사자에게 비방의 말을 했다가 기시형棄市刑②에 처해졌다. 그때 두 아들은 8살과 9살이었는데, 공융이 잡혀가는데도 바둑을 두면서 단정히 앉아 일어나지 않았다. 옆 사람들이 말했다.

"너의 아버지가 잡혀간단다."

그러자 두 아이가 대답했다.

"새집이 무너졌는데 어찌 깨지지 않은 알이 있을 수 있겠습니까!"

마침내 모두 죽음을 당했다.

▫『세어世語』: 위魏 태조太祖[曹操]가 흉년 때문에 술을 금했는데 공융이 건의했다.

"술은 의례儀禮에 필요한 것이므로 금해서는 아니 됩니다."

이로 인하여 인심을 끌자 태조는 그를 잡아들여 형벌에 처했다. 그때 두 아들은 어린 나이③였는데 잡혀가게 되었다. 공융이 두 아들을 돌아보면서 말했다.

"어찌하여 도피하지 않았느냐?"

그러자 두 아들이 대답했다.

"아버님께서 이와 같으신데 저희들이 도망갈 곳이 어디 있겠습니까?"

▫ 배송지裴松之 :『세어』에서 "공융의 아들이 피하지 않은 것은 반드시 모두 죽게 될 것이라는 것을 알았기 때문이다"라고 말한 것은 그런 대로 타당하다. 그러나『위씨춘추』의 손성孫盛이 한 말은 정말 납득이 가지 않는다. 8살밖에 안된 아이가 화환禍患을 예측할 수 있을 정도로 총명함이 대단하고 탁월하게 뛰어났다면, 그 걱정하고 즐거워하는 마음 또한 진실로 어른들보다 뛰어남이 있었을 것이다. 그런데도 어찌 아버지가 잡혀가는 것을 보고서 안색조차 바꾸지 않고 바둑을 두면서 일어나지도 않은 채 태연히 한가롭게 즐길 수가 있겠는가? 옛날 신생申生④은 죽게 되었을 적에 말할 때마다 아버

지를 잊지 않아 자기가 죽게 되었다고 해서 아버지를 그리는 정마저 버리지는 않았다. 아버지가 편히 계실 때에도 오히려 이와 같았거늘 하물며 아버지가 위급한 상황에 처했을 때임에랴! 그런데도 손성은 이것을 미담으로 여겼으니 바로 남의 자식을 해치는 것⑤이 아니겠는가! 대개 특이한 일을 지나치게 좋아하다가 말이 도리를 해치게 되는 것을 알지 못한 것이다.

[역주]………………

① 못치기놀이 : 원문은 "琢釘戲". 淸 周亮工의 『因樹屋書影』 권3에서 "金陵의 아이들은 '탁정'이란 놀이를 하는데, 땅에 경계를 그어놓고 그 안에 못을 꽂는다. 먼저 작은 못을 땅에 꽂고 그것을 簽이라 부른다. 첨이 있는 곳을 중심으로 해서 경계를 벗어나는 자나 상대방의 못을 맞추지 못한 자나 맞추더라도 중심의 첨을 건드리면 지게 된다"라고 함.
② 棄市刑 : 시장과 같은 사람이 많은 곳에 죄인을 끌어내 처형하는 형벌.
③ 어린 나이 : 원문은 "髫齓". '髫'는 다박머리, '齓'은 이를 간다는 뜻으로 다박머리에 이를 갈 나이, 즉 7~8세의 아동을 말함.
④ 申生 : 춘추시대 晉나라 獻公의 태자. 헌공이 驪姬를 총애하여 여희의 아들 奚齊를 태자로 세우고자 신생을 曲沃에 머물게 했는데, 여희가 다시 참소하여 헌공이 장차 신생을 죽이려 할 때 重耳[文公]가 신생을 부추겨 헌공을 죽이라 했지만, 신생은 부왕을 시해할 수 없다고 단호히 거절하고 자살함.
⑤ 남의 자식을 해치는 것 : 원문은 "賊夫人之子". 『論語』 「先進」에 "子路使子羔爲費宰, 子曰; '賊夫人之子.'…"라고 함.

[참고] 『後漢書』70, 『三國志』12注.

孔融被收, 中外惶怖. 時融兒大者九歲, 小者八歲. 二兒故琢釘戲, 了無遽容. 融謂使者曰; "冀罪止於身, 二兒可得全不?" 兒徐進曰; "大人豈見覆巢之下, 復有完卵乎?" 尋亦收至.①

①ㆍ『魏氏春秋』曰; 融對孫權使有訕謗之言, 坐棄市. 二子方八歲ㆍ九歲, 融見收, 弈棊端坐不起. 左右曰; "而父見執." 二子曰; "安有巢覆而卵不破者哉!" 遂俱見殺.
ㆍ『世語』曰; 魏太祖以歲儉禁酒, 融謂酒以成禮, 不宜禁. 由是惑衆, 太祖收寘法焉. 二子齠齓見收, 顧謂二子曰; "何以不辭?" 二子曰; "父尙如此, 復何所辭?"
ㆍ裴松之以爲『世語』云 "融兒不辭, 知必俱死", 猶差可安. 孫盛之言, 誠所未譬. 八歲小兒, 能懸了禍患, 聰明特達, 卓然旣遠, 則其憂樂之情, 固亦有過成人矣. 安有見父被執, 而無變容, 弈棊不起, 若在暇豫者乎? 昔申生就命, 言不忘父, 不以之將死而廢念父之情也. 父安尙猶若茲, 而況顚沛哉! 盛以此爲美談, 無乃賊夫人之子與! 蓋由好奇情多, 而不知言之傷理也.

─────── • 2 : 006 [0053]

영천潁川태수가 진중궁陳仲弓[陳寔]을 삭발형에 처했다.① 어떤 객이 진중궁의 아들 진원방陳元方[陳紀]에게 물었다.

"부군府君[太守]은 어떤 사람인가?"

진원방이 말했다.

"고명하신 분이시지요."

다시 물었다.

"그대의 부친은 어떤 사람인가?"

진원방이 대답했다.

"충신효자시지요."

그랬더니 객이 말했다.

"『역易』①에서 이르기를 '두 사람이 마음을 같이하면 그 날카롭기가 쇠를 끊고, 한 마음에서 나온 말은 그 향기롭기가 난초와 같다'②고 했는데, 어찌하여 고명하신 부군이 충신효자를 벌준단 말인가?"

그러자 진원방이 말했다.

"당신의 말은 어찌 그리도 잘못되었소? 그래서 대답하지 않겠소."

객이 말했다.

"그대는 허리 굽혀 공손만 떨 뿐 대답할 수 없는 것이겠지."

이에 진원방이 말했다.

"옛날에 은殷나라의 고종高宗은 효자 효기孝己③를 추방했고, 주周나라의 윤길보尹吉甫는 효자 백기伯奇④를 추방했으며, 한漢나라의 동중서董仲舒는 효자 부기符起⑤를 추방했는데, 이 쫓아낸 세 분은 고명하신 분들이었고 쫓겨난 세 사람은 충신효자들이었소."

그러자 객은 부끄러워하면서 물러갔다.

1 ▫ 생각건대 : 진식陳寔이 향리에 있을 때 주군州郡에서 해결할 수 없는 의심나는 송사가 있으면 모두 진식에게 가지고 왔다. 어떤 사람은 와서 사실을 고백하기도 하고, 어떤 사람은 도중에서 말을 바꾸기도 하고, 어떤 사람은 흥분과 두려움으로 호소하기도 했다. 모든 사람들이 말했다.

"차라리 형벌에 의해 고통 받을지언정 진군陳君[陳寔]에게 비난받지는 않겠다."

그러니 어찌 융성한 덕으로 사람을 감동시킴이 이처럼 심한 데도 스스로를 지키지 못하고 오히려 형벌에 처해지는 일이 있을 수 있겠는가! 아마도 그렇지는 않았을 것이다. 이것이 이른바 '동쪽 야인野人의 말'[2]이라는 것이다.

2 ▫ 왕이王廙의 『계사주繫辭注』 : 쇠는 지극히 견고하지만 마음을 같이하는 자는 그 날카로움이 뚫고 들어가지 못할 것이 없으며, 난초는 향기로운 물건으로 좋아하지 않는 자가 없지만 말 중에 그 마음을 같이한 것은 모든 만물이 좋아하지 않음이 없다.

3 ▫ 『제왕세기帝王世紀』 : 은나라의 고종 무정武丁에게는 어진 자식인 효기가 있었는데, 그 어머니가 일찍 죽었다. 그 뒤 고종이 후처의 말에 미혹되어 그를 추방하여 죽이자, 세상 사람들이 모두 그것을 슬퍼했다.

4 ▫ 『금조琴操』 : 윤길보는 주나라의 경卿이었다. 백기라는 아들이 있었는데, 그의 어머니가 죽자 다시 아내를 맞아들였다. 후처는 백규伯邽라는 아들을 낳자 윤길보에게 백기를 참소했는데, 이 때문에 윤길보는 백기를 들로 내쫓아버렸다. 선왕宣王이 놀이를 나갈 때 윤길보가 수행했는데, 백기가 노래를 지어 그 가사로 선왕을 감동시켰다. 선왕이 이를 듣고 말했다.

"이것은 효자의 말이로다!"

이에 윤길보는 백기를 들에서 데려오고 후처를 활로 쏘아 죽였다.

5 ▫ 부기는 미상이다.

[역주]
① 『易』 : 인용된 구절은 『周易』 「繫辭傳上」 제8장에 나옴.
② 동쪽 野人의 말 : 원문은 "東野之言". 동쪽 들녘 농부의 말이라는 뜻으로 신빙성이 없는 말을 가리킬 때 하는 말. 『孟子』 「萬章上」에 "此非君子之言, 齊東野之

語也."라는 구절이 있음.

潁川太守髡陳仲弓.① 客有問元方; "府君何如?" 元方曰; "高明之君也." "足下家君何如?" 曰; "忠臣孝子也." 客曰; "『易』稱 '二人同心, 其利斷金. 同心之言, 其臭如蘭.'② 何有高明之君, 而刑忠臣孝子者乎?" 元方曰; "足下言何其謬也? 故不相答." 客曰; "足下但因偪爲恭不能答." 元方曰; "昔高宗放孝子孝己,③ 尹吉甫放孝子伯奇,④ 董仲舒放孝子符起.⑤ 唯此三君, 高明之君. 唯此三子, 忠臣孝子." 客慙而退.

①。按; 寔之在鄕里, 州郡有疑獄不能決者, 皆將詣寔. 或到而情首, 或中途改辭, 或託狂悖. 皆曰; "寧爲刑戮所苦, 不爲陳君所非." 豈有盛德感人若斯之甚, 而不自衛, 反招刑辟, 殆不然乎? 此所謂東野之言耳.

②。王廣注「繫辭」曰; 金至堅矣, 同心者, 其利無不入. 蘭芳物也, 無不樂者. 言其同心者, 物無不樂也.

③。『帝王世紀』曰; 殷高宗武丁有賢子孝己, 其母蚤死 高宗惑後妻之言, 放之而死, 天下哀之.

④。『琴操』曰; 尹吉甫, 周卿也. 有子伯奇, 母死更娶, 後妻生子曰伯邦. 乃譖伯奇於吉甫, 於是放伯奇於野. 宣王出遊, 吉甫從, 伯奇乃作歌, 以言感之. 宣王聞之曰; "此孝子之辭也!" 吉甫乃求伯奇於野, 而射殺後妻.

⑤。未詳.

———— • 2 : 007 [0054]

순자명荀慈明[荀爽]이 여남汝南의 원랑袁閬과 서로 만났는데①, 원랑이 영천潁川의 인사에 대해 물었다. 순자명이 먼저 자기의 여러 형들에 대해 얘기하자 원랑이 웃으면서 말했다.

"저명 인사가 겨우 친족과 친구에 국한될 뿐이오?"

다시 순자명이 말했다.

"그대가 비난하는 것은 무슨 이유에 근거한 것이오?"

원랑이 말했다.

"바야흐로 나라의 인재를 물었는데 형제들을 얘기하니 이 때문에 탓했을 뿐이오."

그러자 순자명이 말했다.

"옛날에 기해祁奚는 집안사람을 천거할 때는 자기 자식을 빼놓지 않았으며, 외부사람을 천거할 때는 자기 원수도 빼놓지 않아 지극히 공정하다고 여겨졌소.② 그리고 주공周公 단旦이 「문왕文王」의 시①에서 요堯·순舜의 덕을 논하지 않고 문왕과 무왕武王을 칭송한 것은 친족을 귀히 여기는 뜻이오. 또한 『춘추春秋』의 의법②도 자기 나라인 노국魯國은 안으로 하고, 그밖에 다른 나라들은 밖으로 했소. 그러니 자기의 친족을 사랑하지 않고 남을 사랑하는 것은 패덕悖德이 아니겠소?"

①·순상荀爽은 일명 순서荀諝라고도 한다.

·『한남기漢南紀』: 순서는 문장과 전적을 섭렵하지 않은 것이 없었다. 당시 사람들이 이런 말을 했다.

"순씨네 여덟 용③ 중에 자명에 짝할 자가 없다."

순서는 은거하면서 뜻을 돈독히 하여 관직에 초정되었으나 나아가지 않았다.

·장번張璠의 『한기漢紀』: 동탁董卓이 정권을 잡고서 다시 순상을 불렀을 때, 순상은 도피하려 했으나 사자使者가 급하게 붙잡는 바람에 벼슬하게 되었는데, 포의布衣에서 몸을 일으켜 95일 만에 삼공三公에까지 이르렀다.

②·『춘추전春秋傳』④: 기해가 중군위中軍尉로 있을 때 늙음을 이유로 사직을 청하자 진후晉侯가 후임자를 물었는데, 기해는 자기의 원수인 해호解狐를 추천했다. 장차 그를 기용하려 했으나 그만 죽어버려 다시 기해에게 물었더니 대답했다.

"기오祁午가 괜찮습니다."

기오는 그의 아들이었다. 군자들은 기해를 평하여 가히 훌륭한 사람을 천거하는 데 능하다고 할 만하다고 했다. 자기의 원수를 추천하되 아첨한다 하지 않았고, 자기 자식을 내세우되 당파 짓는다 하지 않았다.

[역주]··············

① 「文王」의 시: 『詩經』 「大雅·文王」을 말함. 『呂氏春秋』 「仲夏紀·古樂」에서 이 시를 周公 旦의 작이라 함.

② 『春秋』의 의법: 『春秋公羊傳』「成公15年」에서 "春秋內其國而外諸夏, 內諸夏而外夷狄."이라 함.
③ 여덟 용: 「德行」6 참조.
④ 『春秋傳』: 인용된 문장은 『春秋左氏傳』「襄公3年」에 나옴.
[참고] 『太平廣記』173.

荀慈明與汝南袁閬相見,① 問潁川人士. 慈明先及諸兄, 閬笑曰; "士但可因親舊而已乎?" 慈明曰: "足下相難, 依據者何經?" 閬曰: "方問國士, 而及諸兄, 是以尤之耳." 慈明曰; "昔者祁奚內擧不失其子, 外擧不失其讎, 以爲至公.② 公旦「文王」之詩, 不論堯舜之德, 而頌文武者, 親親之義也.『春秋』之義, 內其國而外諸夏. 且不愛其親而愛他人者, 不爲悖德乎?"

① ◦荀爽, 一名諝.
  ◦『漢南紀』曰; 謂文章典籍無不涉, 時人諺曰; "荀氏八龍, 慈明無雙." 潛處篤志, 徵聘無所就.
  ◦張璠『漢紀』曰; 董卓秉政, 復徵爽, 爽欲遁去, 吏持之急. 起布衣, 九十五日而至三公.
② ◦『春秋傳』曰; 祁奚爲中軍尉, 請老, 晉侯問嗣焉, 稱解狐, 其讎也. 將立之而卒, 又問焉, 對曰; "午也可." 其子也. 君子謂祁奚可謂能擧善矣. 稱其讎, 不爲諂, 立其子, 不爲比.

──────── • 2 : 008 [0055]

예형禰衡이 위魏 무제武帝[曹操]의 미움을 받아 고리鼓吏로 폄적貶謫되어 정월보름에 북 연주를 시범 보였다. 예형은 북채를 잡고「어양참과漁陽摻檛」①라는 곡을 연주했는데, 깊고도 장중한 금석金石의 소리가 나자 사방에 앉아 있던 사람들이 이것을 듣고 매무새를 여몄다.① 이에 공융孔融이 말했다.

"예형의 죄는 서미胥靡의 형에 처했던 부열傅說과 같습니다만, 명군의 꿈에 나타날 수 없었을 뿐이지요."②

그러자 위 무제는 부끄러워하면서 그를 사면해주었다.

① ◦『전략典略』: 예형은 자가 정평正平이며 평원平原 반般사람이다.
  ◦『문사전文士傳』: 예형의 선조는 어디 출신인지 모른다. 그는 뛰어난 재주

가 출중하여 젊어서부터 공융과 자네라고 부를 정도로 친했다.② 그 당시 예형은 아직 20살도 안되었고 공융은 이미 50살이 넘었지만, 공융은 예형의 뛰어난 재능을 존경하여 함께 진심으로 우정을 맺어 서로 어긋남이 없었다. 건안建安연간(196~220) 초에 북방을 유람했는데, 어떤 사람이 그에게 도성의 부귀한 자에게 가보라고 권했다. 그래서 예형은 명함 하나를 가슴에 품고 갔는데, 도중에 명함을 잃어버려 결국 찾아가지 못했다.

공융은 무제에게 여러 번 표表를 올려 그의 재주를 칭찬했다. 그래서 무제는 진심으로 그를 만나보고자 했으나 예형은 병을 핑계로 가려 하지 않았으며, 도리어 여러 번 비판을 하자 무제는 그것을 매우 분하게 생각했다. 그러나 그의 재주와 명성 때문에 죽이지는 못하고 대신 그를 욕보이려고 고리에 등록하도록 했다. 그 후 8월 조회 때 북 연주를 대대적으로 관람하고자 3중으로 된 누각을 짓고 빈객들을 배석시켰다. 그리고 비단으로 저고리를 만들고 높다란 모자③와 연두색 홑 겉옷④과 바지를 만들었는데, 고리 중에 연주하는 자는 모두 입고 있던 옛 옷을 벗고 이 새 옷으로 갈아입어야 했다. 차례가 예형에게 이르자 그는 북을 치며 「어양참과곡」을 연주했는데, 땅을 박차고 앞으로 나와 발을 급하게 구르는 모습이 남달랐다. 또한 북소리가 매우 구슬프고 박자가 특히 미묘하여 좌객 중에 감동하여 탄식하지 않는 자가 없었다. 그래서 틀림없이 예형이라는 것을 알 수 있었다. 이미 연주를 하면서도 그가 옷을 갈아입으려 하지 않자 관리가 꾸짖어 말했다.

"이봐, 고리! 어찌하여 당신 혼자만 옷을 갈아입지 않지?"

이에 예형은 곧 북치던 것을 멈추고 무제 앞에 서서 먼저 바지를 벗은 다음에 나머지 옷을 벗고 알몸으로 섰다. 그리고 천천히 높다란 모자를 쓰고 다음으로 홑 겉옷을 입고 마지막으로 바지를 입었다. 옷 입기를 다 마치자 다시 북을 치면서 「참과곡」을 다 연주하고 나서 나갔는데, 그의 얼굴에는 부끄러운 기색이 없었다. 이를 본 무제는 웃으면서 주위사람들에게 말했다.

"본래 예형을 욕보이려고 했는데 예형이 도리어 나를 욕보이고 말았군."

지금까지 「어양참과곡」이 남아 있는데 그것은 예형에서부터 비롯되었다. 예형은 나중에 황조黃祖에게 죽임을 당했다.

②。황보밀皇甫謐의 『제왕세기帝王世紀』: 은殷나라 무정武丁은 하늘이 자기에게 현인을 내려주는 꿈을 꾸었다. 그래서 화공들에게 꿈속에서 본 그 현인의 초상을 그리게 하여 천하를 뒤져 찾게 했는데, 부암傅巖의 들녘⑤에서 갈포 옷을 입고 서미의 형벌에 처해 있던 토공土工이 바로 그 사람이었다. 그래서 그를 부열이라고 불렀다.

。장안張晏: '서미'는 형벌명칭이다. '서'는 '서로[相]'라는 뜻이고 '미'는 '쫓는다[從]'는 뜻이다. 즉 서로 연결해서 묶어놓아 따라다니게 하는 가벼운 형벌을 말한다.

[역주]
① 「漁陽摻檛」: 곡조명. 또는 '어양'은 곡명이고 '참과'는 북치는 방법이라고도 함. 그 설이 여러 가지임.
② 자네라고 부를 정도로 친했다: 원문은 "爾汝之交". '爾'와 '汝'는 모두 친밀한 사이에 쓰는 2인칭 대명사. 이러한 말로 서로를 부를 수 있는 친밀한 사귐을 말함.
③ 높다란 모자: 원문은 "岑牟". 鼓角士들이 쓰는 높은 모자.
④ 연두색 홑 겉옷: 원문은 "單絞". '絞'는 연두색. '單絞'는 겉에 입는 두루마기 형식의 연두색 홑옷을 말함.
⑤ 傅巖의 들녘: 은나라 때 부암은 虞와 虢의 경계에 있었는데 거기에 도로가 나 있었음. 때때로 강물이 넘쳐 이 도로가 훼손되었기 때문에 늘 서미의 죄수들을 시켜 둑을 쌓고 이 길을 보호하도록 했음.

[참고] 『後漢書』80, 『北堂書鈔』108, 『太平御覽』30.

禰衡被魏武謫爲鼓吏, 正月半試鼓. 衡揚枹爲「漁陽摻檛」, 淵淵有金石聲, 四座爲之改容.① 孔融曰; "禰衡罪同胥靡, 不能發明王之夢!"② 魏武慚而赦之.

①『典略』曰; 衡, 字正平, 平原般人也.

。『文士傳』曰; 衡不知先所出, 逸才飄擧. 少與孔融作爾汝之交, 時衡未滿二十, 融已五十. 敬衡才秀, 共結殷勤, 不能相違. 以建安初北游, 或勸其詣京師貴游者, 衡懷一刺, 遂至漫滅, 竟無所詣. 融數與武帝牋, 稱其才, 帝傾心欲見. 衡稱疾不肯往, 而數有言論. 帝甚忿之, 以其才名不殺, 圖欲辱之, 乃令錄爲鼓吏. 後至八月朝會, 大閱試鼓節, 作三重閣, 列坐賓客. 以帛絹製衣, 作一岑牟・一單絞及小幝. 鼓吏度者, 皆當脫其故衣, 著此新衣. 次傳衡, 衡擊鼓爲「漁陽摻檛」, 蹋地來前, 躡躞脚足, 容態不常. 鼓聲甚悲, 音節殊妙. 坐客莫不忼慨, 知必衡也. 旣度, 不肯易衣. 吏呵之曰; "鼓史何獨不易服?" 衡便止. 當武帝前, 先脫幝, 次脫餘衣, 裸身而立. 徐徐乃著岑牟, 次著單絞, 後乃著幝. 畢, 復擊鼓「摻檛」而去, 顔色無作. 武帝笑謂四坐曰; "本欲辱衡, 衡反辱孤." 至今有「漁陽摻檛」, 自衡造也. 爲黃祖所殺.
② 皇甫謐『帝王世紀』曰; 武丁夢天賜己賢人, 使百工寫其象, 求諸天下. 見築者胥靡, 衣褐
於傅巖之野, 是謂傅說.

◦ 張晏曰; 胥靡, 刑名. 胥, 相也. 靡, 從也. 謂相從坐輕刑也.

• 2 : 009 [0056]

남군南郡의 방사원龐士元[龐統]은 사마덕조司馬德操[司馬徽]가 영천潁川에 있다는 소문을 듣고 일부러 2천 리나 달려가 그를 방문했다. 도착해 보니 마침 사마덕조는 뽕잎을 따고 있었다. 방사원이 수레 안에서 말했다.

"내가 듣건대 장부가 세상에 처해서는 마땅히 금인자수金印紫綬을 차야 하는데, 당신은 어찌하여 넓디넓은 도량을 굽히고서 실 잣는 아낙네의 일을 하고 있소이까?"①

그러자 사마덕조가 말했다.②

"그대는 마차에서 내리시오. 그대는 다만 그릇된 지름길이 빠른 줄만 알지 길을 잃고 헤매게 될 줄은 모르고 있소. 옛날에 백성伯成은 짝하여 밭을 갈면서도 제후의 영화 따위는 부러워하지 않았고,③ 원헌原憲은 뽕나무 지도리를 한 집에 살면서도 관리의 저택과 바꾸지 않았소④ 어찌 꼭 화려한 집에 앉아야 하고, 살찐 말을 타고 가야 하고, 수십 명의 시녀가 있어야만 귀하다고 하겠소? 이것이 바로 허許[許由]·부父[巢父]⑤가 강개한 바이며, 이夷[伯夷]·제齊[叔齊]가 길게 탄식한 바이오.⑥ 비록 여불위呂不韋가 진秦나라의 작위를 훔쳐 천승千乘의 부를 누리긴 했지만,⑦ 귀하다고 하기에는 부족하오."

그러자 방사원이 말했다.

"저는 변방구석에서 자랐기 때문에 대의大義를 만나본 적이 드물었습니다. 만약 어마어마하게 큰 종을 쳐보고 우레 같은 소리가 나는 북①을 두드려보지 않았더라면, 그 음향이 얼마나 큰지 모를 뻔했습니다."

1 ○『촉지蜀志』② : 방통龐統은 자가 사원이며 양양襄陽사람이다. 젊었을 때는 순박하기만 하여 그를 알아보는 사람이 없었다. 영천의 사마휘司馬徽는 사람을 알아보는 감식력이 있었는데, 방사원이 약관의 나이에 사마휘를 만나보러 갔다. 사마휘는 뽕나무 위에서 뽕잎을 따면서 방사원을 나무 아래에 앉게 하여 낮부터 저녁까지 함께 얘기를 나누었다. 그 결과 사마휘는 그를 남다르게 여겨 말했다.

"그대는 진정 남주南州의 선비 중에서 으뜸이오."

이로 인하여 그의 이름이 점점 드러나게 되었다.

○『양양기襄陽記』: 방사원은 방덕공龐德公의 조카다. 나이가 어렸을 때는 아직 알아주는 사람이 없었으나 오직 방덕공만이 그를 중히 여겼다. 18살 때 방덕공이 방사원에게 사마덕조를 만나보게 했는데, 사마덕조가 그와 함께 얘기하고 나서 감탄하며 말했다.

"덕공은 진실로 사람을 볼 줄 아는군. 정말 훌륭한 덕을 지닌 사람이야!"

나중에 유비劉備가 사마덕조에게 세상일을 물어보니 사마덕조가 말했다.

"저같이 보잘것없는 선비가 어떻게 지금의 세상일을 알 수 있겠습니까? 그렇지만 이곳에는 엎드려 있는 용과 봉황의 새끼가 있습니다."

이것은 제갈공명諸葛孔明[諸葛亮]과 방사원을 두고 한 말이었다.

○『화양국지華陽國志』: 유비가 방사원을 초치하여 군사중랑장軍師中郎將으로 삼아 낙양洛陽을 공략하는 데 따르게 했는데, 방사원은 빗나간 화살에 맞아 죽었다. 당시 38세③였다.

2 ○『사마휘별전司馬徽別傳』: 사마휘는 자가 덕조며 영천 양적陽翟사람이다. 사람들을 감식하는 안목을 지니고 있었다. 형주荊州에 거할 때 자사유표劉表가 성격이 음험하여 반드시 착한 사람을 해칠 것이라는 것을 알아차리고서 입을 꼭 다문 채④ 담론을 하지 않았다. 당시 사람들 가운데 어떤 인물에 대하여 사마휘에게 묻는 자가 있으면, 조금도 그 사람의 고하高下를 비평하지 않았고 매번 훌륭하다고만 했다. 그래서 그의 아내가 이를 탓하여 말했다.

"사람들이 의심나는 바를 질문하면 당신은 마땅히 토론하여 판단해주어야 하는데도 한결같이 모두 훌륭하다고만 하시니, 그것이 어찌 사람들이 당신에게 물어보려던 의도이겠습니까?"

그러자 사마휘가 말했다.

"당신이 말한 것도 또한 훌륭하오."

그의 완곡하고 겸손함이 이와 같았다.

한번은 사마휘의 돼지를 잘못 알고 자기 것이라고 하는 자가 있자 그냥 그에게 주어버렸다. 나중에 그 사람이 자기 돼지를 찾게 되어 미안함에 머리를 조아리고 다시 가지고 오자, 사마휘는 또한 공손한 말로 그에게 감사했다.

유표의 아들 유종劉琮이 사마휘를 방문하여 사람을 보내 그가 집에 있는지 없는지를 물어보게 했다. 때마침 사마휘는 채마밭에서 김을 매고 오던 길이었는데, 유종의 시종이 물었다.

"사마군司馬君은 계시는가?"

사마휘가 말했다.

"내가 사마휘요."

그러자 유종의 시종이 그의 누추함을 보고 꾸짖어 말했다.

"이런 무식한 하인 놈! 장군의 아드님께서 사마군을 만나보고자 하시는데 너 같은 농부 주제에 스스로 사마군이라고 하다니!"

사마휘가 집으로 돌아가 머리를 빗고 두건을 쓰고 나왔다. 유종의 시종이 사마휘를 보니 바로 조금 전의 그 노인이었다. 시종이 깜짝 놀라 유종에게 이 일을 말하자 유종이 일어나 머리를 조아리며 사과했다. 이에 사마휘가 말했다.

"그대는 정말 이러지 마시오. 이러면 내가 정말 부끄럽소. 내가 직접 채마밭을 김매는 것은 오직 그대만 알고 있을 뿐이오."

누에를 치면서 누에 발을 구하는 사람이 있자 사마휘는 자기 누에는 버려두고 그것을 주어버렸다. 어떤 사람이 물었다.

"무릇 사람이 자기 것을 덜어 남을 넉넉하게 해주는 것은 남이 절박하고 나는 여유 있을 때라야 하는 것인데, 지금 피차 처지가 같은데도 어찌하여 그 사람에게 주는 겁니까?"

그러자 사마휘가 말했다.

"사람이 구하지 않으면 그뿐이지만 구하는 데도 주지 않는다면 장차 부끄러워할 것이오. 어찌 재물을 가지고 사람을 부끄럽게 할 수 있겠소?"

사람들이 유표에게 말했다.

"사마덕조는 훌륭한 선비이나 다만 때를 못 만났을 뿐입니다."

유표가 나중에 그를 만나보고 나서 말했다.

"세상사람들이 망령된 말을 했군. 이 사람은 단지 보잘것없는 서생에 불과한데."

사마휘는 지혜로우면서도 어리석게 보이도록 할 수 있는 것이 모두 이와 같았다. 나중에 형주가 함락되자 조조曹操에게 잡혀 조조가 그를 크게 기용하려 했으나 때마침 병으로 죽고 말았다.

③ □『장자莊子』⑤ : 요堯임금이 천하를 다스릴 적에 백성자고伯成子高가 제후가 되었는데, 우禹임금이 천자가 되자 백성자고는 제후를 그만두고 들에서 밭을 갈았다. 우임금이 가서 그를 만나 낮은 쪽에 서서 겸손하게 정사에 대하여 물어보았더니, 백성자고가 말했다.

"옛날에 요임금이 천하를 다스릴 때에는 상을 내리지 않아도 백성들이 서로 권면했으며 벌을 주지 않아도 백성들이 두려워했는데, 지금 당신은 상과 벌을 다 내려도 백성들이 어질지 않으니, 덕이 이 때문에 쇠하고 형법이 이 때문에 서게 되었소. 당신은 어찌하여 돌아가지 않는 것이오? 내 일이나 방해하지 마시오."

④ □『가어家語』⑥ : 원헌은 자가 자사子思며 송宋나라 사람으로 공자의 제자다. 노魯나라에 거할 때 사방 한 길 너비의 그의 집⑦은 생풀로 지붕을 이고 망가진 쑥대 문에 뽕나무 지도리와 옹기 들창을 했으며 위에서는 비가 새고 아래는 습기에 젖었지만, 그는 앉아서 거문고를 타며 노래를 불렀다. 자공子貢은 자기의 큰 수레가 원헌이 사는 골목으로 들어갈 수 없자 걸어가서 그를 만나 말했다.

"선생은 무슨 병이라도 있습니까?"

그러자 원헌이 말했다.

"내가 듣건대 재물이 없는 것을 일러 빈곤이라 하고 배우고서도 행하지 못하는 것을 일러 병이라고 한다 하니, 지금 나는 빈곤한 것이지 병든 것은 아니오. 대저 세상에 아부하고 살아가면서 당파지어 사귀거나, 남에게 과시하기 위하여 배우고 자기의 이익을 위하여 가르친다거나, 인의를 저버리고서 수레나 장식하는 것은 내가 차마 못하오."

5. ▫ 허유許由와 소부巢父를 말한다.
6. 『맹자孟子』[8]: 백이伯夷와 숙제叔齊는 눈으로는 좋지 않은 색을 보지 않고 귀로는 악한 소리를 듣지 않았으며, 시골사람과 같이 있으면 진흙과 석탄에 앉아 있는 것 같이 했는데, 이것이 대개 성인의 결백함이다.
7. ▫ 『고사고古史考』: 여불위는 진秦나라 자초子楚를 위하여 화양부인華陽夫人에게 천금의 뇌물을 주어 자초를 후사로 책봉하도록 청했다. 자초가 즉위하여 여불위를 낙양洛陽의 10만 호에 봉하고 문신후文信侯라 불렀다.
　▫ 이것은 속임수로 작위를 얻은 것이기 때문에 훔쳤다고 말한 것이다.
　▫ 『논어論語』[9]: 제齊나라 경공景公은 말 천사千駟을 가졌으되 백성들이 덕 있다고 칭송하지 않았다.
　▫ 공안국孔安國: 천사는 말 4천 필이다.

[역주]••••••••••••••••••••
① 우레 같은 소리가 나는 북 : 원문은 "雷鼓". 『周禮』권12 「地官·鼓人」에 "뇌고를 가지고 신에게 제사드릴 때 친다[以雷鼓鼓神祀]" 했고, 鄭玄 注에서는 "雷鼓는 8面鼓다"라고 함. 일설에는 6面鼓라고도 함.
② 『蜀志』: 『三國志』권37 「蜀書」에 나옴.
③ 38세 : 『三國志』권37 「蜀書·龐統傳」에는 36세에 죽었다고 되어 있음.
④ 입을 꼭 다문 채 : 원문은 "括囊". 주머니를 여민다는 뜻으로 자기의 지혜를 속에 감추고 입 밖에 내지 않는 것을 말함.
⑤ 『莊子』: 「天地」편에 나옴.
⑥ 『家語』: 통행본『孔子家語』권9 「七十二弟子解」에 나옴.
⑦ 사방 한 길 너비의 집 : 원문은 "環堵之室". '堵'는 1丈, 1장은 10척. 즉 사방 한 길밖에 안되는 작은 집을 말함.
⑧ 『孟子』: 「萬章」下에 나옴.
⑨ 『論語』: 「季氏」편에 나옴.

[참고]『三國志』37.

南郡龐士元聞司馬德操在潁川, 故二千里候之. 至, 遇德操采桑, 士元從車中謂曰; "吾聞丈夫處世, 當帶金佩紫, 焉有屈洪流之量, 而執絲婦之事?"[1] 德操曰;[2] "子且下車. 子適知邪徑之速, 不慮失道之迷. 昔伯成耦耕, 不慕諸侯之榮,[3] 原憲桑樞, 不易有官之宅.[4] 何有坐則華屋, 行則肥馬, 侍女數十, 然後爲奇? 此乃許·父[5]所以忼慨, 夷·齊所以長歎.[6] 雖有竊秦之爵, 千駟之富,[7]

不足貴也." 士元曰; "僕生出邊垂, 寡見大義. 若不一叩洪鍾, 伐雷鼓, 則不識其音響也."

1. 『蜀志』曰; 龐統, 字士元, 襄陽人. 少時樸鈍, 未有識者. 潁川司馬徽有知人之鑒, 士元弱冠往見徽. 徽采桑樹上, 坐士元樹下, 共語, 自晝至夜. 徽異之曰; "生, 當爲南州士人之冠冕." 由是漸顯.

   ◦『襄陽記』曰; 士元, 德公之從子也. 年少未有識者, 唯德公重之. 年十八, 使往見德操, 與語, 歎曰; "德公誠知人, 實盛德也." 後劉備訪世事於德操, 德操曰; "俗士豈識時務? 此閒自有伏龍·鳳雛." 謂諸葛孔明與士元也.

   ◦『華陽國志』曰; 劉備引士元爲軍師中郞將, 從攻洛, 爲流矢所中, 卒. 時年三十八.

2. 『司馬徽別傳』; 徽, 字德操, 潁川陽翟人. 有人倫鑒識. 居荊州, 知劉表性暗, 必害善人, 乃括囊不談議. 時人有以人物問徽者, 初不辨其高下, 每輒言佳. 其婦諫曰; "人質所疑, 君宜辨論, 而一皆言佳, 豈人所以咨君之意乎?" 徽曰; "如君所言, 亦復佳." 其婉約遜遁如此. 嘗有妄認徽豬者, 便推與之. 後得其豬, 叩頭來還, 徽又厚辭謝之. 劉表子琮往候徽, 遣問在不. 會徽自鋤園, 琮左右問; "司馬君在邪?" 徽曰; "我是也." 琮左右見其醜陋, 罵曰; "死傭! 將軍諸郞欲求見司馬君, 汝何等田奴, 而自稱是邪!" 徽歸, 刈頭著幘出見. 琮左右見徽故是向老翁, 恐, 向琮道之. 琮起, 叩頭辭謝. 徽乃謂曰; "卿眞不可然, 吾甚羞之. 此自鋤園, 唯卿知之耳." 有人臨蠶求簇箔者, 徽自棄其蠶而與之. 或曰; "凡人損己以贍人者, 謂彼急我緩也. 今彼此正等, 何爲與人?" 徽曰; "人未嘗求己, 求之不與, 將慚. 何有以財物令人慚者?" 人謂劉表曰; "司馬德操, 奇士也, 但未遇耳." 表後見之曰; "世閒人爲妄語, 此直小書生耳." 其智而能愚, 皆此類. 荊州破, 爲曹操所得, 操欲大用, 會其病死.

3. 『莊子』曰; 堯治天下, 伯成子高立爲諸侯. 禹爲天子, 伯成辭諸侯而耕於野. 禹往見之, 趨就下風而問焉. 子高曰; "昔堯治天下, 不賞而民勸, 不罰而民畏. 今子賞罰, 而民且不仁. 德自此衰, 刑自此立. 夫子盍行邪? 毋落吾事!"

4. 『家語』曰; 原憲, 字子思, 宋人, 孔子弟子. 居魯, 環堵之室, 茨以生草, 蓬戶不完, 桑樞而甕牖, 上漏下溼, 坐而弦歌. 子貢軒車不容巷, 往見之曰; "先生何病也?" 憲曰; "憲聞無財謂之貧, 學而不能行謂之病. 今憲貧也, 非病也. 夫希世而行, 比周而友, 學以爲人, 敎以爲己, 仁義之慝, 輿馬之飾, 憲不忍爲也."

5. ◦許由·巢父.

6. 『孟子』曰; 伯夷·叔齊目不視惡色, 耳不聽惡聲. 與鄕人居, 若在塗炭. 蓋聖人之淸也.

7. 『古史考』曰; 呂不韋爲秦子楚行千金貨於華陽夫人, 請立子楚爲嗣. 及子楚立, 封不韋洛陽十萬戶, 號文信侯.

   ◦以詐獲爵, 故曰竊也.

   ◦『論語』曰; 齊景公有馬千駟, 民無德而稱焉.

   ◦孔安國曰; 千駟, 四千匹.

• 2 : 010 [0057]

유공간劉公幹[劉楨]이 불경죄에 걸리게 되었다.① 문제文帝[曹丕]가 물었다.

"경은 어찌하여 법도를 삼가 지키지 않소?"

그러자 유정劉楨이 대답했다.

"신이 진실로 용렬하기도 하거니와 또한 폐하의 법망이 허술하지 않기① 때문이옵니다."②

① ▫『전략典略』: 유정은 자가 공간이며 동평東平 영양寧陽사람이다. 건안建安 16년(211)에 세자[曹丕]가 오관중랑장五官中郞將이 되었는데, 조조曹操는 문사를 선발하는 데 조예가 있어서 유정으로 하여금 세자를 모시도록 했다. 주연이 무르익어 자리가 흥겨워지자 부인 견씨甄氏더러 나와서 인사하도록 했는데, 좌중의 객들이 대부분 머리를 조아렸으나 유정만이 그냥 쳐다보았다. 나중에 공[曹操]이 이를 듣고서 유정을 잡아들여 사형을 감하여 작부作部②로 좌천시켜버렸다.

▫『문사전文士傳』: 유정은 본래 언변에 민첩하여 묻는 바에 곧바로 대답했다. 연회석상에서 견부인을 빤히 쳐다보았다가 작부로 좌천되어 돌을 갈게 되었다. 무제[曹操]가 상방尙方③에 이르러 일하는 사람들을 둘러보다가 유정이 똑바로 앉아 진지한 얼굴로 돌을 갈고 있는 것을 보았다. 무제가 물었다.

"돌이 어떠한가?"

그러자 유정은 곧 자기를 돌에 비유하여 스스로를 변호하고자 꿇어앉아 대답했다.

"이 돌은 형주荊州의 깎아지른 바위 꼭대기에서 나온 것으로, 밖으론 오색의 빛남이 있고 안으론 변씨卞氏④의 진귀함을 머금고 있어서, 갈아도 더 이상 빛나지 않고 아로 새겨도 더 이상 무늬를 더할 수가 없습니다. 타고난 기품이 굳세고 곧은 것은 자연으로부터 부여받은 것이며, 그 결을 살펴보면 구비지고 휘감겨져서 펼 수가 없습니다."

무제가 좌우를 돌아보며 크게 웃더니 그날로 그를 사면해주었다.

② ▫『위지魏志』: 문제는 휘가 비丕며 자가 자환子桓으로 한漢나라의 제위를

선양받았다.
　▫생각건대 : 여러 책에 모두 "유정은 위 무제 때 형을 받아 건안 20년[5] (215)에 병들어 죽었으며, 그 후 7년 뒤에 문제가 즉위했다"라고 되어 있으니, 유정이 황초黃初[6]연간(220~226)에 죄를 얻었다는 것은 잘못일 것이다.

[역주]
① 법망이 허술하지 않다 : 원문은 "綱目不疏". 『老子』 제73장에 "天網恢恢, 疏而不失."이라는 구절이 있음.
② 作部 : 기물의 제작을 주관하는 부처.
③ 尚方 : 少府의 속관으로 궁중의 기물제작을 관장함.
④ 卞氏 : 본명은 卞和로서 周代에 楚王에게 보옥을 헌상함. 세간에서 보옥을 일컬을 때 보통 '和氏之璧'・'和璧'이라 함.
⑤ 건안 20년 : 『三國志』 권21 「魏書・王粲傳」에는 "幹・琳・瑒・楨二十年卒"이라 되어 있음.
⑥ 黃初 : 魏 文帝의 첫 번째 연호.

[참고] 『續談助』4.

劉公幹以失敬罹罪.① 文帝問曰; "卿何以不謹於文憲?" 楨答曰; "臣誠庸短, 亦由陛下網目不疎."②

① ▫『典略』曰; 劉楨, 字公幹, 東平寧陽人. 建安十六年, 世子爲五官中郎將, 妙選文學, 使楨隨侍太子. 酒酣坐歡, 乃使夫人甄氏出拜. 坐上客多伏, 而楨獨平視. 他日公聞, 乃收楨, 減死, 輸作部.
▫『文士傳』曰; 楨性辯捷, 所問應聲而答. 坐平視甄夫人, 配輸作部, 使磨石. 武帝至尚方觀作者, 見楨匡坐正色磨石. 武帝問曰; "石何如?" 楨因得喩己自理, 跪而對曰; "石出荊山懸巖之巔, 外有五色之章, 內含卞氏之珍. 磨之不加瑩, 雕之不增文. 稟氣堅貞, 受之自然. 顧其理枉屈紆繞而不得申." 帝顧左右大笑, 卽日赦之.
② 『魏志』曰; 帝諱丕, 字子桓, 受漢禪.
▫按; 諸書或云"楨被刑魏武之世, 建安二十年病亡, 後七年, 文帝乃卽位." 而謂楨得罪黃初之時, 謬矣.

━━━━ • 2 : 011 [0058]

종육鍾毓・종회鍾會 형제는 어려서부터 훌륭한 명성이 있었다.① 13

살 때 위魏 문제文帝[曹丕]가 이를 듣고서 그의 아버지 종요鍾繇②에게 말했다.

"두 아들을 오게 할 수 있겠는가?"

이에 문제가 친견하게 되었다. 종육의 얼굴에 땀이 흐르자 문제가 말했다.

"그대의 얼굴엔 어찌하여 땀이 흐르는가?"

종육이 대답했다.

"두렵고 황공하여 땀이 국물처럼 흐르옵니다."

다시 종회에게 물었다.

"그대는 어찌하여 땀을 흘리지 않는가?"

종회가 대답했다.

"두렵고 떨려서 땀이 감히 나오지 않사옵니다."

①·『위서魏書』: 종육은 자가 치숙稚叔이며 영천潁川 장사長社사람으로 상국相國 종요의 장자다. 14살에 산기시랑散騎侍郞①이 되었다. 기민하고 담소하는 것에 아버지의 풍모가 있었다. 벼슬은 거기장군車騎將軍에 이르렀다.

②·『위지魏志』: 종요는 자가 원상元常이다. 집은 가난했으나 학문을 좋아하여 『주역周易』과 『노자老子』의 훈訓을 지었다. 대리大理②와 상국을 역임하고 태부太傅로 전임되었다.

[역주]……………………

① 散騎侍郎 : 황제가 궁중에 있거나 행차할 때 좌우에서 호위하던 散騎常侍 밑의 관직.

② 大理 : 관명으로 사법관을 말함.

[참고] 『太平御覽』385·387, 『事文類聚』後18.

鍾毓·鍾會少有令譽.① 年十三, 魏文帝聞之, 語其父鍾繇②曰; "可令二子來?" 於是勅見. 毓面有汗, 帝曰; "卿面何以汗?" 毓對曰; "戰戰惶惶, 汗出如漿." 復問會; "卿何以不汗?" 對曰; "戰戰慄慄, 汗不敢出."

①·『魏書』曰; 毓, 字稚叔, 潁川長社人, 相國繇長子也. 年十四, 爲散騎侍郎, 機捷談笑有父風. 仕至車騎將軍.

②▫『魏志』曰; 毓, 字元常. 家貧好學, 爲『周易』·『老子』訓. 歷大理·相國, 遷太傅.

———————— • 2 : 012 [0059]

 종육鍾毓 형제가 어렸을 때, 아버지가 낮잠 자는 틈을 타 함께 약주를 훔쳐 먹었다. 아버지는 이때 깨어 있었지만 잠든 척하고 이를 지켜보았다. 종육은 배례拜禮한 뒤에 마셨으나 종회鍾會는 마시면서도 배례하지 않았다.① 나중에 아버지가 종육에게 물었다.
 "왜 배례했느냐?"
 종육이 대답했다.
 "술을 마시는 것은 그것으로써 예가 되기 때문에 감히 배례하지 않을 수 없었습니다."
 또 종회에게 물었다.
 "왜 배례하지 않았느냐?"
 종회가 대답했다.
 "훔치는 것은 본래 예가 아니기 때문에 배례하지 않았습니다."

①▫『위지魏志』① : 종회는 자가 사계士季며 종요鍾繇의 막내아들이다. 영민하고 조숙했다. 중호군中護軍 장제蔣濟가 논論을 지어 그를 평했다.
 "그 눈동자를 보면② 족히 사람됨을 알 수 있다."
 종회가 5살 때 종요가 그를 보내 장제를 만나보게 했는데, 장제가 그를 매우 남달리 여겨 말했다.
 "보통사람이 아니로다!"
 장성해서는 재략을 갖추고 명리名理에 정통했으며, 여러 벼슬을 거쳐 황문시랑黃門侍郎에 올랐다.
 제갈탄諸葛誕이 반란을 일으켰을 때 문왕文王[司馬昭]이 이를 토벌하면서 종회의 책략에 많이 의거했으므로 당시 사람들이 그를 자방子房③이라 불렀다. 진서장군鎭西將軍에 제수되어 촉蜀을 토벌했으며, 촉이 평정되자 사도司徒의 직위로 승진되었다. 공명이 일세를 덮었으니 더 이상 남의 밑에 있을 수 없다고 스스로 생각하여, 측근의 사람들에게 말했다.

"내가 회남淮南의 싸움 이래 계책에 실패한 적이 없음을 세상 사람들이 다 알고 있으니, 이러한 공적을 지니고서 어찌 남의 휘하로 돌아가고 싶겠는가!"

마침내 모반했으나 주살당하고 말았다. 그때 그의 나이 40이었다.

[역주]
① 『魏志』: 『三國志』 권28 「魏書·鍾會傳」에 나옴.
② 그 눈동자를 보면 : 원문은 "觀其眸子". 『孟子』 「離婁上」에 "聽其言也, 觀其眸子, 人焉廋哉?"라는 구절이 있음.
③ 子房 : 張良을 말함. 한나라의 장수로 지모와 책략이 뛰어났음.

[참고] 『北堂書鈔』85, 『事類賦』17, 『太平御覽』845.

鍾毓兄弟小時, 值父畫寢, 因共偸服藥酒. 其父時覺, 且託寐以觀之. 毓拜而後飮, 會飮而不拜.① 旣而, 問毓; "何以拜?" 毓曰; "酒以成禮, 不敢不拜." 又問會; "何以不拜?" 會曰; "偸本非禮, 所以不拜."

①。『魏志』曰; 會, 字士季, 繇少子也. 敏惠夙成. 中護軍蔣濟著論, 謂; "觀其眸子, 足以知人." 會年五歲, 繇遣見濟, 濟甚異之, 曰; "非常人也!" 及長, 有才數, 精練名理, 累遷黃門侍郎. 諸葛誕反, 文王征之, 會謀居多, 時人謂之子房. 拜鎭西將軍, 伐蜀, 蜀平, 進位司徒. 自謂功名蓋世, 不可復爲人下, 謂所親曰; "我淮南以來, 畫無遺策, 四海共知, 持此欲安歸乎!" 遂謀反, 見誅, 時年四十.

• 2 : 013 [0060]

위魏 명제明帝[曹叡]가 외할머니를 위하여 견씨甄氏 땅에 저택을 지었다.① 저택이 완성되자 친히 가서 둘러보고 좌우 신하들에게 말했다.

"저택을 무어라 이름 짓는 것이 마땅하겠는가?"

그러자 시중侍中 무습繆襲②이 아뢰었다.

"폐하의 성사聖思는 옛 성군에 짝하시고 가없는 효성①은 증삼曾參과 민자건閔子騫②보다 더 하시옵니다. 이 저택을 지으심은 그 정이 외삼촌에게 모인 것이니 위양渭陽으로 이름 짓는 것이 마땅하옵니다."③

1. 『위본전魏本傳』: 명제는 휘가 예叡며 자가 원중元仲으로 문제文帝[曹丕]의 태자다. 그 어머니[甄后]가 폐위되어 당시엔 아직 세자로 책봉되지 못했다. 문제가 그와 함께 사냥하러 갔다가 어미와 새끼사슴을 보았다. 문제가 어미 사슴을 쏘자 "피웅!" 하는 소리와 함께 사슴이 쓰러졌다. 그러고 나서 다시 명제에게 새끼사슴을 쏘라고 했다. 명제가 활을 놓고 울며 말했다.

"폐하께서 이미 그 어미를 죽였사오니 신은 차마 다시 그 새끼까지 죽일 수가 없사옵니다."

그러자 문제가 말했다.

"훌륭한 말이 사람의 마음을 감동시켰도다."

마침내 후사로 책봉되었으니 이가 바로 명제다.

· 『위서魏書』: 문소견황후文昭甄皇后는 명제의 어머니다. 견씨의 아버지 견일甄逸은 상채령上蔡令이었다. 열종烈宗[明帝]이 즉위한 뒤 상채군上蔡君에 추봉되었으며, 적손인 견상甄象이 작위를 습봉했고, 견상이 죽자 그 아들 견창甄暢이 후사를 이었다. 명제가 큰 저택을 세우고서 수레를 타고 친히 이곳에 납시었다.

2. 『문장서록文章敍錄』: 무습은 자가 희백熙伯이며 동해東海 난릉蘭陵사람이다. 재학이 뛰어났으며, 여러 벼슬을 거쳐 시중과 광록훈光祿勳에 올랐다.

3. 「진시秦詩」③: 「위양渭陽」의 시는 진秦 강공康公[罃]이 어머니를 사모하는 노래다. 강공의 어머니[秦 穆公의 부인]는 진晉 헌공獻公의 딸이다. 진晉 문공文公[重耳]이 여희驪姬④의 난을 만나 망명했다가 채 귀국하기도 전에 진희秦姬[穆姬]가 죽었다. 목공穆公은 문공을 받아들여 보호해주었다. 강공은 당시 태자였는데 외숙인 문공을 위수渭水의 북쪽에서 전송하면서 이젠 만나 뵐 수 없는 어머니를 그리워하며 노래했다.

"내가 외숙을 만나보니 어머님이 살아계신 듯하네."⑤

· 생각건대: 『위서』에는 "명제가 후원에다 견상의 어머니를 위해 저택을 짓고 그 마을을 위양이라 이름 했다"고 되어 있는데, 그렇다면 견상의 어머니는 바로 명제의 외숙모이지 외할머니는 아니다. 또한 위양을 저택이름으로 삼은 것도 구사舊史에 어긋난다.

[역주]·························
① 가없는 효성: 원문은 "罔極". 『詩經』 「小雅·蓼莪」의 "欲報之德, 昊天罔極." 이

란 구절에 근거함. 부모를 사모하는 지극한 효성을 말함.
② 曾參과 閔子騫 : 둘 다 孔子의 제자로 효행으로 이름났음.
③ 「秦詩」: 『詩經』「秦風·渭陽」의 序에 나옴.
④ 驪姬 : 周代 驪戎의 딸로 晉 獻公의 寵妃가 되어 아들 奚齊와 卓子를 낳자, 태자 申生을 謀殺하고 자기 소생을 왕위에 앉힘.
⑤ 내가 외숙을 만나보니 어머님이 살아계신 듯하네 : 원문은 "我見舅氏, 如母存焉". 현존하는 「渭陽」의 시에는 이 구절이 없음.
[참고] 『三國志』5, 『藝文類聚』63, 『太平御覽』194·521.

魏明帝爲外祖母築館於甄氏.① 旣成, 自行視, 謂左右曰; "館當以何爲名?" 侍中繆襲曰;② "陛下聖思齊於哲王, 罔極過於曾·閔. 此館之興, 情鍾舅氏, 宜以渭陽爲名."③

① ○『魏本傳』曰; 帝諱叡, 字元仲, 文帝太子. 以其母廢, 未立爲嗣. 文帝與俱獵, 見子母鹿. 文帝射其母, 應弦而倒. 復令帝-射其子, 帝置弓泣曰; "陛下已殺其母, 臣不忍復殺其子." 文帝曰; "好語動人心." 遂定爲嗣, 是爲明帝.
　○『魏書』曰; 文昭甄皇后, 明帝母也. 父逸, 上蔡令. 烈宗卽位, 追封上蔡君. 嫡孫象襲爵, 象薨, 子暢嗣. 起大第, 車駕親自臨之.
② ○『文章敘錄』曰; 襲, 字熙伯, 東海蘭陵人. 有才學, 累遷侍中·光祿勳.
③ ○「秦詩」曰; 渭陽, 康公念母也. 康公之母, 晉獻公之女. 文公遭驪姬之難, 未反而秦姬卒. 穆公納文公, 康公時爲太子, 贈送文公于渭之陽, 念母之不見也. 我見舅氏, 如母存焉.
　○按; 『魏書』"帝於後園爲象母起觀, 名其里曰渭陽." 然則象母卽帝之舅母, 非外祖母也. 且渭陽爲館名, 亦乖舊史也.

――――― • 2 : 014 [0061]

하평숙何平叔[何晏]이 말했다.

"오석산五石散①을 복용하면 병을 치유할 수 있을 뿐만 아니라 정신이 맑게 트이는 것을 느끼게 된다."①

① ○『위략魏略』: 하안何晏은 자가 평숙이며 남양南陽 완宛사람으로, 한漢나라 대장군 하진何進의 손자다. 혹은 하묘何苗의 손자라고도 한다. 공주를 아내로 맞았으나 또한 여색을 좋아하여 황초黃初연간(220~226)에는 벼슬을 하지 못했다. 정시正始연간(240~248)에 조상曹爽이 그를 중서中書②에 등용하여 인재

선발을 주관하게 했는데, 오랜 친분이 있는 자를 대거 선발했다. 나중에 사마선왕司馬宣王[司馬懿]에게 주살당했다.
　▫ 진승상秦丞相③의 「한식산론寒食散論」: 한식산의 처방은 한漢나라 때 나왔으나 복용하는 사람이 드물어 후세에 전해지지 않았다. 위魏나라 상서尙書인 하안이 처음으로 그 신비한 효험을 얻자 이로부터 세상에 크게 유행하여 복용하는 자들이 서로 찾아들었다.

[역주]••••••••••••••••••••••••••••–
① 五石散 : 『金匱要略』에 의하면, 오석산은 赤石脂・白石脂・紫石脂・鐘乳石・硫黃 등을 배합하여 만든다고 함. 이것을 먹으면 몸에서 열이 나기 때문에 냉수로 씻어 열을 식히거나 찬바람을 쐬었으므로, 다른 말로 '寒食散'・'行藥'・'行散'이라고도 함. 「덕행」 41 참조.
② 中書 : 『三國志』 권9 「何晏傳」의 "乃以晏・颺・謐爲尙書, 晏典選擧…"라는 구절에 의하면 이는 '尙書'의 오기인 듯함.
③ 秦丞相 : 『醫心方』 권19에 秦丞祖의 「寒石散論」이 인용되어 있고, 『隋書』 「經籍志」에 "秦丞祖有偃側人經二卷", 『大唐六典』 「醫博士」 注에 "宋元嘉二年, 太醫令秦丞祖置醫學博士."라는 구절이 있는 것으로 보아 '秦丞相'은 '秦丞祖'의 오기인 듯함.

何平叔云; "服五石散, 非唯治病, 亦覺神明開朗."[1]
[1] ▫ 『魏略』曰; 何晏, 字平叔, 南陽宛人, 漢大將軍進孫也. 或云何苗孫也. 尙主, 又好色, 故黃初時無所事任. 正始中, 曹爽用爲中書, 主選擧, 宿舊者多得濟拔. 爲司馬宣王所誅.
　▫ 秦丞相「寒食散論」曰; 寒食散之方, 雖出漢代, 而用之者寡, 靡有傳焉. 魏尙書何晏首獲神效, 由是大行於世, 服者相尋也.

혜중산嵇中散[嵇康]이 조경진趙景眞[趙至]에게 말했다.[1]
"그대의 눈동자는 흰자와 검은자가 분명하여 백기白起의 풍모가 있으니[2] 그릇이 협소한 것이 애석하도다."
그러자 조경진이 말했다.
"한 자의 해시계로도 능히 기형璣衡①의 표준을 잴 수 있으며,[3] 한 촌의 피리로도 능히 사시四時의 오가는 기운을 헤아릴 수 있으니,[4] 어찌 반드시 커야만 하리오? 다만 식견이 어떠한가를 물을 따름이지요."

① ▫ 혜소嵇紹의「조지서趙至敍」: 조지는 자가 경진이며 대군代郡사람이다. 한나라 말엽에 그 선조가 구지현緱氏縣②에서 방랑했다. 현령이 새로 부임했을 때 조지는 12살이었는데, 어머니와 함께 길옆에서 그를 보았다. 어머니가 말했다.

"너의 선조는 미천한 집안이 아니었느니라. 너는 나중에 능히 이 사람처럼 될 수 있겠느냐?"

조지가 말했다.

"될 수 있고말고요."

그리고는 집으로 돌아와 그길로 스승을 찾아가 공부했다. 어느 아침에 아버지가 밭을 갈면서 소에게 소리치는 소리를 듣자 책을 놓고 울었다. 스승이 그 이유를 묻자 대답했다.

"부귀영달하지 못하여 늙으신 아버님께 수고하는 고통을 면해드리지 못함에 스스로 마음 아프기 때문입니다."

14살 때 태학관太學觀에 입학했다. 그때 나의 선친[嵇康]께서 태학관에서 석경石經의 고문古文③을 쓰고 계셨는데, 일을 끝마치고 떠나려 할 때 조지가 마차를 뒤따라와 선친의 성명을 물었다. 선친께서 이르셨다.

"나이 어린 사람이 무슨 일로 나에 대해 묻는고?"

조지가 말했다.

"어르신을 뵈니 그 풍격이 비상하시기에 물었을 따름입니다."

그래서 선친께서 그에게 자세히 일러주셨다.

조지는 15살 때 병든 척하고는 자주 3~5리를 미친 듯 달리곤 해서 집안사람들이 쫓아가 데려오곤 했다. 또한 자신의 몸을 10여 군데나 지지기도 했다. 16살 때 마침내 집을 뛰쳐나와 낙양洛陽으로 가서 선친을 수소문했으나 찾지 못하고 업鄴에 이르렀다. 패국沛國의 사중화史仲和는 위나라 영군領軍 사환史渙의 손자였는데, 조지는 그에게 의탁하여 마침내 이름을 날리게 되어 이름을 익翼, 자를 양화陽和로 바꿨다. 선친께서 업에 이르시자 조지는 태학관에서 있었던 일을 갖추어 고하고는 곧바로 선친을 따라 산양山陽으로 돌아가서 몇 년을 보냈다. 조지는 키가 7척 3촌이고, 흰 얼굴에 검은 머리, 붉은 입술, 맑은 눈을 가졌으며, 수염은 많지 않았다. 침착하고 세심했으며 몸가짐이 공경스럽고 겸손했다. 선친께서 일찍이 그에게 이르셨다.

"그대는 머리가 작고 얼굴이 날카로우며 눈동자의 흑백이 분명하고 침착하게 자세히 응시하니 백기의 풍모가 있도다."

조지는 논변이 유창하여 훌륭한 재주가 있었으나 스스로는 뛰어나다고 생각하지 않았다. 맹원기孟元基가 그를 불러 요동종사遼東從事로 삼았는데, 군郡에 있으면서 많은 송사를 판결하여 청렴하고 공정하다는 칭송을 받았다. 양친을 버려두고 멀리 떠돌다가 어머님이 돌아가셨는데도 찾아뵙지 못했음을 스스로 애통해하여, 피를 토하고 병이 들어 상기喪期가 다 끝나기 전에 죽었다.

②◦ 엄우嚴尤의 「삼장서三將敍」: 백기. 평원군平原君[趙勝]이 조趙나라 효성왕孝成王에게 풍정馮亭을 받아들이라고④ 권하자, 효성왕이 말했다.

"그를 받아들이면 진秦나라 군대가 반드시 쳐들어올 것이고 또한 무안군武安君[白起]을 반드시 장수로 삼을 것이니, 능히 그를 당할 자가 누구란 말인가?"

평원군이 대답했다.

"면지澠池의 회맹⑤ 때 신이 살펴보았는데, 무안군은 작은 머리에 얼굴이 날카롭고 눈동자의 흑백이 분명했으며 응시함에 눈길을 돌리지 않았습니다. 작은 머리에 얼굴이 날카로운 자는 결단력이 과감하고, 눈동자의 흑백이 분명한 자는 사태를 파악함이 명확하고, 응시함에 눈길을 돌리지 않는 자는 의지력이 강합니다. 따라서 지구전持久戰을 펴는 것은 해볼 만하지만, 단번에 맞붙어 싸우는 것은 어렵습니다. 우리 장수 중에서 염파廉頗의 사람됨이 용맹하고 병사를 사랑하며 난국을 잘 알고 치욕을 잘 참아내므로, 상대와 맞붙어 싸운다면 여의치 못하겠지만 오래토록 진지를 고수한다면 충분히 당해낼 것입니다."

그러자 효성왕이 그의 계책에 따랐다.

③◦『주비周髀』⑥ : 태양이 하지에는 북방 2만 6천 리에, 동지에는 남방 13만 5천 리에 있는데, 한낮에 해시계를 세워놓으면 그림자가 생기지 않는다. 주周나라의 해시계 막대기는 길이가 8척인데, 하지 때 해그림자는 1척 6촌이 된다. 막대기[髀]는 고股라 하고, 해그림자[晷]는 구句라 한다. 태양이 정남 1

천 리에 있으면 구는 1척 5촌이 되고, 정북 1천 리에 있으면 구는 1척 7촌이 된다.
  ▫『주비산경周髀算經』이란 책에 나온다.

④ ▫『여씨춘추呂氏春秋』: 황제黃帝가 영륜伶倫에게 대하大夏의 서쪽과 곤륜산崑崙山의 북쪽으로부터 깊은 산골짜기에서 자란 대나무 가운데 그 구멍의 두께가 고른 것을 골라 두 마디를 잘라 불게 하여 황종黃鍾⑦의 피리[管]를 만들게 했다. 12률의 관을 만들어 봉황의 울음소리에 맞추었는데, 수컷 봉황의 소리가 6개고 암컷 봉황의 소리가 6개로서 이것으로 6률6려六律六呂를 만들었다.

  ▫『속한서續漢書』「율력지律曆志」: 12률의 변화는 60가지에 달하는데, 율로서 기氣를 감지한다. 기를 감지하는 방법은 3중으로 된 방을 만들어 문을 닫고 그 틈새를 봉한 채 반드시 조밀하게 붉은 비단휘장을 친다. 그리고는 나무로 책상을 만들어 그 위에 율을 올려놓고 갈대청의 재로 그 안을 막는다. 기에 의하여 움직이면 그 재가 흩어지는데 이렇게 하여 기를 감지한다.

[역주]························
① 璣衡 : 천체를 관측하기 위하여 만든 기구. 여기서는 천체의 운행을 말함. 璿璣玉衡의 약칭으로 璇衡이라고도 함.
② 緱氏縣 : 漢代 縣의 명칭으로 지금의 河南省에 있음.
③ 石經의 古文 : 後漢 靈帝 熹平 4년(175)에 蔡邕 등 여러 학자들에게 명하여 六經을 교정하고 돌에 새겨 太學觀 앞에 세워놓았던 熹平石經을 말함. 古文·篆書·隷書 3체로 쓰였음.
④ 馮亭을 받아들이라고 : 秦나라가 韓나라의 野王을 정벌하여 항복받자 한나라의 영토인 上黨이 고립되었는데, 이때 상당태수인 풍정이 邑民과 함께 趙나라에 귀속하려는 것을 받아들인 것을 말함.『史記』권73「白起列傳」참조
⑤ 澠池의 회맹 : 藺相如가 趙나라 惠文王을 구하고서 秦나라 昭王과 면지에서 회맹하여 국위를 크게 선양한 고사.『史記』권81「廉頗·藺相如列傳」참조
⑥『周髀』: 고대 算術의 하나. 고대 천문가에는 주비·宣夜·渾天의 3家가 있었음.
⑦ 黃鍾 : 음률의 명칭. 12률의 하나로 6률6려의 기본이 되는 음.
[참고]『晉書』92,『藝文類聚』22,『白氏六帖』12,『太平御覽』446.

嵇中散語趙景眞;① "卿瞳子白黑分明, 有白起之風,② 恨量小狹." 趙云; "尺表能審璣衡之度,③ 寸管能測往復之氣,④ 何必在大? 但問識如何耳!"

①。嵇紹「趙至敍」曰; 至, 字景眞, 代郡人. 漢末, 其祖流宕客緱氏. 令新之官, 至年十二, 與母共道傍看. 母曰; "汝先世非微賤家也, 汝後能如此不?" 至曰; "可爾耳." 歸便求師誦書. 蚤聞父耕叱牛聲, 釋書而泣. 師問之, 答曰; "自傷不能致榮華, 而使老父不免勤苦." 年十四, 入太學觀. 時先君在學寫石經古文, 事訖去, 遂隨車問先君姓名. 先君曰; "年少何以問我?" 至曰; "觀君風器非常, 故問耳." 先君具告之. 至年十五, 陽病, 數數狂走五里三里, 爲家追得, 又炙身體十數處. 年十六, 遂亡命, 徑至洛陽, 求索先君, 不得. 至鄴, 沛國史仲和, 是魏領軍史渙孫也, 至便衣之, 遂名翼, 字陽和. 先君到鄴, 至具道太學中事, 便遂先君歸山陽, 經年. 至長七尺三寸. 潔白黑髮, 赤脣明目, 鬢鬚不多, 閒詳安諦, 體若不勝衣. 先君嘗謂之曰; "卿頭小而銳, 瞳子白黑分明, 視瞻停諦, 有白起風." 至論議清辯, 有從橫才, 然亦不以自長也. 孟元基辟爲遼東從事, 在郡斷九獄, 見稱淸當. 自痛棄親遠游, 母亡不見, 吐血發病, 服未竟而亡.

②。嚴尤「三將敍」曰; 白起. 平原君勸趙孝成王受馮亭, 王曰; "受之, 秦兵必至, 武安君必將, 誰能當之者乎?" 對曰; "澠池之會, 臣察武安君小頭而面銳, 瞳子白黑分明, 視瞻不轉. 小頭而面銳者, 敢斷決也. 瞳子白黑分明者, 見事明也. 視瞻不轉者, 執志强也. 可與持久, 難與爭鋒. 廉頗爲人, 勇鷙而愛士, 知難而忍恥, 與之野戰則不如, 持守足以當之." 王從其計.

③。「周髀」曰; 夏至北方二萬六千里, 冬至南方十三萬五千里, 日中樹表則無影矣. 周髀長八尺, 夏至日, 晷尺六寸. 髀, 股也. 晷, 句也. 正南千里, 句尺五寸. 正北千里, 句尺七寸. 。周髀之書也.

④。「呂氏春秋」曰; 黃帝使伶倫自大夏之西, 崑崙之陰, 取竹之嶰谷生, 其竅厚薄均者, 斷兩節, 間而吹之, 以爲黃鍾之管. 制十二筩, 以聽鳳凰之鳴. 雄鳴六, 雌鳴六, 以爲律呂.

。「續漢書」「律曆志」曰; 十二律之變, 至於六十, 以律候氣. 候氣之法, 爲室三重, 戶閉, 塗釁, 必周密布緹幔, 以木爲案, 加律其上, 以葭莩灰抑其內. 爲氣所動者, 其灰散也. 以此候之

• 2 : 016 [0063]

사마경왕司馬景王[司馬師]이 동정東征했을 때, ① 상당上黨의 이희李喜①를 불러 종사중랑從事中郞②으로 삼고 이희에게 물었다.

"지난날 선공先公[司馬懿]께서 불렀을 때는 오지 않더니 지금 내가 부를 때는 어찌하여 왔는가?"

그러자 이희가 대답했다.

"선공께서는 예로써 대우해 주셨기 때문에 예로써 나아가고 물러날 수 있었지만, 명공明公께서는 법으로써 구속하시기 때문에 저는

법이 무서워서 왔을 뿐입니다." ②

① ▫ 『위서魏書』: 사마사司馬師는 자가 자원子元이며 상국相國 선문후宣文侯[司馬懿]의 장자다. 도덕이 맑고 빼어나 조정에서 중히 여겨 대장군과 녹상서사錄尙書事가 되었다. 무구검毋丘儉③이 반란을 일으키자 사마사가 직접 이를 정벌했다. 죽은 뒤에 시호를 경왕이라 했다.

② ▫ 『진제공찬晉諸公贊』: 이희는 자가 계화季和며 상당 동제銅鞮사람이다. 어려서부터 고상한 품행을 지녔으며 예술과 학문을 깊이 연구했다. 선제宣帝[司馬懿]가 상국이 되었을 때 이희를 불렀으나 그는 병을 핑계로 극구 사양했다. 뒤에 경제景帝[司馬師]가 정치를 보좌할 때 종사중랑이 되었다. 여러 벼슬을 거쳐 광록대부光祿大夫와 특진特進④에 올랐으며, 죽은 뒤 태보太保에 추증되었다.

[역주]
① 李喜: 『晉書』 권41 本傳과 권35 「裴秀傳」에는 "李憙"라 되어 있음.
② 從事中郞: 軍府의 작전모의에 참여하는 속관으로 長史・司馬의 다음가는 지위.
③ 毋丘儉: 자는 仲恭이며 河東 聞喜사람. 『三國志』 권28 「魏書」에 그의 傳이 있음.
④ 特進: 漢代 이후 제후들 중에서 공적이 뛰어난 사람에게 주는 명예칭호

[참고] 『晉書』41.

司馬景王東征,① 取上黨李喜, 以爲從事中郞. 因問喜曰; "昔先公辟君不就, 今孤召君何以來?" 喜對曰; "先公以禮見待, 故得以禮進退. 明公以法見繩, 喜畏法而至耳!"②

① ▫ 『魏書』曰; 司馬師, 字子元, 相國宣文侯長子也. 以道德淸粹, 重於朝廷. 爲大將軍・錄尙書事. 毋丘儉反, 師自征之. 薨, 諡景王.

② ▫ 『晉諸公贊』曰; 喜, 字季和, 上黨銅鞮人也. 少有高行, 硏精藝學. 宣帝爲相國, 辟喜, 喜固辭疾. 景帝輔政, 爲從事中郞. 累遷光祿大夫・特進, 贈太保.

• 2 : 017 [0064]

등애鄧艾는 말을 더듬거려서 말할 때 "애… 애…"① 했다. ① 진晉 문왕文王[司馬昭]이 이를 놀려 말했다.

"경은 '애… 애…'라고 말하는데 도대체 그 '애'가 몇이나 되오?"

그러자 등애가 대답했다.

"'봉황이여! 봉황이여!'라고 말하지만 결국 봉황은 한 마리뿐입니다."②

①▫『위지魏志』: 등애는 자가 사재士載며 극양棘陽사람이다. 어렸을 때 전농도위典農都尉 밑에서 송아지를 사육했다. 12살 때 어머니를 따라 영천潁川에 갔다가 옛 태구太丘현령[陳寔]의 비문②을 읽었는데, 그 비문에 "말은 세상의 모범이 되었으며, 품행은 선비의 준칙이 되었다"③라고 쓰여 있었다. 그래서 마침내 이름을 범範, 자를 사칙士則이라 했다가, 나중에 친족 가운데 같은 이름을 가진 자가 있어서 이를 고쳤다. 매번 높은 산과 큰 연못을 볼 때마다 문득 진영을 칠 장소를 헤아려보고 손으로 그어보곤 했는데, 당시 사람들은 대부분 이를 웃어넘겼다. 뒤에 사마선왕司馬宣王[司馬懿]을 만나 선왕이 그를 불러 속관의 자리를 주었다. 여러 벼슬을 거쳐 정서장군征西將軍④이 되었다. 촉蜀을 정벌하여 촉이 평정되자 태위太尉벼슬에 올랐다. 나중에 위관衛瓘에게 살해당했다.

②▫주봉朱鳳의『진기晉紀』: 문왕은 휘가 소昭며 자는 자상子上으로 선제宣帝[司馬懿]의 차남이다.

▫『열선전列仙傳』: 육통陸通이란 자는 초楚나라 광인 접여接輿다. 양성술養性術을 좋아했으며 여러 명산을 유람했다. 일찍이 공자孔子를 만나 노래했다.

"봉황이여! 봉황이여! 어찌하여 덕이 쇠했는가? 지난 일은 간하여 바로잡을 수 없지만 다가올 일은 쫓아가 바로잡을 수 있다네."⑤

나중에 촉으로 들어가 아미산峨嵋山 속에서 살았다.

[역주]

① 애… 애… : 원문은 "艾艾". 옛날사람들은 말할 때 항상 자신의 이름을 말함으로써 겸손함을 나타냈는데, 등애는 "애"라고 말하려 했으나 말을 더듬거려서 "애… 애…"라고 거듭 말한 것임.

② 太丘 현령[陳寔]의 비문 :『文選』권58에 蔡邕의「陳太丘碑文」이 있음.

③ 말은 세상의 모범이 되었으며, 품행은 선비의 준칙이 되었다 : 원문은 "言爲世範, 行爲士則".『三國志』권28「魏書」에는 "文爲世範, 行爲士則"이라 되어 있음.「德行」1에도 나옴.

④ 征西將軍 : 四征將軍 가운데 하나로 3公의 다음가는 직위.

⑤ 봉황이여! 봉황이여!~: 이 구절은 『論語』「微子」에도 나옴.
[참고] 『藝文類聚』25, 『太平御覽』466·740, 『事文類聚』別20.

鄧艾口喫, 語稱"艾…艾…." ① 晉文王戱之曰; "卿云'艾…艾…', 定是幾'艾'?" 對曰; "'鳳兮! 鳳兮!' 故是一'鳳'."②

① 。『魏志』曰; 艾, 字士載, 棘陽人. 少爲農人養犢. 年十二, 隨母至潁川, 讀故太丘長碑, 文曰; "言爲世範, 行爲士則." 遂名範, 字士則. 後宗族有同者, 故改焉. 每見高山大澤, 輒規度指畵軍營處所, 時人多笑焉. 後見司馬宣王, 三辟爲掾. 累遷征西將軍. 伐蜀, 蜀平, 進位太尉. 爲衛瓘所害.

② 。朱鳳『晉紀』曰; 文王, 諱昭, 字子上, 宣帝次子也.
  。『列仙傳』曰; 陸通者, 楚狂接輿也. 好養性, 游諸名山. 嘗遇孔子而歌曰; "鳳兮! 鳳兮! 何德之衰? 往者不可諫, 來者猶可追." 後入蜀, 在峨嵋山中也.

--------• 2 : 018 [0065]

혜중산嵇中散[嵇康]이 이미 주살당한 뒤에 상자기向子期[向秀]가 군郡의 계리計吏①로 선발되어 낙양에 들어갔는데, 문왕文王[司馬昭]이 그를 불러 만나보고 물었다.

"듣자 하니 그대는 기산箕山의 뜻②을 품고 있다던데 어찌하여 여기에 있는가?"

그러자 상자기가 대답했다.

"소부巢父와 허유許由는 견개狷介한 선비③이므로 크게 흠모하기에는 부족합니다."

문왕이 이를 듣고 크게 탄복했다.①

① 。『상수별전向秀別傳』: 상수는 자가 자기며 하내河內사람이다. 젊었을 때 같은 군의 산도山濤에게 알려졌으며, 또한 초국譙國의 혜강嵇康, 동평東平의 여안呂安과도 친한 벗이었는데, 모두 탈속한 운치를 지니고 있었다. 그는 나아가고 물러남에 남들과 같지 않음이 없었고,④ 일을 해서 생업을 꾸려나가는 것도 남들과 다름이 없었다. 항상 혜강과 함께 낙읍洛邑에서 단금질을 하고 여안과 더불어 산양山陽에서 관개질을 하면서, 집안 살림은 걱정도 하지 않

앉으니 바깥 사물이 그의 마음을 어지럽히지 못했다.

20살 때쯤 「유도론儒道論」을 지었으나 팽개쳐두고 기록하지 않았는데 어떤 호사자가 이것을 보존하고 있었다. 어떤 사람의 말로는, 이것은 그의 친척이 지은 것으로 세상에 알려지지 않을까 걱정하여 상수에게 부탁하여 그의 이름을 빌리고자 했는데 상수가 웃으면서 "좋도록 하시오"라고 했다 한다. 뒤에 혜강이 주살당하자 상수는 마침내 뜻한 바를 잃었다. 이에 그 해의 인재선발에 응시하려고 도성으로 가서 대장군 사마문왕司馬文王[司馬昭]을 찾아뵈었는데, 문왕이 물었다.

"듣자하니 그대는 기산의 뜻을 품고 있다던데 어찌하여 스스로를 굽혔는가?"

그러자 상수가 대답했다.

"그들은 요임금의 뜻을 깨닫지 못했으므로 진정으로 흠모할 바는 아니라고 늘 생각해왔습니다."

이 말을 듣고 온 좌중의 사람들이 모두 기뻐했다. 차례대로 승진하여 황문시랑黃門侍郎과 산기상시散騎常侍에까지 올랐다.

[역주]……………………
① 計吏 : 郡의 上計史로 연말에 군의 회계를 조정에 보고하는 관리.
② 箕山의 뜻 : 은둔하려는 뜻을 말함. 許由가 堯임금이 선양한 제위를 사양하고 기산에 은둔했던 일에서 비롯됨.
③ 狷介한 선비 : 절개가 지나치게 굳세어 자기 뜻만을 고수하고 남과 화합할 줄 모르는 선비.
④ 남들과 같지 않음이 없었고 : 원문은 "無不同". 宋本에는 "無固必"이라 되어 있음. '固必'은 반드시 어떠해야 한다는 고집스러움을 뜻함.『論語』「子罕」에 "子絶四, 毋意·毋必·毋固·毋我."라는 구절이 있음.

[참고]『晉書』49,『文選』16注.

嵇中散被誅, 向子期擧郡計入洛. 文王引進, 問曰; "聞君有箕山之志, 何以在此?" 對曰; "巢·許狷介之士, 不足多慕." 王大咨嗟.①
①。『向秀別傳』曰; 秀, 字子期, 河內人. 少爲同郡山濤所知, 又與譙國嵇康·東平呂安友善, 並有拔俗之韻. 其進止無不同, 而造事營業, 亦不異. 常與嵇康偶鍛於洛邑, 與呂安灌園於山陽, 不慮家之有無, 外物不足怫其心. 弱冠著「儒道論」, 棄而不錄, 好事者或存之. 或云是其族人所作, 困於不行, 乃告秀, 欲假其名. 秀笑曰; "可復爾耳." 後康被誅, 秀遂失圖,

乃應歲舉, 到京師, 詣大將軍司馬文王. 文王問曰; "聞君有箕山之志, 何能自屈?" 秀曰; "常謂彼人不達堯意, 本非所慕也." 一坐皆說. 隨次轉至黃門侍郎・散騎常侍.

----------• 2 : 019 [0066]

진晉 무제武帝[司馬炎]가 처음 등극했을 때 시초점蓍草占을 쳐서 '일一'을 얻었는데,① 왕위가 존속하는 세대수는 이것의 많고 적음에 달렸었다. 무제가 불쾌해하자 여러 신하들은 실색하여 나서서 말하는 자가 없었다. 그런데 시중侍中 배해裵楷가 나아가 아뢰었다.

"신이 듣자오니 하늘은 '일'을 얻어 맑아지고, 땅은 '일'을 얻어 평안해지고, 왕후는 '일'을 얻어 천하의 귀표가 된다① 하옵니다."

그러자 무제가 기뻐하고 여러 신하들도 탄복했다.②

① 。『진세보晉世譜』: 세조世祖는 휘가 염炎이며 자가 안우安宇다. 함희咸熙 2년(265)에 위나라의 제위를 선양받았다.

② 。왕필王弼의 『노자주老子注』: '일'이라는 것은 수의 시작이며 만물의 궁극이다. 각각 이 '일'은 만물이 중심으로 여기는 바다. 각각 그 '일'을 얻음으로써 이러한 맑음・평안함・바름에 이르게 된다.②

[역주]..........................

① 하늘은 '일'을 얻어 맑아지고~: 원문은 "天得一以清, 地得一以寧, 侯王得一以爲天下貞." 『老子』 제9장에서 節錄한 것임.

② 이 구절도 역시 節錄한 것으로 현행본 王弼의 『老子注』와는 문장이 약간 다름.

[참고] 『晉書』35.

晉武帝始登阼, 探策得 '一'.① 王者世數, 繫此多少. 帝旣不說, 羣臣失色, 莫能有言者. 侍中裵楷進曰; "臣聞天得一以清, 地得一以寧, 侯王得一以爲天下貞." 帝說, 羣臣歎服.②

① 。『晉世譜』曰; 世祖諱炎, 字安宇. 咸熙二年受魏禪.

② 。王弼『老子注』云 : 一者, 數之始, 物之極也. 各是一, 物所以爲主也. 各以其一, 致此清・寧・貞.

• 2 : 020 [0067]

만분滿奮은 바람을 몹시 싫어했다. 한번은 진晉 무제武帝[司馬炎]와 자리를 함께 했는데, 북쪽 창이 유리 병풍으로 되어 있어서 실제로는 빈틈없이 가려져 있었지만 훤히 비쳐서 마치 비어 있는 듯했다. 만분이 난처한 표정을 짓자 무제가 그를 보고 웃었다.① 그러자 만분이 대답했다.

"신은 오吳땅의 소들이 달을 보고서도 헐떡이는 것과 같사옵니다."②

① ▫ 순작荀綽의 『기주기冀州記』: 만분은 자가 무추武秋며 고평高平사람으로, 위魏나라 태위太尉 만총滿寵의 손자다. 성품이 맑고 차분했으며 높은 식견을 지녔다. 이부랑吏部郎으로 있다가 조정을 나와 기주冀州자사가 되었다.

▫ 『진제공찬晉諸公贊』: 만분은 몸가짐이 청아하여 증조부①인 만총의 기풍을 지녔다. 상서령尙書令으로 전임되었다. 나중에 순의荀顗②에게 살해당하였다.

② ▫ 오늘날의 물소는 강수江水와 회수淮水 지역에서만 서식하므로 그것을 오우吳牛라 한다. 남쪽 지방은 매우 더운데 이 소는 더위를 싫어하므로 달을 보고도 해인 줄로 의심한다. 그래서 달을 보면 헐떡거린다.

[역주]
① 증조부: 『三國志』 권26 「魏書・滿寵傳」 注에 인용된 『世語』와 『文選』 권40 「奏彈王源」 注에 인용된 『世說』에는 "偉弟子奮"이라 되어 있으며, 『太平御覽』 권377에 인용된 『世說』에는 "寵子偉, 偉弟子奮"이라 되어 있는 것으로 보아 "曾祖"는 "祖"의 오기로 보임.

② 荀顗: 『晉書』 권39 「荀顗傳」에는 "以泰始十年(274), 薨."이라 되어 있는데, 『文選』 권40 「奏彈王源」에는 "奮元康中(291~299), 至司隷校尉."라 되어 있음. 즉 순의는 만분이 사례교위가 되기 전에 죽었으므로 순의가 그를 죽일 수는 없음. 한편 『文選』 권40 「奏彈王源」 注에 인용된 干寶의 『晉紀』에는 "苗願殺司隷校尉滿奮"이라 되어 있음. 따라서 "荀顗"는 "苗願"의 오기로 보임.

[참고] 『藝文類聚』84, 『初學記』1, 『白氏六帖』1, 『事類賦』2, 『太平御覽』4・808, 『事文類

聚』前3.

滿奮畏風. 在晉武帝坐, 北窓作琉璃屛, 實密似疎. 奮有難色, 帝笑之.① 奮答曰; "臣猶吳牛, 見月而喘."②

①ㅇ荀綽『冀州記』曰; 奮, 字武秋, 高平人, 魏太尉寵之孫也. 性淸平有識. 自吏部郎出爲冀州刺史.
　ㅇ『晉諸公贊』曰; 奮體量淸雅, 有曾祖寵之風. 遷尙書令, 爲荀顗所害.

②ㅇ今之水牛, 唯生江淮間, 故謂之吳牛也. 南土多暑, 而此牛畏熱, 見月疑是日, 所以見月則喘.

---- • 2 : 021 [0068]

　　제갈정諸葛靚이 오吳나라에 있을 때 조정에서 큰 모임이 열렸다.① 손호孫皓[1]가 물었다.
　　"경은 자가 중사仲思인데 그래 생각하는 바가 무엇이오?"
　　그러자 제갈정이 대답했다.
　　"집에 있을 때는 효孝를 생각하고, 임금을 섬길 때는 충忠을 생각하며, 벗을 사귈 때는 신信을 생각합니다. 이와 같을 뿐입니다."

①ㅇ『진제공찬晉諸公贊』: 제갈정은 자가 중사며 낭야琅邪사람으로, 사공司空 제갈탄諸葛誕의 막내아들이다. 성품이 아정하고 재주가 뛰어나 명망이 있었다. 제갈탄이 수양壽陽에서 반란을 일으키고 제갈정을 오나라에 인질로 들여보냈는데, 오나라에서 그를 우장군右將軍과 대사마大司馬로 삼았다.

[역주]
① 孫皓: 吳나라의 마지막 군주로 孫權의 손자.

[참고] 『太平廣記』173.

諸葛靚在吳, 於朝堂大會.① 孫皓問; "卿字仲思, 爲何所思?" 對曰; "在家思孝, 事君思忠, 朋友思信. 如斯而已."

①ㅇ『晉諸公贊』曰; 靚, 字仲思, 琅邪人, 司空誕少子也. 雅正有才望. 誕以壽陽叛, 遣靚入質於吳, 以靚爲右將軍・大司馬.

―――――• 2 : 022 [0069]

　채홍蔡洪①이 낙양에 갔는데 낙양 사람들이 물었다.
　"조정이 처음 들어섬에 제공諸公이 인재초빙의 명을 내려, 누추한 곳에서 영재와 기재奇才를 구하고 깊은 산골에서 현재와 준재를 찾고 있습니다. 당신은 오吳・초楚의 선비로서 망국의 유민인데, 어떤 남다른 재주가 있기에 이번의 선발에 응했소이까?"
　그러자 채홍이 대답했다.
　"야광의 진주가 반드시 맹진孟津①의 강에서만 나오는 것은 아니며,② 손에 가득 찰 정도로 큰 옥이 반드시 곤륜산崑崙山에서만 채취되는 것은 아니오.③ 대우大禹는 동이東夷에서 태어났고 문왕文王은 서강西羌에서 태어났으니,④ 성현의 출생지가 어찌 반드시 일정한 곳이 있겠소? 옛날에 무왕武王이 주왕紂王을 토벌하고 은殷나라의 어리석은 백성을 낙읍洛邑에 옮겨 살게 했으니,⑤ 여러분은 바로 그들의 후예가 아니겠소?"⑥

①▫『채홍집록蔡洪集錄』: 채홍은 자가 숙개叔開며 오군吳郡사람이다. 훌륭한 언변을 지녔다. 처음에는 오吳나라 조정에서 벼슬하다가 태강太康②연간에(280~289) 향리의 주종사州從事가 되어 수재秀才에 발탁되었다.
　▫왕은王隱의 『진서晉書』: 채홍은 벼슬이 송자松滋현령에 이르렀다.
②▫구설舊說③: 수후隋侯가 길을 떠났는데 도중에 두 동강으로 잘린 뱀이 있었다. 수후가 그것을 붙여 이어주었더니 뱀이 마침내 살아서 기어갔다. 나중에 그 뱀이 명월주明月珠를 물고 와서 은덕에 보답했는데, 그 빛이 밤을 낮처럼 비추었다. 그래서 그 구슬을 수주隋珠라고 했다.
　▫좌사左思의 「촉도부蜀都賦」에 "수후가 그 야광주를 가벼이 여겼네"④라는 구절이 있다.
③▫한씨韓氏: 화씨和氏의 옥은 대개 마을에서 출토된다.⑤
④▫생각건대: 『맹자孟子』⑥에서 이르길 "순舜임금은 저풍諸馮에서 태어나셨으니 동이사람이시며, 문왕은 기주岐周에서 태어나셨으니 서융西戎사람이시

다"라고 했으니, 동이는 순임금의 출생지이지 우임금의 출생지가 아니다.

⑤ ▫ 『상서尙書』: 성주成周(洛邑)가 이미 완성되자 은나라의 어리석은 백성을 옮겨 살게 하고서 「다사多士」편을 지었다.⑦

▫ 공안국孔安國의 주注: 은나라의 대부들이 진심으로 덕의德義의 길을 따르지 않으므로 왕도王都로 이주시켜 가까이서 가르침을 폈다.⑧

⑥ ▫ 생각건대: 화령사華令思[華譚]가 수재에 발탁되어 낙양에 들어가 왕무자王武子[王濟]와 함께 서로 이야기를 주고받았는데, 모두 이 이야기와 다름이 없었다. 두 사람[화령사와 채홍]이 똑같이 이러한 이야기를 했다고는 인정할 수 없다. 아마도 『세설』에서 천착한 것 같다.

[역주]··························
① 孟津: 河南省에 있음. 周 武王이 殷 紂王을 정벌할 때 군대가 주둔했던 장소. 盟津이라고도 함.
② 太康: 西晉 武帝 司馬炎의 3번째 연호.
③ 舊說: 『淮南子』「覽冥訓」에 "隋侯之珠, 和氏之璧, 得之者富, 失之者貧."이란 구절이 있으며, 同書「說山訓」의 高誘 注와 『搜神記』권3에 같은 이야기가 실려 있음.
④ 수후가 그 야광주를 가벼이 여겼네: 左思의 「蜀都賦」에는 이러한 구절이 없으며, 그의 「吳都賦」에 "隋侯於是鄙其夜光"이란 구절이 있음.
⑤ 和氏의 옥은 대개 마을에서 출토된다: 『韓非子』「和氏篇」에는 "楚人和氏, 得玉璞楚山中."이라 되어 있어서 이와는 다름.
⑥ 『孟子』: 「離婁下」에 나옴.
⑦ 이 구절은 「多士」편의 서문 중 일부임. 「多士」편은 周公이 成王의 말을 대신하여 은나라의 遺臣들에게 새 수도인 낙양으로 이주하도록 종용한 내용임. '多士'란 말은 많은 벼슬아치를 뜻함.
⑧ 이 구절은 현행본 『尙書正義』에는 "殷大夫士, 心不則德義之經, 故徙近王都, 敎誨之."라고 되어 있어서 약간 다름.

[참고] 『太平御覽』464, 『北堂書鈔』79, 『晉書』52.

蔡洪①赴洛, 洛中人問曰; "幕府初開, 羣公辟命, 求英奇於仄陋, 采賢儁於巖穴. 君吳楚之士, 亡國之餘, 有何異才, 而應斯擧?" 蔡答曰; "夜光之珠, 不必出於孟津之河.② 盈握之璧, 不必采於崑崙之山.③ 大禹生於東夷, 文王生於西羌.④ 聖賢所出, 何必常處? 昔武王伐紂, 遷頑民於洛邑.⑤ 得無諸君是其苗裔乎?"⑥

①○『洪集錄』曰; 洪, 字叔開, 吳郡人. 有才辯, 初仕吳朝, 太康中, 本州從事, 擧秀才.
○王隱『晉書』曰; 洪仕至松滋令.
②○舊說云 : 隋侯出行, 有蛇斬而中斷者. 侯連而續之, 蛇遂得生而去. 後銜明月珠以報其德. 光明照夜同晝, 因曰隋珠.
○左思「蜀都賦」所謂"隋侯鄙其夜光也."
③○韓氏曰; 和氏之璧, 蓋出於井里之中.
④○按; 『孟子』曰; "舜生於諸馮, 東夷人也. 文王生於岐周, 西戎人也." 則東夷是舜, 非禹也.
⑤○『尙書』曰; 成周旣成, 遷殷頑民, 作「多士」.
○孔安國注曰; 殷大夫心不則德義之經, 故徙於王都, 邇敎誨也.
⑥○按; 華令思擧秀才入洛, 與王武子相酬對, 皆與此言不異, 無容二人同有此辭. 疑『世說』穿鑿也.

─────── • 2 : 023 [0070]

여러 명사가 함께 낙수洛水에 가서 놀다가 돌아왔는데,① 악령樂令[樂廣]②이 왕이보王夷甫[王衍]에게 물었다.

"오늘 놀이는 즐거웠습니까?"③

그러자 왕이보가 말했다.

"배복야裴僕射[裴頠]는 명리名理①를 논하는 데 뛰어나 끊임없이 고아한 운치가 솟아났고,④ 장무선張茂先[張華]은 『사기史記』와 『한서漢書』를 논했는데 오래토록 계속 들을 만했으며,⑤ 나와 왕안풍王安豊[王戎]⑥은 연릉延陵②과 자방子房③에 대해서 이야기했는데 역시 초연하게 심오하고 진지했소이다."⑦

①○『죽림칠현론竹林七賢論』: 왕제王濟 등 여러 사람이 일찍이 낙수에 가서 계제禊祭④를 지냈는데, 다음날 어떤 이가 왕제에게 물었다.

"어제 놀이에서 어떤 논의가 있었습니까?"

그러자 왕제가 답하여 운운했다.

②○악령은 악광樂廣이다.

③○우예虞預의 『진서晉書』: 왕연王衍은 자가 이보며 낭야琅邪 임기臨沂사람으로, 사도司徒 왕융王戎의 사촌동생이다. 아버지 왕예王乂는 평북장군平北將軍이었

다. 왕이보는 일찍부터 이름이 알려졌으며 마음이 청허淸虛하고 이치에 통달하여 칭송을 받았다. 벼슬은 태위太尉에 이르렀다. 나중에 석륵石勒에게 살해당했다.

④ ◦ 『진혜제기거주晉惠帝起居注』: 배위裴頠는 자가 일민逸民이며 하동河東 문희聞喜사람으로, 사공司空 배수裴秀의 막내아들이다.

◦ 『기주기冀州記』: 배위는 널리 세상을 구제함에 훌륭한 식견을 지녔으며 옛일을 헤아려 명리를 논하는 데 뛰어났다. 품행이 고상하고 엄정하여 젊어서부터 이름이 알려졌다. 시중侍中과 상서좌복야尙書左僕射를 지냈다. 나중에 조왕趙王 사마륜司馬倫에게 살해당했다.

⑤ ◦ 『진양추晉陽秋』: 장화張華는 널리 보고 두루 들어서 꿰뚫어 섭렵하지 않은 것이 없었다. 세조世祖[司馬炎]가 한번은 그에게 한漢나라의 고사를 묻다가 이야기가 건장궁建章宮의 천문만호千門萬戶에 이르렀다. 장화는 땅을 그어 그림까지 그려가면서 유창하게 응대했는데, 한나라의 장안세張安世⑤도 그보다 나을 수 없을 정도였다.

⑥ ◦ 왕안풍은 왕융王戎이다.

⑦ ◦ 『진제공찬晉諸公贊』: 왕이보는 담론을 매우 좋아하여 당시 사람들에게 존중받았다.

[역주]..........................
① 名理 : 명분과 이치에 관한 논의로 당시 철리담론의 일종.
② 延陵 : 吳나라 季札을 말함. 계찰은 오왕 壽夢의 넷째아들로서 수몽이 계찰의 어짊을 보고 왕위를 물려주려 했으나 그가 이를 사양하자 연릉 땅에 봉함.
③ 子房 : 漢나라의 張良을 말함. 자방은 그의 자며 시호는 文成. 漢 高祖의 공신으로 留侯에 봉해짐. 만년에는 黃老의 道를 좋아하여 神仙術을 배움.
④ 禊祭 : 원문은 "禊事". 계제의 행사. '禊'는 음력 3월 3일 上巳日에 냇가에서 재앙을 제거하고 복을 구하고자 행하는 연중행사의 하나.
⑤ 張安世 : 漢나라 사람으로 자는 子儒며 고사에 정통했음. 『漢書』 권59에 그의 傳이 실려 있음.

[참고] 『晉書』43, 『太平御覽』390·446.

諸名士共至洛水戲①還, 樂令②問王夷甫曰; "今日戲樂乎?"③ 王曰; "裴僕射善談名理, 混混有雅致.④ 張茂先論『史』·『漢』, 靡靡可聽.⑤ 我與王安豐⑥說延陵·子房, 亦超超玄箸."⑦

① ▫『竹林七賢論』曰; 王濟諸人嘗至洛水解禊事. 明日, 或問濟曰; "昨游, 有何語議." 濟云云.
② ▫ 廣也.
③ ▫虞預『晉書』曰; 王衍, 字夷甫, 琅邪臨沂人, 司徒戎從弟. 父乂, 平北將軍. 夷甫蚤知名, 以淸虛通理稱. 仕至太尉. 爲石勒所害.
④ ▫『晉惠帝起居注』曰; 裴頠, 字逸民, 河東聞喜人, 司空秀之少子也.
　▫『冀州記』曰; 顧弘濟有淸識, 稽古善言名理. 履行高整, 自少知名. 歷侍中・尙書左僕射. 爲趙王倫所害.
⑤ ▫『晉陽秋』曰; 華博覽洽聞, 無不貫綜. 世祖嘗問漢事, 及建章千門萬戶. 華畫地成圖, 應對如流, 長安世不能過也.
⑥ ▫戎也.
⑦ ▫『晉諸公贊』曰; 夷甫好尙談稱, 爲時人物所宗.

―――――― • 2 : 024 [0071]

왕무자王武子[王濟]①와 손자형孫子荊[孫楚]②이 각각 자기 고장의 풍토와 인물의 훌륭함에 대해 이야기했다. 왕무자가 말했다.

"그 땅이 넓고 평탄하며 그 물이 맑고 깨끗하니, 그 사람이 청렴하고 곧지요."

그러자 손자형이 말했다.

"그 산이 우뚝 솟아 깎아지른 듯하고 그 물이 넘실거려 물결이 일렁이니, 그 사람이 기상이 활달하고 영재가 많지요."③

① ▫『진제공찬晉諸公贊』: 왕제王濟는 자가 무자며 태원太原 진양晉陽사람으로, 사도司徒 왕혼王渾의 둘째아들이다. 뛰어난 재주가 있었으며 청담에 능했다. 중서랑中書郎으로 벼슬을 시작하여 태복太僕①으로 생을 마쳤다.

② ▫『문사전文士傳』: 손초孫楚는 자가 자형이며 태원 중도中都사람이다.

▫『진양추晉陽秋』: 손초는 표기장군驃騎將軍② 손자孫資의 손자며 남양南陽 태수 손홍孫弘의 아들이다. 동향 사람인 왕제는 호방하고 준결한 귀공자로 본주本州의 대중정大中正③이 되었는데, 방문訪問④이 향리의 품장品狀⑤을 지으려 하자 왕제가 말했다.

"이 사람[孫楚]은 향리의 인물품평으로는 형용할 수 없으니 내가 스스로 품장을 짓겠다."

그리고는 이렇게 지었다.

"천재의 영특함이여! 탁월하게 뛰어나 무리에 속하지 않도다."

손초는 벼슬이 풍익馮翊태수에 이르렀다.

③ · 생각건대 : 『삼진기三秦記』와 『어림語林』에 촉인蜀人 이적伊籍이 오吳 땅의 풍토와 인물을 칭찬한 말이 실려 있는데 이 이야기와 같다.

[역주]······················

① 太僕 : 원래 명칭은 太僕卿으로 9卿 가운데 하나. 목축을 관장함.
② 驃騎將軍 : 漢 武帝가 霍去病에게 처음으로 내려준 무관으로 품위는 3公의 다음가는 요직.
③ 大中正 : 삼국시대 魏 明帝가 죽고 齊王 曹芳이 즉위한 正始 초년(240)에 설치된 관직으로 주로 관리등용 때 인물조사를 맡음.
④ 訪問 : 魏晉代에 실시한 九品中正制에서 중정 밑에서 관직이 있는 자와 아직 관직이 없는 자의 평판을 조사하여 품장에 기록하는 관리로서, 그들의 기록이 鄕品을 결정하는 자료가 되었음. 한편 원문에는 "訪問" 뒤에 "弘"자가 있는데, 『三國志』 권14 「魏書·劉放傳」 注에 인용된 『晉陽秋』에는 "楚鄕人王濟, 豪俊公子也. 爲本州大中正, 訪問關求楚品狀"이라 되어 있어서, 원문의 "弘"자는 衍文으로 보임.
⑤ 향리의 品狀 : 원문은 "鄕里品狀". 줄여서 '品狀' 또는 '狀'이라고도 하며 구품중정제의 인물조사서임. 본인·부·조부의 官品과 인물품평을 기록했는데, 이 3대에 관한 기록을 三狀이라 함. 품장의 내용은 간결한 언어로 그 인물의 본질을 평가했으므로 추상적인 표현이 많았음.

[참고] 『太平御覽』390.

王武子①·孫子荊,② 各言其土地人物之美. 王云; "其地坦而平, 其水淡而淸, 其人廉且貞." 孫云; "其山崔巍以嵯峨, 其水㳌渫而揚波, 其人磊砢而英多."③

①·『晉諸公贊』曰; 王濟, 字武子, 太原晉陽人, 司徒渾第二子也. 有儁才, 能淸言. 起家中書郎, 終太僕.

②·『文士傳』曰; 孫楚, 字子荊, 太原中都人也.

·『晉陽秋』曰; 楚, 驃騎將軍資之孫, 南陽太守弘之子. 鄕人王濟, 豪俊公子, 爲本州大中正, 訪問弘爲鄕里品狀, 濟曰; "此人非鄕評所能名, 吾自狀之." 曰; "天才英特, 亮拔不羣." 仕至馮翊太守.

③·按;『三秦記』·『語林』載蜀人伊籍稱吳土地人物, 與此語同.

─────── • 2 : 025 [0072]

  악령樂令[樂廣]의 딸이 대장군大將軍인 성도왕成都王 사마영司馬穎에게 시집갔는데,① 성도왕의 형인 장사왕長沙王[司馬乂]이 낙양洛陽에서 권세를 잡고서①② 마침내 군대를 정비하여 서로 맞붙게 되었다. 장사왕은 소인배들을 가까이 하고 충신군자를 멀리했으므로 조정에 있는 자들이 모두 위험과 두려움을 느끼고 있었다. 그런데 악령은 이미 조정에서 명망을 얻었고 게다가 성도왕과 인척관계를 맺고 있었던 터라 여러 소인배가 장사왕에게 그를 참소했다. 장사왕이 한번은 악령에게 그 일에 관해서 묻자 악령은 태연한 안색을 지으며 천천히 대답했다.
  "어찌 다섯 남자를 한 여자와 바꾸겠습니까?"②③
  이로 말미암아 장사왕은 마음을 놓고 더 이상 의심하지 않았다.

  ① ▫ 우예虞預의 『진서晉書』: 악광樂廣은 자가 언보彦輔며 남양南陽사람이다. 성품이 청초하고 온화했으며 도리와 식견도 지니고 있었다. 여러 벼슬을 거쳐 시중侍中과 하남윤河南尹에 올랐다. 조정에 있을 때는 마음 씀이 솔직담백하여 당시 사람들이 그의 곧고 귀한 인품을 중히 여겼다. 왕융王戎을 대신하여 상서령尙書令이 되었다.
  ▫ 『팔왕고사八王故事』: 사마영은 자가 숙도叔度③며 세조世祖[司馬炎]의 19째 아들④로 성도왕과 대장군에 봉해졌다.
  ② ▫ 『진백관명晉百官名』: 사마예司馬乂는 자가 사도士度며 장사왕에 봉해졌다.
  ▫ 『팔왕고사』: 세조의 17째 아들⑤이다.
  ③ ▫ 『진양추晉陽秋』: 성도왕이 군대를 일으키자 장사왕은 악광을 의심했다. 악광이 말했다.
  "어찌 한 여자를 다섯 남자와 바꾸겠습니까?"
  그러나 사마예는 계속해서 그를 의심하다가 마침내 근심으로 죽었다.

[역주]..........
 ① 長沙王[司馬乂]이 洛陽에서 권세를 잡고서 : 이른바 '八王의 亂'을 말함.

② 어찌 다섯 남자를 한 여자와 바꾸겠습니까 : 원문은 "豈以五男易一女". 『周易』 권12 「夬」괘[上兌≡, 下乾≡]는 一陰을 五陽이 밀어 넘어뜨리는 형상인데, 일설에는 五陽[五男]이 一陰[一女]을 결딴내버린다는 뜻으로 풀기도 함. 한편 악광에게는 다섯 아들이 없고 세 아들만 있었으므로 五男을 다섯 아들로 해석하는 것은 옳지 않은 것으로 보임.
③ 叔度 : 『晉書』 권59 「成都王穎傳」에는 "章度"라 되어 있고, 『北堂書鈔』 권70에 인용된 王隱의 『晉書』에는 "章庭"이라 되어 있음.
④ 19째 아들 : 『晉書』 권59 「成都王穎傳」에는 "第十六子"라 되어 있음.
⑤ 17째 아들 : 『晉書』 권59 「長沙王乂傳」에는 "第六子"라 되어 있음.

樂令女, 適大將軍成都王穎.① 王兄長沙王執權於洛,② 遂構兵相圖. 長沙王親近小人, 遠外君子. 凡在朝者, 人懷危懼. 樂令旣允朝望, 加有婚親, 羣小讒於長沙. 長沙嘗問樂令, 樂令身色自若, 徐答曰; "豈以五男易一女?"③ 由是釋然, 無復疑慮.
①。虞預『晉書』曰; 樂廣, 字彦輔, 南陽人. 淸夷沖曠, 加有理識. 累遷侍中·河南尹. 在朝廷用心虛淡, 時人重其貞貴. 代王戎爲尙書令.
  。『八王故事』曰; 司馬穎, 字叔度, 世祖第十九子. 封成都王·大將軍.
②。『晉百官名』曰; 司馬乂, 字士度, 封長沙王.
  。『八王故事』曰; 世祖第十七子.
③。『晉陽秋』曰; 成都王之起兵, 長沙王猜廣. 廣曰; "寧以一女而易五男?" 乂猶疑之, 遂以憂卒.

• 2 : 026 [0073]

육기陸機가 왕무자王武子[王濟]를 방문했는데,① 왕무자가 그 앞에 여러 곡斛의 양 타락죽①을 내놓고 손가락으로 가리켜 육기에게 보여주면서 말했다.

"그대의 고향인 강동江東에서는 무엇이 이것과 비길 만하오?"

그러자 육기가 말했다.

"천리호千里湖의 순챗국蓴羹과 말하末下의 콩자반鹽豉이 있을 뿐이지요."②

① ▫『진양추晉陽秋』: 육기는 자가 사형士衡이며 오군吳郡사람이다. 조부 육손陸遜은 오나라 승상丞相이었으며 부친 육항陸抗은 오나라 대사마大司馬였다. 육기와 그의 동생 육운陸雲은 모두 뛰어난 인물이었다. 서진西晉의 사공司空 장화張華가 그들을 보고 기뻐하며 말했다.
 "오나라를 평정한 이로움은 이 두 준재를 얻음에 있도다."
▫『육기별전陸機別傳』: 육기는 박학하고 문장에 뛰어났으며 예법에 어긋나면 행동하지 않았다. 진晉나라 조정에 들어가 저작랑著作郎이 되었으며 평원내사平原內史에까지 이르렀다.

[역주]……………
① 양 타락죽 : 원문은 "羊酪". 소나 양의 젖을 약한 불로 끓여서 위에 뜬 乳皮를 걷어내고 난 즙을 베로 걸러낸 뒤 효모로 발효시켜 만드는 일종의 유산균 음료
② 千里湖의~있을 뿐이지요 : 원문은 "有千里蓴羹, 但末下鹽豉耳[천리호의 순챗국이 있지만 아직 간을 보지 않았을 뿐이다"인데 이렇게 하면 문맥이 어울리지 않음. 『晉書』 권54 「陸機傳」의 "嘗詣侍中王濟, 濟指羊酪謂機曰; '卿吳中何以敵此?' 答曰; '千里蓴羹, 末下鹽豉.' 時人稱謂名對."라는 구절과 王楙의 『野客叢書』의 "或者謂千里·末下皆地名, 蓴·豉所出之地也."라는 구절을 보면, 원문의 '末下'는 '末下'의 오기로 보임. 번역도 이것에 따랐음. '蓴'은 수련과에 속하는 다년생 식용 수초로, 순나물 또는 순채라고 함. '鹽豉는 豆豉 또는 大豆豉의 일종으로 여름에 검은 콩에 식염을 넣어 조리한 식품. 소금을 넣지 않고 조리한 것은 淡豉라 함.
[참고] 『晉書』 54, 『太平廣記』 234.

陸機詣王武子,① 武子前置數斛羊酪, 指以示陸曰; "卿江東何以敵此?" 陸云; "有千里蓴羹, 但末下鹽豉耳!"
① ▫『晉陽秋』曰; 機, 字士衡, 吳郡人. 祖遜, 吳丞相. 父抗, 大司馬. 機與弟雲並有儁才. 司空張華見而說之, 曰; "平吳之利, 在獲二儁."
▫『機別傳』曰; 博學善屬文, 非禮不動. 入晉, 仕著作郎, 至平原內史.

─── • 2 : 027 [0074]

중조中朝[西晉]①에서 어떤 아이의 아버지가 병이 들었다. 그 아이가 약을 얻으러 나갔는데 이웃집 주인이 병명을 묻자 말했다.

"학질에 걸렸어요."

다시 주인이 말했다.

"너의 아버지는 밝은 덕을 지닌 군자인데 어찌하여 학질 같은 병에 걸렸을까?"①

그러자 아이가 대답했다.

"군자를 병들게 하기 때문에 학瘧[虐]②이라고 하지요."

① ▫ 속설에 학질의 귀신은 작아서 대개 거인은 이 병에 걸리지 않는다 한다. 그래서 광무제光武帝가 일찍이 경단景丹③에게 말했다.

"일찍이 듣기로는 장사壯士는 학질에 걸리지 않는다 하던데 대장군大將軍이 도리어 학질에 걸리다니."

[역주]
① 中朝[西晉] : 江左[東晉]에 대한 말로 中原[洛陽]에 도읍을 정한 것을 의미함. 즉 서진시대를 말함.
② 瘧[虐] : 병명인 '瘧'과 잔인하다는 뜻의 '虐'이 발음이 같으므로 재치 있게 대답한 것임.
③ 景丹 : 後漢 때 사람으로 자는 孫卿이며 馮翊 櫟陽사람. 『後漢書』 권22에 그의 傳이 있음.

[참고] 『太平御覽』743.

中朝有小兒父病, 行乞藥. 主人問病, 曰; "患瘧也." 主人曰; "尊侯明德君子, 何以病瘧?"① 答曰; "來病君子, 所以爲瘧耳."

① ▫ 俗傳行瘧鬼小, 多不病巨人. 故光武嘗謂景丹曰; "嘗聞壯士不病瘧, 大將軍反病瘧耶?"

• 2 : 028 [0075]

최정웅崔正熊[崔豹]이 도군都郡①을 만나보러 갔는데, 진씨陳氏 성을 가진 도군이 최정웅에게 물었다.

"그대는 최저崔杼②로부터 몇 대나 떨어졌는가?"

그러자 최정웅이 대답했다.

"제③가 최저로부터 떨어진 것은 태수께서 진항陳恒④으로부터 떨어진 것과 같습니다."①

① 。『진백관명晉百官名』: 최표崔豹는 자가 정웅이며 연국燕國사람이다. 혜제惠帝[司馬衷] 때 벼슬이 태부승太傅丞⑤에 이르렀다.

[역주]·····················
* 본 고사는 『搜神記』 권4에 실려 있는 北魏 太武帝 때 崔皓와 陳龍文이 서로 응답한 이야기와 동일한 내용임.
① 都郡 : 刺史로서 郡太守를 겸임함.
② 崔杼 : 춘추시대 齊나라 大夫로 莊公을 시해했음. 『左傳』「襄公25年」에 그에 관한 사적이 실려 있음.
③ 제 : 원문은 "民". 晉나라 때 하급관리가 상급자에게 스스로를 낮추어 부르던 겸칭.
④ 陳恒 : 춘추시대 齊나라 大夫로 簡公을 시해했음. 『左傳』「哀公14年」에 그에 관한 사적이 실려 있음.
⑤ 太傅丞 : 태부의 보좌관. 태부는 太宰[太師]・太保와 함께 3公의 하나로 황제를 훈도하는 일을 맡음.

崔正熊詣都郡. 都郡將姓陳, 問正熊; "君去崔杼幾世?" 答曰; "民去崔杼, 如明府之去陳恒."①
① 。『晉百官名』曰; 崔豹, 字正熊, 燕國人. 惠帝時官至太傅丞.

─────── • 2 : 029 [0076]

원제元帝[司馬睿]가 처음 강남으로 옮겨와서,① 고표기顧驃騎[顧榮]에게 말했다.

"남의 나라 땅에 기거하니 마음에 항상 부끄러움을 느끼는구려."
그러자 고영이 무릎을 꿇고 대답했다.

"신이 듣자오니, 왕자王者는 온 천하를 집으로 여긴다 하옵니다. 그래서 은殷나라는 경耿으로 박亳으로 도읍을 옮겨 일정한 곳이 없었으며,② 주周나라는 구정九鼎①을 낙읍洛邑으로 옮겼사옵니다.③ 원컨대 폐하께서는 천도하신 것을 괘념치 마옵소서."

① · 주봉朱鳳의 『진서晉書』: 원제는 휘가 예叡[2]며 자는 경문景文이다. 조부 사마주司馬伷가 낭야왕琅邪王에 봉해졌는데, 부친 공왕恭王 사마근司馬瑾[3]이 그 뒤를 이었으므로 원제가 그 작위를 세습하여 낭야왕이 되었다. 어려서부터 총명했다. 난리로 인하여 강남으로 건너와 의군義軍을 일으켜 마침내 황제에 즉위했다.

· 『시법諡法』: 처음으로 도읍을 세운 사람에게 원元이라는 시호를 준다.

② · 『제왕세기帝王世紀』: 은나라 조을祖乙이 경으로 도읍을 옮겼으나 황하黃河가 범람하여 허물어졌는데, 지금 하동河東 피지皮氏의 경향耿鄕이 그곳이다. 반경盤庚은 5번이나 천도하고서도 다시 남쪽으로 옮겨 박에 도읍을 정했는데, 지금의 경박景亳이 그곳이다.

③ · 『춘추전春秋傳』[4]: 무왕이 상商[殷]나라를 정벌하고 낙읍으로 구정을 옮겼는데, 지금의 언사偃師가 그곳이다.

[역주]
① 九鼎: 禹임금이 九州에서 금으로 주조한 솥으로, 왕위의 상징을 나타냄. 殷나라의 湯王이 夏나라를 멸하고 그것을 商邑으로 옮겼으며, 周나라의 武王이 殷나라를 멸하고 그것을 다시 洛邑으로 옮겼음.
② 叡: 『晉書』 권6 「元帝紀」에는 "睿"라 되어 있음.
③ 瑾: 『晉書』 권6 「元帝紀」에는 "覲"이라 되어 있음.
④ 『春秋傳』: 『春秋左傳』 「桓公2年」에 나옴.

[참고] 『太平御覽』 98.

元帝始過江, ① 謂顧驃騎曰; "寄人國土, 心常懷慚." 榮跪對曰; "臣聞王者以天下爲家, 是以耿・亳無定處, ② 九鼎遷洛邑. ③ 願陛下勿以遷都爲念."

① · 朱鳳『晉書』曰; 帝諱叡, 字景文. 祖伷, 封琅邪王. 父恭王瑾嗣, 帝襲爵爲琅邪王. 少而明惠. 因亂過江起義, 遂卽皇帝位.

· 『諡法』曰; 始建國都曰元.

② · 『帝王世紀』曰; 殷祖乙徙耿, 爲河所毁, 今河東皮氏耿鄕是也. 盤庚五遷, 復南居亳, 今景亳是也.

③ · 『春秋傳』曰; 武王克商, 遷九鼎於洛邑, 今之偃師是也.

──────── • 2:030 [0077]

유공庾公[庾亮]이 주백인周伯仁[周顗]을 만나보러 갔는데,① 주백인이 말했다.

"그대는 무엇이 그리도 기쁘고 즐겁기에 부쩍 살이 쪘소?"

유공이 말했다.

"그대는 무엇이 그리도 근심되고 걱정되기에 부쩍 살이 빠졌소?"

그러자 주백인이 말했다.

"나는 근심하는 것은 없소. 다만 청허함이 날로 쌓이고 나쁜 찌꺼기가 날로 빠져나갈 뿐이오."

① ▫ 우예虞預의 『진서晉書』: 주의周顗는 자가 백인이며 여남汝南 안성安城사람으로, 양주揚州자사 주준周浚의 장자다.

▫ 『진양추晉陽秋』: 주의는 풍류와 재기를 지녔으며 어려서부터 이름이 알려졌다. 엄정한 기품이 높이 빼어나 동료들이 감히 섣불리 대하지 못했다. 여남의 분태연賁泰淵①은 청렴과 절조에 뛰어난 선비였는데 일찍이 감탄하여 말했다.

"여남과 영천潁川②은 본래 어진 선비가 많았으나 요즘 들어 점점 줄어들어 아정한 도가 거의 쇠퇴하고 있는데 오늘 다시 주백인을 보게 되었다. 주백인은 장차 옛 기풍을 떨치고 일어나 우리 지방과 사람들을 맑게 할 것이다."

주의는 한소과寒素科③에 발탁되어 여러 벼슬을 거쳐 상서복야尙書僕射에 올랐다. 나중에 왕돈王敦에게 살해당했다.

[역주]······················
① 賁泰淵: 『晉書』 권69 「周顗傳」의 "司徒掾同郡賁嵩有淸操"라는 구절로 보아 賁泰淵과 賁嵩은 같은 사람으로 보임.
② 여남과 潁川: 여남과 영천은 後漢의 도읍인 洛陽과 가까웠으므로 많은 관료가 배출되었음. 특히 후한 말에는 여남과 영천 지방에서 인물품평이 성행하여 여남의 許劭와 許靖은 '月旦評'을 유행시켰고[『後漢書』 권68 「許劭傳」], 孔融은 「汝潁優劣論」을 지었으며[『藝文類聚』 권22], 陳群은 「汝潁士論」을 지었음[『太平御覽』

권447].

③ 寒素科 : 賢良科와 비슷한 인재선발 과목 가운데 하나로 가난하지만 검소하고 청빈한 사람을 선발했음.

[참고] 『太平御覽』378, 『事文類聚』後18.

庾公造周伯仁,① 伯仁曰; "君何所欣說而忽肥?" 庾曰; "君復何所憂慘而忽瘦?" 伯仁曰; "吾無所憂. 直是淸虛日來, 滓穢日去耳."

① ▪ 虞預『晉書』曰; 周顗, 字伯仁, 汝南安城人, 揚州刺史浚長子也.
▪ 『晉陽秋』曰; 顗有風流才氣, 少知名. 正體嶷然, 儕輩不敢媟也. 汝南貢泰淵通淸操之士, 嘗歎曰; "汝潁固多賢士, 自頃陵遲, 雅道始衰, 今復見周伯仁. 伯仁將祛舊風, 淸我邦族矣." 擧寒素, 累遷尙書僕射. 爲王敦所害.

———— • 2 : 031 [0078]

강남으로 넘어온 여러 사람들이 매번 좋은 날이 오면 곧 서로 맞이하여 신정新亭으로 나가 화초를 자리삼아 주연을 벌렸다.① 주후周侯 [周顗]②가 좌중에서 탄식하며 말했다.

"풍경은 다르지 않으나 정작 산하의 다름이 있도다!"

그러자 모두 서로 바라보면서 눈물을 흘렸다. 그런데 오직 왕승상王丞相[王導]③만이 근심스럽게 얼굴빛을 바꾸면서 말했다.

"마땅히 함께 왕실을 위해 힘을 써서 중원①을 회복해야 할 것이지 어찌하여 초楚나라의 죄수처럼 하고서 서로 마주보고만 있단 말인가!"④②

① ▪ 『단양기丹陽記』: 신정은 오吳나라에서 오래 전에 세웠는데 처음의 기틀은 허물어졌고, 융안隆安연간(397~401)에 단양윤丹陽尹 사마회지司馬恢之가 지금의 땅으로 옮겨 세웠다.

② ▪ 주후는 주의周顗다.

③ ▪ 왕승상은 왕도王導다.

④ ▪ 『춘추전春秋傳』③ : 초나라가 정鄭나라를 정벌하자 여러 제후들이 정나라를 구해주었다. 이에 정나라에서 운공鄖公 종의鍾儀를 붙잡아 진晉나라에 바

쳤는데, 진나라 경공景公이 군부를 시찰하다가 그를 보고 물었다.
"남방의 관을 쓴 채 묶여 있는 자는 누구인가?"
담당 관리가 대답했다.
"초나라의 죄수이옵니다."
경공이 그를 풀어주게 하고 그의 집안에 대해 묻자, 종의가 대답했다.
"악사입니다."
다시 경공이 물었다.
"음악을 연주할 줄 아는가?"
종의가 대답했다.
"대대로 이어오는 직업인지라 감히 다른 일을 할 수 있겠습니까?"
그에게 금琴을 주자 종의는 남방의 음악을 연주했다. 범문자范文子가 말했다.
"초나라의 죄수는 군자입니다. 자기 고향의 음악을 연주하는 것은 옛 뿌리를 잊지 못하는 것입니다. 주군主君께서는 어찌하여 그를 돌려보내 진나라와 초나라의 우호를 맺지 않으십니까?"

[역주]
① 중원 : 원문은 "神州". 『史記』 권74 「孟軻傳」에서 "中國名曰赤縣神州"라고 함. 여기서는 중원을 가리킴.
② 『晉書』 권65 「王導傳」에도 본문과 같은 내용이 나오는데 자구의 출입이 다소 있음.
③ 『春秋傳』: 『左傳』 「成公7·9年」에 나옴.

[참고] 『晉書』65, 『藝文類聚』28·39, 『太平御覽』194·539.

過江諸人, 每至暇日, 輒相邀新亭, 藉卉飮宴.⑴ 周侯⑵中坐而歎曰; "風景不殊, 正自有江河之異!" 皆相視流涙. 唯王丞相⑶愀然變色曰; "當共勠力王室, 克復神州, 何至作楚囚相對!"⑷

⑴ ◦ 『丹陽記』曰; 新亭, 吳舊立, 先基崩淪. 隆安中, 丹陽尹司馬恢之徙創今地.
⑵ ◦ 顗也.
⑶ ◦ 導也.
⑷ ◦ 『春秋傳』曰; 楚伐鄭, 諸侯救之. 鄭執鄖公鍾儀獻晉. 景公觀軍府, 見而問之曰; "南冠而繫者爲誰?" 有司對曰; "楚囚也." 使稅之, 問其族. 對曰; "伶人也." "能爲樂乎?" 曰; "先父之職, 敢有二事?" 與之琴, 操南音. 范文子曰; "楚囚, 君子也. 樂操土風, 不忘舊也. 君

盡歸之, 以合晉·楚之成?"

• 2 : 032 [0079]

위세마衛洗馬[衛玠]가 처음 장강長江을 건너려 할 때 심신이 초췌하여 좌우사람들에게 말했다.

"이 망망한 강물을 바라보니 나도 모르게 온갖 생각이 교차하는군. 진실로 이러한 정회를 떨쳐버리지 못한다면 또한 다시 누가 이런 처지에서 벗어날 수 있을런고!"①

① ▫『진제공찬晉諸公贊』: 위개는 자가 숙보叔寶며 하동河東 안읍安邑사람이다. 조부 위관衛瓘은 태위太尉, 부친 위항衛恒은 황문시랑黃門侍郎이었다.

▫『위개별전衛玠別傳』: 위개는 식견이 뛰어나고 사리에 통달했으며 타고난 자질이 빼어났다. 진군陳郡의 사유여謝幼輿[謝鯤]는 그를 아버지 다음가는 예①로 공경했다. 당시 품평가들은 그를 왕미자王眉子[王玄]·왕평자王平子[王澄]·왕무자王武子[王濟]의 우위에 있다고 여겼으며, 세상에서 모두들 말했다. "왕씨 집안의 세 자식②이 위씨 집안의 한 어린애만 못하다."

악광樂廣의 딸을 아내로 맞았는데, 배숙도裴叔道[裴遐]가 말했다.

"장인은 얼음처럼 맑은 자태를 지녔으며, 사위는 옥처럼 윤택한 명망을 지녔으니, 이른바 진진秦晉의 배필③이로다!"

태자세마太子洗馬가 되었다. 영가永嘉 4년(310)에 남행하여 강하江夏에 이르러 양리간梁里澗에서 형과 이별하면서 말했다.

"부모·스승·임금에 대한 예의④는 사람들이 중히 여기는 바이니, 지금 충신이 자기 몸을 바치는 도를 어찌 힘쓰지 않겠습니까?"

예장豫章까지 갔다가 그곳에서 죽었다.

[역주]........................

① 아버지 다음가는 예 : 원문은 "亞父之禮". 아버지 다음으로 존경하는 사람에 대한 예의.

② 왕씨 집안의 세 자식 : 王玄은 王衍의 아들로서 王澄의 조카뻘이며, 王澄은 王乂의 아들임. 그러나 王濟는 王渾의 아들로서 앞 두 사람과는 家系가 다름.

③ 秦晉의 배필 : 秦·晉 두 나라는 대대로 혼인관계를 맺어 우의가 두터웠는데,

이것을 가지고 양가의 좋은 혼인을 비유한 것임.
④ 부모·스승·임금에 대한 예의 : 원문은 "在三之義". '在三'은 사람이 가장 많은 은혜를 받은 父·師·君 3사람을 말하는데, 이들의 은혜에 보답하고자 하는 도의를 '재삼지의'라고 함. 『國語』 「晉語1」에서 "民生於三, 事之如一. 父生之, 師敎之, 君食之. 非父不生, 非食不長, 非敎不知生之族也, 故壹事之. 唯其所在, 則致死焉."이라 함.

衛洗馬初欲渡江, 形神慘顇. 語左右云; "見此芒芒, 不覺百端交集. 苟未免有情, 亦復誰能遣此!"①
①。『晉諸公贊』曰; 衛玠, 字叔寶, 河東安邑人. 祖父瓘, 太尉. 父恒, 黃門侍郞.
。『玠別傳』曰: 玠穎識通達, 天韻標令. 陳郡謝幼輿敬以亞父之禮. 論者以爲出王眉子·平子·武子之右, 世咸謂; "諸王三子, 不如衛家一兒." 娶樂廣女. 裴叔道曰; "妻父有冰淸之姿, 壻有璧潤之望, 所謂秦晉之匹也." 爲太子洗馬. 永嘉四年, 南至江夏, 與兄別於梁里澗, 語曰; "在三之義, 人之所重, 今日忠臣致身之道, 可不勉乎?" 行至豫章, 乃卒.

━━━━━━━━ • 2 : 033 [0080]

고사공顧司空[顧和]이 아직 이름이 알려지지 않았을 때 왕승상王丞相[王導]을 만나보러 갔는데, 왕승상이 조금 피곤하여① 그와 마주한 채 졸았다. 이를 본 고사공은 왕승상을 정신 차리게 할 생각으로① 동석한 사람들에게 말했다.

"지난날 매번 원공元公[顧榮]②에게서 듣기로는 승상께서 중종中宗[元帝]을 보위하여 강남땅을 보전하셨다고 하던데,③ 몸을 잠시도 편하게 두지 않으시니 사람을 숨차게 하십니다."

그러자 왕승상이 이에 퍼뜩 깨어 고사공에게 말했다.

"이 사람은 규장珪璋②처럼 인품이 뛰어나고 번뜩이는 기지 속에 예리함이 있도다!"

①。『고화별전顧和別傳』: 고화는 자가 군효君孝며 오군吳郡사람이다. 조부 고용顧容은 오나라 형주荊州자사였으며, 부친 고상顧相은 진晉나라 임해臨海태수였다.③ 고화는 젊은 나이에 이름이 알려졌다. 친족인 고영顧榮이 평소 그의

재기를 아껴 말했다.

"이 아이는 우리 집안의 준마여서 반드시 쇠잔한 문중을 일으켜 세울 것이다."

여러 벼슬을 거쳐 상서령尙書令에 기용되었다.

②。원공은 고영顧榮이다.

③。등찬鄧粲의 『진기晉紀』: 왕도王導는 원제元帝[司馬睿]와 막역한 친구 사이④였으며, 중원이 장차 어지러워질 것을 알고 원제에게 강남으로 옮겨가도록 권했다. 스스로 안동사마安東司馬가 되기를 구하여 정사를 모두 맡아보았다. 중보仲父⑤라 불렸다. 진나라 중흥의 공적은 왕도가 실질적으로 으뜸을 차지했다.

[역주]
① 조금 피로하여 : 원문은 "小極". '極'은 피로하다는 뜻.
② 珪璋 : 옥으로 만든 귀중한 기물로 훌륭한 인품을 비유함.
③ 조부 顧容은~臨海太守였다 : 『晉書』 권83 「顧和傳」에는 "曾祖容吳荊州刺史, 祖相臨海太守."라고 되어 있음.
④ 막역한 친구 사이 : 원문은 "布衣之好". 아직 벼슬길에 오르기 전에 사귄 친구라는 뜻으로, 이욕이 없는 막역한 교제를 말함.
⑤ 仲父 : 齊 桓公이 재상 管仲을 '중보'라고 칭한 뒤부터 후세에 존칭으로 사용됨.

[참고] 『晉書』83.

顧司空未知名, 詣王丞相. 丞相小極, 對之疲睡. 顧思所以叩會之,① 因謂同坐曰; "昔每聞元公②道公協贊中宗, 保全江表.③ 體小不安, 令人喘息." 丞相因覺, 謂顧曰; "此子珪璋特達, 機警有鋒."

①。『顧和別傳』曰; 和, 字君孝, 吳郡人. 祖容, 吳荊州刺史. 父相, 晉臨海太守. 和總角知名, 族人顧榮雅相器愛, 曰; "此吾家之騏驥也, 必振衰族." 累遷尙書令.
②。顧榮.
③。鄧粲『晉紀』曰; 導與元帝有布衣之好, 知中國將亂, 勸帝渡江. 求爲安東司馬, 政皆決之. 號仲父. 晉中興之功, 導實居其首.

• 2 : 034 [0081]

회계會稽의 하생賀生[賀循]은 몸가짐과 식견이 맑고 고상하며 언행

이 예법에 들어맞아,① 동남지방의 인재일 뿐만 아니라② 사실 천하의 수재다.①

①・하순賀循은 따로 나온다.②
②・『이아爾雅』③ : 동남의 훌륭한 것 가운데 회계의 화살이 있다.

[역주]
① 동남지방의~수재다 : 이 구절은『晉書』권83「顧和傳」에서 王導가 고화를 칭찬하는 구절에도 들어 있는데, 거기에는 "導覺之, 謂和曰; '卿珪璋特達, 機警有鋒, 不徒東南之美, 實爲海內之俊.'"이라 되어 있어서 앞의 제33조와 연결되는 내용임.
② 따로 나온다 : 「規箴」13 注②에 나옴. 또한『晉書』권68에 그의 傳이 있음.
③『爾雅』: 「釋地」편에 나옴.

[참고]『晉書』83.

會稽賀生, 體識淸遠, 言行以禮,① 不徒東南之美,② 實爲海內之秀.
①・賀循, 別見.
②・『爾雅』曰; 東南之美者, 有會稽之竹箭焉.

• 2 : 035 [0082]

유곤劉琨은 비록 적군 오랑캐에게 차단당했지만 뜻은 진晉 왕조의 부흥에 있었다.① 유곤이 온교溫嶠에게 말했다.

"반표班彪는 유씨劉氏가 한漢나라를 부흥시킬 것을 알았고, 마원馬援은 후한의 광무제光武帝를 가히 보좌할 만한 인물이라 여겼다.② 지금 진나라 조정이 비록 쇠미하지만 천명이 아직 바뀌지는 않았다. 그래서 나는 하북河北에서 공을 세워 그대로 하여금 강남에서 그 영예를 펼치게 하고자 하니 그대가 가주겠는가?"

그러자 온교가 말했다.

"제가 비록 불민하고 재주가 옛 사람만 못하오나, 명공明公께서 제齊 환공桓公이나 진晉 문공文公과 같은 덕으로 조정을 바로 일으킬 공을 세우고자 하시니, 어찌 감히 그 명을 사양하오리까?"③

① ◦ 왕은王隱의 『진서晉書』: 유곤은 자가 월석越石이며 중산中山 위창魏昌사람이다. 조부 유매劉邁는 나라를 경영할 재능을 지녔고, 부친 유번劉蕃은 광록대부光祿大夫였다. 유곤은 어려서부터 빼어난 준재라 일컬어져 여러 벼슬을 거쳐 사도장사司徒長史와 상서우승尙書右丞①에 기용되었다. 장안長安에서 황제의 어거御車를 맞아들임으로써 특별한 공훈을 세워 광무후廣武侯에 봉해졌다. 나이 35에 병주幷州자사가 되었다가 단일제段日磾②에게 살해당했다.

② ◦ 『한서漢書』 「서전敍傳」: 반표는 자가 숙피叔皮며 부풍扶風사람이다. 천수天水·농서隴西 지방에서 유랑했다. 외효隗囂가 모반할 뜻을 품고 있자, 반표는 「왕명론王命論」을 지어 그를 풍간했다.

◦ 『동관한기東觀漢記』: 마원은 자가 문연文淵이며 무릉茂陵사람이다. 공손술公孫述과 외효를 따라 노닐었다. 뒤에 광무제를 만나 말했다.

"세상이 어지러워져 왕명王名을 훔친 자가 이루 헤아릴 수 없사온데, 지금 폐하의 큰 기상과 넓은 도량이 한 고조高祖와 똑같은 것을 뵈오니, 제왕에게는 본디 진정한 자질이 있다는 것을 알았사옵니다."

그러자 광무제가 그를 매우 훌륭하게 여겼다.

③ ◦ 우예虞預의 『진서晉書』: 온교는 자가 태진太眞이며 태원太原 기祁사람이다. 어려서부터 재주가 빼어나고 인품이 맑아 준수함으로 이름났다. 사공司空 유곤의 좌사마左司馬③가 되었는데, 그 때는 두 도읍[낙양과 장안]이 전복되어 세상이 크게 어지러웠다. 유곤은 원제元帝[司馬睿]가 천명을 받아 진 왕조를 중흥시키려 한다는 소식을 듣고 북쪽 변방에서 비분강개하면서 진 왕조에 충정을 다하기로 다짐했다. 그래서 온교를 강남에 사신으로 보내게 되었는데, 온교가 한숨지으며 대답했다.

"저에게는 제나라 관중管仲이나 한나라 장량張良과 같은 재주가 부족하오나 명공께서 제 환공이나 진 문공과 같은 뜻을 지니셨으니, 감히 불민하다고 사양하여 그 고매하신 뜻을 어기리까?"

그리하여 좌장사左長史가 되어 강남에 사신으로 가서 원제의 즉위를 권했다. 여러 벼슬을 거쳐 표기대장군驃騎大將軍에 기용되었다.

[역주]······················
① 尙書右丞: 『晉書』 권62 「劉琨傳」에는 "尙書左丞"이라 되어 있음.
② 段日磾: 『晉書』 권62 「劉琨傳」, 권67 「溫嶠傳」, 권63 本傳에는 "段匹磾"라 되어

있음.

③ 左司馬 : 『晉書』 권67 「溫嶠傳」과 『文選』 「勸進表」 注에 인용된 王隱의 『晉書』
에는 "右司馬"라 되어 있음.

[참고] 『晉書』67.

劉琨雖隔閡寇戎, 志存本朝. ① 謂溫嶠曰; "班彪識劉氏之復興, 馬援知漢光之
可輔.② 今晉阼雖衰, 天命未改. 吾欲立功於河北, 使卿延譽於江南, 子其行乎?" 溫曰;
"嶠雖不敏, 才非昔人, 明公以桓·文之姿, 建匡立之功, 豈敢辭命!"③

① 。王隱『晉書』曰; 琨, 字越石, 中山魏昌人. 祖邁, 有經國之才. 父璠, 光祿大夫. 琨少稱儁
朗, 累遷司徒長史·尙書右丞. 迎大駕於長安, 以有殊勳, 封廣武侯. 年三十五, 出爲幷州
刺史, 爲段日磾所害.

② 。『漢書·敍傳』曰; 彪, 字叔皮, 扶風人. 客於天水·隴西. 隗囂有窺覦之志, 彪作「王命論」
以諷之.

。『東觀漢記』曰; 馬援, 字文淵, 茂陵人. 從公孫述·隗囂游. 後見光武曰; "天下反覆, 盜
名字者, 不可勝數. 今見陛下, 寥廓大度, 同符高祖, 乃知帝王自有眞也." 帝甚壯之.

③ 。虞預『晉書』曰; 嶠, 字太眞, 太原祁人. 少標俊淸徹, 英穎顯名, 爲司空劉琨左司馬. 是時
二都傾覆, 天下大亂. 琨聞元皇受命中興, 忼慨幽·朔, 志存本朝. 使嶠奉使, 嶠喟然對曰;
"嶠雖乏管·張之才, 而明公有桓·文之志, 敢辭不敏, 以違高旨?" 以左長史奉使勸進. 累
遷驃騎大將軍.

• 2 : 036 [0083]

온교溫嶠가 처음 유곤劉琨의 사신이 되어 장강長江을 건넜는데, 그 때는 강남에서 국가 건설이 막 시작되고 있어서 기강이 아직 세워지지 않았던 터라, 온교는 처음 도착해서 여러 걱정을 깊이 했다. 그래서 왕승상王丞相[王導]을 방문하여, 주상께서 오랑캐의 포로가 되셨고 사직이 불타 무너졌으며 왕릉이 참혹하게 훼손되어 「서리黍離」의 비통함①이 있음을 진언했다. 온교는 충정과 강개함이 너무나도 격렬하여 눈물을 흘리면서 말을 이었고, 왕승상도 그와 함께 마주 보며 울었다. 심정을 다 털어놓고 나서 온교가 힘을 합하자고 강하게 주장하자 왕승상도 흔쾌히 받아들였다. 온교는 물러나와 기뻐하면서 말했다.

"강남에도 관이오管夷吾[管仲]가 있으니 이제 다시 무엇을 걱정하리오?"①

① ▫『사기史記』② : 관중管仲 이오는 영상潁上사람이다. 제齊 환공桓公의 재상이 되어 제후를 규합하여 천하를 하나로 바로잡았다.

▫『어림語林』: 처음에 온교가 유곤의 사명을 받들어 진왕晉王[元帝]의 즉위를 권했을 때, 진왕은 빈객을 크게 모아놓고서 그를 접견했다. 온교가 처음 들어왔는데, 그 모습이 너무 누추해서 좌중의 사람들이 모두 놀랐다. 이미 좌정한 뒤 국토③가 쪼개져 무너지고 황실이 쇠미해진 것을 갖추어 말하자, 진왕과 신하들 가운데 흐느끼지 않는 자가 없었다. 그러나 천하에 군주가 없어서는 안 된다는 말을 하자, 듣는 사람 가운데 기뻐 뛰며 솟는 머리카락이 관을 뚫지 않는 자가 없었다. 그래서 왕승상은 그를 매우 신임했다. 온공溫公[溫嶠]은 왕승상을 만나보고 나서 기쁨을 가누지 못한 채 말했다.

"이미 관중을 만났으니 세상일은 더 이상 걱정할 게 없다!"

[역주]……………………

① 「黍離」의 비통함 : 원문은 "黍離之痛". 「서리」는 『詩經』「王風」의 편명으로 周나라 왕실의 황폐함을 보고 망국을 탄식한 시. 즉 망국의 아픔을 말함.
② 『史記』 : 권62 「管晏列傳」에 나옴.
③ 국토 : 원문은 "九服". 周代에 王畿[수도를 중심으로 사방 1천 리] 밖 5백 리마다 차례로 구역을 정한 것으로, 侯服·甸服·男服·采服·衛服·蠻服·夷服·鎭服·蕃服을 말함. 九畿라고도 함.

[참고] 『晉書』67.

溫嶠初爲劉琨使, 來過江. 于時江左營建始爾, 綱紀未擧. 溫新至, 深有諸慮. 旣詣王丞相, 陳主上幽越, 社稷焚滅, 山陵夷毀之酷, 有「黍離」之痛. 溫忠慨深烈, 言與泗俱, 丞相亦與之對泣. 敍情旣畢, 便深自陳結. 丞相亦厚相酬納. 旣出, 懽然言曰; "江左自有管夷吾, 此復何憂?"①

① ▫『史記』曰: 管仲夷吾者, 潁上人. 相齊桓公, 九合諸侯, 一匡天下.

▫『語林』曰: 初, 溫奉使勸進, 晉王大集賓客見之. 溫公始入, 姿形甚陋, 合坐盡驚. 旣坐, 陳說九服分崩, 皇室弛絶, 晉王君臣, 莫不歔欷. 及言天下不可以無主, 聞者莫不踴躍, 植髮穿冠. 王丞相深相付託. 溫公旣見丞相, 便游樂不住, 曰; "旣見管仲, 天下事無復憂!"

─── • 2 : 037 [0084]

　왕돈王敦의 형 왕함王含이 광록훈光祿勳으로 있었는데,① 왕돈이 모반하여 남주南州[姑孰]에서 진을 치고 주둔하자, 왕함도 직책을 버리고 고숙姑孰으로 달아났다.② 그래서 왕승상王丞相[王導]은 대궐에 나아가 친족의 죄를 빌었다.③ 사도부司徒府・승상부丞相府①의 관리와 양주揚州의 관료들이 안부를 물으려 했으나 갑자기 무슨 말을 해야 할지 몰랐는데, 당시 양주별가揚州別駕였던 고사공顧司空[顧和]②이 붓을 들어 썼다.

　"왕광록王光祿[王含]은 떠도는 말을 피하여 멀리 갔으나,③ 공께서는 길거리의 먼지를 뒤집어쓰면서 사죄하러 다니시니,④ 저희들은 마음이 편치 못합니다. 앞으로 공의 거취가 어떠할지 모르겠습니다."

　① 『왕함별전王含別傳』: 왕함은 자가 처홍處弘이며 낭야琅邪 임기臨沂사람이다. 여러 벼슬을 거쳐 서주徐州자사와 광록훈에 기용되었다. 동생 왕돈과 함께 반역하다가 주살당했다.
　② 등찬鄧粲의 『진기晉紀』: 처음에 왕도王導는 진 왕조의 중흥을 도왔으며 왕돈도 약간의 공이 있었으나, 왕돈은 유외劉隗가 자기를 이간하려 한다고 생각하여 군대를 일으켜 그를 토벌했다. 그래서 왕함이 남쪽 무창武昌으로 달아났다. 조정에서는 그제야 비로소 경비했다.
　③ 『중흥서中興書』: 왕도의 사촌형인 왕돈이 군대를 일으켜 유외를 치자, 왕도는 친족 20여 명을 이끌고 아침마다 공거公車⑤에 와서 머리를 땅에 대고 사죄했다.

　[역주]
　① 司徒府・丞相府: 원문은 "司徒・丞相". 元帝 永昌 원년(322)에 왕돈이 반란을 일으켰을 당시 왕도는 司空이었으며 司徒는 아니었음. 왕도가 사도가 된 때는 그 이듬해인 明帝 太寧 원년(323)이며, 승상이 된 때는 16년 뒤인 成帝 咸康 4년 (338)의 일임. 그러므로 본문의 "司徒・丞相"은 "司空"으로 해야 옳을 듯함. 아니면 왕도가 죽은 뒤 그의 관직을 追記한 것으로도 볼 수 있음.
　② 顧司空[顧和]: 사공은 顧和가 죽은 뒤에 추증된 관직임.
　③ 떠도는 말을 피하여 멀리 갔다: 원문은 "遠避流言". 周 武王이 죽었을 때 周公

旦이 管叔·蔡叔·霍叔과 연루된 소문을 피하여 동쪽으로 옮겨갔다는 고사『書經』「金縢」를 끌어다 썼는데, 왕함은 난을 일으킨 왕돈에게 가서 가세했으므로 주공 단의 고사와는 일치하지 않지만, 왕도의 심정을 헤아려서 고화가 이 고사를 인용한 것임.
④ 길거리의 먼지를~: 원문은 "蒙塵路次". '蒙塵'은 본래 천자가 난리를 당했을 때 도성을 떠나 피난하는 것을 말하는데, 여기서는 왕도가 매일 아침 조정에 나와서 친족의 죄를 빈 것을 뜻함.
⑤ 公車: 궁궐의 司馬門에 있는 관서명. 각지에서 대궐로 오는 公車(官車)가 머무는 곳으로, 천자의 초징이나 각지의 상소를 관장함.

王敦兄含爲光祿勳.① 敦旣逆謀, 屯據南州, 含委職奔姑孰.② 王丞相詣闕謝.③ 司徒·丞相·揚州官僚問訊, 倉卒不知何辭. 顧司空時爲揚州別駕, 援翰曰; "王光祿遠避流言, 明公蒙塵路次. 輦下不寧, 不審尊體起居何如?"
①。『含別傳』曰; 含, 字處弘, 琅邪臨沂人. 累遷徐州刺史·光祿勳. 與弟敦作逆, 伏誅.
②。鄧粲『晉紀』曰; 初, 王導協贊中興, 敦有方面之功. 敦以劉隗爲開己, 擧兵討之, 故含南奔武昌. 朝廷始警備也.
③。『中興書』曰; 導從兄敦, 擧兵討劉隗, 導率子弟二十餘人, 旦旦到公車, 泥首謝罪.

• 2 : 038 [0085]

치태위郗太尉[郗鑒]가 사공司空에 임명되었을 때 동석한 사람들에게 말했다.
"평생토록 나의 바람은 그다지 많은 것에 있지 않았습니다. 어쩌다 세상이 몹시 혼란한 때를 만나 삼공三公의 지위에 오르게 되었습니다만, 주박朱博의 한음翰音처럼 실로 마음에 부끄럽습니다."①
①。『한서漢書』① : 주박은 자가 자원子元이며 두릉杜陵사람이다. 승상丞相이 되어 임명식에 임하여 궁전에 올라② 칙명을 받을 때 종이 울리는 듯한 큰 소리가 났다. 황제가 양웅揚雄과 이심李尋에게 그 까닭을 묻자 대답했다.③
"「홍범洪範」에 이른바 고요鼓妖④라는 것이옵니다. 군주가 총명치 못하여 신하가 헛된 명성으로 승진하면 무형無形의 소리가 나는 것이옵니다."
주박은 나중에 사건에 연루되어 자살했다. 그래서 「서전序傳」에서 "주박의 한음翰音은 고요가 먼저 냈다"라고 했다.
- 『역易』「중부中孚」: 상구上九. 한음翰音이 하늘에 오르니 곧고도 흉하다.
- 왕필王弼 주注: 한翰은 높이 나는 것이다. 비飛는⑤ 소리는 드날리지만 실상은 따르지 못하는 것이다.

[역주]..........................
① 漢書: "주박은 자가 子元이며 杜陵사람이다"는 『한서』의 본문 문장이지만, 그 이하는 「五行志」中之下에서 발췌한 것임.
② 궁전에 올라: 원문은 "延登". 한나라 때 丞相이나 御史大夫를 임명할 때 천자가 친히 칙명을 내리기 위하여 해당자를 궁전에 오르게 하는 일.
③ 대답했다: 「五行志」에는 李尋이 대답한 것으로 되어 있음.
④ 鼓妖: 귀를 흐리게 하는 요괴라는 뜻으로 총명치 못한 것을 상징함.
⑤ 飛는: 원문은 "飛者". 현행 王弼 注에는 "飛音者"라 되어 있음.

郗太尉拜司空, 語同坐曰; "平生意不在多. 值世故紛紜, 遂至台鼎, 朱博翰音, 實愧於懷!"①
①·『漢書』曰; 朱博, 字子元, 杜陵人. 爲丞相, 臨拜, 延登受策, 有大聲如鍾鳴. 上問揚雄·李尋, 對曰: "「洪範」所謂鼓妖者也. 人君不聰, 空名得進, 則有無形之聲." 博後坐事自殺. 故「序傳」曰; "博之翰音, 鼓妖先作."
·『易』「中孚」曰; 上九, 翰音登于天, 貞凶.
·王弼注曰; 翰, 高飛也. 飛者, 音飛而實不從也.

고좌도인高坐道人[尸黎密多羅]은 한어漢語를 사용하지 않았는데, 어떤 사람이 그 이유를 묻자 간문제簡文帝[司馬昱]가 말했다.
"응대의 번거로움을 간략히 하려는 것이다."①

①·『고좌별전高坐別傳』: 화상은 호명胡名이 시려밀尸黎密이며 서역사람이다. 「전傳」에 따르면, 그는 국왕의 아들인데도 나라를 동생에게 양보하고 마침내 사문沙門에 들어갔다. 영가永嘉연간(307~313)에 처음으로 이 땅에 들어와 도성에 머물렀다. 화상은 천성이 고상하고 풍격이 고매했다. 승상 왕공王公[王導]이 그를 한 번 보고는 특별하게 여겨 자기와 같은 무리라고 생각했다.

주복야周僕射[周顗]가 인재선발을 담당했는데, 그의 등을 두드리며 말했다. "만약에 이러한 어진 사람을 뽑는다면 여한이 없겠다."

얼마 뒤 주후周侯[周顗]가 살해당하자, 화상은 그의 영전에 앉아 호어胡語 주문 수천 언을 읊었는데, 그 소리가 높고도 낭랑했다. 그러나 금세 곧 눈물을 거두었다. 그 슬퍼하고 즐거워함의 기복이 모두 이러했다. 그는 성품이 고상하고 소탈했으며 진어晉語를 배우지 않았다. 그래서 제공諸公이 그와 함께 얘기할 때는 모두 통역을 통했으나, 그는 신통하게도 잘 알아들어 통역하기도 전에 깨닫곤 했다.

◦『탑사기塔寺記』: 시려밀의 무덤을 고좌高坐라고 한다.① 그는 석자강石子岡에서 늘 두타행頭陀行②을 했으며, 매강梅岡에서 죽자 즉시 그곳에 장사지냈다. 진晉 원제元帝③ 때 무덤가에 절을 세우고 고좌사高坐寺라고 이름지었다.

[역주]··························
① 시려밀의 무덤을 高坐라고 한다 : 원문은 "尸黎密冢曰高坐". 宋本에는 '冢'이 '宋'으로 되어 있는데, 이 경우는 '宋[劉宋]을 '中國'의 代稱으로 보아 "시려밀을 중국에서는 고좌라고 한다", 즉 "시려밀을 漢譯하면 고좌라는 뜻이다"로 해석됨.
② 頭陀行 : 의·식·주에 대한 탐욕을 버리는 行法. 보통 걸식행을 말함.
③ 元帝 : 『高僧傳』에는 그의 卒年이 東晉 成帝 咸康연간(335~342)이라 되어 있음. 따라서 '元帝'는 '成帝'의 잘못으로 보임.

高坐道人不作漢語, 或問此意, 簡文曰; "以簡應對之煩."①
①◦『高坐別傳』曰; 和尚胡名尸黎密, 西域人.「傳」云; 國王子, 以國讓弟, 遂爲沙門. 永嘉中, 始到此土, 止於大市中. 和尚天姿高朗, 風韻遒邁. 丞相王公一見奇之, 以爲吾之徒也. 周僕射領選, 撫其背而歎曰; "若選得此賢, 令人無恨." 俄而周侯遇害, 和尚對其靈坐, 作胡祝數千言, 音聲高暢. 旣而揮涕收淚. 其哀樂廢興皆此類. 性高簡, 不學晉語. 諸公與之言, 皆因傳譯. 然神領意得, 頓在言前.
◦『塔寺記』曰; 尸黎密冢曰高坐. 在石子岡, 常行頭陀. 卒於梅岡, 卽葬焉. 晉元帝於冢邊立寺, 因名高坐.

• 2 : 040 [0087]

주복야周僕射[周顗]는 풍모가 온화하고 위의威儀가 훌륭했다. 왕공王公[王導]을 방문하여 처음 수레에서 내릴 때 여러 사람의 부축을 받았는데, 왕공이 웃음을 머금고 그를 보고 있었다. 이미 좌정하고 나서 도도히 노래를 불렀더니 왕공이 말했다.

"그대는 혜강嵇康이나 완적阮籍과 같이 되고자 하는가?"

그러자 주복야가 대답했다.

"어찌 감히 가까이 계시는 명공明公을 버려두고 먼 옛날의 혜강이나 완적과 같이 되고자 하리까?"①

①▫ 등찬鄧粲의 『진기晉紀』: 주백인周伯仁[周顗]은 위의와 풍모가 당당하고 행동거지와 응대함이 뛰어나 그 기품이 주위사람들을 압도할 정도였다. 스스로 높은 긍지를 지녀 사람들을 자기에게 찾아오게끔 했으며 자신이 찾아간 적이 없었다.

周僕射雍容好儀形. 詣王公, 初下車, 隱數人, 王公含笑看之. 既坐, 傲然嘯詠, 王公曰; "卿欲希嵇·阮邪?" 答; "何敢近舍明公, 遠希嵇·阮?"①

①▫ 鄧粲『晉紀』曰; 伯仁儀容弘偉, 善於俛仰應答, 精神足以蔭映數人. 深自持, 能致人, 而未嘗往焉.

———————— • 2 : 041 [0088]

유공庾公[庾亮]이 일찍이 절①에 들어가 누워 있는 불상을 보고① 말했다.

"이 사람은 중생을 구제하느라② 피곤한 것이로다."

당시 사람들이 이를 명언이라 여겼다.

①▫ 『열반경涅槃經』: 여래께서 등이 아파 사라쌍수沙羅雙樹③ 사이에서 머리를 북쪽으로 하고 누우셨다. 그래서 후세에 화가들이 이러한 불상을 그렸다.

[역주]……………………

① 절 : 원문은 "佛圖". 佛圖는 浮圖·浮屠·浮頭라고도 함. 원래는 탑을 의미하나 여기서는 절의 뜻으로 쓰임.

② 중생을 구제하느라 : 원문은 "津梁". 석가가 중생의 고뇌를 구제하고 깨달음의 경지에 이르게 하는 것. 즉 중생을 彼岸의 세계로 건네주는 것을 말함.

③ 沙羅雙樹 : 원문은 "雙樹". 석가가 사라나무 숲에서 열반에 들 때 그 사방에서 있던 한 쌍의 나무로, 그가 入滅한 뒤에 하얗게 말라버렸다 함.
[참고] 『太平御覽』653.

庾公嘗入佛圖, 見臥佛,① 曰; "此子疲於津梁." 于時以爲名言.
① ▫ 『涅槃經』云 : 如來背痛, 於雙樹間北首而臥, 故後之圖繪者爲此象.

• 2 : 042 [0089]

지첨摯瞻은 일찍이 4군의 태수와 대장군大將軍[王敦]의 호조참군戶曹參軍을 역임했으며, 그 후 좌천되어 내사內史①가 되었는데,① 그 때 나이가 겨우 29살이었다. 일찍이 왕돈에게 작별할 때 왕돈이 지첨에게 말했다.

"경은 나이가 아직 30살도 안되었는데 이미 1만 석의 봉록을 받으니 너무 이른 것 같소."

지첨이 말했다.

"장군께 비하면 약간은 너무 이른 것 같지만, 감라甘羅에 비하면 이미 너무 늦었습니다."②

① ▫ 『지씨세본摯氏世本』: 지첨은 자가 경유景游며 경조京兆 장안長安사람이다. 태상太常 지우摯虞의 형[摯育]의 아들이며, 부친 지육은 양주涼州자사를 지냈다. 지첨은 어려서부터 문장 짓는 데 뛰어나 저작랑著作郞으로 벼슬길을 시작했다. 중원에 난이 일어났을 때 왕돈에게 의지하여 호조참군이 되었으며, 안풍安豊・신채新蔡・서양西陽의 태수를 역임했다. 왕돈이 입고 있던 헌 갖옷을 늙고 병든 외부도독外部都督②에게 주는 것을 보고, 지첨이 간언했다.

"장군의 갖옷이 비록 헌 것이지만 소리小吏에게 주는 것은 마땅치 않습니다."

왕돈이 말했다.

"어째서 안된단 말이오?"

지첨이 그때 취한 김에 말했다.

"만약에 윗사람의 옷을 모두 하사할 만하다면 초선貂蟬③까지 하사해도 괜찮습니까?"

왕돈이 말했다.

"비유든 것이 타당치 않소. 그렇게 한다면 2천 석④의 봉록으로도 감당치 못할 것이오."

그러자 지첨이 말했다.

"제가 보기에 서양을 버리는 것은 신발을 벗는 것처럼 간단할 뿐입니다."

왕돈이 모반을 일으켰을 때 지첨은 수군내사隨郡內史⑤로 좌천되었다.

②。『지씨세본』: 지첨은 고결한 인품에 기개가 있어서 왕돈에게 이렇게 대답했다. 뒤에 왕돈에게 모반하려는 뜻이 있음을 알고서 건흥建興 4년(316)에 제오기第五琦와 함께 형주荊州를 근거지로 삼아 왕돈에게 저항했으나 결국 살해당했다.

。『사기史記』⑥: 감라는 진秦나라 재상 감무甘茂의 손자다. 12살 때 진나라 재상 여불위呂不韋가 장당張唐을 연燕나라 재상으로 삼고자 했으나, 장당이 가려 하지 않자 감라가 설득하여 가게 했다. 또한 감라가 수레 5대를 청하여 조趙나라에 사신으로 갔다가 진나라에 돌아와 보고하자, 진나라는 감라를 상경上卿에 봉하고 감무에게 전답과 저택을 하사했다.

[역주]……………………
① 內史: 한나라 때 三輔와 王國에 설치한 관직. 군사를 담당하는 中尉와 衆官을 통솔하는 相이 있었는데, 한나라 말에는 중위는 郡都尉, 상은 郡太守에 상당하는 관직이 되었음. 나중에 晉나라에서는 상을 내사로 바꾸었고 이후 왕국에서는 내사가 태수의 임무를 수행했음.
② 外部都督: 魏・蜀과 인접한 揚子江 연안과 군사상의 변경에 설치한 吳나라의 군관.
③ 貂蟬: 담비의 꼬리와 매미의 깃털. 고관의 관에 장식함. 또한 淸官의 侍中이나 散騎常侍의 대명사로도 사용됨.
④ 2천 석: 당시 지방장관의 秩祿[1년 또는 3개월 단위로 주는 녹봉].
⑤ 隨郡內史: 군에는 내사라는 관직이 없으므로 '內史'는 '太守'의 오기로 보임.
⑥『史記』: 권71「甘茂傳」에 나옴.

摯瞻曾作四郡太守, 大將軍戶曹參軍, 復出作內史,① 年始二十九. 嘗別王敦, 敦謂瞻曰; "卿年未三十, 已爲萬石, 亦太蚤." 瞻曰; "方於將軍, 少爲太蚤, 比之甘羅, 已爲太老."②

① ▫『摯氏世本』曰; 瞻, 字景游, 京兆長安人, 太常虞兄子也. 父育, 涼州刺史. 瞻少善屬文, 起家著作郞. 中朝亂, 依王敦爲戶曹參軍. 歷安豊‧新蔡‧西陽太守. 見敦以故壞裘賜老病外部都督. 瞻諫曰; "尊裘雖故, 不宜與小吏." 敦曰; "何爲不可?" 瞻時因醉, 曰; "若上服皆可用賜, 貂蟬亦可賜下乎?" 敦曰; "非喩所引. 如此, 不堪二千石." 瞻曰; "瞻視去西陽, 如脫屣耳." 敦反, 乃左遷隨郡內史.

② ▫『摯氏世本』曰; 瞻高亮有氣節, 故以此答敦. 後知敦有異志. 建興四年, 與第五琦據荊州以距敦, 竟爲所害.

▫『史記』曰; 甘羅, 秦相茂之孫也. 年二十, 而秦相呂不韋欲使張唐相燕, 唐不肯行, 甘羅說而行之. 又請車五乘以使趙, 還報秦, 秦封甘羅爲上卿, 賜以甘茂田宅.

• 2 : 043 [0090]

양국梁國[1] 양씨楊氏의 아들이 9살 때 매우 총명했다. 공군평孔君平[孔坦]①이 그의 아버지를 만나러 갔는데 아버지가 집에 없자 아이를 불러 나오게 했다. 과일을 차렸는데 과일 가운데 양매楊梅②가 있었다. 공군평이 그것을 가리키며 아이에게 말했다.

"이것은 너희 집안의 과일이니?"

아이가 곧장 대답했다.

"공작孔雀②이 공부자孔夫子[孔子]의 가금家禽이라는 소리는 들어본 적이 없는데요."

① ▫ 왕은王隱의 『진서晉書』: 공탄孔坦은 자가 군평이며 회계 산음山陰사람이다. 『춘추春秋』에 정통했으며 문장과 변론에 뛰어났다. 태자사인太子舍人③을 지냈으며, 여러 벼슬을 거쳐 정위경廷尉卿에 기용되었다.

|역주|
① 梁國 : 郡國名. 西漢 때는 梁國, 三國 魏나라 때는 梁郡, 晉나라 때는 梁國, 南朝 宋나라 때는 梁郡으로 불렸음.
② 楊梅·孔雀 : 각각 楊氏와 孔氏를 빗대서 한 말임.
③ 太子舍人 : 太子太傅에 속하며 궁중의 宿衛를 담당함.

梁國楊氏子九歲, 甚聰惠. 孔君平[1]詣其父, 父不在, 乃呼兒出. 爲設果, 果有楊梅. 孔指以示兒曰; "此是君家果?" 兒應聲答曰; "未聞孔雀是夫子家禽."
①。王隱『晉書』曰; 孔坦, 字君平, 會稽山陰人. 善『春秋』, 有文辭. 歷太子舍人, 累遷廷尉卿.

• 2 : 044 [0091]

공정위孔廷尉[孔坦]가 갖옷을 사촌동생인 공침孔沈에게 주었는데, 공침이 사양하며 받지 않았다. 그래서 공정위가 말했다.

"안평중晏平仲[晏嬰]은 검소하여 자기 조상에게 제사지낼 때에도 돼지다리 고기가 제기祭器에 차지 않았지만, 여우갖옷은 수십 년 동안이나 입었다네. 자네는 어찌하여 이것을 사양하는가?"②

그제야 공침이 받아 입었다.

① ▫ 『공씨보孔氏譜』: 공침은 자가 덕도德度며 회계 산음山陰사람이다. 조부 공혁孔奕은 전초全椒현령, 부친 공군孔羣은 홍려경鴻臚卿①이었다. 공침은 벼슬이 낭야왕琅邪王[司馬睿]의 문학文學에 이르렀다.

② ▫ 유향劉向의 『별록別錄』: 안평중은 이름이 영嬰이며 동래東萊 이유夷維사람이다. 제齊나라 영공靈公과 장공莊公을 섬겼는데, 근검절약을 힘써 행하여 제나라에서 존중받았다.

▫ 『예기禮記』②: 안평중은 자기 조상에게 제사지낼 때 돼지다리 고기가 제기에 차지 않아서 군자들이 검소하다고 여겼다.

▫ 『예기』: 안자晏子는 여우갖옷 한 벌을 30년이나 입었으니 안자가 어찌 예를 알리오?

▫ 정현鄭玄의 주注 : 돈豚은 도마에 올리는 제물이고, 두豆는 직경이 1척이다. 돼지의 두 다리를 합해 놓아도 제기에 차지 않는다는 것은 적다는 것을 비유한다.

[역주]
① 鴻臚卿 : 九卿 가운데 하나로 조공 바치러 오는 여러 외국사신을 접대하는 관서의 우두머리. 秦나라에서 漢나라 초까지는 典客이라 불렀음.
② 『禮記』 : 앞 구절은 「禮器」에 나오며, 뒤 구절은 「檀弓下」에 나옴. 예법에 따르면 國君은 갖옷 7벌에 수레 7대, 대부는 갖옷 5벌에 수레 5대가 있어야 하나,

안영은 갖옷 1벌에 수레 1대밖에 없었다고 함.
[참고] 晉書』78.

孔廷尉以裘與從弟沈.① 沈辭不受. 廷尉曰; "晏平仲之儉, 祠其先人, 豚肩不掩豆, 猶狐裘數十年.② 卿復何辭此?" 於是受而服之.
① ▫『孔氏譜』曰; 沈, 字德度, 會稽山陰人. 祖父突, 全椒令. 父羣, 鴻臚卿. 沈至琅邪王文學.
② ▫劉向『別錄』曰; 晏平仲名嬰, 東萊夷維人. 事齊靈公・莊公, 以節儉力行重於齊.
  ▫『禮記』曰; 晏平仲祀其先人, 豚肩不掩豆, 君子以爲儉也.
  ▫又曰; 晏子一狐裘三十年, 晏子焉知禮?
  ▫注 : 豚, 俎實也. 豆, 徑尺. 言倂豚之兩肩不能掩豆, 喩少也.

• 2 : 045 [0092]

불도징佛圖澄이 석씨石氏 일족과 교유했는데,① 임공林公支遁이 말했다. "불도징은 석호石虎를 바다갈매기로 여기고 있다."②

① ▫『불도징별전佛圖澄別傳』: 도인 불도징은 어느 곳 사람인지 모른다①. 돈황燉煌에서 태어나 불도佛道를 좋아하여 출가하여 사문沙門에 들어갔다. 영가永嘉연간(307~313)에 낙양에 갔는데, 마침 도읍에 난리가 나서 초택草澤에 숨었다. 석륵石勒에게 영웅의 기상이 있지만 살상을 좋아한다는 소리를 듣고, 석륵의 대장군 곽묵략郭默略②을 통하여 석륵을 만났다. 불도징은 참기름을 손바닥에 바르고 길흉을 점쳤는데, 수백 리 밖에 있는 절의 요령소리를 듣고 화복을 미리 알았다. 그래서 석륵이 그를 매우 공경하며 믿었다. 석호가 즉위해서도 불도징을 국사國師로 삼고 대화상大和尙이라 불렀다. 불도징은 자기의 죽는 날을 스스로 알았다. 죽은 뒤 관을 열어보니 시체는 없고 가사법복袈裟法服만 남아 있었다.

② ▫『조서趙書』: 석호는 자가 계룡季龍이니 석륵의 사촌동생이다. 정벌할 때마다 적장의 목을 자르고 적기敵旗를 빼앗았다. 석륵이 죽자 그의 자식들을 죽이고 왕위를 차지했다.
  ▫『장자莊子』③ : 갈매기를 좋아하는 사람이 바닷가에 살고 있었는데, 매일 아침 해변에 나가 갈매기를 쫓아다니면서 놀았다. 수백 마리나 되는 갈매기가 끊임없이 날아들었다. 그 아버지가 말했다.

"내가 듣자 하니 갈매기들이 너를 따라다니면서 논다고 하니 잡아와 놀려무나."

다음 날 해변에 나갔더니 갈매기가 공중에서만 맴돌 뿐 내려오질 않았다.

[역주]
① 어느 곳 사람인지 모른다 : 『晉書』 권95 「佛圖澄傳」에서는 "佛圖澄, 天竺人也, 本姓帛氏."라고 했으며, 『高僧傳』 권9 「불도징전」에서는 "澄, 西域人, 本姓帛氏." 라고 함.
② 郭默略 : 『진서』 권95 「불도징전」과 『고승전』 권9 「불도징전」에는 "郭黑略"이라 되어 있음.
③ 『莊子』 : 현행본 『장자』에는 보이지 않고 『列子』 「黃帝篇」에 같은 내용이 실려 있음.

佛圖澄與諸石遊,① 林公曰; "澄以石虎爲海鷗鳥."②
①▪『澄別傳』曰; 道人佛圖澄, 不知何許人. 出於燉煌, 好佛道, 出家爲沙門. 永嘉中, 至洛陽, 値京師有難, 潛遁草澤閒. 石勒雄異, 好殺害, 因勒大將軍郭默略見勒. 以麻油塗掌, 占見吉凶. 數百里外聽浮圖鈴聲, 逆知禍福. 勒甚敬信之. 虎卽位, 亦師澄, 號大和尙. 自知終日, 開棺無屍, 唯袈裟法服在焉.
②▪『趙書』曰; 虎, 字季龍, 勒從弟也. 征伐每斬將搴旗. 勒死, 誅勒諸兒, 襲位.
▪『莊子』曰; 海上之人好鷗者, 每旦之海上, 從鷗游, 鷗之至者數百而不止. 其父曰; "吾聞鷗鳥從汝游, 取來玩之." 明日之海上, 鷗舞而不下.

———— • 2 : 046 [0093]

사인조謝仁祖[謝尙]가 8살 때 사예장謝豫章[謝鯤]①이 손님을 전송했는데, 이때 사인조의 언변은 이미 신통하여 자연히 상류인물들에 참여하게 되었다. 여러 사람이 모두 함께 탄복하며 말했다.

"나이는 어리지만 좌중의 안회顔回로다!"

그러자 사인조가 말했다.

"좌중에 이부尼父[孔子]가 없으니 어떻게 안회를 알아보리오?"②

①▪사곤謝鯤의 아들①이다. 따로 나온다.②
②▪『진양추晉陽秋』: 사상謝尙은 자가 인조며 진군陳郡사람으로, 사곤의 아들

이다. 7~8살 때 형을 잃고 남달리 애통해했다. 부친상을 당했을 때 온교溫
嶠가 조문하러 오자 사상은 울부짖으면서 극도로 슬퍼했다. 이윽고 눈물을
거두고 슬픔을 호소하는 것이 보통아이들과 다름이 있었다. 온교가 이를 훌
륭하게 여겼으며 이로 말미암아 사상의 이름이 세상에 알려졌다. 벼슬은 진
서장군鎭西將軍과 예주豫州자사에 이르렀다.

[역주]..........
① 謝鯤의 아들 : 원문은 "鯤子". 「文學」20 注에 인용된 『晉陽秋』에 따르면, 예장태
수를 지낸 사람은 사곤 자신이다. 그러므로 "鯤子"의 '子'는 衍文이거나, 사인조
에 관한 注 부분이 잘못 들어간 것으로 보임.
② 따로 나온다 : 「文學」20 注②에 나옴.

[참고] 『晉書』79.

謝仁祖年八歲, 謝豫章①將送客. 爾時語已神悟, 自參上流. 諸人咸共歎之曰;
"年少一坐之顏回!" 仁祖曰; "坐無尼父, 焉別顏回?"②

①。鯤子. 別見.
②。『晉陽秋』曰; 謝尚, 字仁祖, 陳郡人, 鯤之子也. 齠齔喪兄, 哀慟過人. 及遭父喪, 溫嶠唁
之, 尙號叫極哀. 旣而收涕告訴, 有異常童. 嶠奇之, 由是知名. 仕至鎭西將軍・豫州刺史.

• 2 : 047 [0094]

도공陶公[陶侃]이 병들어 위독했을 때 도무지 국가대사에 관한 말①
이 없었다. 그래서 조정신하들이 유감스럽게 생각했다.① 사인조謝仁
祖[謝尙]가 이를 듣고 말했다.
"지금 수조竪刁 같은 사람이 없기 때문에 도공의 말씀을 듣지 못
하는 것입니다."②
당시 현자들은 이를 덕 있는 말이라고 여겼다.

①。『도씨서陶氏敍』: 도간陶侃은 자가 사형士衡이다. 그 선조는 파양鄱陽사람
이었으나 나중에 심양尋陽으로 옮겨갔다. 도간은 젊어서부터 천하를 경륜하
려는 원대한 뜻을 지니고 있었다. 효렴과孝廉科에 천거되어 낙양에 들어갔을
때 사공司空 장화張華가 그를 보고 말했다.

"훗날 천자를 올바르게 보필하고 백성을 편안케 할 사람은 바로 그대로다!"

유홍劉弘이 강남에 진을 치고 그를 불러 장사長史②로 삼은 뒤 도간에게 말했다.

"지난날 내가 양태부羊太傅[羊祜]의 참좌參佐가 되었을 때 양태부께서 나를 보고 '그대는 훗날 마땅히 내 뒤를 이을 것이다'라고 했는데, 지금 만나보니 그대 역시 그러하군."

여러 벼슬을 거쳐 상湘・광廣・형荊 3주 자사에 기용되었다. 새 깃털로 장식된 의장용 수레와 취타대吹打隊③를 하사받고 장사군공長沙郡公에 봉해졌으며 대장군이 되었다. 천자를 배알할 때 고명告名하는 예를 차리지 않고,④ 칼을 차고 신발을 신은 채로 궁전에 오르는 것이 허락되었다. 태위太尉로 승진했다. 죽은 뒤 대사마大司馬에 추증되었으며, 시호를 환공桓公이라 했다.

◦ 생각건대 : 왕은王隱의 『진서晉書』에 실린 도간의 「임종표臨終表」에서 이렇게 말했다.

"신은 어려서 부모를 여의고 가난하게 살았으므로 처음부터 바라는 것이 많지 않았지만, 과분하게도 선대로부터 대대로 남다른 은총을 입었사옵니다. 신은 나이가 80에 접어들었고 벼슬이 신하로서는 최고직에 이르렀사오니, 임종을 맞이한들⑤ 더 이상 무슨 여한이 있으오리까? 다만 남은 적을 아직 주살하지 못하고 제왕의 능陵을 아직 되찾지 못해서 오로지 비분강개한 마음뿐이옵니다. 견마犬馬와 같은 나이⑥를 조금이나마 늘일 수만 있다면, 폐하를 위하여 북쪽으로는 석호石虎를 집어삼키고 서쪽으로는 이웅李雄을 주벌하고자 하옵니다. 그러나 형세가 끝내 여의치 못하여 훌륭한 계책이 영원히 끝나버릴 것 같사와 유서를 임함에 주먹을 불끈 쥐고 눈물만 마구 흘릴 뿐이옵니다. 엎드려 원하옵건대 저를 대신할 사람을 선발하심에 반드시 훌륭한 인재를 얻어 천자의 대의大義를 받들어 펴고 지업志業을 달성케 하신다면, 신은 비록 죽더라도 살아 있는 것과 같을 것이옵니다."

이러한 표表가 있으니 국가대사에 관한 진언이 없었다고 할 수 없다.

2 ◦ 『여씨춘추呂氏春秋』⑦ : 관중管仲이 위독했을 때 환공桓公이 위문하여 말했다.

"그대가 만약 죽는다면[8] 그대를 대신하여 재상이 될 만한 사람은 누구겠소? 수조는 어떠하오?"

그러자 관중이 말했다.

"스스로 거세하여 군주를 섬겼으니 인지상정이 아닌지라 반드시 등용해서는 아니 되옵니다."

수조는 훗날 과연 제齊나라를 어지럽혔다.

[역주]······················

① 국가대사에 관한 말 : 원문은 "獻替之言". 군주를 보필하기 위하여 좋은 일을 진언하고 나쁜 일을 물리치는 신하의 말을 가리킴.
② 長史 : 『晉書』 권66 「陶侃傳」에 따르면, 유홍은 도간을 南蠻長史에 임명했음.
③ 새깃털로 장식된 의장용 수레와 吹打隊 : 원문은 "羽葆鼓吹". 羽葆는 새 깃털로 장식한 의장용 수레의 華蓋며, 鼓吹는 의장에 사용하는 취타대를 말함. 王親이나 큰 공훈을 세운 사람이 사용했음.
④ 천자를 배알할 때 告名하는 예를 차리지 않고 : 원문은 "贊拜不名". 천자를 배알할 때 의례를 주관하는 자가 배알하는 사람의 이름을 부르지 않고 관직명을 부르는 것을 말함.
⑤ 임종을 맞이한들 : 원문은 "啓手啓足". 『論語』 「泰伯」에서 "曾子有疾, 召門弟子曰; '啓予足, 啓予手. 詩云; 戰戰兢兢, 如臨深淵, 如履薄氷.' 而今而後, 吾知免夫, 小子!"라고 함.
⑥ 犬馬와 같은 나이 : 원문은 "犬馬之齒". 자신의 나이를 낮춰 부르는 말.
⑦ 『呂氏春秋』 : 권16 「先識覽」에 나옴.
⑧ 죽는다면 : 원문은 "不諱". 피하지 못한다는 뜻으로 죽음을 뜻함.

陶公疾篤, 都無獻替之言, 朝士以爲恨.⃞ 仁祖聞之曰; "時無豎刁, 故不貽陶公話言."⃞ 時賢以爲德音.

⃞ 『陶氏敍』曰: 侃, 字士衡, 其先鄱陽人, 後徙尋陽. 侃少有遠槩, 網維宇宙之志. 察孝廉入洛, 司空張華見而謂曰; "後來匡主寧民, 君其人也." 劉弘鎭河南, 取爲長史. 謂侃曰; "昔吾爲羊太傅參佐, 見語云; '君後當居身處.' 今相觀, 亦復然矣." 累遷湘·廣·荊三州刺史, 加羽葆鼓吹, 封長沙郡公·大將軍. 贊拜不名, 劍履上殿. 進太尉. 贈大司馬, 諡桓公.

◦ 按; 王隱『晉書』載侃「臨終表」曰; "臣少長孤寒, 始願有限, 過蒙先朝歷世異恩. 臣年垂八十, 位極人臣, 啓手啓足, 當復何恨! 但以餘寇未誅, 山陵未復, 所以憤慨兼懷, 唯此而已! 猶冀犬馬之齒, 尙可少延, 欲爲陛下北呑石虎, 西誅李雄, 勢遂不振, 良圖永息. 臨書振腕, 涕泗橫流. 伏願遴選代人, 使必得良才, 足以奉宣王猷, 遵成志業. 則雖死之日, 猶生之年."

有表若此, 非無獻替.
②▫『呂氏春秋』曰; 管仲病, 桓公問曰; "子如不諱, 誰代子相者? 豎刁何如?" 管仲曰; "自宮以事君, 非人情, 必不可用!" 後果亂齊.

─────────── • 2 : 048 [0095]

축법심竺法深[竺潛]이 간문제簡文帝[司馬昱]와 자리를 함께했는데, 유윤劉尹[劉惔]이 물었다.

"도인은 어찌하여 붉은 대문①에서 노니십니까?"

축법심이 대답했다.

"당신에게는 그것이 붉은 대문으로 보이지만 소승은 쑥대 문②에서 노니는 것과 같지요."①

어떤 사람은 변령卞令[卞壼]②이 물어본 말이라고도 한다.

①▫『고일사문전高逸沙門傳』: 법사法師[竺法深]가 회계에 거할 적에 황제가 그의 덕풍을 중히 여겨 사신을 보내 맞아들이자, 법사는 잠시 속세로 나와 황제의 명에 응했다. 사도司徒 회계왕會稽王[簡文帝]은 천성이 허정虛淨하여 법사와 두터운 교분을 맺었다. 법사는 비록 궁전의 뜰③을 밟고 귀족의 저택을 드나들었지만 거리낌 없이 활달했으며 그것들을 쑥대 집과 다름없이 여겼다.
②▫ 변령은 따로 나온다.④

[역주]······················-
① 붉은 대문 : 원문은 "朱門". 대문을 붉게 칠한 세속적인 귀족의 집을 말함. '朱邸'와 같은 뜻임.
② 쑥대 문 : 원문은 "蓬戶". 쑥대로 엮어 만든 가난한 집을 말함. '蓬宇'와 같은 뜻임.
③ 궁전의 뜰 : 원문은 "丹墀". 丹砂를 깔아놓은 궁전의 뜰을 말함.
④ 따로 나온다 : 「賞譽」54 注②에 나옴.

[참고]『高僧傳』4.

竺法深在簡文坐, 劉尹問; "道人何以游朱門?" 答曰; "君自見其朱門, 貧道如游蓬戶."① 或云卞令.②

① 『高逸沙門傳』曰; 法師居會稽, 皇帝重其風德, 遣使迎焉, 法師暫出應命. 司徒會稽王天性虛澹, 與法師結殷勤之歡. 師雖升履丹墀, 出入朱邸, 泯然曠達, 不異蓬宇也.
② 別見.

• 2 : 049 [0096]

 손성孫盛이 유공庾公[庾亮]의 기실참군記室參軍[1] 으로 있을 때[1] 사냥을 따라갔는데, 그의 둘째아들[2]을 데리고 함께 갔다. 유공이 이를 모르고 있다가 사냥터에서 문득 손제장孫齊莊[孫放]을 보았는데, 손제장은 그때 7~8살이었다. 유공이 말했다.

"너도 왔구나."

그러자 손제장이 곧장 대답했다.

"이른바 '아이 어른 할 것 없이 공을 쫓아 달리네'[3]라는 것입니다."

① 『중흥서中興書』: 손성은 자가 안국安國이며 태원太原 중도中都 사람이다. 박학다식했으며 저작랑著作郞과 유양령瀏陽令을 역임했다. 유량庾亮이 형주荊州자사로 있을 때 그를 정서주부征西主簿로 삼았다. 여러 벼슬을 거쳐 비서감秘書監에 기용되었다.

[역주]
① 記室參軍 : 府의 참모로 문서초안을 맡음. 위진시대에는 가장 청렴한 관직 가운데 하나였음.
② 그의 둘째아들 : 원문은 "其二兒"라고만 되어 있으나, 『太平御覽』 권385 「人事部・幼智」에 인용된 『世說』에는 "其第二兒齊莊"이라 되어 있음.
③ 아이 어른 할 것 없이 공을 쫓아 달리네 : 원문은 "無小無大, 從公于邁". 『詩經』 「魯頌・泮水」의 한 구절.

[참고] 『晉書』82, 『藝文類聚』66, 『太平御覽』385・833.

孫盛爲庾公記室參軍,① 從獵, 將其二兒俱行. 庾公不知, 忽於獵場見齊莊, 時年七八歲. 庾謂曰; "君亦復來邪?" 應聲答曰; "所謂'無小無大, 從公于邁.'"
① 『中興書』曰; 盛, 字安國, 太原中都人. 博學强識, 歷著作郞・瀏陽令. 庾亮爲荊州, 以爲征西主簿. 累遷秘書監.

─────── • 2 : 050 [0097]

손제유孫齊由[孫潛]와 손제장孫齊莊[孫放] 두 사람이 어렸을 때 유공庾公[庾亮]을 만나보러 갔다. 유공이 손제유에게 물었다.

"자가 무엇인고?"

"제유라고 합니다."

"누구와 나란히 하고자 한단 말인가?"

"허유許由와 나란히 하고자 합니다."①

이번에는 손제장에게 물었다.

"자가 무엇인고?"

"제장이라고 합니다."

"누구와 나란히 하고자 한단 말인가?"

"장주莊周[莊子]와 나란히 하고자 합니다."

유공이 다시 물었다.

"어찌하여 중니仲尼[孔子]를 흠모하지 않고 장주를 흠모하는고?"

그러자 손제장이 대답했다.

"성인聖人[孔子]께서는 태어나실 때부터 도를 깨치신 분인지라① 발돋움하여 흠모하기가 어렵습니다."

유공은 어린아이의 대답에 크게 기뻐했다.②

① ▫『진백관명晉百官名』: 손잠孫潛은 자가 제유며 태원太原사람이다.

▫『중흥서中興書』: 손잠은 손성孫盛의 맏아들이다. 예장豫章태수 은중감殷仲堪이 장강을 내려와 왕국보王國寶를 토벌할 때에 손잠은 당시 군군에 있었는데, 은중감이 그에게 자의참군諮議參軍이 되라고 강요하자 극구 사양하고 나아가지 않다가, 마침내 근심을 못 이겨 죽고 말았다.

② ▫『손방별전孫放別傳』: 손방은 자가 제장이며 감군監君[孫盛]②의 둘째아들이다. 8살 때 태위太尉 유공庾公[庾亮]이 그를 불러 만나보았는데, 손방의 뛰

어남을 시험해 보고자 종이와 붓을 주어 글씨를 쓰게 했다. 손방이 곧 이름과 자를 쓰자 유공이 품평한 뒤에 물었다.

"장주를 흠모하고자 하는가?"

손방이 글로 써서 답했다.

"그를 흠모하고자 합니다."

유공이 물었다.

"무슨 연고로 중니를 흠모하지 않고 장주를 흠모하는가?"

그러자 손방이 대답했다.

"중니께서는 나실 때부터 도를 깨치신 분인지라 바란다고 해서 미칠 수 있는 바가 아니지만, 장주는 그 다음가는 사람인지라 흠모할 수 있습니다."

유공이 빈객들에게 말했다.

"왕보사王輔嗣[王弼]의 응답도 이보다 나을 수는 없을 것이오."

장사왕長沙王[司馬乂]의 재상으로 있다가 죽었다.

[역주]

① 聖人[孔子]께서는 태어나실 때부터 도를 깨치신 분인지라 : 원문은 "聖人生知". 『論語』「季氏」에 "子曰: '生而知之者, 上也.'"라고 함.

② 監君[孫盛] : 당시 孫盛의 벼슬이 秘書監이었으므로 그렇게 부른 것임.

[참고] 『晉書』82, 『太平廣記』174.

孫齊由·齊莊二人小時詣庾公, 公問齊由; "何字?" 答曰; "字齊由." 公曰; "欲何齊邪?" 曰; "齊許由." ① 齊莊: "何字?" 答曰; "字齊莊." 公曰; "欲何齊?" 曰; "齊莊周." 公曰; "何不慕仲尼而慕莊周?" 對曰; "聖人生知, 故難企慕." 庾公大喜小兒對. ②

① 『晉百官名』曰; 孫潛, 字齊由, 太原人.
  ○『中興書』曰; 潛, 盛長子也. 豫章太守殷仲堪下討王國寶, 潛時在郡, 逼爲咨議參軍, 固辭不就, 遂以憂卒.

② 『孫放別傳』曰; 放, 字齊莊, 監君次子也. 年八歲, 太尉庾公召見之. 放淸秀, 欲觀試, 乃授紙筆令書, 放便自疏名字. 公題後問之曰; "爲欲慕莊周邪?" 放書答曰; "意欲慕之." 公曰; "何故不慕仲尼, 而慕莊周?" 放曰; "仲尼生而知之, 非希企所及. 至於莊周, 是其次者, 故慕耳." 公謂賓客曰; "王輔嗣應答, 恐不能勝之." 卒長沙王相.

장현지張玄之와 고부顧敷는 고화顧和의 외손과 친손으로 모두 어려서부터 총명했다. 고화도 이를 알고 있었지만 늘 고부를 낮게 여겨 치우치게 편애하자 장현지가 자못 못마땅해 했다.① 당시 장현지는 9살이었고 고부는 7살이었다. 한번은 고화가 이들을 데리고 절에 가서 부처의 입적도入寂圖①를 보았는데, 부처의 제자들 가운데 우는 자도 있었고 울지 않는 자도 있었다. 고화가 그 까닭을 두 손자에게 묻자 장현지가 말했다.

"친애함을 받았기 때문에 울고, 친애함을 받지 못했기 때문에 울지 않는 것입니다."

이에 고부가 말했다.

"그렇지 않습니다. 정情을 잊어버렸기 때문에 울지 않고, 정을 잊을 수 없기 때문에 우는 것입니다."②

① ▫ 고부는 따로 나온다.②

▫ 『속진양추續晉陽秋』: 장현지는 자가 조희祖希며, 오군吳郡태수 장징張澄의 손자다. 어려서부터 학문으로 이름났으며, 이부상서吏部尙書를 역임한 뒤 조정을 나와 관군장군冠軍將軍과 오흥吳興태수가 되었다. 회계내사會稽內史 사현謝玄이 같은 때에 오군에 가자, 논자들이 두 사람을 남북의 명망名望이라고 여겼다. 장현지의 명성은 사현에 버금갔으며, 당시에 또한 남북의 2현二玄이라고도 불렸다. 오군에서 죽었다.

② ▫ 『대지도론大智度論』: 부처께서 그늘진 사라쌍수沙羅雙樹 사이에서 열반에 들어 머리를 북쪽으로 향하고 눕자 대지가 진동했다. 여러 삼학인三學人③은 모두 슬퍼하면서 침통하게 눈물을 흘렸지만, 여러 무학인無學人③은 제법諸法의 일체무상함에 잠겼다.

[역주]••••••••••••••••••••••••

① 入寂圖 : 원문은 "般泥洹像". '般泥洹'은 '般涅槃'이라고도 하며, 육체가 스러지고 열반에 드는 것을 말함.

② 따로 나온다 : 「夙惠」4 注①에 나옴.
③ 三學人, 無學人 : '三學人'은 '有學人'이라고도 함. 有學人은 불교의 진리[四諦]를 이해하고는 있지만 번뇌를 끊기 위해 수행하는 자를 말하며, 無學人은 불교의 진리를 궁극하고 깨우침을 얻어 수행할 필요가 없는 자를 말함. 小乘四果 가운데 前三果[須陀洹果·斯陀含果·阿那含果]를 有學이라 하고, 마지막 第四果[阿羅漢果]를 無學이라 함. 여기에서 '學'은 주로 '修行'의 뜻으로 쓰였음.

[참고] 『太平廣記』170.

張玄之·顧敷, 是顧和中外孫, 皆少而聰惠. 和竝知之, 而常謂顧勝, 親重偏至, 張頗不懨.① 于時張年九歲, 顧年七歲. 和與俱至寺中, 見佛般泥洹像. 弟子有泣者, 有不泣者. 和以問二孫, 玄謂; "被親故泣, 不被親故不泣." 敷曰; "不然. 當由忘情故不泣, 不能忘情故泣."②

① · 敷, 別見.
  ·『續晉陽秋』曰; 張玄之, 字祖希, 吳郡太守澄之孫也. 少以學顯, 歷吏部尙書, 出爲冠軍將軍·吳興太守. 會稽內史謝玄同時之郡, 論者以爲南北之望. 玄之名亞謝玄, 時亦稱南北二玄. 卒於郡.

② 『大智度論』曰; 佛在陰庵羅雙樹間, 入般涅槃, 臥北首, 大地震動. 諸三學人, 斂然不樂, 郁伊交涕. 諸無學人, 但念諸法, 一切無常.

• 2 : 052 [0099]

유법창庾法暢①이 유태위庾太尉[庾亮]를 방문하면서 가장 좋은 주미麈尾②를 들고 갔는데, 공庾亮이 말했다.

"이렇게 지극히 좋은 것이 어떻게 여기에 있소?"

그러자 유법창이 말했다.

"청렴한 자는 달라 하지 않고 탐욕스런 자에게는 주지 않기 때문에 여기에 있는 것입니다.①

① · 유법창의 일족은 출신이 미상이다. 유법창은 「인물론人物論」③을 지어 스스로 그 훌륭함을 서술했다.

"예리한 깨달음에 신묘함이 있으며, 재기 넘치는 언사에 통달된 언변이다."

[역주]······················
① 庾法暢 : 『高僧傳』 권4 「康僧淵傳」에 본 고사와 같은 고사가 실려 있는데 그 주인공이 康法暢이며, 『藝文類聚』 권69에도 같은 고사의 주인공이 康法暢으로 되어 있는 것으로 보아, "庾法暢"은 康法暢의 誤記로 보임.
② 麈尾 : '麈尾扇' 또는 '拂子'라고도 함. 禪僧이 담론할 때 손에 들고 흔드는 둥근 모양의 총채.
③ 「人物論」 : 『高僧傳』 권4와 『法苑珠林』 권66·119에는 康法暢이 「人物始義論」을 지었다고 되어 있음.
[참고] 『藝文類聚』 69, 『高僧傳』 4.

康法暢造庾太尉, 握麈尾至佳. 公曰; "此至佳, 那得在?" 法暢曰; "廉者不求, 貪者不與, 故得在耳." ①
① · 法暢氏族, 所出未詳. 法暢著「人物論」, 自敍其美云; "悟銳有神, 才辭通辯."

─────── • 2 : 053 [0100]

유치공庾穉恭[庾翼]이 형주荊州자사로 있을 때,① 깃털부채를 무제武帝[司馬炎]②에게 헌상했는데, 무제는 그것이 쓰던 물건이 아닌가 하고 의심했다.② 그러자 시중侍中 유소劉劭가 말했다.③

"백량대柏梁臺③가 구름에 닿을 정도로 높아도 장인이 먼저 그 아래에 있었으며, 관현악의 성대한 연주도 종鍾과 기夔가 먼저 그 음악을 들었사옵니다.④ 치공이 부채를 헌상한 것은 그것이 좋은 물건이기 때문이지 새 물건이기 때문은 아니옵니다."

유치공이 나중에 그 이야기를 듣고 말했다.

"이 사람은 마땅히 황제의 측근에 있어야 한다."

① · 『유익별전庾翼別傳』 : 유익은 자가 치공이며 영천潁川 언릉鄢陵사람이다. 어려서부터 큰 도량을 지니고 있어서 당시 논자들이 그의 경륜을 인정했다. 형 태위太尉 유량庾亮이 죽자 조정에서 재사才士의 천거를 심의하여 유익을 칠주도독七州都督④으로 삼았다. 정남장군征南將軍⑤과 형주자사로 승진했다.

② · 부함傅咸의 「우선부서羽扇賦序」 : 옛적에 오吳나라 사람이 새의 날개를 잘라

서 흔들었더니 그 바람이 사각부채와 원형부채에 못지않았으며 힘도 더 들지 않았다. 그러나 나라 안에서 그것을 만들어 파는 자가 없었다. 그런데 오나라가 망한 후에는 모두들 그것을 귀히 여겨 사용하지 않는 자가 없었다.

▫ 생각건대 : 유역庾懌이 백우선白羽扇을 무제에게 바치자 무제가 그것이 새 것이 아님을 못마땅하게 여겨 돌려보냈다는 얘기는 들었어도 유익이 그랬다는 것은 들어보지 못했다.

③ ▫『문자지文字志』: 유소는 자가 언조彦祖며 팽성彭城 총정叢亭사람이다. 조부 유눌劉訥은 사례교위司隸校尉였으며, 부친 유송劉松은 성고령成皐令이었다. 유소는 박식하고 학문을 좋아했으며 다재다능하고 초서와 예서에 능했다. 처음 벼슬은 영군참군領軍參軍이었다. 태부太傅⑥가 동정東征을 떠나자 유소는 도읍인 낙양이 틀림없이 위험할 것이라고 생각하여 단신필마로 양주揚州로 도망갔다. 시중과 예장豫章태수를 역임했다.

④ ▫ 종종鍾은 종자기鍾子期⑦며, 기夔는 순舜임금 때의 악관장이다.

[역주]⋯⋯⋯⋯⋯⋯⋯⋯⋯
① 庾穉恭[庾翼]이 荊州刺史로 있을 때 : 『晉書』 권73 「庾懌傳」에 본 고사와 같은 내용이 실려 있는데, 거기에는 "庾穉恭"이 庾叔預[庾懌]로, "荊州"가 豫州로 되어 있음.
② 武帝[司馬炎] : 『晉書』 권73 「庾翼傳」에 따르면 庾翼은 永和 원년(345)에 41세로 죽었고 武帝의 재위기간은 265년~290년이므로 사리에 맞지 않음. 따라서 武帝는 成帝(326~343 재위)의 잘못으로 보임.
③ 柏梁臺 : 漢 武帝 元鼎 2년(115 BC)에 長安에 세운 누대.
④ 七州都督 : 『晉書』 「庾翼傳」에는 "六州都督"이라 되어 있음.
⑤ 征南將軍 : 『晉書』 「庾翼傳」에는 "征西將軍"이라 되어 있고 「排調」23에도 "庾征西"라 되어 있으므로, "征南"은 征西의 오기로 보임.
⑥ 太傅 : 東海王 司馬越로 추측함.
⑦ 鍾子期 : 춘추시대 楚人으로 伯牙의 가야금 소리를 잘 이해했다고 하여 '知音'이라고 부름.

[참고]『晉書』73.

庾穉恭爲荊州,① 以毛扇上武帝, 武帝疑是故物.② 侍中劉劭曰;③ "柏梁雲構, 工匠先居其下, 管弦繁奏, 鍾·夔先聽其音.④ 穉恭上扇, 以好不以新." 庾後聞之曰; "此人宜在帝左右."
1. 『庾翼別傳』曰: 翼, 字穉公, 潁川鄢陵人也. 少有大度, 時論以經略許之. 兄太尉亮薨, 朝議推才, 乃以翼都督七州. 進征南將軍·荊州刺史.
2. 傅咸「羽扇賦序」曰; 昔吳人直截鳥翼而搖之, 風不感方圓二扇, 而功無加. 然中國莫有生意者. 滅吳之後, 翕然貴之, 無人不用.
　◦按; 庾懌以白羽扇獻武帝, 帝嫌其非新, 反之. 不聞翼也.
3. 『文字志』曰; 劭, 字彦祖, 彭城叢亭人. 祖訥, 司隸校尉. 父松, 成皐令. 劭博識好學, 多藝能, 善草隸. 初仕領軍參軍. 太傅出東, 劭謂京洛必危, 乃單馬奔揚州. 歷侍中·豫章太守.
4. ◦鍾, 鍾期也. 夔, 舜樂正.

──────── • 2 : 054 [0101]

하표기何驃騎[何充]가 죽은 뒤1 조정에서 저공褚公[褚裒]을 초징했는데, 이미 석두石頭에 이르렀을 때 왕장사王長史[王濛]와 유윤劉尹[劉惔]①이 함께 저공을 방문했다. 저공이 말했다.

"진장眞長[劉惔], 무슨 일로 나를 찾아오셨소?"

그러자 유진장이 왕장사를 돌아보며 말했다.

"이 사람이 말을 잘합니다."

저공이 왕장사를 돌아보자 그가 말했다.

"이 나라에 이미 주공周公② 같은 분이 계십니다."2

1. ◦하충何充은 따로 나온다.③
2. 『진양추晉陽秋』: 하충이 죽자 조정의 논자들이 태후太后[康獻皇后]의 부친인 저부褚裒가 마땅히 국정을 맡아야 한다고 했다. 그래서 저부가 단도丹徒로부터 조정에 들어왔는데, 이부상서吏部尚書 유하劉遐가 저부에게 진언했다.
"회계왕會稽王[簡文帝 司馬昱]의 훌륭하신 덕은 이 나라의 주공이라 할 만하니, 당신은 그분에게 국정을 맡기심이 마땅할 것입니다."
또한 저부의 장사長史 왕호지王胡之도 번진藩鎭으로 돌아갈 것을 권했다. 이에 저부는 국정 맡는 것을 극구 사양하고 경구京口④로 돌아갔다.

[역주]··························
① 王長史[王濛]와 劉尹[劉惔]: 劉孝標 注에 인용된 『晉陽秋』에서 "吏部尚書劉遐",

"袁長史王胡之"라고 했으며『晉書』권93「褚袁傳」의 기록도 마찬가지이지만,『晉書』권81「劉遯傳」과 권76「王胡之傳」에 따르면 劉遯는 徐州刺史를 지낸 인물로 尙書가 된 적이 없으며 王胡之 또한 褚袁의 長史가 된 적이 없음. 반면에 王濛은 司徒左長史를 지냈고 劉惔[劉眞長]은 丹陽尹을 지냈으며 또한 당시에 병칭되던 인물이었음. 따라서 王長史는 王濛, 劉尹은 劉惔이라고 보는 것이 타당함.

② 周公 : 周公 旦을 말함. 周 武王이 죽은 뒤 그의 아들 成王이 어린 나이에 즉위하자 섭정했음. 여기서는 司馬昱을 주공에 비유한 것임.『晉書』권8「穆帝紀」에 따르면, 晉 穆帝 建元 2년(344)에 부친 康帝가 죽자 2살인 穆帝가 즉위하게 되어 康帝의 황후인 褚氏가 수렴청정을 했음. 永和 2년(346)에 康帝 때부터 정치를 맡아왔던 중신 何充이 죽자, 외척인 褚袁가 국정을 맡을 것인지 아니면 황족인 會稽王 司馬昱이 맡을 것인지가 문제가 되었음.

③ 따로 나온다 :「政事」17 注①에 나옴.

④ 京口로 돌아갔다 : 원문은 "歸京".『晉書』권93「褚袁傳」에는 "歸藩"이라 되어 있음. 褚袁는 일찍이 경구에 주둔한 적이 있으므로 '京'자 밑에 '口'자가 빠진 것으로 보임.

何驃騎亡後,① 徵褚公入. 既至石頭, 王長史·劉尹同詣褚. 褚曰; "眞長! 何以處我?" 眞長顧王曰; "此子能言." 褚因視王, 王曰; "國自有周公."②
① 。何充, 別見.
② 。『晉陽秋』曰; 充之卒, 議者謂太后父袁宜秉朝政, 袁自丹徒入朝. 吏部尙書劉遯勸袁曰; "會稽王令德, 國之周公也, 足下宜以大政付之." 袁長史王胡之亦勸歸藩. 於是固辭, 歸京.

────── • 2 : 055 [0102]

환공桓公[桓溫]이 북정北征할 때 금성金城을 지나다가 지난날 낭야내사琅邪内史로 있을 때 심어놓았던 버드나무가① 모두 열 아름쯤 되어 있는 것을 보고는 감개에 젖어 말했다.

"나무도 오히려 이와 같거늘 사람이야 어찌 변화를 견딜 수 있으리오!"

그러면서 나무줄기를 부여잡고 가지를 매만지며 주르륵 눈물을 흘렸다.①

1 ▫『환온별전桓溫別傳』: 환온은 자가 자원子元이며 초국譙國 용항龍亢 사람으로, 한대漢代 오경五更② 환영桓榮의 후손이다. 부친 환이桓彝는 인물을 알아보는 감식력이 있었다. 환온은 젊어서부터 호매한 기풍을 지니고 있어서 온교溫嶠의 인정을 받았다. 여러 벼슬을 거쳐 낭야내사에 기용되었으며 정서대장군征西大將軍으로 승진했다. 서하西夏에 진을 쳤을 때, 당시 반역의 무리인 호족胡族이 아직 섬멸되지 않아서 그 남은 불씨가 숨 쉬고 있었다. 이에 환온은 친히 군졸郡卒을 이끌고 깃발을 앞세운 채 토벌에 나서, 이수伊水과 낙수洛水 지역을 쓸어버리고 선조의 어릉御陵에 제사 드렸다. 죽은 뒤 시호를 선무후宣武侯라 했다.

[역주]

① 桓公[桓溫]이 北征할 때~버드나무가:『晉書』권98「桓溫傳」에 따르면, 桓溫이 琅邪內史가 된 때는 咸康 7년(341)이고 북쪽으로 姚襄을 정벌하러 가면서 金城을 지나간 때는 永和 12년(356)이므로 15년의 세월이 흐른 뒤임. 한편 楊勇은『世說新語校牋』에서 桓溫이 太和 4년(369)에 燕을 치러가면서 金城을 지나갔다고 주장함. 楊勇의 주장을 따르면 28년이 흐른 뒤임.
② 五更 : 天子의 養老儀禮[三老五更]에 따라 아비로 섬기는 인물을 말함. 주로 높은 덕망을 지닌 宿儒가 여기에 해당됨.

[참고]『晉書』98,『藝文類聚』89,『初學記』28.

桓公北征經金城, 見前爲琅邪時種柳, 皆已十圍, 慨然曰; "木猶如此, 人何以堪!" 攀枝執條, 泫然流淚. 1

1 ▫『桓溫別傳』曰; 溫, 字元子, 譙國龍亢人, 漢五更桓榮後也. 父彝, 有識鑒. 溫少有豪邁風氣, 爲溫嶠所知. 累遷琅邪內史, 進征西大將軍, 鎭西夏, 時逆胡未誅, 餘燼假息. 溫親勒郡卒, 建旗致討, 淸蕩伊‧洛, 展敬園陵. 薨, 諡宣武侯.

---------- • 2 : 056 [0103]

간문제簡文帝[司馬昱]가 무군장군撫軍將軍으로 있을 때 환선무桓宣武[桓溫]와 함께 조정에 들어갔는데, 서로 앞장서라고 양보하다가 환선무가 부득이 먼저 들어가면서 말했다.

"'임은 날 없는 창 들고 왕 위해 앞서 달리네.[伯也執殳, 爲王前驅]'" 1

그러자 간문제가 말했다.

"이른바 '아이 어른 할 것 없이 공을 쫓아 달리네[無小無大, 從公于邁]'①
라는 것이오."

1□・「위풍衛風」의 시다.② 수殳는 길이가 1장 2척이며 칼날이 없다.

[역주]⋯⋯⋯⋯⋯⋯⋯⋯⋯⋯
① 아이 어른 할 것 없이 공을 쫓아 달리네 : 『詩經』「魯頌・泮水」의 한 구절.
「言語」49에도 나옴.
② 「衛風」의 시다 : 『詩經』「衛風・伯兮」의 한 구절.

簡文作撫軍時, 嘗與桓宣武俱入朝, 更相讓在前. 宣武不得已而先之, 因曰;
"'伯也執殳, 爲王前驅.'"1□ 簡文曰; "所謂'無小無大, 從公于邁.'"
1□・衛詩也. 殳, 長一丈二尺, 無刃.

• 2 : 057 [0104]

고열顧悅①은 간문제簡文帝[司馬昱]와 동갑이었는데도 머리가 일찍 희
어졌다.1□ 간문제가 말했다.

"경은 어찌하여 일찍 백발이 되었소?"

그러자 고열이 대답했다.

"갯버들[蒲柳]의 자태는 가을을 바라보면 잎을 떨어뜨리지만, 송백
松柏의 자질은 서리를 맞으면 더욱 무성하기 때문이옵니다."2□

1□・『중흥서中興書』 : 고열은 자가 군숙君叔이며 진릉晉陵사람이다. 처음에 은
호殷浩의 양주별가揚州別駕가 되었는데, 은호가 죽자 상소하여 은호를 변호
했더니,② 어떤 사람이 은호는 태종太宗[簡文帝]에게 유폐 당했으므로 반드시
윤허하지 않을 것이라고 말렸다. 그래도 고열은 끝까지 뜻을 관철시켜 은호
는 과연 억울함을 풀게 되었다. 당시의 논자들은 이를 칭송했다. 나중에 상
서좌승尚書左丞에까지 올랐다.

2□・고개지顧愷之③가 부친을 위해 지은 「전傳」 : 선친은 강직한 도의를 지녔
기 때문에 세상에서 늦게 출세했다. 조정에 들어가 왕을 뵐 적에 왕의 머리

에는 흰 머리카락이 없었는데 선친은 이미 반백이 되어 있었다. 그래서 왕이 선친의 나이를 물어보면서 말했다.

"경은 어찌하여 이렇게 일찍 백발이 되었소?"

그러자 선친이 대답했다.

"송백 같은 폐하의 자태는 서리를 맞으면 더욱 무성하지만, 갯버들 같은 신의 자질은 가을을 바라보면 먼저 잎을 떨어뜨리옵니다. 이것은 품수 받은 명이 다르기 때문이옵니다."

왕은 이를 두고두고 칭찬했다.

[역주]
① 顧悅:『晉書』권77「殷浩傳」과 권92「顧愷之傳」에는 모두 '顧悅之'라 되어 있음.
② 상소하여 은호를 변호했더니 : 殷浩는 桓溫의 참소 때문에 庶人으로 東陽에 유폐되었는데, 顧悅이 그를 변호하여 명예와 관직을 회복시켜 주었음.
③ 顧凱之:『晉書』「顧愷之傳」및「言語」88 注①과 95 注①에는 모두 '顧愷之'라 되어 있으므로, '凱'자는 '愷'자의 오기로 보임.

[참고]『晉書』77,『藝文類聚』18,『事類賦』25,『太平御覽』283·957,『事文類聚』前44.

顧悅與簡文同年, 而髮蚤白.① 簡文曰; "卿何以先白?" 對曰; "蒲柳之姿, 望秋而落, 松柏之質, 經霜彌茂."②

①。『中興書』曰; 悅, 字君叔, 晉陵人. 初爲殷浩揚州別駕, 浩卒, 上疏理浩. 或諫以浩爲大宗所廢, 必不依許. 悅固爭之, 浩果得申. 物論稱之. 後至尙書左丞.
②。顧凱之爲父傳曰; 君以直道陵遲於世. 入見王, 王髮無二毛, 而君已斑白. 問君年, 乃曰; "卿何偏蚤白?" 君曰; "松柏之姿, 經霜猶茂. 臣蒲柳之質, 望秋先零. 受命之異也." 王稱善久之.

—————— • 2 : 058 [0105]

환공桓公[桓溫]이 삼협三峽①에 들어갔는데, 절벽이 하늘에 걸려 있는 듯하고 솟구치는 파도가 급박했다.① 환공이 이에 탄식하며 말했다.

"이미 충신이 되고 나면 효자는 될 수 없으니 어찌할거나!"②

①。『진양추晉陽秋』: 환온桓溫은 영화永和 2년(346)에 부하 7천여 명을 이끌고 촉蜀을 정벌하러 가면서 표문을 바치자마자 곧장 떠났다.

②。『한서漢書』②: 왕양王陽이 익주益州자사로 있을 때 부내部內③를 순시하다가 공북邛僰의 구절판九折坂④에 이르러 탄식하며 말했다.

"부모로부터 물려받은 신체를 받들고 어떻게 이렇게 험난한 곳을 자주 넘는단 말인가!"

그러면서 병을 핑계로 관직을 떠났다. 나중에 왕존王尊이 익주자사가 되어 그 구절판에 이르러 관리에게 물었다.

"여기가 왕양이 두려워한 길이 아니더냐?"

관리가 말했다.

"그렇습니다."

이에 왕존은 그 마부를 질책하며 말했다.

"달려라! 왕양은 효자가 되었지만 왕존은 충신이 되련다."

[역주]········

① 三峽: 長江 상류의 四川省과 湖北省의 경계에 있는 瞿塘峽・巫峽・西陵峽을 말함.
②『漢書』: 권76「王尊傳」에 나옴.
③ 部內: 部는 지방행정 구역의 통칭. 여기서는 益州를 말함.
④ 邛僰의 九折坂: 四川省 榮經縣 서쪽에 있음.

桓公入峽, 絶壁天懸, 騰波迅急.① 迺歎曰; "旣爲忠臣, 不得爲孝子, 如何!"②
①『晉陽秋』曰; 溫以永和二年, 率所領七千餘人伐蜀, 拜表輒行.
②『漢書』曰; 王陽爲益州刺史, 行部至邛僰九折坂, 歎曰; "奉先人遺體, 奈何數乘此險!" 以病去官. 後王尊爲刺史, 至其坂, 問吏曰; "非王陽所畏之道邪?" 吏曰; "是." 叱其馭曰; "驅之. 王陽爲孝子, 王尊爲忠臣."

• 2 : 059 [0106]

처음 형혹熒惑①이 태미太微②로 들어간 뒤 얼마 있지 않아 해서공海西公[司馬奕]이 유폐되었다.① 간문제簡文帝[司馬昱]가 등극했는데 다시 형혹이 태미로 들어가자 간문제가 이를 싫어했다.② 당시 치초郗超가 중서랑中書郎으로 있으면서 숙직을 했는데,③ 간문제가 치초를 불러들여 말했다.

"천명의 길고 짧음은 예로부터 헤아릴 수 있는 바가 아니지만, 정작[3] 근자와 같은 일이 다시 있겠는가, 없겠는가?"

그러자 치초가 말했다.

"대사마大司馬[桓溫]가 바야흐로 밖으로는 국경을 굳건히 하고 안으로는 사직을 평안케 하니, 반드시 그와 같은 염려는 없을 것이옵니다. 신도 폐하를 위하여 일족을 다 모아 보위하겠사옵니다."

이에 간문제가 유중초庾仲初[庾闡]의 시[4]를 외웠다.

"지사는 조정의 위난을 통한해 하고, 충신은 군주의 치욕을 애통해하네.[志士痛朝危, 忠臣哀主辱]"

그 소리가 매우 처량했다. 치초가 휴가를 얻어 동쪽[會稽]으로 가자 간문제가 말했다.

"부군父君[郗愔]께 뜻을 잘 전해주시오. 국가의 일이 마침내 이 지경에 이른 것은 이 몸이 정도로 나라를 바로 지키지 못하고 환난을 걱정하여 예방치 못한 탓이니, 부끄러움과 한탄이 사무쳐 무슨 말을 할 수 있겠소!"

그러면서 눈물을 흘려 옷깃을 적셨다.[5]

[1] ▫『진양추晉陽秋』: 태화泰和 6년(371) 윤 10월에 형혹이 태미의 단문端門을 가로막았는데, 11월에 대사마 환온桓溫이 황제[司馬奕]를 폐위하여 해서공에 앉혔다.

▫『진안제기晉安帝紀』: 환온은 방두枋頭에서 패전하자 백성의 신망이 떠났음을 알고 수양壽陽에서 원진袁眞을 죽였다. 얼마 뒤 치초에게 말했다.

"이것으로 방두에서의 치욕을 충분히 씻을 수 있겠지?"

그러자 치초가 말했다.

"아직은 식자의 마음을 만족시키지 못합니다. 공은 60세의 나이로 큰 거사에 실패하여 세상에 높은 공훈을 세우지 못했으니, 백성들의 신망을 채우기에는 부족합니다."

그러면서 환온에게 폐위의 일을 말했다. 당시 환온도 일찍이 그러한 계획이 있었으므로 치초의 말을 깊이 받아들여 마침내 해서공을 유폐했다.

②・서광徐廣의 『진기晉紀』: 함안咸安 원년(371) 12월에 형혹이 역행하여 태미로 들어가 2년 7월까지 거기에 머물렀다. 간문제는 해서공을 징계한 일로 인하여 마음속으로 이를 심히 걱정했다.

③・『중흥서中興書』: 치초는 자가 경흥景興④이며 고평高平사람으로, 사공司空 치음郗愔의 아들이다. 젊어서부터 성품이 자유분방하여 사소한 예절에 구속받지 않았으며 세상을 휘어잡을 기량을 지니고 있었다. 여러 벼슬을 거쳐 중서랑과 사도좌장사司徒左長史에 기용되었다.

④・유천庾闡의 「종정사從征詞」다.

⑤・『속진양추續晉陽秋』: 간문제는 밖으로 힘 있는 신하들에게 눌려 지내면서 근심과 울분으로 뜻을 얻지 못하여 재위 2년 만에 죽었다.

[역주]
① 熒惑: 火星을 말함.
② 太微: 별자리 이름으로 天帝가 있는 곳을 상징함. 그 별자리의 별은 천자를 보위하는 신하에 해당함. 형혹이 태미를 범한 것은 극히 상서롭지 못한 일임.
③ 정작: 원문은 "政當". 『晉書』 권9 「簡文帝紀」에는 "故當"이라 되어 있음.
④ 景興: 『文選』 「天台山賦」 注에 인용된 謝敷의 「答郗敬興書」에는 "敬興"라 되어 있음.

[참고] 『晉書』9.

初, 熒惑入太微, 尋廢海西.① 簡文登阼, 復入太微, 帝惡之.② 時郗超爲中書在直,③ 引超入曰; "天命脩短, 本非所計, 政當無復近日事不?" 超曰; "大司馬方將外固封疆, 內鎭社稷, 必無若此之慮. 臣爲陛下以百口保之." 帝因誦庾仲初詩,④ 曰; "志士痛朝危, 忠臣哀主辱." 聲甚悽厲. 郗受假還東, 帝曰; "致意尊公. 家國之事, 遂至於此, 由是身不能以道匡衛, 思患預防, 愧歎之深, 言何能喩!" 因泣下流襟.⑤

①・『晉陽秋』曰; 泰和六年閏十月, 熒惑守太微端門. 十一月, 大司馬桓溫廢帝爲海西公.
・『晉安帝紀』曰; 桓溫於枋頭奔敗, 知民望之去也, 乃屠袁眞於壽陽. 旣而謂郗超曰; "足以雪枋頭之恥乎?" 超曰; "未厭有識之情也. 公六十之年, 敗於大擧, 不建高世之勳, 未足以鎭厭民望." 因說溫以廢立之事. 時溫夙有此謀, 深納超言, 遂廢海西.

②・徐廣『晉紀』曰; 咸安元年十二月, 熒惑逆行入太微, 至二年七月, 猶在焉. 帝懲海西之事, 心甚憂之.

③・『中興書』曰; 超, 字景興, 高平人, 司空愔之子也. 少而卓犖不羈, 有曠世之度. 累遷中書

郞・司徒左長史.

④ ▫ 庾闡「從征詩」也.

⑤ ▫『續晉陽秋』曰; 帝外壓疆臣, 憂憤不得志, 在位二年而崩.

─── • 2 : 060 [0107]

간문제簡文帝[司馬昱]가 캄캄한 방에 앉아 환선무桓宣武[桓溫]를 불러들였다. 환선무가 이르러 물었다.

"주상께서는 어디 계시옵니까?"

그러자 간문제가 말했다.

"아무개는 여기 있소."

당시 사람들은 이를 능언能言이라 여겼다.①

① ▫『논어論語』① : 장님인 악사 면冕이 알현할 때, 계단에 이르자 공자께서 말씀하셨다.

"계단이오."

좌석에 이르자 공자께서 말씀하셨다.

"좌석이오."

모두들 자리 잡고 앉자 공자께서 그에게 소개하셨다.

"아무개는 여기 있고 아무개는 여기 있소."

▫ 주注② : 좌중의 사람들을 차례로 소개한 것이다.

[역주]························

① 『論語』:「衛靈公」제15에 나옴.

② 注 : 何晏의『論語集解』에서 孔安國의 注를 인용하여 "歷告以坐中人姓字所在處"라고 함.

簡文在暗室中坐, 召宣武. 宣武至, 問; "上何在?" 簡文曰; "某在斯." 時人以爲能.①

① 『論語』曰; 師冕見, 及階, 子曰; "階也." 及席, 子曰; "席也." 皆坐, 子告之曰; "某在斯, 某在斯."

▫ 注 : 歷告坐中人也.

• 2 : 061 [0108]

간문제簡文帝[司馬昱]가 화림원華林園①에 들어가 좌우신하들을 돌아보며 말했다.

"마음에 꼭 드는 곳이 반드시 멀리 있는 것은 아니니, 그늘 짙은 산수에 절로 호濠·복濮에서의 생각이 드는구나!① 조鳥·수獸·금禽·어魚도 어느새 찾아와 사람과 친하도다!"

① ▫ 호·복은 두 강의 이름이다.
　▫『장자莊子』② : 장자와 혜자惠子가 호량濠梁의 물가에서 유람하고 있었다. 장자가 말했다.

"피라미가 한가로이 노니나니 이것이 바로 물고기의 즐거움이오."

그러자 혜자가 말했다.

"그대는 물고기가 아닌데 어떻게 물고기의 즐거움을 아시오?"

이에 장자가 대답했다.

"그대는 내가 아닌데 어떻게 내가 물고기의 즐거움을 모른다고 생각하시오?"

장주莊周[莊子]가 복수濮水에서 낚시질하고 있었는데, 초왕楚王이 두 대부를 보내 장자에게 국정을 맡기고 싶다고 했다. 장자는 낚싯대를 잡고 돌아보지도 않은 채 말했다.

"내가 듣자하니, 초나라에는 죽은 지 이미 3천 년이나 되는 신령한 거북을 상자에 잘 넣어 사당에 간직하고 있다고 하던데, 그 거북이 살아서 진흙 속에서 꼬리를 끄는 것이 낫겠소? 아니면 죽어서 뼈를 남겨 귀함을 받는 것이 낫겠소?"

그러자 두 대부가 말했다.

"살아서 진흙 속에서 꼬리를 끄는 것이 낫겠지요."

이에 장자가 말했다.

"그렇다면 가시오! 나 또한 진흙 속에서 꼬리를 끄는 것이 낫겠소."

[역주]
① 華林園 : 江蘇省 江寧縣 臺城에 있음. 원래 삼국시대 吳나라의 옛 동산이었으나

晉나라가 南渡한 뒤 洛陽의 옛 동산이름을 모방하여 지었다고 함.
② 『莊子』: 「秋水篇」에 나옴.
[참고] 『藝文類聚』65, 『北堂書鈔』12, 『文選』50注, 『太平御覽』376・824, 『事文類聚』後 20・續9.

簡文入華林園, 顧謂左右曰; "會心處不必在遠. 翳然林水, 便自有濠・濮閒想也.① 覺鳥獸禽魚, 自來親人."
①・濠・濮, 二水名也.
・『莊子』曰; 莊子與惠子游濠梁水上, 莊子曰; "儵魚出游從容, 是魚樂也." 惠子曰; "子非魚, 安知魚之樂邪?" 莊子曰; "子非我, 安知我之不知魚之樂也?" 莊周釣在濮水, 楚王使二大夫造焉, 曰; "願以境內累莊子." 莊子持竿不顧, 曰; "吾聞楚有神龜者, 死已三千年矣, 巾笥而藏於廟. 此寧曳尾於塗中, 寧留骨而貴乎?" 二大夫曰; "寧曳尾於塗中." 莊子曰; "往矣! 吾亦寧曳尾於塗中."

──────── • 2:062 [0109]

사태부謝太傅[謝安]가 왕우군王右軍[王羲之]에게 말했다.

"중년에 접어들어 슬픔과 기쁨에 마음 상하고 친구와 이별하면, 문득 며칠간 착잡함에 휩싸입니다."

그러자 왕우군이 말했다.①

"나이가 노년①에 이르면 자연히 그렇게 되지요. 그럴 때면 정작 음악에 의지하여 울적함을 씻어버리려고 하지만, 자식들이 이를 알아차리고 나의 즐거운 정취를 방해할까봐 늘 걱정이랍니다."

①・『문자지文字志』: 왕희지王羲之는 자가 일소逸少며 낭야琅邪 임기臨沂사람이다. 부친 왕광王曠②은 회남淮南태수였다. 왕희지는 어려서부터 성품이 맑고 빼어나 숙부 왕이王廙에게 칭찬을 받았다. 초서와 예서에 뛰어났다. 여러 벼슬을 거쳐 강주江州자사・우군장군右軍將軍・회계내사會稽內史에 기용되었다.
[역주]
① 노년: 원문은 "桑楡". 저녁 해가 뽕나무나 느릅나무 위에 걸려 있다는 뜻으로 해 저물 무렵을 말함. 여기서는 인생의 황혼녘을 뜻함.

② 王礦 : 『晉書』권80 「王羲之傳」에는 "王曠"이라 되어 있음.
[참고] 『晉書』80.

謝太傅語王右軍曰; "中年傷於哀樂, 與親友別, 輒作數日惡." 王曰;① "年在桑楡, 自然至此, 正賴絲竹陶寫. 恒恐兒輩覺, 損欣樂之趣."
① 。『文字志』曰; 王羲之, 字逸少, 琅邪臨沂人. 父礦, 淮南太守. 羲之少朗拔, 爲叔父廙所賞. 善草隷. 累遷江州刺史・右軍將軍・會稽內史.

———— • 2 : 063 [0110]

지도림支道林[支遁]은 늘 몇 필의 말을 기르고 있었는데, 어떤 사람이 말했다.

"도인이 말을 기른다는 것은 운치에 맞지 않는 듯합니다."

그러자 지도림이 말했다.

"소승은 그 신묘한 준일함을 중히 여기고 있지요."①

① 。『고일사문전高逸沙門傳』① : 지둔支遁은 자가 도림이며 하내河內 임려林慮사람, 또는 진류陳留사람이라고도 한다. 속성은 관씨關氏다. 젊어서부터 자기 뜻대로 행동했으며 풍격이 고상했다. 집안이 대대로 불법을 신봉하여 일찍이 여항산餘杭山에서 도행에 대해 깊이 사색했으며, 거침없는 마음으로 홀로 흔연한 기쁨에 젖곤 했다. 25세에 비로소 속세의 껍데기를 벗어버리고 불도에 입문했다. 53세에 낙양洛陽에서 입적했다.②

[역주]・・・・・・・・・・・・・・・・・・・・・・
① 『高逸沙門傳』 : 『法苑珠林』 「傳記篇・雜集部」에 "右一卷, 晉孝武帝時剡東仰山沙門釋法濟撰."이라 저록되어 있음.
② 洛陽에서 입적했다 : 원문은 "終於洛陽". 「傷逝」13 注①에 인용된 「支遁傳」에는 剡의 石城山에서 죽었다고 되어 있으며, 『高僧傳』권4에는 餘姚의 塢山에서 죽었다고 되어 있음.
[참고] 『事文類聚』後38, 『高僧傳』4.

支道林常養數匹馬, 或言道人畜馬不韻. 支曰; "貧道重其神駿."①
① 。『高逸沙門傳』曰; 支遁, 字道林, 河內林慮人, 或曰陳留人, 本姓關氏. 少而任心獨往, 風

期高亮. 家世奉法, 嘗於餘杭山沈思道行, 泠然獨暢. 年二十五, 始釋形入道. 年五十三終於洛陽.

----- • 2 : 064 [0111]

유윤劉尹[劉惔]이 환선무桓宣武[桓溫]와 함께 『예기禮記』의 강론을 들었는데, 환선무가 말했다.

"때때로 마음에 와 닿는 곳이 있으면 곧 현문玄門①에 가깝다는 것을 느끼오."

그러자 유윤이 말했다.

"이것은 아직 지극한 도에는 이르지 않았으며, 옛날 금화전金華殿의 강론②과 같을 뿐입니다."①

①·『한서漢書』「서전敍傳」: 반백班伯은 젊었을 때 사단師丹에게서 『시경詩經』을 배웠는데, 대장군 왕봉王鳳이 성제成帝에게③ 반백을 천거하여 학문에 힘쓰도록 권했다. 성제는 연닐전宴昵殿에서 그를 친견하고 중상시中常侍④에 제수했다. 당시 주상은 바야흐로 학문에 마음을 쏟고 있었으므로, 정관중鄭寬中·장우張禹가 아침저녁으로 입궐하여 금화전에서 『상서尚書』와 『논어論語』를 강론했는데, 성제는 반백에게 명하여 그것을 듣도록 했다.

[역주].......................
① 玄門 : 『老子』 第1章의 "玄之又玄, 衆妙之門."이라는 구절에서 유래한 것으로 道家와 佛家의 궁극의 경지를 가리킴.
② 金華殿의 강론 : 金華殿은 未央宮에 있었던 궁전. 여기서는 儒家의 禮敎世界에는 들어섰으나 지극한 道에는 아직 이르지 못했음을 뜻함.
③ 成帝에게 : 원문은 "於成帝". 현행본 『漢書』「敍傳」에는 이 구절이 없음.
④ 中常侍 : 궁궐을 출입하면서 황제를 측근에서 모시는 관리. 後漢 때부터 환관을 이 관직에 등용했음.

劉尹與桓宣武共聽講『禮記』. 桓云; "時有入心處, 便覺咫尺玄門." 劉曰; "此未關至極, 自是金華殿之語."①
①·『漢書』「敍傳」曰; 班伯少受『詩』於師丹, 大將軍王鳳薦伯於成帝, 宜勸學. 召見宴昵, 拜

爲中常侍. 時上方向學, 鄭寬中・張禹朝夕入說『尙書』・『論語』於金華殿, 詔伯受之.

———————— • 2 : 065 [0112]

양병羊秉이 무군장군撫軍將軍[司馬昱]의 참군參軍이 되었는데, 젊어서 죽었지만 훌륭한 명성을 남겼다. 하후효약夏侯孝若[夏侯湛]이 그를 위해 서문敘文을 지어 극진한 말로 칭송하고 애도했다.① 양권羊權이 황문시랑黃門侍郎이 되어 간문제簡文帝[司馬昱]를 옆에서 모시고 있을 때 간문제가 물었다.

"하후담夏侯湛②이 지은 「양병서羊秉敘」는 애도하는 마음이 지극한데, 그는 경과 어떤 사이이오? 또 후사는 있소?"③

양권이 주르륵 눈물을 흘리며 대답했다.

"돌아가신 백부는 훌륭한 명성이 일찍 세상에 빛났건만 후사는 없으며, 그 이름은 천자의 귀에까지 퍼졌지만 자손은 성대聖代에서 끊어졌사옵니다."

간문제는 오랫동안 탄식하며 슬픔에 잠겼다.

① 「양병서羊秉敘」: 양병은 자가 장달長達이며 태산太山 평양平陽사람으로, 한漢나라 남양南陽태수 양속羊續의 증손이다. 조부羊祕는 위군魏郡태수였다. 양병은 바로 거기연車騎掾[羊繇]의 장자다. 조부인 위군태수의 부인 정씨鄭氏에게 자식이 없어서 양병을 양자로 삼았다.

그는 어려서부터 훌륭했으며 성품이 세심하고 신중했다. 10세 때 양모인 정부인이 죽자 양병은 몸과 마음을 다해 애통해했다. 얼마 뒤 부친 공부연公府掾[羊繇]과 부인[모친]이 함께 죽자, 양병과 여러 종부從父①들이 예법에 따라 상속받았는데, 사람들이 그 친애함에 이의를 달지 않았으며 일족이 화기애애했다. 양병은 무군장군의 참군이 되어 장차 천리의 준족駿足을 떨치고 충천하는 날개를 휘두르려고 했으나, 애석하게도 나이 32세에 죽고 말았다.

옛날 한호罕虎②가 죽자 자산子産은 함께 선善을 행할 사람이 없어졌다고 생각했는데, 부자夫子[羊秉]가 죽고 나니 자산과 같은 탄식이 우러난다. 죽은 뒤 후사가 있었지만 또한 양육하지 못했으니, 어찌하여 선을 행해도 화가 많은 것인가? 이것이 바로 사마생司馬生[司馬遷]이 의아하게 여긴 바가 아니겠는가?

2. 하후담은 따로 나온다.③

3. 『양씨보羊氏譜』: 양권은 자가 도여道興며 서주徐州자사 양열羊悅④의 아들이다. 벼슬은 상서좌승尙書左丞에 이르렀다.

[역주]⋯⋯⋯⋯⋯⋯⋯⋯⋯⋯

① 從父 : 여기서는 사실상 羊秉의 네 동생[給·式·亮·忱]을 말함.
② 罕虎 : 子皮의 字.『左傳』「昭公13年」에서 "子産聞子皮卒, 哭且曰; '吾已無爲善矣, 唯夫子知吾.'"라고 함.
③ 따로 나온다 : 「文學」71 注1에 나옴.
④ 羊悅 : 「方正」19·25,「賞譽」11 注1,「巧藝」5 注1 등에는 모두 '羊忱'이라 되어 있음.

羊秉爲撫軍參軍, 少亡, 有令譽. 夏侯孝若爲之敍, 極相讚悼.1 羊權爲黃門侍郎, 侍簡文坐. 帝問曰; "夏侯湛2作「羊秉敍」, 絶可想. 是卿何物? 有後不?"3 權潸然對曰; "亡伯令聞夙彰, 而無有繼嗣. 雖名播天聽, 然胤絶聖世." 帝嗟慨久之.

1. 「羊秉敍」曰; 秉, 字長達, 太山平陽人, 漢南陽太守續曾孫. 大父魏郡府君, 卽車騎掾元子也. 府君夫人鄭氏無子, 乃養秉. 齠齔而佳, 小心敬愼. 十歲而鄭夫人薨, 秉思容盡哀. 俄而公府掾及夫人竝卒, 秉輩從父率禮相承, 人不閒其親, 雍雍如也. 仕參撫軍將軍事, 將奮千里之足, 揮沖天之翼, 惜乎春秋三十有二而卒. 昔罕虎死, 子産以爲無與爲善. 自夫子之沒, 有子産之歎矣! 亡後有子男又不育, 是何行善而禍繁也? 豈非司馬生之所惑歟?
2. 別見.
3. 『羊氏譜』曰; 權, 字道興, 徐州刺史悅之子也. 仕至尙書左丞.

―――――― • 2 : 066 [0113]

왕장사王長史[王濛]와 유진장劉眞長[劉惔]이 헤어진 뒤에 다시 만났다.1 왕장사가 유진장에게 말했다.

"그대는 더욱 성장했구려."

유진장이 답했다.

"그것은 하늘이 저절로 높아진 것과 같을 뿐이오." [2]

① ▫『왕장사별전王長史別傳』: 왕몽王濛은 자가 중조仲祖며 태원太原 진양晉陽 사람이다. 그 선조는 주周나라에서 한漢·위魏에 걸치는 동안 대대로 권문세족이었다. 조부 왕좌王佐는 북군중후北軍中侯였으며, 부친 왕눌王訥은 섭현령葉縣令이었다. 왕몽은 기품이 청초했으며 10여 세에 이미 호방하게 무리에서 뛰어났다. 약관의 나이에는 품행이 고상하고 풍류가 아정하여, 밖으로는 영달에 힘쓰지 않고 안으로는 사욕을 절제했다. 사도연司徒掾과 중서랑中書郞에 초징되었으며, 황후의 아버지③가 되어 광록대부光祿大夫에 추증되었다.

② ▫『어림語林』: 왕중조가 유진장에게 말했다.

"그대는 근래에 크게 성장했구려."

유진장이 말했다.

"그대는 올려다보는 것이오?"

다시 왕중조가 물었다.

"무슨 의미이오?"

그러자 유진장이 말했다.

"그렇지 않다면 어떻게 하늘의 높이를 헤아릴 수 있겠소?"

[역주]······················
① 하늘이 저절로 높아진 것과 같을 뿐이오 : 『莊子』「田子方」에서 "至人之於德也, 不修而物不能離焉. 若天之自高, 地之自厚, 明之自明, 夫何修焉?"이라고 함.
② 조부 王佐 : 「容止」21 注에 인용된 『王氏譜』에는 '佐'자가 '祐'자로 되어 있으며, 『晉書』 권93 「王濛傳」에는 "祖佑, 北軍中郞."이라 되어 있음.
③ 황후의 아버지 : 王濛은 東晉 哀帝 靖皇后의 아버지임.

王長史與劉眞長別後相見.① 王謂劉曰; "卿更長進." 答曰; "此若天之自高耳."②
①▫『王長史別傳』曰; 濛, 字仲祖, 太原晉陽人. 其先出自周室, 經漢·魏, 世爲大族. 祖父佐, 北軍中侯. 父訥, 葉令. 濛神氣淸韶, 年十餘歲, 放邁不羣. 弱冠檢尙, 風流雅正, 外絶榮競, 內寡私欲. 辟司徒掾·中書郞, 以后父, 贈光祿大夫.
②▫『語林』曰; 仲祖語眞長曰; "卿近大進." 劉曰; "卿仰看邪?" 王問; "何意?" 劉曰; "不爾, 何由測天之高也?"

• 2 : 067 [0114]

유윤劉尹[劉惔]이 말했다.

"사람들은 왕형산王荊産[王微]이 훌륭하다고 생각하지만, 그것은 높은 소나무 아래에는 당연히 맑은 바람이 있을 것이라고① 생각하는 것일 뿐이다."[1]

[1] ▫ 형산은 왕미王微의 어릴 적 자다.

▫ 『왕씨보王氏譜』: 왕미는 자가 유인幼仁이며 낭야琅邪사람이다. 조부 왕예王乂는 평북장군平北將軍, 부친 왕징王澄은 형주荊州자사였다. 왕미는 상서랑尙書郞과 우군사마右軍司馬를 지냈다.

[역주]⋯⋯⋯⋯⋯⋯⋯⋯⋯⋯⋯⋯

① 높은 소나무 아래에는 마땅히 맑은 바람이 있을 것이라고 : 원문은 "長松下當有淸風". 속뜻은 조상이 훌륭하니까 당연히 자손도 훌륭할 것이라고 생각한다는 의미.

劉尹云; "人想王荊産佳, 此想長松下當有淸風耳."[1]

[1] ▫ 荊産, 王微小字也.

▫ 『王氏譜』曰; 微, 字幼仁, 琅邪人. 祖父乂, 平北將軍. 父澄, 荊州刺史. 微歷尙書郞·右軍司馬.

• 2 : 068 [0115]

왕중조王仲祖[王濛]가 남만南蠻의 말을 듣고 이해하지 못하여 망연히 말했다.

"만약에 개국介國①의 갈로葛盧를 내조來朝하게 한다 하더라도 당연히 이 말은 이해하지 못할 것이다."[1]

[1] ▫ 『춘추전春秋傳』② : 개국의 갈로가 노魯나라에 내조하여 소 울음소리를 듣고 말했다.

"저 소는 새끼 3마리를 낳았는데 모두 희생물로 쓰였기 때문에 그 소리가 이렇소."

그래서 물어보았더니 정말이었다.

▫ 두예杜預의 주注 : 개는 동이국東夷國이며, 갈로는 그 임금의 이름이다.

[역주]··························

① 介國 : 『列子』「黃帝篇」에서 "今東方介氏之國, 其國人數數解六畜之語者, 蓋偏知之所得."이라 함.

② 『春秋傳』 : 『左傳』「僖公29年」에 나옴.

王仲祖聞蠻語不解, 茫然曰; "若使介葛盧來朝, 故當不昧此語." 1

1 ▫ 『春秋傳』曰; 介葛盧來朝魯, 聞牛鳴, 曰; "是生三犧, 皆用之矣. 其音云." 問之而信.
▫ 杜預注曰; 介, 東夷國. 葛盧, 其君名也.

──────── • 2 : 069 [0116]

유진장劉眞長[劉惔]이 단양윤丹陽尹으로 있을 때, 허현도許玄度[許詢]가 도성을 나와 유진장의 집에 유숙했는데, 1 침상과 휘장이 새롭고 아름다웠으며 음식도 풍부하고 맛있었다. 허현도가 말했다.

"만약에 이러한 생활을 누린다면, 아마도 동산東山①보다 나을 듯합니다."

그러자 유진장이 말했다.

"경이 만약에 길흉이 사람에게서 비롯된다는 것을 안다면, 내가 어째서 이러한 생활을 누리지 못하겠소이까?" 2

왕일소王逸少[王羲之]가 옆에 앉아 있다가 말했다.

"소부巢父와 허유許由②가 후직后稷과 설契③을 만났다면 틀림없이 이러한 말은 없었을 것이오."

그러자 두 사람 모두 부끄러운 기색이 있었다.

1 ▫ 『속진양추續晉陽秋』 : 허순許詢은 자가 현도며 고양高陽사람으로, 위魏나라 중령군中領軍 허윤許允의 현손이다. 어려서부터 총명하여 사람들이 신동이라 불렀으며, 장성해서는 인품이 대범하고 소탈했다. 사도연司徒掾에 초징

되었으나 나아가지 않았다. 요절했다.
②・『춘추전春秋傳』④ : 길흉은 들어오는 문이 따로 없고 오직 사람이 자초하는 바다.

[역주]..........................
① 東山 : 會稽에 있으며 당시 은일처로 이름난 곳.『晉書』권80 「王羲之傳」에 따르면, 許詢은 謝安・孫綽・李充・支遁 등과 함께 그곳에서 은거했음.
② 巢父과 許由 : 둘 다 堯임금 때의 은자.「言語」9 참조
③ 后稷과 契 : 后稷은 堯임금 때의 農官으로 농업의 신이며, 周나라의 시조가 됨. 契은 禹임금의 치수사업을 도왔으며, 殷나라의 시조가 됨.
④ 『春秋傳』: 현행본『春秋』三傳에는 이러한 구절이 없지만,『左傳』「襄公23年」에 "禍福無門, 唯人所召."란 구절이 있으며, 또한 「僖公16年」에 "吉凶由人, 吾不敢逆君故也."란 구절이 있음.

劉眞長爲丹陽尹, 許玄度出都就劉宿.① 牀帷新麗, 飮食豊甘. 許曰; "若保全此處, 殊勝東山." 劉曰; "卿若知吉凶由人, 吾安得不保此!"② 王逸少在坐曰; "令巢・許遇稷・契, 當無此言." 二人竝有愧色.
①・『續晉陽秋』曰; 許詢, 字玄度, 高陽人, 魏中領軍允玄孫. 總角秀惠, 衆稱神童, 長而風情簡素. 司徒掾辟, 不就, 蚤卒.
②・『春秋傳』曰; 吉凶無門, 唯人所召.

• 2 : 070 [0117]

왕우군王右軍[王羲之]이 사태부謝太傅[謝安]와 함께 야성冶城에 올랐는데,① 사태부는 아득히 고원한 생각에 잠겨 세속을 초탈한 뜻이 있었다. 왕우군이 사태부에게 말했다.

"하우夏禹는 왕사王事에 진력하느라 손발에 굳은살이 박였고,② 문왕文王은 저녁 늦게야 식사할 정도로 하루 종일 한가한 겨를이 없었습니다.③ 지금 도성의 사방에 보루가 많이 세워져 있으니,④ 마땅히 사람들은 스스로 힘써야 합니다. 그런데도 공허한 담론을 하느라 실무를 제쳐두고, 헛된 문장을 짓느라 중요한 업무를 방해하니, 아마

도 지금에 적절한 일이 아닌 듯합니다."

그러자 사태부가 대답했다.

"진秦나라가 상앙商鞅을 등용했지만 두 세대 만에 망했으니,⑤ 어찌 청담淸談이 환난을 부른다고 하겠소이까?"

①▫『양주기揚州記』: 야성은 오吳나라 때의 주조소鑄造所로, 오나라가 평정된 뒤에도 없어지지 않았다. 왕무홍王茂弘[王導]이 다스리던 곳이다.

②▫『제왕세기帝王世紀』: 우禹임금은 홍수를 다스리느라 손발에 굳은살이 박였다. 세간에 전하기를, 우임금은 한 쪽 다리가 마비되어 발이 서로 맞지 않아 절름거렸다고 한다. 오늘날 '우의 걸음걸이[禹步]'라고 하는 것이 바로 이것이다.

③▫『상서尙書』①: 문왕은 아침부터 해질녘까지 식사할 겨를이 없었다.

④▫『예기禮記』②: 도성의 사방에 보루가 많은 것은 경대부卿大夫의 부끄러움이다.

⑤▫『전국책戰國策』③: 위衛나라의 상앙은 서자다. 이름은 앙이며 성은 공손씨公孫氏다. 젊어서부터 형명학刑名學④을 좋아했으며, 진秦 효공孝公의 재상이 되어 상商 땅에 봉해졌다.

[역주]……………………

① 『尙書』: 「無逸篇」에 나옴.
② 『禮記』: 「曲禮」에 나옴. 인용문은 전쟁이 빈번함을 뜻함.
③ 『戰國策』: 인용된 문장은 현행본 『戰國策』에는 보이지 않음. 대신 『史記』 권68 「商君列傳」에 "商君者, 衛之諸庶孼子也. 名鞅, 姓公孫氏. 鞅少好刑名之學."이라는 구절이 있음. 아마도 劉孝標의 착오인 것으로 보임.
④ 刑名學: 주로 信賞必罰을 중요시하는 法家의 학문.

[참고] 『晉書』79.

王右軍與謝太傅共登冶城,① 謝悠然遠想, 有高世之志. 王謂謝曰; "夏禹勤王, 手足胼胝.② 文王旰食, 日不暇給.③ 今四郊多壘,④ 宜人人自效, 而虛談廢務, 浮文妨要, 恐非當今所宜." 謝答曰; "秦任商鞅, 二世而亡,⑤ 豈清言致患邪?"

①▫『揚州記』曰; 冶城, 吳時鼓鑄之所. 吳平, 猶不廢. 王茂弘所治也.
②▫『帝王世紀』曰; 禹治洪水, 手足胼胝. 世傳禹病偏枯, 足不相過. 今稱禹步是也.
③▫『尙書』曰; 文王自朝至于日昃, 不遑暇食.

④ ▫ 『禮記』曰; 四郊多壘, 卿大夫之辱也.
⑤ ▫ 『戰國策』曰; 衛商鞅, 諸庶孼子. 名鞅, 姓公孫氏. 少好刑名學, 爲秦孝公相, 封於商.

──── • 2 : 071 [0118]

사태부謝太傅[謝安]가 눈 내리는 추운 날 집안에 모여 아이들과 함께 문장을 강론하고 있었다. 잠시 뒤 갑자기 눈이 펑펑 내리자, 공公[謝安]이 기뻐하며 말했다.

"흩날리는 흰 눈이 무엇과 같은고?[白雪紛紛何所似]"

그랬더니 형[謝據]의 아들인 호아胡兒[謝朗]가 말했다.①

"'공중에 소금을 뿌리네'라고 하는 것이 거의 비슷할 듯합니다.[撒鹽空中差可擬]"

그러자 형[謝奕]의 딸이 말했다.

"'버들솜이 바람에 일어나네'라고 하는 것만 못합니다.[未若柳絮因風起]"

이에 공이 크게 웃으며 기뻐했다. 이가 바로 공의 큰형 사무혁謝無奕[謝奕]의 딸로 좌장군左將軍 왕응지王凝之의 처다.②

① ▫ 호아는 사랑謝朗의 어릴 적 자다.
  ▫ 『속진양추續晉陽秋』: 사랑은 자가 장도長度며 사안의 둘째형 사거謝據의 장남이다. 사안이 일찍이 그를 인정했다. 문장이 훌륭하여 사현謝玄에 버금갔다. 벼슬은 동양東陽태수에 이르렀다.

② ▫ 『왕씨보王氏譜』: 왕응지는 자가 숙평叔平이며, 우장군右將軍 왕희지王羲之의 둘째아들이다. 강주江州자사·좌장군·회계내사會稽內史를 역임했다.

  ▫ 『진안제기晉安帝紀』: 왕응지는 오두미도五斗米道①를 신봉했는데, 손은孫恩이 회계를 공격했을 때 왕응지가 백성과 관리들에게 말했다.

  "방비할 필요 없다. 내가 이미 대신大神에게 청했더니 신병神兵을 보내 도와주겠다고 허락했으니, 이제 적이 스스로 무너질 것이다."

  그래서 방비하지 않고 있다가 마침내 손은에게 살해당했다.

  ▫ 『부인집婦人集』: 사부인謝夫人은 이름이 도온道蘊이며 문재가 있었다. 그

녀가 지은 시詩·부賦·뇌誄·송頌이 세상에 전한다.

[역주]
① 五斗米道 : 米賦·天師道라고도 함. 後漢의 張陵이 세운 종교 또는 그 교단을 말하는 것으로 도교의 일파. 주술적인 기도로 질병을 치료하는 대가로 쌀 다섯 말을 바쳤기 때문에 그러한 이름이 붙었음. 장릉의 아들 張衡과 손자 張魯에 이르러 교리와 종교조직이 완비되었음.

[참고] 『晉書』96, 『藝文類聚』2, 『初學記』2, 『太平御覽』512, 『事文類聚』前4.

謝太傅寒雪日內集, 與兒女講論文義. 俄而雪驟, 公欣然曰; "白雪紛紛何所似?" 兄子胡兒曰;① "撒鹽空中差可擬." 兄女曰; "未若柳絮因風起." 公大笑樂. 卽公大兄無奕女, 左將軍王凝之妻也.②

① ◦胡兒, 謝朗小字也.
　◦『續晉陽秋』曰; 朗, 字長度, 安次兄據之長子. 安蚤知之. 文義豔發, 名亞於玄. 仕至東陽太守.

② ◦『王氏譜』曰; 凝之, 字叔平, 右將軍義之第二子也. 歷江州刺史·左將軍·會稽內史.
　◦『晉安帝紀』曰; 凝之事五斗米道. 孫恩之攻會稽, 凝之謂民吏曰; "不須備防. 吾已請大道, 許遣鬼兵相助, 賊自破矣." 旣不設備, 遂爲恩所害.
　◦『婦人集』曰; 謝夫人, 名道蘊, 有文才. 所著詩·賦·誄·頌傳於世.

• 2 : 072 [0119]

왕중랑王中郎[王坦之]이 복현도伏玄度[伏滔]와 습착치習鑿齒에게① 청青과 초楚 지방의 인물을 논평하게 했다.② 논평이 다 완성되자 한강백韓康伯[韓伯]에게 보였는데 한강백은 도무지 말이 없었다. 왕중랑이 말했다.

"어찌하여 말씀이 없으신지요?"

한강백이 말했다.

"괜찮은 것도 없고 괜찮지 않은 것도 없어서 그렇소."③

① ◦『왕중랑전王中郎傳』: 왕탄지王坦之는 자가 문도文度며 태원太原 진양晉陽 사람이다. 조부[王承]는 동해東海태수의 승丞①으로 청담清淡하고 신중한 사람이었으며, 부친 왕술王述은 곧으면서도 대범한 사람이었다. 왕탄지는 기량이

뛰어났으며 태어날 때부터 효성과 우애를 지녔고 명성이 조야朝野에 자자하여 당시의 모범이 되었다. 여러 벼슬을 거쳐 시중侍中과 중서령中書令에 기용되었으며, 북중랑장北中郎將과 서徐・연兗 2주 자사를 지냈다.

▫『중흥서中興書』: 복도伏滔는 자가 현도며 평창平昌 안구安丘사람이다. 젊어서부터 재능과 학식을 갖췄으며 수재과秀才科[2]에 급제했다. 대사마大司馬 환온桓溫의 참군이 되었으며, 대저작大著作이 되어 국사편찬을 담당했다. 유격장군遊擊將軍으로 죽었다.

습착치는 자가 언위彦威며 양양襄陽사람이다. 젊어서부터 문장으로 이름났으며 서간문에 뛰어났다. 환온이 형주荊州자사로 있을 때 그를 불러 종사從事로 삼았다. 치중治中[3]과 별가別駕를 역임했으며 형양滎陽태수[4]로 전임되었다.

[2] ▫『복도집伏滔集』에 그 논평을 대략 실어놓았는데 다음과 같다.

복도가 생각하길, 춘추시대의 포숙鮑叔[5]・관중管仲[6]・습붕隰朋[7]・소홀召忽[8]・윤편輪扁[9]・영척甯戚[10]・맥구인麥丘人[11]・봉축부逢丑父[12]・안영晏嬰[13]・연자涓子[14], 전국시대의 공양고公羊高[15]・맹가孟軻[孟子][16]・추연鄒衍[17]・전단田單[18]・순경荀卿[荀子][19]・추석鄒奭[20]・거대부苢大夫[21]・전자방田子方[22]・단자檀子[23]・노련魯連[24]・순우곤淳于髡[25]・분자肦子[田肦][26]・전광田光[27]・안촉顔歜[28]・검자黔子[29]・오릉중자於陵仲子[陳仲子][30]・왕숙王叔[31]・즉묵대부卽墨大夫[32], 전한시대의 복징군伏徵君[伏勝][33]・종군終軍[34]・동곽선생東郭先生[35]・숙손통叔孫通[36]・만석군萬石君[石奮][37]・동방삭東方朔[38]・안기선생安期先生[39], 후한시대의 대사도복삼로大司徒伏三老[伏恭][40]・강혁江革[41]・봉맹逢萌[42]・금경禽慶[43]・승유자承幼子[承宮][44]・서방徐防[45]・설방薛方[46]・정강성鄭康成[鄭玄][47]・주맹옥周孟玉[周璆][48]・유조영劉祖榮[劉寵][49]・임효존臨孝存[50]・시기侍其[51]・원구元矩[宋則][52]・손보석孫寶碩[孫崇][53]・유중모劉仲謀[54]・유공산劉公山[55]・왕의백王儀伯[王璋][56]・낭종郎宗[57]・예정평禰正平[禰衡][58]・유성국劉成國[59], 위대魏代의 관유안管幼安[管寧][60]・병근구邴根矩[邴原][61]・화자어華子魚[華歆][62]・서위장徐偉長[徐幹][63]・임소선任昭先[任嘏][64]・복고양伏高陽[65] 등 이 모두는 청주靑州의 선비 가운데 재능과 학덕을 지닌 자들이다.

습착치가 생각하길, 신농씨神農氏[66]는 검중黔中에서 태어났고,『시경詩經』「소남召南」은 그곳의 훌륭한 교화를 노래했고,『춘추春秋』는 그곳에 재사가 많음을 칭찬했고, 『시경』「주남周南·한광漢廣」의 작품은「제풍齊風·계명편鷄鳴篇」과 같지 않고, 자문子文[鬪縠於菟][67]과 손숙오孫叔敖[68]는 관중과 덕을 비교하는 것을 부끄럽게 여겼고, 접여接輿[69]는「봉혜가鳳兮歌」를 불렀고, 『초사楚辭』에서 어부는「창랑가滄浪歌」를 불렀고,[70] 한음漢陰의 노인[71]은 자공子貢을 꾸짖었고, 시남市南의 웅의료熊宜僚[72]와 도양열屠羊說[73]은 이득 때문에 뜻을 굽히지는 않았고, 노중련魯仲連은 노래자老萊子 부부[74]에 미치지 못하고, 전광은 굴원屈原[75]에 미치지 못하고, 등우鄧禹[76]와 탁무卓茂[77]는 천하에 대적할 자가 없고, 관유안은 방공龐公[78]보다 뛰어나지 못하고, 방사원龐士元[龐統][79]은 화자어에 못지않고, 하안何晏[80]·등양鄧颺[81] 두 상서尙書는 위나라 조정에서 독보적이었고, 악령樂令[樂廣][82]은 진晉나라에서 짝할 사람이 없었고, 옛날에 복희씨伏羲氏는 남군南郡에 묻혔고, 소호씨少昊氏는 장사長沙에 묻혔고, 순舜임금은 영릉零陵에 묻혔다. 그 인물을 비교한다면 모범됨이 이와 같으며, 그 땅을 논한다면 여러 성인이 묻힌 곳이며, 그 풍습을 생각한다면 여러 시인이 노래한 바며, 그 사적을 찾아본다면 적미赤眉[83]나 황건黃巾[84] 같은 도적이 없었으니, 이 어찌 청주와 같으리오.

복도가 습착치와 함께 서로 주고받으면서 논평을 했는데, 나중에는 습착치가 더 이상 대답하지 못했다.

③ ▫ 마융馬融의 『논어論語』 주[85] : 오직 도의를 따를 뿐이다.

[역주]‥‥‥‥‥‥‥‥‥‥‥‥‥
① 東海太守의 丞 : 『晉書』 권75 「王湛傳」에는 王承이 東海太守丞이 아니라 東海太守를 지냈다고 되어 있음.
② 秀才科 : 郡에서는 孝廉을, 州에서는 秀才를 천거함.
③ 治中 : 治中從事史의 약칭으로 州刺史의 속관. 州에서는 別駕 다음가는 요직.
④ 榮陽太守 : 「文學」80과 注에 인용된 『續晉陽秋』에는 "衡陽太守"라 되어 있음.
⑤ 鮑叔 : 鮑叔牙. 춘추시대 齊나라 大夫로 管仲과의 친교로 유명함.
⑥ 管仲 : 이름은 夷吾. 齊나라 潁上사람. 齊 桓公을 도와 천하의 패자가 되게 함.
⑦ 隰朋 : 齊人. 管仲을 도와 桓公의 霸業을 성공시킴.
⑧ 召忽 : 齊 大夫로 公子 糾의 스승. 난리 때 그를 위하여 죽음.
⑨ 輪扁 : 齊人. 수레바퀴를 만든 명장.
⑩ 甯戚 : 衛人. 남의 밑에서 우마차를 끌다가 齊 桓公의 인정을 받아 上卿이 되었으며 재상에까지 오름.

⑪ 麥丘人 : 齊 桓公에게 충간을 한 麥丘 땅 사람.
⑫ 逢丑父 : 齊人. 頃公의 車右. 頃公이 晉軍에게 패했을 때 그와 함께 체포됨.
⑬ 晏嬰 : 齊 大夫. 靈公과 莊公을 섬겼으며 景公 때 재상이 됨.
⑭ 涓子 : 齊人. 옛 仙人. 『天人經』 48편을 지음.
⑮ 公羊高 : 齊人. 子夏의 제자로 『春秋公羊傳』을 지음.
⑯ 孟軻[孟子] : 魯人. 儒學大師로서 性善說을 주장함.
⑰ 鄒衍 : 騶衍이라고도 함. 齊나라 臨淄사람으로 燕 昭王과 惠王을 섬김. 陰陽家의 시조.
⑱ 田單 : 齊나라 臨淄사람. 燕軍을 卽墨에서 막았으며, 나중에 燕나라의 분열을 이용하여 火牛의 계책으로 燕나라를 격파함.
⑲ 荀卿[荀子] : 趙人. 齊나라의 祭酒와 楚나라의 蘭陵令을 역임함. 性惡說을 주장.
⑳ 鄒奭 : 騶奭이라고도 함. 齊人으로 鄒衍의 학술에 따라 문장을 지어 齊王의 신임을 받고 大夫가 됨.
㉑ 莒大夫 : 莒大史. 莒는 周代 山東에 있던 나라 이름.
㉒ 田子方 : 魏人. 文侯의 스승. 文侯가 그를 仁人이라 하여 국보로 받듦.
㉓ 檀子 : 齊人. 威王의 4臣 가운데 하나로 楚나라와의 전쟁에서 활약함.
㉔ 魯連 : 齊나라의 高士 魯仲連. 남을 위하여 기꺼이 분쟁을 중재함. 나중에 田單이 齊王에게 그를 천거하여 작위를 주려 하자 도망가서 은거함.
㉕ 淳于髡 : 齊人. 해학적인 재담으로 宣王에게 간언함.
㉖ 肦子[田肦] : 齊나라의 武將.
㉗ 田光 : 田文의 誤記. 전문은 齊人으로 齊나라의 재상인 孟嘗君을 말함. 식객 3천 명을 거느림.
㉘ 顏歜 : 齊나라의 處士. 顏斶·顏歜·顏蠋이라고도 함. 齊 宣王에게 선비를 대우하는 법을 가르침.
㉙ 黔子 : 黔夫라고도 함. 齊人. 齊 威王이 魏 惠王과 회담할 때 惠王의 물음에 잘 대답하여 威王이 그를 국보로 모심.
㉚ 於陵仲子[陳仲子] : 齊人. 於陵에 은거할 때 楚王이 벼슬을 내렸으나 아내의 말에 따라 사양함.
㉛ 王叔 : 미상. 혹은 王斗의 誤記일지도 모름. 왕두는 齊人으로 宣王을 섬기면서 간언을 잘했다 함.
㉜ 卽墨大夫 : 卽墨成이 아닌가 함.
㉝ 伏徵君[伏勝] : 齊南人. 伏勝·伏生이라고도 함. 漢 文帝 때 『尚書』를 가르침.
㉞ 終軍 : 齊南人. 漢 武帝 때 謁者給事中이 되었으며, 나중에 諫大夫가 되어 南越王을 복속시킴.

㉟ 東郭先生 : 齊人. 산림에 은거하고 있다가 재상이 됨.
㊱ 叔孫通 : 齊나라 薛人. 高祖 때 秦法을 고치고 魯나라의 儒生들을 초징하여 조정의 의례를 갖춤. 太子太傅가 됨.
㊲ 萬石君[石奮] : 부친은 趙人이었는데 趙나라가 망하자 河內의 溫으로 옮김. 石奮과 그의 네 아들이 모두 2천석군이었으므로 景帝가 그를 만석군이라 함.
㊳ 東方朔 : 平原 厭次人. 뛰어난 해학과 골계로 정치를 풍간함. 太中大夫給事中을 지냄.
㊴ 安期先生 : 秦나라 琅邪 阜縣人. 해변에서 약초를 팔며 河上丈人에게 배움. 장수했으므로 千歲翁이라 불림. 安期生이라고도 함.
㊵ 大司徒伏三老[伏恭] : 琅邪 東武人. 劇의 현령을 지냈으며 공정함과 청렴함으로 이름남.
㊶ 江革 : 臨淄人. 大孝로 이름남. 孝廉・賢良・方正科에 천거되었으며 諫議大夫를 지냄.
㊷ 逢萌 : 北海人. 光武帝 때 琅邪 勞山에서 수도했으며, 사람들이 그의 덕성에 교화됨.
㊸ 禽慶 : 北海人. 儒生으로서 관직을 버리고 王莽 밑에서 벼슬하기를 거부함.
㊹ 承幼子[承宮] : 琅邪 姑慕人. 고학으로 後漢 永平연간(58~75)에 박사가 되었으며 侍中・祭酒를 지냄.
㊺ 徐防 : 銍人. 後漢 永平연간(58~75)에 孝廉科에 천거되었으며 벼슬은 司徒에 이름.
㊻ 薛方 : 齊人. 王莽이 그를 초징했으나 나아가지 않고 집안에서 경전을 가르침.
㊼ 鄭康成[鄭玄] : 高密人. 후한의 대유학자.
㊽ 周孟玉[周璆] : 臨濟人. 陳蕃이 樂安太守로 있을 때 그의 고결한 인품을 높이 인정함.
㊾ 劉祖榮[劉寵] : 東萊 牟平人. 齊 悼惠王의 후손. 豫章・會稽太守와 三公을 역임함.
㊿ 臨孝存 : 미상.
㉛ 侍其 : 漢나라 廣野의 酈食其의 증손.
㉜ 元矩[宋則] : 東平相 宋漢의 아들. 潁川 荀爽의 칭찬을 받음.
㉝ 孫寶碩[孫崇] : 北海人. 망명해온 趙岐와 절친한 교분을 맺음.
㉞ 劉仲謀 : 미상.
㉟ 劉公山 : 劉寵의 조카인 劉岱.
㊱ 王儀伯[王璋] : 東萊 曲城人. 少府卿을 지냄. 자세한 사적은 미상.
㊲ 郎宗 : 北海 安丘人. 『京氏易』을 공부했으며 卜占으로 이름이 높음.
㊳ 禰正平[禰衡] : 孔融・楊修와 친교가 있었으며 曹操가 그를 鼓吏에 임명함. 「言語」8에 나옴.

(59) 劉成國 : 미상.

(60) 管幼安[管寧] : 北海 朱虛人. 「德行」11에 나옴.

(61) 邴根矩[邴原] : 北海 朱虛人. 젊어서 管寧과 함께 이름을 날림.

(62) 華子魚[華歆] : 平原 高唐人. 管寧·邴原과 친교가 있었음. 魏나라의 세 조정에서 벼슬함. 「德行」10~13에 나옴.

(63) 徐偉長[徐幹] : 北海人. 建安七子 가운데 하나. 『中論』을 지음.

(64) 任昭先[任嘏] : 樂安 博昌人. 文帝 때 黃門侍郞을 지냈으며 東郡·趙郡·河東太守를 역임함.

(65) 伏高陽 : 미상.

(66) 神農氏 : 상고시대 전설상의 황제. 백성들에게 농기구 제작을 가르쳐 농업을 일으켰다 함.

(67) 子文[鬭穀於菟] : 춘추시대 楚人. 어렸을 때 雲夢澤에 버려졌으나 호랑이가 길렀다 함. 楚나라의 令尹이 되어 국난을 구함.

(68) 孫叔敖 : 楚人. 사람에게 해를 입힌다는 머리 둘 달린 뱀을 죽여 음덕을 쌓았다는 고사로 유명함.

(69) 接輿 : 춘추시대 楚나라의 隱者. 거짓으로 미친 체하고 세상을 피함. 孔子의 집 앞을 지나가면서 "鳳兮! 鳳兮! 何德之衰? 往者不可諫, 來者猶可追, 已而已而."라고 노래함. 『論語』「微子」에 나옴.

(70) 어부는 「滄浪歌」를 불렀고 : 『楚辭』「漁父」에서 "滄浪之水淸兮, 可以濯吾纓. 滄浪之水濁兮, 可以濯吾足."이라 함.

(71) 漢陰의 노인 : 孔子의 제자 子貢이 楚나라에서 돌아오는 길에 漢水의 남쪽에서 우물물을 긷고 있는 노인을 만났는데, 子貢이 편리한 두레박을 가르쳐주자 노인은 도리어 그것의 잘못된 점을 들어 공박했다는 고사가 있음.

(72) 熊宜僚 : 춘추시대 楚人. 楚나라가 宋나라와 전쟁할 때 宋나라를 물리친 용사.

(73) 屠羊說 : 楚人. 자세한 행적은 미상.

(74) 老萊子 부부 : 楚人. 피난했을 때 楚王이 그를 불렀으나 아내의 말에 따라 벼슬길에 나아가지 않음.

(75) 屈原 : 전국시대 楚人. 懷王을 섬겨 三閭大夫를 지냄. 나중에 간신들의 참언으로 추방당하여 방랑생활을 하다가 汨羅江에 투신자살함.

(76) 鄧禹 : 後漢 南陽 新野人. 후한 건국의 일등공신으로 大司徒와 太傅를 지냄.

(77) 卓茂 : 後漢 南陽 宛人. 元帝 때 長安에서 禮法과 曆算을 보급함.

(78) 龐公 : 後漢 南郡 襄陽人. 峴山의 남쪽에서 은거함. 劉表의 부름을 사양함.

(79) 龐士元[龐統] : 襄陽人. 劉備를 쫓아 軍師中郞將이 됨. 蜀나라와의 싸움에서 전사함. 「言語」9에 나옴.

⑧⓪ 何晏 : 南陽 宛人. 曹操의 사위. 「言語」14에 나옴.
⑧① 鄧颺 : 南陽 宛人. 魏나라의 侍中과 尙書를 지냄. 나중에 何晏과 함께 살해되었음.
⑧② 樂令[樂廣] : 南陽 濟陽人. 談論의 명수. 「德行」23, 「言語」23·25에 나옴.
⑧③ 赤眉 : 前漢 말의 반란무리. 王莽이 漢나라를 찬탈하자 琅琊의 樊崇이 莒땅에서 군대를 일으켰는데, 王莽의 병사와 서로 혼동되는 것을 걱정하여 눈썹에 붉은 칠을 하여 구별했기 때문에 赤眉라고 부름.
⑧④ 黃巾 : 후한 말에 鉅鹿의 張角이 두목이 되어 일으킨 반란무리. 모두 누런 두건을 썼기 때문에 그렇게 부름.
⑧⑤ 馬融의 『論語』 주 : 『論語集解』 「微子」의 馬融 注에서 "亦不必進, 亦不必退, 唯義所在."라고 함.

王中郞令伏玄度·習鑿齒①論靑·楚人物.② 臨成, 以示韓康伯, 康伯都無言. 王曰; "何故不言?" 韓曰; "無可無不可."③

①。『王中郞傳』曰; 坦之, 字文度, 太原晉陽人. 祖, 東海太守承, 淸淡平遠. 父述, 貞貴簡正. 坦之器度淳深, 孝友天至, 譽輯朝野, 標的當時. 累遷侍中·中書令, 領北中郞將·徐兗二州刺史.
　。『中興書』曰; 伏滔, 字玄度, 平昌安丘人. 少有才學, 擧秀才. 大司馬桓溫參軍, 領大著作, 掌國史. 遊擊將軍卒. 習鑿齒, 字彦威, 襄陽人. 少以文稱, 善尺牘. 桓溫在荊州, 辟爲從事. 歷治中·別駕, 遷滎陽太守.
②。『滔集』載其論略曰; 滔以春秋時, 鮑叔·管仲·隰朋·召忽·輪扁·甯戚·麥丘人·逢丑父·晏嬰·涓子. 戰國時, 公羊高·孟軻·鄒衍·田單·荀卿·鄒奭·苫大夫·田子方·檀子·魯連·淳于髡·盼子·田光·顔歜·黔子·於陵仲子·王叔·卽墨大夫. 前漢時, 伏徵君·終軍·東郭先生·叔孫通·萬石君·東方朔·安期先生. 後漢時, 大司徒伏三老·江革·逢萌·禽慶·承幼子·徐防·薛方·鄭康成·周孟玉·劉祖榮·臨孝存·侍其·元矩·孫寶碩·劉仲謀·公山·王儀伯·郎宗·禰正平·劉成國. 魏時, 管幼安·邴根矩·華子魚·徐偉長·任昭先·伏高陽. 此皆靑士有才德者也. 習鑿齒以神農生於黔中, 「召南」詠其美化, 「春秋」稱其多才. 「漢廣」之風, 不同「鷄鳴」之篇. 子文·叔敖, 羞與管仲比德. 接輿之歌「鳳兮」, 漁父之詠「滄浪」. 漢陰丈人之折子貢, 市南宜僚·屠羊說之不爲利回. 魯仲連不及老萊夫妻, 田光之於屈原, 鄧禹·卓茂無敵於天下. 管幼安不勝龐公, 龐士元不推華子魚. 何·鄧二尙書, 獨於於魏朝, 樂令無對於晉世. 昔伏羲葬南郡, 少昊葬長沙, 舜葬零陵. 比其人, 則準的如此. 論其士, 則羣聖之所葬. 考其風, 則詩人之所歌. 尋其事, 則未有赤眉·黃巾之賊. 此如何靑州邪? 滔與相往反, 鑿齒無以對也.
③。馬融注『論語』曰; 唯義所在.

• 2 : 073 [0120]

유윤劉尹[劉惔]이 말했다.

"맑은 바람이 부는 달 밝은 밤이면 문득 허현도許玄度[許詢]가 떠오른다."①

①・『진중흥사인서晉中興士人書』① : 허순許珣②은 청담에 능하여 당시 선비들이 모두 흠모하고 경애했다.

[역주]……………………
① 『晉中興士人書』: '士人' 두 자는 衍文인 것으로 보임.
② 許珣 : '珣'은 '詢'의 착오로 보임.

劉尹云; "淸風朗月, 輒思玄度."①
①・『晉中興士人書』曰; 許珣能淸言, 于時士人皆欽慕仰愛之.

• 2 : 074 [0121]

순중랑荀中郎[荀羨]이 경구京口①에 있을 때,① 북고산北固山에 올라 바다를 바라보며 말했다.②

"비록 삼산三山은 보이지 않지만 저절로 사람에게 구름 위로 솟구치는 기상을 품게 하니, 만약에 진秦・한漢의 군왕들 같으면 반드시 옷자락을 걷고 발을 적셔 건너갔을 것이다."③

① ・『진양추晉陽秋』: 순선荀羨은 자가 영칙令則이며 영천潁川사람으로, 광록대부光祿大夫 순숭荀崧의 아들이다. 맑은 인품에 식견을 지녔으며, 젊어서 공주의 남편②이 되어 부마도위駙馬都尉를 지냈다. 당시에 은호殷浩가 모든 정사와 인사에 참여했는데, 순선을 기용하여 여러 번 의흥義興・오군吳郡 태수로 삼았으며, 북중랑장北中郞將과 서주徐州자사로 발탁하여 황실의 울타리로 삼았다.

・『중흥서中興書』: 순선은 28살 때 벼슬길에 나아가 서徐・연兗 2주 자사가 되었는데, 동진의 지방장관 가운데 순식처럼 젊은 사람이 없었다.

②『남서주기南徐州記』: 현성縣城[鎭江] 서북쪽으로 별령別嶺이 장강에 솟았는데, 3면이 강물로 둘러싸였고 높이가 수십 길이어서 북고라 한다.
③『사기史記』「봉선서封禪書」: 봉래蓬萊·방장方丈·영주瀛洲 이 세 산은 바다 가운데에 있는데, 인간세상과 멀리 떨어져 있지 않다고 세상에 전한다. 일찍이 그곳에 가본 사람의 말로는, 여러 신선과 불사약이 있고, 황금과 은으로 궁궐을 짓고, 초목과 금수가 모두 하얗고, 멀리서 바라보면 구름 같으나 다가가면 도리어 물속에 잠겨 있고, 그곳에 가려고 하면 금세 바람이 배를 다른 데로 끌어가버려 결국 갈 수가 없다고 한다. 진시황秦始皇은 회계산會稽山에 올라 해변을 따라 거닐면서 삼신산三神山의 묘약을 얻길 바랐다. 한 무제武帝는 태산泰山에 이미 봉선封禪③했지만 아무런 비바람의 이변이 없었는데, 방사方士들이 '봉래의 여러 묘약을 얻을 수 있다'는 말을 했다. 이에 무제는 흔연히 동해로 가서 봉래산을 찾기를 바랐다.

[역주]····················
① 京口 : 지금의 江蘇省 丹徒縣에 있음.
② 공주의 남편 : 원문은 "主壻". 荀羨은 元帝[司馬睿]의 딸이며 簡文帝[司馬昱]의 동생인 尋陽公主에게 장가들었음.
③ 封禪 : 천자가 행하는 제사. '封'은 사방의 흙을 높이 쌓아 제단을 만들고 天祭를 지내는 것이며, '禪'은 땅을 깨끗이 하여 산천에 제사지내는 것임. 封祀·封壇이라고도 함.

荀中郎在京口,① 登北固望海云;② "雖未覩三山, 便自使人有陵雲意. 若秦·漢之君, 必當褰裳濡足."③
①『晉陽秋』曰; 荀羨, 字令則, 潁川人, 光祿大夫崧之子也. 清和有識裁, 少以主壻爲駙馬都尉. 是時, 殷浩參謀百揆, 引羨爲援, 頻茌義興·吳郡, 超授北中郎將·徐州刺史, 以蕃屛焉.
『中興書』曰; 羨年二十八, 出爲徐·兗二州. 中興方伯之少, 未有若羨者也.
②『南徐州記』曰; 城西北有別嶺入江, 三面臨水, 高數十丈, 號曰北固.
③『史記·封禪書』曰; 蓬萊·方丈·瀛洲, 此三山, 世傳在海中, 去人不遠. 嘗有至者, 言諸仙人不死藥在焉. 黃金白銀爲宮闕, 草物禽獸盡白. 望之如雲, 及至, 反居水下. 欲到, 卽風引船而去, 終莫能至. 秦始皇登會稽, 竝海上, 冀遇三神山之奇藥. 漢武帝旣封泰山, 無風雨變至, 方士便言蓬萊諸藥可得. 於是上欣然東至海, 冀獲蓬萊者.

• 2 : 075 [0122]

사공謝公[謝安]이 말했다.

"현인·성인과 범인과의 차이는 그 사이가 또한 가깝다."

그런데 자식과 조카들이 이를 인정하지 않자 사공이 탄식하며 말했다.

"치초郗超가 이 말을 들었다면 반드시 은하수처럼 끝없는 말로는 여기지 않을 터인데."[1]

[1] ▫『치초별전郗超別傳』: 치초는 철리에 정통하여 사문 지도림支道林이 당대의 준재라고 여겼다.

▫『장자莊子』[①] : 견오肩吾가 연숙連叔에게 물었다.

"내가 접여接輿에게서 말을 들었는데, 그 말이 너무나 커서 가당치 않았으며 심하게 비약하여 걷잡을 수 없어서 그 말을 괴이하게 여겼습니다. 마치 은하수처럼 끝이 없는 것 같았습니다."

[역주]
① 『莊子』: 「逍遙遊」편에 나옴.

謝公云; "賢聖去人, 其間亦邇." 子姪未之許. 公歎曰; "若郗超聞此語, 必不至河漢."[1]

[1] ▫『超別傳』曰; 超精於理義, 沙門支道林以爲一時之俊.
▫『莊子』曰; 肩吾問於連叔曰; "吾聞言於接輿, 大而無當, 往而不反, 怪怖其言, 猶河漢而無極也."

• 2 : 076 [0123]

지공支公[支遁]은 학을 좋아했는데, 섬현剡縣의 동쪽 앙산岇山에 있을 때,[1] 어떤 사람이 그에게 한 쌍의 학을 보내왔다. 얼마 뒤 그 학이 날개가 자라나 날아가려고 하자, 지공은 이를 아쉽게 여겨 날개깃을 잘라버렸다. 학은 높이 날려고 퍼덕거렸으나 더 이상 날아오를 수가 없었다. 날갯죽지를 돌아보며 고개를 숙이고 바라보는 양이 마치 깊은 상심에 젖은 듯했다. 이에 지도림支道林[支遁]이 말했다.

"이미 하늘 높이 솟구쳐 오르는 자태를 타고 났으니, 어찌 사람을 위하여 그 이목의 완유물이 되겠는가?"

날갯깃이 다 자라도록 기른 뒤 날아가도록 놓아주었다.

①․『지공서支公書』: 앙산은 회계會稽에서 2백 리 떨어져 있다.

[참고]··········
『高僧傳』4, 『藝文類聚』90, 『事類賦』19, 『太平御覽』389·916.

支公好鶴. 住剡東岇山,① 有人遺其雙鶴. 少時, 翅長欲飛. 支意惜之, 乃鍛其翮. 鶴軒翥不復能飛, 乃反顧翅, 垂頭視之, 如有懊喪意. 林曰; "旣有陵霄之姿, 何肯爲人作耳目近玩?" 養令翮成, 置使飛去.

①․『支公書』曰; 山去會稽二百里.

---------- • 2 : 077 [0124]

사중랑謝中郞[謝萬]이 곡아曲阿의 뒤 호수를 지나가다가 좌우사람들에게 물었다.

"이곳은 어떤 호수인가?"①

사람들이 답했다.

"곡아라는 호수입니다."②

그러자 사중랑이 말했다.①

"그렇다면 당연히 흘러들어오는 물을 가득 채워 받아들일 뿐 흘려보내지는 않겠군."

①․『중흥서中興書』: 사만謝萬은 자가 만석萬石이며 태부 사안謝安의 동생이다. 재기가 뛰어나 일찍 이름이 알려졌다. 이부랑吏部郞·서중랑장西中郞將·예주豫州자사·산기상시散騎常侍를 역임했다.

②․『태강지기太康地記』: 곡아의 본래 이름은 운양雲陽이었다. 진시황秦始皇

이 그곳에 제왕의 기운이 서려 있다고 하여 북갱산北阬山을 뚫어 그 기세를 꺾고 곧은 길을 잘라 굴곡지게 했기 때문에 곡아라 부르게 되었다. 오吳나라 때 다시 운양으로 환원했으나 지금은 다시 곡아라고 한다.

[역주]··················
① 사중랑이 말했다 : 謝萬이 한 말에는 두 가지 해석이 있는데, 한 가지는 '邪曲'의 뜻을 취하여 받아들이기만 하고 베풀 줄 모르는 인간을 비유한 것이며, 다른 한 가지는『老子』제22장의 "曲則全"의 뜻을 취하여 유연한 태도로 모든 것을 받아들이는 것으로 해석하기도 함.

謝中郎經曲阿後湖, 問左右; "此是何水?"① 答曰; "曲阿湖."② 謝曰; "故當淵注渟著, 納而不流."

① 『中興書』曰; 謝萬, 字萬石, 太傅安弟也. 才氣高俊, 蚤知名. 歷吏部郎・西中郞將・豫州刺史・散騎常侍.

② 『太康地記』曰; 曲阿本名雲陽. 秦始皇以有王氣, 鑿北阬山以敗其勢, 截其直道, 使其阿曲, 故曰曲阿也. 吳還爲雲陽, 今復名曲阿.

──────── • 2 : 078 [0125]

진晉 무제武帝[司馬炎]는 산도山濤에게 식록食祿을 줄 때마다 항상 적게 주었다. 사태부謝太傅[謝安]①가 그 이유를 집안의 자제에게 물어보았더니 사거기謝車騎[謝玄]②가 대답했다.

"그것은 받고자 하는 자가 많은 것을 원하지 않아 주는 자로 하여금 적게 준다는 것을 잊게 하기 때문입니다."③

① 사태부는 사안謝安이다.
② 사거기는 사현謝玄이다.
③ 『사거기가전謝車騎家傳』: 사현은 자가 유도幼度며 진서장군鎭西將軍 사혁謝奕의 셋째아들이다. 지혜가 명민하여 현담에 능했다. 숙부 사태부가 일찍이 자식・조카들과 함께 집에 모여 물었다.

"무제가 산공山公[山濤]을 삼사三事①에 임명했는데, 벼슬이 사람을 등용하는 직책에 있었지만 하사하는 식록은 늘 조금에 불과했다. 여기에는 마땅히 무슨 뜻이 있었을 것이다."

그러자 사현이 이렇게 재치 있는 언변으로 대답했다.

[역주]......................
① 삼사三事 : 三公을 말함.

晉武帝每餉山濤恒少. 謝太傅①以問子弟. 車騎②答曰; "當由欲者不多, 而使與者忘少."③

①·安也.
②·玄也.
③·『謝車騎家傳』曰; 玄, 字幼度, 鎭西奕第三子也. 神理明俊, 善微言. 叔父太傅嘗與子姪燕集, 問; "武帝任山公以三事, 任以官人, 至於賜予, 不過斤合. 當有旨不?" 玄答有辭致也.

━━━━━━━ • 2 : 079 [0126]

사호아謝胡兒[謝朗]가 유도계庾道季[庾龢]①에게 말했다.

"어쩌면① 여러 사람이 그대에게 와서 담론을 벌일지도 모르니 방비를 단단히 하는 게 좋겠소."

유도계가 말했다.

"만약에 왕문도王文度[王坦之]가 온다면 나는 일부 군대만으로 그를 기다리겠지만, 한강백韓康伯[韓伯]이 온다면 황하黃河를 건너가 타고 온 배를 불살라 버리겠소."②

①·유도계는 유화庾龢의 어릴 적 자다.

·서광徐廣의 『진기晉紀』: 유화는 자가 도계며 태위太尉 유량庾亮의 아들이다. 풍격이 소탈했으며, 문장과 담론으로 당시에 칭송받았다. 여러 벼슬을 거쳐 단양윤丹陽尹에 이르렀으며 중령군中領軍을 겸임했다.

②·『춘추전春秋傳』② : 진백秦伯[穆公]이 진晉나라를 토벌할 때 황하를 건너가고 나서 타고 왔던 배를 불태워 버렸다.

·두예杜預의 주 : 필사의 각오를 보인 것이다.

[역주]......................
① 어쩌면 : 원문은 "莫當". 宋本에는 '莫'자가 '暮'자로 되어 있음. 宋本에 따르면

'담론하러 저녁에 올 것이다'는 뜻으로 해석됨.
② 『춘추전春秋傳』: 『左傳』「文公3年」에 나옴.

謝胡兒語庾道季;◯1 "諸人莫當就卿談, 可堅城壘." 庾曰; "若文度來, 我以偏師待之. 康伯來, 濟河焚舟."◯2
◯1 ◦ 道季, 庾龢小字.
  ◦ 徐廣『晉紀』曰; 龢, 字道季, 太尉亮子也. 風情率悟, 以文談致稱於時. 歷仕至丹陽尹, 兼中領軍.
◯2 ◦『春秋傳』曰; 秦伯伐晉, 濟河焚舟.
  ◦ 杜預曰; 示必死.

———————— • 2 : 080 [0127]

이홍도李弘度[李充]는 항상 관직을 얻지 못함을 탄식했다.◯1 은양주殷揚州[殷浩]◯2가 그의 집안이 가난하다는 것을 알고서 물었다.
"그대는 사방 백 리쯤 되는 땅의 현령이라면 뜻을 굽히겠는가?"
그러자 이홍도가 말했다.
"북문北門의 탄식①이 이미 오래 전에 상달되었을 것입니다.◯3 숲을 헤매는 곤궁에 처한 원숭이가 어찌 마음에 드는 나무를 가릴 겨를이 있겠습니까?"
마침내 이홍도를 섬현剡縣의 현령에 제수했다.

◯1 ◦『중흥서中興書』: 이충李充은 자가 홍도며 강하江夏 영郢사람이다. 조부 이강李康②과 부친 이구李矩는 모두 훌륭한 명성이 있었다. 이충은 처음에 왕승상王丞相[王導]의 속관과 기실참군記室參軍에 초징되었으나 집안이 가난하여 섬현의 현령을 구했다. 대저작大著作과 중서랑中書郎에 전임되었다.
◯2 ◦ 은호殷浩는 따로 나온다.③
◯3 ◦ 위시衛詩「북문北門」은 벼슬하여 뜻을 얻지 못한 것을 풍자한 것이다.

[역주]·························
① 북문의 탄식 : 『詩經』「邶風·北門」에 "出自北門, 憂心殷殷. 終窶且貧, 莫知我艱. 已焉哉. 天實爲之, 謂之何哉."라고 함. 『詩經』의 邶·鄘·衛 3국의 風은 모두 衛國

의 詩임.
② 李康 : '康'은 '秉'의 착오임. 「德行」15 [역주]① 참고.
③ 따로 나온다 : 「政事」22 注①에 나옴.
[참고] 『晉書』92, 『太平御覽』414·485.

李弘度常歎不被遇.① 殷揚州②知其貧, 問; "君能屈志百里不?" 李答曰; "北門"之歎, 久已上聞.③ 窮猿奔林, 豈暇擇木!" 遂授剡縣.
①。『中興書』曰; 李充, 字弘度, 江夏郡人也. 祖康, 父矩, 豈有美名. 充初辟丞相掾·記室參軍, 以貧求剡縣. 遷大著作·中書郎.
②。殷浩, 別見.
③。衛詩「北門」, 刺仕不得志也.

━━━━━━ • 2 : 081 [0128]

왕사주王司州[王胡之]가 오흥吳興의 인저印渚에 이르러 경치를 둘러보면서① 감탄하여 말했다.

"사람의 마음을 열어젖혀 깨끗이 할 뿐만 아니라, 또한 해와 달의 청명함도 느껴지는구나!"

①。『왕호지별전王胡之別傳』: 왕호지는 자가 수령脩齡이며 낭야 임기臨沂 사람으로 왕이王廙의 아들이다. 오흥태수를 역임했으며 시중侍中·단양윤丹陽尹·비서감秘書監에 초징되었으나 모두 나아가지 않았다. 사지절使持節·사주제군사도독司州諸軍事都督·서중랑장西中郎將·사주자사에 제수되었다.
 。『오흥기吳興記』: 오잠현於潛縣 동쪽 70리에 인저가 있는데 인저 옆의 백석산白石山은 절벽이 40길이나 된다. 인저는 아마도 여러 개천의 하류인 듯하다. 오잠현에 이르는 인저로부터의 상류는 돌이 깔린 여울물로 물길이 험하여 배가 다닐 수 없지만, 인저로부터 하류는 물길이 험하지 않아 여행객들이 이곳에 모여든다.

王司州至吳興印渚中看,① 歎曰; "非唯使人情開滌, 亦覺日月淸朗!"
①。『王胡之別傳』曰; 胡之, 字脩齡, 琅邪臨沂人, 王廙之子也. 歷吳興太守, 徵侍中·丹陽尹·秘書監, 竝不就. 拜使持節·都督司州諸軍事·西中郎將·司州刺史.
 。『吳興記』曰; 於潛縣東七十里, 有印渚. 渚傍有白石山, 峻壁四十丈. 印渚蓋衆溪之下流

也. 印渚已上至縣, 悉石瀨惡道, 不可行船. 印渚已下, 水道無險, 故行旅集焉.

• 2 : 082 [0129]

    사만謝萬이 예주도독豫州都督[①]이 되어 새로 부임하게 되었는데, 서쪽으로 떠나려 할 때에 도성의 친지들이 며칠 동안 계속 송별연을 열어주어 사만은 몹시 피곤했다. 그때 고시중高侍中[高崧]이 와서1 곧장 사만 옆에 앉아 물었다.
    "그대는 지금 조정의 명을 받들어 자사刺史가 되었으니[②] 마땅히 서쪽 변방을 잘 다스려야 할 텐데 어떻게 정치를 하겠소?"
    사만이 자기의 뜻을 대강 말하자, 고시중이 곧 사만을 위하여 서쪽의 형세를 일러주었는데 수백 언에 달했다. 사만은 이를 듣고 마침내 일어나 앉았다. 고시중이 떠난 뒤 사만이 그를 쫓아가 말했다.
    "아령阿齡[高崧]! 정말 대단한 재능을 지녔구려!"2
    그래서 사만은 끝까지 자리를 지킬 수 있었다.

1 ▫ 『중흥서中興書』: 고숭高崧은 자가 무염茂琰이며 광릉廣陵사람이다. 부친 고회高悝는 광록대부光祿大夫였다. 고숭은 어려서부터 학문을 좋아하여 사전史傳에 정통했다. 여러 벼슬을 거쳐 이부랑吏部郎과 시중侍中에 기용되었으나 공사公事에 연루되어 파직당했다.
2 ▫ 아령은 고숭의 어릴 적 자다.

[역주] ························
① 豫州都督: 도독은 都督府의 장관으로 여러 주의 군정을 통솔함. 『晉書』 권79 「謝萬傳」에 따르면 이때 사만은 예주를 비롯하여 司州・冀州・幷州 등 4州의 도독으로 있었음.
② 조정의 명을 받들어 刺史가 되었으니: 원문은 "仗節方州". '仗節'은 조정의 명을 받아 부임하는 것을 말하고, '方州'는 州刺史가 다스리는 지역을 말함.

[참고] 『晉書』71.

謝萬作豫州都督, 新拜, 當西之都邑, 相送累日, 謝疲頓. 於是高侍中往,1 徑就謝坐, 因問; "卿今仗節方州, 當疆理西蕃, 何以爲政?" 謝粗道其意. 高便爲謝道形勢, 作數百語. 謝遂起坐. 高去後, 謝追曰; "阿酃故㝹有才具."② 謝因此得終坐.

① ○『中興書』曰; 高崧, 字茂琰, 廣陵人. 父悝, 光祿大夫. 崧少好學, 善史傳. 累遷吏部郎・侍中, 以公累免官.

② ○阿酃, 崧小字也.

• 2 : 083 [0130]

원언백袁彦伯[袁宏]이 사안남謝安南[謝奉]의 사마司馬가 되었을 때,① 도성의 여러 사람들이 그를 뇌향瀨鄕①까지 전송해주었다. 장차 이별할 적에 원언백이 스스로 슬픔에 잠겨 탄식하며 말했다.

"아득히 먼 저 산하는 묵묵히 만 리의 형세를 지녔구나!"②

① ○사안남은 사봉謝奉이다. 따로 나온다.②

② ○『속진양추續晉陽秋』: 원굉袁宏은 자가 언백이며 진군陳郡사람으로, 위魏나라 낭중령郎中令 원환袁渙③의 6대손이다. 조부 원유袁猷는 동진의 시중侍中이었으며, 부친 원욱袁勖은 임여령臨汝令이었다. 원굉은 건위참군建威參軍으로 벼슬을 시작하여 안남사마安南司馬와 기실참군記室參軍을 지냈다. 태부太傅 사안謝安은 원굉의 기민함과 신속한 논변을 칭찬했다.

원굉이 이부랑吏部郎에서 동양군東陽郡의 태수로 나갈 때 야정冶亭에서 송별연을 열자 당시 현자들이 모두 모였다. 사안이 마침내 그를 시험해보려고 손을 잡고 장차 이별하려 할 때 좌우를 돌아보며 부채 하나를 들어 그에게 주자, 원굉이 곧바로 대답했다.

"마땅히 인풍仁風을 받들어 일으켜 저 뭇 백성들을 위로하겠습니다."

좌중의 모든 사람들이 그의 기민함에 감탄했다. 성품이 밝고도 강직하여 벼슬은 그다지 높이 오르지 못했다. 동양군에서 죽었다.

[역주]
① 瀨鄕 : 지금의 江蘇省 溧陽縣 경계에 있음.
② 따로 나온다 : 「雅量」33 注①에 나옴.
③ 袁煥 : 『三國志』 권11 本傳에는 "袁渙"이라 되어 있음.

[참고] 『文選』38注.

袁彥伯爲謝安南司馬,① 都下諸人送至瀨鄕. 將別, 旣自悽惘, 歎曰; "江山遼落, 居然有萬里之勢!"②

① ▫安南, 謝奉, 別見.
② ▫『續晉陽秋』曰; 袁宏, 字彥伯, 陳郡人, 魏郞中令煥六世孫也. 祖猷, 侍中. 父勗, 臨汝令. 宏起家建威參軍, 安南司馬·記室. 太傅謝安賞宏機捷辯速, 自吏部郞出爲東陽郡, 乃祖之於冶亭, 時賢皆集. 安欲卒迫試之, 執手將別, 顧左右取一扇而贈之. 宏應聲答曰; "輒當奉揚仁風, 慰彼黎庶." 合坐歎其要捷. 性直亮, 故位不顯也. 在郡卒.

──────── • 2 : 084 [0131]

손작孫綽이 「수초부遂初賦」를 짓고 견천畎川에 집을 지어놓은 뒤, 분수에 만족할 줄 아는 도리①를 깨달았다고 스스로 말했다.① 또한 서재 앞에 소나무 한 그루를 심어놓고 항상 손수 가꾸었다. 고세원高世遠[高柔]도 당시 이웃에 살고 있었는데,② 그가 손작에게 말했다.

"소나무는 청초하여 어여삐 여길 만하지 않은 것은 아니지만, 영원히 기둥이나 대들보로는 쓰일 수 없지요."

그러자 손작이 말했다.

"단풍나무나 버드나무가 비록 한 아름쯤 된들② 하나 또한 어디에다 쓰겠소?"

① ▫『중흥서中興書』: 손작은 자가 흥공興公이며 태원 중도中都 사람이다. 젊어서부터 문장으로 이름났다. 태학박사太學博士·대저작大著作·산기상시散騎常侍를 역임했다.

▫「수초부서遂初賦敍」: 나는 젊어서부터 노장老莊의 도를 흠모하여 그 풍류를 오래토록 우러러 오던 차에 문득 오릉於陵의 어진 아내의 말③에 감동하여 마음속 깊이 깨달았다. 그래서 동산東山을 개간하여 긴 언덕이 둘러쳐 있고 무성한 숲이 있는 곳에 다섯 이랑쯤 되는 집을 지어놓았으니, 그 누가 화려한 휘장에 앉아 종고鍾鼓의 음악을 즐기는 자와 더불어 같은 날에 이러한 즐거움을 말하리오!

②ㆍ세원은 고유高柔의 자다. 따로 나온다.④

[역주]⋯⋯⋯⋯⋯⋯⋯⋯⋯⋯⋯⋯⋯⋯
① 분수에 만족할 줄 아는 도리 : 원문은 "知足之分". 스스로의 처지를 인식하고 자기의 분수에 만족하는 것을 말함. 『老子』제44장에서 "知足不辱, 知止不殆, 可以長久."라고 함.
② 한 아름쯤 된다 : 원문은 "合抱". 『老子』제64장에서 "合抱之木, 生於毫末."이라고 함. 즉 한 아름이나 되는 大木을 말함.
③ 於陵의 어진 아내의 말 : 齊나라의 於陵仲子[陳仲子]가 楚王의 초빙을 받았으나 아내의 간언을 듣고 벼슬을 사양한 채 함께 은거생활을 즐겼다고 함.
④ 따로 나온다 : 「輕詆」13 注①에 나옴.

[참고] 『晉書』56, 『事類賦』24, 『太平御覽』953.

孫綽賦「遂初」, 築室畎川, 自言見止足之分.① 齋前種一株松, 恒自手壅治之. 高世遠時亦鄰居,② 語孫曰; "松樹子非不楚楚可憐, 但永無棟梁用耳!" 孫曰; "楓柳雖合抱, 亦何所施?"

①ㆍ『中興書』曰; 綽, 字興公, 太原中都人. 少以文稱. 歷太學博士・大著作・散騎常侍.
ㆍ「遂初賦敘」曰; 余少慕老莊之道, 仰其風流久矣. 卻感於陵賢妻之言, 悵然悟之. 乃經始東山, 建五畝之宅, 帶長阜, 倚茂林, 孰與坐華幕擊鍾鼓者, 同年而語其樂哉!
②ㆍ世遠, 高柔字也. 別見.

———————— • 2 : 085 [0132]

환정서桓征西[桓溫]가 강릉성江陵城을 아주 아름답게 수축했다.① 빈객과 막료들을 모아 장강의 나루터를 떠나면서 성을 바라보며 말했다.

"만약 이 성을 잘 묘사할 수 있는 사람이 있다면 상을 주겠소."

고장강顧長康[顧愷之]이 그때 빈객으로 그 자리에 참석했다가 묘사했다.

"멀리 층성層城을 바라보니 붉은 누각이 노을 같구나①!"

그러자 환정서가 당장에 비녀婢女 두 명을 상으로 주었다.

①ㆍ성홍지盛弘之의 『형주기荊州記』: 형주성荊州城은 한수漢水에 면해 있는데 임강왕臨江王[劉榮]②이 다스리던 곳이다. 임강왕이 조정에 소환되어 성의 북

문을 나설 때 수레 바퀴축이 부러지자 한 노인이 울며 말했다.
"우리 왕은 이제 떠나면 돌아오지 못할 것이다."
이때부터 북문은 열지 않았다.

[역주]
① 멀리 層城을 바라보니 붉은 누각이 노을 같구나 : 원문은 "遙望層城, 丹樓如霞." '層城'과 '丹樓'는 모두 仙界를 연상케 하는 표현임.
② 臨江王[劉榮] : 前漢 景帝의 아들로 태자에서 폐위당하여 임강왕이 됨. 나중에 廟堂의 빈 땅을 침범하여 궁을 지은 일에 연루되어 조정으로부터 소환당했을 때 떠나면서 강릉성 북문에서 송별연을 엶. 뒤에 자살함.

[참고] 『太平御覽』176.

桓征西治江陵城甚麗.① 會賓僚出江津望之, 云; "若能目此城者, 有賞." 顧長康時爲客, 在坐, 目曰; "遙望層城, 丹樓如霞." 桓卽賞以二婢.

① ◦盛弘之『荊州記』曰; 荊州城臨漢江, 臨江王所治. 王被徵出城北門, 而車軸折. 父老泣曰; "吾王去不還矣!" 從此不開北門.

────── • 2 : 086 [0133]

왕자경王子敬[王獻之]이 왕효백王孝伯[王恭]에게 말했다.
"양숙자羊叔子[羊祜]는 스스로 훌륭하다고 하나, 또한 어찌 인사人事에 관계된 것이겠는가?① 정말로 동작대銅雀臺② 위의 기녀만도 못하다."②

① ◦『진제공찬晉諸公贊』 : 양호羊祜는 자가 숙자며 태산太山 평양平陽사람③이다. 대대로 2천 석의 관리를 지냈으며 9대째인 양호에 이르러 맑은 품덕으로 이름났다. 양호가 아이였을 때 문수汶水 가를 노닐고 있었는데, 지나가던 어떤 노인이 멈춰 서서 그를 보더니 탄식하며 말했다.
"처사處士는 관상이 훌륭하니 열심히 노력하시게. 60살이 안되어 틀림없이 천하에 큰 공을 세울 것이니, 만약 부귀하게 되거든 나를 잊지나 말게!"
그러고서 떠나갔는데 어디로 갔는지 알 수가 없었다. 여러 벼슬을 거쳐 형주제군사도독荊州諸軍事都督에 기용되었다. 남하南夏에 있을 때부터 오吳 지방의 사람들이 진심으로 감복하여 양공羊公이라 칭하고 감히 이름을 부르지 못했다. 남주南州④사람들은 양공이 죽었다는 소식을 듣고 곡하

면서 철시했다.⑤

②・위魏 무제武帝의 「유령遺令」: 나의 첩과 기녀들을 모두 동작대 위에 머물게 하고 또한 상복으로 휘장을 친⑥ 6척의 침상을 마련해 놓고서, 매달 초하루와 보름에 그 휘장을 향하여 가무를 하게 하라.

[역주]······················
① 어찌 人事에 관계된 것이겠는가: 원문은 "何與人事". 즉 다른 사람의 일에 관련하여 아무런 도움을 주지 못한다는 뜻.
② 銅雀臺: 魏 武帝[曹操]가 축성한 누대로 河南省 臨漳縣 서남쪽에 있음.
③ 太山 平陽사람: 『晉書』권34 「羊祜傳」에는 "泰山南城人"이라 되어 있음.
④ 南州: 즉 荊州를 말함. 당시에는 西晉의 도읍이 洛陽에 있었고 형주는 그 남쪽에 있었으므로 그렇게 부름. 東晉 때 建康에 도읍을 정한 뒤에는 형주를 西州라 하고 姑孰을 南州라고 함.
⑤ 양호가 죽자 주민들이 그의 덕을 흠모하여 비석을 세웠는데, 그것을 바라보는 사람마다 눈물을 흘렸으므로 '墮淚碑'라고도 부름.
⑥ 상복으로 휘장을 친: 원문은 "繐帷". '繐(세)'는 가늘고 성긴 베로 상복의 옷감으로 쓰임. 즉 상복으로 휘장을 쳐서 조조의 혼령을 모신다는 뜻.

王子敬語王孝伯曰;"羊叔子自復佳耳, 然亦何與人事?① 故不如銅雀臺上妓."②
①・『晉諸公贊』曰; 羊祜, 字叔子, 太山平陽人也. 世長吏二千石, 至祜九世, 以淸德稱. 爲兒時, 游汶濱, 有行父止而觀焉, 歎息曰;"處士大好相, 善爲之. 未六十, 當有重功於天下, 卽富貴, 無相忘." 遂去, 莫知所在. 累遷都督荊州諸軍事. 自在南夏, 吳人說服, 稱曰羊公, 莫敢名者. 南州人聞公喪, 號哭罷市.
②・魏武「遺令」曰; 以吾妾與妓人, 皆著銅雀臺上, 施六尺牀繐帷, 月朝十五日, 輒使向帳作伎.

임공林公[支道林]이 동양東陽의 장산長山①을 보고 말했다.
"어쩌면 저렇게 완만한 비탈이 길게 뻗어 있을까!"①
①・『회계토지지會稽土地志』: 산이 완만한 굴곡으로 길게 뻗어 있어서 현[長山縣]을 산의 형세에 따라 이름 지었다.

[역주]······················
① 長山: 『晉書』「地理志」에서 "揚州東陽郡有長山縣"이라 함. 또한 『太平御覽』권

47에서 「郡國志」를 인용하여 "長山相連三百餘里, 一名華山."이라 하고, 「吳錄地志」를 인용하여 "常山, 仙人采藥處, 謂之長山."이라 함.

林公見東陽長山曰; "何其坦迤!"①
①。『會稽土地志』曰; 山靡迤而長, 縣因山得名.

──────── • 2 : 088 [0135]

고장강顧長康[顧愷之]이 회계會稽에서 돌아왔는데, 어떤 사람이 그곳 산천의 아름다움에 대해 묻자, 고장강이 말했다.

"천 개의 바위가 빼어남을 다투고 만 개의 골짜기가 흐름을 다투는데, 초목이 그 위를 온통 뒤덮고 있어서 마치 구름과 노을이 짙게 깔린 듯하더군요."①

①。구연지丘淵之의 『문장록文章錄』: 고개지顧愷之는 자가 장강이며 진릉晉陵 사람이다. 부친 고열顧說①은 상서좌승尚書左丞이었다. 고개지는 의희義熙연간(405~418) 초에 산기상시散騎常侍가 되었다.

[역주]⋯⋯⋯⋯⋯⋯⋯⋯⋯⋯⋯
① 顧說 : 宋本에는 "顧悅"이라 되어 있고, 『晉書』권92 「顧愷之傳」에는 "顧悅之"라 되어 있음.
[참고] 『晉書』92, 『初學記』5.

顧長康從會稽還, 人問山川之美, 顧云; "千巖競秀, 萬壑爭流, 草木蒙籠其上, 若雲興霞蔚."①
①。丘淵之『文章敍』曰; 顧愷之, 字長康, 晉陵人. 父說, 尚書左丞. 愷之, 義熙初爲散騎常侍.

──────── • 2 : 089 [0136]

간문제簡文帝[司馬昱]가 붕어하자 효무제孝武帝[司馬曜]가 10여 세의 나이로 즉위했는데, 저녁이 다 되도록 곡례哭禮를 행하지① 않았다.① 이에 좌우 신하들이 아뢰었다.

"상례常禮에 따라 곡례를 행함이 마땅하옵니다."

그러자 효무제가 말했다.

"슬픔이 지극해야 곡하는 법이니, 무슨 상례가 있단 말이오!"

①。송宋 명제明帝의 『문장지文章志』: 효무황제는 휘가 창명昌明②이며 간문제의 셋째아들이다. 언젠가 간문제는 "진씨晉氏의 제위는 크게 밝은[昌明] 데서 다한다"라고 쓰인 예언서를 본 적이 있었다. 효무제가 태어날 때 동녘이 밝아오기 시작했으므로 태어난 시간을 따라 휘를 삼았으나, 신하들이 서로 예언서의 내용을 고하는 것을 잊어버렸다. 간문제가 물었을 때 지어놓은 휘를 신하들이 대답하자, 간문제가 눈물을 흘리며 말했다.

"나의 집안에서 창명이 나올 줄은 생각지도 못했도다!"

효무제는 총명하여 어질고 재능 있는 사람을 등용했다. 35세로 죽었다.

[역주]
① 哭禮를 행하지 : 원문은 "臨". 관 앞에 엎드려 곡하는 것을 말함.
② 諱가 昌明 : 『晉書』권9 「孝武帝紀」에서는 "孝武皇帝, 諱曜, 字昌明."이라 함.

[참고] 『晉書』9.

簡文崩, 孝武年十餘歲立, 至暝不臨.① 左右啓; "依常應臨." 帝曰; "哀至則哭, 何常之有!"

①。宋明帝『文章志』曰; 孝武皇帝諱昌明, 簡文第三子也. 初, 簡文觀識書曰"晉氏阼盡昌明". 及帝誕育, 東方始明, 故因生時以爲諱, 而相與忘告. 簡文問之, 乃以諱對, 簡文流涕曰; "不意我家昌明便出!" 帝聰惠, 推賢任才. 年三十五崩.

• 2 : 090 [0137]

효무제孝武帝[司馬曜]가 장차 『효경孝經』을 강론하려 할 때 사공謝公 형제[謝安·謝石]가 여러 사람과 함께 사저에서 강론에 대비하고 있었다.① 차무자車武子[車胤]가 사공 형제에게 질문하는 것을 어려워하면서, ② 원양袁羊[袁喬]①에게 말했다.

"질문하지 않으면 학덕 높으신 말씀을 못 들을 것 같고, 질문을 많이 하면 두 사공을 번거롭게 할 것 같습니다."③

원양이 말했다.

"그러한 걱정은 할 필요가 없습니다."

차무자가 말했다.

"어떻게 그것을 아시오?"

원양이 말했다.

"맑은 거울이 자주 비추는 것을 피곤해하고 맑은 물이 다사로운 바람을 꺼려하는 것을 어찌 일찍이 본 적이 있으리오?"

1 ▫ 『속진양추續晉陽秋』: 영강寧康 3년(375) 9월 9일에 효무제가 『효경』을 강론할 때, 복야僕射 사안謝安이 시좌侍坐하고, 이부상서吏部尙書 육납陸納[2]과 시중侍中 변탐卞耽이 집독執讀[3]하고, 황문시랑黃門侍郎 사석謝石과 이부랑吏部郎 원굉袁宏이 함께 집경執經[4]하고, 중서랑中書郎 차윤車胤과 단양윤丹陽尹 왕혼王混이 적구摘句[5]했다.

2 ▫ 차윤은 따로 나온다.[6]

3 ▫ 원양은 원교袁喬의 어릴 적 자다.

▫ 『원씨가전袁氏家傳』: 원교는 자가 언승彦升[7]이며 진군陳郡 사람이다. 부친 원괴袁瓌는 광록대부光祿大夫를 지냈다. 원교는 상서랑尙書郞과 강하상江夏相을 역임했으며, 환온桓溫을 따라 촉蜀을 평정하여 상서백湘西伯과 익주益州자사[8]에 봉해졌다.

[역주]······················

① 袁羊[袁喬]: 『太平御覽』 권617에는 "袁彦伯"[袁宏]이라 되어 있음. 또한 위 劉注 1에 인용된 『續晉陽秋』에도 원굉의 이름은 보이지만 원양은 보이지 않음. 또한 연대를 따져 봐도 원양은 환온을 따라 촉을 평정한 뒤 永和연간에 죽었으므로 (347) 효무제가 『효경』을 강론한 때(375)와는 28년의 차이가 남. 따라서 본문의 "袁羊"은 袁宏의 잘못으로 보임.
② 吏部尙書 陸納: 『晉書』 권83 「車胤傳」에는 "尙書陸納侍講"이라 되어 있음.
③ 執讀: 원문에는 "執"자가 빠져 있지만, 『晉書』 「車胤傳」에는 "侍中卞耽執讀"이라 되어 있어서 보충함. '執讀'은 經文을 해석하는 것을 말함.
④ 執經: 질문에 답하는 것을 말함.
⑤ 摘句: 의문점을 질문하는 것을 말함.
⑥ 따로 나온다: 「識鑑」27 注1에 나옴.

⑦ 彦升:『晉書』권83「袁喬傳」에는 "彦叔"이라 되어 있음.
⑧ 益州刺史:『晉書』「袁喬傳」에 따르면, 이것은 袁喬가 죽은 뒤에 추증된 관직임.
[참고]『晉書』83,『藝文類聚』55,『北堂書鈔』97,『太平御覽』617·717.

孝武將講『孝經』, 謝公兄弟與諸人私庭講習.① 車武子難苦問謝,② 謂袁羊曰; "不問則德音有遺, 多問則重勞二謝."③ 袁曰; "必無此嫌." 車曰; "何以知爾?" 袁曰; "何嘗見明鏡疲於屢照, 淸流憚於惠風?"

①。『續晉陽秋』曰; 寧康三年九月九日, 帝講『孝經』. 僕射謝安侍坐, 吏部尙書陸納兼侍中卞耽讀, 黃門侍郞謝石·吏部袁宏兼執經, 中書郞車胤·丹陽尹王混摘句.
②。車胤, 別見.
③。袁羊, 喬小字也.
　。『袁氏家傳』曰; 喬, 字彦升, 陳郡人. 父瓌, 光祿大夫. 喬歷尙書郞·江夏相. 從桓溫平蜀, 封湘西伯·益州刺史.

• 2:091 [0138]

왕자경王子敬[王獻之]이 말했다.

"산음山陰의 길을 따라 걷노라면,① 산천이 서로 마주비추며 어우러져 있어서 사람에게 하나하나 마주볼 겨를을 주지 않는다. 가을에서 겨울로 접어드는 때는 더욱 마음속의 정회를 표현하기 어렵다."②

①。『회계토지지會稽土地志』: 읍현이 회계산의 북쪽에 있기 때문에 '산음'이라고 이름 했다.
②。『회계군기會稽郡記』: 회계의 경내에는 특히 이름난 산수가 많다. 높다란 산봉우리와 치솟은 절벽에선 운무雲霧를 토해냈다가 들이마시고, 소나무·전나무·단풍나무·측백나무는 줄기가 높다랗게 뻗어 있고 가지가 솟구치며, 깊은 골짜기는 거울처럼 투명하여 맑은 물이 쏟아져 흐른다. 왕자경이 이러한 경치를 보며 말했다.

"산수의 아름다움이 사람에게 하나하나 마주볼 겨를을 주지 않는다."

[참고]
『事類賦』5,『太平御覽』25.

王子敬云; "從山陰道上行,① 山川自相映發, 使人應接不暇. 若秋冬之際, 尤難爲懷."②
①·『會稽土地志』曰; 邑在山陰, 故以名焉.
②·『會稽郡記』曰; 會稽境特多名山水. 峯崿隆峻, 吐納雲霧, 松栝楓柏, 擢榦竦條, 潭壑鏡徹, 淸流瀉注. 王子敬見之曰; "山水之美, 使人應接不暇."

──────── • 2 : 092 [0139]

사태부謝太傅[謝安]가 여러 자제와 조카에게 물었다.
"너희들은 또한 어떻게 남의 일에 참여하여 그들을 훌륭하게 만들고자 하느냐?"
모두들 말하는 자가 없었는데, 사거기謝車騎[謝玄]①가 대답했다.①
"비유하자면 지란芝蘭과 옥수玉樹를 그들의 섬돌과 뜰에서 자라게 하고자 할 따름입니다."
①·사거기는 사현謝玄이다.

[역주]……………………
① 謝車騎[謝玄] : 謝玄은 謝安의 조카임.
[참고] 『晉書』79, 『太平御覽』961.

謝太傅問諸子姪; "子弟亦何預人事, 而正欲使其佳?" 諸人莫有言者, 車騎答曰;① "譬如芝蘭玉樹, 欲使其生於階庭耳."
①·謝玄.

──────── • 2 : 093 [0140]

도일도인道壹道人[竺道壹]①은 말을 잘 꾸며서 하길 좋아했다.① 도성[建康]에서 동산東山②으로 돌아오는 길에 오중吳中③을 지나게 되었는데, 도중에 눈이 내렸지만 그다지 춥지는 않았다. 그가 도착하자 여러 도인들이 그가 길에서 겪은 일을 물어보자, 일공壹公[竺道壹]이 말했다.
"매서운 바람과 서리는 말할 것도 없고 우선 싸락눈이 참담하게 흩날려④ 마을이 회오리바람 속에서 언뜻언뜻 보이고 숲과 바위가 금세 하얗게 되어버리더군."

① ◦ 왕순王珣의 「유엄릉뢰시서遊嚴陵瀨詩敍」: 도일은 성이 축씨竺氏다.
　◦ 『명덕사문제목明德沙門題目』: 도일은 문재文才가 뛰어났다.
　◦ 손작孫綽이 그를 위해 지은 「찬讚」⑤ : 이곳저곳 바삐 돌아다니며 유세하되 그 말이 진정 허황되지 아니하네. 오직 이 일공만이 침착하게 여유 있도다. 비유하자면 봄 동산에 향기로운 꽃이 만발하고, 나무 가지가 무성하며 줄기가 꼿꼿이 서 있는 것 같도다.

[역주]........................
① 道壹道人[竺道壹] : 『高僧傳』 권5에서 "竺道壹, 姓陸, 吳人也. 少出家, 貞正有學業, 而晦迹隱智, 人莫能知之. 晉太和中出都, 止瓦官寺, 從汰公受學, 數年之中, 思澈淵深, 講傾都邑. 晉簡文深所知重. 及帝崩汰死, 壹乃還東, 止虎丘山. 隆安中遇疾而卒, 卽葬山南, 春秋七十有一矣."라고 함.
② 東山 : 會稽郡의 東山을 말함.
③ 吳中 : 江蘇省 吳縣[지금의 蘇州].
④ 우선 싸락눈이 참담하게 흩날려 : 원문은 "先集其慘澹". 『詩經』 「小雅·頍弁」에서 "如彼雨雪, 先集其霰."이라 함.
⑤ 「讚」: 『高僧傳』 권5에 실려 있는데 문자의 출입이 다소 있음.

道壹道人好整飾音辭.① 從都下還東山, 經吳中, 已而會雪下, 未甚寒. 諸道人問在道所經, 壹公曰; 風霜固所不論, 乃先集其慘澹, 郊邑正自飄瞥, 林岫便自皓然.
① ◦ 王珣「遊嚴陵瀨詩敍」曰; 道壹姓竺氏.
　◦ 『名德沙門題目』曰; 道壹文鋒富贍.
　◦ 孫綽爲之「贊」曰; 馳騁遊說, 言固不虛. 唯玆壹公, 綽然有餘. 譬若春圃, 載芬載敷. 條柯猗蔚, 枝榦扶疏.

장천석張天錫이 양주涼州자사가 되어 서쪽 지방에서 왕을 참칭했다가, 전진前秦의 부견苻堅에게 사로잡혀 시중侍中으로 기용되었다. 나중에 수양壽陽에서 함께 패전하여① 도성[建康]으로 귀순했다가,1 이번에는 효무제孝武帝[司馬曜]에게 등용되었다. 매번 조정에 들어갈 때마다 온종일 효무제와 담론하곤 했는데, 그를 못내 시기하는 자가 어떤 자리에서 장천석에게 물었다.

"북방에서는 어떤 물건이 귀한 것이오?"

장천석이 말했다.

"오디는 달고도 향긋하여 올빼미가 이를 먹으면 그 날카로운 소리가 부드럽게 변하고,2 순수한 타락은 온순한 성품을 길러주어 사람들이 이를 먹으면 시기하는 마음이 없어집니다."3

1 ◦ 장자張資의 『양주기涼州記』: 장천석은 자가 순하純瑕②며 안정安定 오지烏氏 사람으로 장이張耳의 후예다. 증조부 장궤張軌는 영가永嘉연간(307~313)에 양주자사가 되었는데, 도성에 큰 변란이 일어나자③ 마침내 양주를 근거지로 세력을 키웠다. 장천석은 그 지위를 찬탈하여 스스로 양주목涼州牧에 올랐다. 그 뒤 부견이 대장 요장姚萇을 보내 양주를 침공하여 장천석이 장안長安으로 귀순하자, 부견이 그를 시중과 비부상서比部尙書에 기용하고 귀의후歸義侯라 했다. 부견을 따라 수양의 싸움에 나갔다가 부견의 군대가 패하자 마침내 남쪽 건강建康으로 귀순하여 산기상시散騎常侍와 서평공西平公에 제수되었다.

◦ 『중흥서中興書』: 장천석은 나중에 가난을 이유로 여강廬江태수에 임명되었으며, 죽은 뒤에 시중으로 추증되었다.④

2 ◦ 『시경詩經』「노송魯頌」⑤: 펄펄 나는 저 부엉이, 반수泮水 숲에 모이도다. 내 오디 따먹고, 나에게 좋은 소리 보내주렴.

3 ◦ 『서하구사西河舊事』: 하서河西⑥의 땅은 소와 양이 살찌고 타락이 그야말로 순수하다. 가죽 위에 타락을 쏟아도 조금도 번져나가지 않는다.

[역주]
① 壽陽에서 함께 패전하여 : 383년에 일어났던 淝水의 전쟁을 말함.
② 純嘏 : 『晉書』 권86 「張天錫傳」에 따르면, 처음에는 字를 公純嘏라고 했는데 입조한 뒤 사람들이 字가 세 글자라고 웃자 '公'자를 떼버렸다고 함.
③ 큰 변란이 일어나자 : 永嘉의 亂을 말함.

④ 시중으로 추증되었다 : 『晉書』「張天錫傳」에는 "卒年六十一, 追贈金紫光祿大夫."라 되어 있고, 『太平御覽』 권114에 인용된 『十六國春秋』「前涼錄」에는 "薨, 贈鎭西將軍, 諡悼公."이라 되어 있음.
⑤ 『詩經』「魯頌」:「泮水」편에 나옴.
⑥ 河西 : 黃河 이서의 지역.

[참고] 『晉書』86, 『藝文類聚』87, 『太平御覽』973.

張天錫爲涼州刺史, 稱制西隅. 旣爲符堅所禽, 用爲侍中. 後於壽陽俱敗, 至都,① 爲孝武所器. 每入, 言論無不竟日. 頗有嫉之者, 於坐問張; "北方何物可貴?" 張曰; "桑椹甘香, 鴟鴞革響,② 淳酪養性, 人無嫉心."③

①・張資『涼州記』曰; 天錫, 字純嘏, 安定烏氏人, 張耳後也. 曾祖軌, 永嘉中爲涼州刺史, 値京師大亂, 遂據涼土. 天錫簒位, 自立爲涼州牧. 符堅使將姚萇攻沒涼州, 天錫歸長安, 堅以爲侍中・比部尙書・歸義侯. 從堅至壽陽, 堅軍敗, 遂南歸. 拜散騎常侍・西平公.
・『中興書』曰; 天錫後以貧拜廬江太守. 薨, 贈侍中.
②・『詩』「魯頌」曰; 翩彼飛鴞, 集于泮林. 食我桑椹, 懷我好音.
③・『西河舊事』曰; 河西牛羊肥, 酪過精好. 但寫酪置革上, 都不解散也.

--------- • 2 : 095 [0142]

고장강顧長康[顧愷之]이 환선무桓宣武[桓溫]①의 묘에 참배하고 시를 지어 말했다.

"산이 무너지고 바다가 고갈되니, 물고기와 새는 장차 어디에 의지할거나?"①

어떤 사람이 그에게 물었다.

"당신은 그토록 환온桓溫에게 의지함이 심하니, 곡하는 형상을 한 번 볼 수 있겠소?"

고장강이 말했다.

"코에서 나오는 숨소리는 광막廣莫의 거센 바람 같고, 눈에서 흐르는 눈물은 급류가 터져 흐르는 듯하네."②

일설에는 "소리는 지진과 번개가 산을 찢는 듯하고, 눈물은 하수

河水를 기울여 바다에 붓는 듯하네"라고 했다고도 한다.

① · 송宋 명제明帝의 『문장지文章志』: 고개지顧愷之는 환온의 참군參軍이 되었으며, 매우 친애함을 받았다.

② 『춘추고이우春秋考異郵』②: 부주풍不周風이 분지 45일 뒤에 광막풍廣莫風이 분다.③ '광막'은 오로지 크게 갖추었다는 뜻이다. 대개 북풍을 말하며 한풍寒風이라고도 한다.

[역주] ························
① 桓宣武[桓溫]: 환온은 海西公 司馬奕을 폐위하고 簡文帝 司馬昱을 옹립하여 남몰래 제위를 찬탈하려다가 뜻을 이루지 못하고 병들어 죽음.
② 『春秋考異郵』: 淸 葉德輝의 『世說新語注引用書目』에는 「緯讖部」에 들어가 있음. 梁代의 『春秋緯』 30권 가운데 하나라고 함.
③ 不周風이 분 지 45일 뒤에 廣莫風이 분다: 『淮南子』 「天文訓」에서 "不周風至, 四十五日廣莫風至."라고 함. '부주풍'은 서북풍이고, '광막풍'은 북풍임.

[참고] 『晉書』92.

顧長康拜桓宣武墓, 作詩云; "山崩溟海竭, 魚鳥將何依?"① 人問之曰; "卿憑重桓乃爾, 哭之狀其可見乎?" 顧曰; "鼻如廣莫長風, 眼如懸河決溜."② 或曰; "聲如震雷破山, 淚如傾河注海."
① · 宋明帝『文章志』曰; 愷之爲桓溫參軍, 甚被親暱.
② · 『春秋考異郵』曰; 距不周風四十五日, 廣莫風至. 廣莫者, 精大備也. 蓋北風也, 一曰寒風.

──────── • 2 : 096 [0143]

모백성毛伯成[毛玄]이 자기의 재기를 자부하여 늘 말했다.

"차라리 난초[蘭]가 되어 꺾이고 옥玉이 되어 부서질지언정, 들쑥[蕭]이 되어 무성하고 약쑥[艾]이 되어 번성하지는 않겠다."①

① · 『정서료속명征西寮屬名』: 모현毛玄은 자가 백성이며 영천潁川사람이다. 벼슬이 정서장군征西將軍[桓溫]의 행군참군行軍參軍에 이르렀다.

[역주] ························
① 난초[蘭], 玉, 들쑥[蕭], 약쑥[艾]: 「離騷」에서 "人好惡其不同兮, 惟此黨人其獨異. 戶服艾以盈要兮, 謂幽蘭其不可佩." "何昔日之芳草兮, 今直爲此蕭艾也."라고 함.

毛伯成既負其才氣, 常稱; "寧爲蘭摧玉折, 不作蕭敷艾榮."[1]
[1]◦『征西寮屬名』曰; 毛玄, 字伯成, 潁川人. 仕至征西行軍參軍.

• 2 : 097 [0144]

  범녕范甯이 예장豫章태수가 되었을 때,[1] 4월 초파일에 청불례請佛禮[①]를 올리면서 목간木簡[②]에 찬불문讚佛文을 적어 보냈는데, 여러 스님들은 이를 어떻게 해야 할지 몰라 고민했다.[③] 어떤 이는 답례를 하자고도 했다. 그러던 차에 한 사미승沙彌僧[④]이 말석에 앉아 있다가 말했다.
  "세존께서 묵묵히 계신 것을 보니 허락해도 괜찮을 것입니다."[⑤]
그러자 모두들 그의 뜻에 따랐다.

[1]◦『중흥서中興書』: 범녕은 자가 무자武子며 신양현愼陽縣사람이다. 박학하고 서책을 두루 섭렵했다. 여러 벼슬을 거쳐 중서랑中書郎과 예장태수에 등용되었다.

[역주]⋯⋯⋯⋯⋯⋯⋯⋯⋯⋯
① 請佛禮 : 부처께서 임하시도록 공양을 드리는 의식.
② 木簡 : 원문은 "板". 당시 관공서에서 보내는 공문은 통상 목간을 이용했음. 漢代 중엽부터 성행하기 시작한 簡策의 사용은 종이가 발명된 뒤에도 계속되어 晉代에도 이를 답습함.
③ 여러 스님들은~고민했다 : 갑자기 태수로부터 서찰을 받자 스님들이 당황하여 속인들처럼 답례를 해야 할지 말아야 할지를 놓고 고민한 것을 말함.
④ 沙彌僧 : 범어 Sramana의 음역. 출가하여 佛門에 들어가 修行中인 어린 스님을 말함.
⑤ 세존께서~것입니다 : 원문은 "世尊默然, 則爲許可." 『高僧傳』 권11 「杯度傳」에서 "佛法默然, 已爲許矣."라고 함.

范甯作豫章,[1] 八日請佛有板. 衆僧疑, 或欲作答. 有小沙彌, 在坐末曰; "世尊默然, 則爲許可." 衆從其義.
[1]◦『中興書』曰; 甯, 字武子, 愼陽縣人. 博學通覽. 累遷中書郎·豫章太守.

• 2 : 098 [0145]

사마태부司馬太傅[司馬道子]가 밤에 서재에 앉아 있었는데,⬜1 그때 하늘에 뜬 달이 청명하여 실오라기 하나 가린 것이 없었다. 사마태부가 그것을 보고 아름답다고 감탄했더니, 사경중謝景重[謝重]이 옆에 있다가⬜2 대답했다.
"제 생각에는 엷은 구름이 약간 걸려 있는 것만 못합니다."
그러자 사마태부가 사경중에게 농담으로 말했다.
"그대의 마음이 맑지 않으면 그뿐이지 어찌 다시 일부러 맑디맑은 하늘①을 더럽히려고 하는가?"

⬜1 • 『효문왕전孝文王傳』: 효문왕②은 휘가 도자道子며 간문제의 다섯째아들이다. 회계왕會稽王에 봉해졌으며 사도司徒와 양주揚州자사를 지낸 뒤 태부에 올랐다. 환온桓溫에게 살해당했으며 승상丞相에 추증되었다.
⬜2 • 『속진양추續晉陽秋』: 사중謝重은 자가 경중이며 진군陳郡사람이다. 부친 사랑謝朗은 동양東陽태수였다. 사중은 총명하고 재기가 넘쳤다. 표기장군驃騎將軍[司馬道子]의 장사長史로 있다가 죽었다.

[역주]
① 맑디맑은 하늘 : 원문은 "太淸". 허공, 즉 하늘을 말함.
② 孝文王 : 『晉書』권64「簡文三子傳」에서는 "文孝王"이라 함.

[참고] 『晉書』79, 『藝文類聚』25.

司馬太傅齋中夜坐,⬜1 于時天月明淨, 都無纖翳. 太傅歎以爲佳, 謝景重在坐,⬜2 答曰; "意謂乃不如微雲點綴." 太傅因戲謝曰; "卿居心不淨, 乃復强欲滓穢太淸邪?"
⬜1 • 『孝文王傳』曰; 王諱道子, 簡文皇帝第五子也. 封會稽王, 領司徒 · 揚州刺史, 進太傅. 爲桓玄所害, 贈丞相.
⬜2 • 『續晉陽秋』曰; 謝重, 字景重, 陳郡人. 父朗, 東陽太守. 重明秀有才會, 終驃騎長史.

• 2 : 099 [0146]

왕중랑王中郞[王坦之?]①이 장천석張天錫을 매우 사랑하여 그에게 물었다.

"그대가 보기에 장강長江을 건너온 사람들이 강남東箚을 경영함에 있어서 그 행적에 무슨 뛰어나게 다른 점이 있소? 또한 오늘날의 선비들②은 지난날 중원의 선비들과 비교하여 어떻소?"

그러자 장천석이 말했다.

"유심幽深한 철리를 연구하는 것은 왕필王弼과 하안何晏으로부터 온 것이며, 때에 맞춰 법제를 제정하는 것은 순씨荀氏과 악씨樂氏③의 기풍입니다."①

왕중랑이 다시 말했다.

"그대는 식견이 그렇게 뛰어난데도 어찌하여 부견苻堅에게 사로잡혔소④?"②

장천석이 대답했다.

"양陽이 소멸하면 음陰이 살아나는 법입니다. 그러므로 하늘의 운행이 준屯하고 건蹇할 때는 비否와 박剝의 상을 이루게 되는 것입니다.⑤ 그러니 어찌 제가 비난받아야 합니까?"

① · 순의荀顗와 순욱荀勗은 법제를 제정했지만, 악씨에 대해서는 들은 바가 없다.

② · 장자張資의 『양주기凉州記』: 장천석은 식견이 뛰어나고 빼어난 인물로서, 훌륭한 명성이 젊어서부터 알려졌다.

[역주]……………………
① 王中郞[王坦之] : 程炎震의 『世說新語箋證』에서는 "坦之卒於寧康三年, 天錫肥水敗降, 不及見矣. 此中郞蓋別是一人."이라 하여 왕중랑이 王坦之가 아니라고 주장함.
② 오늘날의 선비들 : 원문은 "後來之彦". 뒤에 오는 선비, 즉 오늘날 젊은 세대의 훌륭한 인물을 말함.
③ 樂氏 : 樂廣으로 추정함.
④ 어찌하여 苻堅에게 사로잡혔소 : 「言語」94 注① 참조
⑤ 하늘의 운행이 屯하고 蹇할 때는 否와 剝의 상을 이루게 되는 것입니다 : 屯·蹇·否·剝은 모두 『易』의 卦다. 屯·蹇은 머뭇대고 절룩거리며 걷는 모습이며, 否·剝은 음이 성하고 양이 쇠하는 모습으로 소인이 현자를 억누르는 난세를 상징함.

王中郎甚愛張天錫, 問之曰; "卿觀過江諸人經緯江左, 軌轍有何偉異? 後來之彦, 復何如中原?" 張曰; "研求幽邃, 自王·何以還, 因時脩制, 荀·樂之風." ①
王曰; "卿知見有餘, 何故爲符堅所制?" ② 答曰; "陽消陰息, 故天步屯蹇, 否剝成象, 豈足多譏?"

① ▫ 荀顗·荀勖脩定法制, 樂則未聞.
② ▫ 張資『涼州記』曰; 天錫明鑒穎發, 英聲少著.

——————— • 2 : 100 [0147]

사경중謝景重[謝重]의 딸이 왕효백王孝伯[王恭]의 아들에게 시집갔는데, 두 집안의 어른들은 서로 매우 경애했다.① 사경중이 사마태부司馬太傅[司馬道子]의 표기장사驃騎長史로 있을 때 탄핵을 당하자, 왕효백이 즉시 그를 자기의 장사로 삼고 진릉군晉陵郡의 태수직을 겸임시켰다. 사마태부는 오래 전부터 왕효백과 사이가 좋지 않았던 터라 그로 하여금 사경중을 얻지 못하게 하려고 다시 사경중을 자의참군諮議參軍으로 삼았다. 겉으로는 인재를 붙잡아두는 척했으나 사실은 둘 사이를 갈라놓고자 한 것이었다.

왕효백이 모반에 실패한 뒤①에 사마태부가 동부성東府城을 돌며 행산行散했는데,②② 관리들이 모두 남문에서 그를 맞이하여 배례拜禮했다. 그때 사마태부가 사경중에게 말했다.

"왕녕王甯[王恭]③의 모반③은 경이 그 계책을 꾸몄다고들 하던데."

사경중은 조금도 두려워하는 기색 없이 홀笏을 여미고서 대답했다.

"악언보樂彦輔[樂廣]가 '어찌 다섯 아들을 한 딸과 바꾸리오?'④라는 말을 했습니다."

사마태부는 그 대답을 훌륭하다고 여겨 술을 들어 그에게 권하며 말했다.

"그래서 훌륭하군. 그래서 훌륭해!"

1. 『사녀보謝女譜』⑤ : 사중謝重의 딸 사월경謝月鏡이 왕공王恭의 아들 왕음지王愔之에게 시집갔다.
2. 『단양기丹陽記』: 동부성 서쪽에는 간문제簡文帝가 회계왕會稽王으로 있을 때의 저택이 있고, 동쪽에는 효문왕孝文王 사마도자司馬道子의 저택이 있는데, 사마도자는 양주揚州를 다스릴 때에도 여전히 그 저택에 거했으므로 속칭 '동부'라 한다.
3. 아녕阿甯은 왕공의 어릴 적 자다.

[역주]..........
① 왕효백이 모반에 실패한 뒤 : 安帝 隆安 2년(398) 가을에 王孝伯이 庾楷·殷仲堪·桓玄·楊佺期 등과 함께 계획을 세워 모반했다가 실패함.
② 行散했는데 : 「德行」41 [역주]① 참조
③ 王甯[王恭] : 劉孝標 注에 따르면 '阿甯'의 오기로 보임.
④ 어찌 다섯 아들을 한 딸과 바꾸리오 : 「言語」25 참조. 참고로 謝重에게는 絢·瞻·晦·㬋·遯의 다섯 아들이 있었음.
⑤ 『謝女譜』: 『謝氏譜』의 誤記로 보임.

謝景重女適王孝伯兒, 二門公甚相愛美.1 謝爲太傅長史, 被彈, 王卽取作長史, 帶晉陵郡. 太傅已構嫌孝伯, 不欲使其得謝, 還取作咨議. 外示縈誰, 而實以乖閒之. 及孝伯敗後, 太傅繞東府城行散,2 僚屬悉在南門要望候拜. 時謂謝曰; "王甯異謀,3 云是卿爲其計." 謝曾無懼色, 斂笏對曰; "樂彦輔有言; '豈以五男易一女?'" 太傅善其對, 因擧酒勸之曰; "故自佳! 故自佳!"
1. 『謝女譜』曰; 重女月鏡, 適王恭子愔之.
2. 『丹陽記』曰; 東府城西有簡文爲會稽王時第, 東則孝文王道子府. 道子領揚州, 仍住先舍, 故俗稱東府.
3. 阿甯, 王恭小字也.

• 2 : 101 [0148]

환현桓玄이 의흥군義興郡에서 돌아온 뒤에 사마태부司馬太傅[司馬道子]를 뵈었는데, 사마태부는 이미 취해 있었고 주연에는 손님들이 많았다. 사마태부가 어떤 사람에게 물었다.

"환온桓溫이 와서 모반하려 하니 어쩌면 좋겠소①?"①

환현은 엎드려 일어날 수가 없었다. 사경중謝景重[謝重]이 그때 사마태부의 표기장사驃騎長史로 있었는데, 홀笏을 들고서 대답했다.

"돌아가신 선무공宣武公[桓溫]은 어리석은 천자를 내쫓고 성명聖明하신 천자를 등극시키셨으니, 그 공이 이윤伊尹·곽광霍光②보다 뛰어납니다. 그러니 분분한 논의는 천자의 높으신 식견③으로 판단하실 것입니다."

그러자 사마태부가 말했다.

"내 알겠소! 알겠어!"

그러면서 즉시 술잔을 들고 말했다.

"환의흥桓義興[桓玄], 경 한 잔 받으시오!"

나중에 환현이 물러날 때 사마태부가 자기의 잘못을 사과했다.②

① · 『진안제기晉安帝紀』: 환온桓溫이 고숙姑孰에 있을 때 조정에 넌지시 구석문九錫文④을 요구하자, 사안謝安이 이부랑吏部郎 원굉袁宏에게 그 초안을 작성케 하여 복야僕射 왕표지王彪之에게 보였더니, 왕표지가 안색을 고치며 말했다.

"장부가 어찌 이러한 일을 남에게 발설할 수 있으리오⑤?"

그래서 사안이 천천히 그의 계획을 묻자 왕표지가 말했다.

"듣자하니 환온의 병이 이미 위독하다 하니 그 일은 잠시 늦추어도 될 것입니다."

사안이 이를 따랐으므로 그 일은 실행되지 않았다.

② · 단도란檀道鸞이 『속진양추續晉陽秋』에서 논평했다.

"사마도자司馬道子는 말하는 데 경솔하고⑥ 사중謝重은 분분한 어려운 문제를 능히 풀 수 있다 할 만하다."

[역주]··················

① 桓溫이 와서 모반하려 하니 어쩌면 좋겠소 : 이 말은 桓玄의 아버지 桓溫이 10여 년 전에 입조하여 簡文帝를 옹립하고 제위찬탈을 꾀하다가 병사한 일을 가지고 이제 다시 입조한 환현을 비꼰 것임. 환현은 환온의 庶子임.

② 伊尹·霍光 : 이윤은 殷나라의 어진 재상으로 夏나라의 桀王을 토벌하고 湯王

을 보좌하여 천자가 되게 한 賢臣. 곽광은 前漢人으로 昭帝의 뒤를 이은 昌邑王 劉賀가 음란한 행위를 저지르자 그를 폐위시키고 宣帝를 옹립한 賢臣.
③ 천자의 높으신 식견 : 원문은 "聖鑒". 여기서는 孝武帝를 가리킴. 효무제의 아버지인 簡文帝는 桓溫에 의해 옹립되었음.
④ 九錫文 : 큰 공을 세운 權臣을 칭송하고 아울러 그 사람에게 제위를 선양할 준비를 하기 위한 조서로서, 漢나라 王莽에서부터 비롯되었다고 함. 남조 宋·齊·梁·陳의 왕조창업 때는 반드시 이 구석문을 작성하여 포고했음.
⑤ 장부가 어찌 이러한 일을 남에게 발설할 수 있으리오 : 『晉書』 권79 「謝安傳」과 권98 「桓溫傳」에는 王坦之가 한 말로 되어 있음.
⑥ 말하는 데 경솔하고 : 원문은 "易於由言". 『詩經』 「小雅·小弁」에 "君子無易由言"이라는 구절이 있음. 鄭箋에서 "由"는 "用也"라고 함.

[참고] 『晉書』 64.

桓玄義興還後, 見司馬太傅. 太傅已醉, 坐上多客. 問人云; "桓溫來欲作賊, 如何?" ① 桓玄伏不得起. 謝景重時爲長史, 擧板答曰; "故宣武公黜昏暗, 登聖明, 功超伊·霍. 紛紜之議, 裁之聖鑒." 太傅曰; "我知! 我知!" 卽擧酒云; "桓義興, 勸卿酒!" 桓出謝過. ②

① ▪ 『晉安帝紀』曰; 溫在姑孰, 諷朝廷求九錫, 謝安使吏部郞袁宏具其草, 以示僕射王彪之. 彪之作色曰; "丈夫豈可以此事語人邪?" 安徐問其計, 彪之曰; "聞其疾已篤, 且可緩其事." 安從之, 故不行.
② ▪ 檀道鸞論之曰; 道子可謂易於由言, 謝重能解紛紜矣.

환선무桓宣武[桓溫]가 진진鎭을 남주南州로 옮긴 뒤 도로를 평탄하고 곧게 정비했다. 어떤 사람이 왕동정王東亭[王珣]에게 말했다. ①

"왕승상王丞相[王導]이 처음 건강建康에 도읍을 축조할 때 옛 제도를 따르지 않고 도로를 구불구불 굴곡지게 만들었는데, 지금과 비교하면 더 못한 듯합니다." ②

그러자 왕동정이 말했다.

"그것이 바로 왕승상이 훌륭하다고 여겨지는 점이오. 강남의 땅은 협소하여 중원과는 다르오. 만약 도로를 종횡으로 쭉 통하게 하면① 한눈에 다 들어오게 되므로, 이리저리 구불구불 굴곡지게 하여 얼른 알아보지 못하게 한 것이오."

1 。『왕사도전王司徒傳』: 왕순王珣은 자가 원림元琳이며 승상 왕도王導의 손자이자 영군領軍 왕흡王洽의 아들이다. 그는 어려서부터 맑고 빼어난 인품으로 이름났었다. 대사마大司馬 환온桓溫이 그를 불러 주부主簿로 삼았다. 그는 환온을 따라 원진袁眞을 토벌하여 교지交阯 망해현望海縣 동정후東亭侯에 봉해졌다. 여러 벼슬을 거쳐 상서좌복야尙書左僕射에 기용되었으며, 인재선발을 담당하여 상서령尙書令에 올랐다.

2 。『진양추晉陽秋』: 소준蘇峻이 이미 주살당하고 대란이 평정된 뒤에 보니 도읍이 황폐해져 있었다. 그래서 온교溫嶠는 예장豫章으로 도읍을 옮겨 번영과 안정을 도모하자고 주장했으며, 조정의 관리와 삼오三吳②의 호족들은 회계會稽로 천도할 것을 주장했다. 그러나 왕도는 혼자 이렇게 주장했다.

"천도하는 것은 옳지 않소. 건업建業[吳의 도읍지]은 옛날의 말릉秣陵[秦·漢代의 지명]이었으며, 고래로 제왕이 다스리던 기념물이 남아 있소. 또한 손중모孫仲謀[孫權]와 유현덕劉玄德[劉備] 등도 모두 이 땅이 왕자王者의 택지라고 생각했소. 지금 비록 황폐해지긴 했지만 '백성들을 위로하여 돌아와 정착케 하는'③ 도리를 닦아 백성들의 마음을 진정시키는 것이 마땅하오. 그렇게 하여 또한 주거지가 모두 완성되면 다시 번영하지 못할 것을 어찌 걱정하겠소?"

결국 백성들이 평강과 안녕을 되찾았으니 그것은 왕도의 정책덕분이다.

[역주]
① 만약 도로를 종횡으로 쭉 통하게 하면 : 원문은 "若使阡陌條暢". "阡陌"은 동서남북 종횡으로 난 도로를 말함.
② 三吳 : 吳郡·吳興·丹陽을 말함.
③ 백성들을 위로하여 돌아와 정착케 하는 : 원문은 "勞來旋定". "勞來"는 위로한다는 뜻. "旋定"은 돌아와 정착한다는 뜻으로 옛 주거지로 돌아와 편안히 정착하는 것을 말함.『詩經』「小雅·鴻雁·序」에서 "鴻雁, 美宣王也. 萬民離散, 不安其居, 而能勞來還定安集之, 于矜寡無不得其所焉."이라 함.

宣武移鎭南州, 制街衢平直. 人謂王東亭曰;1 "丞相初營建康, 無所因承, 而制置紆曲, 方此爲劣."② 東亭曰; "此丞相乃所以爲巧. 江左地促, 不如中國. 若使 阡陌條暢, 則一覽而盡, 故紆餘委曲, 若不可測."

①◦『王司徒傳』曰; 王珣, 字元琳, 丞相導之孫, 領軍洽之子也. 少以淸秀稱. 大司馬桓溫辟 爲主簿, 從討袁眞, 封交趾望海縣東亭侯. 累遷尙書左僕射, 領選, 進尙書令.
②◦『晉陽秋』曰; 蘇峻旣誅, 大事克平之後, 都邑殘荒. 溫嶠議徙都豫章, 以卽豐全. 朝士及 三吳豪傑, 謂可遷都會稽. 王導獨謂; "不宜遷都. 建業, 往之秣陵, 古者旣有帝王所治之表, 又孫仲謀·劉玄德俱謂是王者之宅. 今雖凋殘, 宜修勞來旋定之道, 鎭靜羣情. 且百堵皆作, 何患不克復乎?" 終至康寧, 導之策也.

―――――― • 2 : 103 [0150]

환현桓玄이 은형주殷荊州[殷仲堪]를 방문했는데, 은형주가 첩의 방에서 낮잠을 자고 있었다. 그래서 좌우사람들에게 면회를 청했으나 도무지 들어갈 수가 없었다. 환현이 나중에 이 일을 얘기하자 은형주가 말했다.

"처음부터 자지 않았소. 설사 자고 있었다 한들 어찌 '현현역색賢賢易色'①하지 않으리오?"①

①◦『논어』 공안국孔安國 주 : 여색을 좋아하는 마음으로 현인을 좋아하면 훌륭하다는 의미다.

[역주]‥‥‥‥‥‥‥‥‥‥‥‥
① 賢賢易色 : 『論語』「學而」에 나오는 구절.

桓玄詣殷荊州, 殷在妾房晝眠, 左右辭不之通. 桓後言及此事, 殷云; "初不眠. 縱有此, 豈不以'賢賢易色'也?"①

①◦孔安國注『論語』曰; 言以好色之心好賢人, 則善.

―――――― • 2 : 104 [0151]

환현桓玄이 양부羊孚에게 물었다.①

"어찌하여 모두들 오吳땅의 말을 중히 여기는지요?"

양부가 말했다.

"틀림없이 그 말이 낭랑하고 경쾌하기 때문일 것이오."

1 ▫『양씨보羊氏譜』: 양부는 자가 자도子道며 태산泰山사람이다. 조부 양해羊楷는 상서랑尙書郞이었으며, 부친 양수羊綏는 중서랑中書郞이었다. 양부는 태학박사太學博士・주별가州別駕・태위참군太尉參軍을 역임했다. 46세에 죽었다.①

[역쥐]
① 46세에 죽었다:「傷逝」18에서는 "羊孚年三十一卒"이라고 함.

桓玄問羊孚;1 "何以共重吳聲?" 羊曰; "當以其妖而浮."

1 ▫『羊氏譜』曰; 孚, 字子道, 泰山人. 祖楷, 尙書郞. 父綏, 中書郞. 孚歷太學博士・州別駕・太尉參軍. 年四十六卒.

———————————— • 2 : 105 [0152]

사혼謝混이 양부羊孚에게 물었다.

"어찌하여 그릇 가운데서 호련瑚璉을 높이 칩니까?"1

양부가 말했다.

"그것은 틀림없이 신을 맞아들이는 제기祭器이기 때문일 것이오."

1 ▫『진안제기晉安帝紀』: 사혼은 자가 숙원叔源이며 진군陳郡사람으로, 사공司空 사염謝琰의 막내아들이다. 그는 학문을 갈고 닦아 이름을 세웠다. 여러 벼슬을 거쳐 중서령中書令과 상서좌복야尙書左僕射에 기용되었다. 유의劉毅와 작당한 것에 연루되어 주살당했다.

▫『논어論語』① : 자공子貢이 물었다.

"저는 어떻습니까?"

그러자 선생님께서 말씀하셨다.

"너는 그릇이니라."

자공이 말했다.

"무슨 그릇입니까?"

그러자 말씀하셨다.

"호련이니라."

◦ 정현鄭玄의 주 : 호련은 서직黍稷을 담는 제기다. 하夏나라에서는 호瑚라 하고 은殷나라에서는 연璉이라 했다.

[역주]··········
① 『論語』:「公冶長」편에 나옴.

謝混問羊孚; "何以器擧瑚璉?"① 羊曰; "故當以爲接神之器."
①『晉安帝紀』曰; 混, 字叔源, 陳郡人, 司空琰少子也. 文學砥礪立名. 累遷中書令・尚書左僕射. 坐黨劉毅伏誅.
  ◦『論語』: 子貢問曰; "賜也何如?" 子曰; "汝器也" 曰; "何器也?" 曰; "瑚璉也."
  ◦ 鄭玄注曰; 黍稷器. 夏曰瑚, 殷曰璉.

• 2 : 106 [0153]

환현桓玄이 제위를 찬탈한 뒤에 어좌가 약간 내려앉자 여러 신하들이 당황해했다. 그때 시중侍中 은중문殷仲文이 나아가 아뢰었다.①
"그것은 틀림없이 성덕聖德이 깊고도 무거워 두터운 땅도 견딜 수 없기 때문일 것입니다."
당시 사람들이 그 말을 훌륭하다고 여겼다.

① ◦『속진양추續晉陽秋』: 은중문은 자가 중문仲文이며 진군陳郡사람이다. 조부 은융殷融은 태상太常, 부친 은강殷康은 오흥吳興태수를 지냈다. 은중문은 환현이 도성을 평정했다는 소식을 듣고 군태수郡太守직을 팽개치고① 투항했다. 환현은 매우 기뻐하여 그를 불러 자의참군諮議參軍으로 삼았다.
당시 왕밀王謐은 예우는 받았지만 친애 받지는 못했고, 변범지卞範之는 친애함은 받았지만 예우 받는 일은 드물었다. 그러나 은중문에 대한 총애는 극진해서 왕밀과 변범지에 대한 예우와 친애함을 겸했다. 환현이 제위를 찬탈하고 나서 보필한 공덕에 따라 귀한 벼슬을 주었으나 은중문은 스스로는 더욱 재물을 탐했다. 하사받은 거마車馬와 기복器服은 모두 지극히 아름다웠고, 후방의 기녀들이 수십 명에다 관현의 음악소리가 끊이지 않았다.
은중문은 성격이 매우 탐욕스럽고 인색하여 많은 뇌물을 받아 집안에 천금이나 쌓였으나 항상 부족해했다. 그러나 환현이 실각하자 은중문은 제일 먼저 의군義軍에 투항했다. 그는 여러 벼슬을 거쳐 시중과 상서尚書에 기용되었으나, 죄에 따라 주살당했다.

[역주]
① 郡太守직을 팽개치고 : 원문은 "棄郡". 『晉書』 권99 「殷仲文傳」에 따르면 그 당시 은중문은 新安太守로 있었다고 함. 또한 은중문은 환현의 누이를 아내로 맞았음.

[참고] 『晉書』99.

桓玄旣簒位後, 御牀微陷, 君臣失色. 侍中殷仲文進曰;① "當由聖德淵重, 厚地所以不能載." 時人善之.

① 『續晉陽秋』曰; 仲文, 字仲文, 陳郡人. 祖融, 太常. 父康, 吳興太守. 仲文聞玄平京邑, 棄郡投焉. 玄甚說之, 引爲咨議參軍. 時王謐見禮而不親, 卞範之被親而少禮. 其寵遇隆重, 兼於王・卞矣. 及玄簒位, 以佐命親貴, 厚自封崇. 輿馬器服, 窮極綺麗, 後房妓妾數十, 絲竹不絶音. 性甚貪吝, 多納賄賂, 家累千金, 常若不足. 玄旣敗, 先投義軍. 累遷侍中・尚書. 以罪伏誅.

• 2 : 107 [0154]

환현桓玄이 제위를 찬탈한 뒤 장차 제도를 고쳐 숙직하는 관청을 설치코자 하여 좌우신하들에게 물었다.
"호분중랑성虎賁中郞省은 마땅히 어느 곳에 설치하면 좋겠소?"
어떤 사람이 대답했다.
"그런 성省은 없습니다."
당시 이 말은 환현의 뜻에 크게 거슬렸다. 환현이 다시 물었다.
"어떻게 없다는 것을 아시오?"
그 사람이 대답했다.
"반악潘岳의 「추흥부서秋興賦敍」①에 '나는 호분중랑장虎賁中郞將②을 겸임하여 산기성散騎省에서 숙직했다'고 했습니다."①
이에 환현은 감탄하면서 훌륭한 답변이라고 칭찬했다.②

1 。반악은 따로 나온다.③
  。반악의「추흥부서」: 진晉 14년(278), 내 나이 32살에 처음으로 흰머리④가 났다. 나는 태위연太尉掾으로 호분중랑장을 겸임하여 산기성에서 숙직했는데, 높은 누각이 구름까지 닿아 햇빛조차 비치는 일이 드물었다. 나는 본디 시골사람인지라 조정의 반열에 서는 것이 두려웠다. 비유하면 연못 속의 물고기와 조롱 속의 새가 강이나 호수, 산이나 숲을 그리워하는 것과 같다. 그래서 붓을 적시고 종이를 펼쳐 탄식하며 부를 지었는데, 때마침 가을이 찾아들어「추흥부」라고 제목을 지었다.

2 。유겸지劉謙之의『진기晉紀』: 환현이 호분중랑장을 부활시켜 숙직하게 하는 것이 좋을지 어떨지 의문에 쌓여 막료들에게 물어보았으나 모두들 결정을 내리지 못했다. 그때 참군參軍 유간지劉簡之가 대답했다.

  "옛날 반악의「추흥부서」에서 '나는 호분중랑장을 겸임하여 산기성에서 숙직했다' 하니, 이 말로 미루어보면 숙직하는 것이 마땅할 것입니다."
  그러자 환현이 기뻐하며 그의 말에 따랐다.
  。이상은 본문과 내용이 약간 다르고 또한 본문에서는 대답한 자도 그 성명을 모르기 때문에 이를 상세히 기록한다.

[역주]⋯⋯⋯⋯⋯⋯⋯⋯⋯⋯⋯
① 「秋興賦敍」: 『文選』권13에 실려 있음.
② 虎賁中郞將: 궁중의 숙위에 해당하는 虎賁郞의 長으로 근위병을 통솔하는 우두머리. 中郞은 漢代의 宿衛官을 말하는 것으로 그 우두머리를 中郞將이라고 함.
③ 따로 나온다:「文學」70 劉注 1 에 나옴.
④ 흰머리: 원문은 "二毛". 흰머리와 섬은머리를 말함.

[참고]『文選』13注

桓玄旣簒位, 將改置直館, 問左右; "虎賁中郞省, 應在何處?" 有人答曰; "無省." 當時殊忤旨. 問; "何以知無?" 答曰; "潘岳「秋興賦敍」曰; '余兼虎賁中郞將, 寓直散騎之省.'" 1 玄咨嗟稱善. 2
1 。岳, 別見.
  。其賦敍曰; 晉十有四年, 余年三十二, 始見二毛. 以太尉掾兼虎賁中郞將, 寓直散騎之省. 高閣連雲, 陽景罕曜. 僕野人也, 猥廁朝列, 譬猶池魚籠鳥, 有江湖山藪之思. 於是染翰操紙, 慨然而賦. 于時秋至, 故以「秋興」命篇.
2 。劉謙之『晉紀』曰; 玄欲復虎賁中郞將, 疑應直與不, 訪之僚佐, 咸莫能定. 參軍劉簡之對曰; "昔潘岳「秋興賦敍」云; '余兼虎賁中郎將, 寓直於散騎之省.' 以此言之, 是應直也." 玄懽然從之.

▫ 此語微異, 又答者未知姓名, 故詳載之.

──────── • 2 : 108 [0155]

사령운謝靈運은 곡병립曲柄笠①을 쓰길 좋아했는데,1 공은사孔隱士 공순지孔淳之가 말했다.

"그대는 마음이 고원해지기를 희구하면서 어찌하여 곡개曲蓋 같은 외형의 차림새를 잊지 못하는 것이오?"2

사령운이 답했다.

"그림자를 두려워하는 자는 그것을 마음속에서 거의 잊을 수가 없지 않겠습니까②?"3

1 ▫ 구연지丘淵之의 『신집록新集錄』: 사령운은 진군陳郡 양하陽夏사람이다. 조부 사현謝玄은 거기장군車騎將軍이었으며, 부친 사환謝渙③은 비서랑秘書郞이었다. 사령운은 비서감秘書監・시중侍中・임천내사臨川內史를 역임했다. 죄를 지어 주살당했다.

2 ▫ 『송서宋書』: 공순지孔淳之는 자가 언심彦深이며 노국魯國사람이다. 젊어서부터 영달함을 사양하고 곤궁한 생활을 하여 벼슬에 초징되었으나 나아간 적이 없었다. 원가元嘉연간(424~453) 초에 산기랑散騎郞에 초징되었으나 응하지 않고 상우산上虞山에서 은거했다.

3 ▫ 『장자莊子』④: 어부가 공자孔子에게 말했다.

"그림자를 두려워하고 발자국을 싫어하여 그것들을 떨쳐버리려고 달리는 자가 있었는데, 발을 자주 옮길수록 발자국이 더욱 많아지고, 아무리 빨리 달려도 그림자가 떨어지지 않았습니다. 그래서 스스로 아직 느리다고 생각하여 쉬지 않고 질주하다가 힘이 다 빠져 그만 죽고 말았답니다. 그 사람은 그늘로 들어가면 그림자가 없어지고 가만히 있으면 발자국도 생기지 않는다는 것을 몰랐으니 어리석음이 심한 것이지요. 당신은 마음을 수양하고 진실을 지키려고 애쓰는데, 도리어 그러한 일일랑

남에게 맡겨버리면 번거로움이 없게 될 것입니다.⑤ 자기 몸은 수양하지 않고서 그것을 남에게서 구하는 것 또한 겉치레만을 일삼는 것이 아니겠습니까?"

[역주]……………………
① 曲柄笠 : 曲蓋라고도 하며 자루가 굽은 우산의 일종으로 주로 의장용으로 쓰임. 崔豹의 『古今注』 卷上 「輿服」에서 "曲蓋, 蓋太公所作也. 武王伐紂, 大風折蓋, 太公因折蓋之形而制曲蓋焉."이라고 함.
② 거의~없지 않겠습니까 : 원문은 "將不". "將無"와 같은 용법으로 쓰임. 「德行」 19, 「文學」 18 참조.
③ 謝渙 : 『晉書』 권79 「謝玄傳」과 『宋書』 권67 「謝靈運傳」 등에는 "瑍"이라 되어 있음.
④ 『莊子』 : 「漁父篇」에 나오는 대목.
⑤ 번거로움이 없게 될 것입니다 : 원문은 "無異矣". 그러나 『莊子』 「漁父」의 문장에는 "無所累矣"라 되어 있어서 그것에 따라 번역함.

[참고] 『蒙求』 中.

謝靈運好戴曲柄笠.① 孔隱士謂曰; "卿欲希心高遠, 何不能遣曲蓋之貌?"② 謝答曰; "將不畏影者, 未能忘懷."③
①。丘淵之『新集錄』曰; 靈運, 陳郡陽夏人. 祖玄, 車騎將軍. 父渙, 秘書郎. 靈運歷秘書監・侍中・臨川内史. 以罪伏誅.
②。『宋書』曰; 孔淳之, 字彦深, 魯國人. 少以辭榮就約, 徵聘無所就. 元嘉初, 散騎郎徵, 不到, 隱上虞山.
③。『莊子』云; 漁父謂孔子曰; "人有畏影惡跡而去之走者. 擧足逾數, 而跡逾多, 走逾疾, 而影不離. 自以爲遲, 疾走不休, 絶力而死. 不知處陰以休影, 處靜以息跡, 愚亦甚矣. 子脩心守眞, 還以物與人, 則無異矣. 不脩身而求之人, 不亦外事者乎?"

제3편

정 사
政 事
Affairs of State

본편은 『세상의 참신한 이야기, 세설신어』의 3번째 편으로 총 26조가 실려 있다.

　본편은 주로 동진東晉 통치 지배계급의 치적과 정계의 일화를 수록했는데, 당시 정치상황의 일단이 비교적 사실적으로 기록되어 있다. 위진魏晉 정계의 기풍은 일반적으로 청담을 숭상하고 실제업무에는 힘쓰지 않았다. 이러한 기풍이 조성된 이유 가운데 하나는 벼슬길이 거의 가세家世에 의하여 결정되고 개인적인 노력과는 별 관계가 없었기 때문이었고, 다른 하나는 벌족들 사이의 투쟁이 격렬하여 지나친 성실과 열성이 도리어 자신에게 해를 끼치게 될 가능성이 있었기 때문이었다. 따라서 본편에 수록된 26조의 고사 가운데 일부분은 전통적인 인정仁政에 관한 것이지만, 그 외의 상당부분은 당시의 정치상황과의 타협에서 생겨난 일종의 방임적인 시정施政에 관한 것이다. 그 전형적인 인물이 바로 '간이簡易'함과 '무위이치無爲而治'의 방법을 취한 왕도王導다.

　본편의 고사에 대한 올바른 감상과 공정한 평가를 위해서는 반드시 동진 정치의 실제상황을 함께 이해할 필요가 있다.

• 3 : 01 [0156]

진중궁陳仲弓[陳寔]이 태구太丘현령으로 있을 때, 관리 가운데서 어머니의 병을 사칭하여 휴가를 구한 자가 있었는데, 나중에 일이 발각되자 진중궁이 그를 잡아들여 형리刑吏에게 사형시키라고 했다. 주부主簿가 옥리獄吏에게 회부하여 다른 죄도 조사하도록 하자, 진중궁이 말했다.

"상관을 속였으니 불충이요, 어머니를 거짓으로 병들었다 했으니 불효다. 불충불효는 그 죄가 막대하니 다른 죄를 조사한들 이보다 더한 것이 있겠는가?"[1]

[1]。진식陳寔은 이미 다른 곳에서 나왔다.①

[역주]……………………
① 다른 곳에서 나왔다 :「德行」6 注[1]에 나왔음.

陳仲弓爲太丘長, 時吏有詐稱母病求假, 事覺收之, 令吏殺焉. 主簿請付獄, 考衆姦, 仲弓曰; "欺君不忠, 病母不孝. 不忠不孝, 其罪莫大, 考求衆姦, 豈復過此?"[1]

[1]。陳寔, 已別見.

• 3 : 02 [0157]

진중궁陳仲弓[陳寔]이 태구太丘현령으로 있을 때, 부자를 죽인 강도가 있었는데 관원이 그를 체포했다. 사건이 일어난 장소로 가던 도중에 주민 가운데 풀자리① 위에 아이를 낳고 거두지 않아 죽인 자가 있다는 말을 듣고서, 진중궁은 수레를 돌려 그곳부터 가서 일을 처리했다. 그러자 주부主簿가 말했다.

"강도가 더 큰일이니 마땅히 먼저 처리하셔야 합니다."

그러자 진중궁이 말했다.

"강도가 부자를 죽인 것이 어찌 골육이 서로 해치는 것과 같겠는가?"①

① ▫ 생각건대: 후한 때 가표賈彪에게는 이러한 일이 있었지만,② 진식陳寔에 대해서는 들어보지 못했다.

[역주]
① 풀자리: 원문은 "草". 임산부가 해산 때 자리에 까는 요. 産蓐이라고도 함.
② 賈彪에게는 이러한 일이 있었지만: 『後漢書』권67 「賈彪傳」에 보임.

[참고] 『後漢書』67.

陳仲弓爲太丘長, 有劫賊殺財主, 主者捕之. 未至發所, 道聞民有在草不起子者, 回車往治之. 主簿曰; "賊大, 宜先按討." 仲弓曰; "盜殺財主, 何如骨肉相殘?"①
① ▫ 按; 後漢時賈彪有此事, 未聞寔也.

• 3:03 [0158]

진원방陳元方[陳紀]이 11살 때① 원공袁公을 방문했는데 원공이 물었다.

"그대의 부친[陳寔]이 태구太丘의 현령으로 있을 때 원근사람들이 모두 칭송했는데, 시행한 바가 무엇이었는가?"

진원방이 말했다.

"저희 부친께서 태구에 계실 때에 강폭한 자는 덕德으로 달래고 유약한 자는 인仁으로 어루만져 각기 편안한 바를 따르게 했더니, 날이 갈수록 더욱 부친을 경애했습니다."②

다시 원공이 말했다.

"내가 지난날 일찍이 업鄴의 현령으로 있을 때도 바로 그러한 일을 행했었지. 그러니 그대의 부친이 나를 본받았는지 내가 그대의 부친을 본받았는지 모르겠군."③

그러자 진원방이 말했다.

"주공周公과 공자孔子는 시대를 달리하여 세상에 나왔지만 그 몸가짐과 행동이 그야말로 똑같았습니다. 그러나 주공은 공자를 스승삼지 않았고 공자도 주공을 스승삼지 않았습니다."

①▫ 진기陳紀는 이미 나왔다.[1]

②▫ 원굉袁宏의 『한기漢紀』: 진식陳寔이 태구의 현령으로 있을 때, 그 정치가 엄하지 않으면서도 잘 다스려져서 백성들이 그를 존경했다.

③▫ 여러 『한서漢書』를 살펴보아도 원씨 제공諸公 가운데 누가 업의 현령을 지냈는지 알 수 없다. 그래서 그에 대한 주注를 빼놓아 식자를 기다리기로 한다.

[역주]┈┈┈┈┈┈┈┈┈┈┈┈┈┈┈┈┈
[1] 이미 나왔다: 「德行」6 注①에 나왔음.

陳元方年十一時① 候袁公. 袁公問曰; "賢家君在太丘, 遠近稱之, 何所履行?" 元方曰; "老父在太丘, 彊者綏之以德, 弱者撫之以仁, 恣其所安, 久而益敬."② 袁公曰; "孤往者嘗爲鄴令, 正行此事. 不知卿家君法孤, 孤法卿父?"③ 元方曰; "周公·孔子, 異世而出, 周旋動靜, 萬里如一. 周公不師孔子, 孔子亦不師周公."
①▫ 陳紀, 已見.
②▫ 袁宏 『漢紀』曰; 寔爲太丘, 其政不嚴而治, 百姓敬之.
③▫ 檢衆 『漢書』, 袁氏諸公, 未知誰爲鄴令. 故闕其文, 以待識通者.

──────── • 3:04 [0159]

하태부賀太傅[賀邵]가 오군吳郡 태수로 있을 때, 처음에 문밖을 나서지 않았더니 오군의 여러 호족들이 그를 얕잡아 보고서 관아의 문에 이렇게 써 붙여놓았다.

"회계의 닭은 감히 울 수 없다."[1]

하태부가 이를 듣고 일부러 밖으로 나갔다가 문에 이르러 둘러보고서 붓을 찾아 그것에 이어서 썼다.

"울 수는 없지만 오군의 조무래기는 죽일 수 있다."

그리고는 여러 주둔지를 돌아다니면서 고씨顧氏과 육씨陸氏 등이 관병을 사병으로 사용하고 도망자를 숨겨준 일을 조사하여 모든 사실을 상부에 보고했는데, 죄진 자가 매우 많았다. 육항陸抗은 당시 강릉도독江陵都督으로 있었는데,[2] 일부러 도성까지 가서 손호孫皓[1]에게 부탁한 뒤에야 비로소 풀려났다.

> [1]・환제環濟의 『오기吳紀』: 하소夏邵는 자가 흥백興伯이며 회계 산음山陰사람이다. 조부 하제夏齊와 부친 하경夏景은 모두 훌륭한 관직[2]을 역임했다. 하소는 산기상시散騎常侍를 역임하고 지방으로 나와 오군태수를 지냈으며, 나중에 태자태부太子太傅로 전임되었다.
> [2]・『오록吳錄』: 육항은 자가 유절幼節이며 오군사람으로, 승상 육손陸遜의 아들이며 손책孫策의 외손이다. 강릉도독을 지냈으며 여러 벼슬을 거쳐 대사마大司馬와 형주목荊州牧에 기용되었다.
>
> [역주]
> ① 孫皓: 『三國志』 권48 「吳書」 本傳에는 "孫晧"라 되어 있음.
> ② 훌륭한 관직: 원문은 '美官'. 宋本에는 "吳官"이라 되어 있음.

賀太傅作吳郡, 初不出門. 吳中諸强族輕之, 乃題府門云; "會稽雞, 不能啼."[1]
賀聞, 故出行, 至門反顧, 索筆足之曰; "不可啼, 殺吳兒." 於是至諸屯邸, 檢校諸顧·陸役使官兵, 及藏逋亡, 悉以事言上, 罪者甚衆. 陸抗時爲江陵都督,[2]
故下請孫皓, 然後得釋.
> [1]・環濟『吳紀』曰; 賀邵, 字興伯, 會稽山陰人. 祖齊, 父景, 並歷美官. 邵歷散騎常侍, 出爲吳郡太守. 後遷太子太傅.
> [2]・『吳錄』曰; 抗, 字幼節, 吳郡人, 丞相遜子, 孫策外孫也. 爲江陵都督, 累遷大司馬·荊州牧.

• 3:05 [0160]

산공山公[山濤]은 도량이 중후하여 조정에서 신망을 받아 나이가 70이 넘어서도 당시의 중책을 맡고 있었다.[1] 귀족의 자제 가운데 화교和嶠・배해裴楷・왕제王濟와 같은 무리들이 모두 그를 추앙했다. 어떤 사람이 관청의 기둥에 이렇게 써놓았다.

"관청 동쪽[1]에 큰 소가 있는데, 화교가 굴레를 씌우고 배해가 고

삐를 쥐고 왕제가 어루만져주어 쉴 수가 없다." [2]

혹은 반니潘尼가 썼다고도 한다. [3]

[1] ▪ 우예虞預의 『진서晉書』: 산도山濤는 자가 거원巨源이며 하내河內 회懷사람이다. 조부는 고향 하내군의 효렴과孝廉科에 천거되었으며, 부친 산요山曜는 원구宛句의 현령이었다. 산도는 일찍이 부모를 여의고 가난하게 살았지만 어려서부터 기량이 뛰어나 명망 있는 선비들도 그를 업신여기지 못했다. 17살 때 어떤 친족이 선제宣帝[司馬懿]에게 말했다.

"산도는 틀림없이 경제景帝[司馬師; 선제의 장남], 문제文帝[司馬昭; 경제의 동생]와 함께 천하를 잘 통치할 인물입니다."

그러자 선제가 웃으며 말했다.

"그대의 집안은 소족小族인데 어떻게 그렇게 훌륭한 인물이 나올 수 있단 말인가?"

산도는 『노자老子』와 『장자莊子』를 좋아했으며 혜강嵇康과 친하게 지냈다. 하내종사河內從事②를 역임했다. 석감石鑒과 함께 역사驛舍에서 숙박할 때, 산도가 밤에 일어나 석감을 밟으며 말했다.

"지금이 어떤 때인데 잠을 자는 것이오? 사마태부司馬太傅[司馬懿]가 병상에 누운 것③이 무엇을 뜻하는 지나 아시오?"

그러자 석감이 말했다.

"재상이 3일 동안 조회에 참여치 못하면 조서④를 내려 사저로 돌아가 요양케 하는데, 그대는 무엇을 걱정하시오?"

이에 산도가 말했다.

"이런! 석생石生, 그대는 말발굽 사이에서 무사할 것 같소?"

그러고는 부절符節을 내던지고⑤ 떠나버렸다. 나중에 과연 조상曹爽의 사건이 일어났다. 산도는 마침내 은둔하여 세상의 일과는 관계를 끊었다. 여러 벼슬을 거쳐 이부상서吏部尙書・복야僕射・태자소부太子少傅・사도司徒에 기용되었다. 79세에 죽자 시호를 강후康侯⑥라 했다.

[2] ▪ 왕은王隱의 『진서晉書』: 처음에 산도가 이부吏部를 맡고 있을 때, 반악潘岳이 마음속으로 그를 비난하여 은밀히 노래를 지어 말했다.

"관청의 동쪽에 큰 소가 있는데, 왕제가 굴레를 얹고, 배해가 고삐를 쥐고, 화교가 바삐 몰아 쉴 수가 없네."

○『죽림칠현론竹林七賢論』: 산도가 인재를 선발하는 이부의 관직에 있을 때 명망이 없는 자는 길을 막아버렸다. 그래서 이러한 말이 남게 되었다.
③ ○『문사전文士傳』: 반니는 자가 정숙正叔이며 형양滎陽사람이다. 조부 반최潘最⑦는 상서좌승尚書左丞이었으며, 부친 반만潘滿은 평원平原태수였는데, 모두 문학으로 이름났었다. 반니는 어려서부터 빼어난 재주를 지녔으며 문장이 온화했다. 처음에 주州의 초징에 응했다가 태상경太常卿으로 생을 마쳤다.

[역주]······················
① 관청의 동쪽 : 원문은 "閣東". 『晉書』 권55 「潘尼傳」에는 "閣道東"이라 되어 있음.
② 河內從事 : 『晉書』 권43 「山濤傳」에는 "河南從事"라 되어 있음.
③ 司馬太傅[司馬懿]가 병상에 누운 것 : 원문은 "太傅臥". 魏나라 末에 少主를 옹립한 曹爽과 宣王 司馬懿는 서로 반목이 심했는데, 사마의는 그와의 충돌을 피하고자 거짓으로 병들었다고 하여 조상을 안심시켜 놓고는 그 틈을 타서 모반을 이유로 조상의 三族을 주살했음.
④ 조서 : 원문은 "尺一". 조서를 쓴 1尺 1寸의 판을 말함.
⑤ 符節을 내던지고 : 원문은 "投傳". '傳'은 돌이나 대나무로 만든 符節로, 사신이 이를 둘로 갈라 한 쪽은 조정에 보관하고 다른 한 쪽은 본인이 지녔음. '投傳'은 관직을 그만두는 것을 의미함.
⑥ 康侯 : 『晉書』 권43 「山濤傳」에는 "康"이라 되어 있음.
⑦ 潘最 : 各本에는 "潘勗"이라 되어 있음.

[참고]『晉書』55.

山公以器重朝望, 年踰七十, 猶知管時任.① 貴勝年少, 若和·裴·王之徒, 竝共宗詠. 有署閣柱曰; "閣東有大牛, 和嶠鞅, 裴楷鞦, 王濟剔嬲, 不得休."② 或云潘尼作之.③

①○虞預『晉書』曰; 山濤, 字巨源, 河內懷人. 祖, 本郡孝廉. 父曜, 冤句令. 濤蚤孤而貧, 少有器量, 宿士猶不慢之. 年十七, 宗人謂宣帝曰; "濤當與景·文共綱紀天下者也." 帝戲曰; "卿小族, 那得此快人邪?" 好『老』·『莊』, 與嵇康善. 爲河內從事. 與石鑒共傳宿, 濤夜起蹴鑒曰; "令何等時而眠也? 知太傅臥何意?" 鑒曰; "宰相三日不朝, 與尺一令歸第, 君何慮焉?" 濤曰; "咄! 石生, 無事馬蹄間也." 投傳而去. 果有曹爽事, 遂隱身不交世務. 累遷吏部尚書·僕射·太子少傅·司徒. 年七十九薨, 諡康侯.

②○王隱『晉書』曰; 初, 濤領吏部, 潘岳內非之, 密爲作謠曰; "閣東有大牛, 王濟鞅, 裴楷鞦, 和嶠刺促, 不得休."

- 『竹林七賢論』曰; 濤之處選, 非望路絕, 故貽是言.
3 - 『文士傳』曰; 尼, 字正叔, 榮陽人. 祖最, 尙書左丞. 父滿, 平原太守. 竝以文學稱. 尼少有淸才, 文詞溫雅. 初應州辟, 終太常卿.

----------- • 3 : 06 [0161]

가충賈充이 처음 율령을 제정했을 때1 양호羊祜와 함께 태부太傅 정충鄭沖에게 상담했더니, 2 정충이 말했다.

"고요皐陶①처럼 엄정하고 명석한 뜻은 저처럼 우둔한 사람이 헤아릴 수 있는 바가 아니지요."

그러자 양호가 말했다.

"주상의 뜻은 조금이나마 넓고 윤택함을 더하게 하고자 하심입니다."

정충이 이에 자신의 뜻을 대강 피력했다. 3

1 ▫ 『진제공찬晉諸公贊』: 가충은 자가 공려公閭며 양릉襄陵사람이다. 부친 가규賈逵는 위魏나라 예주豫州자사였다. 가충은 입신출세하여 상서尙書②가 되었으며 정위廷尉에 기용되었는데, 송사를 처리함이 공정하다는 칭송을 받았다. 진晉나라가 위魏나라로부터 왕조를 선양받자 노군공魯郡公에 봉해졌다. 가충은 재주와 식견을 갖추었으며 정치에 통달하고 형법에도 뛰어났다. 그래서 산기상시散騎常侍 배해裴楷와 함께 법령을 제정하고 번잡한 금령을 없애서 진晉나라의 법률을 만들었다. 죽은 뒤 태재太宰에 추증되었다.

2 ▫ 왕은王隱의 『진서晉書』: 정충은 자가 문화文和며 형양榮陽 개봉開封사람이다. 견실하고 노련한 재주를 지녔으며 인품이 청허하고 욕심이 적었다. 경사經史를 논하길 좋아했다. 남루한 의복을 입었지만 그것을 걱정삼지 않았다. 여러 벼슬을 거쳐 사도司徒와 태보太保에 기용되었으며, 진나라가 위나라로부터 왕조를 선양받자 태부로 승진했다.

3 ▫ 『속진양추續晉陽秋』: 처음에 문제文帝[司馬昭]가 순욱荀勖·가충·배수裴秀 등에게 명하여 각각 예의와 율령을 제정하게 했는데, 이들은 모두 먼저 정충에게 물어본 연후에 시행했다.

[역주]
① 皐陶 : 舜의 신하로 법률과 형벌을 관장했음.
② 尙書 : 『晉書』 권77 「賈充傳」에는 "尙書郞"이라 되어 있음.

賈充初定律令,① 與羊祜共咨太傅鄭沖.② 沖曰; "皐陶嚴明之旨, 非僕闇憒所探." 羊曰; "上意欲令小加弘潤." 沖乃粗下意.③

①・『晉諸公贊』曰, 充, 字公閭, 襄陵人. 父逵, 魏豫州刺史. 充起家爲尙書, 遷廷尉, 聽訟稱平. 晉受禪, 封魯郡公. 充有才識, 明達治體, 加善刑法. 由此與散騎常侍裴楷共定科令, 蠲除密網, 以爲晉律. 薨, 贈太宰.

②・『王隱『晉書』曰; 沖, 字文和, 榮陽開封人. 有核練才, 清虛寡欲, 喜論經史. 草衣縕袍, 不以爲憂. 累遷司徒・太保. 晉受禪, 進太傅.

③・『續晉陽秋』曰; 初, 文帝命荀勖・賈充・裴秀等分定禮儀律令, 皆先咨鄭沖, 然後施行也.

• 3 : 07 [0162]

산사도山司徒[山濤]가 이제까지 인재를 선발한 것이 거의 백여 관직에 이르렀는데, 선발함에 잘못된 사람을 뽑은 적이 없었다. 무릇 품평한① 바가 모두 그의 말 그대로였다. 그러나 오직 육량陸亮을 등용한 것은 조서에 의했는데, 공[山濤]의 뜻과는 달라서 논쟁하면서 따르지 않았다. 육량은 역시 얼마 뒤 뇌물수수로 인해 면직되었다.①

①・『진제공찬晉諸公贊』: 육량은 자가 장흥長興이며 하내 야왕野王사람으로, 태상太常 육예陸乂의 형이다. 성품이 고상하고 솔직하여 가충賈充에게 후대받았다. 산도山濤가 좌복야左僕射가 되어 인재선발을 맡았는데, 산도의 행업行業은 이미 가충과 달랐다. 가충은 스스로 세조世祖[司馬炎]의 존경을 받고 있다고 생각했다. 산도는 인재선발의 일을 가충과 함께 의논했는데, 가충은 매번 자기가 하고자 하는 대로 할 수가 없었다. 어떤 호사자가 가충에게 권유했다.

"심복을 이부상서에 임명하여 선발에 동참케 하십시오. 만약에 의견이 일치되지 않아서 일이 순조롭지 않게 되면 공을 불러서 선발에 참여시키지 않겠습니까? 그렇게 되면 진실로 마음속에 품은 생각을 펴실 수 있을 것입니다"

그러자 가충은 그 말을 옳다고 생각했다. 이에 가충은 육량이 공평무사하다고 아뢰었다. 산도는 육량이 장차 자기와는 뜻이 다를 것이라고 생각했으며, 또한 그의 마음 씀이 공평치 못함을 걱정하여, 육량은 좌승상左丞相은 될 수 있을지언정 관리를 선발할 재목은 아니라고 여러 번 주청했다. 하지만 세조가 허락하지 않자 산도는 병을 이유로 집으로 돌아가 버렸다. 육량은 관직에 있으면서 과연 공평치 못했으며 결국 사건에 연루되어 파면당했다.

[역주].........................
① 품평한 : 원문은 '題目'. 인물에 대한 품평을 말함.

山司徒前後選, 殆周遍百官, 擧無失才. 凡所題目, 皆如其言. 唯用陸亮, 是詔所用, 與公意異, 爭之不從. 亮亦尋爲賄敗. ①

① ▫『晉諸公贊』曰; 亮, 字長興, 河內野王人, 太常陸又兄也. 性高明而率至, 爲賈充所親待. 山濤爲左僕射領選, 濤行業卽與充異, 自以爲世祖所敬. 選用之事, 與充咨論, 充每不得其所欲. 好事者說充; "宜授心腹人爲吏部尙書, 參同選擧. 若意不齊, 事不得諧, 可不召公與選? 而實得敍所懷." 充以爲然. 乃啓亮公忠無私. 濤以亮將與己異, 又恐其協情不允, 累啓亮可爲左丞相, 非選官才. 世祖不許, 濤乃辭疾還家. 亮在職果不能允, 坐事免官.

━━━━━━━ • 3 : 08 [0163]

혜강嵇康이 피살당한 뒤에 산공山公[山濤]이 혜강의 아들 혜소嵇紹를 비서승祕書丞①에 천거했다.① 혜소가 산공에게 벼슬길에 나가야 하는지 마는지②에 대해 묻자,② 산공이 말했다.

"자네를 위하여 오래토록 생각해보았네. 천지와 사시도 오히려 돌고 도는 것③이거늘 하물며 사람에 있어서랴!"③

① ▫『산공계사山公啓事』④ : 조서를 내려 비서승을 뽑으라고 하자, 산도가 천거했다.

"혜소는 대범하면서도 온후·민첩하고 문재文才가 있으며 또한 음률에도 뛰어나 틀림없이 큰 인물이 될 것입니다만, 우선은 비서랑祕書郎으로 삼는 것이 마땅할 것입니다."
이에 조서를 내렸다.
"혜소가 그와 같다면 곧바로 승丞이 될 만하니 낭郞쯤으로는 부족하다."
◦『진제공찬晉諸公贊』: 혜강이 변을 당한 뒤 20년 뒤에 혜소는 산도에 의해 발탁되었다.
◦ 왕은王隱의 『진서晉書』: 혜소의 부친인 혜강이 주살당했으므로 당시의 선발관은 혜소를 감히 천거하지 못했다. 그가 28세가 되었을 때 산도가 그의 등용을 주청하자, 세조世祖[武帝 司馬炎]가 조서를 내려 그를 비서승에 임명했다.

② ·『죽림칠현론竹林七賢論』: 혜소는 스스로 벼슬길에 용납되지 못할까 두려워서, 장차 관직에 나아갈 때⑤ 산도에게 자문했다.

③ · 왕은의 『진서』: 혜소는 자가 연조延祖다. 본래 문재가 있었다. 산도가 무제 武帝[司馬炎]에게 주청하여 운운했다.

[역주]························
① 秘書丞: 秘書省의 차관으로 궁중의 도서를 담당했으며, 秘書郞보다는 지위가 높음. 南朝의 귀족들 사이에서 첫째가는 淸官으로 인정받음.
② 벼슬길에 나가야 하는지 마는지: 원문은 "出處". '出'은 나가서 벼슬하는 것을 말하고 '處'는 은거하는 것을 말하는 것으로, '進退'·'隱現' 등과 같은 뜻임. 여기서는 부친을 주살한 조정에 나아가 벼슬하는 것이 옳은지 그른지를 물어본 것임.
③ 돌고 도는 것: 원문은 "消息". '消'는 '減', '息'은 '增'의 뜻으로 時運이 순환하는 것을 말함.
④ 『山公啓事』: 山濤가 吏部에 있을 때 인물을 발탁하면서 각각 품평한 것을 당시 사람들이 이렇게 불렀음.
⑤ 관직에 나아갈 때: 원문은 "解褐". '褐'은 성긴 갈포 옷을 말함. '갈포옷을 벗는다'는 것은 처음으로 벼슬길에 나아감을 뜻함.

嵇康被誅後, 山公擧康子紹爲秘書丞.① 紹咨公出處,② 公曰; "爲君思之久矣. 天地四時, 猶有消息, 而況人乎!"③

① ◦『山公啓事』曰; 詔選秘書丞, 濤薦曰; "紹平簡溫敏, 有文思, 又曉音, 當成濟也. 猶宜先作秘書郎." 詔曰; "紹如此, 便可爲丞, 不足復爲郎也."
◦『晉諸公贊』曰; 康遇事後二十年, 紹乃爲濤所拔.
◦ 王隱『晉書』曰; 時以紹父康被法, 選官不敢擧. 年二十八, 山濤啓用之. 世祖發詔, 以爲秘書丞.
② ▫ 『竹林七賢論』曰; 紹懼不自容, 將解褐, 故咨之於濤.
③ ▫ 王隱『晉書』曰; 紹, 字延祖. 雅有文才. 山濤啓武帝云云.

━━━━━━━━━ • 3 : 09 [0164]

 왕안기王安期[王承]가 동해군東海郡의 태수로 있을 때,① 어떤 말단관리가 연못 속의 물고기를 훔쳤다. 주부主簿①가 그에게 죄를 묻자 왕안기가 말했다.
 "문왕文王의 동산은 뭇 백성들과 함께 공유했으니,③ 연못 속의 물고기가 무엇이 그리 아깝단 말인가?"
 ① ▫ 『명사전名士傳』: 왕승王承은 자가 안기며 태원 진양晉陽사람이다. 부친 왕담王湛은 여남汝南태수였다. 왕승은 담백하여 욕심이 적었고 자신을 치켜세움이 없었다. 여러 벼슬을 거쳐 동해내사東海內史②에 기용되었는데, 정사를 처리함이 청정하여 관리나 백성들이 그를 흠모했다. 난리를 피하여 장강을 건넜는데, 그때는 길에 도적이 있어서 사람들이 걱정하고 두려워했지만, 왕승은 곤경을 당할 때마다 태연스럽게 대처했다. 원제元帝[司馬叡]가 진동대장군鎭東大將軍이 되었을 때 그를 불러 종사중랑從事中郎으로 삼았다.
 ② ▫ 『맹자孟子』③ : 제齊나라 선왕宣王이 물었다.
 "문왕의 동산은 사방 70리였다는데 그렇소? 정말 그렇게 컸소이까?"
 맹자가 대답했다.
 "백성들은 오히려 작다고 생각했습니다."
 다시 선왕이 말했다.
 "과인의 동산은 사방 40리인데도 백성들은 오히려 크다고 여기니 어찌된 까닭이오?"
 그러자 맹자가 말했다.
 "문왕의 동산은 꼴 베고 나무하는 자들이 마음대로 왕래하여 백성들과 함께 공유했으니, 백성들이 작다고 여긴 것이 또한 당연하지 않겠습니까? 지금 왕의 동산에서는 사슴을 죽인 자는 마치 사람을 죽인 죄인처럼 취급하니, 이것은 40리의 땅으로 나라 안에 함정을 만든 셈이니, 백성들이 크다고 여기는 것이 또한 당연하지 않겠습니까?"

[역주]……………………………
① 主簿 : 원문은 "綱紀". 주부를 말함. 『文選』 권36 李善 注에서 "綱紀, 謂主簿也. 敎主簿宣之, 故曰綱紀."라고 함.
② 東海內史 : 『晉書』 권75 「王承傳」에는 '東海太守'라 되어 있음. 東海는 郡이므로 太守라고 하는 것이 옳음.
③ 『孟子』 : 「梁惠王下」에 나옴.

[참고] 『蒙求』 中, 『白氏六帖』 28, 『晉書』 75.

王安期爲東海郡,① 小吏盜池中魚, 綱紀推之. 王曰; "文王之囿, 與衆共之.② 池魚復何足惜?"

①・『名士傳』曰; 王承, 字安期, 太原晉陽人. 父湛, 汝南太守. 承沖淡寡欲, 無所循尙. 累遷東海內史, 爲政淸靜, 吏民懷之. 避亂渡江, 是時道路寇盜, 人懷憂懼. 承每遇艱險, 處之怡然. 元皇爲鎭東, 引爲從事中郞.
②・『孟子』曰; 齊宣王問; "文王之囿, 方七十里, 有諸? 若是其大乎?" 對曰; "民猶以爲小也." 王曰; "寡人之囿, 方四十里, 民猶以爲大, 何邪?" 孟子曰; "文王之囿, 芻蕘者往焉, 與民同之. 民以爲小, 不亦宜乎? 今王之囿, 殺麋鹿者, 如殺人罪, 是以四十里爲穽於國中也. 民以爲大, 不亦宜乎?"

• 3 : 10 [0165]

왕안기王安期[王承]가 동해군東海郡의 태수로 있을 때, 통행금지를 범한 자를 관리가 잡아왔다. 왕안기가 물었다.

"어디에서 오던 길인고?"

"스승님 댁에서 글공부하고 돌아가던 길입니다만, 그만 날이 저문 지도 몰랐습니다."

그러자 왕안기가 말했다.

"영월甯越을 채찍질하여 위엄을 세운다는 것은 아마도 다스림의 근본이 아닌 듯하도다."①

그러면서 관리에게 그를 집으로 돌려보내주도록 했다.

① ▫『여씨춘추呂氏春秋』① : 영월은 중모中牟 비鄙사람이다. 농사짓는 일이 너무 힘겨워서 그의 친구에게 말했다.
"어떻게 하면 이 고통을 면할 수 있겠나?"
친구가 말했다.
"공부하는 것 만한 게 없지. 30년을 공부하면 현달할 수 있을 걸세."
그러자 영월이 말했다.
"15년이면 될 것 같네. 남들이 쉴 때 나는 감히 쉬지 않고 남들이 누울 때 나는 감히 눕지 않고서 열심히 공부하겠네."
과연 15년을 공부하고 나서 주周나라 위공威公의 스승이 되었다.

[역주]
① 『呂氏春秋』: 「博志篇」에 나옴.

[참고] 『蒙求』中, 『晉書』75.

王安期作東海郡, 吏錄一犯夜人來. 王問; "何處來?" 云; "從師家受書還, 不覺日晚." 王曰; "鞭撻甯越以立威名, 恐非致理之本." ① 使吏送令歸家.
① ▫『呂氏春秋』曰; 甯越者, 中牟鄙人也. 苦耕稼之勞, 謂其友曰; "何爲可以免此苦也?" 其友曰; "莫如學也. 學三十歲, 則可以達矣." 甯越曰; "請以十五歲. 人將休, 吾不敢休, 人將臥, 吾不敢臥." 學十五歲而爲周威公之師也.

• 3 : 11 [0166]

성제成帝[司馬衍]가 석두石頭에 있을 때, ① 임양任讓이 성제 앞에서 시중侍中 종아鍾雅②와 우위장군右衛將軍① 유초劉超③를 죽이려 하자, 성제가 눈물을 흘리며 말했다.
"나의 시중을 돌려주시오!"
그렇지만 임양은 어명을 받들지 않고 마침내 유초와 종아를 참수했다. ④
반란이 평정된 뒤② 도공陶公[陶侃]은 임양과 옛 친구지간이었으므로 그를 용서해 주고자 했다. 또한 허류許柳⑤의 아들 허사비許思妣[許永]는 매우 훌륭한 인물이었으므로 여러 공公들이 그를 살려주고자 했다.⑥ 만약에 허사비를 살려준다면 부득이 도공 때문에 임양도 살려주어야만 했다. 그래서 둘 다 살려주고자 해서 그 일을 주청했더니 성제가 말했다.

"임양은 나의 시중을 죽인 자이므로 용서할 수 없소!"

여러 공들은 어린 군주의 뜻을 어길 수 없다고 생각하여 두 사람을 함께 목 베었다.

1 □『진세보晉世譜』: 성제는 휘가 연衍이고 자가 세근世根이며 명제明帝[司馬紹]의 태자다. 22세에 붕어했다.

2 □『진양추晉陽秋』: 임양은 낙안樂安사람으로 임씨 가문의 후손이다. 소준蘇峻을 따라 난을 일으켰다.

□『종아별전鍾雅別傳』: 종아는 자가 언주彦冑며 영천潁川 장사長社사람으로, 위魏나라 태부太傅 종요鍾繇의 동생이자 종중상鍾仲常의 증손이다. 젊어서부터 재주와 큰 뜻을 지녔으며, 여러 벼슬을 거쳐 시중에 기용되었다.

3 □『진양추』: 유초는 자가 세유世瑜며 낭야琅邪사람으로, 한漢나라 성양경왕成陽景王의 6대손③이다. 임기臨沂 자향후慈鄉侯에 봉해져 그곳에서 머물렀다. 부친 유징劉徵④은 낭야국琅邪國의 상장군上將軍이었다. 유초는 현의 말단 관리로 있다가 얼마 뒤 기실연記室掾과 안동사인安東舍人으로 전임되었다. 충직·청렴하고 신중하여 중종中宗[元帝 司馬叡]에게 발탁되었다. 관직이 중서中書에 있게 된 이후로는 절대로 남들과 서신을 주고받지 않고,⑤ 문을 걸어 닫고 빈객을 만나지도 않았으며, 집 안에는 곡식 한 섬 정도도 저장해 놓지⑥ 않았다. 왕돈王敦을 토벌하는 데 공을 세워 영양백榮陽伯⑦에 봉해졌으며 의흥義興 태수이 되었는데, 관작을 제수받으려고 조정에 갔다가 돌아왔지만 그것을 아는 사람이 없었다. 그의 신중하고 과묵함이 이와 같았다. 우위대장군으로 전임되었다.

4 □『종아별전』: 소준이 들이닥치자 주상[성제]은 석두로 몽진했는데, 종아와 유초가 함께 성제를 곁에서 모시면서 잘 보위했다. 석두의 사람과 은밀히 계획하여 주상을 피신시키려 했다가 일이 발각되어 피살당했다.

5 □『허씨보許氏譜』: 허류는 자가 계조季祖며 고양高陽사람이다. 조부 허윤許允은 위魏나라의 중령군中領軍이었으며, 부친 허맹許猛은 이부랑吏部郎이었다.

▫ 유겸지劉謙之의 『진기晉紀』: 허류의 처는 조적祖逖의 아들 조환祖渙의 딸이다. 소준이 조약祖約을 불러들여 역모를 꾀하자, 조약은 허류를 보내 무리를 이끌고 가서 소준에게 가담하라고 했다. 소준이 도성을 함락하고 나서 허류를 단양윤丹陽尹에 임명했다. 나중에 역모죄로 주살당했다.

⑥ ▫ 『허씨보』: 허영許永은 자가 사비다.

[역주]······················
① 右衛將軍 : 左衛將軍과 함께 禁中의 宿衛兵을 통솔함.
② 반란이 평정된 뒤 : 327년에 蘇峻과 祖約이 북방 난민들을 이끌고 建康으로 쳐들어와 守將 庾亮을 쫓아냈으며, 이듬해에 당시 7살이었던 成帝는 소준의 추격을 피해 잠시 石頭城으로 피난했는데, 그때 陶侃 등이 구원병을 이끌고 와서 소준을 죽이고 조약을 강북의 歷陽에서 물리쳐 난을 평정했음.
③ 成陽景王의 6대손 : 『晉書』 권70 「劉超傳」에는 "城陽景王昭"의 "七世孫"이라 되어 있음.
④ 劉徵 : 『晉書』 권70 「劉超傳」에는 "劉和"라 되어 있음.
⑤ 절대로 남들과 서신을 주고받지 않았고 : 劉超가 安東府 舍人으로 있을 때 자기의 필적이 황제의 필적과 매우 흡사했기 때문에 절대로 남과 서신을 교환하지 않았다고 함.
⑥ 곡식 한 섬 정도도 저장해 놓지 : 원문은 "儋石之儲". '石'은 1석, '儋'은 2석. 조금씩 저축하는 것이나 변변치 못한 재물을 저축하는 것을 말함.
⑦ 零陽伯 : 『晉書』 권70 「劉超傳」에는 '零陵伯'이라 되어 있음.

[참고] 『晉書』70.

成帝在石頭, ① 任讓在帝前戮侍中鍾雅·② 右衛將軍劉超. ③ 帝泣曰; "還我侍中!" 讓不奉詔, 遂斬超·雅. ④ 事平之後, 陶公與讓有舊, 欲宥之. 許柳⑤兒思妣者至佳, 諸公欲全之. ⑥ 若全思妣, 則不得不爲陶全讓. 於是欲竝宥之, 事奏, 帝曰; "讓是殺我侍中者, 不可宥!" 諸公以少主不可違, 竝斬二人.

① 『晉世譜』曰; 帝諱衍, 字世根, 明帝太子. 年二十二崩.
② 『晉陽秋』曰; 讓, 樂安人, 諸任之後. 隨蘇峻作亂.
  ▫ 『雅別傳』曰; 雅, 字彥胄, 潁川長社人, 魏太傅鍾繇弟, 仲常曾孫也. 少有才志, 累遷至侍中.
③ 『晉陽秋』曰; 超, 字世瑜, 琅邪人, 漢成陽景王六世孫. 封臨沂慈鄉侯, 遂家焉. 父徵爲琅邪國上將軍. 超爲縣小吏, 稍遷記室掾·安東舍人. 忠淸愼密, 爲中宗所拔. 自以職在中書, 絶不與人交關書疏, 閉門不通賓客, 家無儋石之儲. 討王敎有功, 封零陽伯, 爲義興太守, 而受拜及往還朝, 莫有知者, 其愼默如此. 遷右衛大將軍.

④ㆍ『雅別傳』曰; 蘇峻逼主上幸石頭, 雅與劉超竝侍帝側匡衛, 與石頭中人密期拔至尊出, 事覺被害.
⑤ㆍ『許氏譜』曰; 柳, 字季祖, 高陽人. 祖允, 魏中領軍. 父猛, 吏部郎.
　ㆍ劉謙之『晉紀』曰; 柳妻, 祖逖子渙女. 蘇峻招祖約爲逆, 約遣柳以衆會峻. 旣克京師, 拜丹陽尹. 後以罪誅.
⑥ㆍ『許氏譜』曰; 永, 字思妣.

• 3 : 12 [0167]

왕승상王丞相[王導]이 양주揚州자사에 제수되었을 때, 수백 명의 빈객이 함께 융숭한 대접을 받아 모두들 기쁜 얼굴을 하고 있었는데, 오직 임해臨海의 임씨任氏①라는 한 손님과 몇 명의 호인胡人만이 흡족해 하지 않았다. 그래서 왕공王公[王導]이 소변보러 갔다 오면서 임씨 곁을 지나치며 말했다.

"그대가 떠나오니 임해에는 이제 더 이상 사람이 없겠구려."

그러자 임씨가 크게 기뻐했다. 또한 호인들 앞을 지나가면서 손가락을 튕기며① 말했다.

"난사蘭闍②! 난사!"

그러자 여러 호인들이 함께 웃었다. 그래서 모든 사람들이 함께 기뻐하게 되었다.②

① ㆍ『어림語林』: 임씨는 이름이 옹顒이며, 당시 도성에서 벼슬하고 있다가 왕공의 잔치에 참석했다.
② ㆍ『진양추晉陽秋』: 왕도王導는 사람을 접대하는 데 뛰어나 그를 못마땅하게 여기는 자가 드물었다. 비록 친하지 않은 사람이건 보통 손님이건 간에 만나기만 하면 정성을 다해 접대했으므로, 그들은 왕도에게 대접받음이 친한 옛 친구와 같다고 스스로 생각했다.

[역쥬]
① 손가락을 튕기며 : 원문은 "彈指". 불교의 풍습으로 '許諾'·'歡喜'·'警告' 등을 나타내는 동작인데, 여기서는 기쁨을 나타내는 동작으로 보임.

② 蘭闍 : 胡語로서 '蘭奢'라고도 하며 칭찬의 뜻을 담고 있음. 일설에는 梵語 'aranya'의 음역인 '阿蘭若'·'阿練茹'·'阿蘭那'의 일종으로 보아 그 뜻을 '閑靜處'·'空寂' 등으로 풀기도 함.

王丞相拜揚州, 賓客數百人竝加霑接, 人人有說色. 唯有臨海一客姓任,① 及數胡人爲未洽. 公因便還, 到過任邊云; "君出, 臨海便無復人." 任人喜說. 因過胡人前彈指云; "蘭闍! 蘭闍!" 羣胡同笑, 四坐竝懽.②

①。『語林』曰; 任, 名顒, 時官在都, 預王公坐.
②。『晉陽秋』曰; 王導接誘應會, 少有牾者. 雖疎交常賓, 一見多輸寫款誠, 自謂爲導所遇, 同之舊昵.

-------- • 3 : 13 [0168]

육태위陸太尉[陸玩]가 왕승상王丞相[王導]을 찾아가서 정사에 대해 물어 보았는데, 시간이 조금 흐르자 이미 결정된 일을 문득 번복하곤 했다. 왕공王公[王導]은 그가 그렇게 하는 것을 이상하게 여겨 나중에 육태위에게 물었더니① 육태위가 대답했다.

"공은 지위와 명망이 높으신 분이고 저는 우둔한 사람이어서, 그 당시에는 어떻게 말해야 할지 몰랐는데 지나고 보니 그것이 옳지 않다는 것을 깨달았기 때문입니다."

①。『육완별전陸玩別傳』: 육완은 자가 사요士瑤며 오군吳郡 오吳사람이다. 조부 육모陸瑁와 부친 육영陸英은 군에서 벼슬하여 명망이 있었다. 육완은 기량이 크고 뛰어났으며, 여러 벼슬을 거쳐 시중侍中·상서좌복야尚書左僕射·상서령 尚書令에 기용되었다. 죽은 뒤 태위太尉에 추증되었다.

[역주]·····················
* 王導와 陸玩의 대화에는 그 배후에 江左로 넘어온 북인과 토착 남인과의 대립문제가 깔려 있음. 비슷한 고사가 「方正」24와 「排調」10에도 보임.

陸太尉詣王丞相咨事, 過後輒翻異. 王公怪其如此, 後以問陸.① 陸曰; "公長民短, 臨時不知所言, 旣後覺其不可耳."

① 『陸玩別傳』曰; 玩, 字士瑤, 吳郡吳人. 祖瑁, 父英, 仕郡有譽. 玩器量淹雅, 累遷侍中·尙書左僕射·尙書令. 贈太尉.

• 3 : 14 [0169]

왕승상王丞相[王導]이 일찍이 여름에 석두石頭에 가서 유공庾公[庾冰]을 만났는데, 유공은 한창 일을 처리하고 있었다. 왕승상이 말했다.

"더우니 잠시 쉬었다가 하시오."

그러자 유공이 말했다.

"공께서 일을 처리하지 않고 놓아두는 것①을 세상사람들이 또한 좋게 보지 않습니다."①

① 『은선언행殷羨言行』: 왕공王公[王導]이 죽은 뒤에 유빙庾冰이 뒤를 이어 승상이 되었는데, 기강과 법률을 준엄하게 했다. 은선이 어느 날 외출하다가 길에서 죄인을 잡아오는 자를 만나 개연히 탄식하며 말했다.

"병길丙吉이 소의 헐떡임을 물어본 것②과는 아마도 다른 것 같군!"

한번은 조용히 유빙에게 말했다.

"그대들은 법망에 걸린 자를 놓치지 않지만 이것은 모두 소도小道와 소선小善일 따름이오. 왕공 같은 이는 진실로 법에 의하지 않고도 일을 처리할 수 있었소."

사안석謝安石[謝安]은 매번 이 말에 감탄하곤 했다. 유적옥庾赤玉[庾統]이 일찍이 은선에게 물었다.

"왕공의 다스림은 어떠했습니까? 뛰어난 점은 무엇입니까?"

그러자 은선이 말했다.

"다른 훌륭한 업적은 더 이상 논하지 않겠지만, 왕공을 등용하면 나라가 잘 다스려졌고 그를 내치면 나라가 어지러워졌소이다.③"

[역주]······················

① 공이 일을 처리하지 않고 놓아두는 것 : 원문은 "公之遺事". 王導는 만년에 '無爲而治'를 숭상하여 정사를 돌보지 않았음.
② 丙吉이 소의 헐떡임을 물어본 것 : 원문은 "丙吉問牛喘". 『漢書』 권74 「丙吉傳」에서 "吉又嘗出, 逢淸道群鬪者, 死傷橫道, 吉過不問. 掾吏獨怪之. 吉前行, 逢人逐

牛, 牛喘吐舌, 吉止駐, 使騎吏問; '逐牛行幾里矣?' 掾史獨謂丞相前後失問, 或以譏吉, 吉曰; '民鬪相殺傷, 長安令・京兆尹職所當禁備逐捕, 歲竟丞相課其殿最, 奏行賞罰而已. 宰相不親小事, 非所當於道路問也. 方春少陽用事, 未可大熱, 恐牛近行用暑故喘, 此時氣失節, 恐有所傷害也. 三公典調和陰陽, 職所當憂, 是以問之.' 掾吏乃服, 以吉知大體."라고 함.

③ 왕공을~어지러워졌소이다 : 원문은 "三捉三治, 三休三敗". '捉'은 '用', '休'는 '舍[捨]'의 뜻으로, 王公을 등용하면 나라가 잘 다스려지고, 내치면 나라가 어지러워진다는 말. '三'은 꼭 3번을 가리키는 것이 아니라 여러 번을 뜻함. 楊勇의 『世說新語校牋』에서 "王導相元・明・成三世, 尊定江東, 功業隆盛. 及王敦之亂, 嘗詣臺請罪, 以析當世之疑, 而劉隗用事, 終於見疎. 所謂投休治敗者, 殆指此而言. 三爲通類, 非必謂三事"라고 함.

丞相嘗夏月至石頭看庾公, 庾公正料事. 丞相云; "暑, 可小簡之." 庾公曰; "公之遺事, 天下亦未以爲允."①

①。『殷羨言行』曰; 王公薨後, 庾冰代相, 網密刑峻. 羨時行, 遇收捕者於途, 慨然歎曰; "丙吉問牛喘, 似不爾!" 嘗從容謂冰曰; "卿輩自是網目不失, 皆是小道小善耳. 至如王公, 故能行無理事." 謝安石每歎詠此唱. 庾赤玉曾問羨; "王公治何似? 詎是所長?" 羨曰; "其餘令績, 不復稱論. 然三捉三治, 三休三敗."

• 3 : 15 [0170]

왕승상王丞相[王導]은 만년에 거의 정사는 돌보지 않고 다만 봉사封事와 녹문錄文①만 처리하면서 스스로 탄식하여 말했다.

"사람들은 날더러 노망들었다고 하지만, 후인들은 틀림없이 이 노망을 그리워하겠지!"①

①。서광徐廣의 『역기歷紀』② : 왕도王導는 3대③에 걸쳐 재상을 지내면서④ 치세와 난세를 잘 경륜했는데, 정치할 때는 관대함에 힘썼고 일을 처리할 때는 간소함을 좇았다. 그래서 인애仁愛의 영예를 후세를 남겼다.

[역주]
① 封事와 錄文 : 원문은 "封錄". '封事'는 奏章文書 등을 말하고, '錄文'은 符命之書를 말함.
② 徐廣의 『歷紀』 : 『隋書』 「經籍志」와 『舊唐書』 「經籍志」 등의 書目類나, 『晉書』

권82와 『宋書』 권55의 「徐廣傳」에는 『歷紀』라는 저작이 보이지 않음. 아마도 『晉紀』의 오기로 보임.
③ 3대 : 元帝·明帝·成帝를 가리킴.
④ 재상을 지내면서 : 원문은 "阿衡". '阿'는 '依', '衡'은 '平'의 뜻으로 백성이 의지하여 공평함을 얻는다는 뜻. 주로 재상을 일컬음. 또는 殷나라 시대 伊尹의 官名이라고도 함.

丞相末年, 略不復省事, 正封籙諾之, 自歎曰; "人言我憒憒, 後人當思此憒憒!"①
①◦徐廣『歷紀』曰; 導阿衡三世, 經綸夷險, 政務寬恕, 事從簡易. 故垂遺愛之譽也.

• 3 : 16 [0171]

도공陶公[陶侃]은 성품이 근검했으며 모든 일에 열심이었다.① 형주荊州자사로 있을 때, 배 만드는 관리에게 명하여 그 양의 많고 적음에 관계없이 톱밥을 모으라고 했는데 모두들 그 뜻을 이해하지 못했다. 나중에 신년조회식①을 거행하게 되었는데, 마침 쌓였던 눈에 햇빛이 들었다. 그래서 관청 앞뜰에 쌓인 눈을 치웠지만 여전히 질퍽거렸다. 이에 톱밥으로 이를 모두 덮었더니 전혀 문제가 되지 않았다.

관청에서 대나무를 사용할 때도 그 조각을 모두 모으게 하니 산처럼 쌓였다. 나중에 환선무桓宣武[桓溫]가 촉蜀을 정벌하면서 배에 장치를 할 때 그것으로 대못을 만들어 썼다.

또 전하기로는, 분부한 대나무 삿대를 징발하라 했는데 어떤 한 관리가 뿌리까지 캐서 삿대의 밑받침으로 쓰자,② 도공이 그를 두 계급 특진시켰다고 한다.

① ◦『진양추晉陽秋』: 도간陶侃은 여러 일에 통달했으며 농사짓는 일에 힘써 비록 군영의 병사일지라도 모두 열심히 일하라고 권면했다. 물건을 바치는 자가 있으면 모두 그 연유를 캐물어, 만약 직접 일하여 얻은 것이면 기뻐하여 그를 위로하고 상을 내렸으나, 만약 다른 일로 얻은 것이면 질책하여 돌려보냈다. 그래서 군민軍民들이 모두 농사에 힘써 집집마다 넉넉해지고 사

람들이 풍족함을 누렸다. 성품이 세심하고 묻기를 좋아하여 자못 조광한趙
廣漢③과 비슷했다. 한번은 군영에 명하여 버드나무를 심으라 했는데, 도위都
尉 하시夏施가 무창군武昌郡의 서문西門에 심은 버드나무를 훔쳐갔다. 도간이
나중에 직접 출행하여 수레를 하시의 문 앞에 세우고 물었다.
"이것은 무창의 서문에 있던 버드나무인데 어찌하여 훔쳐왔는가?"
그러자 하시가 두렵고 당황하여 엎드려 죄를 빌었다. 그래서 온 군대
가 그의 명찰明察함을 칭송했다. 도간은 성실하고 엄정하여 끊임없이 스
스로 힘썼으며, 또한 사람들을 잘 독려했다. 그는 항상 말했다.
"사람은 열심히 살아야 한다. 우禹임금 같은 성인도 오히려 촌음寸陰을
아꼈으니, 범부들은 마땅히 촌분寸分을 아껴야 할 것이다. 어찌 한가로이
노닐 수 있겠는가? 살아서 세상에 유익함이 없고 죽어서도 후세에 이름
이 남지 않으면, 이것은 스스로를 포기한 것이다. 또한 노장老莊의 말은
부화浮華하여 선왕의 올바른 말씀이 아니므로 감히 행해서는 안 된다. 군자라
면 마땅히 의관을 정제하고 위의威儀를 갖추어야지, 어찌 머리를 풀어헤
치고 명성이나 바라면서 스스로 굉달宏達하다고 일컬어서야 되겠는가?"
ㅁ『중흥서中興書』: 도간은 늘 속관들을 단속하여 저포樗蒲④나 박혁博奕⑤의
도구가 있으면, 내던지며 말했다.
"저포는 노자老子가 오랑캐 땅에 들어가서 만든 것으로 외국의 놀음일
뿐이다. 위기圍棊⑥는 요堯·순舜이 그것으로 우둔한 자식을 가르쳤으며,
박혁은 주왕紂王이 만든 것이다. 제군들은 나라의 그릇으로서 어찌하여
이러한 것을 하는가? 만약 국사가 한가하여 그 무료함을 걱정하는 자라
면, 문사文士는 어찌하여 책을 읽지 않고 무사武士는 어찌하여 활을 쏘지
않는가?"
이를 놓고 담론하는 자 가운데 그의 말에 이의를 다는 사람이 없었다.

[역주]
① 신년조회식 : 원문은 "正會". 신년 정월 초하루에 치르는 元旦儀式. '元會'라고
도 함.
② 삿대의 밑받침으로 쓰자 : 원문은 "當足".『世說新語』劉辰翁 評에서 "連竹根用
爲篙, 以代鐵足."이라고 함.
③ 趙廣漢 :『漢書』권76「趙廣漢傳」에 "字子都, 涿郡蠡吾人也. 善爲鉤距, 以得事情,
遷穎川太守. 爲京兆尹, 發奸摘伏如神. 後坐事要斬."이라고 함.

④ 樗蒲 : '摴蒲'라고도 함. 고대 놀이의 일종으로 지금의 주사위 놀이와 비슷함.
『太平御覽』권726에서 『博物志』를 인용하여 "老子入西戎. 造樗蒲."라고 함.
⑤ 博弈 : 장기의 일종.
⑥ 圍棋 : 바둑의 일종.

[참고] 『太平御覽』29, 『資治通鑒』93

陶公性檢厲, 勤於事.① 作荊州時, 敕船官悉錄鋸木屑, 不限多少, 咸不解此意. 後正會, 値積雪始晴, 聽事前除雪後猶濕. 於是悉用木屑覆之, 都無所妨. 官用竹, 皆令錄厚頭, 積之如山. 後桓宣武伐蜀, 裝船, 悉以作釘. 又云; 嘗發所在竹篙, 有一官長連根取之, 仍當足, 乃超兩階用之.

① ◦ 『晉陽秋』曰; 侃練核庶事, 勤務稼穡, 雖戎陳武士, 皆勸厲之. 有奉饋者, 皆問其所由. 若力役所致, 懽喜慰賜. 若他所得, 則呵辱還之. 是以軍民勤於農稼, 家給人足. 性纖密好問, 頗類趙廣漢. 嘗課營種柳, 都尉夏施盜拔武昌都西門所鍾. 侃後自出, 駐車施門, 問; "此是武昌西門柳, 何以盜之?" 施惶怖首伏. 三軍稱其明察. 侃勤而整, 自強不息, 又好督勸於人. 常云; "民生在勤. 大禹聖人, 猶惜寸陰, 至於凡俗, 當惜分陰, 豈可遊逸? 生無益於時, 死無聞於後, 是自棄也. 又『老』·『莊』浮華, 非先王之法言而不敢行. 君子當正其衣冠, 攝以威儀, 何有亂頭養望, 自謂宏達邪?"

◦ 『中興書』曰; 侃嘗檢校佐吏, 若得樗蒲博弈之具, 投之曰; "樗蒲, 老子入胡所作, 外國戲耳. 圍棋, 堯·舜以教愚子. 博弈, 紂所造. 諸君國器, 何以爲此? 若王事之暇, 患邑邑者, 文士何不讀書? 武士何不射弓?" 談者無以易也.

• 3 : 17 [0172]

하표기何驃騎[何充]가 회계내사會稽內史로 있을 때,① 우존虞存의 동생 우건虞騫이 회계군의 주부主簿였다.② 우건은 하표기가 손님을 만나느라 피곤하므로, 일반손님을 끊고 집안사람들로 하여금 손님 수를 조절하여 꼭 만나야 할 사람만 선발하도록 건의하려 했다. 그래서 건의문을 작성하여 우존에게 보여주었다. 우존은 당시 하표기의 상급보좌관으로 있었는데, 마침 우건과 함께 식사를 하고 있었다. 우존이 말했다.

"건의문은 매우 잘 되었군. 기다리면 내가 식사를 끝내고 나서 명령서[1]를 써주겠네."

식사가 끝나자 우존이 붓을 들어 건의문 뒤에 썼다.

"만약 곽림종郭林宗[郭泰]과 같은 문정장門庭長[2]을 얻는다면 건의한 바대로 함이 마땅하겠지만, 그대는 어디에서 그러한 인물을 얻을 것인가?"[3]

그러자 우건이 이에 그만두었다.

[1] 『진양추晉陽秋』: 하충何充은 자가 차도次道며 여강廬江사람이다. 사려함이 널리 통하고 문장의 재주가 뛰어났다. 여러 벼슬을 거쳐 회계내사·시중侍中·표기장군驃騎將軍·양주揚州자사에 기용되었다. 죽은 뒤 사도司徒[3]에 추증되었다.

[2] 손통孫統의 「우존뢰서虞存誄敘」: 우존은 자가 도장道長이며 회계 산음山陰 사람이다. 조부 우양虞陽은 산기상시散騎常侍였으며, 부친 우위虞偉는 주州의 서조西曹[4]였다. 우존은 어려서부터 탁월했으며 풍격이 고상했다. 위군장사衛軍長史과 상서이부랑尙書吏部郎을 역임했다.

　· 범왕范汪의 『기품棋品』: 우건은 자가 도진道眞이다. 벼슬은 군郡의 공조功曹에 이르렀다.

[3] 『곽태별전郭泰別傳』: 곽태는 자가 임종林宗이며 인물에 대한 감식안이 있었다. 세상의 인사들을 품평했는데 그 중에는 어린아이도 있었으며 시골 마을의 사람도 들어 있었다. 나중에 이들은 모두 60여 명의 훌륭한 인물이 되었다. 스스로 책 한 권을 지어 인재를 선발하는 근본을 논했는데, 세상에 통행되지 못한 채 난리를 만나 망실되고 말았다.

[역주]
① 명령서: 원문은 "敎". 왕후의 命令論告를 말함. 여기서는 虞存이 虞騫의 건의문에 대하여 何充을 대신하여 명령서를 지었다는 말.
② 門庭長: 漢代에 치안을 담당하던 亭長에 상당하는 하급관리.
③ 司徒: 『晉書』권77 「何充傳」에는 "司空"이라 되어 있음.
④ 西曹: 西曹書佐로서 州刺史의 佐吏를 말함.

何驃騎作會稽,[1] 虞存弟謇作郡主簿.[2] 以何見客勞損, 欲白斷常客, 使家人節量, 擇可通者. 作白事成, 以見存. 存時爲何上佐, 正與謇共食. 語云; "白事甚好, 待我食畢作敎." 食竟, 取筆題白事後云; "若得門庭長如郭林宗者, 當如所白,③ 汝何處得此人?" 謇於是止.
①・『晉陽秋』曰: 何充, 字次道, 廬江人. 思韻淹通, 有文義才情. 累遷會稽內史・侍中・驃騎將軍・揚州刺史. 贈司徒.
②・孫統「存誄敍」曰: 存, 字道長, 會稽山陰人也. 祖陽, 散騎常侍. 父偉, 州西曹. 存幼而卓拔, 風情高逸. 歷衛軍長史・尙書吏部郎.
・范汪『基品』曰; 謇, 字道眞. 仕至郡功曹.
③・『泰別傳』曰: 泰, 字林宗, 有人倫鑒識. 題品海內之士, 或在幼童, 或在里肆, 後皆成英彦六十餘人. 自著書一卷, 論取士之本, 未行, 遭亂亡失.

• 3 : 18 [0173]

왕몽王濛과 유담劉惔이 임공林公[支遁]과 함께 하표기何驃騎[何充]를 방문했는데, 하표기는 문서만 보면서 그들을 돌아보지 않았다.① 왕몽이 하표기에게 말했다.

"우리가 지금 일부러 임공과 함께 만나보러 왔으니, 그대는 잠시 일상 업무일랑 제쳐두고 현담玄談에 응대해야지 어찌하여 머리를 수그리고 이것만 들여다보고 있소?"

그러자 하표기가 말했다.

"내가 이것을 보아놓지 않으면 그대들이 어떻게 살아 있을 수 있겠소?"

여러 사람들이 그 말을 훌륭하다고 여겼다.

①・『진양추晉陽秋』: 하충何充은 왕몽이나 유담과는 좋아하는 바가 서로 달랐다.① 이런 이유로 하충은 당시에 비난을 받았다.

[역주]
① 좋아하는 바가 서로 달랐다 : 王濛과 劉惔은 老莊을 좋아했으며 簡文帝의 談客으로 활약하여 인망이 높았으나, 何充은 자신의 직무에 충실하여 현실적이었으므로 서로의 입장이 달랐음.

王・劉與林公共看何驃騎, 驃騎看文書不顧之.① 王謂何曰; "我今故與林公來相看, 望卿擺撥常務, 應對共言, 那得方低頭看此邪?" 何曰; "我不看此, 卿等何以得存?" 諸人以爲佳.

①▫『晉陽秋』曰; 何充與王濛·劉惔好尙不同, 由此見磯於當世.

--- • 3:19 [0174]

　환공桓公[桓溫]이 형주荊州자사로 있을 때, 오로지 덕으로써 강한江漢 땅을 다스리고자 했으며, 위엄과 형벌로써 인사人事를 다스리는 것은 부끄러워했다.① 한번은 영사令史①가 곤장형을 받았는데, 정작 곤장이 붉은 관복② 위를 스쳐지나가기만 했다. 환식桓式[桓歆]은 당시 나이가 어렸는데, 밖에서 돌아와서② 말했다.

　"아까 관청을 지나가다가 영사가 곤장 맞는 것을 보았는데, 그 곤장이 위로는 구름 끝에 닿고 아래로는 땅 끝을 스치더군요."

　그 뜻은 곤장이 몸에 닿지 않은 것을 비꼰 것이었다. 환공이 말하였다.

　"나는 그래도 그것이 심할까 걱정하고 있느니라."

①▫『환온별전桓溫別傳』: 환온은 영화永和 원년(345)에 서주徐州에서 형주자사로 옮겨갔는데, 형주에 있을 때 관용과 온화함으로 다스려 백성들이 편안해 했다.

②▫환식은 환흠桓歆의 어릴 적 자다.

　▫『환씨보桓氏譜』: 환흠은 자가 숙도叔道며 환온의 셋째아들이다. 벼슬은 상서尙書에 이르렀다.

[역주]
① 令史 : 州郡의 가장 낮은 관리.
② 붉은 관복 : 원문은 "朱衣". 『晉書』 권24 「職官志」에서 "主簿以下, 令史以上, 皆絳服."이라 했는데, 絳服은 곧 붉은 관복을 말함.

[참고] 『北堂書鈔』45, 『太平御覽』65, 『事文類聚』別16·22

桓公在荊州, 全欲以德被江·漢, 耻以威刑肅物.① 令史受杖, 正從朱衣上過. 桓式年少, 從外來,② 云; "向從閤下過, 見令史受杖, 上拂雲根, 下拂地足." 意譏不著. 桓公云; "我猶患其重."

①▫『溫別傳』曰; 溫以永和元年, 自徐州遷荊州刺史. 在州寬和, 百姓安之.

② ◦ 式, 桓歆小字也.
◦ 『桓氏譜』曰; 歆, 字叔道, 溫第三子. 仕至尙書.

• 3 : 20 [0175]

간문제簡文帝[司馬昱]가 승상으로 있을 때, 국사가 해를 넘긴 연후에 처리되곤 했다. 환공桓公[桓溫]이 그 더딤을 매우 걱정하면서 늘 권면하자, 태종太宗[簡文帝]이 말했다.
"'하루에도 온갖 기미가 일어난다一日萬機'고 했으니 어찌 속히 처리할 수 있겠소?"①

① ◦ 『상서尙書』 「고요모皐陶謨」: 하루에 온갖 기미가 일어난다.
◦ 공안국孔安國 주: 기幾는 조짐[微]이다. 마땅히 온갖 일의 조짐에 주의를 기울여야 한다는 말이다.

簡文爲相, 事動經年, 然後得過. 桓公甚患其遲, 常加勸勉, 太宗曰; "一日萬機, 那得速?"①
① ◦ 『尙書』「皐陶謨」: 一日萬機.
◦ 孔安國曰; 幾, 微也. 言當戒懼萬事之微.

• 3 : 21 [0176]

산하山遐가 동양東陽태수를 그만두자, 왕장사王長史[王濛]가 간문제簡文帝[司馬昱]에게 나아가 동양태수직을 구하면서① 말했다.
"맹정猛政②의 뒤를 이어서는 화정和靜함③으로 다스려야 합니다."①

① ◦ 『동양기東陽記』④: 산하는 자가 언림彦林이며 하내河內사람이다. 조부 산도山濤는 사도司徒였으며, 부친 산간山簡은 의동삼사儀同三司였다. 산하는 무릉왕武陵王의 우友⑤와 동양태수를 역임했다.
◦ 『강돈전江惇傳』: 산하가 동양군을 다스릴 때 정치풍토가 가혹하여 형법에 따라 사형시키는 일이 많아 군민郡民들이 고통스러워했다. 강돈이 동양

에 은거하면서 인애와 관용으로 사람들을 돌보자, 산하도 그의 덕에 감화되어 가혹함을 다소 늦추었다.

[역주]..........................
① 동양태수직을 구하면서 : 王濛이 東陽太守職을 구한 일은 「方正」49에도 보임. 그러나 임용되지는 않았음. 당시 簡文帝는 撫軍將軍으로 있었음.
② 猛政 : 가혹한 정치. 『禮記』「檀弓下」에서 "苛政猛於虎也"라고 함.
③ 和靜함 : 『莊子』「繕性」에서 "陰陽和靜, 鬼神不擾, 四時得節, 萬物不傷."이라 함.
④ 『東陽記』: 南朝 宋 鄭緝이 찬함.
⑤ 友 : 晉代의 諸王에게는 왕을 보필하여 인도하는 임무를 맡은 師·友·文學이 각 1명씩 있었음. 『晉書』 권24 「職官志」에서 "王置師·友·文學各一人, 景帝諱, 故改師爲傅. 友者因文王·仲尼四友之名號."라고 함.

山遐去東陽, 王長史就簡文索東陽云; "承藉猛政, 故可以和靜致治." ①
①·『東陽記』云 : 遐, 字彦林, 河內人. 祖壽, 司徒. 父簡, 儀同三司. 遐歷武陵王友·東陽太守.
·『江惇傳』曰; 山遐爲東陽, 風政嚴苛, 多任刑殺, 郡內苦之. 惇隱東陽, 以仁恕懷物, 遐感其德, 爲微損威猛.

──────── • 3 : 22 [0177]

은호殷浩가 처음 양주揚州자사가 되었을 때, ① 유윤劉尹[劉惔]이 외출했다가 날이 저물려 하자 곧 좌우사람들에게 침구①를 가져오라고 했다. 사람들이 그 이유를 물으니 대답했다.

"자사께서 엄하셔서 감히 밤에 다닐 수가 없어서니라."

① ·『은호별전殷浩別傳』: 은호는 자가 연원淵源이며 진군陳郡 장평長平사람이다. 조부 은식殷識은 복양상濮陽相이었고 부친 은선殷羨은 광록훈光祿勳이었다. 은호는 젊어서부터 명성이 높았으며 벼슬은 양주자사와 중군장군中軍將軍에 이르렀다.
·『중흥서中興書』: 건원建元연간(343~344) 초에 유량庾亮 형제와 하충何充 등이 차례로 죽자, 태종太宗[簡文帝]은 당시 무군장군撫軍將軍으로서 정사를 보좌했고 은호를 초징하여 양주자사로 삼았는데, 이것은 백성들의 신망에 따른 것이었다.

[역주]······················
① 침구 : 원문은 "襆". 밤을 새는 데 필요한 도구.

殷浩始作揚州,① 劉尹行, 日小欲晚, 便使左右取襆. 人問其故, 答曰; "刺史嚴, 不敢夜行."

① ◦『浩別傳』曰; 浩, 字淵源, 陳郡長平人. 祖識, 濮陽相. 父羨, 光祿勳. 浩少有重名, 仕至揚州刺史·中軍將軍.
◦『中興書』曰; 建元初, 庾亮兄弟·何充等相尋薨, 太宗以撫軍輔政, 徵浩爲揚州, 從民譽也.

━━━━━━━ • 3 : 23 [0178]

사공謝公謝安이 재상으로 있을 때, 병졸과 하인들①이 도망가서 대부분 가까운 남당南塘② 아래의 여러 선박 속에 숨었다. 어떤 사람이 일시에 수색하여 잡아들이자고 했으나, 사공은 허락하지 않고서 말했다.
"만약 이러한 무리들을 놓아두지 않는다면 어떻게 천자가 계시는 도성이라 하겠소?"①

① ◦『속진양추續晉陽秋』: 중원이 난리를 당하여 진晉나라의 백성들이 고향을 떠나 강남으로 와서 건국한 때부터 호족들이 토지를 겸병하여, 어떤 유민들③은 유랑하면서 호적에도 오르지 못했다. 태원太元연간(376~396)에 밖으로 강성한 저강족氐羌族을 막아내고 호구조사를 실시했는데, 삼오三吳지방④은 특히 철저히 하여 그 호구제도를 바로잡았다. 그 중에는 당시 강산에 은둔하면서 도성을 왕래하는 자들이 있었는데, 후장군後將軍⑤ 사안謝安은 당시 이러한 유민들을 받아들이고 있었다. 당시에 어떤 사람이 사안과 같이 있는 자리에서 도망친 자를 숨겨주는 죄를 마땅히 조사해야 한다고 말했다. 사안은 언제나 후덕한 정치로 백성들을 감화시켰으며 번거롭고 자질구레한 일은 덮어두었다. 또한 강성한 외적이 침입해 와도 민심을 동요시켜서는 안 된다고 생각했다. 그래서 그에게 답했다.
"그대가 걱정하는 바는 유민에 있을 뿐이오. 그러나 그렇지 않으면 어떻게 도성이라 할 수 있겠소?"
그러자 말하던 자가 부끄러운 기색을 지었다.

[역주]……………………
① 병졸과 하인들 : 원문은 "兵厮". 병졸과 마부 즉 하인을 말함.
② 南塘 : 『資治通鑑』권115 『晉紀』권37 胡三省 注에서 "南塘, 秦淮南岸也"라고 함.
③ 유민들 : 원문은 "客". 다른 지방에서 유입되어 정처 없이 떠돌아다니는 자를 말함.
④ 三吳지방 : 會稽·吳興·丹陽을 말함.
⑤ 後將軍 : 전후좌우의 4군 가운데 하나를 통솔하는 장군.
[참고] 『太平御覽』156.

謝公時, 兵厮逋亡, 多近竄南塘下諸舫中. 或欲求 一時搜索, 謝公不許, 云; "若不容置此輩, 何以爲京都?"①

①·『續晉陽秋』曰; 自中原喪亂, 民離本域, 江左造創, 豪族幷兼, 或客寓流離, 名籍不立. 太元中, 外禦强氏, 蒐簡民實. 三吳頗加澄檢, 正其里伍. 其中時有山湖遁逸, 往來都邑者. 後將軍安方接客, 時人有於坐言宜糺舍藏之失者. 安每以厚德化物, 去其煩細. 又以强寇入境, 不宜加動人情. 乃答之云; "卿所憂, 在於客耳. 然不爾, 何以爲京都?" 言者有慚色.

──────── • 3 : 24 [0179]

왕대王大[王忱]가 이부랑吏部郎으로 있을 때① 한번은 관리 선발 초안을 작성했다. 상주하려 할 때 마침 왕승미王僧彌[王珉]가 오자 그것을 보여주었더니,② 왕승미는 왕대가 선발한 자의 거의 절반가량을 자기 생각대로 고쳐버렸다. 그러나 왕대는 그것을 매우 타당하다고 생각하여 다시 써서 그대로 곧장 상주했다.

①·왕침王忱은 이미 나왔다.①
②·승미는 왕민王珉의 어릴 적 자다.
  ·『왕민별전王珉別傳』: 왕민은 자가 계염季琰이며 낭야琅邪사람으로, 승상 왕도王導의 손자며 중령군中領軍 왕흡王洽의 막내아들이다. 재주와 기예가 있었으며 행서行書에 뛰어나 명성이 형 왕순王珣보다 뛰어났다. 여러 벼슬을 거쳐 시중侍中과 중서령中書令에 기용되었다. 태상太常에 추증되었다.

[역주]……………………
① 이미 나왔다 : 「德行」44 注②에 나왔음.

王大爲吏部郞,① 嘗作選草. 臨當奏, 王僧彌來, 聊出示之,② 僧彌得便以意改易所選者近牛. 王大甚以爲佳, 更寫卽奏.

① ▪ 王忱, 已見.
② ▪ 僧彌, 王珉小字也.
 ▪『珉別傳』曰; 珉, 字季琰, 琅邪人, 丞相導孫, 中領軍洽少子. 有才藝, 善行書, 名出兄珣右. 累遷侍中·中書令. 贈太常.

──────── • 3 : 25 [0180]

왕동정王東亭[王珣]은 장관군張冠軍[張玄]과 친분이 두터웠다.① 왕동정이 오군吳郡태수로 있을 때 어떤 사람이 소령小令[王珉]에게 물었다.②
"동정이 군태수가 되었는데 정치풍토가 어떠합니까?"
그러자 소령이 대답했다.
"정치교화가 어떠한지는 모르나 오직 장조희張祖希[張玄]와의 교분이 날로 두터워지고 있을 뿐입니다.①"

① ▪ 장현張玄은 이미 나왔다.②
② ▪『속진양추續晉陽秋』: 왕헌지王獻之가 중서령中書令이 되었는데 왕민王珉이 그의 뒤를 이었다. 그래서 당시 사람들은 그 두 사람을 대왕령大王令과 소왕령小王令이라 불렀다.

[역주]┈┈┈┈┈┈┈┈┈┈
① 오직 張祖希[張玄]과의 교분이 날로 두터워지고 있을 뿐입니다 : 張玄은 덕망이 높은 인물이었으므로 그러한 인물과의 교분이 깊다고 한 것은 정치교화를 잘 펴고 있음을 암암리에 나타낸 것임.
② 張玄은 이미 나왔다 :「言語」51에 나오는데, 본문과 注①에 인용된『續晉陽秋』에는 "張玄之"라 되어 있음.

王東亭與張冠軍善.① 王旣作吳郡, 人問小令曰;② "東亭作郡, 風政何似?" 答曰; "不知治化何如, 唯與張祖希情好日隆耳."

① ▪ 張玄, 已見.
② ▪『續晉陽秋』曰; 王獻之爲中書令, 王珉代之, 時人曰'大小王令'.

• 3 : 26 [0181]

은중감殷仲堪이 형주荊州자사로 부임하게 되었을 때, 왕동정王東亭[王珣]이 말했다.

"덕德이란 온전함에 거하는 것을 일컫고, 인仁이란 만물을 해치지 않는 것을 이르는 것입니다. 바야흐로 지금 중국①의 목민관②이 된다는 것은 살육을 일삼는 직책에 처하게 되는 것이니, 본래 뜻과는 어긋나는 것이 아닙니까?"

그러자 은중감이 대답했다.

"고요皐陶가 형벌의 제도를 만들었으나 그를 현자賢者가 아니라고는 하지 않으며,1 공구孔丘가 사구司寇의 임무를 맡았으나 그를 인자仁者가 아니라고는 하지 않더이다."2

1 ▫『고사고古史考』: 정견庭堅은 호를 고요라 하며 순舜의 참모신하다. 순이 그를 요堯에게 천거하자, 요가 그를 옥관獄官③으로 삼아 형벌을 주관하게 하였다.

2 ▫『공자가어孔子家語』④: 공자는 노魯나라 사공司空에서 대사구大司寇⑤가 되었는데, 3일 만에 법을 어지럽힌 대부 소정묘少正卯를 주살했다.

[역주]
① 중국 : 원문은 "華夏". 중국을 높여 부르는 말.
② 목민관 : 원문은 "宰牧". 지방장관을 말함.
③ 獄官 : 원문은 "士". 사법의 일을 맡아보는 관리.
④ 『孔子家語』: 「始誅篇」에 보임.
⑤ 大司寇 : 周나라의 六卿 가운데 하나로 獄事와 訟事를 주관했음.

殷仲堪當之荊州, 王東亭謂曰; "德以居全爲稱, 仁以不害物爲名. 方今宰牧華夏, 處殺戮之職, 與本操將不乖乎?" 殷答曰; "皐陶造刑辟之制, 不爲不賢.1 孔丘居司寇之任, 未爲不仁."2

1 ▫『古史考』曰; 庭堅號曰皐陶, 舜謀臣也. 舜擧之於堯, 堯令作士, 主刑.
2 ▫『家語』曰; 孔子自魯司空爲大司寇, 三日而誅亂法大夫少正卯.

제4편

문학
文學
Letters and Scholarship

본편은 『세상의 참신한 이야기, 세설신어』의 4번째 편으로 총 104조가 실려 있다.

상 학술과 문학의 통칭으로 쓰였다. 한말漢末 이래로 사람들의 사상성이 점차 해방됨에 따라 인물의 개성과 정감을 직접 표현한 문학이 갈수록 사람들의 중시를 받아 독립적인 경향을 띠기 시작했다. 이른바 '문학자각'의 시대가 시작된 것이었다. 「문학」편은 이러한 시대적 영향을 받아 학술과 문학 두 부분으로 구성되어 있는데, 제66조의 「칠보작시七步作詩」를 경계로 그 이전은 학술에 관한 것이고 제66조부터는 문학에 관한 것이다.

학술부분은 삼현三玄[老·莊·易]을 중심으로 유학·명리학·현학·불학 등을 포괄하고 있는데, 위진시대 학술사상의 변천 과정과 위진현학의 발전맥락 및 현학과 기타 학술 사이의 관계를 비교적 분명하게 살펴볼 수 있어서 위진현학을 연구하는 데 중요한 자료가 되고 있다. 그 가운데에는 당시 명사들의 학술활동에 관한 일화가 많이 수록되어 있는데, 예를 들어 저부褚裒와 손성孫盛이 남북 사인士人의 서로 다른 학풍에 대해서 논한 것은 학술연구를 지리조건과 연관시킨 것으로 후대의 문학환경론에 많은 영향을 미치기도 하였다.

문학부분은 당시 문인들의 활발한 문학활동에 관한 일화는 물론이고 각종 문체에 관한 언급과 여러 작품에 대한 비평 및 작가의 재식才識에 대한 논평 등이 실려 있다. 또한 문학특성에 대한 당시인의 인식이 심화되었음을 살펴볼 수 있는데, 예를 들어 '문文'과 '필筆'을 구분한 것은 위진 문체론 발전의 일면을 보여주는 것으로 볼 수 있다. 그밖에 작자·작품·독자 사이의 감정교류 관계를 언급한 것은 매우 중요한 문학이론의 문제며, 문인과 그의 작품에 얽힌 일화는 일종의 시화詩話적인 양상을 띠고 있다. 이러한 점들은 위진문학의 발전을 연구하는 데 진귀한 자료가 되고 있다.

─────── • 4 : 001 [0182]

　　정현鄭玄은 마융馬融의 문하에 있었지만,① 3년 동안 그를 만나볼 수가 없었으며, 수석제자가 학문을 전수해줄 따름이었다. 한번은 혼천渾天①을 계산하다가 맞지 않았는데 여러 제자들도 능히 풀 수가 없었다. 어떤 사람이 정현이 풀 수 있을 것이라고 하자, 마융이 정현을 불러 계산하라 했더니 단 한 번 돌려 곧바로 해결했다. 이것을 보고 사람들이 모두 놀라 탄복했다.

　　정현이 학업을 다 마치고 나서 작별을 고하고 돌아간 뒤, 마융은 '예악禮樂이 모두 동쪽으로 떠나간다'고 탄식했다.② 마융은 정현이 명성을 드날리게 될까 두려워하여 마음속으로 그를 시기했다. 정현 역시 마융이 추격해올 것이라고 의심하여, 다리 아래에 앉아 물 위에서 나막신을 허리에 대고 있었다. 마융은 과연 점판式②을 돌리면서 그를 뒤쫓다가 좌우사람들에게 고했다.

　　"정현은 땅 아래 물 위에서 나무에 기대어 있으니 이것은 필시 죽은 형상이다.③"

　　그러고는 마침내 추격을 그만두었다. 정현은 이렇게 하여 결국 화를 면할 수 있었다.③

　①▫『마융자서馬融自敍』: 마융은 자가 계장季長이며 우부풍右扶風 무릉茂陵사람이다. 젊어서부터 학문을 좋아했으며 배움에는 일정한 스승이 없었다. 대장군 등척鄧騭이 그를 불러 사인舍人으로 삼았으나 그만두고 무도武都에서 노닐었다. 때마침 강족羌族이 들고 일어나 함곡관函谷關 이서의 길이 차단되자, 마융은 "왼손으로는 천하의 지도를 움켜쥐고 오른손으로는 자신의 목을 베는 것은 우부愚夫도 하지 않는 짓이다. 왜 그러한가? 생명이 천하보다 귀하기 때문이다. 그러니 어찌하여 속세에 뜻을 굽혀 말직에 나아가는 것을 부끄럽게 여겨 무한히 존귀한 몸을 망칠 수 있으리오?"라고 한 옛 사람의 말을 떠올리고는 등척의 부름에 응했다. 교서랑校書郞이 되었다가 도성을 나

와 남군南郡태수이 되었다.

② ▫『고사전高士傳』: 정현은 자가 강성康成이며 북해北海 고밀高密사람이다. 8대조 정숭鄭崇은 한漢나라의 상서尙書였다.

▫『정현별전鄭玄別傳』: 정현은 젊어서부터 문자와 산술을 배우기 좋아했다. 13살 때는 오경五經을 외웠으며, 천문·점후占候④·풍각風角⑤·은술隱術⑥을 좋아했다. 17살 때는 큰 바람이 부는 것을 보고 관현에 나아가 말했다.

"모일 모시에 틀림없이 화재가 있을 것입니다."

그런데 그때에 이르러 과연 그 말대로 되자 지자智者들이 그를 기이하게 여겼다. 21살 때는 여러 서책을 두루 섭렵하고 역수歷數와 도참圖讖의 설에 정통했으며 아울러 산술에도 정통했다. 마침내 관직을 그만두고 옛 연주兗州자사 제오원第五元을 사사했으며, 또한 동군東郡의 장공조張恭祖에게서⑦『주례周禮』·『예기禮記』·『춘추전春秋傳』을 배웠다. 많은 곳을 두루 유람하고 많은 것을 널리 보면서 매번 산천을 지날 때마다 한 번 직접 본 것은 모두 종신토록 잊지 않았다.

부풍의 마계장馬季長[馬融]이 영명한 학자로서 이름 높았기 때문에, 정현은 그를 찾아가서 서로 같고 다른 견해를 참고하고자 했다. 마계장은 황후의 인척이라고 해서 선비들을 대우하는 데 교만했다. 정현은 그를 만나볼 수가 없자 그 근처에 머물면서 스스로 서재를 지었다. 나중에야 소개해주는 사람을 통해서 그를 만날 수 있었다. 당시 탁군涿郡의 노자간盧子幹[盧植]이 문인 중에서 으뜸이었는데, 마계장도 해석하지 못하는 7가지의 일을 정현은 5가지를 해득했고 노자간은 3가지를 해득했다. 그래서 마계장이 노자간에게 말했다.

"나와 그대는 모두 정현만 못하다."

마계장은 정현과 작별할 때 정현의 손을 잡고 말했다.

"대도大道가 동쪽으로 가는구나! 그대는 열심히 매진하게."

나중에 정현은 당고黨錮의 사건에 걸려 은거하면서 백여만 언을 저술했다. 대장군 하진何進은 정현을 초징하면서 예복⑧을 갖춰 입고 접견했다. 정현은 키가 8척 남짓 되었고 수염과 눈썹이 수려했으며 자태와 용모가 매우 위엄 있었다. 하진은 빈례賓禮를 갖춰 정현을 대우했으며 궤장几杖을 그에게 주었다. 그러나 정현이 잘못된 정치를 바로잡는 일이 많아지자 하진은 그를 기용하지 않고 물리쳐 버렸다. 원소袁紹도 정현을 초징했다가 정현이 떠날 때 성의 동쪽에서 전별하면서 정현을 반드시 취하게 만들려고 했다. 그때 모인 사람들이 3백여 명쯤 되었는데, 모두 자리에서 일어나 술잔을 들어 권했다. 아침부터 저녁까지 정현은 3백여 잔을 마셨을 텐데도 그 온화한 모습이 종일토록 흐트러짐 없었다. 헌제獻帝가 허도許都에 있을 때 그를 초징하여 대사농大司農으로 삼았는데, 가던 도중에 원성元城에 이르러 죽었다.

③ 마융은 천하의 대학자로서 인의를 몸소 실천한 사람이었고, 정현은 그의 문인으로 들어가 직접 그의 학업을 전수받았는데, 어찌 마융이 정현을 시기하여 그토록 악한 짓을 했겠는가? 항간의 말이란 남의 자식을 해치는⑨ 법이다.

[역주]
① 渾天 : 옛날 算法의 하나로서 天體儀를 사용하여 天文을 계산하는 것.
② 점판[式] : '式'은 '栻'과 통함. 옛날 점치는 도구.
③ 땅 아래~죽은 형상이다 : 이 구절은 무덤의 관 속에 있다는 뜻. 또는 『易』의 師卦[上卦 坤☷土, 下卦 坎☵水]에 관련된 것으로, 그 六三의 爻辭에서 "師或輿尸, 凶."이라 함.
④ 占候 : 일식·월식·별모양·구름의 상태 등을 보고 길흉을 점치는 것.
⑤ 風角 : 사방의 바람을 보고 그 길흉을 점치는 것.
⑥ 隱術 : 형체를 숨기는 술법. 즉 隱身術.
⑦ 또한 東郡의 張恭祖에게서 : 원문은 "先就東郡張恭祖". 『後漢書』 권35 「鄭玄傳」에는 "又從東郡張恭祖"라 되어 있어서 그것에 따라 해석함.
⑧ 예복 : 원문은 "縫掖". 『禮記』 「儒行」에 "丘少居魯, 衣逢掖之衣."라는 구절이 있는데, 이에 대한 鄭玄의 注에서 "逢猶大也. 大掖之衣, 大袂禪衣也. 此君子有道藝者所衣也."라고 함.
⑨ 남의 자식을 해치는 : 원문은 "賊夫人之子". 『論語』 「先進」에 나오는 구절.

[참고] 『後漢書』35, 『北堂書鈔』97.

鄭玄在馬融門下,① 三年不得相見, 高足弟子傳授而已. 嘗算渾天不合, 諸弟子莫能解. 或言玄能者, 融召令算, 一轉便決. 衆咸駭服. 及玄業成辭歸, 旣而融有禮樂皆東之歎.② 恐玄擅名而心忌焉. 玄亦疑有追, 乃坐橋下, 在水上據屐. 融果轉式逐之, 告左右曰; "玄在土下水上而據木, 此必死矣." 遂罷追. 玄竟以得免.③

1. 『融自敍』曰; 融, 字季長, 右扶風茂陵人. 少而好問, 學無常師. 大將軍鄧隲召爲舍人, 棄, 遊武都. 會羌虜起, 自關以西道斷. 融以謂古人有言; "左手據天下之圖, 而右手刎其喉, 愚夫不爲. 何則? 生貴於天下也. 豈以曲俗咫尺爲羞, 滅無限之身哉?" 因往應之. 爲校書郞, 出爲南郡太守.

2. 『高士傳』曰; 玄, 字康成, 北海高密人. 八世祖崇, 漢尙書.

 ◦『玄別傳』曰; 玄少好學書數, 十三誦五經, 好天文・占候・風角・隱術. 年十七, 見大風起, 詣縣曰; "某時當有火災." 至時果然, 智者異之. 年二十一, 博極羣書, 精歷數・圖緯之言, 兼精算術. 遂去吏, 師故兗州刺史第五元. 先就東郡張恭祖受『周禮』・『禮記』・『春秋傳』. 周流博觀, 每經歷山川, 及接顔一見, 皆終身不忘. 扶風馬季長以英儒著名, 玄往從之, 參考同異. 季長后戚, 嫚於待士. 玄不得見, 住左右, 自起精廬. 旣因紹介得通. 時涿郡盧子榦爲門人冠首, 季長又不解剖裂七事, 玄思得五, 子榦得三. 季長謂子榦曰; "吾與汝皆不如也." 季長臨別, 執玄手曰; "大道東矣! 子勉之." 後遇黨錮, 隱居. 著述凡百餘萬言. 大將軍何進辟玄, 乃縫掖相見. 玄長八尺餘, 須眉美秀, 姿容甚偉. 進待以賓禮, 授以几杖. 玄多所匡正, 不用而退. 袁紹辟玄, 及去, 餞之城東, 欲玄必醉. 會者三百餘人, 皆離席奉觴, 自旦及莫, 度玄飮三百餘桮, 而溫克之容, 終日無怠. 獻帝在許都, 徵爲大司農, 行至元城卒.

3. ◦ 馬融海內大儒, 被服仁義, 鄭玄名列門人, 親傳其業, 何猜忌而行鴆毒乎? 委巷之言, 賊夫人之子.

• 4 : 002 [0183]

정현鄭玄이 『춘추전春秋傳』에 주를 달고자 했으나 아직 완성하지 못했다. 당시 여행을 하다가 복자신服子愼[服虔]과 함께 우연히 같은 객사에서 유숙하게 되었는데, 예전부터 서로 모르는 사이였다. 복자신이 밖에 나가 수레 위에서 『춘추전』에 달은 자신의 주의 뜻을 어떤 사람에게 설명하고 있었는데,1 정현이 한참 동안 들어보니 대부분 자기의 견해와 같았다. 그래서 정현은 수레로 가서 복자신에게 말했다.

"내가 오랫동안 주를 달고자 했으나 아직 끝내지 못하고 있었는데, 당신이 아까 말한 것을 들어보니 대부분 나의 견해와 같았소. 이제 내가 달은 주를 모두 당신에게 드리겠소."

이렇게 하여 마침내 복씨주服氏注[1]가 만들어졌다.

1・『한남기漢南紀』: 복건服虔은 자가 자신이며 하남河南 형양滎陽사람이다. 젊어서 고학으로 태학太學의 학생이 되었다. 『춘추좌씨전春秋左氏傳』에 특히 밝아 그 훈해訓解를 지었다. 효렴孝廉에 천거되어 상서랑尙書郎과 구강九江태수가 되었다.

[역주]······················
① 服氏注 : 服氏의 注는 後漢 때에는 賈逵의 주와 쌍벽을 이루었고 魏晉 때에는 杜預의 주와 병칭되었으나, 隋나라 이후에 망실되어 그 일부만 남아 있음.

鄭玄欲注『春秋傳』, 尙未成. 時行, 與服子愼遇宿客舍, 先未相識. 服在外車上, 與人說己注傳意.1 玄聽之良久, 多與己同. 玄就車與語曰; "吾久欲注, 尙未了. 聽君向言, 多與吾同. 今當盡以所注與君." 遂爲服氏注.

1・『漢南紀』曰; 服虔, 字子愼, 河南滎陽人. 少行淸苦, 爲諸生. 尤明『春秋左氏傳』, 爲作訓解. 擧孝廉, 爲尙書郎・九江太守.

──────── • 4 : 003 [0184]

정현鄭玄 집안의 노비들은 모두 유식했다.

한번은 한 여종에게 일을 시켰는데 그의 뜻에 맞지 않았다. 그래서 회초리로 때리려 했더니 스스로 변명을 늘어놓았다. 정현은 화가 나서 다른 사람을 시켜 그 여종을 진흙탕 속에서 끌고 다니게 했다. 잠시 뒤에 또 한 여종이 와서 물었다.

"진흙탕 속에서 뭐하고 있니[胡爲乎泥中]?"1

그러자 그 여종이 답했다.

"하소연 하러 갔다가 그이의 화만 샀다네[薄言往愬, 逢彼之怒]."2

1・『시경詩經』「위풍衛風・식미式微」의 시①다.
　・모전毛傳 : 이중泥中은 위衛나라의 읍명邑名이다.
2・『시경詩經』「위패풍衛邶風・백주柏舟」의 시②다.

[역주]······················
① 『詩經』「衛風・式微」의 시 : 「식미」는 今本『詩經』「邶風」에 들어 있음.
② 『詩經』「衛邶風・柏舟」의 시 : 「백주」역시 금본『시경』「패풍」에 들어 있음.

『시경』의 「邶風」・「鄘風」・「衛風」의 시는 본래 衛國의 시였기 때문에 劉孝標는 「식미」를 「위풍」이라 하고 「백주」를 「위패풍」이라 한 것으로 보임.
  [참고] 『藝文類聚』35, 『北堂書鈔』98, 『初學記』19, 『白氏六帖』6, 『太平御覽』500.

鄭玄家奴婢皆讀書. 嘗使一婢, 不稱旨, 將撻之, 方自陳說. 玄怒, 使人曳箸泥中. 須臾, 復有一婢來, 問曰; "胡爲乎泥中?"① 答曰; "薄言往愬, 逢彼之怒."②
① ◦「衛・式微」詩也.
  ◦毛公曰; 泥中, 衛邑名也.
② ◦「衛邶・柏舟」之詩.

———————— • 4 : 004 [0185]

복건服虔은 이미 『춘추春秋』에 정통했는데, 장차 그것에 주를 달고자 하여 제가諸家의 같고 다른 견해를 참고하려 했다. 최열崔烈이 문하생을 모아 『춘추전春秋傳』을 강론한다는 소문을 듣고,① 복건은 마침내 성명을 숨긴 채 최열의 문하생에게 밥을 지어주는 사람으로 고용되었다. 매번 강론할 때가 되면 곧장 지게문과 벽 사이의 틈으로 몰래 엿듣곤 했다. 나중에 최열의 견해가 자기를 능가하지 못한다는 것을 알고는, 잠시 여러 문하생들과 함께 강론내용의 장단점을 토론했다. 최열은 그 일을 들었을 때 그가 누구인지 짐작하지 못했다. 그러나 평소에 복건의 명성을 익히 들었기 때문에 혹시 그가 아닐까 하고 의심했다. 다음날 아침 일찍 가서 복건이 아직 깨어나지 않았을 때 곧장 불렀다.

"자신子愼①! 자신!"

복건은 엉겁결에 자기도 모르게 놀라 대답하고 말았다. 이리하여 마침내 두 사람은 서로 친한 벗이 되었다.

① ◦ 지우摯虞의 『문장지文章志』: 최열은 자가 위고威考며 고양高陽 안평安平 사람으로, 최인崔駰의 손자이자 최원崔瑗의 형의 아들이다. 한漢나라 영제靈帝 때 벼슬이 사도司徒와 태위太尉에 이르렀으며 양평정후陽平亭侯에 봉해졌다.

[역주]………………………
① 子愼 : 服虔의 자.「文學」2 注⓵ 참고.
[참고]『北堂書鈔』98.

服虔旣善『春秋』, 將爲注, 欲參考同異. 聞崔烈集門生講傳,⓵ 遂匿姓名, 爲烈門人賃作食. 每當至講時, 輒竊聽戶壁間. 旣知不能踰己, 稍共諸生敍其短長. 烈聞, 不測何人, 然素聞虔名, 意疑之. 明蚤往, 及未寤, 便呼: "子愼! 子愼!" 虔不覺驚應, 遂相與友善.

⓵ ◦ 摯虞『文章志』曰; 烈, 字威考, 高陽安平人, 馴之孫, 瑗之兄子也. 靈帝時, 官至司徒・太尉, 封陽平亭侯.

• 4 : 005 [0186]

종회鍾會는「사본론四本論」의 집필을 비로소 끝내고 나서, 혜공嵇公[嵇康]에게 한번 보여주고 싶은 마음이 간절했다. 그래서 원고를 품속에 넣고 이미 그의 집에까지는 갔으나① 그의 비판이 두려워 품속에서 감히 꺼내지 못했다. 결국 창문 밖 멀찍감치 던져놓고는 곧장 돌아서서② 황급히 도망갔다.⓵

⓵ ◦『위지魏志』: 종회가 재才・성性의 이동異同을 논한 것이 세상에 전한다. 사본四本이란 재・성이 같다는 것[同], 재・성이 다르다는 것[異], 재・성이 합쳐져 있다는 것[合], 재・성이 떨어져 있다는 것[離]을 말한다. 상서尙書 부하傅嘏는 같음을 논했고, 중서령中書令 이풍李豐은 다름을 논했고, 시랑侍郎 종회는 합쳐짐을 논했고, 둔기교위屯騎校尉 왕광王廣은 떨어짐을 논했다. 그 문장이 많아 여기에 실지는 않는다.

[역주]………………………
① 이미 그의 집에까지는 갔으나 : 원문은 "旣定".『太平御覽』권394에 인용된『世說』에는 "旣詣"라 되어 있고,『續談助』권4에는 "旣詣宅"이라 되어 있어서, 후자를 따라 해석함.
② 곧장 돌아서서 : 원문은 "便回". 宋本에는 "便面"이라 되어 있음. '面'도 등을 돌리고 향하지 않는다는 뜻.『漢書』권31「項籍傳」의 "馬童面之"라는 구절에 대한 顔師古 注에서 "面, 謂背之不面向也."라고 함.

[참고] 『太平御覽』365·394, 『續談助』4.

鍾會撰「四本論」始畢, 甚欲使嵇公一見. 置懷中, 旣定, 畏其難, 懷不敢出. 於戶外遙擲, 便回急走.①

① 『魏志』曰; 會論才性同異, 傳於世. 四本者, 言才性同, 才性異, 才性合, 才性離也. 尙書傅嘏論同, 中書令李豐論異, 侍郎鍾會論合, 屯騎校尉王廣論離. 文多不載.

• 4 : 006 [0187]

하안何晏이 이부상서吏部尙書가 되었을 때 지위와 명망이 높아서 당시의 담객談客들이 좌중에 가득하곤 했다.① 왕필王弼은 그때 아직 20살이 채 안되었지만 하안을 만나보러 갔다. 하안은 왕필의 명성을 들었기 때문에,①② 지난번의 담론에서 가장 뛰어난 논리를 골라 왕필에게 말했다.

"이 논리를 나는 지극한 것이라고 생각하는데 여기에다 다시 반론을 펼 수 있겠는가?"

왕필이 곧바로 반론을 펼치자 온 좌중의 사람들은 이내 하안이 졌다고 생각했다. 이에 왕필은 스스로 문제 제출자와 응답자가 되어 자문자답하면서 몇 차례 담론을 전개했는데, 모두 좌중의 사람들이 따라가지 못하는 바였다.

① ▫ 『문장서록文章敍錄』: 하안은 청담淸談에 능했고 당시의 권세가였기 때문에 천하의 담객들이 대부분 그를 존숭했다.

▫ 『위씨춘추魏氏春秋』: 하안은 젊어서부터 남다른 재주를 지녔으며 『역경易經』과 『노자老子』를 담론하는 데 뛰어났다.

② ▫ 『왕필별전王弼別傳』: 왕필은 자가 보사輔嗣며 산양山陽 고평高平 사람이다. 젊어서부터 총명했으며 10여 살 때 이미 『노자』와 『장자莊子』를 좋아했다. 변론에 통달하고 담론에 능하여 부하傅嘏의 인정을 받았다. 이부상서 하안이 그를 매우 훌륭히 여겨 품평했다.

"후배는 가히 두려워할 만하니,② 이와 같은 사람이라면 가히 더불어 하늘과 인간의 관계를 논할 만하도다!"

그리고는 왕필을 대랑臺郞③에 임명했다. 그러나 왕필은 평소 실제업무를 잘 처리하지 못했고 게다가 그런 것에는 관심을 두지 않았으며, 자기의 뛰어난 점을 가지고 다른 사람들을 비웃었기 때문에 당시 인사들로부터 미움을 받았다. 또한 사람됨이 천박하고 남의 마음을 헤아리지 못했다. 처음에는 왕려王黎·순융荀融과 사이가 좋았으나, 왕려가 자기의 황문랑黃門郞 직을 빼앗았다고 하여 그를 증오했으며, 순융과도 끝까지 좋게 지내지는 못했다. 위魏나라 정시正始연간(240~248)에 송사에 걸려 면직되었으며,④ 그 해 가을 역질에 걸려 죽으니 그때 나이 24살이었다. 왕필이 죽자 진晉 경제景帝[司馬師]는 며칠 동안 슬피 탄식하면서 말했다.

"하늘이 나를 버리셨도다!"⑤

그가 식견 높은 사람들에게 애도 받음이 이와 같았다.

[역주]
① 하안은 왕필의 명성을 들었기 때문에 : 원문은 "晏聞弼名". 그러나 『北堂書鈔』 권98에 인용된 『世說』에는 "晏乃倒履迎之"라고 되어 있으며, 같은 책 권136에 인용된 『世說』에는 "晏聞來, 乃倒屣迎"이라 되어 있음. 그밖에 『太平御覽』 권474·617·698 등에 인용된 『世說』에도 약간씩 다른 문장이 있음.
② 후배는 가히 두려워할 만하니 : 원문은 "後生可畏". 『論語』 「子罕」에 나오는 구절.
③ 臺郞 : 尙書郞을 말함.
④ 正始연간에 송사에 걸려 면직되었으며 : 원문은 "正始中, 以公事免." 『三國志』 「魏書·鍾會傳」 注에는 "正始十年, 曹爽廢, 以公事免."이라 되어 있음.
⑤ 하늘이 나를 버리셨도다 : 원문은 "天喪予". 『論語』 「先進」에 나오는 구절.

[참고] 『藝文類聚』55, 『北堂書鈔』98·136, 『太平御覽』474·617·698.

何晏爲吏部尙書, 有位望, 時談客盈坐.① 王弼未弱冠, 往見之. 晏聞弼名,② 因條向者勝理語弼曰; "此理僕以爲理極, 可得復難不?" 弼便作難, 一坐人便以爲屈. 於是弼自爲客主數番, 皆一坐所不及.

① ◦『文章敍錄』曰; 晏能淸言, 而當時權勢, 天下談士, 多宗尙之.
◦『魏氏春秋』曰; 晏少有異才, 善談『易』·『老』.
② ◦『弼別傳』曰; 弼, 字輔嗣, 山陽高平人. 少而察惠, 十餘歲便好『老』·『莊』. 通辯能言, 爲傅嘏所知. 吏部尙書何晏甚奇之, 題之曰; "後生可畏. 若斯人者, 可與言天人之際矣!" 以

弼補臺郎. 弼事功雅非所長, 益不留意, 頗以所長笑人, 故爲時士所嫉. 又爲人淺而不識物情. 初與王黎·荀融善, 黎奪其黃門郎, 於是恨黎, 與融亦不終好. 正始中以公事免. 其秋遇癘疾亡, 時年二十四. 弼之卒也, 晉景帝嗟歎之累日, 曰; "天喪子!" 其爲高識悼惜如此.

• 4 : 007 [0188]

하평숙何平叔[何晏]이 『노자老子』의 주석을 비로소 완성한 뒤 왕보사王輔嗣[王弼]를 찾아갔다가, 왕보사의 『노자』 주가 정묘한 것을 보고 이내 진심으로 탄복하며 말했다.

"이와 같은 사람이라면 가히 더불어 하늘과 인간의 관계를 논할 만하도다!"

그리고는 자기의 주석을 「도덕이론道德二論」[1]이라고 했다.①

①『위씨춘추魏氏春秋』: 왕필王弼이 도道를 논한 것을 보면, 그 간결미는 하안만 못하지만 자연스럽게 빼어남은 하안보다 낫다.②

[역주]··············

① 「道德二論」: 『三國志』 「魏書·曹爽傳」에는 「道德論」이 보이고, 『列子』 張湛注에는 「道論」이 보임. 「道德二論」이 「道論」과 「德論」의 두 편인지, 또는 「道德二論」과 「道德論」이 같은 글인지는 알 수 없음.
② 왕필이~하안보다 낫다 : 원문은 "弼論道約美不如晏, 自然出拔過之"인데, 『三國志』 「魏書·鍾會傳」에는 "其論道傅會文辭不如何晏, 自然有所拔得多晏也."라 되어 있음.

[참고] 『三國志』28注.

何平叔注『老子』始成, 詣王輔嗣, 見王注精奇, 迺神伏曰; "若斯人, 可與論天人之際矣!" 因以所注爲「道德二論」.[1]

[1]·『魏氏春秋』曰; 弼論道約美不如晏, 自然出拔過之.

• 4 : 008 [0189]

왕보사王輔嗣[王弼]가 약관의 나이에 배휘裴徽를 방문했을 때,[1] 배휘가 물었다.

"대저 '무無'라는 것은 진실로 만물의 바탕이 되는 바로서, 성인①은 기꺼이 언급하려 하지 않았는데 노자老子는 끊임없이 부연설명을 했으니 왜 그러한가?"②

그러자 왕필이 말했다.

"성인은 '무'를 체득했고 '무'는 또한 설명할 수 없는 것이기 때문에 언제나 '유有'에 대해서 언급했으나, 노자와 장자莊子는 '유'에서 아직 벗어나지 못했기 때문에 항상 그 부족한 바를 설명하였던 것입니다."

① · 『영가류인명永嘉流人名』: 배휘는 자가 문계文季며 하동河東 문희聞喜사람으로, 태상太常 배잠裴潛의 막내동생이다. 벼슬은 기주冀州자사에 이르렀다.
② · 『왕필별전王弼別傳』: 왕필의 부친은 상서랑尙書郎이었고 배휘는 이부랑吏部郎이었다. 배휘는 왕필을 보고 그가 비범한 인물이라고 생각했기 때문에 이러한 질문을 했다.

[역주]······
① 성인 : 孔子를 가리킴.
[참고] 『三國志』28注, 『蒙求』下.

王輔嗣弱冠詣裴徽,① 徽問曰; "夫無者, 誠萬物之所資, 聖人莫肯致言, 而老子申之無已, 何邪?"② 弼曰; "聖人體無, 無又不可以訓, 故言必及有. 老·莊未免於有, 恒訓其所不足."
① · 『永嘉流人名』曰; 徽, 字文季, 河東聞喜人, 太常潛少弟也. 仕至冀州刺史.
② · 『弼別傳』曰; 弼父爲尙書郎, 裴徽爲吏部郎. 徽見, 異之, 故問.

───── • 4 : 009 [0190]

부하傅嘏는 현허玄虛한 명리名理①를 논하는 데 뛰어났고,① 순찬荀粲은 현원玄遠한 철리를 논하길 좋아했다.② 매번 함께 담론할 때마다 서로의 논리를 이해하지 못하여 논쟁이 붙었다. 그래서 배기주裴冀州

[裴徽]가 두 사람의 논지를 해석하고 서로의 생각을 소통시켜, 늘 두 사람의 감정을 흡족하게 해주면 피차간에 모두 즐거워했다.③

1. ▫『위지魏志』: 부하는 자가 난석蘭碩②이며 북지北地 이양泥陽사람으로, 부개자傅介子의 후손이다. 여러 벼슬을 거쳐 하남윤河南尹과 상서尙書에 기용되었다. 부하가 일찍이 재才・성性의 이동異同을 논했고, 종회鍾會가 그것을 집성하여 논했다.

   ▫『부자傅子』: 부하는 이미 정치에 숙달되고 올바름을 좋아했으며, 이치에 밝아 그 요체를 체득했다. 재・성을 논한 것을 보면③ 그 근원에 대한 탐구가 정미精微하여 그를 따라갈 수 있는 사람이 드물었다. 사례司隸④ 종회는 나이가 매우 젊었지만 부하는 그와 친구로⑤ 사귀었다.

2. ▫『순찬별전荀粲別傳』: 순찬은 자가 봉천奉倩이며 영천潁川 영음潁陰사람으로, 태위太尉 순욱荀彧의 막내아들이다. 순찬의 여러 형들은 유학의 논의로 각기 이름이 알려졌다. 순찬은 현원함을 논하는 데 능하여 늘 이렇게 생각했다.

   "자공子貢이 '선생님께서 성성性과 천도天道에 대해서 말씀하신 것은 얻어들을 수 없다⑥'고 말했는데, 그렇다면 육경六經이 비록 남아 있지만 그것은 진실로 성인의 찌꺼기다."

   담론에 뛰어난 자들도 그를 꺾을 수 없었다.

3. ▫『순찬별전』: 순찬은 태화太和연간(227~232) 초에 도성[洛陽]에 가서 부하와 담론을 벌였는데, 부하는 명리名理에 뛰어났고 순찬은 현원함을 즐겨 논했다. 그 종지宗旨는 비록 같았지만 갑자기 어떤 때는 논쟁으로 번져 서로의 뜻을 이해하지 못하는 경우도 있었다. 그럴 때에 배휘가 피차간의 생각을 소통시켜 두 사람의 입장을 잘 설명해주면, 잠시 뒤에 순찬과 부하는 다시 사이가 좋아지곤 했다.

   ▫『관로전管輅傳』: 배사군裴使君[裴徽]은 재능이 뛰어나고 도량이 넓었으며 현묘함을 잘 논했다.

[역주]
① 玄虛한 名理 : 원문은 "虛勝". 정확한 뜻은 미상이나 대개 '현허한 명리', 또는 '현허함을 첫째로 꼽는 논리'라는 의미일 것이라고 생각함.
② 蘭碩 : 『三國志』「魏書・傅嘏傳」에는 "蘭石"이라 되어 있음.

③ 재·성을 논한 것을 보면 : 원문은 "如論才性". 『三國志』「魏書·傅嘏傳」注에는 "好論才性"이라 되어 있음.
④ 司隷 : 『三國志』「魏書·傅嘏傳」注에는 "司隷校尉"라 되어 있음.
⑤ 친구로 : 원문은 "明知". 宋本에는 "朋知"라 되어 있어서 그것에 따라 번역함. "明知"로 할 경우에는 "[종회가] 총명한 지혜를 지니고 있어서"라고 해석됨.
⑥ 선생님께서~들을 수 없다 : 원문은 "夫子之言性與天道, 不可得而聞也." 『論語』 「公冶長」에 나오는 구절.

傅嘏善言虛勝,① 荀粲談尙玄遠.② 每至共語, 有爭而不相喩. 裴冀州釋二家之義, 通彼我之懷, 常使兩情皆得, 彼此俱暢.③

① 『魏志』曰; 嘏, 字蘭碩, 北地泥陽人, 傅介子之後也. 累遷河南尹·尙書. 嘏嘗論才性同異, 鍾會集而論之.
　·『傅子』曰; 嘏旣達治好正, 而有淸理識要. 如論才性, 原本精微, 鮮能及之. 司隷鍾會年甚少, 嘏以明知交會.
② 『粲別傳』曰; 粲, 字奉倩, 潁川潁陰人, 太尉彧少子也. 粲諸兄儒術論議各知名. 粲能言玄遠, 常以"子貢稱'夫子之言性與天道, 不可得而聞也.' 然則六籍雖存, 固聖人之糠秕" 能言者不能屈.
③ 『粲別傳』曰; 粲太和初到京邑, 與傅嘏談. 嘏善名理, 而粲尙玄遠. 宗致雖同, 倉卒時或格而不相得意. 裴徽通彼我之懷, 爲二家釋, 頃之, 粲與嘏善.
　·『管輅傳』曰; 裴使君有高才逸度, 善言玄妙也.

• 4 : 010 [0191]

하안何晏이 『노자老子』에 주를 달았는데 아직 끝내지 않았을 때 왕필王弼을 만났더니, 왕필이 자신이 달은 『노자』 주의 요지를 설명했다. 그것을 듣자 하안은 자기의 주에 부족한 점이 많다고 생각하여 더 이상 아무 말도 못한 채 다만 "그래! 그래!" 하고 응답했다. 하안은 마침내 더 이상 『노자』에 주를 달지 않고 대신 「도덕론道德論」①을 지었다.①

① 『문장서록文章敍錄』: 유가의 입장에서 보면 노자는 성인이 아니며 예禮·학學을 파기한② 사람이다. 그러나 하안은 노자가 성인과 같다고 주장하

여,③ 그의 논설이 세상에 유포되었다.

[역주]······························
① 「道德論」: 「文學」7 [역주]① 참고.
② 禮·學을 파기한 : 『老子』 제19·20장에 이것에 관한 자세한 주장이 나옴.
③ 하안은 노자가 성인과 같다고 주장하여 : 하안의 이러한 주장은 오늘날 남아 있지 않지만, 그의 聖人論에 대한 왕필의 반박론 요지가 『三國志』 「魏書·鍾會傳」 注에 보임.

何晏注『老子』未畢, 見王弼, 自說注『老子』旨. 何意多所短, 不復得作聲, 但應諾諾. 遂不復注, 因作「道德論」.①
①◦『文章敍錄』曰; 自儒者論以老子非聖人, 絶禮棄學. 晏說與聖人同, 著論行於世也.

———————— • 4 : 011 [0192]

서진西晉시대에 노장老莊의 도를 흠모하는 무리가 있었는데, 그 중 한 사람이 의문점을 물어보려고 왕이보王夷甫[王衍]를 찾아갔다. 마침 왕이보는 어제 너무 말을 많이 해서 약간 피곤했기 때문에 더 이상 응답할 수가 없었다. 그래서 그 손님에게 말했다.

"내 몸이 지금 조금 좋지 않소. 하지만 배일민裴逸民[裴頠]이 또한 이 근처에 살고 있으니 당신은 그 사람한테 가서 물어보시오."①

①◦『진제공찬晉諸公贊』: 배위裴頠는 철리 담론에 있어서 왕이보와 서로 양보하지 않았다.

中朝時, 有懷道之流, 有詣王夷甫咨疑者. 値王昨已語多, 小極, 不復相酬答. 乃謂客曰; "身今少惡, 裴逸民亦近在此, 君可往問."①
①◦『晉諸公贊』曰; 裴頠談理, 與王夷甫不相推下.

———————— • 4 : 012 [0193]

배성공裴成公[裴頠]이 「숭유론崇有論」을 지었을 때 당시 사람들이 그를 논박했지만 아무도 꺾을 수가 없었다. 오직 왕이보王夷甫[王衍]가 왔을 때만 약간 굽히는 듯했다. 그래서 당시 사람들은 왕이보의 논리로써 그를 논박했지만, 배성공의 논리는 도리어 더욱 새롭게 발전했다.[1]

> [1] ▫『진제공찬晉諸公贊』: 위魏나라의 태상太常 하후현夏侯玄과 보병교위步兵校尉 완적阮籍 등을 비롯하여 모두들 「도덕론道德論」을 지었다. 당시에 시중侍中 악광樂廣과 이부랑吏部郎 유한劉漢① 역시 도를 체득하여 말이 간결했고, 상서령尙書令 왕이보는 철리를 강구하여 재기가 현허玄虛했고, 산기상시散騎常侍 대오戴奧는 도를 배우는 것을 업으로 삼았고, 후배 유애庾敱의 무리는 모두 간이簡易함과 광달曠達함을 흠모했다.
> 　　배위裴頠는 세간에서 허무의 이치를 숭상하는 것을 못마땅하게 여겼기 때문에 「숭유론」과 「귀무론貴無論」 두 편을 지어② 논박했는데, 그 재기가 드넓고 논급함이 폭넓어서 학자들이 제대로 궁구할 수 없었다. 나중에 악광과 배위가 한가한 때에 철리를 논했는데, 배위는 해박한 언사를 펼쳤지만 악광은 스스로 허무의 도를 체득했다고 생각하여 웃기만 하고 아무 말도 하지 않았다.
> 　　▫『혜제기거주惠帝起居注』: 배위가 두 편의 논문을 지어 허탄虛誕함의 폐단을 바로잡고자 했는데, 그 문사가 정밀하고도 풍부하여 일세의 명론名論이 되었다.

[역주]
① 劉漢: 「賞譽」22 注[1]에 인용된 『晉後略』에는 "劉漠"이라 되어 있음.
② 「숭유론」과 「귀무론」 두 편을 지어: 원문은 "著「崇有」二論"으로 「貴無論」이 빠져 있음. 그러나 『三國志』「魏書·裴潛傳」注에는 "著「崇有」·「貴無」二論"이라 되어 있어서 여기에 근거하여 보충함.

裴成公作「崇有論」, 時人攻難之, 莫能折. 唯王夷甫來, 如小屈. 時人卽以王理難裴, 理還復申.[1]

> [1] ▫『晉諸公贊』曰; 自魏太常夏侯玄·步兵校尉阮籍等, 皆著「道德論」. 于時侍中樂廣·吏部郎劉漢, 亦體道而言約. 尙書令王夷甫, 講理而э虛. 散騎常侍戴奧, 以學道爲業. 後進庾敱之徒, 皆希慕簡曠. 頠疾世俗尙虛無之理, 故著「崇有」二論以折之. 才博喩廣, 學者不能究. 後樂廣與頠淸閒欲說理, 而頠辭喩豐博, 廣自以體虛無, 笑而不復言.

◦『惠帝起居注』曰; 顗著二論以規虛誕之弊, 文詞精富, 爲世名論.

━━━━━━━━━━━━━━ • 4 : 013 [0194]

제갈굉諸葛玄①은 젊었을 때 학문에 힘쓰려 하지 않았는데, 처음으로 왕이보王夷甫[王衍]와 담론했을 때 곧바로 이미 고매한 경지에 도달했다. 왕이보가 탄복하며 말했다.

"그대는 천부적인 재능이 탁월하니 조금만 더 노력한다면 어느누구에게도 손색이 없을 것이네!"

제갈굉이 나중에 『장자莊子』와 『노자老子』를 읽고 나서 다시 왕이보와 담론했을 때는 족히 상대가 되었다.1

1 ◦ 왕은王隱의 『진서晉書』: 제갈굉은 자가 무원茂遠이며 낭야琅邪사람으로, 위魏나라 옹주雍州자사 제갈서諸葛緒의 아들이다. 빼어난 재능을 지녔으며 벼슬은 사공주부司空主簿에 이르렀다.

[역주]··························
① 諸葛玄: 『倭名類聚鈔』 권1에 인용된 『世說』에는 "諸葛宏"이라 되어 있음.
[참고] 『北堂書鈔』 98.

諸葛玄年少不肯學問. 始與王夷甫談, 便已超詣. 王歎曰; "卿天才卓出, 若復小加硏尋, 一無所愧!" 玄後看『莊』・『老』, 更與王語, 便足相抗衡.1

1 ◦ 王隱『晉書』曰; 玄, 字茂遠, 琅邪人, 魏雍州刺史緒之子. 有逸才, 仕至司空主簿.

━━━━━━━━━━━━━━ • 4 : 014 [0195]

위개衛玠가 어렸을 때 악령樂令[樂廣]에게 꿈에 대해 물었더니, 악령이 대답했다.

"그것은 '생각想'이지."

위개가 말했다.

"육체와 정신이 결합되어 있지 않을 때 꿈을 꾸는데 어찌하여 그것이 '생각'이란 말입니까?"

그러자 악령이 말했다.

"'원인[因]'이 있기 때문이지. 수레를 타고 쥐구멍으로 들어간다든지 절구질을 하고 나서 쇠 절굿공이를 씹어 먹는다든지 하는 꿈을 이제껏 한 번도 꾼 적이 없다는 것은 모두 '생각'도 없고 '원인'도 없었기 때문이지." ①

위개는 며칠 동안① '원인'이라는 것에 대해서 생각했지만 도무지 알 수가 없어서 마침내 병이 들고 말았다. 악령이 그 소식을 듣고 일부러 수레를 타고 가서 위개에게 상세히 설명해주었더니, 위개의 병에 금세 차도가 있었다. 악령이 감탄하며 말했다.

"이 아이의 가슴 속에는 틀림없이 불치의 병이 없을 것이로다!" ②

① ▫『주례周禮』②에 육몽六夢이라는 것이 있는데, 첫째는 정몽正夢으로 아무런 느낌도 없이 편안하게 꾸는 꿈을 말하고, 둘째는 악몽噩夢으로 깜짝 놀라서 꾸는 꿈을 말하고, 셋째는 사몽思夢으로 깨어 있을 때 생각했던 것을 꾸는 꿈을 말하고, 넷째는 오몽寤夢으로 깨어 있을 때 말했던 것을 꾸는 꿈을 말하고, 다섯째는 희몽喜夢으로 즐거워서 꾸는 꿈을 말하고, 여섯째는 구몽懼夢으로 두려워서 꾸는 꿈을 말한다.

▫ 생각건대 : 악령이 말한 '생각'이라는 것은 아마도 사몽이고 '원인'이라는 것은 아마도 정몽인 것 같다.

② ▫『춘추전春秋傳』③ : 진晉나라 경공景公이 병이 들어서 진秦나라에 의원을 요청하자, 진백秦伯이 의원 완緩을 보내 치료하게 했다. 의원이 아직 이르지 않았을 때 경공은 병이 두 동자로 변한 꿈을 꾸었다. 꿈속에서 한 동자가 말했다.

"그는 훌륭한 의원이라서 우리를 해칠까봐 두려워."

그러자 다른 동자가 말했다.

"고膏와 황肓 사이에 있으면 우리를 어떻게 하겠어?"

의원이 도착해서 말했다.

"이 병은 치료할 수 없습니다. 고와 황 사이에 있기 때문에 공략해도 도달할 수 없고 찔러도 미칠 수 없으며 약도 이르지 못합니다."

그러자 경공이 말했다.

"훌륭한 의원이로다."

▫ 주注④ : 황은 횡경막이다. 심장 아래를 고라 한다.

[역주]..........................
① 며칠 동안 : 원문은 "經日". 『晉書』권43 「樂廣傳」에는 "經月"이라 되어 있음.
② 『周禮』: 「春官・占夢」에 보임.
③ 『春秋傳』: 「成公10年」條에 보임.
④ 注 : 杜預의 주를 말함.

[참고] 『晉書』43, 『太平御覽』397·739.

衛玠總角時, 問樂令夢, 樂云; "是'想'." 衛曰; 形神所不接而夢, 豈是'想'邪?" 樂云; "'因'也. 未嘗夢乘車入鼠穴, 擣虀噉鐵杵, 皆無'想'無'因'故也." ① 衛思'因', 經日不得, 遂成病. 樂聞, 故命駕爲剖析之, 衛旣小差. 樂歎曰; "此兒胸中, 當必無膏肓之疾!" ②

① ▫『周禮』有六夢. 一曰正夢, 謂無所感動, 平安而夢也. 二曰噩夢, 謂驚愕而夢也. 三曰思夢, 謂覺時所思念也. 四曰寤夢, 謂覺時道之而夢也. 五曰喜夢, 謂喜說而夢也. 六曰懼夢, 謂恐懼而夢也.
　▫ 按; 樂所言'想'者, 蓋思夢也. '因'者, 蓋正夢也.

② ▫『春秋傳』曰; 晉景公有疾, 求醫於秦, 秦伯使醫緩爲之. 未至, 公夢疾爲二豎子. 曰; "彼良醫也, 懼傷我焉." 其一曰; "居肓之上膏之下, 若我何?" 醫至, 曰; "疾不可爲也. 在肓之上膏之下, 攻之不可達, 刺之不可及, 藥不至焉." 公曰; "良醫也."
　▫ 注; 肓, 鬲也. 心下爲膏.

• 4 : 015 [0196]

유자숭庾子嵩[庾敳]이 『장자莊子』를 읽다가 두루마리를 펴서 1척쯤 되었을 때 곧장 내려놓으면서 말했다.

"내 생각과 조금도 다르지 않구먼!" ①

① ▫『진양추晉陽秋』: 유애庾敳는 자가 자숭이며 영천潁川사람으로, 시중 유준

庾峻의 셋째아들이다. 성품이 확 트여서 도량이 넓었으며 스스로 노장老莊의 무리라고 일컬었다. 또한 말했다.

"예전에 이 책을 읽지 않았을 때는 지극한 이치는 이와 같아야 한다고 일찍이 생각했었는데, 지금 읽어보니 정작 나의 생각과 암암리에 똑같다."

벼슬은 예주장사豫州長史에 이르렀다.

[참고]⋯⋯⋯⋯⋯⋯⋯⋯⋯⋯⋯
『晉書』50.

庾子嵩讀『莊子』, 開卷一尺許便放去, 曰; "了不異人意!"①

①▫『晉陽秋』曰; 庾敳, 字子嵩, 潁川人, 侍中峻第三子. 恢廓有度量, 自謂是老莊之徒. 曰; "昔未讀此書, 意嘗謂至理如此. 今見之, 正與人意暗同." 仕至豫州長史.

──────── • 4 : 016 [0197]

어떤 객이 악령樂令[樂廣]에게 '손가락은 어떤 물체에 결코 진정으로 이르지[닿지] 못한다[旨不至]①'는 명제에 대해서 물었다. 악령은 더 이상 그 문구를 해석하지 않고 다만 주미塵尾자루로 안석을 두드리면서 말했다.

"이르렀소?"

객이 말했다.

"이르렀습니다."

곧 이어 악령은 주미를 다시 들고 말했다.

"만약에 진정으로 이르렀다면 어떻게 떠날[떨어질] 수 있겠소?"①

이에 객이 비로소 그 의미를 깨닫고 감복했다. 악령의 말이 간결하면서도 뜻이 잘 통하는 것은 모두 이와 같았다.

①▫대저 배를 아무리 잘 감추어도 은밀히 움직이며② 어깨를 아무리 꽉 밀착시켜도 항상 떨어지니,③ 세상만물은 한순간도 머물러 있지 않고 순식간에 나타났다 사라진다. 그래서 날아가는 새의 그림자는 이동하는 것이 아니

며, 달리는 수레의 바퀴는 지면에 닿는 것이 아니다.④ 따라서 떠났다고[떨어졌다고] 하는 것은 진정으로 떠난 것이 아니니 어찌 이르름[닿음]이 있겠는가? 이르렀다고[닿았다고] 하는 것은 진정으로 이르른 것이 아니니 어찌 떠남[떨어짐]이 있겠는가? 그런 즉 먼저 이르른[닿은] 것과 나중에 이르른 것이 다르지 않기 때문에 '이르다[닿다]'는 말이 생겨나는 것이며, 먼저 떠난[떨어진] 것과 나중에 떠난 것이 다르지 않기 때문에 '떠나다[떨어지다]'는 말이 성립되는 것이다. 지금 천하에 진정으로 떠난[떨어진] 것이 없는데도 떠났다고 하는 것은 거짓이 아니겠는가? 이미 거짓인데도 이르렀다[닿았다]고 하는 것은 어찌 진실이겠는가?

[역주]………………………
① 손가락은~못한다[旨不至] : '旨'는 '指'와 통함. 『莊子』「天下」에서 "指不至, 至不絶."이라 함. 그밖에 『列子』「仲尼」와 『公孫龍子』 등에도 '指不至'에 관한 언급이 보임.
② 대저~움직이며 : 원문은 "夫藏舟潛往". 『莊子』「大宗師」의 "夫藏舟於壑, 藏山於澤, 謂之固矣. 然而夜半有力者負之而走, 昧者不知也."라는 구절을 원용한 것임.
③ 어깨를~떨어지니 : 원문은 "交臂恒謝". 『莊子』「田子方」의 "吾終身與汝交, 一臂而失之, 可不哀與?"라는 구절을 원용한 것임.
④ 날아가는~아니다 : 원문은 "飛鳥之影莫見其移, 馳車之輪曾不掩地". 『莊子』「天下」에 나오는 구절.

[참고] 『太平御覽』703.

客問樂令'旨不至'者. 樂亦不復剖析文句, 直以麈尾柄确几曰; "至不?" 客曰; "至." 樂因又擧麈尾曰; "若至者, 那得去?"① 於是客乃悟服. 樂辭約而旨達, 皆此類.
①。夫藏舟潛往, 交臂恒謝. 一息不留, 忽焉生滅. 故飛鳥之影, 莫見其移, 馳車之輪, 曾不掩地. 是以去不去矣, 庸有至乎? 至不至矣, 庸有去乎? 然則前至不異後至, 至名所以生. 前去不異後去, 去名所以立. 今天下無去矣, 而去者非假哉? 既爲假矣, 而至者豈實哉?

처음에 『장자莊子』에 주를 단 사람이 수십 명 있었지만 그 요지를 완전히 궁구해낸 사람은 없었다. 상수向秀는 옛 주에 별도로 해의解義를 지었는데, 그 오묘한 해석이 참신하고 치밀하여 현묘한 학풍을 크게 창달시켰다.[1] 그러나 상수는 다만 「추수秋水」와 「지락至樂」 두 편을 다 끝내지 못하고 죽었다. 당시 상수의 아들이 어렸기 때문에 그 해의가 마침내 거의 잊혔지만 부본副本은 남아 있었다.

곽상郭象은 사람됨이 경박했지만 뛰어난 재능의 소유자였다.[2] 그는 상수의 해의가 세상에 전하지 않는 것을 보고는 마침내 그것을 표절하여 자기의 주로 삼았다. 그리고는 「추수」와 「지락」 두 편에 자신의 주를 달고 또한 「마제馬蹄」 한 편의 주를 바꾸었으며, 그 나머지 여러 편에 대해서는 간혹 문구를 수정했을 뿐이었다.[3] 나중에 상수 해의의 부본이 세상에 다시 나옴으로 해서 오늘날에는 상수와 곽상의 두 『장자주莊子注』가 있게 되었는데 그 내용은 거의 동일하다.

[1] ▫『상수별전向秀別傳』: 상수는 혜강嵇康·여안呂安과 친구 사이였지만 그 취사선택은 서로 달랐다. 혜강은 오만하고 세속에 얽매이지 않았으며 여안은 방일放逸하고 탈속적이었지만 상수는 늘 독서를 좋아했다. 그래서 혜강과 여안은 이것을 가지고 상수를 자못 비웃었다. 나중에 상수가 장차 『장자』에 주를 달고자 하여 먼저 혜강과 여안에게 그 사실을 말했더니, 두 사람이 모두 말했다.

"이 책에 무슨 더 이상의 주가 필요하겠는가? 다만 남들이 즐거움으로 삼는 일을 버리게 할 뿐이지."

상수가 주를 완성하여 두 사람에게 보여주었더니, 혜강이 여안에게 말했다.

"그대는 진실로 뛰어나다고 보는가?"

그러자 여안이 경탄하며 말했다.

"장주莊周가 죽지 않았도다!"

상수는 나중에 『주역周易』에 주를 달았는데 그 해의解義가 볼 만하여 한漢나라 유학자들의 것과 서로 필적되었지만, 『장자』의 심오한 뜻을 해석한 절묘함①에는 미치지 못했다.

▫『상수본전向秀本傳』: 상수는 여러 현자의 저술을 두루 섭렵했지만 평생 동안 그것들을 대수롭지 않게 여겨 일체 주를 달지 않았다. 그러나 오직 『장자』만을 좋아하고 오로지 최선崔譔의 『장자주』②를 좇아서 잊지 않도록 기

록해 놓았다.

- 『죽림칠현론竹林七賢論』: 상수가 이 해의를 지은 뒤, 그것을 읽은 사람이라면 누구든지 마치 초연히 속진俗塵을 벗어나 절대 심오의 세계를 엿봄으로써, 비로소 보는 것과 듣는 것 밖에 신묘한 덕과 현묘한 지혜가 있음을 깨닫게 되어, 천하를 망각하고 만물을 초월할 수 있는 듯한 느낌을 받는다. 비록 제아무리 경쟁적인 사람일지라도 다만 자신이 좇고 있는 바를 돌아보기만 하면, 모두 초연히 속세를 벗어나고픈 마음이 저절로 들게 된다.

②· 『문사전文士傳』: 곽상은 자가 자현子玄이며 하남河南사람이다. 젊어서부터 재능이 있었으며 도학道學을 흠모하여 노장老莊에 뜻을 두었다. 당시 사람들이 모두 그를 왕필王弼의 다음이라고 생각했다. 사공연司空掾과 태부주부太傅主簿③에 초징되었다.

③· 『문사전』: 곽상이 『장자주』를 지었는데 가장 청신한 문사文辭와 시원스런 주지主旨가 담겨 있다.

[역주]
① 『장자』의 심오한 뜻을 해석한 절묘함: 원문은 "隱莊之絶倫". '隱莊'은 『莊子』의 隱解를 말하는데, 隱解는 지극히 隱微한 의미를 헤아린다는 뜻.
② 崔譔의 『장자주』: 『隋書』 「經籍志」에 "梁有莊子十卷, 東晉議郎崔譔注, 亡."이라 저록되어 있음.
③ 太傅主簿: 宋本에는 "太學博士"라 되어 있음.

[참고] 『晉書』50, 『文選』21注, 『事文類聚』別.

初, 注「莊子」者數十家, 莫能究其旨要. 向秀於舊注外爲解義, 妙析奇致, 大暢玄風.① 唯「秋水」·「至樂」二篇未竟而秀卒. 秀子幼, 義遂零落, 然猶有別本. 郭象者, 爲人薄行有儁才.② 見秀義不傳於世, 遂竊以爲己注. 乃自注「秋水」·「至樂」二篇, 又易「馬蹄」一篇, 其餘衆篇, 或定點文句而已.③ 後秀義別本出, 故今有向·郭二『莊』, 其義一也.

①· 『秀別傳』曰; 秀與嵇康·呂安爲友, 取舍不同. 嵇康傲世不羈, 安放逸邁俗, 而秀雅好讀書, 二子頗以此嗤之. 後秀將注『莊子』, 先以告康·安, 康·安咸曰: "此書詎復須注? 徒棄人作樂事耳." 及成, 以示二子, 康曰: "爾故復勝不?" 安乃驚曰; "莊周不死矣!" 後注『周易』, 大義可觀, 而與漢世諸儒互有彼此, 未若隱莊之絶倫也.

· 『秀本傳』或言; 秀遊託數賢, 蕭屑卒歲, 都無注述. 唯好『莊子』, 聊應崔譔所注, 以備遺忘云.

▫『竹林七賢論』云; 秀爲此義, 讀之者, 無不超然若已出塵埃, 而窺絶冥, 始了視聽之表. 有神德玄哲, 能遺天下, 外萬物. 雖復使動競之人, 顧觀所徇, 皆悵然自有振拔之情矣.

② ▫『文士傳』曰; 象, 字子玄, 河南人. 少有才理, 慕道好學, 託志老莊. 時人咸以爲王弼之亞. 辟司空掾·太傅主簿.

③ ▫『文士傳』曰; 象作『莊子注』, 最有淸辭遒旨.

• 4:018 [0199]

완선자阮宣子[阮脩]는 훌륭한 명성이 있었다. 태위太尉 왕이보王夷甫[王衍]가 그를 만나보고 물었다.

"노장老莊과 성인[孔子]의 가르침이 같은가?"

완선자가 대답했다.

"아마 같지 않을는지요[將無同]①?"

왕태위가 그 대답을 훌륭하다고 여겨 그를 불러 속관으로 삼자, 세상 사람들이 그를 '석 자字로 얻은 속관[三語掾]'이라 했다. 위개衛玠가 그것을 조롱하여 말했다.

"한 자면 가히 초징될 수 있는데 어찌 석 자를 빌린단 말인가?"

그러자 완선자가 말했다.

"진실로 천하의 인망人望을 얻는다면 또한 아무 말 안 해도 초징될 수 있는데 어찌 다시 한 자를 빌린단 말인가?"

마침내 두 사람은 서로 친한 친구가 되었다.*①

① ▫『명사전名士傳』: 완수阮脩는 자가 선자며 진류陳留 위지尉氏사람이다. 『노자老子』와 『역경易經』을 좋아하고 철리를 잘 논했다. 속인과 만나는 것을 싫어했는데 간혹 잘못하여 서로 만나게 되면 즉시 외면하고 떠났다. 세상일에는 관심이 없어서 생계를 돌보지 않았기 때문에 집안에는 한 섬의 식량도 비축해 놓은 것이 없었지만 마음만은 태평했다. 낭야琅邪의 왕처중王處仲[王敦]이 홍려경鴻臚卿이 되었을 때 그에게 말했다.

"홍려승鴻臚丞② 의 직에는 약간의 녹봉이 있소이다만, 당신은 늘 먹을 것이 없으니 이 직이나마 한번 맡아보시겠소?"

그러자 완수가 말했다.

"그것도 괜찮을 것 같군요."

그러고는 마침내 홍려승과 태자세마太子洗馬가 되었다.

[역주]……………………

* 이 고사는 『晉書』 권49 「阮瞻傳」에는 "瞻見司徒王戎, 戎問曰; '聖人貴名敎, 老莊明自然, 其旨同異?' 瞻曰; '將無同!' 戎咨嗟良久, 卽令辟之. 時人謂之三語掾. 太尉王衍亦雅重之."라고 하여 阮瞻과 王戎의 고사로 되어 있음. 그밖에 『太平御覽』 권209 「職官部」7 「三公府掾屬」과 권390 「人事部」31 「言語」에 인용된 『衛玠別傳』에도 그렇게 되어 있음. 그러나 『晉書』 「阮脩傳」에는 이 고사가 실려 있지 않음.
① 아마 같지 않을는지요[將無同] : '將無'는 '將不'·'將非' 등과 함께 위진남북조시대에 자주 사용된 말로서, 어떠한 상황에 대하여 직접적인 판단을 피하고 추측이나 의문의 형식을 빌려 완곡하게 뜻을 표현할 때 씀. '將無'를 우리말로 옮긴다면 '아마[혹시, 어쩌면, 거의] ~이 아닐는지요?'의 어감에 해당함. 「德行」19, 「雅量」28, 「任誕」40에도 그러한 용례가 보임.
② 홍려승鴻臚丞 : 외국에서 들어온 朝貢을 맡아보는 鴻臚卿의 속관.

[참고] 『晉書』49.

阮宣子有令聞, 太尉王夷甫見而問曰; "老莊與聖敎同異?" 對曰; "將無同?" 太尉善其言, 辟之爲掾, 世謂'三語掾'. 衛玠嘲之曰; "一言可辟, 何假於三?" 宣子曰; "苟是天下人望, 亦可無言而辟, 復何假一?" 遂相與爲友.①

① ○『名士傳』曰; 阮修, 字宣子, 陳留尉氏人. 好『老』·『易』, 能言理. 不喜見俗人, 時誤相逢, 卽舍去. 傲然無營, 家無儋石之儲, 晏如也. 琅邪王處仲爲鴻臚卿, 謂曰; "鴻臚丞差有祿, 卿常無食, 能作不?" 脩曰; "爲復可耳." 遂爲鴻臚丞·太子洗馬.

• 4 : 019 [0200]

배산기裴散騎[裴遐]가 왕태위王太尉[王衍]의 딸을 아내로 맞았는데, 결혼한 지 3일 뒤에 왕씨 집안의 여러 사위들이 성대한 모임을 열자,① 당시의 명사들과 왕씨·배씨 집안의 자제들이 모두 모였다. 곽자현郭子玄[郭象]도 그 자리에 참석했다가 배산기에게 청담을 논하자고 도전했다. 곽자현은 재학才學이 매우 풍부했기 때문에, 처음 몇 차례의 교담交談에서는 판가름이 나지 않았다. 다시 곽자현이 매우 성대하게 의론을 전개하자, 배산기는 방금 전의 의론을 침착하게 분석했는데 그 논지가 매우 정밀했다. 그래서 온 좌중의 사람들이 감탄하면서 대단하다고 칭찬했다.② 왕태위도 배산기를 훌륭하다고 여겨 여러 사람들에게 자랑삼아 말했다.

"제군들은 이렇게 하지 말게. 그랬다간 과인寡人①의 사위에게 큰 코다칠 테니까!"

① ▫『진제공찬晉諸公贊』: 배하裴遐는 자가 숙도叔道며 하동河東사람이다. 부친 배위裴緯②는 장수교위長水校尉였다. 배하는 젊어서부터 철리에 뛰어나다고 일컬어졌다. 사공연司空掾과 산기랑散騎郞에 초징되었다.

▫『영가류인명永嘉流人名』: 왕연王衍은 자가 이보夷甫다. 그의 넷째딸이 배하에게 시집갔다.

② 등찬鄧粲의『진기晉紀』: 배하는 변론을 업으로 삼아 명리名理를 논하는 데 뛰어났는데, 그 어기語氣가 청신하고 유창하여 마치 금슬琴瑟의 소리처럼 청아했다. 그의 말을 들어본 사람은 그를 알든 모르든 간에 탄복하지 않는 자가 없었다.

[역주]
① 寡人 : 원래는 周代 諸侯들의 謙稱이었으나, 六朝時代에는 藩方의 책임자나 그와 비슷한 지위에 있는 사람들의 謙稱으로도 쓰였음.
② 裴緯 :『晉書』권35「裴綽傳」에는 "裴綽"이라 되어 있음. 그 밖에「品藻」6 注⑤에 인용된『王朝目錄』과 汪藻의『世說敍錄』「人名譜·裴氏譜」에도 모두 "裴綽"이라 되어 있음. 따라서 본문의 "緯"는 "綽"의 오기로 보임.

裴散騎娶王太尉女, 婚後三日, 諸婿大會,① 當時名士, 王·裴子弟悉集. 郭子玄在坐, 挑與裴談. 子玄才甚豊贍, 始數交, 未快. 郭陳張甚盛, 裴徐理前語, 理致甚微, 四坐咨嗟稱快.② 王亦以爲奇, 謂諸人曰; "君輩勿爲爾. 將受困寡人女壻!"

① ▫『晉諸公贊』曰; 裴遐, 字叔道, 河東人. 父緯, 長水校尉. 遐少有理稱. 辟司空掾·散騎郞.
▫『永嘉流人名』: 衍, 字夷甫. 第四女適遐也.

② 鄧粲『晉紀』曰; 遐以辯論爲業, 善敍名理, 辭氣淸暢, 泠然若琴瑟. 聞其言者, 知與不知, 無不歎服.

• 4 : 020 [0201]

위개衛玠가 처음 강남으로 건너왔을 때 왕대장군王大將軍[王敦]을 만나러 갔다가① 밤까지 머무르게 되었다. 왕대장군이 사유여謝幼輿[謝鯤]를 불러 소개했더니,② 위개는 사유여를 보자 매우 기뻐하여 왕대장군은 전혀 돌아보지도 않은 채 새벽까지 현담玄談을 계속했다. 왕대장군은 밤새껏 그 현담에 끼어들 수가 없었다. 위개는 평소에 몸이 병약하여 항상 그의 어머니가 담론하는 것을 말렸는데, 그날 밤에 갑자기 너무 과로하여 이 때문에 병이 깊어져서 마침내 자리에서 일어나지 못했다.③

① ▫『왕돈별전王敦別傳』: 왕돈은 자가 처중處仲이며 낭야琅邪 임기臨沂사람이다. 젊어서부터 명리名理에 뛰어났다. 여러 벼슬을 거쳐 청주青州자사에 기용되었다. 강남으로 피난온 뒤에는 시중侍中・승상丞相・대장군・양주목揚州牧을 역임했다. 나중에 죄를 지어 주살당했다.

② ▫『진양추晉陽秋』: 사곤謝鯤은 자가 유여며 진군陳郡사람이다. 부친 사형謝衡은 진晉나라의 대학자였다. 사곤은 성품이 활달하고 대범했으며,『노자老子』와『역경易經』을 좋아하고 음악에 뛰어나 금琴과 책을 업으로 삼았다. 난리를 피하여 강남으로 온 뒤 예장豫章태수가 되었는데 왕돈이 그를 불러 장사長史로 삼았다.

▫『사곤별전謝鯤別傳』: 사곤은 43세에 죽었으며 태상太常에 추증되었다.

③ ▫『위개별전衛玠別傳』: 위개는 젊어서부터 명리名理에 뛰어나고『역경』과『노자』에 밝았지만, 본래 병약했기 때문에 애당초 바깥에서 함부로 담론에 응대하지 않았다. 그래서 당시 친구들이 감탄하여 말했다.

"위군衛君[衛玠]은 말을 하지 않지만 했다 하면 반드시 심오한 경지에 이른다!"①

무창武昌에서 대장군 왕돈을 만나게 되었는데, 왕돈은 그와 담론한 뒤 감탄의 마음을 금할 수가 없었다.

[역주]
① 심오한 경지에 이른다 : 원문은 "入眞". 宋本에는 "入冥"이라 되어 있음. 程炎震

의 『世說新語箋證』에서는 "疑本作玄, 與言爲均, 宋人避諱, 作眞作冥耳. 本篇五十八條亦有入玄字."라고 하여 아마도 "入玄"이 옳을 것이라고 주장함.
[참고] 『晉書』49.

衛玠始渡江, 見王大將軍,① 因夜坐. 大將軍命謝幼輿,② 玠見謝, 甚說之, 都不復顧王, 遂達旦微言. 王永夕不得豫. 玠體素羸, 恒爲母所禁, 爾夕忽極, 於此病篤, 遂不起.③

① 『敦別傳』曰; 敦, 字處仲, 琅邪臨沂人. 少有名理. 累遷靑州刺史. 避地江左, 歷侍中·丞相·大將軍·揚州牧. 以罪伏誅.

② 『晉陽秋』曰; 謝鯤, 字幼輿, 陳郡人. 父衡, 晉碩儒. 鯤性通簡, 好『老』·『易』, 善音樂, 以琴書爲業. 避亂江東, 爲豫章太守, 王敦引爲長史.

◦ 『鯤別傳』曰; 鯤四十三卒, 贈太常.

③ 『玠別傳』曰; 玠少有名理, 善『易』·『老』. 自抱羸疾, 初不於外擅相酬對. 時友歎曰; "衛君不言, 言必入眞!" 武昌見大將軍王敦, 敦與談論, 吞嗟不能自已.

─────── • 4 : 021 [0202]

옛말에 따르면, 왕승상王丞相[王導]은 강남으로 건너온 뒤로 다만 「성무애락론聲無哀樂論」①·「양생론養生論」②·「언진의론言盡意論」③의 3가지 명리名理만을 말했는데, 속속들이 관통하여 꿰뚫지 못하는 바가 없었다.

① ◦ 혜강嵇康의 「성무애락론」 개략 : 대저 지방이 다르고 풍속이 다르면 노랫소리와 웃음소리도 같지 않다.① 만약에 이것을 거꾸로 사용하게 되면 울음소리를 듣고 기뻐할 수도 있으며, 노랫소리를 듣고 슬퍼할 수도 있다. 그러나 애락의 감정은 똑같은 것이다. 지금 똑같은 감정을 가지고 만 가지 다른 소리를 내는 것을 보면, 소리에는 일정한 감정이 없는 것이 아니겠는가?

② ◦ 혜숙야嵇叔夜[嵇康]의 「양생론」 : 대저 이가 머리에 붙어 있으면 검어지고,② 사향노루가 잣나무를 먹으면 향기를 내며,③ 험준한 산에 살면 목덜미에 혹이 생기고,④ 진晉나라에 거하면 치아가 누렇게 된다.⑤ 어찌 다만 찜을 하여 기氣를 무겁게 함으로써 몸을 가볍게 할 수 없으며, 향을 품어 향기를 내게 함으로써 수명을 연장시킬 수 없겠는가? 진실로 영지로 찜하고 단 샘물로 씻으면 억지로 하지 않아도 저절로 얻어져서 몸이 젊어지고 마음이 심오해

진다. 그러면 거의 선문羨門⑥과 수명을 비교하고 왕교王喬⑦와 나이를 견줄 수 있으니, 어찌 양생이 불가능하다고 할 수 있겠는가?

③ 。 구양견석歐陽堅石[歐陽建]의 「언진의론」 개략 : 대저 이치를 마음에서 터득했다 하더라도 말로 표현하지 않으면 전달할 수 없으며, 사물이 현상계에서 정해졌다 하더라도 이름이 없으면 구별할 수 없다. 이름은 사물에 따라 바뀌고 말은 이치에 따라 변하지만 양자[이름과 사물, 말과 이치]는 서로 다른 별개의 것일 수가 없다. 진실로 양자가 별개의 것이 아니라면 말은 뜻을 완전히 표현하지 않음이 없는 것이다.

[역주]······················

① 노랫소리와 웃음소리도 같지 않다 : 원문은 "歌笑不同". 그러나 『全晉文』 권109와 『嵇康集』의 「聲無哀樂論」에는 "歌哭不同"이라 되어 있음. 문맥상 후자가 타당함.
② 이가 머리에 붙어 있으면 검어지고 : 원문은 "蝨著頭而黑". 『文選』 권53 「養生論」의 李善 注에 인용된 『抱朴子』에서 "今頭蝨著身, 皆稍變而白. 身蝨處頭, 皆漸化而黑. 則是玄素果無定質, 移易存乎所漸."이라 함.
③ 사향노루가 잣나무를 먹으면 향기를 내며 : 원문은 "麝食柏而香". 『文選』 「養生論」 李善 注에 인용된 『本草名醫』에서 "麝形似麞, 常食柏葉, 五月得香. 又夏月食蛇蟲多, 至寒則香滿."이라 함.
④ 험준한 산에 살면 목덜미에 혹이 생기고 : 원문은 "頸處險而癭". 『文選』 「養生論」 李善 注에 인용된 『淮南子』에서 "沮險氣多癭. 謂人居山險, 樹木瘤臨其水上, 飮此水則患癭."이라 함. 그러나 『淮南子』 「墜形訓」에는 "沮險氣多癭"의 구절만 있음.
⑤ 晉나라에 거하면 치아가 누렇게 된다 : 원문은 "齒居晉而黃". 『五雜俎』에서 "晉國多棗, 食之齒黃."이라 함.
⑥ 羨門 : 옛 신선. 『史記』 「秦始皇本紀」에서 "三十二年, 始皇之碣石, 使燕人盧生求羨門·高誓."라고 함.
⑦ 王喬 : 신선 王子喬를 말함. 『列仙傳』에 "王子喬者, 周靈王太子晉也. 道人浮丘公, 接以上嵩高山."이라 함.

舊云; 王丞相過江左, 止道「聲無哀樂」①·「養生」②·「言盡意」③三理而已. 然宛轉關生, 無所不入.

① . 嵇康「聲無哀樂論」略曰; 夫殊方異俗, 歌笑不同. 使錯而用之, 或聞哭而懽, 或聽歌而戚, 然哀樂之情均也. 今用均同之情, 發萬殊之聲, 斯非音聲之無常乎?

② ∘ 嵇叔夜「養生論」曰; 夫虱箸頭而黑, 麝食柏而香, 頸處險而癭, 齒居晉而黃. 豈唯蒸之使重無使輕, 芬之使香無使延哉? 誠能蒸以靈芝, 潤以醴泉, 無爲自得, 體妙心玄. 庶與羨門比壽, 王喬爭年, 何爲不可養生哉?

③ ∘ 歐陽堅石「言盡意論」略曰; 夫理得於心, 非言不暢, 物定於彼, 非名不辨. 名逐物而遷, 言因理而變, 不得相與爲二矣. 苟無其二, 言無不盡矣.

——————— • 4 : 022 [0203]

 은중군殷中軍[殷浩]이 유공庾公[庾亮]의 장사長史가 되어① 도읍[建康]에 도착했을 때, 왕승상王丞相[王導]이 그를 위해 모임을 열자 환공桓公[桓溫]·왕장사王長史[王濛]·왕람전王藍田[王述]②·사진서謝鎭西[謝尙]가 모두 참석했다. 왕승상은 스스로 일어나 휘장을 열어젖히고 주미麈尾를 든 채 은중군에게 말했다.

 "내① 오늘 자네와 함께 담론하여 명리名理를 분석해보려 하네."

 이윽고 함께 청담을 시작하여 어느덧 삼경에 이르렀다. 왕승상과 은중군이 서로 반복하여 응수하는 바람에 나머지 여러 명현들은 조금도 끼어들 틈이 없었다. 이미 쌍방이 서로의 견해를 남김없이 다 펼치고 난 뒤에 왕승상이 탄식하며 말했다.

 "방금 전의 담론은 결국 그 명리의 근원이 귀착되는 바를 알지는 못하겠지만, 언변과 비유만큼은 서로에게 손색이 없으니 정시正始시기의 청담②이 바로 이러했도다!"

 다음날 아침에 환선무桓宣武[桓溫]가 사람들에게 말했다.

 "어젯밤에 은중군과 왕승상의 청담을 들었는데 매우 훌륭했소. 사인조謝仁祖[謝尙] 역시 심심해하지는 않았고, 나 또한 때때로 마음에 와 닿는 점이 있었소. 그러나 두 왕연王掾③을 돌아보니 마치 사람 구경을 못해 본 야생 암캐처럼 우두커니 놀란 모습이었소.③"

① ∘ 생각건대 : 『유량료속명庾亮僚屬名』과 『중흥서中興書』에는 은호殷浩는 유량庾亮의 사마司馬였으며 장사가 아니었다고 되어 있다.

②▫『王述別傳王述別傳』: 왕술은 자가 회조懷祖며 태원太原 진양晉陽사람이다. 조부 왕담王湛과 부친 왕승王承은 모두 명성이 높았다. 왕술은 일찍 부친을 여의었으나 극진한 효성으로 모친을 섬겼으며, 누추한 골목에서 가난하게 살았으나 온종일 편안한 마음으로 지냈다. 이 때문에 식자들 사이에 이름이 알려졌다. 남전후藍田侯에 습봉되었다.

③▫왕몽王濛과 왕술은 모두 왕도王導의 부름을 받아 연掾[屬官]이 되었다.

[역주]······················
① 내 : 원문은 "身". 일인칭대명사. 주로 연장자가 연소자에게 자신을 지칭할 때 사용함.
② 正始시기의 청담 : 원문은 "正始之音". 正始는 魏 齊王 曹芳의 연호(240~249). 이 시기에는 何晏과 王弼 같은 청담가가 활약했음.
③ 마치 야생 암캐처럼 우두커니 놀란 모습이었소 : 원문은 "輒翣如生母狗馨". '輒翣'은 놀라움에 우두커니 서서 움직이지 않는 모양. '如~馨'은 六朝時代의 어조사로 우리말의 '~과 같은'・'마치~처럼'의 뜻. 「文學」33과 「忿狷」3에도 이러한 용례가 보임.

殷中軍爲庾公長史,① 下都, 王丞相爲之集, 桓公・王長史・王藍田②・謝鎭西並在. 丞相自起解帳, 帶麈尾, 語殷曰; "身今日當與君共談析理." 旣共淸言, 遂達三更. 丞相與殷共相往反, 其餘諸賢, 略無所關. 旣彼我相盡, 丞相乃歎曰; "向來語, 乃竟未知理源所歸, 至於辭喩不相負, 正始之音, 正當爾耳!" 明旦, 桓宣武語人曰; "昨夜聽殷・王淸言, 甚佳. 仁祖亦不寂寞, 我亦時復造心. 顧看兩王掾,③ 輒翣如生母狗聲."

①▫按; 『庾亮僚屬名』及『中興書』, 浩爲亮司馬, 非爲長史也.
②▫『王述別傳』曰; 述, 字懷祖, 太原晉陽人. 祖湛, 父承, 並有高名. 述蚤孤, 事親孝謹, 篳瓢陋巷, 宴安永日. 由是爲有識所知. 襲爵藍田侯.
③▫王濛・王述, 並爲王導所辟.

• 4 : 023 [0204]

은중군殷中軍[殷浩]이 불경을 보고 나서 말했다.
"진리가 또한 마땅히 이것① 위에 있도다!"①

①▫불경이 중국에 전래된지는 오래되었지만 언제 처음 들어왔는지는 미

상이다.

◦ 『모자牟子』: 한漢나라 명제明帝가 밤에 꿈을 꾸었는데 몸에서 광채가 빛나는 어떤 신이 나타났다. 다음날 여러 신하에게 두루 물었더니 사리에 통달한 사람 부의傅毅가 대답했다.

"신이 듣자오니, 천축天竺에 부처[佛]라고 부르는 도인이 있는데 몸이 가벼워 공중을 날 수 있고 몸에서 광채가 빛난다고 하오니 아마도 그 신인가 하옵니다."

그래서 우림장군羽林將軍 진경秦景과 박사제자博士弟子 왕준王遵 등 12명을 대월지국大月氏國에 파견하여 불경 『사십이장경四十二章經』②을 필사해 오도록 하여 난대蘭臺의 석실에 보관했다.

◦ 유자정劉子政[劉向]의 『열선전列仙傳』: 백가의 책을 열람하면서 조사·고찰해보니 신선이 된 자가 146명인데, 그 중에서 74명은 이미 불경에 기록되어 있었다. 그래서 나머지 70명③의 사적을 기록하여 견문과 학식이 풍부한 사람들이 열람할 수 있도록 했다.

◦ 그렇다면 한나라 성제成帝·애제哀帝 사이에 이미 불경이 존재했다는 말이 되니, 곧 『모자』의 기록과는 일치하지 않는다.

◦ 『위략魏略』 「서융전西戎傳」: 천축성天竺城 안에 임아국臨兒國[Lumbinī國]이 있다. 부도경浮屠經[佛經]에서 말했다.

"그 나라의 왕이 부도浮圖[Buddha]를 낳아 부도는 태자가 되었다. 부친은 설두야屑頭邪[Śuddhodana]였으며 모친은 막야莫邪[Māya]였다. 부도는 몸과 옷이 황색이었으며 머리카락은 푸른 실 같았고 손톱은 구리 같았다. 그 모친이 흰 코끼리 꿈을 꾸고 난 뒤에 잉태했는데 출생할 때 오른쪽 옆구리에서 나왔다. 또한 날 때부터 틀어 올린 머리를 하고 있었고 땅에 떨어지자마자 7걸음을 걸을 수 있었다."

천축에는 또한 사율沙律이라고 부르는 신인이 있다. 옛날 한나라 애제 원수元壽 원년(2 BC)에 박사제자 경려景廬는 대월지국왕의 사신 이존伊存이 구전한 부도경을 받았는데, 부두復豆[Buddha]라고 하는 사람이 그 사람이다.

◦ 『한무고사漢武故事』: 흉노匈奴의 곤야왕昆邪王이 휴도왕休屠王을 살해한 뒤 그 백성을 이끌고 한나라에 투항했다. 무제武帝는 그에게서 금신상金神像을 얻어 감천궁甘泉宮에 안치했는데, 그 금신상들은 모두 키가 1장丈 남짓

했으며 제사지낼 때는 소나 양을 쓰지 않고 다만 향을 피우고 예배했다. 황제는 그 나라의 풍속에 따라 제사지내게 했다.

◦ 이러한 신들은 모두 부처와 유사하다. 어찌 한나라 무제 때 불경이 중국에 전래되지 않았다면 그러한 신들을 섬겼겠는가? 따라서 유향劉向과 어환魚豢④의 설을 고찰해보면, 불경이 애제・성제 때부터 전래되었음이 분명하다. 그러나 모자와 부의가 언급한 『사십이장경』은 그 경문經文이 현존하므로 터무니없는 말은 아니다. 아마도 명제가 사신을 파견하여 널리 이문異聞을 구한 것이지 그 당시에 불경이 없었다는 것은 아닐 것이다.

[역주]······················
① 이것 : 원문은 "阿堵". 六朝時代의 俗語로 '阿'는 발어사고 '堵'는 '이것'의 뜻. 「巧藝」13에도 같은 용례가 보임.
② 『四十二章經』: 竺摩騰과 竺法蘭이 번역했다고 함. 1권. 대략 漢 明帝 永平연간(58~75)에 번역된 것으로 추정하는 최초의 漢譯 佛經. 불교의 기본교의를 담고 있는 42편의 짤막한 經文으로 구성되어 있음.
③ 70명 : 문맥상 '72명'이라고 하는 것이 타당함. 그러나 현존하는 劉向의 『列仙傳』에 수록된 仙人은 70명임.
④ 魚豢 : 위의 劉孝標 注에 인용된 『魏略』의 작자.

[참고] 『太平御覽』653.

殷中軍見佛經云; "理亦應阿堵上."①
①◦佛經之行中國尙矣, 莫詳其始.
◦『牟子』曰; 漢明帝夜夢神人, 身有日光. 明日, 博問羣臣, 通人傅毅對曰; "臣聞天竺有道者, 號曰佛, 輕擧能飛, 身有日光, 殆將其神也." 於是遣羽林將軍秦景・博士弟子王遵等十二人之大月氏國, 寫取佛經四十二部, 在蘭臺石室.
◦劉子政『列仙傳』曰; 歷觀百家之中, 以相檢驗, 得仙者百四十六人, 其七十四人, 已在佛經. 故撰得七十, 可以多聞博識者遐觀焉.
◦如此, 卽漢成・哀之間, 已有經矣, 與『牟子』傳記, 便爲不同.
◦『魏略』「西戎傳」曰; 天竺城中, 有臨兒國. 浮屠經云; "其國王生浮圖. 浮圖者, 太子也. 父曰屑頭邪, 母曰莫邪. 浮屠者, 身服色黃, 髮如靑絲, 爪如銅. 其母夢白象而孕, 及生, 從右脅出, 而有髻, 墮地能行七步." 天竺又有神人曰沙律. 昔漢哀帝元壽元年, 博士弟子景慮, 受大月氏王使伊存口傳浮屠經, 曰復豆者, 其人也.
◦『漢武故事』曰; 昆邪王殺休屠王, 以其衆來降. 得其金人之神, 置之甘泉宮. 金人皆長丈餘, 其祭不用牛羊, 唯燒香禮拜. 上使依其國俗祀之.

。此神全類於佛. 豈當漢武之時, 其經未行於中土, 而但神明事之邪? 故驗劉向·魚豢之說, 佛至自哀·成之世明矣. 然則牟·傳所言四十二者, 其文今存非妄. 蓋明帝遣使廣求異聞, 非是時無經也.

──────── • 4 : 024 [0205]

사안謝安이 젊었을 때 완광록阮光祿[阮裕]에게 「백마론白馬論」을 강론해달라고 청하자,① 완광록이 논을 지어 사안에게 보여주었다. 그러나 그때 사안은 완광록의 말을 금방 이해하지 못하여 끝까지 거듭 질문했다. 이에 완광록이 감탄하며 말했다.

"다만 언변에 뛰어난 사람을 찾아보기 어려울 뿐만 아니라, 정작 이처럼 알려고 애쓰는 사람도 찾아보기 어렵도다!"②

① 。『공총자孔叢子』: 조趙나라 사람 공손룡公孫龍이 말했다.

"'흰 말'은 말이 아니다. '말'이라는 것은 형체를 명명한 것이고 '희다'는 것은 색깔을 명명한 것이다. 대저 색깔을 명명한 것은 형체를 명명한 것이 아니기 때문에 '흰 말'은 말이 아니다."①

② 。『중흥서中興書』: 완유阮裕는 논변에 정통했다.

[역주]························
① 현존하는 『孔叢子』에는 이러한 구절이 없고 『公孫龍子』에 보임.

謝安年少時, 請阮光錄道「白馬論」,① 爲論以示謝. 于時謝不卽解阮語, 重相咨盡. 阮乃歎曰; "非但能言人不可得, 正索解人亦不可得!"②

① 。『孔叢子』曰; 趙人公孫龍云; "白馬非馬. 馬者所以命形, 白者所以命色. 夫命色者非命形, 故曰白馬非馬也."
② 。『中興書』曰; 裕甚精論難.

──────── • 4 : 025 [0206]

저계야褚季野[褚裒]가 손안국孫安國[孫盛]에게 말했다.①

"북방 사람의 학문은 깊이가 있으면서도 해박하지."

그러자 손안국이 응수했다.

"남방 사람의 학문은 정통하면서도 간명하지."①

지도림支道林[支遁]이 이것을 듣고 말했다.

"성현은 본디 말로 표현할 수 없는② 대상이지요. 다만 중간 수준 이하의 사람을 놓고 본다면, 북방 사람이 책 읽는 것은 마치 밝은 곳에서 달을 바라보는 것과 같고, 남방 사람의 학문은 마치 옹기창을 통해 해를 쳐다보는 것과 같다고나 할까." ②

①・ 저부褚裒와 손성孫盛은 모두 이미 나왔다.③

・ 지도림이 말한 바는 다만 손성과 저부의 논리에 비유를 든 것이다. 학문이 넓으면 주밀하기가 어렵고 주밀하기가 어려우면 지식이 어두워지기 때문에 밝은 곳에서 달을 바라보는 것과 같다고 했으며, 학문이 좁으면 통달하기가 쉽고 통달하기가 쉬우면 지식이 밝아지기 때문에 옹기창으로 해를 쳐다보는 것과 같다고 한 것이다.

[역주]········

① "북방 사람의 학문은 깊이가 있으면서도 해박하지", "남방 사람의 학문은 정통하면서도 간명하지" : 원문은 "北人學問, 淵綜廣博." "南人學問, 淸通簡要." 『隋書』 「儒林傳序」에서 "南人約簡, 得其精華. 北學深蕪, 窮其枝葉不一."이라 함.

② 말로 표현할 수 없는 : 원문은 "忘言". 『莊子』 「外物篇」에서 "言者所以在意, 得意而忘言."이라 함.

③ 이미 나왔다 : 褚裒는 「德行」34 注①에, 孫盛은 「言語」49 注①에 각각 나왔음.

[참고] 『太平御覽』607.

褚季野語孫安國①云; "北人學問, 淵綜廣博." 孫答曰; "南人學問, 淸通簡要." 支道林聞之曰; "聖賢固所忘言. 自中人以還, 北人看書, 如顯處視月, 南人學問, 如牖中窺日." ②

①・ 褚裒・孫盛, 並已見.

②・ 支所言, 但譬成孫・褚之理也. 然則學廣則難周, 難周則識闇, 故如顯處視月. 學寡則易蔽, 易蔽則智明, 故如牖中窺日也.

유진장劉眞長[劉惔]이 은연원殷淵源[殷浩]과 함께 담론을 벌였는데, 유진장의 논리가 다소 열세인 듯하자 은연원이 말했다.

"음! 그대는 구름사다리[1]를 이용해 상향공격을 잘하는 장군이 되고 싶지 않나보군."[1]

[1] ▫ 『묵자墨子』[2]: 공수반公輸般이 높다란 구름사다리를 만들어 송宋나라를 공격하려 했다. 묵자가 그 소식을 듣고 노魯나라를 출발하여 옷을 찢어 발을 동여맨 채로 밤낮을 쉬지 않고 꼬박 10일이 걸려서 초楚나라의 수도 영郢에 도착했다. 묵자가 초왕을 뵙고 말했다.

"듣자오니 대왕께서 장차 송나라를 공격하려 하신다는데 그렇습니까?"

초왕이 "그렇소"라고 대답하자, 다시 묵자가 말했다.

"청컨대 공수반에게 송나라를 공격할 기구를 준비하라 하십시오. 신이 청컨대 시험 삼아 한 번 막아보겠습니다."

그래서 공수반이 송나라를 공격할 계책을 펼치자 묵자는 자기 허리띠로 그것을 둘러쳐서 막아냈다. 공수반이 9번이나 공격했지만 묵자는 9번 모두 물리쳤다. 더 이상 들어갈 수가 없자 초왕은 마침내 출병을 그만두었다.

[역주]
① 구름사다리 : 원문은 "雲梯". 성을 공격하는 데 사용하는 고가사다리의 일종.
② 『墨子』: 「公輸篇」에 나옴.

劉眞長與殷淵源談, 劉理如小屈, 殷曰; "惡! 卿不欲作將善雲梯仰攻."[1]

[1] ▫ 『墨子』曰; 公輸般爲高雲梯, 欲以攻宋. 墨子聞之, 自魯往, 裂裳裹足, 日夜不休, 十日十夜而至於郢. 見楚王曰; "聞大王將攻宋, 有之乎?" 王曰; "然." 墨子曰; "請令公輸般設攻宋之具, 臣請試守之." 於是公輸般設攻宋之計, 墨子繁帶守之. 輸九攻之, 而墨子九卻之. 不能入, 遂輟兵.

은중군[殷浩]이 말했다.

"한강백韓康伯[韓伯]은 아직 나의 아낌없는 칭찬①을 받지 못했다."[1]
[1]。『은호별전殷浩別傳』: 은호는 『노자老子』와 『역경易經』에 정통했으며 청담에 뛰어났다.
。한강백은 은호의 조카였는데 은호가 그를 매우 아꼈다.

[역주]……………………
① 아낌없는 칭찬 : 원문은 "牙後慧". '慧'는 '惠'와 통함. 아낌없이 남을 칭찬하여 그의 이름을 널리 알리는 것을 말함. 『南史』 「謝朓傳」에서 "朓好獎人才, 會稽孔顗粗有才華, 未爲時知, 孔珪嘗令草讓表以示朓, 朓嗟吟良久, 手自折簡寫之, 謂珪曰; '士子聲名未立, 應共獎成, 無惜齒牙餘論.' 其好善如此."라고 함. 또는 '言外之意'의 뜻으로 풀기도 함.

殷中軍云; "康伯未得我牙後慧.[1]
[1]。『浩別傳』曰; 浩善『老』・『易』, 能清言.
。康伯, 浩甥也. 甚愛之.

──────── • 4 : 028 [0209]

　　사진서謝鎭西[謝尙]가 젊었을 때 은호殷浩가 청담에 능하다는 소문을 듣고 일부러 그를 찾아갔다. 은호는 일찍이 사진서와 통성명한 적은 없었지만 그를 위해 여러 논제의 뜻을 제시하면서 수백 언을 강술했는데, 치밀한 논지가 훌륭한데다 조리 있는 논변이 탁월하여 마음을 사로잡고 귀를 번쩍 틔게 하기에 충분했다. 사진서는 정신을 집중하고 생각을 기울이느라 자신도 모르게 온 얼굴에 땀이 흘러내렸다. 이것을 본 은호가 시종에게 천천히 말했다.
　　"수건을 가져와 사랑謝郞[謝尙]의 얼굴을 닦아드리도록 하라."[1]
[1]。생각건대 : 은호는 사상謝尙보다 3살 위였으니 바로 거의 같은 연배였다. 아마도 그의 훌륭한 풍격을 귀히 여겼기 때문에 그를 위해 땀을 닦아준 것 같다.

　　謝鎭西少時, 聞殷浩能清言, 故往造之. 殷未過有所通, 爲謝標榜諸義, 作數百語. 旣有佳致, 兼辭條豊蔚, 甚足以動心駭聽. 謝注神傾意, 不覺流汗交面. 殷徐語左右; "取手巾與謝郞拭面."①

①․按; 殷浩大謝尙三歲, 便是時流. 或當貴其勝致, 故爲之揮汗.

──── • 4 : 029 [0210]

환선무桓宣武[桓溫]가 여러 명사①를 모아놓고 『역경易經』을 강론했는데,① 하루에 한 괘卦씩 강설講說했다. 간문제簡文帝[司馬昱]가 그 강론을 듣고자 했으나 그 말을 듣고는 곧 돌아가면서 말했다.

"뜻에는 마땅히 어렵고 쉬움이 있을 터인데 어찌 하루에 한 괘로 제한한단 말인가?"

① ․ 『역건착도易乾鑿度』② : 공자孔子께서 말씀하셨다.

"'역易'이라는 것은 '간이簡易'․'변역變易'․'불역不易'의 뜻을 담고 있다. 이 세 가지는 덕德을 이루어 도道의 관건이 되는 것이다.③ '간이'라는 것은 그 덕德으로서, 빛이 사방을 밝히고 일월성신이 벌려 있으며, 팔괘가 질서정연하고 사시가 조화로운 것을 말한다. '변역'이라는 것은 천지의 기氣가 변하지 않으면 아침을 이룰 수 없고, 부부의 기가 변하지 않으면 가정을 이룰 수 없는 것을 말한다. '불역'이라는 것은 그 위치로서, 하늘은 위에 있고 땅은 아래에 있으며, 군주는 남쪽을 향하고 신하는 북쪽을 향하며, 아비는 앉고 자식은 엎드리는 것을 말하는데, 이것을 '불역'이라 한다. 그러므로 '역'이라는 것은 천天․지地․인人의 도다."

․ 정현鄭玄의 『역易』 서序④ : '역'이라고 하는 명칭은 한 단어에 세 가지의 뜻이 내포되어 있다. '간이'가 그 첫째 뜻이고, '변역'이 그 둘째 뜻이고, '불역'이 그 셋째 뜻이다.

․ 『계사전繫辭傳』 : 건乾과 곤坤 두 괘는 '역'의 본체며 '역'의 문이다.

․ 『계사전繫辭傳』 : 건괘乾卦는 사람에게 평이平易한 도리를 확실하게 보여주고, 곤괘坤卦는 사람에게 간약簡約한 도리를 진실하게 보여준다. 평이하면 알기 쉽고 간약하면 따르기 쉽다. 이것은 '간이'의 법칙을 말하는 것이다.

․ 『계사전繫辭傳』 : '역'의 도道라고 하는 것은 자주 변화하는 것으로서 변

동하여 한 곳에 머물지 않는다. 육허六虛⑤를 두루 유통하고 오르내림에 정해진 바가 없으며 강함과 부드러움이 서로 바뀌므로, 일정한 법칙을 정할 수가 없고 오직 변화에 따를 뿐이다. 이것은 때에 따라 출입하고 이동하는 '변역'을 말하는 것이다.

▫「계사전繫辭傳」: 하늘은 높고 땅은 낮아서 건乾・곤坤이 정해지며, 낮은 것과 높은 것이 형성됨에 따라 귀貴・천賤이 자리 잡게 되며, 움직이는 것과 고요한 것에 일정한 법칙이 있어서 강剛・유柔가 구분된다. 이것은 자리잡고 늘어섬에 있어서 '불역'을 말하는 것이다.

▫이러한 세 가지 뜻에 의거하여 '역'의 도를 설명하는 것은 넓고도 크다.

[역주]························
① 명사 : 원문은 "名勝". 佳勝・名輩・名流・時賢 등과 같은 뜻으로 주로 청담에 뛰어난 인물을 가리킴.
② 『易乾鑿度』: 漢代의 緯書 가운데 하나.
③ 이 세 가지는 德을 이루어 道의 관건이 되는 것이다 : 원문은 "三成德, 爲道包籥者." 宋本에는 "三德, 爲道苞爲者."라 되어 있음. 또한 『太平御覽』 卷609 「學部」3에 인용된 『易乾鑿度』에는 "易者, 易也, 變易也, 不易也. 管三成德, 爲道苞籥."이라 되어 있고, 이에 대한 鄭玄의 注에서 "管猶兼也. 一言而兼此三事, 以成其德. 道苞籥, 齊・魯之間, 名門戶及藏器之管爲管籥."이라 함.
④ 鄭玄의 『易』 序 : 鄭玄의 『易經』 序는 『周易正義』의 序에 「易論」이라는 제목으로 인용되어 있음.
⑤ 六虛 : 일반적으로 上下四方을 가리키나 여기서는 卦의 六位를 말함.

宣武集諸名勝講『易』, ① 日說一卦. 簡文欲聽, 聞此便還, 曰; "義自當有難易, 其以一卦爲限邪?"

① ▫『易乾鑿度』曰; 孔子曰; "易者, 易也, 變易也, 不易也. 三成德, 爲道包籥者. 易也, 其德也. 光明四通, 日月星辰布, 八卦序, 四時和也. 變易者, 天地不變, 不能成朝, 夫婦不變, 不能成家. 不易者, 其位也. 天在上, 地在下, 君南面, 臣北面, 父坐子伏, 此其不易也. 故易者天地人道也."

▫鄭玄序『易』曰; 易之爲名也, 一言而函三義. 簡易一也, 變易二也, 不易三也.

▫「繫辭」曰; 乾坤, 易之蘊也, 易之門戶也.

▫又曰; 乾確然示人易矣, 坤隤然示人簡矣. 易則易知, 簡則易從. 此言其簡易法則也.

▫又曰; 其爲道也屢遷, 變動不居, 周流六虛, 上下無常, 剛柔相易, 不可以爲典要, 唯變所適. 此則言其從時出入移動也.

◦ 又曰; 天尊地卑, 乾坤定矣. 卑高以陳, 貴賤位矣. 動靜有常, 剛柔斷矣. 此則言其張設布列不易也.

◦ 據此三義而說易之道, 廣矣大矣.

———————— • 4 : 030 [0211]

명리名理를 담론하길 좋아하는 북방에서 온 어떤 화상和尙이 임공林公[支遁]과 와관사瓦官寺①에서 만나『소품반야경小品般若經』②을 강론했는데, 그 때에 축법심竺法深과 손흥공孫興公[孫綽]이 모두 함께 들었다. 그 화상은 여러 가지 질문과 논박을 했지만 임공의 답변이 명쾌하고 말씨와 기품이 모두 빼어났기 때문에 그 화상은 매번 궁지에 몰렸다. 손흥공이 심공深公[竺法深]에게 물었다.

"상인上人께서는 분명 바람을 거슬러 향기가 풍기는 분③이신데, 줄곧 어찌하여 도무지 말씀이 없으십니까?"[1]

심공이 웃기만 하고 대답하지 않자 임공이 말했다.

"백전단白旃檀④이 향기가 나지 않는 것은 아니지만 어찌 바람을 거슬러 풍길 수 있겠소?"[2]

심공은 그 말의 뜻을 알아차렸으나 태연하게 신경을 쓰지 않았다.

[1] ◦ 유법창庾法暢⑤의「인물론人物論」: 축법심竺法深은 학문과 사상이 깊고 넓어서 명성이 일찍 알려졌으며, 불도를 널리 알린 법사法師다.

[2] ◦「성실론成實論」⑥ : 파리질다천수파리질다천樹는 그 향기가 바람을 거슬러 풍긴다.

[역주]······················
① 瓦官寺 : 金陵[지금의 江蘇省 南京]에 있는 사원.
②『小品般若經』: 東漢의 支婁迦讖이 번역한 불경.『小品經』·『道行般若經』·『大明度無極經』이라고도 함. 10卷 29品으로 구성되어 있으며 분량은 총 8,000言 가량임. 三國 吳의 支謙과 後秦의 鳩摩羅什 등의 異譯本도 있음.
③ 바람을 거슬러 향기가 풍기는 분 : 원문은 "逆風家". 학식이 풍부하고 인품이 훌륭한 사람을 말함.

④ 白旃檀 : 향나무의 일종. '旃檀'은 梵語 '旃檀那'의 약칭. 『玄應音義』에 "旃檀那, 外國香木也, 有赤·白·紫等諸種."이라 함. 본문에서 이 구절은 바람을 거슬러 향기가 풍기는 波利質多天樹에는 미치지 못한다는 뜻.
⑤ 庾法暢 : '庾'는 '康'의 誤記로 보임. 「言語」52 참조.
⑥ 「成實論」: 『小品般若經』「聞香品」에 보임.

有北來道人好才理, 與林公相遇於瓦官寺, 講『小品』, 于時竺法深·孫興公悉共聽. 此道人語, 屢設疑難, 林公辯答淸析, 辭氣俱爽, 此道人每輒摧屈. 孫問深公; "上人當是逆風家, 向來何以都不言?"① 深公笑而不答, 林公曰; "白旃檀非不馥, 焉能逆風?"② 深公得此義, 夷然不屑.
①ㅇ庾法暢「人物論」曰; 法深學義淵博, 名聲蚤著, 弘道法師也.
②ㅇ「成實論」曰; 波利質多天樹, 其香則逆風而聞.

• 4 : 031 [0212]

손안국孫安國[孫盛]이 은중군殷中軍[殷浩]의 집을 찾아가 함께 담론을 했는데, 정신을 집중하여 열띤 논쟁을 벌이느라 손님과 주인의 구분이 없었다. 시종이 음식을 차려왔지만 먹을 겨를이 없어서 식으면 다시 데우곤 하기를 서너 번이나 했다. 쌍방이 서로 주미麈尾를 격렬하게 흔드는 바람에 그 털이 모두 빠져 음식 위에 가득했다. 손님과 주인은 마침내 저녁때까지 식사하는 것조차 잊어버렸다. 은중군이 이에 손안국에게 말했다.

"그대는 사납게 날뛰는 말처럼 굴지 말게! 내가 그대의 코를 뚫어버릴 테니까!"

그러자 손안국이 대꾸했다.

"그대는 코 뚫린 소를 보지 못했는가? 내가 그대의 뺨을 뚫어 버릴 거야!"①

①ㅇ『속진양추續晉陽秋』: 손성孫盛은 명리名理에 뛰어났다. 당시 중군장군中軍將軍 은호殷浩가 당대에 명성을 떨쳤는데, 그와 함께 극담劇談①으로 서로 맞

설 수 있는 사람은 오직 손성뿐이었다.

[역주]······················
① 劇談 : 경박한 말로 심하게 서로 詰難하는 것을 말함.
[참고]『晉書』82, 『事文類聚』續16.

孫安國往殷中軍許共論, 往反精苦, 客主無閒. 左右進食, 冷而復煖者數四. 彼我奮擲, 塵尾悉脫落, 滿餐飯中. 賓主遂至莫忘食. 殷乃語孫曰; "卿莫作强口馬! 我當穿卿鼻!" 孫曰; "卿不見決鼻牛? 人當穿卿頰!"①

①。『續晉陽秋』曰; 孫盛善理義. 時中軍將軍殷浩擅名一時, 能與劇談相抗者, 唯盛而已.

• 24 : 032 [0213]

『장자莊子』의 「소요유逍遙遊」는 예로부터 난해하여 여러 명현名賢들이 연구하였지만 곽상郭象과 상수向秀를 뛰어넘는 해석을 할 수가 없었다. 지도림支道林[支遁]이 백마사白馬寺①에서 풍태상馮太常[馮懷]과 함께 담론하다가① 「소요유」를 논하게 되었는데, 지도림은 탁월하게 두 사람을 능가하는 새로운 해석을 하고 여러 명현들과는 다른 견해를 세웠다. 이것은 모두 여러 명현들이 연구했지만 통달하지 못한 바였다. 그래서 나중에는 마침내 지도림의 해석을 쓰게 되었다.②

①。『풍씨보馮氏譜』 : 풍회馮懷는 자가 조사祖思며 장락長樂사람이다. 태상太常・호국장군護國將軍을 역임했다.

②。상자기向子期[向秀]와 곽자현郭子玄[郭象]의 「소요의逍遙義」 : 대저 붕새는 하늘로 날아오르는 것이 9만 리나 되고, 메추라기는 힘껏 날아봤자 느릅나무 꼭대기 정도의 높이다. 비록 크고 작음에는 차이가 있지만 각각 그 본성에 말미암은 것이니, 진실로 그 본분에 합당하다면 소요하는 것은 매 한 가지다. 그러나 온갖 만물은 모두 그 바탕에 의지하는 것이 있으니, 그 의지하는 바를 얻은 후에야 소요할 수 있다. 오직 성인만이 만물과 합치되어 대자연의 변화에 순응하기 때문에, 의지하는 것이 없더라도 언제나 도에 통할

수 있다. 어찌 성인 혼자만 도에 통할 수 있을 뿐이겠는가? 또한 설령 의지하는 것이 있다 하더라도 그 의지하는 바를 잃지 않아야 하니, 그것을 잃지 않는다면 대도大道와 하나가 될 수 있다.

▫지씨支氏[支遁]의 「소요론逍遙論」: 대저 소요라는 것은 지인至人의 마음을 알 수 있는 것이다. 장자는 대도를 설파하면서 그 뜻을 붕새와 메추라기에 기탁했다. 붕새는 삶을 영위하는 길이 광대하기 때문에 몸 밖으로는 갈 바를 잃어버린다. 메추라기는 가까운 테두리에 살면서 먼 것을 비웃지만 마음속으로는 긍지를 느낀다. 지인은 하늘의 정기正氣를 타고 높이 올라 무궁의 세계에서 노닐며 방랑한다. 그는 대상을 대상물로 다루고 다른 대상의 대상물로 다루어지지 않으므로 자유로이 스스로 득의하지 않고 심오하게 감응하여 작위作爲하지 않으며, 서두르지 않아도 신속하므로 자유로이 가지 못하는 곳이 없다. 이것이 바로 소요라는 것이다. 만약에 자신이 만족하는 바를 달성하고자 하여 자신이 만족하는 바에 만족한다면, 당장에는 흔연히 천진난만한 것 같지만, 이것은 배고픈 자가 한 번 배불리 먹고 목마른 자가 한 번 가득 마시는 경우와 같은 것이다. 어찌 마른 밥 때문에 최고의 제사음식②을 망각하고 탁주 때문에 최상의 제삿술③을 망각할 수 있겠는가? 만약에 지족至足의 경지에 이르지 못한다면 어찌 소요라고 할 수 있겠는가?

▫이것은 상수와 곽상의 주注에서 일찍이 언급하지 못한 바다.

[역주]..........
① 白馬寺 : 河南省 洛陽市 동쪽에 있음. 중국에서 가장 오래된 사원으로 '釋源', 즉 중국불교의 발원지로 존중됨. 지금의 건축물은 대부분 明·淸代에 重修한 것임.
② 최고의 제사음식 : 원문은 "烝嘗". '烝'은 겨울제사고 '嘗'은 가을제사인데, 여기서는 그 제사에 바치는 음식을 말함.
③ 최상의 제삿술 : 원문은 "觴爵". '觴'과 '爵'은 모두 제사에 쓰이는 酒器인데, 여기서는 그것에 담은 술을 말함.

[참고] 『高僧傳』 4.

『莊子』 逍遙篇, 舊是難處, 諸名賢所可鑽味, 而不能拔理於郭·向之外. 支道林在白馬寺中, 將馮太常共語,① 因及 '逍遙'. 支卓然標新理於二家之表, 立異義於衆賢之外, 皆是諸名賢尋味之所不得. 後遂用支理.②

①▫『馮氏譜』曰; 馮懷, 字祖思, 長樂人. 歷太常·護國將軍.
②▫向子期·郭子玄「逍遙義」曰; 夫大鵬之上九萬, 尺鷃之起楡枋. 小大雖差, 各任其性, 苟當其分, 逍遙一也. 然物之芸芸, 同資有待, 得其所待, 然後逍遙耳. 唯聖人與物冥而循大變, 爲能無待而常通, 豈獨自通而已? 又從有待者, 不失其所待, 不失則同於大通矣.
 ▫支氏「逍遙論」曰; 夫逍遙者, 明至人之心也. 莊生建言人道, 而寄指鵬鷃. 鵬以營生之路曠, 故失適於體外. 鷃以在近而笑遠, 有矜伐於心內. 至人乘天正而高興, 遊無窮於放浪. 物物而不物於物, 則遙然不我得, 玄感不爲, 不疾而速, 則逍然靡不適, 此所以爲逍遙也. 若夫有欲當其所足, 足於所足, 快然有似天眞, 猶饑者一飽, 渴者一盈. 豈忘蒸嘗於糗糧, 絶觴爵於醪醴哉? 苟非至足, 豈所以逍遙乎?
 ▫此向·郭之注所未盡.

• 4 : 033 [0214]

은중군殷中軍[殷浩]①이 한번은 유윤劉尹[劉惔]의 집을 찾아가서 오랫동안 청담을 나누었는데, 은중군은 논리가 약간 막혔지만 그치지 않고 계속해서 말을 늘어놓았다. 그래서 유윤은 더 이상 대답하지 않고 있다가 은중군이 돌아간 뒤에 말했다.

"촌놈! 뜻도 모르는 주제에 억지로 남을 흉내내어 그와 같은 말[1]을 지껄이다니!"②

①▫은중군은 은호殷浩다.
②▫유담劉惔은 이미 나왔다.[2]

[역주]
① 그와 같은 말 : 원문은 "爾馨語". '馨'은 육조시대에 자주 사용된 語助辭로 '~과 같은'의 뜻. 「文學」22 [역주] ③ 참조.
② 이미 나왔다 : 「德行」35 注①에 나왔음.

[참고] 『太平御覽』390.

殷中軍①嘗至劉尹所, 清言良久, 殷理小屈, 遊辭不已. 劉亦不復答, 殷去後, 乃云; "田舍兒, 強學人作爾馨語!"②
①▫浩也.
②▫劉惔, 已見.

• 4 : 034 [0215]

　　은중군殷中軍[殷浩]은 사고력이 뛰어나 무슨 일에든 통달했지만 재성才性 문제에 특히 정통했다. 문득「사본론四本論」①을 언급했다 하면 곧장 끓는 해자를 두른 철옹성처럼 도무지 공략해 들어갈 수 없는 형세였다.①

　　①▫『신농서神農書』: 대저 열 길[仞]이나 되는 석성石城과 백 보步나 되는 끓는 물의 해자와 백만 명이나 되는 갑병甲兵이 있다 하더라도, 군량이 없으면 스스로 성을 고수할 수가 없다.

　　[역주]⋯⋯⋯⋯⋯⋯⋯⋯⋯⋯⋯⋯
　　①「四本論」:「才性四本論」을 말함.「文學」5 참조

殷中軍雖思慮通長, 然於才性偏精. 忽言及「四本」, 便若湯池鐵城, 無可攻之勢.①
　　①▫『神農書』曰; 夫有石城七仞, 湯池百步, 帶甲百萬, 而無粟者, 不能自固也.

• 4 : 035 [0216]

　　지도림支道林[支通]이「즉색론卽色論」①을 지었는데,① 그것이 완성되자 왕중랑王中郞[王坦之]에게 보였지만② 왕중랑은 도무지 말이 없었다. 그래서 지도림이 말했다.

　　"묵묵히 마음속으로 이해했소이까?"③

　　왕중랑이 말했다.

　　"이미 문수사리文殊師利②가 없는데 그 누가 침묵하는 내 마음을 알아주겠소?"④

　　①▫지도림의『집묘관장集妙觀章』: 대저 색色③의 본성은 그 자체로는 색이 있는 것이 아니다. 색은 그 자체로는 있는 것이 아니기 때문에 비록 색이라고 해도 공空인 것이다. 따라서 색은 바로 공이지만 색은 또한 공과는 다르다.

② ▫ 왕탄지王坦之는 이미 나왔다.④

③ ▫『논어論語』⑤ : 묵묵히 마음속으로 이해하고 남을 가르치는 데 게으르지 않는 것이 어찌 나에게 있으리오?

④ ▫『유마힐경維摩詰經』⑥ : 문수사리가 유마힐에게 물었다.
"무엇이 보살의 입불이법문入不二法門⑦입니까?"
그 때에 유마힐은 묵묵히 말이 없었다. 이윽고 문수사리가 찬탄했다.
"이것이 바로 진정한 입불이법문이로다!"

[역주]··························

① 「卽色論」:『高僧傳』권4 「支遁傳」에는 그가 「卽色遊玄論」을 지었다고 되어 있음.

② 文殊師利 : 四大菩薩 가운데 하나로 '曼殊師利'라고도 함. '妙德'·'妙吉祥' 등의 의미를 지님. 智慧와 辯才가 뛰어나 '大智文殊'라고 존칭됨. 維摩居士와 질병에 관하여 나눈 담론 중에 玄理가 가득하여 魏晉 명사들이 추숭했으며, 남북조시대에는 청담 명사들 사이에 '文殊信仰'이 널리 퍼졌다고 함.

③ 色 : 형체를 지니고서 生成變化하는 일체의 物質現象을 말함.

④ 이미 나왔다 :「言語」72 注①에 나왔음.

⑤『論語』: 인용된 구절은 「述而篇」에 보임.

⑥『維摩詰經』: 姚秦의 鳩摩羅什이 번역함. 維摩詰의 弘佛故事를 통하여 '不二'의 大乘思想을 선양함. 총 14품으로 구성되어 있음. 인용된 구절은「入不二法門品」에 보임.

⑦ 入不二法門 : 진리의 법문에 들어가는 것을 말함. '不二法門'은 '無二'·'離兩邊'이라고도 하는데, 일체현상의 是非善惡 등 차별적인 경계에 대하여 "無思無知, 無見無聞"하고 "無言無說"하여 온갖 모순을 초탈한 佛法門을 가리킴. 禪宗에서는 이것을 일종의 處世態度로 삼음.

支道林造「卽色論」, ① 論成, 示王中郎, ② 中郎都無言. 支曰; "默而識之乎?"③
王曰; "旣無文殊, 誰能見賞?"④

① ▫ 支道林『集妙觀章』云 : 夫色之性也, 不自有色. 色不自有, 雖色而空. 故曰色卽爲空, 色復異空.

② ▫ 王坦之, 已見.

③ ▫『論語』曰; 默而識之, 誨人不倦, 何有於我哉?

④ ▫『維摩詰經』曰; 文殊師利問維摩詰云; "何者是菩薩入不二法門?" 時維摩詰默然無言. 文殊師利歎曰; "是眞入不二法門也!"

• 4 : 036 [0217]

왕일소王逸少[王羲之]가 회계내사會稽內史가 되어 처음 부임했을 때 지도림支道林[支遁]이 그곳에 있었다. 손흥공孫興公[孫綽]이 왕일소에게 말하였다.

"지도림은 기발하고 특이한 사람으로서 가슴속에 품은 생각이 언제나 뛰어나니 경께서는 한번 만나보고 싶지 않으십니까?"

그렇지만 왕일소는 본래 스스로 줄곧 준일한 기품을 지니고 있다고 자부하여 지도림을 거의 경시했다. 나중에 손흥공과 지도림이 함께 수레를 타고 왕일소의 집을 찾았지만, 왕일소는 긍지가 대단하여① 그와 더불어 얘기를 나누지 않았다. 그래서 잠시 뒤 지도림은 돌아갔다. 나중에 왕일소가 막 출타하려고 하여 수레가 이미 문 앞에서 대기하고 있을 때, 지도림이 왕일소에게 말했다.

"당신은 아직 떠나지 마시오. 빈도貧道가 당신께 몇 마디 드릴 말씀이 있소이다."

그래서 『장자莊子』「소요유逍遙遊」를 논하면서 지도림은 수천 언을 지었는데, 그 재기 넘치는 논변이 참신하여 마치 찬란한 꽃이 만발한 듯했다. 왕일소는 마침내 옷깃을 열어젖히고 허리띠를 풀어놓은 채 차마 떨치고 떠나질 못했다.*1

1 。『지법사전支法師傳』: 법사는 십지十地②를 연구하여 칠주七住③에 대한 돈오頓悟를 알았으며, 장주莊周를 고찰하여 성인의 소요逍遙를 이해했다. 당시의 명사들이 모두 그의 언변과 논지를 음미했다.

。「도현론道賢論」에서는 칠사문七沙門④을 죽림칠현竹林七賢⑤에 비교했으며 지둔支遁을 상수向秀에 비교했는데, 이들은 모두 평소에 『노老』·『장莊』을 숭상했다. 두 사람은 시대는 달랐지만 현묘함을 숭상한 것은 같았다.

[역주]
* 『高僧傳』 권4 「支遁傳」에는 "王羲之時在會稽, 素聞遁名, 未之信, 謂人曰: '一往之

氣, 何足可言?' 後遁旣還剡, 經由於郡, 王故往詣遁, 觀其風力. 旣至, 王謂遁曰; "「逍遙篇」可得聞乎?' 遁乃作數千言, 標揭新理, 才藻驚絶. 王遂披襟解帶, 留連不能已."라고 되어 있어서 본문의 내용과는 다소 다름.
① 긍지가 대단하여 : 원문은 "都領域". 자긍심이 대단하여 마음을 굳게 닫고 상대방을 거절하는 것을 말함. '都'는 부사, '領域'은 동사로 쓰였음.
② 十地 : 菩薩의 수행과정 중에서 반드시 거쳐야 할 10단계를 말함. 즉 보살수행 52단계 중에서 41~50까지의 단계를 말하는데, 그 구체적인 명칭은 각 종파의 해석에 따라 다름.
③ 七住 : '十住'의 誤記로 보임. 十住는 10信을 수행한 뒤에 이어서 彼岸에 나아가는 10가지 경계를 말함.『楞嚴經』에 따르면 十住는 發心住・治地住・修行住・生貴住・方便具足住・正心住・不退住・童眞住・法王子住・灌頂住를 말함.
④ 七沙門 : 法祖・道潛・法護・法乘・支遁・法蘭・于道邃의 7和尙을 말함.
⑤ 竹林七賢 : 魏晉代의 嵇康・阮籍・山濤・劉伶・阮咸・尙秀・王戎의 7隱賢을 말함.「任誕」1에 구체적으로 나옴.

[참고]『高僧傳』4.

王逸少作會稽, 初至, 支道林在焉. 孫興公謂王曰; "支道林拔新領異, 胸懷所及, 乃自佳, 卿欲見不?" 王本自有一往雋氣, 殊自輕之. 後孫與支共載往王許, 王都領域, 不與交言. 須臾支退. 後正値王當行, 車已在門, 支語王曰; "君未可去, 貧道與君小語." 因論『莊子』「逍遙遊」, 支作數千言, 才藻新奇, 花爛映發. 王遂披襟解帶, 留連不能已.①
①。『支法師傳』曰; 法師硏十地, 則知頓悟於七住. 尋莊周, 則辯聖人之逍遙. 當時名勝, 咸味其音旨.
。「道賢論」以七沙門比竹林七賢, 遁比向秀, 雅尙『莊』・『老』. 二子異時, 風尙玄同也.

• 4 : 037 [0218]

 삼승三乘은 불가佛家의 어려운 문제인데 지도림支道林[支遁]이 분석하여 삼승의 뜻을 훤히 밝혔다. 사람들은 당하堂下에 앉아서 들을 때는 모두 통달했다고 말하지만, 지도림이 당상堂上에서 내려와 앉아 있고 자기네들끼리 함께 토론할 때는 정작 제2승까지는 터득할 수 있었지만 제3승에 들어가면 곧 혼란에 빠져버렸다.① 지금 지도림의 해석

을 제자들이 비록 전하기는 하지만 그 뜻을 완전히 터득한 것은 아닙니다.①

① 『법화경法華經』: '삼승'이라는 것은 첫째 '성문승聲聞乘', 둘째 '연각승緣覺乘', 셋째 '보살승菩薩乘'을 말한다. '성문'은 사체四諦②를 깨달아 득도하는 것이고, '연각'은 인연因緣③을 깨달아 득도하는 것이며, '보살'은 육도六度④를 행하여 득도하는 것이다. 그런즉 나한羅漢[聲聞]이 득도하는 것은 모두 부처님의 가르침에 말미암기 때문에 '성문'이라 이름한다. 벽지불辟支佛[緣覺]이 득도하는 것은 인연을 듣고 해탈하기도 하고 혹은 패옥佩玉소리를 듣고 깨달음을 얻기도 하는데, 그 정신이 능히 홀로 도에 통달할 수 있기 때문에 '연각'이라 이름한다. '보살'은 대도大道를 지닌 자로서 방편에 대해서는 육도를 행하고 진교眞敎에 대해서는 온갖 선善을 두루 행하는데, 그 공으로 자기를 위하지 않고 중생을 널리 구제하는 데 뜻을 두기 때문에 '대도'라 이름한다.

[역주]..........
① 정작 제2승까지는~혼란에 빠져 버렸다 : 원문은 "正當得兩, 入三便亂." 또는 "정작 두 번째 응답까지는 잘 되었으나 세 번째 응답에서는 곧 혼란에 빠졌다"고 해석하기도 함. 『高僧傳』 권4 「支遁傳」에서 "晩出山陰, 講『維摩經』, 遁爲法師, 許詢爲都講. 遁通一義, 衆人咸謂詢無以厝難, 詢每設一難, 亦謂遁不復能通. 如此至竟, 兩家不竭. 凡在聽者, 咸謂審得遁旨. 迥令自說, 得兩, 三反便亂."이라 함.
② 四諦 : '四聖諦'라고도 함. 迷·悟 兩界의 因果를 설명하는 불교의 기본 敎義 가운데 하나로서, 苦諦[현실세계에 언제나 존재하는 生老病死 따위의 고통], 集諦[煩惱·業 등 현실세계의 모든 고통을 야기하는 원인], 滅諦[生死의 고통을 없애고 涅槃에 이르는 것], 道諦[열반에 이르는 방법으로서 八正道를 닦는 것]를 말함.
③ 因緣 : '12因緣'을 말함. '流轉門'이라고도 함. 과거·현재·미래의 三世에 윤회하는 인과관계를 설명하는 불교의 기본교의 가운데 하나로서, 無明[迷의 근원인 無知], 行[無明에서 생겨난 선악의 行業], 識[受胎될 때의 一念], 名色[母體 속 태아의 心身이 점점 발육하는 것], 六入[眼·耳·鼻·舌·身·意의 六根이 완비된 상태], 觸[출생한 뒤에 사물과 접촉하는 것], 受[접촉에서 생겨난 感覺], 愛[인간의 근본적인 욕망], 取[자신의 욕심 추구에 집착하는 것], 有[현재에 지은 業으로 미래의 果가 되는 것], 生[현재의 業에 따라 미래에 재생하는 것], 老死[미래에서 재생하여 다시 늙어 죽는 것]를 말함.
④ 六度 : '六波羅蜜'·'六度無極'·'六到彼岸'이라고도 함. 迷界로부터 피안의 세계에 도달하기 위하여 수행해야 할 6가지 덕목으로, 布施·持戒·忍辱·精進·禪

定·智慧를 말함.

三乘佛家滯義, 支道林分判, 使三乘炳然. 諸人在下坐聽, 皆云可通, 支下坐, 自共說, 正當得兩, 入三便亂. 今義弟子雖傳, 猶不盡得.①

①。『法華經』曰; 三乘者, 一曰聲聞乘, 二曰緣覺乘, 三曰菩薩乘. 聲聞者, 悟四諦而得道也. 緣覺者, 悟因緣而得道也. 菩薩者, 行六度而得道也. 然則羅漢得道, 全由佛敎, 故以聲聞爲名也. 辟支佛得道, 或聞因緣而解, 或聽環珮而得悟, 神能獨達, 故以緣覺爲名也. 菩薩者, 大道之人也, 方便則止行六度, 眞敎則通修萬善, 功不爲己, 志存廣濟, 故以大道爲名也.

• 4 : 038 [0219]

허연許掾①이 젊었을 때 사람들이 그를 왕구자王苟子②와 비교하자, 허연은 크게 불만스러웠다. 그 때 여러 명사들과 임법사林法師[支遁]가 함께 회계會稽의 서사西寺에서 불경을 강론했는데 왕구자도 그곳에 있었다. 허연은 마음속으로 몹시 분이 나서 곧장 서사로 가서 왕구자와 변론을 벌려 우열을 결정하고자 했다. 격렬하게 서로 논쟁한 끝에 마침내 왕구자가 크게 패했다. 이번에는 반대로 허연이 왕구자의 논리를 사용하고 왕구자가 허연의 논리를 사용하여 다시 서로 변론을 벌렸지만 왕구자가 또 패했다. 허연이 지법사支法師[支遁]에게 말했다.

"제자[허연]의 방금 전 의론이 어떠합니까?"

그러자 지법사가 조용히 말했다.

"그대의 의론은 훌륭하긴 하지만 어찌 그렇게 심하게 하는가? 이 것을 어찌 진리의 중정中正함을 구하는 담론이라 하겠는가?"

①。허연은 허순許詢이다.
②。왕구자는 왕수王修의 어릴 적 자字다.

。『문자지文字志』: 왕수는 자가 경인敬仁이며 태원太原 진양晉陽사람이다. 부친 왕몽王濛은 사도좌장사司徒左長史였다. 왕수는 총명한 수재로서 명성이 자자했으며, 예서隷書와 행서行書에 뛰어나 '매끄럽고 깔끔한 필치[流奕淸擧]'

라고 불렸다. 저작좌랑著作佐郞으로 벼슬을 시작하여 낭야왕琅邪王의 문학文學이 되었으며, 중군사마中軍司馬로 전임되었다가 임명받지 못한 채 죽었으니, 그 때 나이 24살이었다. 옛날에 왕필王弼이 죽은 것도 왕수와 같은 나이였다. 그래서 왕수의 동생 왕희王熙[2]가 탄식했다.

"옛사람에게 부끄러움이 없으며 나이도 그와 같구나!"[3]

[역주].........................
① 許掾 : 許詢에 대해서는 「言語」69 注[1]에 이미 나왔음. 司徒掾에 招徵되었으나 부임하기 전에 일찍 죽었기 때문에 許掾이라 부름.
② 왕수의 동생 王熙 : 汪藻의 『世說敍錄』「人名譜·太原晉陽王氏譜」와 『晉書』 권93 「王修傳」에는 王熙가 王修의 동생 王蘊의 아들이라 되어 있는 것으로 보아, 劉孝標 注의 '동생'은 '동생의 아들'로 고쳐야 옳음.
③ 옛사람에게 부끄러움이 없으며 나이도 그와 같구나 : 원문은 "無愧於古人, 而年與之齊也." 이 말은 본래 曹丕의 「與吳質書」에 보임. 한편 『晉書』 권93 「王修傳」에는 王修 자신이 임종할 때 한 말로 되어 있음.

許掾[1]年少時, 人以比王荀子[2] 許大不平. 時諸人士及林法師, 並在會稽西寺講, 王亦在焉. 許意甚忿, 便往西寺, 與王論理, 共決優劣. 苦相折挫, 王遂大屈. 許復執王理, 王執許理, 更相覆疏, 王復屈. 許謂支法師曰; "弟子向語何似?" 支從容曰; "君語, 佳則佳矣, 何至相苦邪? 豈是求理中之談哉?"
[1]。詢也.
[2] 荀子, 王修小字也.
。『文字志』曰; 修, 字敬仁, 太原晉陽人. 父濛, 司徒左長史. 修明秀有美稱, 善隸行書, 號曰流奕淸擧'. 起家著作佐郞, 琅邪王文學, 轉中軍司馬, 未拜而卒, 時年二十四. 昔王弼之沒, 與修同年, 故修弟熙乃歎曰; "無愧於古人, 而年與之齊也!"

• 4:039 [0220]

임도인林道人[支遁]이 사공謝公[謝安]을 방문했다. 사동양謝東陽[謝朗]은 당시 갓 머리를 땋은 10여 살의 나이로 막 병상에서 일어난 처지여서 몸이 아직 피곤함을 감당하지 못할 지경이었으나, 임공林公[支遁]과 담론하다가 마침내 서로 열띤 토론을 벌이게 되었다.[1] 동양의 모친 왕부인王夫人이 벽 뒤에서 듣고 있다가 두 번이나 사람을 보내 그를 데려오게 했으나, 사태부謝太傅[謝安]가 그를 계속 붙잡아 두었다. 그래서 왕부인이 직접 나와서 말했다.

"이 아낙①은 젊어서 남편을 잃었으며 일생 동안 의지하는 것이라곤 오직 이 아들뿐입니다."

그런 뒤 눈물을 흘리면서 아들을 안고 돌아갔다. 사공이 동석한 사람들에게 말했다.

"우리 형수의 격정적인 말과 심정은 가히 후세에 전할 만하오. 조정의 인사들에게 보여주지 못한 것이 안타깝소."②

① ◦ 사동양은 사랑謝朗이다. 이미 나왔다.②
  ◦『중흥서中興書』: 사랑은 박학하고 빼어난 재능을 지녔으며, 현리玄理를 담론하는 데 뛰어났다.
② ◦『사씨보謝氏譜』: 사랑의 부친 왕거王據는 태원太原 왕도王韜의 딸 왕수王綏를 아내로 맞았다.

[역주]
① 이 아낙 : 원문은 "新婦". 당시에 널리 사용된 婦人에 대한 謙稱.
② 이미 나왔다 :「言語」71 注①에 나왔음.
[참고]『晉書』79,『事文類聚』後6.

林道人詣謝公. 東陽時始總角, 新病起, 體未堪勞, 與林公講論, 遂至相苦.①
母王夫人在壁後聽之, 再遣信令還, 而太傅留之. 王夫人因自出云; "新婦少遭家難, 一生所寄, 唯在此兒." 因流涕抱兒以歸. 謝公語同坐曰; "家嫂辭情慷慨, 致可傳述. 恨不使朝士見."②
① ◦ 東陽, 謝朗也. 已見.
  ◦『中興書』曰; 朗博涉有逸才, 善言玄理.
② ◦『謝氏譜』曰; 朗父據, 取太康王韜女, 名綏.

지도림支道林[支遁]과 허연許掾[許詢] 등이 함께 회계왕會稽王[司馬昱]의 재두齋頭^①에 참석하여,① 지도림이 법사法師^②가 되고 허연이 도강都講^③이 되었다.② 지도림이 하나의 해석을 하면 온 좌중이 만족해하지 않음이 없었고, 허연이 하나의 논박을 하면 모든 사람이 손뼉을 치며 기뻐하지 않음이 없었다. 그러나 모두들 두 사람의 뛰어남에만 감탄할 뿐 그 이치가 어디에 있는지는 가려내지 못했다.

①・회계왕은 간문제簡文帝[司馬昱]다.
②・『고일사문전高逸沙門傳』: 지도림은 그 때 『유마힐경維摩詰經』을 강론했다.

[역주]
① 齋頭: 齋會를 말함. 원래는 和尙을 불러 모아 供養하는 불교행사를 뜻하지만, 여기서는 화상을 모시고 불경을 강론하는 모임을 가리킴. 또는 그냥 書齋의 뜻으로 보기도 함.
② 法師: 불경 가운데 어려운 문제를 해석하는 자를 말함.
③ 都講: 법사에게 질문하여 논박하는 자를 말함.

[참고] 『高僧傳』4.

支道林・許掾諸人, 共在會稽王齋頭,① 支爲法師, 許爲都講.② 支通一義, 四坐莫不厭心, 許送一難, 衆人莫不抃舞. 但共嗟詠二家之美, 不辯其理之所在.
①・簡文.
②・『高逸沙門傳』曰; 道林時講『維摩詰經』.

──────────── • 4 : 041 [0222]

사거기謝車騎[謝玄]가 부친 사안서謝安西[謝奕]의 상중에 있을 때,① 임도인林道人[支遁]이 방문하여 그와 담론하다가 거의 날이 저물어서야 돌아갔다. 길에서 만난 어떤 사람이 지도림에게 물었다.

"공은 어디에서 오시는 길이오?"

그러자 지도림이 대답했다.

"오늘 상주喪主 사씨^①와 한바탕 격론을 벌이고 오는 길이오."②

①・사안서는 사혁謝奕이다. 이미 나왔다.②

②▫『사현별전謝玄別傳』: 사현은 청담에 능하고 명리名理에 뛰어났다.
[역주]┈┈┈┈┈┈┈┈┈┈
① 喪主 사씨 : 원문은 "謝孝". '孝'는 孝子로서 부친상을 당한 아들을 가리킴.
② 이미 나왔다 : 「德行」33 注①에 나왔음.

謝車騎在安西艱中,① 林道人往就語, 將夕乃退. 有人道上見者, 問云; "公何處來?" 答云; "今日與謝孝劇談一出來."②
①▫安西, 謝奕. 已見.
②▫『玄別傳』曰; 玄能淸言, 善名理.

────── • 4 : 042 [0223]

지도림支道林[支遁]이 처음 동쪽[會稽]에서 나와 도성 건강建康에 이르러 동안사東安寺에 머물렀다.① 왕장사王長史[王濛]는 미리 정밀한 논리를 준비하고 아울러 훌륭한 언사를 가려 뽑은 뒤, 담론하려고 지도림을 찾아갔지만 지도림은 그다지 크게 응대해주지 않았다. 왕장사는 수백 언으로 자신의 논리를 서술해 놓고는 그것이 탁월한 명리名理라고 생각했다. 그러나 지도림이 천천히 말했다.

"제가 당신과 헤어진 지 몇 년이 흘렀지만 당신의 청담논변은 전혀 진보하지 않았군요."

그러자 왕장사는 크게 부끄러워하면서 돌아갔다.

①▫『고일사문전高逸沙門傳』: 지둔支遁이 회계會稽에 머무르고 있을 때, 진晉 애제哀帝가 그의 풍격을 흠모하여 궁중사신②을 동쪽으로 보내 그를 모셔오도록 했다. 그래서 지둔은 마침내 산속을 나와 천자의 도성[建康]에서 활동했다.
[역주]┈┈┈┈┈┈┈┈┈┈
① 東安寺에 머물렀다 : 支遁은 建康의 東安寺에서 362년~365년까지 머물렀음.
② 궁중사신 : 원문은 "中使". 천자가 私的으로 파견한 사신을 말함.
[참고]『高僧傳』4.

支道林初從東出, 住東安寺中.① 王長史宿構精理, 竝撰其才藻, 往與支語, 不大當對. 王敍致作數百語, 自謂是名理奇藻. 支徐徐謂曰; "身與君別多年, 君義言了不長進." 王大慚而退.

① 『高逸沙門傳』曰; 遁居會稽, 晉哀帝欽其風味, 遣中使至東迎之. 遁遂辭丘壑, 高步天邑.

• 4 : 043 [0224]

은중군殷中軍[殷浩]이 『소품반야경小品般若經』을 읽으면서① 의심나는 곳에 200개의 표시를 해두었는데, 그것은 모두 정미精微하여 세인들이 이해하기 어려운 심오한 부분이었다. 은중군은 일찍이 지도림支道林[支遁]과 함께 그것을 논하고자 했으나 결국 하지 못하고 말았다. 지금까지 『소품반야경』이 남아 있다.②

① 공空을 논한 불경①에는 상세한 것도 있고 간략한 것도 있는데, 상세한 것을 '대품大品'이라 하고 간략한 것을 '소품'이라 한다.

② 『고일사문전高逸沙門傳』: 은호殷浩는 명리名理를 논하는 데 뛰어났지만 통달하지 못한 점이 있어서 그것을 지둔支遁에게 물어보고자 했다. 그러나 결국 그와의 만남이 이루어지지 않아 몹시 애석해했다. 지둔은 당시 명사들에게 존숭 받음이 이처럼 대단했다.

『어림語林』: 은호는 불경에서 이해하지 못하는 부분이 있어서 사람을 보내 임공林公[支遁]을 모셔오도록 했다. 임공은 별 생각 없이 가려고 했으나 왕우군王右軍[王羲之]이 그를 만류하면서 말했다.

"은연원殷淵源[殷浩]은 사고력이 깊고도 풍부하여 쉬운 상대가 되지는 않을 것입니다. 또한 그 자신이 이해하지 못하는 것을 상인上人께서 반드시 통달할 수 있는 것은 아닙니다. 설령 그를 설복시킨다 하더라도 상인의 명성이 더 높아지는 것도 아닙니다. 만에 하나 자칫 실수라도 하여 논리에 합당치 않을 경우에는 10년 동안 유지해온 평판을 곧바로 잃게 될 것입니다. 그러니 반드시 갈 필요는 없습니다."

임공 역시 그러하다고 생각하여 마침내 그만두었다.

[역주]
① 空을 논한 불경:『般若經』을 지칭하는 것으로 보임. '小品'과 '大品'은 그 분량에 따라 구분됨.『大品般若經』은 後秦의 鳩摩羅什이 번역했으며,『摩訶般若波羅蜜經』·『大品般若』·『大品經』이라고도 함. 27卷 5周 90品으로 구성되어 있으며 분량은 총 25,000言 가량임.『小品般若經』에 대해서는 「文學」30 [역주]② 참조

殷中軍讀『小品』,① 下二百籤, 皆是精微, 世之幽滯. 嘗欲與支道林辯之, 竟不得. 今『小品』猶存.②

①・釋氏辨空經, 有詳者焉, 有略者焉. 詳者爲大品, 略者爲小品.
②・『高逸沙門傳』曰; 殷浩能言名理, 自以有所不達, 欲訪之於遁. 遂邂逅不遇, 深以爲恨. 其爲名識賞重, 如此之至焉.
  ・『語林』曰; 浩於佛經有所不了, 故遣人迎林公. 林乃虛懷欲往, 王右軍駐之曰; "淵源思致淵富, 旣未易爲敵. 且己所不解, 上人未必能通. 縱復服從, 亦名不益高. 若儻脫不合, 便喪十年所保. 可不須往." 林公亦以爲然, 遂止.

———————————— • 4 : 044 [0225]

불경에서는 일반사람도 정신을 수양하면 성불成佛하여 성인의 경지에 이를 수 있다고 한다.① 간문제簡文帝[司馬昱]가 말했다.
"정상에 올라 궁극에 나아갈 수 있는지 없는지는 잘 모르겠지만, 수양의 공부는 아무래도 부정할 수 없다."

①・석씨경釋氏經[佛經] : 일체 중생은 모두 불성佛性을 지니고 있어서, 지혜를 닦고 번뇌를 끊어 만행萬行이 구족하게 되면 곧바로 성불할 수 있다.

佛經以爲祛練神明, 則聖人可致.① 簡文云; "不知便可登峯造極不, 然陶練之功, 尙不可誣."

①・釋氏經曰; 一切衆生, 皆有佛性. 但能修智慧, 斷煩惱, 萬行具足, 便成佛也.

———————————— • 4 : 045 [0226]

우법개于法開는 처음에 지공支公[支遁]과 명성을 다투었으나,① 나중

에는 사람들의 신망이 점차 지공에게 돌아가자 마음속으로 몹시 불만스러워 하다가② 마침내 섬현剡縣으로 은둔해버렸다. 우법개는 제자[法威]③를 도성[建康]으로 보내면서 회계會稽를 지나가라고 했는데, 그때 지공은 바야흐로 『소품반야경小品般若經』을 강론하고 있었다. 우법개가 제자에게 단단히 말했다.

"지도림支道林[支遁]은 네가 도착할 즈음에 틀림없이 『소품반야경』 중의 어떤 품品을 강론하고 있을 것이다."

그런 뒤 수십 개의 논박할 문제를 가르쳐주면서 말했다.

"예로부터 이 문제는 더 이상 통달할 수 없는 것이다."

제자가 스승의 말씀대로 지공을 방문했을 때 바로 강론이 진행되고 있어서 우법개의 견해를 신중하게 제시했다. 장시간의 논쟁 끝에 임공林公[支遁]이 마침내 패하고 말았다. 그러자 임공이 큰 소리로 말했다.

"그대는 무슨 자격으로 남의 견해를 듣고 여기에 왔는가!"①

① · 『명덕사문제목名德沙門題目』: 우법개는 재변才辯이 거침없었으며, 수술數術④로 가르침을 널리 전파했다.

· 『고일사문전高逸沙門傳』: 우법개는 처음에는 불교의 교의敎義로 유명해졌으나, 나중에는 지둔支遁과의 경쟁에서 밀려 섬현에 은둔하면서 또한 의술과 점술을 배웠다.

[역주]······················
① 于法開~다투었으나 : 『高僧傳』권4 「于法開傳」에서 "後移白山靈鷲寺, 每與支道林爭「卽色空義」. 廬江何默申明開難, 高平郄超宣述林解, 並傳於世."라고 함.
② 마음속으로 몹시 불만스러워 하다가 : 원문은 "意甚不忿"이라 되어 있지만 이대로는 의미가 통하지 않음. 이에 대해 李慈銘은 '忿'이 '伏'이나 '平'의 오기일 것이라고 추정했는데, 문맥상 타당하므로 이것에 따라 번역함.
③ 제자[法威] : 『高僧傳』권4 「于法開傳」의 "開有弟子法威, 嘗使出都, 經過山陰, 支遁正講『小品』, 開語威言云云."이라고 한 구절을 보면, 于法開의 제자가 法威임을 알 수 있음.
④ 數術 : 醫術이나 占術 따위의 기술을 말함.

[참고] 『高僧傳』4.

于法開始與支公爭名, 後情漸歸支, 意甚不忿, 遂遁跡剡下. 遣弟子出都, 語使過會稽, 于時支公正講『小品』. 開戒弟子; "道林講, 比汝至, 當在某品中." 因示語攻難數十番, 云; "舊此中不可復通." 弟子如言詣支公, 正值講, 因謹述開意. 往反多時, 林公遂屈. 廣聲曰; "君何足復受人寄載!"①

① ▫『明德沙門題目』曰; 于法開才辨從橫, 以數術弘教.
　▫『高逸沙門傳』曰; 法開初以義學著名, 後與支遁有競, 故遁居剡縣, 更學醫術.

─────── • 4 : 046 [0227]

은중군殷中軍[殷浩]이 물었다.

"대자연은 사람에게 품성을 부여하는 것에 대하여 아무런 사심이 없는데, 어찌하여 정작 착한 사람은 적고 악한 사람은 많을까?"

그렇지만 여러 사람 가운데 대답하는 자가 없었다. 그 때 유윤劉尹[劉惔]이 대답했다.

"그것은 예를 들어 물을 땅에 쏟으면 자연히 종횡으로 넓게 흘러 퍼져 정방형이나 정원형이 거의 없는 것과 같지요."

당시 사람들이 그의 말에 탄복하여 탁월한 해석[名通]이라 생각하였다.①

① ▫『장자莊子』① : 천뢰天籟라는 것은 온갖 다른 물체에 바람이 불어 그 물체 자체로부터 특유의 소리를 내게 하는 것이다.
　▫곽자현郭子玄[郭象]의 주注 : '무無'가 이미 없다면 '유有'를 생겨나게 할 수 없다. '유'가 생겨나지 않으면 또한 '생生'이 될 수 없다. 그렇다면 '생'을 생겨나게 하는 것은 도대체 무엇인가? 혼자 저절로 생겨날 뿐이며 내가 생겨나게 하는 것이 아니다. 내가 물체를 생겨나게 하는 것이 아니고 물체가 나를 생겨나게 하는 것도 아니다. 저절로 이미 그렇게 되는 것이니 이것을 일러 '천연天然'이라 한다. 천연은 인위가 아니다. 따라서 '천天'이라는 글자로 표현하는 것은 저절로 그렇게 됨을 밝히기 위함이다.

[역주]⋯⋯⋯⋯⋯⋯⋯⋯⋯⋯
① 『莊子』: 인용문은 「齊物論」에 보임.

殷中軍問; "自然無心於禀受, 何以正善人少惡人多?" 諸人莫有言者, 劉尹答曰; "譬如瀉水著地, 正自縱橫流漫, 略無正方圓者." 一時絶歎, 以爲名通.①

① 。『莊子』曰; 天籟者, 吹萬不同, 而使其自己也.
　。郭子玄注曰; 無旣無矣, 則不能生有. 有之未生, 又不能爲生. 然則生生者誰哉? 塊然而自生耳, 非我生也. 我不生物, 物不生我, 則自然而已然, 謂之天然. 天然非爲也, 故以天言之, 所以明其自然故也.

─── • 4 : 047 [0228]

　　강승연康僧淵이 처음 강남으로 건너왔을 때는 아직 그를 아는 사람이 없었다. 그는 늘 저자거리를 돌아다니면서 걸식하며 살아갔다. 하루는 문득 은연원殷淵源[殷浩]의 집을 찾아갔더니 때마침 빈객이 성대하게 모여 있었다. 은연원이 그를 앉게 하여 간단히 인사를 나눈 뒤 마침내 철리哲理를 논하게 되었는데, 그는 언변과 논지에 조금도 손색이 없었으며 먼저 요점을 대강 피력하고 나서 단숨에 핵심을 찔렀다. 그래서 이때부터 그의 이름이 알려졌다.①

　① 。강승연의 씨족은 그 출신내력이 미상이다.① 아마도 호인胡人인 것 같다. 상서령尙書令 심약沈約이 『진서晉書』를 수찬할 때도 그가 불교의 교의에 밝다고 칭찬했다.

[역주]⋯⋯⋯⋯⋯⋯⋯⋯⋯⋯⋯
① 그 출신내력이 미상이다 : 『高僧傳』권4 「康僧淵傳」에서는 "康僧淵, 本西域人, 生於長安. 貌雖梵人, 語實中國. 容止詳正, 志業弘深. 誦『放光』・『道行』二般若, 卽大小品也. 晉成之世, 與康法暢・支敏度等俱過江. 暢亦有才思, 善爲往復, 著『人物始義論』等. 常乞素自資, 人未之識. 後遇陳郡殷浩, 浩始問佛經深遠之理, 卻辯俗書性情之義, 自晝至曛, 浩不能屈, 由是改觀. 後於豫章山立寺, 卒於寺焉."이라 함.「排調」21에도 나옴.

康僧淵初過江, 未有知者, 恒周旋市肆, 乞索以自營. 忽往殷淵源許, 値盛有賓客. 殷使坐, 麤與寒溫, 遂及義理, 語言辭旨, 曾無愧色, 領略麤擧, 一往參詣. 由是知之.①

①。僧淵氏族, 所出未詳. 疑是胡人. 尚書令沈約撰『晉書』, 亦稱其有義學.

———— • 4 : 048 [0229]

은殷[殷浩]·사謝[謝安] 등 여러 명사들이 함께 모였을 때,① 사안謝安이 은호殷浩에게 물었다.

"눈이 가서 물상物象과 접촉하는 것인가? 아니면 물상이 와서 눈으로 들어가는 것인가?"②

①。은호殷浩와 사안謝安이다.
②。『성실론成實論』: 안식眼識은 물상과 접촉하지 않아도 벌써 그것의 허상을 감지한다. 공간과 빛을 빌리기 때문에 물색物色을 볼 수 있다. 만약에 눈이 물색과 직접 접촉한다면 공간과 빛이 없어지게 되며, 눈꺼풀이 눈을 덮는다면 볼 수가 없다.① 그러니 당연히 안식이 물상과 접촉하지 않아도 그것을 감지한다는 것을 알 수 있다.

。이러한 논리에 따른다면, 눈이 물상으로 가는 것도 아니고 물상이 눈으로 들어오는 것도 아니며, 멀리 떨어져 있는 상태에서 보이는 것이다. 사안의 질문만 있고 은호의 대답은 없으니 아마도 빠진 문장이 있는 것 같다.

[역주]··························
① 만약에 눈이~볼 수가 없다 : 이 구절의 원문은 "若眼到色, 到色開則無空明, 如眼觸目, 則不能見彼."이나 문맥이 잘 통하지 않음. 「成實論」에는 이 구절이 "若眼到色, 則無空明, 如箆觸眼, 則不得見."이라 되어 있어서 이것에 따라 번역함.

殷·謝諸人共集,① 謝因問殷; "眼往屬萬形? 萬形來入眼不?"②
①。殷浩·謝安.
②。『成實論』曰; 眼識不待到而知虛塵. 假空與明, 故得見色. 若眼到色, 到色開則無空明. 如眼觸目, 則不能見彼. 當知眼識不到而知.
。依如此說, 則眼不往, 形不入, 遙屬而見也. 謝有問, 殷無答, 疑闕文.

———— • 4 : 049 [0230]

어떤 사람이 은중군殷中軍[殷浩]에게 물었다.

"어찌하여 장차 직위를 얻게 될 땐 관棺 꿈을 꾸고, 장차 재물을 얻게 될 땐 분뇨糞尿① 꿈을 꾸는 것입니까?"

그러자 은중군이 대답했다.

"관官은 본래 썩어서 악취가 나기 때문에 장차 그것을 얻게 될 땐 관棺과 시체 꿈을 꾸고,② 재물은 본래 분토糞土이기 때문에 장차 그것을 얻게 될 땐 오물 꿈을 꾸는 것이오."

당시 사람들은 그의 말을 탁월한 해석[名通]이라 생각했다.

[역주]
① 糞尿 : 원문은 "矢穢". '矢'는 '屎'로 고치는 것이 타당함. 한편 『晉書』 권77 「殷浩傳」에는 '糞'이라 되어 있음.
② 官은~棺과 시체 꿈을 꾸고 : '官'과 '棺'이 발음상 같기 때문에 이렇게 말한 것임.

人有問殷中軍: "何以將得位而夢棺器, 將得財而夢矢穢?" 殷曰; "官本是臭腐, 所以將得而夢棺屍. 財本是糞土, 所以將得而夢穢穢汙." 時人以爲名通.

• 4 : 050 [0231]

은중군殷中軍[殷浩]이 파직당하여 동양군東陽郡으로 좌천되었을 때①1 비로소 불경을 보았다. 처음 『유마힐경維摩詰經』을 보았을 때는2 '반야바라밀般若波羅蜜'이라는 말이 너무 많다고 생각했으나, 나중에 『소품반야경小品般若經』을 본 뒤에는 그 말이 적은 것을 아쉬워했다.3

1 • 은호殷浩가 파직당한 일은 따로 나온다.②
2 • 승조僧肇의 『유마경維摩經』 주注③ : 유마힐은 후진後秦에서는 정명淨名④이라 불렸는데, 대개 법신法身의 보살로서 이 속계에 거하면서 불도를 널리 전파했다.
3 • '바라밀波羅蜜'이라는 이 말은 피안彼岸에 도달한다는 뜻이다. 불경에서 말했다.

"피안에 도달하는 데는 6가지의 수행이 있다. 첫째는 '단檀'⑤인데 '단'

이라는 것은 보시布施다. 둘째는 '비려毗黎'⑥인데 '비려'라는 것은 지계持戒다. 셋째는 '산제羼提'⑦인데 '산제'라는 것은 인욕忍辱이다. 넷째는 '시라尸羅'⑧인데 '시라'라는 것은 정진精進이다. 다섯째는 '선禪'⑨인데 '선'이라는 것은 정定이다. 여섯째는 '반야般若'⑩인데 '반야'라는 것은 지혜智慧다. 그런 즉 앞의 5가지는 배가 되고 '반야'는 선도가 된다. '반야'가 선도하면 '유상有相'의 강을 건너 '무상無相'의 피안에 도달할 수 있다. 그래서 '바라밀'이라 한다."

은연원殷淵源[殷浩]은 아직 '반야바라밀'의 뜻을 알지 못했을 때는 그 말이 적더라도 많다고 생각했으나, 이미 그 뜻을 깨우친 뒤에는 그 말이 많더라도 적다고 걱정했다.

[역주]··························
① 殷中軍[殷浩]이 파직당하여 東陽郡으로 좌천되었을 때 : 영화 10년(354)에 殷浩는 北征에 실패한 뒤 桓溫에게 탄핵당하여 東陽郡으로 좌천되었음. 자세한 내용은 『晉書』 권77 「殷浩傳」에 나옴.
② 따로 나온다 : 「黜免」3에 나옴.
③ 僧肇의 『維摩經』 注 : 여기서는 『維摩經』 「序品」의 注를 말함.
④ 淨名 : '淨'은 淸淨無垢의 뜻이고, '名'은 명성이 널리 퍼지는 것을 말함.
⑤ 檀 : 다나dāna의 음역.
⑥ 毗黎 : 비르야vīrya의 음역으로 精進의 뜻. 劉孝標 注에서 持戒라고 한 것은 잘못임.
⑦ 羼提 : 크산티ksānti의 음역.
⑧ 尸羅 : 실라sīla의 음역으로 持戒의 뜻. 劉孝標 注에서 精進이라고 한 것은 잘못임.
⑨ 禪 : 댜나dhyāna의 음역.
⑩ 般若 : 브라냐prajñā의 음역.

殷中軍被廢東陽,① 始看佛經. 初視『維摩詰』,② 疑'般若波羅密'太多, 後見『小品』, 恨此語少.③

①·浩黜廢事, 別見.
②·僧肇注『維摩經』曰; 維摩詰者, 秦言淨名. 蓋法身之大士, 見居此土, 以弘道也.
③·波羅密, 此言到彼岸也. 經云; "到者有六焉. 一曰檀, 檀者, 施也. 二曰毗黎, 毗黎者, 持戒也. 三曰羼提, 羼提者, 忍辱也. 四曰尸羅, 尸羅者, 精進也. 五曰禪, 禪者, 定也. 六曰般若, 般若者, 智慧也. 然則五者爲舟, 般若爲導. 導則俱絶有相之流, 升無相之彼岸也. 故曰波羅密也." 淵源未暢其致, 少而疑其多. 已而究其宗, 多而患其少也.

• 4 : 051 [0232]

지도림支道林[支遁]과 은연원殷淵源[殷浩]이 함께 상왕相王[司馬昱]의 거처에 있을 때,① 상왕이 두 사람에게 말했다.

"시험 삼아 한번 담론을 펼쳐보시오. 하지만 재성론才性論만큼은 아무래도 연원이 효崤·함函과 같은 견고함을 갖추고 있는 듯하니,② 당신은 신중히 하시오."

그래서 지도림은 처음 담론을 시작할 때 방향을 바꾸어 그 문제를 피했지만, 서너 번 논쟁이 오가자 자기도 모르게 재성론의 와중으로 빠져들고 말았다. 이것을 본 상왕이 지도림의 어깨를 두드리면서 웃으며 말했다.

"이것은 본래 그의 독무대이니 어찌 맞겨룰 수 있겠소!"

① ◦ 상왕은 간문제簡文帝[司馬昱]다.
② ◦ 효崤는 이릉二陵①의 땅을 말하고, 함函은 함곡관函谷關이다. 모두 진秦나라의 험준한 요새로서 왕자王者의 거소다.
　◦ 좌사左思의 「위도부魏都賦」② : 효·함은 제왕의 택지다.

[역주]
① 二陵 : 河南省 洛寧縣의 북쪽에 있음. 函谷關의 동쪽 끝에 崤山이 있음. 『左傳』 「僖公32年」에 "晉人禦師必於殽, 殽有二陵焉. 其南陵, 夏后皐之墓也. 其北陵, 文王之所辟風雨也."라는 구절이 있음.
② 「魏都賦」 : 「蜀都賦」에는 "崤函有帝皇之宅"이라는 구절이 있지만, 「魏都賦」에는 "崤函荒蕪"라 되어 있음.

支道林·殷淵源俱在相王許,① 相王謂二人; "可試一交言. 而才性殆是淵源崤·函之固,② 君其愼焉!" 支初作, 改轍遠之, 數四交, 不覺入其玄中. 相王撫肩笑曰; "此自是其勝場, 安可爭鋒!"
① ◦ 簡文.
② ◦ 崤, 謂二陵之地. 函, 函谷關也. 竝秦之險塞, 王者之居.
　◦ 左思「魏都賦」曰; 崤·函, 帝王之宅.

• 4:052 [0233]

사공謝公[謝安]이 자제들이 모여 있는 곳에서 물었다.
"『모시毛詩』중에서 어느 구절이 가장 훌륭하다고 생각하느냐?"
그러자 사알謝遏[謝玄]이 읊었다.①

"'옛날 내가 떠날 때는 버드나무 한들거리더니, 오늘 내가 올 때는 눈비 흩날리네.[昔我往矣, 楊柳依依. 今我來思, 雨雪霏霏]'"①

사공이 말했다.

"'큰 책모로 정령政令을 제정하고, 원대한 계획을 제때에 반포하네[訏謨定命, 遠猷辰告].'②② 이 구절에는 아인雅人의 깊은 뜻이 두루 담겨 있다고 생각한다."

① ◦ 사알은 사현謝玄의 어릴 적 자字다. 이미 나왔다.③
② ◦「대아大雅」의 시다.
  ◦ 모장毛萇의 주 : 우訏는 크다[大]는 뜻이고, 모謨는 책모[謀]의 뜻이며, 신辰은 때[時]의 뜻이다.
  ◦ 정현鄭玄의 주 : 유猷는 계획[圖]의 뜻이다. 대모정명大謀定命은 정월 초에 천지의 기운이 화평하여 나라의 도성과 향촌에 두루 정령을 반포하는 것을 말한다.

[역주]
① 옛날~흩날리네 : 『詩經』「小雅・采薇」의 구절.
② 큰 策謀로~반포하네 : 『詩經』「大雅・抑」의 구절.
③ 이미 나왔다 : 「言語」78 注③에 나왔음.

謝公因子弟集聚, 問; "「毛詩」何句最佳?" 遏稱曰;① "昔我往矣, 揚柳依依. 今我來思, 雨雪霏霏." 公曰; "'訏謨定命, 遠猷辰告.'② 謂此句偏有雅人深致."
① 謝玄小字, 已見.
②「大雅」詩也.
  ◦ 毛萇注曰; 訏, 大也. 謨, 謀也. 辰, 時也.
  ◦ 鄭玄注曰; 猷, 圖也. 大謀定命, 謂正月始和, 布政于邦國都鄙.

• 4 : 053 [0234]

장빙張憑이 효렴孝廉에 천거되어 도성으로 떠날 때, 자신의 재기를 자부하여 틀림없이 당시 명사의 대열에 낄 수 있을 것이라고 생각했다. 그래서 유윤劉尹[劉惔]을 방문하려고 하자, 향리사람들과 효렴에 함께 천거된 동료들이 모두 그를 비웃었다. 장빙이 마침내 유윤을 방문했는데, 유윤은 물건을 닦는 등 잡무를 보면서 그를 말석에 앉게 한 뒤, 인사만 나누고 진정으로 응대하지는 않았다. 장빙은 자신의 주장을 펼쳐보고 싶었으나 기회가 없었다.

한참 뒤에 왕장사王長史[王濛] 등 여러 명사들이 와서 청담을 시작했는데, 빈객과 주인 사이에 서로 납득하지 못하는 곳이 생겼다. 그때 장빙이 저 멀리 말석에서 그것을 판가름했는데, 그 말이 간결하면서도 뜻이 심원하여 쌍방의 생각을 충분히 이해시킬 수 있었다. 온 좌중의 사람들이 모두 놀랐다. 그래서 유진장劉眞長[劉惔]이 그를 상석으로 맞이하여 종일토록 청담을 나누었으며 밤까지 지새우게 되었다. 새벽이 되어 장빙이 자리에서 일어나 떠나려 하자 유진장이 말하였다.

"그대는 먼저 가 있게. 틀림없이 그대를 데리고 함께 무군장군撫軍將軍[簡文帝]을 방문하러 갈 걸세."

장빙이 배로 돌아오자 동료들이 어디에서 잤느냐고 물었지만 장빙은 웃으면서 대답하지 않았다. 잠시 뒤 유진장이 군리郡吏를 보내 장효렴[장빙]의 배를 찾자 동료들이 깜짝 놀랐다. 즉시 함께 수레를 타고 무군장군을 방문하러 갔는데, 문에 이르러 유진장이 먼저 들어가 무군장군에게 말했다.

"하관下官[1]이 오늘 공을 위하여 태상박사太常博士로 선발하기에 적합한 사람 한 명을 데리고 왔습니다."

이윽고 장빙이 들어가 뵙자 무군장군이 그와 함께 말을 나눈 뒤 훌륭하다고 감탄하면서 말했다.

"장빙은 작달막한 키에 어그적 어그적 걷지만② 이치를 가득 담고 있는 동굴이로다!"

그리고는 즉시 태상박사로 임용했다.[1]

[1]。송宋 명제明帝의『문장지文章志』: 장빙은 자가 장종長宗이며 오군吳郡사람이다. 의기意氣가 뛰어나 향리사람들의 칭찬을 받았다. 학문은 몸소 체득한 바를 숭상했으며 민첩하고 문재文才가 있었다. 태수가 그의 재능을 보고 효렴에 천거했으며, 대책對策 시험에서 상위로 급제했다. 유담劉惔의 천거를 받아 태상박사에 임용되었으며, 여러 벼슬을 거쳐 이부랑吏部郎과 어사중승御史中丞에 기용되었다.

[역주]
① 下官 : 六朝時代 有官者의 謙稱.
② 작달막한 키에 어그적 어그적 걷지만 : 원문은 "勃窣". 『漢書』권57 「司馬相如傳」에 "媻姍勃窣上金隄"라는 구절이 있는데, 그것에 대한 顔師古 注에서 "媻姍勃窣, 謂行於叢薄之間."이라 함. 또한『文選』권7 「子虛賦」注에 인용된 韋昭 注에서는 "媻姍勃窣, 匍匐也."라고 했으며, 『太倉州志』에서는 "吳語體短步澁曰勃窣"이라 함.

[참고]『晉書』75.

張憑擧孝廉出都, 負其才氣, 謂必參時彦. 欲詣劉尹, 鄕里及同擧者共笑之. 張遂詣劉, 劉洗濯料事, 處之下坐, 唯通寒暑, 神意不接. 張欲自發, 無端. 頃之, 長史諸賢來淸言, 客主有不通處. 張乃遙於末坐判之, 言約旨遠, 足暢彼我之懷, 一坐皆驚. 眞長延之上坐, 淸言彌日, 因留宿. 至曉, 張退, 劉曰; "卿且去, 正當取卿共詣撫軍." 張還船, 同侶問何處宿, 張笑而不答. 須臾, 眞長遣傳敎覓張孝廉船, 同侶悵愕. 卽同載詣撫軍, 至門, 劉前進謂撫軍曰; "下官今日爲公得一太常博士妙選." 旣前, 撫軍與之話言, 咨嗟稱善曰; "張憑勃窣爲理窟!" 卽用爲太常博士.[1]

[1]。宋明帝『文章志』曰; 憑, 字長宗, 吳郡人. 有意氣, 爲鄕閭所稱. 學尙所得, 敏而有文. 太守以才選擧孝廉, 試策高第. 爲惔所擧, 補太常博士, 累遷吏部郎・御史中丞.

━━━━━━━━━ • 4 : 054 [0235]

태법사汰法師[竺法汰]가 말했다.

"육통六通과 삼명三明은 귀착점은 같지만 명칭만 다를 뿐이다." ①

① ▫『도안법사전道安法師傳』: 축법태竺法汰는 도량이 넓고 대범했으며 불도에 정심精深했다. 도안법사와 우의가 두터웠다.

▫ 일설에는 축법태가 도안의 제자①라고도 한다.

▫ 경經 : 육통이라는 것은 삼승三乘의 공덕이다. 첫째는 천안통天眼通으로 먼 곳의 물색을 보는 것이요, 둘째는 천이통天耳通으로 장벽 밖의 소리를 듣는 것이요, 셋째는 신통身通으로 공중을 날아다니고 모습을 감추거나 드러내는 것이요, 넷째는 타심통他心通으로 사람들의 온갖 생각을 물처럼 비춰보는 것이요, 다섯째는 숙명통宿命通으로 과거를 신통하게 아는 것이요, 여섯째는 누진통漏盡通②으로 여러 세대를 지혜롭게 헤아리는 것이다. 삼명③이라는 것은 마음에서 해탈을 얻어 삼세三世를 밝게 비추는 것이다.

▫ 그런즉 천안통·천이통·신통·타심통·누진통 이 다섯 가지는 모두 현재심現在心의 명明이고, 숙명통은 과거심過去心의 명이며, 천안통으로 인해 미래의 지혜를 펼치는 것은 미래심未來心의 명이다. 귀착점은 같지만 명칭만 다르다고 한 뜻이 바로 여기에 있다.

[역주]⋯⋯⋯⋯⋯⋯⋯⋯⋯⋯

① 도안의 제자 : 『高僧傳』卷5 「竺法汰傳」에는 "竺法汰, 東莞人. 少與道安同學."이라 되어 있음.

② 漏盡通 : 『慧解累世』에서는 "漏盡通, 卽斷盡一切煩惱得自在無碍也. 此前五通, 凡夫亦能得定, 第六通唯聖者能之及."이라 함.

③ 三明 : 『俱舍論』에서는 "三明者, 一曰宿住智證明, 卽六通宿命通也. 二曰生死智證明, 卽天眼·天耳·他心·神境通也. 三曰漏盡智證明, 卽漏盡通也."라고 함.

汰法師云; "六通·三明同歸, 正異名耳." ①

① ▫『安法師傳』曰; 竺法汰者, 體器弘簡, 道情冥到, 法師友而善焉.

▫ 一說法汰卽安公弟子也.

▫ 經云; 六通者, 三乘之功德也. 一曰天眼通, 見遠方之色. 二曰天耳通, 聞障外之聲. 三曰身通, 非行隱顯. 四曰它心通, 水鏡萬慮. 五曰宿命通, 神知已往. 六曰漏盡通, 慧解累世.

三明者, 解脫在心, 朗照三世者也.
　▫然則天眼・天耳・身通・它心・漏盡此五者, 皆見在心之明也. 宿命則過去心之明也. 因天眼發未來之智, 則未來心之明也. 同歸異名, 義在斯矣.

──────── • 4 : 055 [0236]

지도림支道林[支通]・허순許詢[許詢]・사안謝安[謝安] 등 명현들이 모두 왕王[王濛]의 집에 모였다.① 사안謝安이 사람들을 돌아보며 말했다.

"오늘은 가히 명사의 모임이라 할 만합니다. 시간은 더 이상 붙잡아둘 수 없으며 이 모임 역시 진실로 늘 있기 어려우니, 마땅히 함께 담론을 벌려 마음속의 생각을 펼쳐보도록 합시다."

허순許詢이 곧 주인에게 물었다.

"『장자莊子』가 있습니까?"

그러자 바로 「어부漁父」 한 편을 찾아내왔다.② 사안이 표제를 보고 나서 곧 좌중의 사람들에게 각자 해석을 해보라고 했다. 지도림이 먼저 해석하여 700여 언을 지었는데, 서술이 정미精美하고 재기가 기발하여 사람들이 모두 훌륭하다고 칭찬했다. 이윽고 좌중의 사람들이 각자 생각을 다 피력했다. 사안이 물었다.

"경들은 다 말씀하셨습니까?"

모두들 말했다.

"오늘의 담론에서는 다 피력하지 못한 것이 거의 없습니다."

사안이 나중에 문제점을 지적한 뒤 스스로 자신의 생각을 서술하여 만여 언을 지었는데, 재기 넘치는 필봉이 수려하여③ 더 이상 건드릴 수 없었으며 게다가 의기意氣까지 깃들어 있어서 흔연히 스스로 만족해했다. 그래서 좌중에서 흡족해하지 않는 사람이 없었다. 지도림이 사안에게 말했다.

"당신은 일거에 핵심을 찔렀기 때문에 더욱 절로 훌륭한 것이오!"

1 ▫ 허순許詢・사안謝安・왕몽王濛이다.
2 ▫ 『장자莊子』[1] : 공자孔子가 무성한 숲에서 노닐다가 행단杏壇 위에 앉아 쉬고 있었다. 공자가 노래를 부르면서 금琴을 타고 있는데, 곡이 반쯤 진행되었을 때 한 어부가 배에서 내려왔다. 그는 새하얀 수염과 눈썹에 머리를 풀어헤치고 소매를 펄럭이면서 강둑을 지나와 구릉 발치에서 멈추고는, 왼손으로 무릎을 짚고 오른손으로 턱을 받친 채 노래를 들었다. 곡이 끝나자 어부가 자공子貢과 자로子路를 불러 물었다.

"저 사람은 누구신가?"

자공과 자로가 대답했다.

"공씨입니다."

어부가 다시 물었다.

"공씨는 무슨 일을 하시는가?"

자공과 자로가 대답했다.

"충신忠信을 품고 인의를 행하며 예악을 닦고 인륜을 가르치는 것이 공자께서 하시는 일입니다."

어부가 다시 물었다.

"영토가 있는 군주이신가?"

자공과 자로가 대답했다.

"아닙니다."

이어서 어부가 말했다.

"인仁은 인이로되 아마도 몸의 화를 면치 못할 것 같군."

공자가 그 말을 듣고 그에게 청하여 묻자, 마침내 팔자八疵[2]와 사병四病[3]을 들어 공자를 경계시켰다.

3 ▫ 『문자지文字志』: 사안은 풍모가 수려했으며 현담에 뛰어났다.

[역주]
① 『莊子』: 「漁父篇」에 나옴.
② 八疵 : 인간에게 있는 8가지 결점. 즉 摠・佞・諂・諛・讒・賊・慝・險을 말함.
③ 四病 : 『莊子』에는 '四患'이라 되어 있음. 叨・貪・很・矜을 말함.

支道林・許・謝盛德, 共集王家.1 謝顧謂諸人; "今日可謂彥會. 時旣不可留, 此集固亦難常, 當共言詠, 以寫其懷." 許便問; "主人有『莊子』不?" 正得「漁父」

一篇.② 謝看題, 便各使四坐通. 支道林先通, 作七百許語, 敍致精麗, 才藻奇拔, 衆咸稱善. 於是四坐各言懷畢. 謝問曰; "卿等盡不?" 皆曰; "今日之言, 少不自竭." 謝後麤難, 因自敍其意, 作萬餘語, 才峯秀逸,③ 旣自難干, 加意氣擬託, 蕭然自得, 四坐莫不厭心. 支謂謝曰; "君一往奔詣, 故復自佳耳!"

① ○ 許詢・謝安・王濛.
② ○ 『莊子』曰; 孔子遊乎緇帷之林, 休坐乎杏壇之上. 孔子弦歌鼓琴, 奏曲未半, 有漁者下船而來, 鬚眉交白, 被髮揄袂, 行原以上, 距陸而止, 左手據膝, 右手持頤以聽. 曲終, 而招子貢・子路語曰; "彼何爲者也?" 曰; "孔氏." 曰; "孔氏何治?" 子貢曰; "服忠信, 行仁義, 飾禮樂, 選人倫, 孔氏之所治也." 曰; "有土之君歟?" 曰; "非也." 漁父曰; "仁則仁矣, 恐不免其身." 孔子聞, 而求問之, 遂言八疵・四病, 以誡孔子.
③ ○ 『文字志』曰; 安神情秀悟, 善談玄遠.

• 4 : 056 [0237]

은중군殷中軍[殷浩]・손안국孫安國[孫盛]・왕王[王濛?]・사謝[謝尙?]① 등 여러 청담의 명사들이 모두 회계왕會稽王[簡文帝]의 거처에 모였다. 먼저 은중군이 손안국과 함께 '역의 상은 현실 만물의 형체보다 오묘하다[易象妙於見形]'는 논제를 놓고 토론을 벌렸는데,② 손안국의 논리는 조리에 잘 들어맞아서 그 의기가 하늘을 찌를 듯했다. 좌중의 사람들은 모두 손안국의 논리에 만족하지는 않았지만 언변으로는 그를 누를 수가 없었다. 그래서 회계왕이 씁쓸히 탄식했다.

"만약 유진장劉眞長[劉惔]이 온다면 응당 그를 제압할 수 있을 텐데!"

잠시 뒤 유진장을 불러오게 했더니 손안국은 마음속으로 자기가 그만 못하리라고 생각했다. 이윽고 유진장이 도착하여 먼저 손안국에게 본래의 논리를 스스로 서술하도록 하자 손안국이 자신의 논리를 대강 피력했는데, 역시 방금 전의 논리에 전혀 미치지 못함을 직감했다. 이에 유진장이 곧장 200여 언의 반론을 펼쳤는데, 그 언변과 논박이 간명하면서도 핵심을 찔러 손안국의 논리가 마침내 꺾이고 말았다. 그러자 온 좌중이 일제히 손뼉을 치고 웃으면서 한참 동안 유진장을 칭찬했다.

① · 그 논論의 대강은 다음과 같다 : 성인은 형체[器]를 관찰하는 것만으로는 변화에 통달하기에 부족하다는 것을 알기 때문에 모든 변화의 현상[圓應]을 복서卜筮에 나타낸다. 모든 변화의 현상은 일정한 법칙[典要]이 될 수 없기 때문에 신묘한 흔적을 육효六爻에 기탁한다. 육효는 두루 유통되어 오직 변화만을 따르기 때문에, 비록 괘卦의 한 획일지라도 길흉이 함께 나타나지만, 한 획이라도 빠지게 되면 알 수 없게 된다. 형체를 헤아려 상象에 기탁하면 길흉이 함께 드러나지만, 형체에 얽매이게 되면 알 수 없게 된다. 따라서 팔괘를 설정하는 것은 대개 변화에 연유한 상징적인 흔적[影迹]이다. 세상이라는 것은 보이는 것에 기탁된 하나의 형상일 뿐이다. 둥근 형상[圓影]이 아직 갖추지 않은 형상을 갖추고 있는 것처럼 하나의 형상은 아직 나타나지 않은 형상을 겸하고 있다. 따라서 천지[二儀]의 도를 궁극하더라도 건·곤의 오묘함에는 미치지 못하며, 풍우의 변화는 손巽·감坎②과 그 본체가 같지 않다.

[역주]····················
① 王·謝 : 미상. 程炎震의 『世說新語箋證』에서는 王濛과 謝尙이라고 주장함.
② 巽·坎 : 巽은 바람을 상징하는 卦고 坎은 비[물]를 상징하는 卦임.

[참고] 『晉書』75.

殷中軍·孫安國·王·謝能言諸賢, 悉在會稽王許. 殷與孫公論'易象妙於見形', ① 孫語道合, 意氣干雲. 一坐咸不安孫理, 而辭不能屈. 會稽王慨然歎曰; "使眞長來, 故應有以制彼!" 旣迎眞長, 孫意己不如. 眞長旣至, 先令孫自敘本理, 孫麤說己語, 亦覺殊不及向. 劉便作二百許語, 辭難簡切, 孫理遂屈. 一坐同時拊掌而笑, 稱美良久.

① · 其論略曰; 聖人知觀器不足以達變, 故表圓應於著龜. 圓應不可爲典要, 故寄妙迹於六爻. 六爻周流, 唯化所適. 故雖一畫, 而吉凶竝彰, 微一則失之矣. 擬器託象, 而慶咎交著, 繫器則失之矣. 故設八卦者, 蓋緣化之影迹也. 天下者, 寄見之一形也. 圓影備未備之象, 一形兼未形之形. 故盡二儀之道, 不與乾坤齊妙. 風雨之變, 不與巽坎同體矣.

─── · 4 : ·057 [0238]

승의僧意가 와관사瓦官寺에 있을 때, ① 왕구자王苟子[王修]가 와서 ② 함께 담론하면서 곧장 승의에게 논제를 제기하라고 했다. 그래서 승의가 왕구자에게 말했다.

"성인에게는 정이 있는 것이오, 없는 것이오聖人有情不[①]?"

왕구자가 대답했다.

"없소."

승의가 다시 물었다.

"그렇다면 성인은 기둥과 같소?"

왕구자가 말했다.

"주산籌算과 같아서 그 자체에는 비록 정이 없지만 그것을 움직이는 자에게는 정이 있소."

승의가 말했다.

"누가 성인을 움직인단 말이오?"

그러자 왕구자는 대답을 못하고 가버렸다.[3]

[1]. 승의는 출신 씨족이 미상이다.

[2]. 구자는 왕수王修의 어릴 적 자다.

[3]. 여러 판본에는 승의의 맨 마지막 한 구절이 없다. 혹시 빠지지 않았나 해서 널리 여러 판본을 교열했지만[②] 모두 그러했다. 오직 한 판본에만 그 구절이 있어서 그것을 가져다 문장의 뜻을 완성시켰다. 그러나 왕수는 명리名理에 뛰어난 사람이었으며, 이러한 담론은 특히 인정에 맞지 않다. 아마도 이 문장은 잘못된 것 같다.

[역주] ·······················

① 성인에게는 정이 있는 것이오, 없는 것이오 : 이 논제에 대해서는 何晏과 王弼의 설이 유명함. 「文學」10 [역주]③ 참조.

② 널리 여러 판본을 교열했지만 : 원문은 "慶校衆本". 宋本에는 '慶'이 '廣'으로 되어 있는데, 문맥상 '廣'이 타당하므로 그것에 따라 번역함.

僧意在瓦官寺中,[1] 王苟子來,[2] 與共語, 便使其唱理. 意謂王曰; "聖人有情不?" 王曰; "無." 重問曰; "聖人如柱邪?" 王曰; "如籌算, 雖無情, 運之者有情." 僧意云; "誰運聖人邪?" 苟子不得答而去.[3]

① · 未詳僧意氏族所出.
② · 荀子, 王修小字.
③ · 諸本無僧意最後一句, 意疑其闕, 慶校衆本皆然. 唯一書有之, 故取以成其義. 然王修善言理, 如此論, 特不近人情, 猶疑斯文爲謬也.

———— • 4 : 058 [0239]

사마태부司馬太傅[司馬道子]가 사거기謝車騎[謝玄]에게 물었다.

"혜자惠子[惠施]①는 저서가 다섯 수레나 되는데도 어찌하여 현묘한 경지에 도달한 말이 한 마디도 없소이까?"

사안이 말했다.

"틀림없이 그 현묘한 부분은 전해지지 않았을 것이오."①

① · 『장자莊子』② : 혜시惠施는 다방면에 학식이 있어서 그 저서가 다섯 수레나 되었지만, 그 도에는 오류가 많고 그 말은 타당성을 잃었다. 그가 말했다.

"계란은 털이 있다. 닭은 다리가 셋이다. 말은 알이 있다. 개는 양이 될 수 있다. 불은 뜨겁지 않다. 눈은 보지 못한다. 거북은 뱀보다 길다. 개구리는 꼬리가 있다. 흰 개는 검다. 연결된 고리는 풀 수 있다."

그는 사람의 입을 이길 수는 있었지만 사람의 마음을 승복시킬 수는 없었으니, 대개 이것이 궤변론가의 한계다.

[역주]················
① 惠子 : 名家의 한 사람. 전국시대 宋나라에서 태어나 魏 惠王과 襄王 때 벼슬한 사상가.
② 『莊子』 : 「天下篇」에 나옴.

司馬太傅問謝車騎: "惠子其書五車, 何以無一言入玄?" 謝曰; "故當是其妙處不傳."①

① · 『莊子』曰; 惠施多方, 其書五車, 其道舛駁, 其言不中. 謂: "卵有毛, 雞三足, 馬有卵, 犬可爲羊, 火不熱, 目不見, 龜長於蛇, 丁子有尾, 白狗黑, 連環可解." 能勝人之口, 不能服人之心, 蓋辯者之囿也.

• 4 : 059 [0240]

    은중군殷中軍[殷浩]은 관직을 박탈당하고 동양東陽으로 유배된 뒤, 불경을 널리 읽어 모두 정통했지만 오직 사수事數 부분에 대해서는 이해하지 못했다.① 나중에 우연히 한 화상和尚을 만나 표시해둔 곳을 물어보고는 곧 시원스럽게 알았다.
  ①▫ 사수는 5음五陰①, 12입十二入②, 4체四諦③, 12인연十二因緣④, 5근五根⑤, 5력五力⑥, 7각七覺⑦과 같은 것을 말한다.

[역주].........................
① 五陰 : 사람의 몸을 이루는 5가지 요소로서 '五蘊'이라고도 함. 즉 色蘊·受蘊·想蘊·行蘊·識蘊을 말함.
② 十二入 : '十二處' 또는 '十二舍'라고도 함. 즉 眼·耳·鼻·舌·身·意의 六根과 그 感知對象인 色·聲·香·味·觸·法의 六塵[六境]을 말함.
③ 四諦 : 「文學」37 [역주]② 참조.
④ 十二因緣 : 「文學」37 [역주]③ 참조.
⑤ 五根 : 眼·耳·鼻·舌·身의 5가지 감각기관을 말함. 또는 일체의 善法을 만드는 근본인 五法[信根·精進根·念根·定根·慧根]을 말하기도 함.
⑥ 五力 : 邪惡을 타파하는 힘을 말함. 즉 信力·精進力·念力·定力·慧力을 말함. 또는 言說力·隨宜力·方便力·法門力·大悲力을 말하기도 함.
⑦ 七覺 : '七覺支'를 말함. 眞僞善惡을 관찰하여 깨달음에 도달하는 데 필요한 7가지 방법으로서, 擇法覺支·精進覺支·喜覺支·猗覺支·捨覺支·定覺支·念覺支를 말함. 또는 眼·耳·口·鼻 7구멍의 감각을 말하기도 함.

殷中軍被廢, 徙東陽, 大讀佛經, 皆精解, 唯至事數處不解.① 遇見一道人, 問所籤, 便釋然.
①▫ 事數, 謂若五陰·十二入·四諦·十二因緣·五根·五力·七覺之屬.

• 4 : 060 [0241]

    은중감殷仲堪은 현론玄論①에 정통했는데, 사람들은 그가 연구하지 않은 것이 없다고 생각했다. 이에 은중감이 탄식했다.

"만약 내가「사본론四本論」②을 이해했다면 나의 담론이 이 정도만은 아닐 텐데!"①

①・주지周祗의『융안기隆安記』: 은중감은 학문을 좋아했으며 논리적인 사고를 갖고 있었다.

[역주]........................

① 玄論 : 玄學에 관한 논의로서 그 주요논제는 三玄[易・老・莊]과 佛學에 관한 것임.
②「四本論」:「文學」5 참조.

殷仲堪精覈玄論, 人謂莫不研究. 殷乃歎曰; "使我解「四本」, 談不翅爾!"①
①・周祗『隆安記』曰; 仲堪好學, 而有理思也.

・ 4 : 061 [0242]

은형주殷荊州[殷仲堪]가 일찍이 원공遠公[慧遠]에게 물었다.①
"『역易』은 무엇을 본체로 합니까?"
원공이 대답했다.
"『역』은 감응을 본체로 하지요."
은형주가 말했다.
"'동산銅山이 서쪽에서 무너지니 영종靈鐘이 동쪽에서 응한다'는 말이 있는데, 이것이 바로『역』입니까?"②
원공은 웃으면서 대답하지 않았다.

①・장야張野의『혜원법사명慧遠法師銘』: 사문 석혜원釋慧遠은 안문雁門 누번樓煩사람으로, 본래 성은 가씨賈氏며 대대로 고관을 지낸 집안 출신이다. 12살 때 외숙 영호씨令狐氏를 따라 허창許昌과 낙양洛陽에서 유학했다. 21살 때 강남으로 건너가 범선자范宣子[范宣]에게 배우려고 했는데 길이 막혀 갈 수 없었다. 대신 석도안釋道安을 만나 그를 스승으로 삼아 삭발하고 출가하여 불경을 연구했다. 석담익釋曇翼이 매번 등촉燈燭의 비용을 대주었다. 식견이 크고 넓었으며 깨달음이 높고 깊었다. 도안이 늘 감탄했다.

"불도가 동국東國으로 전파된 것은 그의 힘이 크도다!"

양양襄陽이 이미 함락되자 석장錫杖을 짚고 행각하면서 강남을 돌아다니다가 영악靈嶽①에 암자를 지었다. 60세부터는 더 이상 산을 나오지 않았지만, 명성이 유사流沙②에까지 퍼져 그 나라의 많은 승려들이 모두 중국에 대승사문大乘沙門이 있다고 칭송하면서 매번 향을 피우고 예배를 드렸으며 동쪽을 향하여 경배했다. 83세에 입적했다.③

2 □『동방삭전東方朔傳』④ : 한漢 무제武帝 때 미앙궁未央宮의 전전前殿에 있던 종이 까닭 없이 저절로 울려 3일 밤낮 동안 그치지 않았다. 무제가 조서를 내려 태사대조太史待詔 왕삭王朔에게 물었더니, 왕삭이 대답했다.

"아마도 병란이 있을 것 같사옵니다."

다시 동방삭에게 물었더니, 동방삭이 대답했다.

"신이 듣자온대, 동銅은 산山의 자식이고 산은 동의 어미라 하옵니다. 음양의 기류氣類를 가지고 말한다면 자식과 어미가 서로 감응하는 것이오니 아마도 산에 무너질 조짐이 있기 때문에 종이 먼저 울린 것 같사옵니다. 『역』에서 '우는 학이 그늘[陰]에 있으니 그 새끼가 그것에 화답한다'⑤고 한 것은 지극히 정밀한 것이옵니다. 이후 5일 안에 그 징험이 나타날 것이옵니다."

3일 뒤 산이 무너져 20여 리에 달했다고 남군南郡태수가 상주문을 올렸다.

□『번영별전樊英別傳』⑥ : 한 순제順帝 때 궁전 아래에 있던 종이 울리자, 번영에게 물었더니 번영이 대답했다.

"촉蜀의 민산岷山이 무너진 것이옵니다. 산은 동의 어미가 되는지라 어미가 무너지자 자식이 운 것이며, 성조聖朝의 재앙이 아니옵니다."

나중에 과연 촉에서 산이 무너졌다는 상주문을 올렸는데, 그 날짜가 서로 들어맞았다.

□ 이상의 두 설이 약간 다르기 때문에 함께 기록한다.

[역주]························
① 靈嶽 : 廬山을 말함.
② 流沙 : 서북 域外의 사막지역에 대한 통칭. 즉 西域을 말함.
③ 83세에 입적했다 : 『高僧傳』 권4 「釋慧遠傳」에도 83세에 입적했다고 되어 있지만, 謝靈運의 「廬山慧遠法師誄」에는 84세에 입적했다고 되어 있음.

④ 『東方朔傳』: 『隋書』「經籍志」에 "東方朔傳八卷"이라고 저록되어 있음.
⑤ 우는 학이~화답한다 : 원문은 "鳴鶴在陰, 其子和之."『周易』「中孚」괘에 나오는 구절.
⑥ 『樊英別傳』: 『後漢書』권82 「方術傳上」에 그의 傳이 있음.

[참고] 『太平御覽』609.

殷荊州曾問遠公; ① "『易』以何爲體?" 答曰; "『易』以感爲體." 殷曰; "銅山西崩, 靈鐘東應, 便是『易』耶?" ② 遠公笑而不答.

①・張野『遠法師銘』曰; 沙門釋惠遠, 雁門樓煩人. 本姓賈氏, 世爲冠族. 年十二, 隨舅令狐氏遊學許・洛. 年二十一, 欲南渡, 就范宣子學, 道阻不通. 遇釋道安以爲師, 抽簪落髮, 硏求法藏. 釋曇翼每資以燈燭之費. 誦鑒淹遠, 高悟冥賾. 安常歎曰; "道流東國, 其在遠乎!" 襄陽旣沒, 振錫南遊, 結宇靈嶽. 自年六十, 不復出山, 名被流沙, 彼國僧衆皆稱漢地有大乘沙門, 每至然香禮拜, 輒東向致敬. 年八十三而終.

②・『東方朔傳』曰; 孝武皇帝時, 未央宮前殿鐘無故自鳴, 三日三夜不止. 詔問太史待詔王朔, 朔言; "恐有兵氣." 更問東方朔, 朔曰; "臣聞銅者山之子, 山者銅之母. 以陰陽氣類言之, 子母相感, 山恐有崩弛者, 故鐘先鳴.『易』曰; '鳴鶴在陰, 其子和之' 精之至也. 其應在後五日內." 居三日, 南郡太守上書言山崩, 延袤二十餘里.

・『樊英別傳』曰; 漢順帝時, 殿下鐘鳴, 問英, 對曰; "蜀崏山崩. 山於銅爲母, 母崩子鳴, 非聖朝災." 後蜀果土山崩, 日月相應.

・二說微異, 故竝載之.

----------- • 4 : 062 [0243]

양부羊孚의 동생[羊輔]이 왕영언王永言[王訥之]의 딸을 아내로 맞았다.① 왕씨 집안에서 사위를 접견할 때 양부는 동생을 보내면서 함께 갔다. 그 때 왕영언의 아버지 왕동양王東陽[王臨之]이 아직 살아 있었으며,② 왕동양의 사위인 은중감殷仲堪도 그 자리에 있었다.③ 양부는 평소 현리玄理를 논하는 데 뛰어났던 터라 이내 은중감과 함께 「제물론齊物論」을 논했다.④ 은중감이 반론을 펼치자 양부가 말했다.

"당신은 4판쯤 겨루고 난 후엔 틀림없이 나의 견해와 같아질 것이오."

은중감이 웃으며 말했다.

"담론을 다 끝낸다 한들 어찌 반드시 서로 같아지겠소?"

그러나 4판을 겨루고 난 뒤에 견해가 일치되자, 은중감이 탄식하며 말했다.

"나는 더 이상 이견이 없소!"

그러면서 새롭게 탁월한 견해를 낸 사람이라고 오랫동안 그를 찬탄했다.

1・양부의 동생은 양보羊輔다.

・『양씨보羊氏譜』: 양보는 자가 유인幼仁이며 태산泰山사람이다. 조부 양해羊楷는 상서랑尙書郞이었으며, 부친 양수羊綏는 중서랑中書郞이었다. 양보는 벼슬이 위군공조衛軍功曹에 이르렀다. 낭야琅邪 왕눌지王訥之[1]의 딸을 아내로 맞았는데 그녀는 자가 승수僧首다.

2・『왕씨보王氏譜』: 왕눌지는 자가 영언이며 낭야사람이다. 조부 왕표지王彪之는 광록대부光祿大夫였으며, 부친 왕림지王臨之는 동양태수였다. 왕눌지는 상서좌승尙書左丞과 어사중승御史中丞을 역임했다.

3・『은씨보殷氏譜』: 은중감은 낭야 왕림지의 딸을 아내로 맞았는데 그녀는 자가 영언英彦이다.

4・「제물론」은 『장자莊子』의 편명이다.

[역주]
① 王訥之 : 『宋書』 권60 「王淮之傳」에는 "王納之"라 되어 있음.

羊孚弟娶王永言女.1 及王家見壻, 孚送弟俱往. 時永言父東陽尙在,2 殷仲堪是東陽女壻, 亦在坐.3 孚雅善理義, 乃與仲堪道「齊物」.4 殷難之, 羊云; "君四番後, 當得見同." 殷笑曰; "乃可得盡, 何必相同?" 乃至四番後一通, 殷咨嗟曰; "僕便無以相異!" 歎爲新拔者久之.

1・孚弟輔也.

・『羊氏譜』曰; 輔, 字幼仁, 泰山人. 祖楷, 尙書郞. 父綏, 中書郞. 輔仕至衛軍功曹. 娶琅邪王訥之女, 字僧首.

2・『王氏譜』曰; 訥之, 字永言, 琅邪人. 祖彪之, 光祿大夫. 父臨之, 東陽太守. 訥之歷尙書左丞・御史中丞.

③ㆍ『殷氏譜』曰; 仲堪娶琅邪王臨之女, 字英彦.
④ㆍ『莊子』篇也.

―――――――――――― • 4 : 063 [0244]

은중감殷仲堪이 말했다.

"3일 동안『도덕경道德經』①을 읽지 않으면 곧장 혀뿌리가 굳어지는 것을 느낀다."①

①ㆍ『진안제기晉安帝紀』: 은중감은 사고가 논리적이었으며 청담에 뛰어났다.
[역주]........................
①『道德經』:『老子』를 말함.『晉書』권84「殷仲堪傳」에는 "道德論"이라 되어 있음.
[참고]『晉書』84.

殷仲堪云; "三日不讀『道德經』, 便覺舌本開强."①
①ㆍ『晉安帝紀』曰; 仲堪有思理, 能清言.

―――――――――――― • 4 : 064 [0245]

제파提婆[僧伽提婆]①가 처음 건강建康에 도착했을 때 왕동정王東亭[王珣]의 집을 위하여『아비담阿毗曇』을 강론했는데,① 강론을 시작하여 반쯤 진행되었을 때 왕승미王僧彌②가 곧장 말했다.

"모두 깨달았다!"

그러고서 즉시 좌중에서 몇몇 뜻이 맞는 승려들을 데리고 별실로 가서 스스로 강론했다. 제파의 강론이 끝나자 왕동정이 법강도인法岡道人에게 물었다.②

"저는 도무지 이해할 수가 없는데 아미阿彌[王僧彌]는 어떻게 깨달았을까요? 그 체득한 바는 어느 정도인지요?"

법강도인이 말했다.

"대략 모두 옳게 이해하고는 있소. 물론 아직 정확하게 깨닫지 못한 곳이 약간 있긴 하지만."

1. 「출경서出經敍」: 승가제파僧伽提婆는 계빈罽賓[카시미르]사람으로 성은 구담씨瞿曇氏다. 명철하고 식견이 깊어 부견符堅이 장안長安에 들어왔을 때 여러 불경을 번역해냈다. 나중에 강남으로 넘어왔을 때 원법사遠法師[慧遠]의 청으로 『아비담』을 번역했다.

   ○ 혜원법사의 「아비담서敍」③ : 『아비담심阿毗曇心』은 삼장三藏④의 요체로서 심오한 마음을 노래한 게송偈頌이다. 원류가 광대하여 여러 불경을 종합하고 그 종지宗旨를 총괄했기 때문에 작자는 '심心'자를 명칭으로 삼은 것이다. 자字가 법승法勝⑤인 한 출가한 개사開士⑥가 『아비담』의 원류가 광대하여 금방 찾아내기가 어려워서 따로 이 논論을 지었는데, 총 250게偈로 핵심적인 해석이 되기 때문에 '심'이라고 불렀다. 계빈의 사문 승가제파는 젊어서부터 이 문장을 애송했으므로 그에게 번역하라고 청한 것이다.

   ○ '아비담'은 진晉나라의 말로는 '대법大法'이라는 뜻이다. 도표법사道標法師가 말했다.

   "'아비담'은 전진前秦의 말로는 '무비법無比法'이라는 뜻이다."

2. 법강法岡⑦은 씨족이 미상이다.

3. 「출경서」 : 제파가 융안隆安연간(397~401) 초에 도성[建康]에 왔을 때, 동정후東亭侯 왕순王珣이 그를 자기 집으로 초청하여 『아비담』을 강론하게 했다. 제파의 강론은 종지가 명확하고 심오한 교의敎義를 잘 설명했기 때문에 왕승미가 한번 듣고 곧장 스스로 강론할 수 있게 되었으니, 그 명확한 교의로 사람의 마음을 쉽게 깨우침이 이와 같았다. 생졸년은 미상이다.

[역주]
① 提婆[僧伽提婆] : 중국 小乘佛敎의 확립에 많은 영향을 미친 사람으로 『阿毗曇心論』 4권과 『三法度論』 3권 등을 번역함. 『高僧傳』 권1과 『出三藏記集』 권13에 그의 傳이 실려 있음.
② 王僧彌 : 『高僧傳』 권1 「僧伽提婆傳」에는 "王僧珍"이라 되어 있음.
③ 「아비담서」 : 『出三藏記集』 권10에 수록되어 있음.
④ 三藏 : 經·律·論을 말함.
⑤ 法勝 : 西域人으로 생졸년은 미상이며, 3세기 중반에 『阿毗曇心論』을 지음.
⑥ 開士 : 菩薩을 가리킴. 符堅이 有德한 沙門에게 내린 호칭. 『釋氏要覽』에 보임.
⑦ 法岡 : 『高僧傳』 권1 「僧伽提婆傳」에는 "法綱"이라 되어 있음.

[참고] 『晉書』65, 『高僧傳』1.

提婆初至, 爲東亭第講『阿毗曇』, ① 始發講, 坐裁半, 僧彌便云; "都已曉!" 卽於坐分數四有意道人, 更就餘屋自講. 提婆講竟, 東亭問法岡道人曰; ② "弟子都未解, 阿彌那得已解? 所得云何?" 曰; "大略全是, 故當小未精覈耳." ③

① ◦「出經敍」曰; 僧伽提婆, 罽賓人, 姓瞿曇氏. 僑朗有深鑒, 符堅至長安, 出諸經. 後渡江, 遠法師請譯『阿毗曇』.
  ◦ 遠法師『阿毗曇敍』曰; 『阿毗曇心』者, 三藏之要領, 詠歌之微言. 源流廣大, 管綜衆經, 領其宗會, 故作者以心爲名焉. 有出家開士, 字法勝, 以『阿毗曇』源流廣大, 卒難尋究, 別撰斯部, 凡二百五十偈, 以爲要解, 號之曰心. 罽賓沙門僧伽提婆, 少玩斯文, 因請令譯焉.
  ◦ 阿毗曇者, 晉言大法也. 道標法師曰; "阿毗曇者, 秦言無比法也."

② ◦ 法岡, 未詳氏族.

③ ◦「出經敍」曰; 提婆以隆安初遊京師, 東亭侯王珣迎至舍, 講『阿毗曇』. 提婆宗致旣明, 振發義奧, 王僧彌一聽便自講, 其明義易啓人心如此. 未詳年卒.

• 4 : 065 [0246]

환남군桓南郡[桓玄]이 은형주殷荊州[殷仲堪]와 함께 담론할 때면 매번 서로 논박을 주고받았는데, 1년 쯤 뒤에는 단지 한두 판에서 끝나곤 했다. 그래서 환남군이 자신의 재사才思가 점점 퇴보해간다고 스스로 탄식하자, 은형주가 말했다.

"그것은 바로 당신이 점점 깊이 이해해가고 있다는 증거이지요." ①

① ◦ 주지周祗의 『융안기隆安記』: 환현桓玄은 현리玄理를 논하는 데 뛰어났다. 의흥義興태수 직을 버리고 귀국한 뒤에는 늘 은형주 중감仲堪과 함께 종일토록 쉬지 않고 담론을 펼쳤다.

桓南郡與殷荊州共談, 每相攻難, 年餘後, 但一兩番. 桓自歎才思轉退, 殷云; "此乃是君轉解." ①

① ◦ 周祗『隆安記』曰; 玄善言理, 棄郡還國, 常與殷荊州仲堪, 終日談論不輟.

• 4 : 066 [0247]

위魏 문제文帝[曹丕]가 한번은 동아왕東阿王[曹植]에게 7걸음 안에 시를 지으라고 명하면서, 짓지 못하면 극형에 처하겠다고 했다. 동아왕은 명이 떨어지자마자 곧장 시를 지었다.

"콩을 삶아 국을 만들고, 콩을 걸러 즙을 만드네. 콩깍지는 솥 아래서 타고, 콩은 솥 안에서 우네. 본래 같은 뿌리에서 나왔거늘, 서로 지지고 볶는 것이 어찌 이리도 급한가!"①

그러자 문제는 부끄러워하는 기색이 역력했다.1

1 『위지魏志』: 진사왕陳思王 조식曹植은 자가 자건子建이며 문제의 친동생이다. 10여 세 때 이미 시詩·논論·사부辭賦 수만 언을 암송했다. 문장을 짓는 데 뛰어나 태조太祖[曹操]가 일찍이 그의 문장을 보고 말했다.

"너는 남에게 지어달라고 부탁한 것이냐?"

그러자 조식이 무릎을 꿇고 말했다.

"말을 하면 논이 되고 붓을 대면 문장이 이루어지옵니다. 당장이라도 면전에서 시험해보시면 아실 것이옵니다. 어찌 남에게 부탁하겠사옵니까?"

당시 도성 업鄴에 동작대銅雀臺가 새로 축성되자, 태조가 왕자들을 모두 데리고 그곳에 올라 각자에게 부賦를 지어보라고 했다. 조식이 붓을 들어 금세 지었는데 가히 볼 만했다. 조식은 성품이 대범하고 위의威儀를 차리지 않았으며 거마車馬와 복장도 화려한 것을 좋아하지 않았다. 어려운 질문을 받을 때마다 그 자리에서 대답하곤 했다. 그래서 태조는 그를 총애하여 몇 번이나 태자로 삼을 뻔했다. 문제가 즉위한 뒤 견성후甄城侯에 봉해졌으며 나중에는 옹구雍丘로 옮겨졌다가 다시 동아왕에 봉해졌다. 조식은 매번 등용해줄 것을 청했으나 등용되지 못했으며 봉국封國도 자주 바뀌어 조급한 마음에 즐거움이 없었다. 41세에 죽었다.

[역주]

① 콩을 삶아 국을 만들고~어찌 이리도 급한가: 원문은 "煮豆持作羹, 漉菽以爲汁. 萁在釜下然, 豆在釜中泣. 本自同根生, 相煎何太急." 「七步詩」는 이밖에도 다음과 같은 여러 책에 인용되어 있는데 각각 字句의 출입이 다소 있음. "其在竈下然,

豆在釜中泣. 本是同根生, 相煎何太急."[『文選』권60 李善 注], "煮豆燃豆萁, 豆在釜中泣. 本是同根生, 相煎何太急"[『初學記』권10], "煮豆持作羹, 漉豉以爲汁. 其在釜底然, 豆在釜中泣. 本自同根生, 相煎何太急."[『蒙求』下], "煮豆持作羹, 漉豉取作汁. 其在釜下然, 豆向釜中泣. 本自同根生, 相煎何太急."[『太平廣記』권173], "箕在竈下燃, 豆在釜中泣. 本自同根生, 相煎何太急."[『太平御覽』권841]

[참고] 『文選』60注, 『初學記』10, 『蒙求』下, 『太平御覽』841, 『太平廣記』173.

文帝嘗令東阿王七步中作詩, 不成者行大法. 應聲便爲詩曰; "煮豆持作羹, 漉豉以爲汁. 其在釜下然, 豆在釜中泣. 本自同根生, 相煎何太急!" 帝深有慚色.①
① ◦『魏志』曰; 陳思王植, 字子建, 文帝同母弟也. 年十餘歲, 誦詩論及辭賦數萬言. 善屬文, 太祖嘗視其文曰; "汝倩人邪?" 植跪曰; "出言爲論, 下筆成章. 顧當面試, 奈何倩人?" 時鄴銅雀臺新成, 太祖悉將諸子登之, 使各爲賦. 植援筆立成, 可觀. 性簡易, 不治威儀, 輿馬服飾, 不尙華麗. 每見難問, 應聲而答. 太祖寵愛之, 幾爲太子者數矣. 文帝卽位, 封甄城侯, 後徙雍丘, 復封東阿. 植每求試, 不得, 而國亟遷易, 汲汲無懽. 年四十一薨.

──────────── • 4 : 067 [0248]

위魏나라 조정에서 진晉 문왕文王[司馬昭]을 공공에 봉하고 구석九錫①의 예를 갖추었으나, 문왕이 극구 사양하고 받지 않자 공경公卿과 장교將校들이 문왕의 막부로 찾아가서 정중하게 권유했다. 사공司空 정충鄭沖①이 급히 사신을 보내 완적阮籍에게 「권진문勸進文」②을 지어달라고 청했다. 완적은 그때 원효니袁孝尼[袁準]의 집에 있었다.② 밤새워 술을 마신 터라 부축해서 일으켰더니 단숨에 목찰木札에 써내려갔는데 더 이상 손댈 곳이 없어서 그대로 필사하여 사신에게 주었다. 당시 사람들은 그것을 신필神筆이라 여겼다.③

① ◦ 정충은 이미 나왔다.③
② ◦『원씨세기袁氏世紀』: 원준袁準은 자가 효니고 진군陳郡 양하陽夏사람이다. 부친 원환袁渙은 위魏나라의 낭중령郞中令을 지냈다. 원준은 충실한 마음가짐으로 올바르게 행동하고 아랫사람에게 묻는 것을 부끄러워하지 않았으며, 오직 남이 자기보다 뛰어나지 못함을 걱정했다. 세상사에 험난함이 많았기

때문에 물러나 수신하면서 감히 나아가 벼슬하기를 구하지 않았다. 저서가 10만여 언에 달했다.

▫ 순작荀綽의 『연주기兗州記』: 원준은 재능이 뛰어났으며, 태시泰始연간(265~274)에 급사중給事中이 되었다.

③ ▫ 고개지顧愷之의 『진문장기晉文章記』: 완적의 「권진문」은 거침없는 광대한 정취가 있으면서도 지극히 우회적인 설법으로 서서히 본론을 드러냈다.

▫ 어떤 본本의 주④에 완적 「권진문」의 개략이 실려 있는데 다음과 같다.
"삼가 듣자온대, 명공明公께서 극구 사양하시기 때문에 정충 등이 염려하며 진실로 우직한 마음을 지니고 있다 하옵니다. 생각하건대 옛 성왕聖王께서 정하신 제도는 백대百代가 지나도록 그 전통이 변하지 않으니, 공덕자에게 포상하는 것은 그 유래가 오래되었습니다. 주공周公도 이미 이룩한 공업에 따라 그리고 이미 나라를 안정시킨 형세에 의거하여 곡부曲阜⑤의 봉택封宅을 빛내고 귀몽龜蒙을 크게 소유했으니,⑥ 명공께서는 성지聖旨를 받들어 이 큰 복을 받으심이 마땅하옵니다."

[역주]
① 九錫 : 功勳을 세운 諸侯에게 특별히 내리는 9가지의 恩典. 즉 車馬·衣服·樂器·朱戶·納陛·虎賁·鐵鉞·弓矢·秬鬯을 말함.
② 「勸進文」: 『文選』 권40에 수록되어 있음.
③ 이미 나왔다 : 「政事」6 注②에 나왔음.
④ 어떤 本의 주 : 『世說新語』의 주는 劉孝標 注 외에 敬胤 注가 있는데, 여기서 말하는 注는 그 밖의 또 다른 注로 보임.
⑤ 曲阜 : 周 武王이 동생 周公 旦에게 내린 封土로 魯國의 도성. 山東省에 있음.
⑥ 龜蒙을 크게 소유했으니 : 원문은 "奄有龜蒙". 『詩經』 「魯頌·閟宮」의 한 구절. 山東省에 있는 龜山과 蒙山을 말함. 여기서는 魯國의 뜻으로 쓰임.

[참고] 『晉書』49.

魏朝封晉文王爲公, 備禮九錫, 文王固讓不受, 公卿將校, 當詣府敦喩. 司空鄭沖,① 馳遣信就阮籍求文. 籍時在袁孝尼家,② 宿醉扶起, 書札爲之, 無所點定, 乃寫付使. 時人以爲神筆.③

①▫沖, 已見.
②▫『袁氏世紀』曰; 準, 字孝尼, 陳郡陽夏人. 父渙, 魏郞中令. 準忠信居正, 不恥下問, 唯恐人不勝己也. 世事多險, 故治退不敢求進. 著書十萬餘言.

○ 荀綽『兗州記』曰; 準有雋才, 泰始中, 位給事中.
③ ○ 顧愷之『晉文章記』曰; 阮籍「勸進」, 落落有宏致, 至轉說徐而攝之也.
○ 一本注; 阮籍「勸進文」略曰; "竊聞明公固讓, 沖等眷眷, 實懷愚心. 以爲聖王作制, 百代同風, 襃德賞功, 其來久矣. 周公藉已成之業, 據旣安之勢, 光宅曲阜, 奄有龜蒙. 明公宜奉聖旨, 受茲介福也."

• 4 : 068 [0249]

좌태충左太沖[左思]이 처음 「삼도부三都賦」①를 지었을 때,① 당시 사람들이 서로 비난하여 좌사左思는 마음이 편치 못했다. 나중에 장공張公[張華]②에게 보였더니, 장공이 말했다.

"이것은 '이경부二京賦'②와 더불어 가히 셋으로 병칭될 수 있지만, 그대의 문장은 아직 세간에서 중시 받지 못하니 마땅히 고명한 인사의 추천을 받아야 할 걸세."

그래서 좌사가 황보밀皇甫謐에게 도움을 청했더니,③③ 황보밀이 보고 감탄하면서 마침내 서문을 지어주었다. 그랬더니 지난번에 비난했던 사람들이 모두 옷깃을 여미며 칭찬해마지않았다.④

① ○ 『좌사별전左思別傳』: 좌사는 자가 태충이며 제국齊國 임치臨淄사람이다. 부친 좌옹左雍은 필찰筆札에서부터 벼슬을 시작했는데 업무에 정통하여 전중어사殿中御史가 되었다. 좌사는 어려서 모친을 여의었기 때문에 좌옹이 그를 불쌍히 여겨 그다지 심하게 공부시키지는 않았다. 그러나 성장해서는 명문名文을 널리 읽고 백가百家를 두루 섭렵했다. 사공司空 장화張華가 그를 불러 좨주祭酒④로 삼았으며, 가밀賈謐은 그를 비서랑秘書郎으로 추천했다. 가밀이 주살당한 뒤에는 향리로 돌아와 저술에 전념했다. 제왕齊王 사마경司馬冏이 기실참군記室參軍으로 초청했지만 좌사는 응하지 않았다. 당시에는 「삼도부」가 아직 완성되지 않았었다. 그 후 몇 년 뒤에 병으로 죽었다. 「삼도부」에 대한 개정은 죽음에 이르러서야 겨우 끝났다. 처음 「촉도부蜀都賦」를 지을 때는 "금마金馬⑤는 높은 언덕에서 번개 내뿜고, 벽계碧鷄는 날개 떨쳐 구름 헤치네. 귀탄鬼彈⑥에서 날리는 탄환 쿵탕쿵탕, 화정火井⑦에서 솟구치는

빛 번쩍번쩍"[8]이라고 했는데, 지금은 "귀탄~"의 구절이 없다. 그래서 그 부賦는 종종 문장이 다른 곳도 있다. 좌사의 사람됨은 관리로서의 재능은 없었지만 문재文才는 있었다. 또한 초방椒房[9]을 믿고 자못 으스댔기 때문에 제齊땅 사람들이 그를 존경하지 않았다.

2. 장화張華는 이미 나왔다.[10]

3. 왕은王隱의 『진서晉書』: 황보밀은 자가 사안士安이며 안정安定 조나朝那사람으로, 한漢나라 태위太尉 황보숭皇甫嵩의 증손이다. 조부 황보숙헌皇甫叔獻은 파릉령灞陵令을 지냈으며, 부친 황보숙후皇甫叔侯는 효렴孝廉에 천거되었다. 황보밀의 일족은 모두 대대로 부귀했지만 그는 홀로 청빈함을 지켰다. 그를 양육했던 숙모가 탄식했다.

"옛날 맹자의 어머니는 세 번 이사하여 자식을 올바르게 길렀고,[11] 증자의 아버지는 돼지를 잡아 가르침을 주었다.[12] 행여 내가 집을 정할 때 이웃을 잘 고르지 않아서더냐? 어찌하여 너는 노둔함이 이리도 심하냐? 이제라도 몸을 수양하고 독실하게 공부하여 네 스스로 학문을 이룬다면 나는 아무런 걱정이 없겠다."

그러면서 그를 마주 대하고 눈물을 흘리자 황보밀이 이에 감격했다. 20여 세에 향리의 석연席硏[13]에 나아가 공부하면서 만나는 사람마다 질문을 하느라 쉬는 날이 거의 없었다. 무제武帝(司馬炎)가 그에게 두 수레의 책을 빌려주어 마침내 군서群書를 널리 섭렵했다. 태자중서자太子中庶子와 의랑議郞에 초징되었으나 모두 나아가지 않았으며, 집에서 생애를 마쳤다.

4. 『좌사별전』: 좌사가 장재張載를 찾아가 민岷·촉蜀 지방의 일에 대해 질문했지만, 두 사람은 또한 서로 친밀한 사이가 아니었다. 황보밀은 서주西州의 명사였고 지중치摯仲治[摯虞]는 저명한 석학이었기 때문에 좌사가 상대할 수 있는 사람이 아니었다. 유연림劉淵林[劉逵]과 위백여衛伯輿[衛權]는 둘 다 일찍 죽었기 때문에 모두 좌사의 부賦에 서序를 쓰거나 주를 달 수 없었다. 따라서 무릇 여러 주해注解는 모두 좌사 자신이 기록한 것이다. 자신의 문명文名을 높이기 위하여 일부러 당시 명사의 이름을 빌린 것이다.

[역주]

① 「三都賦」: 「蜀都賦」·「吳都賦」·「魏都賦」로 구성되어 있으며, 맨 앞에 '三都賦序'가 있음.

② 二京賦 : 班固의 「兩都賦」와 張衡의 「兩京賦」를 가리킴.
③ 도움을 청했더니 : 원문은 "詢求". 『太平御覽』 권587·599에는 "請序"라 되어 있음. 문맥상 후자가 타당한 것으로 보임.
④ 祭酒 : 國學의 우두머리를 말함. 오늘날의 국립대학 총장에 해당함.
⑤ 金馬 : 뒤 구절에 보이는 '碧鷄'와 함께 神物의 이름.
⑥ 鬼彈 : 독기를 품고 있는 강물. 『太平御覽』 권15에 인용된 『南中八郡志』에서 "永昌郡有禁水, 水有毒氣, 中物則有聲, 中樹木則折, 名曰鬼彈. 中人則奄然靑爛."이라 함.
⑦ 火井 : 蜀郡 臨邛縣 서남쪽에 있는 불을 뿜는 우물. 천연가스의 분출구로 보임.
⑧ 金馬는~번쩍번쩍 : 원문은 "金馬電發於高岡, 碧鷄振翼而雲披. 鬼彈飛丸以礔礉, 火井騰光以赫曦." 『文選』 권4에 실려 있는 「蜀都賦」에는 "金馬騁光而絶景, 碧鷄儵忽而曜儀. 火井沈熒於幽泉, 高爛飛煽於天垂."라고 되어 있음.
⑨ 椒房 : 본래는 山椒를 벽에 바른 皇后의 처소를 말하나 일반적으로 황후를 가리킴. 左思의 여동생 左芬이 西晉 武帝의 貴嬪이 되었음. 『晉書』 권31 「左貴嬪傳」에 보임.
⑩ 이미 나왔다 : 「德行」12 注③에 나왔음.
⑪ 옛날 맹자의 어머니는 세 번 이사하여 자식을 올바르게 길렀고 : 『列女傳』 권1 「母儀傳」에 나오는 고사.
⑫ 증자의 아버지는 돼지를 잡아 가르침을 주었다 : 『韓非子』 「外儲說左上」에 나오는 고사. 본래 고사에는 '증자의 아버지'가 아니라 '증자'로 되어 있음.
⑬ 席硏 : 원문은 "席坦". 讀書하는 자리란 뜻으로 '硏席'이라고도 함.

[**참고**] 『晉書』92, 『太平御覽』587·599.

左太沖作「三都賦」, 初成, ① 時人互有譏訾, 思意不愜. 後示張公, ② 長曰; "此二京可三. 然君文未重於世, 宜以經高名之士." 思乃詢求於皇甫謐, ③ 謐見之嗟歎, 遂爲作敍. 於是先相非貳者, 莫不斂衽讚述焉. ④

① · 『思別傳』曰; 思, 字太沖, 齊國臨淄人. 父雍起於筆札, 多所學練, 爲殿中御史. 思蚤喪母, 雍憐之, 不甚敎其書學. 及長, 博覽名文, 遍閱百家. 司空張華辟爲祭酒, 賈謐擧爲秘書郞. 謐誅, 歸鄕里, 專思著述. 齊王冏請爲記室參軍, 不起. 時爲「三都賦」未成也. 後數年疾終. 其「三都賦」改定, 至終乃上. 初, 作「蜀都賦」云; "金馬電發於高岡, 碧鷄振翼而雲披. 鬼彈飛丸以礔礉, 火井騰光以赫曦." 今無"鬼彈". 故其賦往往不同. 思爲人無吏幹而有文才. 又頗以椒房自矜, 故齊人不重也.

② · 張華, 已見.

③ · 王隱 『晉書』曰; 謐, 字士安, 安定朝那人, 漢太尉嵩曾孫也. 祖叔獻, 灞陵令. 父叔侯, 擧

孝廉. 謐族從皆累世富貴, 獨守寒素. 所養叔母歎曰: "昔孟母以三徙成子, 曾父以烹豕存教. 豈我居不卜鄰? 何爾魯之甚乎? 修身篤學, 自汝得之, 於我何有?" 因對之流涕, 謐乃感激. 年二十餘, 就鄕里席坦受書, 遭人而問, 少有寧日. 武帝借其書二車, 遂博覽. 太子中庶子・議郎徵, 竝不就, 終于家.

4ᐧ『思別傳』曰: 思造張載, 問岷・蜀事, 交接亦疎. 皇甫謐西州高士, 摯仲治宿儒知名, 非思倫匹. 劉淵林・衛伯興竝蚤終, 皆不爲思賦序注也. 凡諸注解, 皆思自爲. 欲重其文, 故假時人名姓也.

• 4:069 [0250]

유령劉伶이 「주덕송酒德頌」을 지어 자신의 의기意氣를 기탁했다.①

①ᐧ『명사전名士傳』: 유령은 자가 백륜伯倫이며 패군沛郡사람이다. 제멋대로 자유분방하게 노닐면서 우주도 좁다고 여겼다. 늘 작은 수레를 타고 술 한 병을 차고 다니면서 종자에게 삽을 메고 따라다니게 하고는 그에게 말했다.

"내가 죽거든 곧장 땅을 파고 묻어라."

육체를 흙이나 나무처럼 여기면서 한 세상을 즐겁게 노닐었다.

ᐧ『죽림칠현론竹林七賢論』: 유령은 천지간에 처하여 거리낌 없이 유유자적하면서 어떤 일에도 마음 쓰는 바가 없었다. 한번은 속인俗人과 서로 다투었는데, 그 사람이 소매를 흔들며 일어나 그를 치려고 하자 유령이 태연한 얼굴로 말했다.

"이 계륵鷄肋 같은 자에게 어찌 존귀하신 주먹을 쓰려 하십니까?"

그랬더니 그 사람이 자기도 모르게 화를 풀고 돌아갔다. 문장을 지을 때에도 생각을 가다듬은 적이 없었으며, 세상을 끝마칠 때까지 오직 「주덕송」 한 편만을 지었는데, 그 문장은 다음과 같다.

"대인선생大人先生①이란 분이 있는데, 그는 억겁의 천지를 하루아침으로 여기고 만 년을 잠깐 동안이라 생각하며, 해와 달을 창문으로 삼고 팔방을 마당으로 삼는다. 가도 수레바퀴 자국이 없고 거처해도 집이 없으며, 하늘을 장막으로 덮고 땅을 자리로 깔아 뜻 가는 대로 맡겨둔다. 멈추면② 큰 술잔을 움켜들고 움직이면 술단지를 끌어 찬다. 오직 술 이것만을 힘쓰니 어찌 그 나머지 일을 알겠는가? 귀개공자貴介公子③와 진신처사縉紳處士④가 나의 풍문을 듣고 그 까닭을 논의하다가, 이내 소매를 떨치고 옷깃을 추켜올리며 눈을 부라리고 이를 갈면서 예법을 늘어놓으니 시비가 칼날 일 듯한다. 선생이 이에 바야흐로 술독을 받들어 걸러낸 뒤 잔을 입에 대고 탁주를 마신다. 수염을 떨치고 두 다리 쭉 뻗고 앉아, 술지게미를 베고 누우니 근심걱정 하나 없이 즐겁기만 하다. 도도히 취했다가 기분 좋게 깨어나니, 잠자코 들어도 천둥소리조차 들리지 않고 눈여겨보아도 태산의 형체조차 보이지 않으며, 피부에 와 닿는 추위·더위와 이욕利欲의 감정조차 느끼지 못한다. 굽어보니, 시끌벅적 어지러운 만물은 마치 개구리밥이 떠도는 장강長江과 한수漢水 같고, 곁에 모신 이호二豪⁵는 마치 푸른 나방유충을 업은 나나니벌 같다.⁶"

[역주]··························
① 大人先生 : 작자 劉伶이 자신을 빗댄 것. '大人'이란 老莊에서 말하는 천지자연의 大道를 얻은 사람이니, 곧 자신의 志氣가 廣大함을 나타낸 말임.
② 멈추면 : 원문은 "行則"이라 되어 있으나, 『文選』 권47과 『晉書』 권49 「劉伶傳」에는 "止則"이라 되어 있고 문맥상으로도 "止則"이 타당하므로 후자에 따라 번역함.
③ 貴介公子 : '介'는 '大'의 뜻. '貴介'는 公卿大夫와 같은 신분이 귀하고 높은 사람을 말하고, '公子'는 귀족의 자제를 말함.
④ 縉紳處士 : '縉紳'은 넓은 띠에 笏을 끼우는 것으로 곧 높은 벼슬아치를 말하고, '處士'는 초야에 묻혀 사는 도덕이 높은 儒者를 말함.
⑤ 二豪 : 앞에 나온 貴介公子와 縉紳處士를 가리킴.
⑥ 마치 푸른 나방유충을 업은 나나니벌 같다 : 원문은 "如蜾蠃之與螟蛉". 『詩經』 「小雅·小宛」에 "螟蛉有子, 蜾蠃負之. 教誨爾子, 式穀似之."라는 구절이 있음.

劉伶著「酒德頌」, 意氣所寄.[1]
[1]。『名士傳』曰: 伶, 字伯倫, 沛郡人. 肆意放蕩, 以宇宙爲狹. 嘗乘鹿車, 携一壺酒, 使人荷鍤隨之, 云; "死便掘地以埋." 土木形骸, 遨游一世.
  。『竹林七賢論』曰; 伶處天地間, 悠悠蕩蕩, 無所用心. 嘗與俗士相忤, 其人攘袂而起, 欲必築之, 伶和其色曰; "雞肋豈足以當尊拳?" 其人不覺廢然而返. 未嘗措意文章, 終其世, 凡著「酒德頌」一篇而已. 其辭曰; "有大人先生者, 以天地爲一朝, 萬朞爲須臾, 日月爲扃牖, 八荒爲庭衢. 行無轍迹, 居無室廬, 幕天席地, 縱意所如. 行則操巵執瓢, 動則挈榼提壺, 唯酒是務, 焉知其餘? 有貴介公子, 縉紳處士, 聞吾風聲, 議其所以. 乃奮袂攘襟, 怒目切齒, 陳說禮法, 是非鋒起. 先生於是方捧罌承槽, 銜杯漱醪, 奮髥箕踞, 枕麴藉糟, 無思無慮, 其樂陶陶. 兀然而醉, 慌爾而醒, 靜聽不聞雷霆之聲, 熟視不見太山之形, 不覺寒暑之切肌, 利欲之感情. 俯觀萬物之擾擾, 如江·漢之載浮萍, 二豪侍側焉, 如蜾蠃之與螟蛉."

• 4 : 070 [0251]

　악령樂令[樂廣]은 청담에는 뛰어났으나 문장은 잘 짓지 못했다. 장차 하남윤河南尹을 사직하려 할 때 반악潘岳에게 상표문上表文을 지어달라고 청했더니,① 반악이 말했다.
　"물론 지을 수 있습니다만, 모름지기 먼저 당신의 의중을 알아야겠습니다."
　악령이 자신이 사직하려고 하는 이유를 구술하여 2백여 언에 그 대강을 다 말하자, 반악이 곧장 그것을 가지고 문장을 엮어 금세 명문을 지었다. 당시 사람들이 모두 말했다.
　"만약 악령이 반악의 문장을 빌리지 않고 반악이 악령의 주지主旨를 취하지 않았다면 이 문장은 이루어지지 못했을 것이다."

> ① ㅇ『진양추晉陽秋』: 반악은 자가 안인安仁이며 형양榮陽사람이다. 일찍부터 재능이 빼어나 이름이 알려졌다. 문장을 짓는 데 뛰어나 세상에 둘도 없는 그 맑고 고운 풍격은 채옹蔡邕도 뛰어넘을 수 없는 정도였다. 벼슬은 황문시랑黃門侍郎에까지 이르렀으며, 손수孫秀에게 살해당했다.

[참고]‥‥‥‥‥‥‥‥‥‥‥‥‥
『晉書』43.

樂令善於淸言, 而不長於手筆. 將讓河南尹, 請潘岳爲表① 潘云; "可作耳, 要當得君意." 樂爲述已所以爲讓, 標位二百許語, 潘直取錯綜, 便成名筆. 時人咸云; "若樂不假潘之文, 潘不取樂之旨, 則無以成斯矣."
① ㅇ『晉陽秋』曰; 樂, 字安仁, 榮陽人. 夙以才穎發名. 善屬文, 淸綺絶世, 蔡邕未能過也. 仕至黃門侍郎, 爲孫秀所害.

• 4 : 071 [0252]

　하후담夏侯湛이 「주시周詩」를 완성한 뒤에① 반안인潘安仁[潘岳]에게 보였더니 반안인이 말했.

"이 시는 온아할 뿐만 아니라 당신의 효성스런 성품도 드러나 있습니다." ②

반안인은 그 시로 인해 마침내 「가풍시家風詩」를 지었다. ③

① ◦ 『문사전文士傳』: 하후담은 자가 효약孝若이며 초국譙國사람으로, 위魏나라 정서장군征西將軍 하후연夏侯淵의 증손이다. 재능이 풍부하고 문장이 공교工巧로웠으며 「소아小雅」의 시에 가사를 보충하는 데 뛰어나 명성이 반악潘岳에 버금갔다. 중서시랑中書侍郎을 역임했다.

◦ 『하후담집夏侯湛集』에 실려 있는 「주시」의 서敘: '주시'라고 하는 「남해南陔」・「백화白華」・「화서華黍」・「유경由庚」・「숭구崇丘」・「유의由儀」의 6편은 제목과 서序만 있고 그 가사는 없는데, 하후담이 그 없어진 가사를 보충했기 때문에 「주시」라고 했다.

② ◦ 그 시는 다음과 같다.

"정중하고 경건하게, 우러러 넓으신 은혜 기리네. 저녁자리 봐드리고 새벽문안 올리며, 아침에 받들고 저녁에 뫼시네. 밤중에 안부 여쭙고 물러나니, 대문에서 닭이 우네. 부지런히 가르침을 공손히 받고, 아침부터 저녁까지 이것에 힘쓰네."

③ ◦ 반악의 「가풍시」①는 그 선조의 덕을 기록하고 스스로 경계하는 뜻을 실었다.

[역주]
① 「家風詩」: "綰髮綰髮, 髮亦鬢止. 日祗日祗, 敬亦慎止. 靡前靡有, 受之父母. 鳴鶴匪和, 析薪弗荷. 隱憂孔疚, 我堂靡搆. 義方旣訓, 家道穎穎. 豈敢荒寧, 一日三省." [藝文類聚 권23]

[참고] 『晉書』55, 『藝文類聚』56, 『太平御覽』586. 『續談助』4.

夏侯湛作「周詩」成, ① 示潘安仁, 安仁曰; "此非徒溫雅, 乃別見孝悌之性." ②
潘因此遂作「家風詩」. ③

① ◦ 『文士傳』曰; 湛, 字孝若, 譙國人, 魏征西將軍夏侯淵曾孫也. 有盛才, 文章巧思, 善補雅詞, 名亞潘岳. 歷中書侍郎.

◦ 『湛集』載其敘曰; 周詩者, 「南陔」・「白華」・「華黍」・「由庚」・「崇丘」・「由儀」六篇, 有其義而亡其辭, 湛續其亡, 故云「周詩」也.

② ◦ 其詩曰; "旣殷斯虔, 仰說洪恩. 夕定辰省, 奉朝侍昏. 宵中告退, 雞鳴在門. 孳孳恭誨,

夙夜是敦."
③ㅇ岳「家風詩」, 載其宗祖之德, 及自戒也.

----------• 4 : 072 [0253]

손자형孫子荊[孫楚]이 부인의 상을 당해서 입었던 상복을 벗으면서①
시를 지어 왕무자王武子[王濟]에게 보여주었더니,① 왕무자가 말했다.
"시가 정情에서 생겨나는지 아니면 정이 시에서 생겨나는지[文生於
情, 情生於文] 잘 모르겠지만,② 이 글을 읽고 나니 슬퍼지면서 부부의
애정이 더욱 깊어짐을 느끼오."
① ㅇ『손초집孫楚集』: 손초의 부인은 호무씨胡毋氏다. 그 시는 다음과 같다.
 "시간은 치달려 멈추지 않고, 세월은 번개처럼 흘러가네. 당신의 영혼
 이 저 먼 하늘로 올라간 지, 어느덧 이미 1주년이 되었구려. 복상服喪의
 제도에 정함이 있기에, 이제 당신의 무덤에 탈복脫服을 고하오. 제단에 임
 하여 비통함을 느끼나니, 내 가슴을 도려내는 듯하는구려."
② ㅇ 어떤 곳에는 "文於情生, 情於文生"이라 되어 있다.
[역주]………………………
 ① 상복을 벗으면서 : 『禮記』에서는 부인에 대한 服喪期間을 1년으로 정하고 있음.
[참고] 『晉書』56, 『藝文類聚』32, 『白氏六帖』6, 『太平御覽』586, 『續談助』4.

孫子荊除婦服, 作詩以示王武子,① 王曰; "未知文生於情, 情生於文,② 覽之悽
然, 增伉儷之重."
① ㅇ『孫楚集』云; 婦胡毋氏也. 其詩曰; "時邁不停, 日月電流. 神爽登遐, 忽已一周. 禮制有
 敘, 告除靈丘. 臨祠感痛, 中心若抽."
② ㅇ 一作 "文於情生, 情於文生".

----------• 4 : 073 [0254]

태숙광太叔廣은 언변이 매우 뛰어났고 지중치摯仲治[摯虞]①는 문장에
능했는데, 둘 다 열경列卿의 지위에 올랐다. 매번 공석公席에 나아가

태숙광이 담론을 걸면 지중치는 대답할 수 없었지만, 지중치가 물러나 붓을 들고 문장으로 태숙광을 논박하면 이번에는 태숙광이 또한 응답할 수 없었다.①

> ①。왕은王隱의 『진서晉書』: 태숙광은 자가 계사季思며 동평東平사람이다. 하간왕河間王[司馬顒]이 성도왕成都王[司馬穎]을 태제太弟로 봉하여② 그를 낙양洛陽으로 보내려 하자, 태숙광은 자손들이 대부분 낙양에 있어서 그들이 해를 당할까봐 걱정하여 곧 자살했다.
>
> 지우摯虞는 자가 중치며 경조京兆 장안長安사람이다. 조부 지무摯茂는 수재秀才였고, 부친 지모摯模는 태복경太僕卿이었다. 지우는 어려서부터 학문을 좋아했으며 황보밀皇甫謐을 스승으로 모셨다. 문장을 정련하는 데 뛰어났으며 저술이 많았다. 비서감秘書監과 태상경太常卿을 역임했다. 혜제惠帝[司馬衷]를 따라 장안에 갔다가 마침내 호鄠·두杜 부근에서 유랑했다. 본래 옛일을 무척 좋아하여 책이란 책은 다 읽었다. 영가永嘉 5년(311) 낙양에 대기근이 닥쳤을 때 결국 굶어죽었다.
>
> 지우와 태숙광은 명성도가 거의 같았는데, 태숙광은 말재주에 능했고 지우는 글재주에 능했으며, 모두 정사에 힘쓰는 일이 드물었다. 여러 사람이 모인 자리에서 태숙광이 담론을 걸면 지우는 대답할 수 없었으나, 지우가 물러나 문장으로 태숙광을 논박하면 태숙광이 응답할 수 없었다. 그래서 더욱 서로를 비웃는 바람에 누가 더 뛰어난지 세상의 논란거리가 되었다. 그러나 태숙광에게는 기록할 만한 것이 없는 반면에 지우에게는 기록으로 남긴 것이 많았기 때문에 지우가 더 뛰어나다고 했다.

[역주]
① 摯仲治: 『晉書』 권51 「摯虞傳」에는 "摯仲洽"이라 되어 있음.
② 河間王[司馬顒]이 成都王[司馬穎]을 太弟로 봉하여: 河間王 司馬顒이 태자 司馬覃을 폐위시키고 成都王 司馬穎을 皇太弟로 세움. 성도왕은 齊王 司馬冏과 함께 공모하여 趙王 司馬倫을 주살하여 인심을 크게 얻었지만, 나중에 제왕이 실각하자 鄴에서 황태제가 되어 조정을 장악함.

[참고] 『晉書』51.

太叔廣甚辯給, 而摯仲治長於翰墨, 俱爲列卿. 每至公坐, 廣談, 仲治不能對, 退著筆難廣, 廣又不能答.①

①・王隱『晉書』曰; 廣, 字季思, 東平人. 拜成都王爲太弟, 欲使詣洛, 廣子孫多在洛, 慮害, 乃自殺. 摯虞, 字仲治, 京兆長安人. 祖茂, 秀才. 父模, 太僕卿. 虞少好學, 師事皇甫謐. 善校練文義, 多所著述. 歷秘書監・太常卿. 從惠帝至長安, 遂流離鄠・杜閒. 性好博古, 而文籍蕩盡. 永嘉五年, 洛中大饑, 遂餓而死. 虞與廣名位略同, 廣長口才, 虞長筆才, 俱少政事. 衆坐廣談, 虞不能對, 虞退筆難廣, 廣不能答. 於是更相嗤笑, 紛然於世. 廣無可記, 虞多所錄, 於斯爲勝也.

• 4 : 074 [0255]

동진東晉의 은태상殷太常 부자①[殷融・殷浩]는 모두 현리玄理를 논하는 데 뛰어났는데, 각기 달변과 눌변의 차이가 있었다. 은양주殷揚州[殷浩]는 입담이 몹시 거칠었는데, 그럴 때마다 은태상殷太常[殷融]이 불쑥 말했다.

"너는 나의 논리를 다시 한 번 생각해보아라."①

①・『중흥서中興書』: 은융殷融은 자가 홍원洪遠이며 진군陳郡 사람이다. 환이桓彝는 인물을 알아보는 식견을 지니고 있었는데, 은융을 보고 그를 매우 칭찬했다. 「상부진의론象不盡意論」과 「대현수역론大賢須易論」을 지었는데, 그 논리와 해석이 정밀하여 담객들이 칭찬했다. 형[殷羨]의 아들 은호殷浩 역시 청담에 능했다. 은융은 매번 은호와 함께 청담을 논하다가 종종 지기도 했지만, 그럴 때마다 물러나 논문을 지어 은융은 더욱 우위에 설 수 있었다. 사도좌서속司徒左西屬이 되었다. 술을 마시면 춤을 잘 추었으며, 종일토록 시를 읊조리면서 일찍이 세속의 일로 자신을 속박한 적이 없었다. 여러 벼슬을 거쳐 이부상서吏部尙書와 태상경太常卿을 역임한 뒤 죽었다.

[역주]
① 父子 : 사실상 殷融과 殷浩는 叔父와 조카 사이지만, 육조시대에는 이러한 叔姪 사이도 '父子'라고 통칭했음. 『漢書』「疏廣傳」의 疏廣과 疏受, 『晉書』「謝安傳」의 謝安과 謝玄 관계에서도 그러한 예가 보임.

江左殷太常父子, 竝能言理, 亦有辯訥之異. 揚州口談至劇, 太常輒曰; "汝更思吾論."①

①・『中興書』曰; 殷融, 字洪遠, 陳郡人. 桓彝有人倫鑒, 見融甚歎美之. 著「象不盡意」・「大

賢須易論」, 理義精微, 談者稱焉. 兄子浩, 亦能淸言. 每與浩談, 有時而屈, 退而著論, 融更居長. 爲司徒左西屬. 飮酒善舞, 終日嘯詠, 未嘗以世務自嬰. 累遷吏部尙書・太常卿, 卒.

———— • 4 : 075 [0256]

유자숭庾子嵩[庾敳]이 「의부意賦」①를 다 지었을 때,[1] 조카 유문강庾文康[庾亮]이 보고 물었다.

"만약 뜻이 있다면 부로 다 표현해낸 것이 아니며, 만약 뜻이 없다면 다시 무엇 하러 부를 짓는단 말입니까?"

그러자 유자숭이 대답했다.

"바로 유의有意와 무의無意의 사이에 있기 때문이지."

[1] ◦『진양추晉陽秋』: 유애庾敳는 영가永嘉연간(307~313)에 석륵石勒에게 살해당했다. 이에 앞서 유애는 왕실에 어려움이 많은 것을 보고 결국 그 화에 걸려들게 될 것을 알았기 때문에, 「의부」를 지어 자신의 감회를 기탁했다.

[역주]························
① 「意賦」: "至理歸於渾一兮, 榮辱固亦同貫. 存亡旣已均齊兮, 正盡死復何歎. 物咸定於無初兮, 俟時至而後驗. 若四節之素代兮, 豈當今之得遠. 且安有壽之與夭兮, 或者情橫多戀. 宗統竟初不別兮, 大德亡其情願. 蠢動皆神之爲兮, 癡聖惟質所建. 員人都遺穢累兮, 性茫蕩而無岸. 縱驅於遼廓之庭兮, 委體乎寂寥之館. 天地短於朝生兮, 億代促於始旦. 顧瞻宇宙微細兮, 眇若豪鋒之半. 飄飆玄曠之域兮, 深漠暢而靡玩. 兀與自然幷體兮, 融液忽而四散." [『晉書』 권50 「庾敳傳」]

[참고]『晉書』50.

庾子嵩作「意賦」成,[1] 從子文康見, 問曰; "若有意邪, 非賦之所盡, 若無意邪, 復何所賦?" 答曰; "正在有意無意之間."

[1] ◦『晉陽秋』曰: 敳永嘉中爲石勒所害. 先是, 敳見王室多難, 知終嬰其禍, 乃作「意賦」以寄懷.

———— • 4 : 076 [0257]

곽경순郭景純[郭璞]이 시에서 말했다.

"숲에는 고요한 나무 없고, 내에는 멈춘 흐름 없네.[林無靜樹, 川無停流]"①

완부阮孚가 말했다.②

"깊은 물과 높은 산의 스산함은 진실로 무어라 말할 수 없는데, 매번 이 시를 읽을 때마다 문득 정신과 몸이 속세를 초탈함을 느낀다."

①·왕은王隱의 『진서晉書』: 곽박郭璞은 자가 경순이며 하동河東 문희聞喜사람이다. 부친 곽원郭瑗은 건평建平태수였다.

·『곽박별전郭璞別傳』: 곽박은 박학다식하고 문사文辭가 화려했으며, 재능·학문·담론이 상류인물들과 교제하기에 충분했다. 그의 시詩·부賦·뇌誄·송頌은 모두 세상에 전하지만, 말이 어눌했으며 즉석에서 시문을 짓는 것도 일반사람들과 다름이 없었다. 또한 예의범절을 차리지 않고 몸과 마음도 단정치 못했으며 기분 내키는 대로 교만하고 게을러서, 때때로 과음과 과식의 실수를 저지르곤 했다. 친구 간령승干令升[干寶]이 타이르며 말했다.

"이렇게 하는 것은 목숨을 해치는 도끼일세.①"

그러자 곽박이 말했다.

"내가 타고난 바에는 분수가 있어서 항상 그것을 다 쓰지 못할까 걱정하니, 어찌 술과 여색이 해를 끼칠 수 있겠는가?"

왕돈王敦이 그를 참군參軍으로 삼았는데, 도성에 병사를 주둔시켜 놓고 왕돈이 대사大事를 자문했을 때, 곽박이 일의 성패에 대하여 극언하면서 뜻을 굽히지 않자 왕돈이 꺼려하여 그를 죽였다.

·그 시는 곽박의 「유사편幽思篇」②이다.

②·완부는 따로 나온다.③

[역주]······················

① 이렇게 하는 것은 목숨을 해치는 도끼일세: 원문은 "此伐性之斧". 枚乘의 「七發」에 "皓齒蛾眉, 命曰伐性之斧."라는 구절이 있음.

② 「幽思篇」: 망실되어 전하지 않음.

③ 따로 나온다: 「雅量」15 注①에 나옴.

[참고] 『藝文類聚』56.

郭景純詩云; "林無靜樹, 川無停流."① 阮孚云;② "泓崢蕭瑟, 實不可言, 每讀此文, 輒覺神超形越."

① ▫ 王隱『晉書』曰; 郭璞, 字景純, 河東聞喜人. 父瑗, 建平太守.
  ▫ 『璞別傳』曰; 璞奇博多通, 文藻粲麗, 才學賞譽, 足參上流. 其詩・賦・誄・頌, 竝傳於世. 而訥於言, 造次詠語, 常人無異. 又不持儀檢, 形質矬索, 縱情嫚惰, 時有醉飽之失. 友人干令升戒之曰; "此伐性之斧也." 璞曰; "吾所受有分, 恒恐用之不盡, 豈酒色之能害?" 王敦取爲參軍, 敦縱兵都筆, 乃咨以大事, 璞極言成敗, 不爲回屈, 敦忌而害之.
  ▫ 詩, 璞「幽思篇」者.
② ▫ 阮孚, 別見.

• 4 : 077 [0258]

유천庾闡이 처음 「양도부揚都賦」①를 지어 온교溫嶠와 유량庾亮을 평하였다.

"온교는 의義의 표상 내걸고, 유량은 만민의 희망 되니,② 명성을 비유하면 쇠의 소리요, 덕을 비유하면 옥의 광택이로다.③[溫挺義之標, 庾作民之望. 方響則金聲, 比德則玉亮.]"

유공庾公[庾亮]이 그 부가 완성되었다는 말을 듣고 보여 달라고 하면서 아울러 선물을 주자, 유천은 '희망[望]'을 '준일[儁]'로 고치고 '광택[亮]'을 '윤택[潤]'으로 고쳤다④.①

① ▫ 『중흥서中興書』: 유천은 자가 중초仲初며 영천潁川사람으로, 태위太尉 유량의 종족이다. 어려서 부친을 여의었으며 9살에 이미 문장을 잘 지었다. 산기시랑散騎侍郎으로 전임되었고 대저작大著作에 임명되었다. 「양도부」를 지어 당시에 명성을 떨쳤다. 54세에 죽었다.

[역주]
① 「揚都賦」: 揚都는 建康[지금의 南京]을 말함. 완전한 작품은 전하지 않음.
② 만민의 희망 되니[作民之望]: 『詩經』「小雅・都人士」에서 "行歸于周, 萬民所望."이라 함.
③ 명성을 비유하면 쇠의 소리요, 덕을 비유하면 옥의 광택이로다[方響則金聲, 比德則玉亮]: 『孟子』「萬章下」에서 "孔子之謂集大成, 集大成也者, 金聲而玉振之也."라고 함.

④ '희망[望]'을 '준일[儁]'로 고치고 '광택[亮]'을 '윤택[潤]'으로 고쳤다 : 庾亮의 이름을 피하기 위하여 '亮'을 '潤'으로 고치고, 韻을 맞추기 위하여 다시 '望'을 '儁'으로 고친 것임.
[참고] 『藝文類聚』61.

庾闡始作「揚都賦」, 道溫·庾云; "溫挺義之標, 庾作民之望. 方響則金聲, 比德則玉亮." 庾公聞賦成, 求看, 兼贈貺之, 闡更改'望'爲'儁', 以'亮'爲'潤'云.①
①。『中興書』曰; 闡, 字仲初, 潁川人, 太尉亮之族也. 少孤, 九歲便能屬文. 遷散騎侍郎, 領大著作. 爲「揚都賦」, 邈絶當時. 五十四卒.

──────── • 4 : 078 [0259]

손흥공孫興公[孫綽]이 「유공뢰庾公誄」①를 짓자, 원양袁羊[袁喬]이 평했다.
"이것을 보면 해이해진 마음이 긴장된다."
당시에 이것을 훌륭한 비평으로 여겼다.①
①。『원씨가전袁氏家傳』: 원교袁喬는 문재가 있었다.
[역주]
① 「庾公誄」: 孫綽이 지은 庾公[庾亮]의 誄文은 「方正」48 注①에 보임.

孫興公作「庾公誄」, 袁羊曰; "見此張緩." 于時以爲名賞.①
①。『袁氏家傳』曰; 喬有文才.

──────── • 4 : 079 [0260]

유중초庾仲初[庾闡]가 「양도부揚都賦」를 다 짓고 나서 유량庾亮에게 보냈는데, 유량은 그의 친족이었기 때문에 그 가치를 대대적으로 호평했다.
"「이경부二京賦」와 더불어 셋이 되고 「삼도부三都賦」와 더불어 넷이 될 수 있다."①
그래서 사람들이 다투어 필사하는 바람에 도성의 종이 값이 비싸졌다. 그러나 사태부謝太傅[謝安]는 이렇게 말했다.

"그렇지 않다. 이것은 집 밑에 집을 지은 것②일 따름으로 일마다 모방을 하여 비천함을 면치 못한다."[1]

> [1]。왕은王隱이 양웅揚雄의 『태현경太玄經』을 논한 문장 : 『태현경』은 비록 훌륭하지만 보탬 되는 것이 없다. 그래서 옛 사람들이 그것을 일러 집 밑에 집을 지은 것이라고 했다.

[역주]························

① 「二京賦」와~넷이 될 수 있다 : 원문은 "可三「二京」, 四「三都」." 즉 張衡의 「二京賦」와 함께 '三京賦'로 병칭되고 左思의 「三都賦」와 함께 '四都賦'로 병칭될 만큼 대단하다는 뜻. 「文學」68 참조.

② 이것은 집 밑에 집을 지은 것 : 원문은 "屋下架屋". 이미 있던 집 밑에 다시 집을 짓는다는 뜻으로, 새로운 것이 없이 전대의 작품을 빌려 쓰거나 모방하는 것을 말함.

[참고] 『太平御覽』181·599.

庾仲初作「揚都賦」成, 以呈庾亮, 亮以親族之懷, 大爲其名價云; "可三「二京」, 四「三都」." 於此人人競寫, 都下紙爲之貴. 謝太傅云; "不得爾. 此是屋下架屋耳, 事事擬學, 而不免儉狹."[1]

> [1]。王隱論揚雄『太玄經』曰; 『玄經』雖妙, 非益也. 是以古人謂其屋下架屋.

• 4 : 080 [0261]

습착치習鑿齒는 사학史學의 재능이 비상했는데, 환선무桓宣武[桓溫]가 그를 매우 중시하여 30세가 되기도 전에 곧 형주荊州의 치중治中①으로 임용했다. 습착치의 「사표문謝表文」②에서도 말했다.

"명공明公을 만나지 못했다면 형주의 종사從事③로 늙을 뻔했습니다."

나중에 도성[建康]에 가서 간문제簡文帝를 뵙고 돌아와 보고할 때, 환선무가 물었다.

"상왕相王[簡文帝]을 만나본 소감이 어떠한가?"

습착치가 대답했다.

"평생 그런 분은 만나 뵌 적이 없었습니다!"

이로부터 환선무의 뜻을 거슬러 형양군衡陽郡④의 태수로 밀려났다가 그곳에서 마침내 심신에 이상이 생겼다. 병중에서도『한진춘추漢晉春秋』를 지었는데 인물에 대한 품평이 탁월했다.①

① ▫『속진양추續晉陽秋』: 습착치는 어려서부터 박학했으며 재사才思가 뛰어났다. 환온桓溫이 그를 매우 남달리 여겨 1년 동안 3번을 승진시켜 주州의 종사로부터 치중에 이르게 했다. 나중에 환온의 뜻을 거슬러 호조참군戶曹參軍과 형양태수로 좌천되었다. 형양군에 있을 때『한진춘추』를 지어 환온의 야심을 암암리에 지탄했다.

▫『습착지집』에 수록된 논論⑤의 개략 : 한漢나라 말의 수년에 걸친 다툼을 평정하고 전국을 가린 어둠을 걷어내어 천 년의 위대한 공훈을 크게 세운 것은 모두 사마씨司馬氏[晉]다. 설사 위魏나라에 왕자王者를 대신할 덕이 있었다 하더라도 그것으론 부족했으며, 난을 평정한 공적이 있었다 하더라도 손씨孫氏[吳]·유씨劉氏[蜀]와 정립했다. 공왕共王⑥과 진왕秦王 정政[秦始皇]도 오히려 제왕으로 기록되지 않았는데, 하물며 잠시 몇 주州의 백성을 제압한 자임에랴! 또한 한漢나라는 주周나라의 왕업을 계승했지만, 진晉나라는 위魏나라의 자취를 이어 받은 바가 없다. 춘추시대에 오吳나라와 초楚나라가 왕을 참칭했지만, 만약 유덕有德한 왕을 헤아린다면 한나라의 왕실은 반드시 스스로 주나라를 계승한 것으로 여기지 오나라와 초나라 따위를 전대의 왕으로 치지는 않는다. 하물며 조정에 앉아서 천하를 제어하고 오吳·촉蜀 양국을 평정한 것은 천하를 통일한 진晉나라의 공훈이 아니겠는가!

[역주]·····················
① 治中 : 治中從事史를 말함. 州刺史의 屬官으로 別駕 다음의 요직. 주로 공문서를 관장함.
② 「謝表文」: 상관에게 올리는 감사의 글.
③ 從事 : 州刺史의 屬官 가운데 하나.
④ 衡陽郡 : 宋本과『晉書』권82「習鑿齒傳」에는 "滎陽郡"이라 되어 있음.
⑤ 論 :『晉書』권82「習鑿齒傳」에 실려 있음. 그 요지는 晉나라가 周나라와 漢나라를 계승한 정통 왕조임을 주장한 것임.
⑥ 共王 : 共工의 誤記로 보임. 共工은 신화인물로 治水로 공을 세워 覇者가 되었다고 함.『史記』「三皇本紀」에서 "當女媧氏之末年也, 諸侯有共工氏任智刑以强覇而

不王, 以水乘木."이라 함.
[참고] 『晉書』82, 『太平御覽』263, 『事文類聚』別28・外12.

習鑿齒史才不常, 宣武甚器之, 未三十, 便用爲荊州治中. 鑿齒謝牋亦云; "不遇明公, 荊州老從事耳." 後至都, 見簡文返命, 宣武問: "見相王何如?" 答云; "一生不曾見此人!" 從此忤旨, 出爲衡陽郡, 性理遂錯. 於病中猶作『漢晉春秋』, 品評卓逸.①

① ○『續晉陽秋』曰; 鑿齒少而博學, 才情秀逸. 溫甚奇之, 自州從事歲中三轉至治中. 後以忤旨, 左遷戶曹參軍・衡陽太守. 在郡著『漢晉春秋』, 斥溫覬覦之心也.
○『鑿齒集』載其論略曰; 靜漢末累世之交爭, 廓九域之蒙晦, 大定千載之盛功者, 皆司馬氏也. 若以魏有代王之德則不足, 有靜亂之功則孫・劉鼎立. 共王・秦政, 猶不見敍於帝王, 況暫制數州之衆哉? 且漢有係周之業, 則晉無所承魏之迹矣. 春秋之時, 吳・楚稱王, 若推有德, 彼必自係於周, 不推吳・楚也. 況長轡廟堂, 吳・蜀兩定, 天下之功也!

• 4 : 081 [0262]

손흥공孫興公[孫綽]이 말했다.
"「삼도부三都賦」와 「이경부二京賦」는 오경五經을 선양한 작품이다.①"①
① ○ 이 다섯 부賦②가 경전을 선양한 작품임을 말하는 것이다.

[역주]
① 「三都賦」와~작품이다: 『晉書』 권56 「孫綽傳」에서 "絶重張衡・左思之賦, 每云; '三都・二京, 五經之鼓吹也.'"라고 함.
② 다섯 賦: 左思 「三都賦」의 魏都賦・吳都賦・蜀都賦와 張衡 「二京賦」의 東京賦・西京賦를 합쳐 '다섯 부'라고 한 것임.

[참고] 『晉書』56, 『初學記』21.

孫興公云; "「三都」・「二京」, 五經鼓吹."①
① ○ 言此五賦, 是經典之羽翼.

• 4 : 082 [0263]

사태부謝太傅[謝安]가 주부主簿 육퇴陸退①에게 물었다.

"장빙張憑은 어찌하여 모친의 뇌문誄文만 짓고 부친의 뇌문은 짓지 않았는가?"

그러자 육퇴가 대답했다.

"그것은 틀림없이 남자의 미덕은 평생의 사업에서 나타나지만 여자의 미덕은 뇌문이 아니면 드러나지 않아서일 것입니다." ②

① ▫『육씨보陸氏譜』: 육퇴는 자가 여민黎民이며 오군吳郡 사람이다. 고조부 육개陸凱는 오吳나라의 승상이었고, 조부 육앙陸仰은 이부랑吏部郎이었으며, 부친 육이陸伊는 주州의 주부였다. 육퇴는 벼슬이 광록대부光祿大夫에까지 올랐다.

② ▫『육씨보』: 육퇴는 장빙의 사위다.

[참고] ··························
『太平御覽』596.

謝太傅問主簿陸退;① "張憑何以作母誄, 而不作父誄?" 退答曰; "故當是丈夫之德, 表於事行, 婦人之美, 非誄不顯." ②

① ▫『陸氏譜』曰; 退, 字黎民, 吳郡人. 高祖凱, 吳丞相. 祖仰, 吏部郎. 父伊, 州主簿. 退仕至光祿大夫.

② ▫『陸氏譜』曰; 退, 憑壻也.

• 4 : 083 [0264]

왕경인王敬仁王修이 13살 때 「현인론賢人論」을 지었는데,① 부친 왕장사王長史王濛가 유진장劉眞長劉惔에게 보내 보였더니, 유진장이 회답했다.

"경인이 지은 논論을 보니 이미 미언微言②의 대열에 들기에 충분합니다." ①

① ▫『왕수집王修集』③에 수록된 「현인론」: 어떤 사람이 물었다.

"『역경易經』에서 현인을 일컬어 '노란 치마가 최고로 길하다[黃裳元吉]'④고 했는데, 만일 아직 무의식중에 진리에 회통會通할 수 없다면 어찌 통달하기를 구하지 않을 수 있겠습니까? 이미 통달하기를 구한다면 진리에 도달하는 데 부족함이 있다는 것이니, 부족함이 있는데도 '최고로 길하다'고 하는 것은 혹 헛된 말이 아닐는지요?"

그러자 왕수가 대답했다.

"현인은 진실로 아직 무의식중에 진리에 회통할 수는 없지만 당연히 그렇게 되려고 노력합니다. 비유하자면 진리에 완전히 도달하는 것은 터럭 하나로 들보 하나를 끌어당기는 것⑤과 같아서, 터럭 하나로 들보 하나를 끌어당기는 것은 비록 진리에 도달하는 데는 부족함이 있다 하더라도 들보를 동요시키지는 못합니다. 현인은 정情이 지극히 적고 터럭은 형체가 지극히 작습니다. 터럭이 들보를 동요시키지 못하는 것처럼 현인에게 어찌 진리에 도달하는 데 부족함이 있겠습니까?"

[역주]……………………

① 13살 때「賢人論」을 지었는데 :『晉書』권93「王修傳」에는 "年十二, 作「賢全論」."이라 되어 있고, 『書斷』에는 "年十六, 著「賢令論」."이라 되어 있음.

② 微言 : 심오한 철리에 대해 논한 담론.

③『王修集』:『隋書』「經籍志」에 "梁有驃騎司馬『王修集』二卷. …亡"이라 저록되어 있음.

④ 누런 치마가 최고로 길하다[黃裳元吉] :『易經』「坤卦」六五 爻象의 문구. '黃裳'은 中庸·柔順한 德이 안에서 차고 넘쳐 자연히 밖으로 드러나는 겸손한 인물을 상징함.

⑤ 터럭 하나로 들보 하나를 끌어당기는 것 : 여기서 터럭[豪]은 의식의 작용 즉 情을 비유하고, 들보[梁]는 현인을 비유함.

[참고]『晉書』93.

王敬仁年十三, 作「賢人論」, 長史送示眞長, 眞長答云; "見敬仁所作論, 便足參微言."[1]

[1]。『修集』載其論曰; 或問: "『易』稱賢人黃裳元吉, 苟未能闇與理會, 何得不求通? 求通則有損, 有損則元吉之稱將虛設乎?" 答曰; "賢人誠未能闇與理會, 當居然人從. 比之理盡, 猶一豪之領一梁. 一豪之領一梁, 雖於理有損, 不足以撓梁. 賢有情之至寡, 豪有形之至小. 豪不至撓梁, 於賢人何有損之者哉?"

———————— • 4 : 084 [0265]

손흥공孫興公[孫綽]이 말했다.

"반악潘岳의 문장은 마치 비단을 펼친 것처럼 현란하여 훌륭하지 않은 곳이 없으며,1 육기陸機의 문장은 마치 모래를 헤쳐 금을 찾는 것처럼 종종 보석이 보인다."①2

1 ▪『속문장지續文章志』: 반악의 문장은 언어를 잘 선택하고 구절이 간결하여 그 청려함을 따를 자가 없을 정도였다.

2 ▪『문장전文章傳』: 육기는 문장을 잘 지었는데, 사공司空 장화張華가 그의 문장을 보고 편篇마다 훌륭하다고 칭찬하면서도 그의 문장이 너무 고운 것②을 비평하여 말했다.

"남들이 문장을 지을 때는 재능이 없는 것을 걱정하지만, 그대가 문장을 지을 때는 재능이 너무 많은 것을 걱정한다."

[역주]..........................
① 이 고사는 鍾嶸의『詩品』卷上「晉黃門郞潘岳」條에도 실려 있는데,『詩品』에서는 "謝混云; '潘詩爛若舒錦, 無處不佳. 陸文如披沙簡金, 往往見寶.'"라고 하여 孫綽이 아니라 謝混이 한 말로 되어 있음.
② 너무 고운 것 : 원문은 "大治". 楊勇의『世說新語校牋』에서는 "大冶"로 하는 것이 문맥상 타당하다고 함. 그것에 따라 번역함.

孫興公云; "潘文爛若披錦, 無處不善.1 陸文若排沙簡金, 往往見寶."2
1 ▪『續文章志』曰; 岳爲文, 選言簡章, 淸綺絶倫.
2 ▪『文章傳』曰; 機善屬文. 司空張華見其文章, 篇篇稱善, 猶譏其作文大治, 謂曰; "人之作文, 患於不才, 至子爲文, 乃患太多也."

• 4 : 085 [0266]

간문제簡文帝[司馬昱]가 허연許掾[許詢]을 칭찬했다.

"허현도許玄度[許詢]의 오언시는 당대의 누구의 작품보다도 절묘하다고 할 만하다."1

1 ▪『속진양추續晉陽秋』: 허순許詢은 문재가 뛰어나 문장을 잘 지었다. 사마상여司馬相如·왕포王褒·양웅揚雄 등 여러 저명한 문인들 이래로 대대로 부賦·송頌을 숭상하여 모두 시詩·소체騷體를 본받고 백가의 말을 종합했다.

건안建安연간(196~220)에는 시문이 크게 흥성했다. 서진西晉 말에 반악潘岳·육기陸機의 무리는 때때로 질박함과 수식적인 것의 차이는 있었지만 그 귀착점이 다르지는 않았다. 정시正始연간(240~248)에는 왕필王弼·하안何晏이 노장老莊의 현담玄談을 좋아하여 세상에서 마침내 그것을 귀하게 여겼다. 동진東晉으로 들어와서는 불리佛理가 더욱 흥성했다. 그래서 곽박郭璞의 오언시는 처음으로 도가의 말을 모아 지은 것인데, 허순과 태원太原의 손작孫綽이 차례로 그것을 본받았으며, 또한 거기에 불교의 삼세설三世說을 더하게 되어 시·소체가 끝이 났다. 허순과 손작은 둘 다 당시 문단의 으뜸이어서 이로부터 작가들이 모두 그들을 본받았다. 의희義熙연간(405~418)에 이르러 사혼謝混이 비로소 그러한 풍조를 바꾸었다.

簡文稱許掾云; "玄度五言詩, 可謂妙絶時人." [1]

[1]。『續晉陽秋』曰; 詢有才藻, 善屬文. 自司馬相如·王褒· 揚雄諸賢, 世尙賦頌, 皆體則詩·騷, 傍綜百家之言. 及至建安, 而詩章大盛. 逮乎西朝之末, 潘·陸之徒, 雖時有質文, 而宗歸不異也. 正始中, 王弼·何晏, 好莊老玄勝之談, 而世遂貴焉. 至過江, 佛理尤盛. 故郭璞五言, 始會合道家之言而韻之, 詢及太原孫綽, 轉相祖尙, 又加以三世之辭, 而詩·騷之體盡矣. 詢·綽竝爲一時文宗, 自此作者悉體之. 至義熙中, 謝混始改.

• 4:086 [0267]

손흥공孫興公[孫綽]이 「천태부天台賦」①를 완성한 뒤에 범영기范榮期[范啓][1]에게 보여주면서 말했다.

"당신은 시험 삼아 이것을 땅에 던져보시오. 모름지기 금석金石의 소리가 날 것입니다."

범영기가 말했다.

"아무래도 그대가 말하는 금석은 음악의 궁상宮商②에는 들어맞지 않을 것 같은데."

그러나 범영기는 읽다가 빼어난 구절[2]에 이를 때마다 문득 말하였다.

"틀림없는 우리 무리의 말이야!"

①▪『중흥서中興書』: 범계范啓는 자가 영기며 신양愼陽사람이다. 부친 범견范堅은 호군護軍③이었다. 범계는 재사才思가 뛰어나 세상에 알려졌으며 벼슬이 황문랑黃門郞에 이르렀다.

②▪"적성산은 노을처럼 솟아 이정표 되고, 폭포는 날아 흘러 길의 경계 되네[赤城霞起而建標, 瀑布飛流而界道.]" 이 구절이 이 부賦의 빼어난 곳이다.

[역주]........................
① 「天台賦」:『文選』卷11에는 「遊天台山賦」라는 제목으로 실려 있음.
② 宮商 : 宮·商·角·徵·羽의 5음이 조화를 이룬 正音.
③ 護軍 :『晉書』권75「范堅傳」에는 "護軍長史"라 되어 있음.
[참고]『晉書』56,『藝文類聚』56,『北堂書鈔』102,『太平御覽』599.

孫興公作「天台賦」成, 以示范榮期①云; "卿試擲地. 要作金石聲." 范曰; "恐子之金石, 非宮商中聲." 然每至佳句,② 輒云; "應是我輩語!"
①▪『中興書』曰; 范啓, 字榮期, 愼陽人. 父堅, 護軍. 啓以才義顯於世, 仕至黃門郞.
②▪"赤城霞起而建標, 瀑布飛流而界道." 此賦之佳處.

―――――― ▪ 4 : 087 [0268]

환공桓公[桓溫]은 사안석謝安石[謝安]이 지은 「간문제簡文帝의 시호를 정하기 위한 상주문[簡文諡議]」을 보았는데, 그것을 다 보고 나서 좌중의 여러 빈객들에게 던지며 말했다.

"이것은 안석의 금조각[碎金]①이오."①

①▪유겸지劉謙之의『진기晉紀』에 수록된 사안謝安의 상주문 : 삼가 시법諡法②을 살펴보니, "덕을 온전히 하여 게으르지 않는 자를 '간簡'이라 하고, 도덕이 높고 박식한 자를 '문文'이라 한다"고 했사옵니다. 또한『역경易經』에서는 "쉽고[易] 간단[簡]하여 천하의 이치가 터득되며"③, "인문人文을 관찰하여 천하를 교화하고 풍속을 이룬다"④고도 했사옵니다. 훌륭하신 덕업德業을 살펴보면 그것과 비슷한 점이 있사오니, 존호尊號를 '태종太宗'이라 하고 시호를 '간문'이라 함이 마땅하옵니다.

[역주]
① 금 조각[碎金] : 비록 작지만 대단한 가치가 있음을 비유한 것으로, 편폭은 작지만 뛰어난 걸작을 말함.
② 諡法 : 『逸周書』「諡法解」4에 보임.
③ 쉽고[易] 간단[簡]하여 천하의 이치가 터득되며 : 원문은 "易簡而天下之理得". 『周易』「繫辭傳上」제1장에 보임.
④ 人文을 관찰하여 천하를 교화하고 풍속을 이룬다 : 원문은 "觀乎人文, 化成天下." 『周易』「賁卦」 象辭에 보임.

桓公見謝安石作簡文諡議, 看竟, 擲與坐上諸客曰; "此是安石碎金."①
①。劉謙之『晉紀』載安議曰; 謹按諡法; "一德不懈曰簡, 道德博聞曰文." "易簡而天下之理得", "觀乎人文, 化成天下." 儀之景行, 猶有彷彿, 宜尊號曰太宗, 諡曰簡文.

• 4 : 088 [0269]

원호袁虎[袁宏]는 젊었을 때 집안이 가난했는데,① 한번은 남에게 고용되어 배로 세공미歲貢米를 운반하는 일을 하고 있었다. 사진서謝鎭西[謝尙]가 배를 타고 유람하다가 바람 맑고 달 밝은 어느 밤에 강기슭의 상선商船 위에서 시를 읊조리는 소리를 들었는데, 그 소리가 매우 정취 있었으며 낭송하는 오언시도 일찍이 들어본 적이 없는 것이었다. 사진서가 찬탄해마지않으면서 즉시 사람을 보내 자세히 물어보게 했더니, 다름 아닌 원호가 자신이 지은 「영사시詠史詩」를 읊조린다는 것이었다. 그래서 그를 맞이하여 서로 크게 친분을 맺었다.②

①。원호는 원굉袁宏의 어릴 적 자다.
②。『속진양추續晉陽秋』: 원호는 어려서부터 뛰어난 재능이 있었으며 문장이 매우 미려했다. 일찍이 「영사시」를 지어 자신의 정회情懷를 기탁했다. 젊어서 부친을 여의고 가난하여 세공미 운반하는 일을 업으로 삼았다. 진서장군鎭西將軍 사상謝尙이 당시 우저牛渚①를 다스리고 있었는데, 바람 맑고 달 밝은 가을밤에 문득 종자從者를 데리고 평복平服을 한 채 강에 배를 띄우고 유람했다. 때마침 원호가 세공미 운반선에서 시를 읊조렸는데, 그 소리가

너무 청아하고 곡조에 잘 맞았을 뿐만 아니라 가사도 빼어났으며, 사상이 일찍이 들어보지 못한 것이었다. 사상이 마침내 다가가서 듣고는 이내 종자를 보내 물어보게 했더니, 종자가 돌아와 아뢰었다.

"저 사람은 원림여袁臨汝[袁勗]②의 아들이고 낭송하는 시는 그가 지은 「영사시」라 합니다."

사상은 그에게 멋진 정취가 있음을 좋아하여 즉시 종자를 보내 맞이해 오게 하여 새벽녘까지 이야기를 나누었다. 이때부터 원호는 명성이 날로 높아졌다.

[역주]··························
① 牛渚 : 지금의 安徽省 當塗縣 서북쪽 지역.
② 袁臨汝[袁勗] : 袁宏의 부친 袁勗은 일찍이 臨汝令을 지낸 적이 있음. 「言語」83 注②에 보임.

[참고] 『晉書』92, 『太平御覽』444.

袁虎小貧,① 嘗爲人傭, 載運租. 謝鎭西經船行, 其夜淸風朗月, 聞江渚閒估客船上, 有詠詩聲, 甚有情致, 所誦五言, 又其所未嘗聞. 歎美不能已, 卽遣委曲訊問, 乃是袁自詠其所作「詠史詩」. 因此相要, 大相賞得.②

①。虎, 袁宏小字也.
②。『續晉陽秋』曰; 虎少有逸才, 文章絶麗, 曾爲「詠史詩」, 是其風情所寄. 少孤而貧, 以運租爲業. 鎭西謝尙, 時鎭牛渚, 乘秋佳風月, 率爾與左右微服泛江. 會虎在運租船中諷詠, 聲旣淸會, 辭文藻拔, 非尙所曾聞. 遂往聽之, 乃遣問訊, 答曰; "袁臨汝郞, 誦詩卽其「詠史」之作也." 尙佳其率有勝致, 卽遣要迎, 談話申旦. 自此名譽日茂.

──────── • 4 : 089 [0270]

손흥공孫興公[孫綽]이 말했다.

"반악潘岳의 문장은 얕지만 깨끗하고, 육기陸機의 문장은 깊지만 수초가 무성하다."

[역주]··························
* 이처럼 潘岳과 陸機의 詩文을 비교한 고사는 「文學」84에도 보임.

孫興公云; "潘文淺而淨, 陸文深而蕪."

• 4 : 090 [0271]

배랑裴郎[裴啓]이 『어림語林』을 지었는데, 처음 세상에 나오자 원근遠近의 사람들에게 널리 전해져서 당시 젊은이들 가운데 이를 베껴 각각 한 권씩 갖고 있지 않는 사람이 없을 정도였다. 그 책에 왕동정王東亭[王珣]이 지은 「왕공王公①의 주막② 아래를 지나면서 지은 부經王公酒壚下賦」가 실려 있는데, 재기와 정취가 물씬 풍긴다.1

1 ▫ 『배씨가전裴氏家傳』: 배영裴榮③은 자가 영기榮期며 하동河東사람이다. 부친 배치裴穉는 풍성령豐城令이었다. 영기는 젊어서부터 뛰어난 풍모와 재기가 있었으며 고금의 인물을 논하길 좋아하여, 『어림』 몇 권을 지어 『배자裴子』라고 이름했다.
▫ 단도란檀道鸞이 말했다.
  "배송지裴松之는 배계裴啓가 『어림』을 지은 것으로 여겼다고 했는데, 그렇다면 혹 '배영'의 별명이 '배계'인가?"

[역주]
① 王公 : 「傷逝」2와 「輕詆」24 注3에 인용된 『續晉陽秋』, 『晉書』 권43 「王戎傳」에는 모두 '黃公'으로 되어 있음.
② 주막 : 원문은 "酒壚". '酒壚'는 흙을 쌓아 대를 만들고 그 위에 술항아리를 놓아두는 곳으로 보통 '주막'이란 뜻으로 사용됨. 「傷逝」2 注1에 인용된 『漢書』 韋昭注 참고.
③ 裴榮 : 「輕詆」24 注3에 인용된 『續晉陽秋』에는 "晉隆和中, 河東裴啓撰漢魏以來迄于今時, 言語應對之可稱者, 謂之語林."이라 되어 있고, 『隋書』 「經籍志」에도 "語林十卷, 東晉處士裴啓撰. 亡."이라 되어 있으며, 汪藻의 『世說敍錄』 「人名譜 · 裴氏譜」 別族條에도 "啓字榮期"라 되어 있는 것으로 보아, 裴啓가 옳은 것으로 판단됨. 劉孝標 注에서 '裴榮'을 본명으로 한 것은 아마도 그의 字인 '榮期'와 혼동한 것이 아닌가 함.

裴郎作『語林』, 始出, 大爲遠近所傳, 時流年少, 無不傳寫, 各有一通. 載王東亭作「經王公酒壚下賦」, 甚有才情.1
1 ▫ 『裴氏家傳』曰; 裴榮, 字榮期, 河東人. 父穉, 豐城令. 榮期少有風姿才氣, 好論古今人物, 撰『語林』數卷, 號曰『裴子』.

▫ 檀道鸞謂; "裵松之以爲啓作『語林』, 榮儻別名啓乎?"

• 4 : 091 [0272]

　　사만謝萬이 「팔현론八賢論」①을 지어 손흥공孫興公[孫綽]과 토론을 주고받다가 논리의 막힘이 약간 있었다.① 사만이 나중에 그것을 꺼내서 고군제顧君齊[顧夷]에게 보여주었더니,② 고군제가 말했다.
　　"나 역시 현자賢者에 대해서 논論을 지었는데, 그대의 논이 당연히 이름나지 못하리라는 것을 알겠소."

　① ▫『중흥서中興書』: 사만은 문장을 짓는 데 뛰어났으며 담론에도 능했다.
　▫『사만집謝萬集』에 4명의 은자隱者②와 4명의 현자顯者③에 대해 기술한 「팔현」이라는 논이 실려 있는데, 팔현은 어부漁父④·굴원屈原·계주季主⑤·가의賈誼·초로楚老·공승龔勝·손등孫登⑥·혜강嵆康을 말한다. 그 주지主旨는 은거한 자를 높게 여기고 벼슬길에 나아간 자를 낮게 여긴다는 것이다. 손작孫綽은 그러한 관점에 반대하여 현묘함을 체득하고 심원함을 깨친 자는 은거하거나 벼슬길에 나아가거나 결국 매한가지라고 주장했다. 그 문장은 너무 많아 싣지 않는다.

　② ▫『고씨보顧氏譜』: 고이顧夷는 자가 군제며 오군吳郡사람이다. 조부 고흠顧歆은 효렴孝廉에 천거되었으며, 부친 고패顧覇는 소부경少府卿을 지냈다. 고이는 주州의 주부主簿로 초징되었으나 나아가지 않았다.

[역주]
① 「八賢論」:『初學記』 권17 「人部·賢」에 인용된 謝萬의 「八賢頌」·「八賢楚老頌」·「七賢嵆中散讚」에 각각 屈原·楚老·嵆康에 관한 문장의 일부분이 실려 있음.
② 4명의 隱者: 漁父·季主·楚老·孫登을 말함.
③ 4명의 顯者: 屈原·賈誼·龔勝·嵆康을 말함.
④ 漁父:『楚辭』「漁父」에 보임.
⑤ 季主: 司馬季主를 말함.『史記』「日者列傳」에 보임.
⑥ 孫登:『晉書』 권94 「隱逸傳」과『世說新語』「棲逸」2에 보임.

[참고]『晉書』79.

謝萬作「八賢論」, 與孫興公往反, 小有利鈍.① 謝後出以示顧君齊,② 顧曰; "我亦作, 知卿當無所名."
① 『中興書』曰; 萬善屬文, 能談論.
　『萬集』載其敍四隱四賢, 爲八賢之論. 謂漁父・屈原・季主・賈誼・楚老・龔勝・孫登・嵇康也. 其旨以處者爲優, 出者爲劣. 孫綽難之, 以謂體玄識遠者, 出處同歸. 文多不載.
② 『顧氏譜』曰; 夷, 字君齊, 吳郡人. 祖歆, 孝廉. 父覇, 少府卿. 夷辟州主簿, 不就.

• 4 : 092 [0273]

환선무桓宣武[桓溫]가 원언백袁彦伯[袁宏]에게 「북정부北征賦」를 지으라고 명했는데,① 다 완성되자 환공桓公[桓溫]과 당시의 명사들이 함께 보면서 모두 감탄했다. 그 때 왕순王珣이 그 자리에 있다가 말했다.

"애석하게도 한 구절이 부족한 것 같으니, '사寫'자를 써서 운韻을 보충하면 틀림없이 더 훌륭해질 것이오."

그러자 원언백이 곧바로 붓을 들어 첨가하여 썼다.

"감회가 내 마음에서 끊이질 않아, 선인先人의 유풍遺風을 이어 홀로 나의 정회를 써내네[感不絶於余心, 泝流風而獨寫.]"

환공이 왕순에게 말했다.

"이제는 이 일로 인하여 원언백을 추숭推崇하지 않을 수 없게 되었군."②

① 『속진양추續晉陽秋』: 원굉袁宏은 환온桓溫이 선비鮮卑를 정벌하는 데 종군했기 때문에 「북정부」를 지었는데, 이것은 원굉의 시문 중에서 뛰어난 작품이다.
② 『원굉집袁宏集』에 수록된 「북정부」: 예로부터 전해 오는 소문①을 듣자하니, 이 들녘에서 기린을 잡았다② 하네. 영물靈物은 상서로운 덕으로 탄생되는 법인데, 어찌하여 동산지기에게 몸을 주었단 말인가! 이부尼父[孔子]가 통곡함을 슬퍼하나니, 진실로 애통함이요 거짓이 아닌 듯하네. 어찌 한 동물[기린]만을 애달파했으리오! 사실은 천하를 애달파한 것이라네. 감회가 내 마음에서 끊이질 않아, 선인先人의 유풍遺風을 이어 홀로 나의

정회를 써내네.

- 『진양추晉陽秋』: 원굉이 일찍이 왕순・복도伏滔와 함께 환온을 모시고 자리했을 때 환온이 복도에게 그 부賦를 읽어보라고 했는데, "천하를 애달파한 것이라네[致傷於天下]"라는 구절에 이르러 운이 바뀌어 있었다. 왕순이 말했다.

"이 부③에서 읊고 있는 것은 천 년의 깊은 감회를 기탁한 것인데, 지금 '천하天下' 뒤에서 바로 운을 바꾸어버렸기 때문에 글로 써서 전달하려는 뜻에 미진한 감이 있는 듯합니다."

그래서 복도가 말했다.

"'사寫'자를 운으로 삼아 한 구절을 첨가한다면 틀림없이 좀더 나아질 것 같습니다."

환공이 원굉에게 말했다.

"경이 한번 첨가해 보도록 하시오."

원굉이 즉시 첨가해 썼더니, 왕순과 복도가 훌륭하다고 칭찬했다.

[역주]······················
① 예로부터 전해 오는 소문 : 원문은 "所聞於相傳". 『春秋公羊傳』에 나오는 '三世說'에 따르면, 魯나라의 12公에 대한 기록은 孔子가 전해들은 세대[所傳聞之世], 공자가 들은 세대[所聞之世], 공자가 본 세대[所見之世]로 나뉘어 있음.
② 기린을 잡았다 : 원문은 "獲麟". 『春秋』 「魯哀公14年」에 이에 관한 고사가 나옴.
③ 이 부 : 원문은 "此韻". 『晉書』 권92 「袁宏傳」에는 "此賦"로 되어 있음. 문맥상 "此賦"가 타당하므로 이에 따라 번역함.

[참고] 『晉書』92.

桓宣武命袁彦伯作「北征賦」,① 旣成, 公與時賢共看, 咸嗟歎之. 時王珣在坐云; "恨少一句, 得'寫'字足韻, 當佳." 袁卽於坐攬筆益云; "感不絶於余心, 泝流風而獨寫." 公謂王曰; "當今不得不以此事推袁."②

①『續晉陽秋』曰; 宏從溫征鮮卑, 故作「北征賦」, 宏文之高者.
②『宏集』載其賦云; 聞所聞於相傳, 云獲麟於此野. 誕靈物以瑞德, 奚授體於虞者! 非尼父之慟泣, 似實慟而非假. 豈一物之足傷! 實致傷於天下. 感不絶於余心, 遡流風而獨寫.

- 『晉陽秋』曰; 宏嘗與王珣・伏滔同侍溫坐, 溫令滔讀其賦, 至"致傷於天下", 於此改韻. 云; "此韻所詠, 慨深千載. 今於'天下'之後便移韻, 於寫送之致, 如爲未盡." 滔乃云; "得益'寫'一句, 或當小勝." 桓公語宏; "卿試思益之." 宏應聲而益, 王・伏稱善.

• 4 : 093 [0274]

손흥공孫興公[孫綽]이 말했다.

"조보좌曹輔佐[曹毗]의 문재文才는 흰 바탕의 명광금明光錦[1]을[1] 재단하여 비천한 사람[負版者]의 바지를 만든 것과 같아서, 무늬와 채색이 없는 것은 아니지만 재봉솜씨가 없을 뿐이다."[2]

[1]◦『중흥서中興書』: 조비曹毗는 자가 보좌며 초국譙國사람으로, 위魏나라 대사마大司馬 조휴曹休의 증손[2]이다. 서적을 좋아했으며 문장을 잘 지었다. 여러 벼슬을 거쳐 태학박사太學博士·상서랑尙書郞·광록훈光祿勳에 기용되었다.

[2]◦『논어論語』[3]: 공자께서는 나라의 호적을 짊어진 자에게 예의를 표하셨다[孔子式負版者].

◦정씨鄭氏[鄭玄]의 주 : '판版'은 나라의 호적을 말한다. 그것을 짊어진 자는 비천한 사람이다.

[역주]……………

① 明光錦 : 비단의 일종. 晉 陸翽의 『鄴中記』에서 "錦有大登高, 小登高, 大明光, 小明光, 大博山, 小博山, 大茱萸, 小茱萸, 大交龍, 小交龍, 蒲桃文錦, 班文錦, 鳳皇朱雀錦, 韜文錦, 核桃文錦, 或靑綈, 或白綈, 或黃綈, 或綠綈, 或紫綈, 或蜀綈. 工巧百數, 不可盡名也."라고 함.
② 증손 : 『晉書』권92 「曹毗傳」에는 "高祖休, 魏大司馬."라고 되어 있음. 이것이 사실이라면 본문의 '曾孫'은 '玄孫'이 되어야 함.
③ 『論語』: 「鄕黨篇」에 나옴.

孫興公道: "曹輔佐才, 如白地明光錦,[1] 裁爲負版袴,[2] 非無文采, 酷無裁製."
[1]◦『中興書』曰; 曹毗, 字輔佐, 譙國人, 魏大司馬休曾孫也. 好文籍, 能屬詞. 累遷太學博士·尙書郞·光祿勳.
[2]◦『論語』曰; 孔子式負版者.
◦鄭氏注曰; 版, 謂邦國籍也. 負之者, 賤隸人也.

• 4 : 094 [0275]

원언백袁彦伯[袁宏][1]이 『명사전名士傳』[2]을 완성한 뒤에[1] 사공謝公[謝安]

을 만나보러 갔더니, 사공이 웃으며 말했다.

"내가 일찍이 여러 사람들과 함께 중원의 일③을 이야기한 것은 단지 우스갯소리④로 한 것일 뿐이었는데, 언백이 마침내 그것을 책에다 기록했구먼!"

1. 원굉袁宏은 하후태초夏侯太初[夏侯玄], 하평숙何平叔[何晏], 왕보사王輔嗣[王弼]를 정시正始 명사로 삼았고, 완사종阮嗣宗[阮籍], 혜숙야嵇叔夜[嵇康], 산거원山巨源[山濤], 상자기向子期[向秀], 유백륜劉伯倫[劉伶], 완중용阮中容[阮咸], 왕준충王濬沖[王戎]⑤을 죽림竹林 명사로 삼았으며, 배숙칙裴叔則[裴楷], 악언보樂彦輔[樂廣], 왕이보王夷甫[王衍], 유자숭庾子嵩[庾敳], 왕안기王安期[王承], 완천리阮千里[阮瞻], 위숙보衛叔寶[衛玠], 사유여謝幼輿[謝鯤]를 중조中朝[中原] 명사로 삼았다.

[역주]
① 袁彦伯 : 원문에는 "袁伯彦"이라 되어 있지만, 『晉書』 권92 「袁宏傳」에 의거하여 고침. 본문의 다음 문장에도 '彦伯'이라 되어 있는 것으로 보아 '伯彦'은 단순한 誤記로 보임.
② 『名士傳』: 『晉書』 권92 「袁宏傳」에는 『竹林名士傳』 3권을 지었다는 기록이 보이고, 『隋書』 「經籍志」에는 "『正始名士傳』三卷, 袁敬仲撰."이라 저록되어 있는데, 위의 劉孝標 注에 의거하면 袁宏은 이 두 책에 中朝의 '名士傳'을 증보하여 『名士傳』이라 통칭한 것으로 생각됨.
③ 중원의 일 : 원문은 "江北事". 즉 晉나라가 江南으로 넘어오기 이전의 中原時代의 일을 말함.
④ 우스갯소리 : 원문은 "狡獪". 六朝時代에 널리 사용된 말.
⑤ 王濬沖 : 원문은 "王濬仲"이라 되어 있지만, 『晉書』 권43 「王戎傳」에 의거하여 고침.

袁伯彦作『名士傳』成,1 見謝公, 公笑曰; "我嘗與諸人道江北事, 特作狡獪耳, 彦伯遂以著書."

1. 宏以夏侯太初·何平叔·王輔嗣爲正始名士, 阮嗣宗·嵇叔夜·山巨源·向子期·劉伯倫·王仲容·王濬仲爲竹林名士, 裴叔則·樂彦輔·王夷甫·庾子嵩·王安期·阮千里·衛叔寶·謝幼輿爲中朝名士.

• 4 : 095 [0276]

왕동정王東亭[王珣]이 환공桓公[桓溫]의 속관①이 되어 그의 막부에 도착했을 때, 아침에 관리를 접호하기도 전에 이미 관청 앞에 엎드려 있었다. 환공이 사람을 시켜 그가 쓴 '신임관리소개문'을 몰래 가져오게 했더니, 그 사실을 알고 난 왕동정은 즉시 관청 앞에서 소개문을 다시 작성했는데 이전의 문장과 한 글자도 중복된 것이 없었다.1

1 ▫『속진양추續晉陽秋』: 왕순王珣은 학문이 넓고 영민했으며 당시에 문명文名이 높았다.

[역주]..........
① 속관 :『晉書』 권65 「王珣傳」에 따르면 王珣은 桓溫 밑에서 掾과 主簿를 지냈다고 함.

[참고]『北堂書鈔』69.

王東亭到桓公吏, 旣伏閤下. 桓令人竊取其白事, 東亭卽於閤下更作, 無復向一字.1

1 ▫『續晉陽秋』曰; 珣學涉通敏, 文高當世.

• 4 : 096 [0277]

환선무[桓溫]가 북정北征에 나섰을 때,1 당시 원호袁虎[袁宏]도 종군했는데 말을 잘못했다가 문책당하여 파직되고 말았다.① 그때 마침 급히 포고문②을 작성할 필요가 생겨서 원호를 불러 말 앞에 기댄 채로 지으라 했더니, 손에서 붓을 놓지 않고 금세 7장을 써냈는데 매우 훌륭했다. 왕동정王東亭[王珣]이 옆에 있다가 그의 문재를 극찬하자 원호가 말했다.

"실속은 없고 말만 매끄러울 뿐이지요."

1 ▫『환온별전桓溫別傳』: 환온은 태화太和 4년(369)에 상소하고 스스로 선비족鮮卑族③을 정벌했다.

[역주]..........
① 문책당하여 파직되고 말았다 : 袁宏의 파직에 관한 고사는「輕詆」11에 보임.
② 포고문 : 원문은 "露布文". 板에 기록한 뒤 장대 위에 매달아 사람들에게 보이

는 포고문을 말함. 또는 '檄文'이나 '勝戰文'으로 해석하기도 함.
③ 鮮卑族 : 5胡16國 가운데 하나인 前燕을 말함.
[참고] 『北堂書鈔』98, 『太平御覽』597, 『事文類聚』別7.

桓宣武北征,① 袁虎時從, 被責免官. 會須露布文, 喚袁倚馬前令作, 手不輟筆, 俄得七紙, 殊可觀. 東亭在側, 極歎其才, 袁虎云; "當令齒舌間得利."
①。『溫別傳』曰; 溫以太和四年, 上疏自征鮮卑.

• 4 : 097 [0278]

원굉袁宏이 처음 「동정부東征賦」①를 지었을 때는 도공陶公[陶侃]을 전혀 언급하지 않았다. 그래서 호노胡奴[陶範]가 그를 작은 방 안으로 유인한 뒤 시퍼런 칼날을 들이대고① 위협했다.

"선친의 공훈이 이와 같은데도 당신은 「동정부」를 지으면서 어찌하여 소홀하게 빼놓았소?"

원굉은 궁지에 몰려 방법이 없었기 때문에 곧장 대답했다.

"나는 도공을 대대적으로 언급했는데 어찌하여 안했다고 하시오?"

그러면서 곧이어 낭송했다.

"순철을 백 번 단련하니, 베는 곳마다 잘려나가네. 공적功績은 곧 사람을 다스림이요, 직분은 난리 평정을 생각함이네. 장사長沙[陶侃]의 공훈은, 역사에서 찬미되는 바이네[精金百鍊, 在割能斷. 功則治人, 職思靖亂. 長沙之勳, 爲史所讚.]."②

①。호노는 도간陶侃의 아들 도범陶範이다. 따로 나온다.②
②。『속진양추續晉陽秋』: 원굉은 환대사마桓大司馬[桓溫]의 기실참군記室參軍이 되었다가, 나중에 「동정부」를 지어 강남으로 넘어온 여러 명문가를 모두 칭송했다. 당시 환온桓溫은 남주南州[姑孰]에 있었는데, 원굉이 여러 사람에게 말했다.

"나는 결코 환선성桓宣城[桓溫]의 부친 桓彝을 언급하지 않았다."

당시 복도伏滔는 환온의 막부에 있었고 원굉과 친한 사이였기 때문에,

한사코 그것을 말렸지만 원굉은 웃으면서 대답하지 않았다. 복도가 은밀히 그러한 사실을 환온에게 알려주었다. 환온은 몹시 화가 났지만, 원굉이 당시 문단의 으뜸이었고 또한 그 부賦가 명성을 누리고 있다는 소리를 들었기 때문에, 사람을 시켜 드러내놓고 그에게 힐문詰問하게 할 수도 없었다. 나중에 청산靑山③으로 놀러가서 연회를 즐긴 뒤, 돌아오는 길에 환공桓公[桓溫]이 원굉에게 수레에 동승하라고 명하자 사람들은 걱정하고 두려워했다. 몇 리쯤 갔을 때 환공이 원굉에게 물었다.

"들자하니 그대가 「동정부」를 지어 많은 선현先賢을 칭송했다고 하던데, 무슨 이유로 나의 선친은 언급하지 않았는가?"

그러자 원굉이 대답했다.

"존귀하신 분에 대한 칭송만큼은 저 같은 소관小官이 감히 함부로 할 수 없는 바이기 때문에, 아직 아뢰지 못하고 있으며 감히 공표하지 못했을 뿐입니다."

환온이 이에 말했다.

"그대는 무슨 말을 쓰려고 했는가?"

그러자 원굉이 즉시 대답했다.

"인물 보는 안목이 탁월하여, 적임자를 찾아 등용했네. 몸은 비록 스러질지라도, 그 도道는 사라질 수 없네. 선성宣城[桓彝]의 절개, 신의信義와 어울리네[風鑒散朗, 或搜或引. 身雖可亡, 道不可隕. 則宣城之節, 信爲允也.]"④

환온은 주르륵 눈물을 흘리면서 그 일을 그만두었다.

◦ 두 가지 설이 같지 않기 때문에 상세히 기록한다.

[역주]
① 「東征賦」: 全文은 전하지 않지만, 그 佚文이 이곳 외에 『藝文類聚』 권27과 『晉書』 권92 「袁宏傳」 등에 보임.
② 따로 나온다 : 「方正」52 注②에 나옴.
③ 靑山 : 지금의 安徽省 當塗縣 동남쪽 30리에 있음.
④ 宣城[桓彝]의 절개, 信義와 어울리네[則宣城之節, 信爲允也] : 『晉書』 권92 「袁宏傳」에는 "宣城之節, 信義爲允."이라 되어 있음. 이렇게 해야 '允'이 윗 구절의 '引'·'隕'과 함께 韻에 맞음. 이것이 타당하다고 여겨 이에 따라 번역함.

[참고] 『晉書』92, 『太平御覽』587.

袁宏始作「東征賦」, 都不道陶公. 胡奴誘之狹室中, 臨以白刃,① 曰; "先公勳業如是, 君作「東征賦」, 云何相忽略?" 宏窘蹙無計, 便答: "我大道公, 何以云無?" 因誦曰; "精金百鍊, 在割能斷. 功則治人, 職思靖亂. 長沙之勳, 爲史所讚." ②

① · 胡奴, 陶範. 別見.

② · 『續晉陽秋』曰; 宏爲大司馬記室參軍, 後爲「東征賦」, 悉稱過江諸名望. 時桓溫在南州, 宏語衆云; "我決不及桓宣城." 時伏滔在溫府, 與宏善, 苦諫之, 宏笑而不答. 滔密以啓溫, 溫甚忿, 以宏一時文宗, 又聞此賦有聲, 不欲令人顯問之. 後遊青山飮酌, 旣歸, 公命宏同載, 衆爲危懼. 行數里, 問宏曰: "聞君作「東征賦」, 多稱先賢, 何故不及家君?" 宏答曰; "尊公稱謂, 自非下官所敢專, 故未呈啓, 不敢顯之耳." 溫乃云; "君欲爲何辭?" 宏卽答云; "風鑒散朗, 或搜或引. 身雖可亡, 道不可隕. 則宣城之節, 信爲允也." 溫泫然而止.

· 二說不同, 故詳載焉.

• 4 : 098 [0279]

어떤 사람이 고장강顧長康[顧愷之]에게 물었다.

"당신의 「쟁부箏賦」①를 혜강嵇康의 「금부琴賦」②와 비교하면 어떻습니까?"

그러자 고장강이 말했다.

"제대로 감상할 줄 모르는 사람은 「쟁부」가 「금부」보다 늦게 나왔다고 해서 버려두지만, 깊은 식견을 지니고 있는 사람은 역시 진기하다고 하면서 귀하게 여깁니다."①

① · 『중흥서中興書』: 고개지顧愷之는 박학하고 재기才氣가 있었지만 사람됨이 둔하고 어수룩했다. 그렇지만 뽐냄이 대단하여 그로 인해 당시 사람들에게 웃음거리가 되곤 했다.

· 송宋 명제明帝의 『문장지文章志』: 환온이 말했다.

"고장강의 몸속은 어리석음과 총명함이 각각 절반씩 차지하고 있는데, 그것을 종합해서 논한다면 바로 평균수준이다."

세상에서는 그에게 세 가지의 뛰어남[三絶]이 있다고들 하는데, 화절畫絶·문절文絶③·치절癡絶이 그것이다.

· 『속진양추續晉陽秋』: 고개지는 자랑하고 뽐냄이 정도를 넘었기 때문에 그보다 나이 어린 여러 사람들이 그를 추켜세운답시고 조롱하곤 했다. 그가

산기상시散騎常侍로 있을 때 사첨謝瞻의 근무처와 맞닿아 있었는데, 어느 달 빛어린 밤에 한껏 시를 읊조리면서 선현의 풍취를 얻었다고 스스로 말하자 사첨은 그때마다 멀리서 그를 칭찬하곤 했다. 그러면 고개지는 그 칭찬을 듣고 싶은 마음에 더욱 힘을 내어 피곤한 것도 잊었다. 사첨이 잠자리에 들면서 발을 주무르는 시종에게 칭찬의 말을 대신 해주라고 했는데, 고개지는 이상함을 전혀 느끼지 못한 채 마침내 거의 아침에 이르러서야 멈췄다.

[역주]

① 「箏賦」: 『藝文類聚』 권44에 수록되어 있음.
② 「琴賦」: 『文選』 권18에 수록되어 있음.
③ 文絶: 『晉書』 권92 「顧愷之傳」에는 "才絶"이라 되어 있음.

[참고] 『晉書』92.

或問顧長康; "君「箏賦」, 何如嵇康「琴賦」?" 顧曰; "不賞者, 作後出相遺, 深識者, 亦以高奇見貴."①

①。『中興書』曰; 愷之博學有才氣, 爲人遲鈍, 而自矜尙, 爲時所笑.

。宋明帝『文章志』曰; 桓溫云; "顧長康體中癡點各半, 合而論之, 正平平耳." 世云有三絶, 畫絶·文絶·癡絶.

。『續晉陽秋』曰; 愷之矜伐過實, 諸年少因相稱譽, 以爲戲弄. 爲散騎常侍, 與謝瞻連省, 夜於月下長詠, 自云得先賢風制, 瞻每遙贊之. 愷之得此, 彌自力忘倦. 瞻將眠, 語搥脚人令代, 愷之不覺有異, 遂幾申旦而後止.

• 4:099 [0280]

은중문殷仲文은 타고난 재능이 매우 풍부했지만,① 독서는 그다지 폭넓게 하지 못했다. 그 때문에 부량傅亮이 개탄했다.①②

"만약 은중문의 독서량이 원표袁豹의 절반만 되더라도,③ 그 문재文才가 반고班固에 뒤지지 않을 텐데."④

①。『속진양추續晉陽秋』: 은중문은 평소에 문재가 뛰어나 수십 편의 문장을 지었다.

②。부량은 따로 나온다.②

③。구연지丘淵之의 「문장서文章敘」: 원표는 자가 사울士蔚이며 진군陳郡사람

이다. 조부 원탐袁耽은 역양歷陽태수를 지냈고, 부친 원질袁質은 낭야내사琅邪內史를 지냈다. 원표는 융안隆安연간(397~401)에 저작좌랑著作佐郞이 되었으며, 여러 벼슬을 거쳐 태위장사太尉長史・단양윤丹陽尹에 기용되었다. 의희義熙 9년(413)에 죽었다.

④ㅁ『속한서續漢書』: 반고는 자가 맹견孟堅이며 우부풍右扶風사람이다. 어려서부터 뛰어난 재주를 지녔으며 학업에는 일정한 스승이 따로 없었다. 문장을 잘 지었으며 연구・독파하지 않은 경전經傳이 없었다.

[역주]
① 傅亮이 개탄하길 : 『晉書』 권99 「殷仲文傳」에는 謝靈運이 한 말로 되어 있음. 또한 원문에는 '傅亮'이 '博亮'으로 되어 있으나 「識鑒」25에 의거하여 고침.
② 따로 나온다 : 「識鑒」25 注①에 나옴.

[참고]『晉書』99.

殷仲文天才宏贍,① 而讀書不甚廣. 博亮歎曰;② "若使殷仲文讀書半袁豹,③ 才不減班固."④

①ㅁ『續晉陽秋』曰; 仲文雅有才藻, 著文數十篇.
②ㅁ亮, 別見.
③ㅁ丘淵之「文章敍」曰; 豹, 字士蔚, 陳郡人. 祖耽, 歷陽太守. 父質, 琅邪內史. 豹, 隆安中著作左郞, 累遷太尉長史・丹陽尹. 義熙九年卒.
④ㅁ『續漢書』曰; 固, 字孟堅, 右扶風人. 幼有儁才, 學無常師. 善屬文, 經傳無不究覽.

━━━━━━・ 4 : 100 [0281]

양부羊孚가 「설찬雪贊」을 지어 말했다.

"맑은 기운 빌어 눈으로 변화하고, 바람 타고 공중에서 흩날리네. 만물에 쌓이면 더욱 고와지고, 깨끗함 속에서 빛남을 이루네.[資淸以化, 乘氣以霏. 遇象能鮮, 卽潔成輝]"

환윤桓胤이 마침내 그것을 부채에 기록했다.①

①ㅁ『중흥서中興書』: 환윤은 자가 무조茂祖며 초국譙國사람이다. 조부 환충桓沖은 태위太尉를 지냈고, 부친 환사桓嗣는 강주江州자사를 지냈다. 환윤은 젊어서부터 고상한 절조를 지녔으며 청렴 담백한 사람이라고 칭송되었다.

벼슬은 중서령中書令까지 올랐다. 환현桓玄이 모반했다가 실패한 뒤 안성군安成郡[2]으로 옮겨갔다가 그 후 주살당했다.[3]

[역주]
① 茂祖:『晉書』권74「桓胤傳」과 汪藻의『世說敍錄』「人名譜・桓氏譜」에는 "茂遠"이라 되어 있음. 그의 부친 桓嗣의 字가 '恭祖'인 것으로 보아 '茂祖'보다는 '茂遠'이 타당한 것으로 보임.
② 安成郡:『晉書』권74「桓胤傳」에는 "新安"이라 되어 있음.
③ 桓玄이 모반했을 때 桓胤은 吏部尙書가 되었으며, 환현이 모반에 실패하고 죽자 환윤은 조정에 투항하여 목숨을 부지한 채 新安으로 옮겨감. 나중에 殷仲文과 駱球 등이 모반하여 환현을 이어 환윤을 옹립하려 했는데 일이 발각되어 주살당함.

[참고]『北堂書鈔』134,『事類賦』14,『太平御覽』588・702.

羊孚作『雪贊』云; "資淸以化, 乘氣以霏. 遇象能鮮, 卽潔成輝." 桓胤遂以書扇.[1]
[1]。『中興書』曰; 胤, 字茂祖, 譙國人. 祖沖, 太尉. 父嗣, 江州刺史. 胤少有淸藻, 以恬退見稱. 仕至中書令. 玄敗, 徙安成郡, 後見誅.

• 4:101 [0282]

왕효백王孝伯[王恭]이 도성에 있을 때 행산行散[1]하는 길에 동생 왕도王睹[王爽]의 집 문 앞에 이르러 물었다.[1]

"고시古詩 중에서 어떤 구절이 가장 훌륭하지?"

왕도가 곰곰이 생각하면서 대답하지 못하자, 왕효백이 읊조리면서 말했다.

"'만나는 것마다 옛 물건 아니니, 어찌 빨리 늙지 않을 수 있으리오!'[所遇無故物, 焉得不速老][2] 이 구절이 가장 훌륭하지."

[1]。도예는 왕상王爽의 어릴 적 자다.
  。『중흥서中興書』: 왕상은 자가 계명季明이며 왕공王恭의 넷째동생이다. 벼슬은 시중侍中까지 올랐다. 왕공의 모반이 실패한 뒤 환현桓玄이 정권을 잡았을 때 왕상은 태상太常에 추증되었다.

[역주]……………………
① 行散 : 「言語」14 注①과 [역주]① 참조.
② 만나는~있으리오![所遇無故物, 焉得不速老] : 『文選』권29에 수록되어 있는 「古詩十九首」중 제11수 가운데 두 구절.

王孝伯在京行散, 至其弟王睹戶前,① 問; "古詩中何句爲最?" 睹思未答, 孝伯詠; "'所遇無故物, 焉得不速老!' 此句爲佳."
①﹒睹, 王爽小字也.
　﹒『中興書』曰; 爽, 字季明, 恭第四弟也. 仕至侍中. 恭事敗, 贈太常.

• 4 : 102 [0283]

환현桓玄이 한번은 강릉성江陵城의 남루南樓에 올라서 말했다.
"내가 지금 왕효백王孝伯[王恭]을 위하여 뇌문誄文을 지어보겠다."
그러면서 한참 동안 읊조리다가 마침내 붓을 들어 단숨에 뇌문을 완성했다.①

①﹒『진안제기晉安帝紀』: 환현은 문장이 훌륭하여 당시에 명성이 높았다.
　﹒『환현집桓玄集』에 수록된 그 뇌문의 서敍 : 융안隆安 2년(398) 9월 17일, 전장군前將軍·청연이주자사靑兗二州刺史인 태원太原의 왕효백이 서거하다. 명산대천이 강신降神하여, 철인哲人을 생육했네. 그 신령 이미 떠나버리니, 그 복도 내려주지 않네. 천도天道는 아득히 알기 어려우니, 뉘라서 화禍·복福을 예측하리오? 견마犬馬가 도리어 물고, 시랑豺狼이 발톱 세우네. 산마루엔 높다란 오동나무 꺾여 있고, 숲엔 해묵은 대나무 쓰러져 있네. 이 사람 가고 나니, 나라는 인도자를 잃었네. 이에 뇌문을 지어, 그 찬란한 덕을 기리노라.
　﹒그 뇌문은 문장의 분량이 많아 전체를 다 싣지는 않는다.

桓玄嘗登江陵城南樓, 云; "我今欲爲王孝伯作誄." 因吟嘯良久, 隨而下筆, 一坐之閒, 誄以之成.①
①﹒『晉安帝紀』曰; 玄文翰之美, 高於一世.
　﹒『玄集』載其誄敍曰; 隆安二年九月十七日, 前將軍·靑兗二州刺史, 太原王孝伯薨. 川岳降神, 哲人是育. 旣爽其靈, 不貽其福. 天道茫昧, 孰測倚伏? 犬馬反噬, 豺狼翹陸. 嶺摧

高梧, 林殘故竹. 人之云亡, 邦國喪牧. 于以誄之, 爰旌芳郁.
▫ 文多不盡載.

━━━━━━━━━━━━━━━━━━━ • 4 : 103 [0284]

환현桓玄이 처음 서하西夏를 병합했을 때,① 형荊·강江 2주州와 2부府 및 1국國②을 관할했다.1 그 때에 첫눈이 내리자, 이 다섯 곳에서 모두 경하 드리느라 보낸 다섯 통의 축하장이 동시에 도착했다. 환현은 본청에서 축하장이 도착하는 즉시 그 뒷면에 답장을 썼는데, 모두 찬연히 문장을 이루었으며 서로 엇섞이지도 않았다.

1 ▫ 『환현별전桓玄別傳』: 환현이 이미 은중감殷仲堪·양전기楊佺期를 토벌한 뒤,③ 사신을 파견하여 조정에 불만의 뜻을 전했더니,④ 조정에서 환현을 도독팔주제군사都督八州諸軍事로 삼고 강주와 형주 2주의 자사로 임명했다.

[역주]••••••••••••••••••••
① 西夏를 병합했을 때 : '西夏'는 중국의 서남부 지역을 가리킴. 桓玄이 隆安 3년(399)에 殷仲堪·楊佺期를 토벌하고 荊州·雍州를 평정한 것을 말함.
② 荊·江 2州와 2府 및 1國: 2州는 荊州刺史·江州刺史, 2府는 都督府·後將軍府, 1國은 습봉받은 南郡公의 封國을 각각 말함.
③ 殷仲堪·楊佺期를 토벌한 뒤: 원문은 "克殷仲堪後, 楊佺期" 이렇게 해서는 문맥이 통하지 않기 때문에 "克殷仲堪·楊佺期後"로 고쳐서 번역함.
④ 조정에 불만의 뜻을 전했더니 : 桓玄이 荊州·雍州를 평정한 뒤 조정에 江州·荊州 刺史 職을 요구했지만, 조정에서 강주자사 직만 제수하자 불만의 뜻을 전한 것임.

桓玄初幷西夏, 領荊·江二州, 二府一國.1 于時始雪, 五處俱賀, 五版竝入. 玄在聽事上, 版至卽答版後, 皆粲然成章, 不相揉雜.

1 ▫ 『玄別傳』曰; 玄旣克殷仲堪後, 楊佺期, 遣使諷朝廷, 朝廷以玄都督八州, 領江州·荊州二刺史.

━━━━━━━━━━━━━━━━━━━ • 4 : 104 [0285]

환현桓玄이 도성으로 진공해 갔을 때 양부羊孚는 연주별가兗州別駕

로 있었는데, 도성에서 와서 환현의 군문軍門으로 찾아가 명함에다 이렇게 썼다.

"근래에 세상일이 어수선하여 마음속이 답답합니다만, 명공明公께서는 짙은 어둠 속에서 새벽빛을 비추시고 하나의 원천源泉으로 모든 냇물을 맑게 하십니다."

환현은 그 명함을 보더니 황급히 그를 불러오게 하여 말했다.

"자도子道[羊孚]! 자도! 어찌하여 이렇게 늦게 왔소?"

그러면서 즉시 그를 기실참군記室參軍으로 기용했다.

맹창孟昶 1이 유뢰지劉牢之의 주부主簿로 있다가, 2 양부의 처소로 찾아가 인사올리고① 그를 만나 말했다.

"양후羊侯[羊孚]! 양후! 나의 일족②이 당신 손에 달렸소이다!"

1. 맹창은 따로 나온다.③
2. 『속진양추續晉陽秋』: 유뢰지는 자가 도견道堅이며 팽성彭城사람이다. 집안대대로 장군이 나와 명성이 높았다. 부친 유둔劉遁④은 정로장군征虜將軍이었다. 유뢰지는 침착·강직하고 지모가 뛰어나 사현謝玄의 참군이 되었다. 부견符堅과의 전쟁⑤에서 용맹스럽게 싸워 공을 세웠다. 왕공王恭의 모반이 평정된 뒤 서주徐州자사로 전임되었다. 환현이 도성으로 진공해 갔을 때 조정에서는 유뢰지를 전봉행정서장군前鋒行征西將軍에 임명했는데, 환현이 들이닥치자 유뢰지는 투항하여 회계내사會稽內史로 임용되었다. 그러나 환현이 그의 병력을 해체하려 하자 도망쳤다가 목매달아 죽었다.

[역주]
① 양부의 처소로 찾아가 인사올리고 : 孟昶은 劉牢之의 부하로 있었는데, 유뢰지가 桓玄에게 쫓겨 자살하자 맹창은 환현의 부하인 羊孚에게 도움을 청하려 찾아간 것임.
② 일족 : 원문은 "百口". '백 개의 입'이란 뜻으로 많은 사람을 가리킴. 여기서는 '집안의 모든 사람[一族]'으로 해석함.
③ 따로 나온다 : 「企羨」6 注1에 나옴.
④ 劉遁 : 『晉書』 권84 「劉牢之傳」에는 "劉建"이라 되어 있음.
⑤ 符堅과의 전쟁 : 383년에 벌어진 '淝水의 전쟁'을 가리킴. '符堅'은 '苻堅'이라

고도 함.

桓玄下都, 羊孚時爲兗州別駕, 從京來詣門, 牋云; "自頃世故睽離, 心事淪薀, 明公啓晨光於積晦, 澄百流以一源." 桓見牋, 馳喚前, 云; "子道! 子道! 來何遲?" 卽用爲記室參軍. 孟昶①爲劉牢之主簿,② 詣門謝, 見云; "羊侯! 羊侯! 百口賴卿!"

①。別見.
②。『續晉陽秋』曰; 牢之, 字道堅, 彭城人. 世以將顯. 父逎, 征虜將軍. 牢之沈毅多計數, 爲謝玄參軍. 符堅之役, 以驍猛成功. 及平王恭, 轉徐州刺史. 桓玄下都, 以牢之爲前鋒行征西將軍, 玄至歸降, 用爲會稽內史. 欲解其兵, 奔而縊死.

제5편

방 정
方 正

The Square and The Proper

본편은 『세상의 참신한 이야기, 세설신어』의 5번째 편으로 총 66조가 실려 있다.

'방정'은 일반적으로 품행이 바르고 곧은 것은 말한다. 그러나 이러한 도덕적인 개념은 시대에 따라 각기 특정한 표준이 있다. 육기陸機가 자신의 부친과 조부의 이름을 함부로 불렀던 노지盧志를 용인할 수 없었던 것은 명문대족의 존엄성을 지키고자 한 것이었고, 육완陸玩이 왕도王導와 인척을 맺으려 하지 않았던 것은 동진 초기 남북 사족士族 사이의 갈등과 북인에 대한 남인의 경시태도를 드러낸 것이었다. 또한 유애庾敳가 왕연王衍의 반대를 무릅쓰고 한사코 그를 '자네'라고 부른 것은 자존심과 자신감의 발로였고, 왕술王述이 승진했을 때 예의상으로 으레 하는 겸양을 차리지 않고 곧장 임지로 부임한 것은 가식 없는 솔직함의 표현이었다. 이러한 고사들을 '방정'의 범주에 열입刻入한 것은 바로 당시의 시대적인 특성을 반영하고 있음을 말해준다.

우리는 본편을 통하여 위진魏晉이라는 특정한 시대와 환경 속에서 당시 명사들에 의해 인식되었던 여러 형태의 '방정'한 언행의 풍모를 잘 엿볼 수 있다.

• 5 : 01 [0286]

진태구陳太丘[陳寔]가 친구와 함께 출타하기로 약속했다. 정오에 만나기로 약속했는데 정오가 지나도록 도착하지 않자 진태구는 그냥 떠났다. 진태구가 떠난 뒤에 친구가 그제야 도착했다. 진원방陳元方[陳紀]은 당시 나이가 7살이었는데 대문 밖에서 놀고 있었다.① 손님이 진원방에게 물었다.

"존친께서는 계시는가?"

진원방이 대답했다.

"당신을 오랫동안 기다렸으나 오지 않아서 이미 떠나셨습니다."

친구가 곧장 화를 내며 말했다.

"사람도 아니구먼! 남과 함께 출타하기로 약속해놓고는 버려두고 그냥 떠나다니!"

그러자 진원방이 말했다.

"당신이 부친과 정오에 만나기로 약속해놓고 정오가 지나도록 도착하지 않은 것은 신의가 없음이며, 자식을 대놓고 아비를 욕하는 것은 무례함입니다."

친구가 무색해하면서 수레에서 내려 잡아끌었지만 진원방은 대문 안으로 들어가 뒤도 돌아보지 않았다.

①·진식陳寔과 진기陳紀는 모두 이미 나왔다.①

[역주]······················

① 이미 나왔다 : 「德行」6 劉注①·②에 나왔음.

陳太丘與友期行, 期日中, 過中不至, 太丘舍去, 去後乃至. 元方時年七歲, 門外戲.① 客問元方; "尊君在不?" 答曰; "待君久不至, 已去." 友人便怒曰; "非人哉! 與人期行, 相委而去!" 元方曰; "君與家君期日中, 日中不至, 則是無信, 對子罵父, 則是無禮." 友人慚, 下車引之, 元方入門不顧.

①·陳寔及紀, 並已見.

• 5 : 02 [0287]

남양南陽의 종세림宗世林[宗承]은 위魏 무제武帝[曹操]와 동시대 사람이었지만, 그의 사람됨을 몹시 경멸하여 그와 교제하지 않았다. 위 무제가 사공司空이 되어 국정을 통괄하게 되었을 때 조용히 종세림에게 물었다.

"교제할 수 있겠소이까?"

종세림이 대답했다.

"송백松柏과 같은 지조①는 여전히 지니고 있습니다."

종세림은 이미 무제의 뜻에 거슬려 눈 밖에 났기 때문에 그 덕망에 어울리는 지위를 갖지 못했다. 그러나 문제文帝[曹丕] 형제는 매번 그의 집으로 찾아가 모두 그의 침상 아래에서 독배獨拜②하곤 했다. 그가 예우 받음이 이와 같았다.[1]

[1] ▫『초국선현전楚國先賢傳』: 종승宗承은 자가 세림이며 남양 안중安衆사람이다. 부친 종자宗資는 훌륭한 명성을 지니고 있었다. 종승은 어려서부터 덕행을 수양하여 품행이 아정했으며, 의연히 세속에 휩쓸리지 않아 조정의 초빙에도 나아가지 않았다. 그래서 그의 덕망을 듣고 찾아온 사람들이 숲처럼 많았다. 위 무제가 20살쯤 되었을 때 여러 번 그의 집을 찾아갔지만, 그 때마다 손님들이 너무 많아 말을 나눌 수가 없었다. 그래서 종승이 일어나기를 기다렸다가 다가가서 손을 잡고 교제를 청했지만, 종승은 거절하고 받아들이지 않았다. 무제가 나중에 사공이 되어 한漢나라 조정을 보좌하게 되었을 때 종승에게 말했다.

"경은 지난날 나를 상대해 주지 않았는데 지금은 교제할 수 있겠소이까?"

그러자 종승이 말했다.

"송백과 같은 지조는 여전히 지니고 있습니다."

무제는 불쾌했지만 그가 명현名賢이었기 때문에 여전히 그를 존경하고 예우했다. 그리고 문제에게 명하여 자제子弟의 예를 갖추게 하고 집으로 찾아가 그를 한중漢中태수로 임명하게 했다. 무제가 기주冀州를 평정하고③

이어서 업鄴에 이르렀을 때 진군陳羣 등이 모두 무제를 배알했는데, 무제는 여전히 옛날의 감정이 마음에 걸려서 그의 지위는 낮게 하면서도 그에 대한 예우는 남달리 했으며, 그의 집으로 찾아가 국정을 자문하고 빈객 가운데 상석에 앉게 했다. 문제가 그를 초징하여 직간대부直諫大夫로 삼았다. 명제明帝[曹叡]가 그를 초징하여 승상丞相으로 삼고자 했으나 그는 노령을 이유로 고사했다.

[역주]
① 松栢과 같은 지조 : 원문은 "松栢之志". 『論語』「子罕」에서 "子曰; '歲寒然後, 知松栢之後彫也.'"라고 함.
② 獨拜 : 상대방이 서로 맞절을 하지 않고 어느 한쪽에서만 절하는 것을 말함.
③ 冀州를 평정하고 : 建安 8년(203)에 袁紹의 아들 袁尙을 토벌한 일을 말함.『三國志』「魏書·武帝紀」에 보임.

[참고] 『太平御覽』410, 『太平廣記』235.

南陽宗世林, 魏武同時, 而甚薄其爲人, 不與之交. 及魏武作司空, 總朝政, 從容問宗曰; "可以交未?" 答曰; "松柏之志猶存." 世林旣以忤旨見疏, 位不配德. 文帝兄弟每造其門, 皆獨拜牀下. 其見禮如此.①

① 『楚國先賢傳』曰; 宗承, 字世林, 南陽安衆人. 父資, 有美譽. 承少而修德雅正, 确然不羣, 徵聘不就. 聞德而至者如林. 魏武弱冠, 屢造其門, 値賓客猥積, 不能得言. 乃伺承起, 往要之, 捉手請交, 承拒而不納. 帝後爲司空, 輔漢朝, 乃謂承曰; "卿昔不顧吾, 今可爲交未?" 承曰; "松柏之志猶存." 帝不說, 以其名賢, 猶敬禮之. 勅文帝修子弟禮, 就家拜漢中太守. 武帝平冀州, 從至鄴, 陳羣等皆爲之拜. 帝猶以舊情介意, 薄其位而優其禮, 就家訪以朝政, 居賓客之右. 文帝徵爲直諫大夫. 明帝欲引以爲相, 以老固辭.

위魏 문제文帝[曹丕]가 제위를 선양받았을 때 진군陳羣이 근심스런 얼굴을 하고 있자 문제가 물었다.

"짐은 하늘의 뜻에 순응하여 천자가 되는 명을 받았거늘 경은 어찌하여 즐거워하지 않소이까?"

그러자 진군이 말했다.

"신과 화흠華歆은 선조先朝를 가슴에 새겨 잊지 않고 있는지라 지금 비록 성덕聖德의 교화를 기뻐하고는 있지만 여전히 선조에 대한 절의節義가 안색에 나타나는 것입니다."⃞

⃞ 。 화교華嶠의 「보서譜敍」: 위魏나라가 선양을 받았을 때 조정의 신하 가운데 삼공三公 이하가 모두 작위를 받았지만, 화흠은 시세時勢에 거슬리는 태도를 보였기 때문에 사공司空으로 좌천되었으며 작위에 나아가지 못하였다. 문제는 오랫동안 그것을 못마땅해 하다가 상서령尚書令 진군에게 물었다.

"내가 하늘의 뜻에 순응하여 천자가 되는 명을 받으니 백관 중에 기뻐하지 않는 자가 없으며 그러한 감정이 말과 안색에 드러나는데, 상국相國[華歆]과 공공[陳羣]만은 기뻐하지 않으니 어찌된 것이오?"

그러자 진군이 일어나 자리에서 벗어나 윗몸을 세운 채 무릎을 꿇고 말했다.

"신과 상국은 일찍이 한漢나라 조정을 섬겼는지라 마음으로는 비록 선양받으신 것을 기뻐하고는 있지만 선조先朝에 대한 절의가 안색에 나타나는 것입니다.① 폐하께서 그것을 진짜로 받아들여 신臣 등이 미움을 살까봐 두렵습니다."

무제는 크게 기뻐하면서 한참 동안 탄식한 뒤에 마침내 그들을 남달리 중시했다.

[역주]······················
① 절의가 안색에 나타나는 것입니다 : 원문은 "義干其色". 蔣篁亭의 校本에는 "義形於色"이라 되어 있는데, 문맥상 타당하다고 여겨 이것에 따라 번역함.

[참고]『蒙求』上.

魏文帝受禪, 陳羣有慽容, 帝問曰; "朕應天受命, 卿何以不樂?" 羣曰; "臣與華歆服膺先朝, 今雖欣聖化, 猶義形於色."⃞

⃞ 。 華嶠「譜敍」曰; 魏受禪, 朝臣三公以下, 並受爵位, 華歆以形色忤時, 徙爲司空, 不進爵. 文帝久不懌, 以問尚書令陳羣曰; "我應天受命, 百辟莫不說喜, 形於聲色, 而相國及公, 獨有不怡者, 何邪?" 羣曰, 離席長跪曰; "臣與相國, 曾事漢朝, 心雖說喜, 義干其色. 亦懼陛下實應見憎." 帝大說, 歎息良久, 遂重異之.

• 5 : 04 [0289]

곽회郭淮는 관중도독關中都督이 되어 민심을 많이 얻었으며 여러 번 전공戰功도 세웠다.① 곽회의 부인은 태위太尉 왕릉王淩의 누이동생이었는데, 왕릉의 사건①에 연좌되어 마땅히 함께 처형당할 처지였다.② 압송하라는 명을 받은 사자의 재촉이 매우 급해지자, 곽회는 부인에게 여장을 꾸리라 명하고 날짜를 택하여 출발시키려 했다. 각 주부州府의 문무 관료들과 백성들이 곽회에게 거병하라고 권했지만 곽회는 듣지 않았다. 기일이 되어 부인을 보냈는데 뒤따라가면서 소리쳐 우는 백성들이 수만 명이었다. 수십 리쯤 갔을 때 곽회는 마침내 좌우에 명하여 부인을 쫓아가 데려오도록 했다. 그래서 문무 관료들이 황급히 내달렸는데 마치 자신의 목숨이라도 걸린 것처럼 급했다. 부인이 도착하자 곽회는 선제宣帝[司馬懿]에게 서찰을 보내 호소했다.

"다섯 아들이 슬퍼하면서 그 어미를 그리고 있는데, 그 어미가 죽고 나면 다섯 아들은 살 수 없을 것이고 다섯 아들이 죽는다면 저 또한 살 수 없을 것입니다."

마침내 선제는 조정에 상주하여 곽회의 부인을 특별히 사면해주었다.③

① · 『위지魏志』② : 곽회는 자가 백제伯濟며 태원太原 양곡陽曲사람이다. 건안建安연간(196~220)에 평원부승平原府丞에 제수되었다. 황초黃初 원년(220)에 문제文帝[曹丕]의 즉위를 축하하는 사절을 보냈으나 자신은 도중에 지체되어 제때에 도착하지 못했다.③ 군신群臣의 축하모임에서 문제가 정색하며 그를 질책했다.

"옛날 우禹임금이 제후들을 도산塗山에 모이도록 했는데 방풍씨防風氏가 나중에 도착하자 곧바로 참형에 처했소. 지금 온 천하가 함께 경축하는 마당에 경은 가장 늦게 도착했으니 어찌된 것이오?"

그러자 곽회가 말했다.

"신이 듣자오니, 오제五帝는 교화를 우선으로 하고 덕으로써 백성을 인도했는데, 하夏나라 때에 정치가 쇠하여 처음으로 형벌을 사용했다 합니다. 지금 신은 당唐[堯]·우虞[舜]와 같은 시대를 만났으니 방풍씨와 같은 처형은 면할 수 있을 줄로 압니다."

문제는 그의 대답에 기뻐하여 그를 옹주雍州자사로 발탁하고 정서장군征西將軍으로 승진시켰다. 곽회는 관중에서 30여 년을 지내는 동안 공적이 두드러져 의동삼사儀同三司로 승진했다. 대장군大將軍에 추증되었다.

②□『위략魏略』: 왕릉은 자가 언운彦雲이며 태원太原 기祁사람이다. 사공司空·태위太尉·정동장군征東將軍을 역임했다. 은밀히 초왕楚王 조표曹彪를 옹립하려 했기 때문에 사마선왕司馬宣王[司馬懿]이 직접 토벌에 나섰다. 왕릉은 스스로 결박하면서 죄를 인정했으며, 멀리서 사마태부司馬太傅[司馬懿]에게 말했다.

"경이 단지 반쪽짜리 서찰④로 나를 부른다 한들 내 마땅히 가지 않을 수 있겠소?"

그러자 사마태부가 말했다.

"경은 반쪽짜리 서찰에는 기꺼이 따를 사람이 아니오."

마침내 사람을 시켜 그를 서쪽[洛陽]으로 호송하게 했다. 왕릉은 스스로 중죄임을 알았기 때문에 시험 삼아 관에다 박을 못을 요청함으로써 사마태부의 의중을 떠보았는데 사마태부가 그 못을 그에게 주었다. 왕릉은 항성項城에 이르렀을 때 밤에 속관들을 불러 그들과 결별하면서 말했다.

"향년 80에 신명身命이 모두 스러지게 되었으니 천명인가 보다!"

그러고는 마침내 자살했다.

③□『세어世語』: 곽회의 부인이 오라비 왕릉의 사건에 연좌되어 시어사侍御史가 그녀를 체포하러 갔다. 그러자 독장督將 및 강족羌族과 호족胡族의 우두머리 수천 명이 머리를 조아리며 곽회에게 부인을 놓아달라는 상주문을 올리라고 청했으나 곽회는 따르지 않았다. 부인이 압송의 길에 오르자 눈물을 흘리지 않는 자가 없었으며, 사람들마다 주먹을 불끈 쥐고 분노하면서 그녀가 가는 길을 막으려 했다. 곽회의 다섯 아들은 머리를 찧어 피를 흘리면서 곽회에게 청원했다. 곽회는 차마 이를 볼 수가 없어서 마침내 부인을 뒤쫓아 가라고 명했다. 이에 수천 명의 기병이 추격하여 부인을 다시 모시고 돌

아왔다. 곽회는 곧 사마선왕에게 서찰을 보내 호소했다.

"다섯 아들이 어미를 불쌍히 여겨 자신의 목숨도 아끼지 않으니, 만일 그 어미가 죽는다면 다섯 아들은 살 수 없을 것이고 다섯 아들이 죽는다면 저 또한 살 수 없을 것입니다. 지금 급히 뒤쫓아 가서 다시 데려온 것은 진실로 국법에 어긋나는 일이오니 사법관으로부터 죄받음이 마땅합니다."

서찰이 도착하자 사마선왕은 마침내 조정에 상주하여 그녀를 사면해 주었다.

[역주]
① 왕릉의 사건 : 嘉平 원년(249)에 왕릉이 외조카 令狐愚와 공모하여 당시 천자였던 齊王 曹芳을 폐위하고 曹操의 아들인 楚王 曹彪를 옹립하려 한 사건을 말함. 『三國志』 권28 「王淩傳」에 보임.
② 『魏志』 : 『三國志』 권26 「郭淮傳」.
③ 제때에 도착하지 못했다 : 『三國志』 권26 「郭淮傳」에 따르면, 가는 도중에 병이 났다고 함.
④ 반쪽짜리 서찰 : 원문은 "折簡". 짧은 서찰로 정식 예의를 갖추지 않고 약식으로 부를 때 사용함.

[참고] 『三國志』 26注

郭淮作關中都督, 甚得民情, 亦屢有戰庸.① 淮妻, 太尉王淩之妹, 坐淩事當幷誅.② 使者徵攝甚急, 淮使戒裝, 克日當發. 州府文武及百姓勸淮舉兵, 淮不許. 至期遣妻, 百姓號泣追呼者數萬人. 行數十里, 淮乃命左右追夫人還, 於是文武奔馳, 如徇身首之急. 旣至, 淮與宣帝書曰; "五子哀戀, 思念其母. 其母旣亡, 則無五子. 五子若殞, 亦復無淮." 宣帝乃表, 特原淮妻.③

① 『魏志』曰; 淮, 字伯濟, 太原陽曲人. 建安中, 除平原府丞. 黃初元年, 奉使賀文帝踐阼, 而稽留不及. 羣臣歡會, 帝正色責之曰; "昔禹會諸侯於塗山, 防風氏後至, 便行大戮. 今溥天同慶, 而卿最留遲, 何也?" 淮曰; "臣聞五帝先敎, 導民以德, 夏后政衰, 始用刑辟. 今臣遭唐·虞之世, 是以知免防風氏之誅." 帝說之, 擢爲雍州刺史, 遷征西將軍. 淮在關中三十餘年, 功績顯著, 遷儀同三司. 贈大將軍.

② 『魏略』曰; 淩, 字彦雲, 太原祁人. 歷司空·太尉·征東將軍. 密欲立楚王彪, 司馬宣王自討之. 淩自縛歸罪, 遙謂太傅曰; "卿直以折簡召我, 我當不至邪?" 太傅曰; "以卿非肯逐折簡者也." 遂使人送至西. 淩自知罪重, 試索棺釘, 以觀太傅意, 太傅給之. 淩行至項城, 夜呼掾屬與決曰; "行年八十, 身命俱滅, 命邪!" 遂自殺.

③ 『世語』曰; 淮妻當從坐, 侍御史往收. 督將及羌·胡渠帥數千人叩頭, 請淮上表留妻, 淮不從. 妻上道, 莫不流涕, 人人扼腕, 欲劫留之. 淮五子叩頭流血請淮. 淮不忍視, 乃命追之, 於是數千騎往追還. 淮以書白司馬宣王曰; "五子哀母, 不惜其身, 若無其母, 是無五子, 五子若亡, 亦無淮也. 今輒追還, 若於法未通, 當受罪於主者." 書至, 宣王乃表原之.

• 5 : 05 [0290]

　제갈량諸葛亮이 위수渭水 가에 진을 치자① 관중關中이 크게 동요했다.① 위魏 명제明帝[曹叡]는 진晉 선왕宣王[司馬懿]이 진을 나가서 응전할까 봐 매우 걱정하여 신비辛毗를 파견하여 군軍의 사마司馬로 삼았다.② 선왕이 이미 제갈량과 위수를 사이에 두고 진을 치자, 제갈량은 온갖 계략을 동원하여 선왕이 진 밖으로 나와서 응전하도록 유인했다. 선왕은 과연 크게 격분하여 장차 대군으로 응전하려고 했다. 제갈량이 첩자를 보내 정탐하도록 했더니 첩자가 돌아와 보고했다.

　"어떤 한 노인이 위풍당당하게 황월黃鉞②을 들고 군문軍門에 버티고 서 있어서 군대가 출동할 수 없는 상황입니다."

　그러자 제갈량이 말했다.

　"그 사람은 틀림없이 신좌치辛佐治[辛毗]일 것이다."③

① 『촉지蜀志』③ : 제갈량은 자가 공명孔明이며 낭야琅邪 양도陽都 사람이다. 형주荊州에 거하면서 직접 밭을 갈았고 「양보음梁甫吟」④을 잘 읊었다. 키는 8척이었다. 매번 자신을 관중管仲과 악의樂毅에 견주었는데, 당시 사람들은 그렇게 여기지 않았지만 오직 박릉博陵의 최주평崔州平⑤과 영천潁川의 서원직徐元直[徐庶]만이 정말로 그렇다고 생각했다. 선주先主[劉備]가 신야新野에 주둔하고 있을 때 서서徐庶가 선주를 뵙고 말했다.

　"제갈공명은 누워 있는 용[臥龍]이니 장군께서는 혹 그를 만나보고 싶지 않으십니까?"

　선주가 말했다.

　"당신이 모시고 함께 오도록 하시오."

　서서가 말했다.

"그 사람은 찾아가서 만날 수는 있지만 오게 할 수는 없습니다."

선주는 마침내 제갈량을 찾아가 만난 뒤에 관우關羽와 장비張飛에게 말했다.

"나에게 공명이 있는 것은 물고기에게 물이 있는 것과 같네."

제갈량은 여러 벼슬을 거쳐 승상丞相과 익주목益州牧에 기용되었다. 군대를 이끌고 북정北征하다가 위수의 남쪽에서 죽었다.

② · 『위지魏志』[6] : 신비는 자가 좌치며 영천潁川 양적陽翟사람이다. 여러 벼슬을 거쳐 위위衛尉에 기용되었다.

③ · 『진양추晉陽秋』 : 제갈량이 미郿 땅으로 진격하여 위수의 남쪽 언덕에 진을 치자, 위 명제가 조서를 내려 고조高祖[司馬懿]에게 막도록 했다. 제갈량은 군대의 통솔에 뛰어났으며 군령軍令을 엄격하고 분명하게 했다. 또한 군대가 멀리 원정 나왔고 군량을 운반하는 것이 어려워서 야전野戰이 유리했다. 위魏나라의 조정에서는 그[제갈량]가 출병했다는 소식을 들을 때마다 싸우지 않고 그를 굴복시키고자 했는데 고조 역시 그렇게 생각했다. 그래서 대군을 거느림으로써 적의 업신여김을 막고자 했으며, 멀리서나마 겁먹고 나약한 모습을 드러냄으로써 대세를 그르쳐서는 안 된다고 생각하여 말에게 먹이를 먹이는 동안에도 갑옷을 입고서 항상 집어삼킬 듯한 위세를 보였다. 제갈량은 싸움을 걸면서 고조에게 건괵巾幗을 보냈는데, 건괵은 부녀자들의 두건이다. 제갈량은 그렇게 함으로써 고조를 격분시켜 조구曹咎의 이득[7]을 얻고자 했다. 위魏나라 조정에서는 고조가 분을 이기지 못할까봐 걱정했는데, 위위衛尉 신비가 강직한 신하였기 때문에 명제가 신비에게 절節[8]을 내려 고조 군대의 사마로 삼았다. 제갈량이 과연 다시 싸움을 걸자 고조는 격분하여 당장 나가서 싸우려 했다. 그러나 신비가 절節을 들고 군문 중앙에 서 있자 고조는 출병을 그만두었다. 그 모습을 보고 들은 병사들은 사기가 더욱 높아졌다. 식자들은 생각하기를 '신하의 몸으로 비록 천만의 대군을 거느린다 하더라도 왕자王者가 파견한 사람에게는 굴복하는 법'이라고 했다. 큰 책략의 심원함은 모두 이와 같은 류다.

[역주]······················

① 진을 치자 : 원문은 "次". 옛날에 군대가 하룻밤 머무는 것을 '舍', 이틀 밤 머무는 것을 '信', 그 이상 머무는 것을 '次'라 함.

② 黃鉞 : 황금으로 된 큰 도끼. 천자가 전쟁에 나가는 장수에게 내려줌.
③ 『蜀志』: 『三國志』권35 「諸葛亮傳」.
④ 「梁甫吟」: 樂府 제목 가운데 하나.
⑤ 崔州平 : 太尉 崔烈의 아들이자 崔均의 동생. 『三國志』권35 「諸葛亮傳」에 인용된 『崔氏譜』에 보임.
⑥ 『魏志』: 『三國志』권25 「辛毗傳」.
⑦ 曹咎의 이득 : 曹咎는 項羽의 武將으로 漢 高祖의 군대와 전쟁할 때 成皐를 수비했는데, 적군이 누차 싸움을 걸자 나가서 싸우지 말라는 명령에도 불구하고 나가서 싸우다가 패배함. 『史記』권7 「項羽本紀」에 보임.
⑧ 節 : 8尺의 자루에 깃털이나 쇠꼬리를 매단 깃발의 일종으로, 천자가 사자나 대장군에게 내려줌.

[참고] 『晉書』1, 『藝文類聚』68, 『北堂書鈔』130.

諸葛亮之次渭濱, 關中震動.① 魏明帝深懼晉宣王戰, 乃遣辛毗爲軍司馬.② 宣王旣與亮對渭而陳, 亮設誘譎萬方. 宣王果大忿, 將欲應之以重兵. 亮遣間諜覘之, 還曰; "有一老夫, 毅然仗黃鉞, 當軍門立, 軍不得出." 亮曰; "此必辛佐治也."③

①。『蜀志』曰; 亮, 字孔明, 琅邪陽都人. 客於荊州, 躬耕隴畝, 好爲「梁甫吟」. 長八尺. 每自比管仲·樂毅, 時人莫之許也, 唯博陵崔州平, 潁川徐元直, 謂爲信然. 先主屯新野, 徐庶見先主曰; "諸葛孔明, 臥龍也. 將軍豈願見之乎?" 先主曰; "君與俱來." 庶曰; "此人可就見, 不可屈致也." 先主遂詣亮, 謂關羽·張飛曰; "孤之有孔明, 猶魚之有水也." 累遷丞相·益州牧. 率衆北征, 卒於渭南.

②。『蜀志』曰; 毗, 字佐治, 潁川陽翟人. 累遷衛尉.

③。『晉陽秋』曰; 諸葛亮寇于郿, 據渭水南原, 詔使高祖拒之. 亮善撫御, 又戎政嚴明. 且僑軍遠征, 糧運艱澁, 利在野戰. 朝廷每聞其出, 欲以不戰屈之, 高祖亦以爲然. 而擁大軍禦侮於外, 不宜遠露怯弱之形, 以虧大勢. 故秣馬坐甲, 每見吞倂之威. 亮雖挑戰, 或遺高祖巾幗, 巾幗, 婦女之飾. 欲以激怒, 冀獲曹咎之利. 朝廷慮高祖不勝忿憤, 而衛尉辛毗骨鯁之臣, 帝乃使毗仗節, 爲高祖軍司馬. 亮果復挑戰, 高祖乃奮怒, 將出應之. 毗仗節中門而立, 高祖乃止. 將士聞見者, 益加勇銳. 識者以人臣雖擁衆千萬, 而屈於王人. 大略深長, 皆如此之類也.

----------• 5 : 06 [0291]

하후현夏侯玄이 이미 체포되어 족쇄와 수갑에 채였을 때① 종육鍾毓

이 정위廷尉로 있었다. 그의 동생 종회鍾會는 이전에 하후현과 서로 아는 사이가 아니었으나 곧 그것을 기회로 그에게 버릇없이 굴었다. 하후현이 말했다.

"내 비록 형벌을 받을 사람이지만 결코 당신의 말을 듣지는 않겠소!"[2]

무수히 고문을 했지만 하후현은 처음부터 한 마디 말도 하지 않았으며, 동시東市[1]에서 처형될 때에도 안색이 변함없었다.[3]

[1] ◦『위씨춘추魏氏春秋』: 하후현은 자가 태초太初며 초국譙國사람으로, 하후상夏侯尙의 아들이자 대장군大將軍[司馬師] 전처[2]의 오라비였다. 풍격이 고명했으며 언변이 뛰어나고 박학했다. 정시正始연간(240~248)에 호군護軍이 되었다. 조상曹爽이 주살당한 뒤에 태상太常으로 초징되었다. 마음속으로 화를 면하지 못할 것을 알고[3] 사람들과 교제하지 않았으며 기록물도 남겨놓지 않았다. 사마태부司馬太傅[司馬懿]가 죽고 나자 허윤許允이 하후현에게 말했다.

"그대는 더 이상 근심할 것이 없게 되었소."

그러자 하후현이 탄식하며 말했다.

"사종士宗[許允], 당신은 어찌하여 세상일을 보지 못하시오? 그 사람[司馬懿]은 그래도 나를 친한 집안의 젊은이로 대우해주었지만, 자원子元[司馬師]과 자상子上[司馬昭]은 나를 받아들이지 않을 것이오."

나중에 중서령中書令 이풍李豐이 대장군[司馬師]이 집정하는 것을 싫어하여 마침내 하후현으로 그를 대신하려는 계책을 세웠는데, 대장군이 그 계책을 듣고는 이풍을 주살하고 하후현을 체포하여 정위에게 인도했다.

◦ 간보干寶의 『진기晉紀』: 처음 이풍이 계책을 세울 때 하후현에게 그 의도를 알려주도록 하자, 하후현이 답했다.

"마땅히 자세한 사정을 알아야겠습니다."

그러나 그에게 알려주지 않아서 화를 당하게 되었다.

[2] ◦『세어世語』: 하후현은 정위의 관서로 인도되었으나 결코 입을 열려고 하지 않았다. 그래서 정위 종육이 직접 나서서 하후현을 심문하자, 하후현이 정색하며 말했다.

"나에게 무슨 말을 하란 말이오? 이제는 영사令史가 되어 사람을 다그

치려 하시오?④ 그러면 당신이 내 대신 진술서를 작성하시오."

종육은 하후현이 명사로서 그 높은 절조節操를 꺾을 수 없다고 생각했지만 옥사獄事는 어떻게 해서든지 끝내야 했으므로, 밤에 사실과 서로 부합하도록 진술서를 작성하여 눈물을 흘리면서 하후현에게 보여주었더니, 하후현이 그것을 보고 말했다.

"결코 이와 같지는 않소!"

종회는 하후현보다 나이가 적었으며 하후현과는 친분이 없었는데도 이날 종육 옆에서 하후현에게 버릇없이 굴었다. 그러자 하후현이 정색하며 말했다.

"종군鍾君, 어찌 이럴 수 있는가?"

◦ 『명사전名士傳』: 처음에 하후현은 종육의 뜻이 자신과 같지 않다고 여겨 그와 교제하지 않았다. 하후현이 체포되었을 때 종육은 정위로 있었는데 하후현의 손을 잡고 말했다.

"태초太初[夏侯玄], 어찌다가 이런 지경에 이르렀소?"

그러자 하후현이 정색하며 말했다.

"내 비록 형벌을 받을 사람이지만 당신과 교제할 수는 없소."

◦ 생각건대 : 곽반郭頒은 서진西晉 사람으로 시대가 서로 가깝고, 그가 지은 『진위세어晉魏世語』⑤는 내용이 대부분 상세하고 정확하다. 따라서 손성孫盛⑥과 같은 사람들이 모두 『위진세어魏晉世語』에서 채록하여 책을 지었으며, 한결같이 하후현이 종회를 거부했다고 말했다. 그러나 원굉袁宏의 『명사전』은 가장 나중에 나왔음에도 전사前史에 따르지 않고 하후현이 거부한 사람을 종육이라고 여겼으니 터무니없다고 말할 수 있다.

③ ◦ 『위지魏志』⑦ : 하후현은 풍격과 기량이 크고 넓었으며, 참형을 당할 때에도 안색에 변함이 없었고 그 태도가 태연자약했다.

[역주]
① 東市 : 洛陽에 있던 시장. 죄수의 처형 장소로 사용됨.
② 大將軍[司馬師] 전처 : 대장군 司馬師의 전처는 景懷夏侯皇后로 이름은 徽, 字는 媛容임. 『三國志』 권31 「后妃傳上」에 보임.
③ 마음속으로 화를 면하지 못할 것을 알고는 : 夏侯玄은 曹爽의 고모 아들이므로 [『三國志』 권9 「夏侯玄傳」에 보임] 조상과 하후현은 종형제간임. 따라서 하후현은 조상의 죄에 연좌되어 화를 면하지 못하리라고 짐작한 것임.

④ 令史가 되어 사람을 다그치려 하시오 : 원문은 "爲令史責人邪". 令史는 公府에서 문서를 관장하는 관리. 九卿의 서열에 있는 鍾毓이 令史나 하는 일을 하려 한다는 뜻임.
⑤ 『晉魏世語』: 일반적으로 『魏晉世語』라고 부르며 『世語』라고 약칭함.
⑥ 孫盛 : 『魏氏春秋』의 저자.
⑦ 『魏志』: 『三國志』「魏書·夏侯玄傳」.

[참고] 『三國志』9注.

夏侯玄旣被桎梏,① 時鍾毓爲廷尉. 鍾會先不與玄相知, 因便狎之. 玄曰; "雖復刑餘之人, 未敢聞命!"② 考掠初無一言, 臨刑東市, 顔色不異.③

①・『魏氏春秋』曰; 玄, 字太初, 譙國人. 夏侯尙之子, 大將軍前妻兄也. 風格高朗, 弘辯博暢. 正始中, 護軍. 曹爽誅, 徵爲太常. 內知不免, 不交人事, 不畜筆硏. 及太傅薨, 許允謂玄曰; "子無復憂矣." 玄歎曰; "士宗, 卿何不見事乎? 此人尤能以通家年少遇我, 子元·子上不吾容也." 後中書令李豐惡大將軍執政, 遂謀以玄代之. 大將軍聞其謀, 誅豐, 收玄送廷尉.
・干寶『晉紀』曰; 初, 豐之謀也, 使告玄, 玄答曰; "宜詳之爾." 不以聞也, 故及於難.

②・『世語』曰; 玄至廷尉, 不肯下辭. 廷尉鍾毓自臨履玄, 玄正色曰; "吾當何辭? 爲令史責人邪? 卿便爲吾作." 毓以玄名士, 節高不可屈, 而獄當竟, 夜爲作辭, 令與事相附, 流涕以示玄, 玄視之曰; "不當若是邪!" 鍾會年少於玄, 玄不與交, 是日於毓坐狎玄, 玄正色曰; "鍾君, 何得如是?"
・『名士傳』曰; 初, 玄以鍾毓志趣不同, 不與之交. 玄被收時, 毓爲廷尉, 執玄手曰; "太初, 何至於此?" 玄正色曰; "雖復刑餘之人, 不可得交."
・按; 郭頒, 西晉人, 時世相近, 爲『晉魏世語』, 事多詳覈. 孫盛之徒, 皆采以著書, 並云玄距鍾會. 而袁宏『名士傳』最後出, 不依前史, 以爲鍾毓, 可謂謬矣.

③・『魏志』曰; 玄格量弘濟, 臨斬, 顔色不異, 擧止自若.

────── • 5 : 07 [0292]

하후태초夏侯泰[太]初[夏侯玄]는 광릉廣陵의 진본陳本과 사이가 좋았다. 진본과 하후태초가 진본의 모친 앞에서 주연을 벌이고 있을 때,① 진본의 동생 진건陳騫②이 출타했다가 돌아와 곧장 방안으로 들어오자, 하후태초가 자리에서 일어나며 말했다.

"동석할[同] 수는 있지만 함께 어울릴[雜] 수는 없지."③

1. ▫『세어世語』: 진본은 자가 휴원休元이며 임회臨淮 동양東陽사람이다.
   ▫『위지魏志』: 진본은 광릉 동양사람이다. 부친 진교陳矯는 사도司徒였다. 진본은 군수郡守와 정위廷尉를 역임했는데, 임지에서 대강의 원칙만을 지키고 대강의 규칙만을 사용했음에도 부하들로 하여금 스스로 진력盡力케 할 수 있어서 뛰어난 통솔력을 지녔다. 사소한 일에는 관여치 않고 법률도 읽지 않았지만 훌륭한 정위라는 칭송을 받았다. 진북장군鎭北將軍으로 전임되었다.

2. ▫『진양추晉陽秋』: 진건은 자가 휴연休淵이며 사도司徒[陳矯]의 둘째아들이다. 직언의 성품은 없었지만 골계滑稽에 뛰어나고 지모가 풍부했다. 벼슬이 대사마大司馬에 이르렀다.

3. ▫『명사전名士傳』: 하후현夏侯玄은 향당鄕黨에서는 연령을 귀히 여기기 때문에 근본적으로 덕망과 지위를 막론하고 연장자에게 반드시 절해야 한다고 생각했다. 진본과 함께 그[진본]의 모친 앞에서 술을 마시고 있을 때 진건이 들어오자 하후현이 나간 것은 그[진건]가 동석할 수는 있지만 어울릴 수는 없는 사람이었기 때문이다.

[역주]························
* 夏侯玄과 陳騫에 관한 고사는 본문과 劉注에 인용된 것 이외에도 다음과 같은 고사가 있다.『晉書』권35「陳騫傳」: 젊었을 때 하후현에게 모욕을 당했지만 진건은 태연자약했다. 그래서 하후현은 이 일로 그를 남다르게 여겼다.[少爲夏侯玄所侮, 騫色自若, 玄以此異之] /『太平御覽』권498에 인용된『漢晉春秋』: 진건의 형 진본이 하후현과 교제했는데 하후현이 진본의 모친께 인사를 올렸다. 진건은 당시 중령군으로 있었는데 하후현이 자기 집에 와 있다는 말을 듣고는 기뻐서 집으로 돌아갔다. 이미 방문으로 들어갔는데 하후현이 말했다. "서로 이러한 사이에까지는 이르지 않았소" 그러자 진건은 방문에서 한참을 서 있다가 말했다. "당신 말씀대로 하지요." 그리고는 곧장 뛰어나갔는데 의기가 태연자약했다. 하후현은 이 일로 그를 알아보게 되었다.[騫兄本與夏侯玄交, 玄拜其母. 騫時中領軍, 聞玄會於家, 悅而歸. 旣入戶, 玄曰; "相與未至於此." 騫當戶良久, 曰; "如君言." 乃趨而出, 意氣自若. 玄以此知之.]

夏侯泰初與廣陵陳本善. 本與玄在本母前宴飮, 1 本弟騫 2 行還, 徑入至堂戶, 泰初因起曰; "可得同, 不可得而雜." 3
1. ▫『世語』曰; 本, 字休元, 臨淮東陽人.

- 『魏志』曰; 本, 廣陵東陽人. 父矯, 司徒. 本歷郡守·廷尉, 所在操綱領, 擧大體, 能使羣下自盡, 有率御之才. 不親小事, 不讀法律, 而得廷尉之稱. 遷鎭北將軍.
2. 『晉陽秋』曰; 騫, 字休淵, 司徒第二子. 無蹇諤風, 滑稽而多智謀. 仕至大司馬.
3. 『名士傳』曰; 玄以鄕黨貴齒, 本不論德位, 年長者必爲拜. 與陳本母前飮, 騫來而出, 其可得同, 不可得而雜者也.

────── • 5:08 [0293]

고귀향공高貴鄕公[曹髦]이 죽자 조정의 안팎이 시끌시끌했다.1 사마문왕司馬文王[司馬昭]이 시중侍中 진태陳泰에게 물었다.2

"어떻게 이 소요를 진정시킬 수 있겠소?"

진태가 말했다.

"오직 가충賈充을 죽여 천하에 사죄해야만 합니다."

사마문왕이 말했다.

"그보다 좀 낮추면 안되겠소?"

그러자 진태가 대답했다.

"다만 그 이상은 되지만 그 이하는 안 된다고 봅니다."3

1. 『위지魏志』: 고귀향공은 휘諱가 모髦고 자가 언사彦士며, 문제文帝[曹丕]의 손자이자 동해정왕東海定王 조림曹霖의 아들이다. 처음 담현郯縣의 고귀향공에 봉해졌다. 학문을 좋아했으며 일찍 대성大成했다. 제왕齊王[曹芳]이 폐위되자 군신群臣들이 그를 맞이하여 황제의 자리에 앉혔다.

『한진춘추漢晉春秋』: 조방曹芳 폐위사건 이후로 위魏나라 조정에서는 궁전의 숙위병宿衛兵을 줄이고 더 이상 갑옷을 착용하지 못하게 했으며 여러 문의 수비병도 노약자들뿐이었다. 조모는 위魏나라의 권세가 날로 사라져가는 것을 보고 그 분을 이기지 못하여 시중 왕침王沈, 상서尙書 왕경王經, 산기상시散騎常侍 왕업王業을 불러 말했다.

"사마소司馬昭의 제위찬탈 야심은 길가는 사람들도 아는 바이니 나는 폐위당하는 치욕을 앉아서 받을 수는 없소. 오늘 당장 경들과 함께 직접 출병하여 그를 토벌하려 하오."

조모는 왕경이 간했으나 듣지 않고 이내 가슴속에서 판령板令①을 꺼내 땅에 던지며 말했다.

"일은 결정되었소! 정작 죽는다 하더라도 무엇이 한스럽겠소? 하물며 반드시 죽어야만 하는 것도 아니잖소?"

이윽고 궁궐로 들어가 태후太后[明帝의 妃 郭皇后, 曹髦의 모친]께 아뢰었다. 그러나 왕침과 왕업이 급히 달려가 사마소에게 알려주자 사마소는 그에 대한 방비를 했다. 조모는 마침내 동복僮僕 수백 명을 이끌고 북을 치고 소리치면서 출병했다. 사마소의 동생인 둔기교위屯騎校尉 사마주司馬伷가 궁전으로 들어가 동쪽 지차문止車門②에서 조모와 맞닥뜨렸는데, 좌우의 사람들이 질책하자 사마주의 병사들이 급히 도망쳤다. 중호군中護軍 가충賈充이 또한 조모를 기다리고 있다가 남쪽 궐문 부근에서 싸웠다. 태자사인太子舍人 성제成濟가 가충에게 물었다.

"사태가 급합니다! 어떻게 하면 좋을지 말씀해주십시오."

가충이 말했다.

"공公[司馬昭]이 그대들을 키운 것은 바로 오늘을 위해서다. 오늘의 일은 물을 것도 없다."

그래서 성제가 즉시 앞으로 나아가 조모를 찔렀는데 그 칼날이 등으로 나왔다.

▫『위씨춘추魏氏春秋』: 황제[曹髦]는 장차 대장군大將軍[司馬昭]을 주살하려고 하면서, 관리에게 조서를 내려 사마소의 직위를 상국相國으로 승진시키고 구석九錫을 수여한다고 했다. 황제는 그날 밤 용종복야宂從僕射 이소李昭와 황문종관黃門從官 초백焦伯 등을 직접 이끌고 능운대陵雲臺를 내려가 병사들에게 무기를 지급한 뒤, 사마소의 수여식을 기회로 삼아 그를 맞이해오는 사신을 파견하고 스스로 출병하여 토벌하려고 했는데 때마침 비가 내려 수여식을 중지했다. 다음날 마침내 왕경 등과 만나 황소조黃素詔③를 가슴에서 꺼내며 말했다.

"이런 일[사마소가 제위를 찬탈하려는 행위]을 참아낼 수 있다면 무슨 일인들 참아내지 못하겠소? 오늘 당장 이 일[사마소를 주살하려는 일]을 결행하겠소."

황제는 마침내 칼을 뽑아들고 수레에 올라 궁궐을 숙위宿衛하는 창두倉

頭④와 관동官僮을 이끌고 전고戰鼓를 치면서 운룡문雲龍門을 나섰다. 그때 가충이 군대를 이끌고 밖에서 들어오자 황제의 군대는 패하여 흩어졌다. 황제가 여전히 천자라고 외치면서 칼을 휘두르며 분전하자 병사들은 감히 접근하지 못했다. 가충이 나서서 장병들을 질책하자 기독騎督 성졸成倅의 동생 성제가 창을 들고 돌진하여 황제는 전사했다. 그때 폭우가 쏟아지고 천둥과 번개가 치면서 하늘이 어두워졌다.

2 ▪ 『위지』: 진태는 자가 현백玄伯이며 사공司空 진군陳羣의 아들이다.

3 ▪ 간보干寶의 『진기晉紀』: 고귀향공이 살해된 뒤에 사마문왕司馬文王[司馬昭]이 조정의 신하들을 불러 그 대책을 논의했는데 태상太常 진태는 참석하지 않았다. 그의 외숙부 순의荀顗에게 그를 불러 참석여부를 물어보게 했더니, 진태가 말했다.

"세상의 논자들은 저를 외숙부께 견주고 있습니다만 지금은 외숙부께서 저만 못합니다."

그러나 자제와 내외친족들이 모두 그에게 참석하라고 강요하자, 눈물을 흘리면서 조정으로 들어갔다. 사마문왕이 격리된 방에서 그를 기다렸다가 말했다.

"현백[陳泰], 경은 내가 어떻게 이 사태를 수습했으면 좋겠소?"

진태가 대답했다.

"가충을 죽여 천하에 사죄해야 합니다."

다시 사마문왕이 말했다.

"나를 위하여 그 다음 방법을 다시 생각해주시오."

그러자 진태가 말했다.

"오직 그 이상은 있을 수 있지만 그 다음은 모르겠습니다."

이에 사마문왕은 질문을 그만두었다.

▪ 『한진춘추』: 조모가 죽자 사마소는 그 소식을 듣고 몸을 땅에 내던지며 말했다.

"천하 사람들이 나에게 무어라 할꼬!"

이에 백관을 불러 그 일을 논의했다. 사마소가 눈물을 흘리면서 진태에게 물었다.

"내가 어떻게 했으면 좋겠소?"

진태가 말했다.

"공은 몇 대代를 밝게 보좌하여 그 공로가 천하를 덮을 만하니, 그 행적이 옛 선현과 짝하고 그 명성이 후세에 전해짐이 마땅하다고 생각합니다. 그런데 하루아침에 군주를 시해한 사건이 생겼으니 또한 애석하지 않겠습니까? 속히 가충을 참한다면 오히려 자신의 떳떳함을 지킬 수는 있을 것입니다."

사마소가 말했다.

"공려公閭[賈充]를 죽일 수는 없으니 경은 다른 방법을 다시 생각해 주시오."

그러자 진태가 언성을 높이며 말했다.

"오직 그 이상만 있을 따름이라고 생각하니 그밖에는 권해드릴 만한 방법이 없습니다."

그리고는 돌아가 자살했다.

◦『위씨춘추』: 진태가 대장군[司馬昭]에게 가충을 죽이라고 권했더니, 대장군이 말했다.

"경은 다른 방법을 다시 생각해주시오."

그러자 진태가 말했다.

"저에게 다시 그 다음 말을 하게 하시렵니까?"

진태는 마침내 피를 토하고 죽었다.

[역주]························
① 板令 : 밀봉하지 않은 檄文 詔令.
② 止車門 : 司馬門을 말함. 太子나 諸王이 司馬門에 이르러 수레에서 내렸기 때문에 그렇게 부름.
③ 黃素詔 : 황색으로 염색한 生絹에 쓴 詔令.
④ 倉頭 : 원래는 蒼頭라고 씀. 官奴 중에서 글씨를 읽고 쓸 줄 아는 자를 선발하여 푸른 두건을 쓰게 한 데에서 유래함. 나중에는 남자노비에 대한 통칭으로 쓰임.

[참고]『三國志』22注.

高貴鄕公薨, 內外諠譁.① 司馬文王問侍中陳泰曰;② "何以靜之?" 泰云; "唯殺賈充, 以謝天下." 文王曰; "可復下此不?" 對曰; "但見其上, 未見其下."③

① ◦『魏志』曰; 高貴鄕公, 諱髦, 字彦士, 文帝孫, 東海定王霖之子也. 初封郯縣高貴鄕公. 好學, 夙成. 齊王廢, 羣臣迎之, 卽皇帝位.

◦『漢晉春秋』曰; 自曹芳事後, 魏人省徹宿衛, 無復鎧甲, 諸門戍兵, 老弱而已. 曹髦見威權日去, 不勝其忿, 召侍中王沈・尙書王經・散騎常侍王業謂曰; "司馬昭之心, 路人所知也, 吾不能坐受廢辱. 今日當與卿自出討之." 王經諫, 不聽. 乃出懷中板令投地, 曰; "行之決矣! 正使死, 何所恨? 況不必死邪?" 於是入白太后. 沈・業奔走告昭, 昭爲之備. 髦遂率僮僕數百, 鼓譟而出. 昭弟屯騎校尉伷入, 遇髦於東止車門, 左右訶之, 伷衆奔走. 中護軍賈充又逆髦, 戰於南闕下. 髦自用劍, 衆欲退. 太子舍人成濟問充曰; "事急矣! 當云何?" 充曰; "公畜汝等, 正爲今日. 今日之事, 無所問也." 濟卽前刺髦, 刃出於背.

  ◦『魏氏春秋』曰; 帝將誅大將軍, 詔有司復進位相國, 加九錫. 帝夜冘從僕射李昭・黃門從官焦伯等下陵雲臺, 鎧仗授兵, 欲因際會, 遣使自出致討, 會雨而卻. 明日, 遂見王經等, 出黃素詔於懷; "是可忍也, 孰不可忍? 今當決行此事." 帝遂拔劍升輦, 率殿中宿衛蒼頭官僮, 擊戰鼓, 出雲龍門. 賈充自外而入, 帝師潰散. 帝猶稱天子, 手劍奮擊, 衆莫敢逼. 充率厲將士, 騎督成倅弟濟以矛進, 帝崩於師. 時暴雨, 雷電晦冥.

②◦『魏志』曰; 泰, 字玄伯, 司空羣之子也.

③◦干寶『晉紀』曰; 高貴鄕公之殺, 司馬文王召朝臣謀其故, 太常陳泰不至. 使其舅荀顗召之, 告以可不, 泰曰; "世之論者, 以泰方於舅, 今舅不如泰也." 子弟內外咸共逼之, 垂涕而入. 文王待之曲室, 謂曰; "玄伯, 卿何以處我?" 對曰; "可誅賈充以謝天下." 文王曰; "爲吾更思其次." 泰曰; "唯有進於此, 不知其次." 文王乃止.

  ◦『漢晉春秋』曰; 曹髦之薨, 司馬昭聞之, 自投於地曰; "天下謂我何?" 於是召百官議其事. 昭垂涕問陳泰曰; "何以居我?" 泰曰; "公光輔數世, 功蓋天下, 謂當並迹古人, 垂美於後. 一旦有殺君之事, 不亦惜乎? 速斬賈充, 猶可以自明也." 昭曰; "公閭不可得殺也, 卿更思餘計." 泰厲聲曰; "意唯有進於此耳, 餘無足委者也." 歸而自殺.

  ◦『魏氏春秋』曰; 泰勸大將軍誅賈充. 大將軍曰; "卿更思其他." 泰曰; "豈可使泰復發後言?" 遂嘔血死.

• 5:09 [0294]

  화교和嶠는 무제武帝[司馬炎]에게 친애와 존경을 받았다. 무제가 화교에게 물었다.

  "동궁東宮[惠帝 司馬衷]이 근자에 좀 더 진보한 것 같으니 경이 시험삼아 가서 살펴보도록 하시오."

  화교가 돌아오자 무제가 물었다.

  "어떠하오?"

  화교가 대답했다.

"황태자의 성품은 예전과 다름없습니다."[1]

[1] ▪『진제공찬晉諸公贊』: 화교는 자가 장여長輿며 여남汝南 서평西平사람이다. 부친 화유和逌는 태상太常으로서 명성이 알려졌다. 화교는 젊어서부터 뛰어난 기량으로 칭송받았으며, 가충賈充에게 깊이 인정받아 가충이 매번 세조世祖[司馬炎]에게 그를 칭찬하곤 했다. 상서尚書와 태자소부太子少傅를 역임했다.

▪ 간보干寶의『진기晉紀』: 황태자[司馬衷]는 순박한 성질을 지녀 남의 말을 곧이곧대로 받아들이는 것이 흠이었다. 시중侍中 화교가 자주 무제에게 아뢰었다.

"말세에는 거짓이 많은데도 태자는 쉽게 믿으려고만 하니 사해의 주인[天子]이 될 재목이 아닙니다. 태자가 폐하의 왕업을 완수하지 못할까 걱정되오니, 원컨대 문왕과 무왕이 제위를 계승한 예①를 돌이켜 생각하십시오."

그러나 무제는 이미 적자適子를 중시하고 또한 제왕齊王[司馬攸]을 옹립하려는 무리의 주장②을 알고 있었기 때문에 그의 말을 받아들이지 않았다. 나중에 무제가 화교에게 말했다.

"태자가 근자에 조회에 참석했는데 내가 보기에는 다소 나아진 것 같으니, 경이 순시중荀侍中[荀顗]과 함께 가서 말을 나눠보도록 하시오."

순의荀顗가 어명을 받들고 갔다가 돌아와 무제에게 아뢰었다.

"태자의 식견이 크게 새로워져서 하교하신 그대로입니다."

그러나 무제가 화교에게 물었더니 화교가 대답했다.

"성품이 예전과 다름없습니다."

무제는 더 이상 아무 말도 하지 않았다.

▪『진양추晉陽秋』: 세조는 혜제惠帝[司馬衷]가 천자의 대업을 계승할 수 없을까봐 걱정하여 화교와 순욱荀勖을 보내 가서 살펴보도록 했다. 이미 보고 나서 순욱은 칭찬하며 말했다.

"태자의 덕이 더욱 진보하여 예전과는 다릅니다."

그러나 화교는 말했다.

"황태자의 성품은 예전과 다름없습니다. 이 일은 폐하의 집안일이므로 신이 관여할 바가 아닌 줄로 압니다."

세간에서 이것을 듣고 모두들 화교는 충직하다고 칭송한 반면에 순욱은 제거하려고 했다.

▫ 생각건대 : 순의는 청아하고 아첨하지 않는 성품을 지녔으므로, 두 설[3]을 따져보면 손성孫盛의 설이 타당하다.[4]

[역주]........................
① 문왕과 무왕이 제위를 계승한 예 : 원문은 "文武之祚". 周 文王이 장자 伯邑考를 제쳐두고 동생 武王에게 帝位를 물려준 일을 말함.
② 齊王[司馬攸]을 옹립하려는 무리의 주장 : 원문은 "齊王朋黨之論".「方正」11 劉注에 인용된 『晉諸公贊』 참조.
③ 두 설 : 干寶의 『晉紀』와 孫盛의 『晉陽秋』의 기록을 가리킴.
④ 『三國志』권10 「荀彧傳」의 裴注에 따르면 和嶠가 侍中이 되기 이전에 荀顗는 이미 죽은 지 오래되었다고 했으므로 순의가 그러한 말을 했다는 것은 무리임. 따라서 荀勖이 등장하는 孫盛의 『晉陽秋』의 설이 타당한 것으로 보임. 또한 순욱이 아첨한 일이 「方正」14에도 나옴.

[참고] 『晉書』45.

和嶠爲武帝所親重, 語嶠曰; "東宮頃似更成進, 卿試往看." 還, 問; "何如?" 答云; "皇太子聖質如初."[1]

[1] ▫ 『晉諸公贊』曰; 嶠, 字長輿, 汝南西平人. 父迺, 太常, 知名. 嶠少以雅量稱, 深爲賈充所知, 每向世祖稱之. 歷尚書・太子少傅.
▫ 干寶『晉紀』曰; 皇太子有醇古之風, 美於信受. 侍中和嶠數言於上曰; "季世多僞, 而太子尙信, 非四海之主. 憂太子不了陛下家事, 願追思文・武之阼." 上旣重長適, 又懷齊王朋黨之論, 弗入也. 後上謂嶠曰; "太子近入朝, 吾謂差進, 卿可與荀侍中共往言." 及顗奉詔還, 對上曰; "太子明識弘新, 有如明詔." 問嶠, 嶠對曰; "聖質如初." 上默然.
▫ 『晉陽秋』曰; 世祖疑惠帝不可承繼大業, 遣和嶠・荀勖往觀察之. 旣見, 勖稱歎曰; "太子德更進茂, 不同於故." 嶠曰; "皇太子聖質如初. 此陛下家事, 非臣所盡." 天下聞之, 莫不稱嶠爲忠, 而欲灰滅勖也.
▫ 按; 荀顗淸雅, 性不阿諛. 校之二說, 則孫盛爲得也.

─────── • 5 : 10 [0295]

제갈정諸葛靚이 오吳나라가 멸망한 뒤에 진晉나라로 들어갔을 때 대사마大司馬에 제수되었으나[1] 초청에 응하지 않았다. 그는 진 왕실과 원한이 있었기 때문에 항상 낙수洛水를 등지고 앉았다. 무제武帝[司

馬炎]와는 오랜 우정을 나눈 사이여서 무제가 그를 만나보고 싶었으나 기회가 없었다. 그래서 제갈비諸葛妃에게 제갈정을 불러오도록 청하여, 그가 오자 무제는 태비太妃[諸葛妃]의 처소로 가서 서로 만났다. 배알의 예를 마치고 나서 주연이 무르익었을 때, 무제가 말했다.

"경은 아직도 죽마竹馬의 우정을 기억하고 있는가?"

제갈정이 말했다.

"신은 숯을 삼키고 몸에 옻칠을 할② 수 없기 때문에 오늘 성안聖顔을 다시 뵙게 되었습니다."

그러면서 눈물을 주르륵 흘렸다. 이에 무제는 부끄럽고 후회스러워하면서 나갔다.①

① · 『진제공찬晉諸公贊』 : 오吳나라가 망하자 제갈정은 낙양洛陽으로 들어갔으나, 부친 제갈탄諸葛誕이 태조太祖[司馬昭]에게 살해당했기 때문에 세조世祖[司馬炎]를 만나지 않겠다고 맹세했다. 세조의 숙모인 낭야왕琅邪王[司馬伷]의 비妃는 제갈정의 누나였다. 무제[司馬炎]는 나중에 제갈정이 누나의 처소에 와 있는 것을 기회로 삼아 그를 만나보러 갔으나 제갈정은 변소 안으로 도망쳐 버렸다. 그래서 지극한 효자라고 이름나게 되었다. 당시에 혜강嵇康도 처형되었지만 혜강의 아들 혜소嵇紹는 탕음蕩陰의 전쟁③에서 죽었다. 세상의 논자들이 모두 말했다.

"혜소와 제갈정 두 사람을 살펴본 연후에야 비로소 충효의 도에 구별이 있다④는 것을 알 수 있다."

[역주]
① 大司馬에 제수되었으나 : 『晉書』 권77 「諸葛恢傳」에는 "詔以爲侍中, 固辭不拜, 歸於鄕里, 終身不向朝廷而坐."라고 하여 侍中에 제수된 것으로 되어 있음.
② 숯을 삼키고 몸에 옻칠을 할 : 원문은 "呑炭漆身". 『史記』 권86 「刺客列傳」에 나오는 豫讓의 고사. 예양은 친구 智伯의 원수를 갚아주기 위하여 숯을 삼켜 벙어리가 되고 몸에 옻칠하여 문둥병자처럼 보이게 함으로써 모습을 알아볼 수 없게 했다고 함.
③ 蕩陰의 전쟁 : 東海王 司馬越이 惠帝[司馬衷]를 받들어 永興 원년(304)에 成都王 司馬穎을 北伐하려 했지만 탕음에서 패배함.
④ 구별이 있다 : 諸葛靚과 嵇紹의 부친은 모두 司馬昭에게 살해당했는데, 제갈정

은 부친과 원수지간인 晉나라의 조정에서 벼슬하지 않았으나, 혜소는 晉나라의
조정에서 벼슬했으며 蕩陰의 전쟁에서 惠帝[司馬昭]의 손자를 지키다가 죽음.
[참고]『晉書』77.

諸葛靚後入晉, 除大司馬召不起. 以與晉室有讎, 常背洛水而坐. 與武帝有舊,
帝欲見之而無由. 乃請諸葛妃呼靚, 旣來, 帝就太妃間相見. 禮畢, 酒酣, 帝曰;
"卿故復憶竹馬之好不?" 靚曰; "臣不能吞炭漆身, 今日復覩聖顔." 因涕泗百
行. 帝於是慙悔而出.①

① 『晉諸公贊』曰; 吳亡, 靚入洛, 以父誕爲太祖所殺, 誓不見世祖. 世祖叔母琅邪王妃, 靚
之姊也. 帝後因靚在姊閒, 往就見焉, 靚逃於廁中. 於是以至孝發名. 時嵆康亦被法, 而康
子紹死蕩陰之役. 談者咸曰; "觀紹·靚二人, 然後知忠孝之道, 區以別矣."

———— • 5 : 11 [0296]

무제武帝[司馬炎]가 화교和嶠에게 말했다.

"나는 먼저 왕무자王武子[王濟]를 심하게 꾸짖은 연후에 그에게 작위를 줄 생각이오."

화교가 말했다.

"왕무자는 성품이 준일俊逸하기 때문에 아마도 굴복시킬 수 없을 것입니다."

무제가 마침내 왕무자를 불러 호되게 질책하고 나서 말했다.

"부끄러움을 알겠는가?"①

그러자 왕무자가 말했다.

"'한 자의 베와 한 말의 조尺布斗粟'라는 노래를 생각하면 항상 폐하 대신에 부끄러움을 느낍니다.② 남들은 소원한 사람도 친밀하게 할 수 있지만 신은 친밀한 사람조차 친밀하게 할 수 없어서,① 이 때문에 폐하께 부끄러운 것입니다."

① 『진제공찬晉諸公贊』: 제왕齊王[司馬攸]이 봉지封地로 떠나게 되었을 때 왕제王濟는 무제에게 그만두도록 무수히 청원했다. 또한 여러 차례 자신의 처

상산공주常山公主②와 견덕甄德의 처 장광공주長廣公主③를 함께 조정으로 들여보내 머리를 땅에 댄 채로 제왕齊王을 머물게 해줄 것을 간청하도록 했다. 세조世祖[武帝]는 몹시 화를 내며 왕융王戎에게 말했다.

"우리 형제는 지극히 친밀하지만 지금 제왕을 내보내는 것은 짐의 집안 사정 때문인데, 견덕과 왕제가 잇달아 부인을 들여보내 살아 있는 사람을 놓고 죽은 것처럼 곡을 한단 말인가! 왕제 등이 오히려 이러하거늘 하물며 그 나머지 사람들임에랴!"

왕제는 이 일로 질책당하여 국자좨주國子祭酒로 좌천되었다.

②·『한서漢書』④ : 회남여왕淮南厲王 유장劉長은 고조高祖[劉邦]의 막내아들이다. 죄를 짓게 되어 그의 형 문제文帝[劉恒]가 촉蜀땅으로 그를 추방했는데 가는 도중에 아무것도 먹지 않아 죽고 말았다. 그래서 백성들이 노래를 지어 불렀다.

"한 자의 베라도 재봉할 수 있고, 한 말의 조라도 찧을 수 있는데, 형제 두 사람은 서로를 포용할 수 없다네.[一尺布尙可縫, 一斗粟尙可舂, 兄弟二人不能相容.]"

·찬瓚의 주注⑤ : 한 자의 옷감이라도 재봉하여 함께 입을 수 있고, 한 말의 곡식이라도 찧어서 함께 먹을 수 있는데, 하물며 같은 천자의 친속⑥임에도 서로를 포용할 수 없다는 것을 말하는 것이다.

[역주]······

① 친밀한 사람조차 친밀하게 할 수 없어서 : 원문은 "不能使親踈"라 되어 있으나, 『晉書』 권42 「王濟傳」에는 '親踈'가 '親親'으로 되어 있음. 和嶠는 王濟의 姊夫고 王濟는 武帝의 누나인 常山公主의 남편이므로 '親親'으로 하는 것이 문맥상 타당하여 이에 따라 번역함.
② 常山公主 : 원문은 "常山王"으로 되어 있으나 '王'은 '主'의 오기로 보임. 상산공주는 武帝 司馬炎의 누나로서 王濟의 부인임. 『晉書』 권42 「王濟傳」과 『文選』 권58 「褚淵碑文」의 李善 注에 인용된 王隱 『晉書』 참조.
③ 처 長廣公主 : 원문은 "婦長廣公主". 『晉書』 권42 「王濟傳」에 "濟旣陳請, 又累使公主與甄德妻長廣公主俱入稽顙, 泣請帝留攸."라고 되어 있는 것으로 보아 '婦'자 위에 '甄德'자가 빠진 것으로 보임. 장광공주 역시 무제와 자매지간임. 『晉書』 권31 「后妃傳」의 文明王皇后條 참조.
④ 『한서漢書』 : 권44 「淮南厲王長傳」.
⑤ 瓚의 注 : 瓚의 姓은 미상. 百衲本 『漢書』의 卷末 校語에 따르면 晉代의 薛瓚·干

瓚·傅瓚 등이 撰者의 후보로 거명되어 있음.
⑥ 천자의 친속 : 원문은 "天下之廣"이라 되어 있으나, 宋本에는 "天子之屬"이라 되어 있고 袁本에는 "天子之廣"이라 되어 있음. 문맥상 "天子之屬"이 타당하여 이에 따라 번역함.

[참고] 『晉書』42.

武帝語和嶠曰; "我欲先痛罵王武子, 然後爵之." 嶠曰; "武子儁爽, 恐不可屈." 帝遂召武子苦責之, 因曰; "知愧不?"① 武子曰; "'尺布斗粟'之謠, 常爲陛下恥之.② 它人能令疏親, 臣不能使親疏, 以此愧陛下."

① 『晉諸公贊』曰; 齊王當出藩, 而王濟諫請無數. 又累遣常山王與婦長廣公主共入, 稽顙陳乞留之. 世祖甚恚, 謂王戎曰; "我兄弟至親, 今出齊王, 自朕家計. 而甄德·王濟連遣婦入來, 生哭人邪! 濟等尚爾, 況餘者乎!" 濟自此被責, 左遷國子祭酒.
② 『漢書』曰; 淮南厲王長, 高祖少子也. 有罪, 文帝徙之於蜀, 不食而死. 民作歌曰; "一尺布尚可縫, 一斗粟尚可舂, 兄弟二人不能相容."
　° 瓚注曰; 言一尺布帛, 可縫而共衣, 一斗米粟, 可舂而共食, 況以天下之廣, 而不相容也.

─────── • 5 : 12 [0297]

두예杜預가 형주荊州로 부임하러 가게 되어 칠리교七里橋①에 주둔하자, 조정의 명사들이 모두 와서 송별연을 벌렸다.① 두예는 젊었을 때 신분이 미천했으며 의협심을 좋아하여 사람들에게 인정을 받지 못했다. 양제楊濟는 명문집안의 준걸로서 참지 못하여 앉지도 않고 가버렸다.② 잠시 뒤에 화장여和長輿[和嶠]가 와서 물었다.

"양우위楊右衛[楊濟]는 어디 계시오?"

어떤 손님이 말했다.

"아까 왔었는데 앉지도 않고 가버렸소."

그러자 화장여가 말했다.

"틀림없이 대하문大夏門② 아래에서 말을 타고 서성거리고 있을 것이오."

대하문으로 갔더니, 과연 양제楊濟가 대대적으로 기병을 열병하고 있었다. 화장여는 그를 끌어안아 수레에 밀어 넣고 함께 타고 돌아가 처음처럼 앉았다.

① · 왕은王隱의 『진서晉書』: 두예는 자가 원개元凱며 경조京兆 두릉杜陵사람이다. 한漢나라 어사대부御史大夫 두연년杜延年의 11세손으로, 조부 두기杜畿는 위魏나라 태보太保③였고 부친 두서杜恕는 유주幽州·형주荊州자사였다. 두예는 지모가 풍부하고 치란治亂의 이치에 밝았다. 항상 말했다.

"덕을 세우는 일은 미칠 수 있는 바가 아니지만, 공을 세우고 저작을 남기는 일은 하고 싶은 바다."

여러 벼슬을 거쳐 하남윤河南尹에 임명되었으며, 진남장군鎭南將軍·도독형주제군사都督荊州諸軍事가 되어 양양襄陽에 주둔했다. 오吳나라를 평정한 공훈으로 당양후當陽侯에 봉해졌다. 두예는 기예의 재능이 없었으며 몸은 말을 타지도 못하고 화살은 과녁을 뚫지도 못했지만, 큰 일이 있을 때마다 장수의 임무를 맡곤 했다. 정남장군征南將軍·의동삼사儀同三司에 추증되었다.

② · 『팔왕고사八王故事』: 양제는 자가 문통文通이며 홍농弘農사람으로, 양준楊駿의 동생이다. 재주와 식견이 있었다. 여러 벼슬을 거쳐 태자태보太子太保④에 임명되었으나, 양준과 함께 주살당했다.

[역주]··························
① 七里橋: 지금의 河南省 洛陽縣 동쪽에 있음.
② 大夏門: 洛陽城 北門을 말함.
③ 太保: 『三國志』「魏書·杜畿傳」에는 "太僕"이라 되어 있음.
④ 太子太保: 『晉書』권40 「楊濟傳」에는 "太子太傅"라 되어 있음.
[참고] 『太平御覽』489.

杜預之荊州, 頓七里橋, 朝士悉祖.① 預少賤, 好豪俠, 不爲物所許. 楊濟旣名氏雄俊, 不堪, 不坐而去.② 須臾, 和長輿來, 問; "楊右衛何在?" 客曰; "向來, 不坐而去." 長輿曰; "必大夏門下盤馬." 往大夏門, 果大閱騎. 長輿抱內車, 共載歸, 坐如初.

① · 王隱『晉書』曰; 預, 字元凱, 京兆杜陵人. 漢御史大夫延年十一世孫. 祖畿, 魏太保. 父恕, 幽州·荊州刺史. 預智謀淵博, 明於治亂. 常稱; "立德者非所企及, 立功立言所庶幾也." 累遷河南尹, 爲鎭南將軍·都督荊州諸軍事, 鎭襄陽. 以平吳勳, 封當陽侯. 預無伎藝

之能, 身不跨馬, 射不穿札, 而每有大事, 輒在將帥之限. 贈征南將軍·儀同三司.
② 『八王故事』曰; 濟, 字文通, 弘農人, 楊駿弟也. 有才識. 累遷太子太保, 與駿同誅.

———————— • 5 : 13 [0298]

두예杜預가 진남장군鎭南將軍에 임명되자 조정의 명사들이 모두 와서 연탑連榻[1]에 앉았다.① 당시 배숙칙裴叔則[裴楷]도 와 있었다. 양치서羊稺舒[羊琇]가 나중에 도착하여 말했다.

"두원개杜元凱[杜預]가 또 연탑에다 손님을 앉게 하다니!"

그리고는 앉지도 않고 곧장 가버렸다.② 두예가 배숙칙에게 그를 쫓아가라고 부탁했는데, 양치서가 몇 리쯤 가다가 말을 멈추고 있기에 이윽고 함께 두예의 집으로 돌아갔다.

① 『어림語林』: 서진西晉의 지방사령관이 조정으로 돌아왔을 때 두원개와 함께 앉지 않자, 두예는 오吳나라를 평정하고 돌아와서 독탑獨榻에 앉아 빈객들과 함께하지 않았다.

② 『진제공찬晉諸公贊』: 양수羊琇는 자가 치서며 태산泰山사람이다. 사리에 통달했으며 재간이 있었다. 세조世祖[司馬炎]와는 동갑으로 서로 사이가 좋았으므로 세조에게 말했다.

"나중에 당신이 부귀하게 되었을 때 나를 영군領軍과 호군護軍에② 각각 10년씩 등용해주시오."

세조가 즉위한 뒤 양수는 여러 벼슬을 거쳐 좌장군左將軍·특진特進③에 임명되었다.

[역주]······················
① 連榻 : '榻'은 좁고 긴 의자로, 몇 사람이 같이 앉을 수 있는 것을 '連榻'이라 하고 혼자 앉는 것을 '獨榻'이라 함. 독탑에 앉히는 것은 손님에 대한 尊待의 뜻이 있으며, 연탑에 앉히는 것은 손님에 대한 忽待의 뜻이 있음.
② 領軍과 護軍에 : 원문은 "作領護軍". 『文選』 권59에 인용된 『晉諸公贊』에는 "作領護軍·太子詹事"라고 되어 있음.
③ 特進 : 특별한 功德을 세워 조정의 경외를 받는 諸侯·王公·將軍에게 내리는 지위로 三公의 다음에 해당함.

[참고] 『晉書』93.

杜預拜鎭南將軍, 朝士悉至, 皆在連榻坐.① 時亦有裴叔則. 羊稚舒後至, 曰; "杜元凱乃復連榻坐客!" 不坐便去.② 杜請裴追之, 羊去數里住馬, 旣而俱還杜許.

① ▫『語林』曰; 中朝方鎭還, 不與元凱共坐, 預征吳還, 獨榻, 不與賓客共也.
② ▫『晉諸公贊』曰; 羊琇, 字稚舒, 泰山人. 通濟有才辯. 與世祖同年相善, 謂世祖曰; "後富貴時, 見用作領·護軍各十年." 世祖卽位, 累遷左將軍·特進.

• 5 : 14 [0299]

진晉 무제武帝[司馬炎] 때 순욱荀勖은 중서감中書監①이 되었고① 화교和 嶠는 중서령中書令이 되었다. 옛 관습에 따르면 중서감과 중서령은 수레를 함께 타고 입조入朝하도록 되어 있었다. 화교는 성품이 아정하여 순욱이 아첨한다고 항상 미워했다.② 나중에 관용수레가 오자 화교는 곧장 올라타서 정면 중앙에 앉아 순욱이 탈 자리를 남겨놓지 않았다. 순욱은 하는 수 없이 다른 수레를 찾은 뒤에야 비로소 떠날 수 있었다. 중서감과 중서령에게 각각 수레를 지급한 것은 이때부터 시작되었다.③

① ▫ 우예虞預의 『진서晉書』: 순욱은 자가 공증公曾이며 영천潁川 영음穎陰사람으로, 한漢나라 사공司空 순상荀爽의 증손이다. 10여 살 때부터 문장을 잘 지었다. 외조부② 종요鍾繇가 말했다.
"이 아이는 틀림없이 증조부[荀爽]와 같은 인물이 될 것이다."
안양령安陽令이 되었을 때 백성들이 생전에 그를 위한 사당을 지었다. 여러 벼슬을 거쳐 시중侍中·중서감에 등용되었다.

② ▫ 왕은王隱의 『진서晉書』: 순욱은 성품이 아첨을 잘하여 태자[司馬衷]를 떠받들면서 제왕齊王[司馬攸]을 봉지封地로 떠나게 했다. 당시 사람들이 사사로이 평했다.
"나라를 망치고 백성을 해치는 것이 손자孫資·유방劉放과 같으니,③ 후세에 만약 훌륭한 사관史官이 있다면 틀림없이 그의 전기를 영행전佞倖傳

③ ▫ 조가지曹嘉之의 『진기晉紀』: 중서감과 중서령은 항상 수레를 함께 타고 입조했는데, 화교가 중서령이 되고 순욱이 중서감이 되었을 때 강직한 성품의 화교가 수레를 독점하고 탔다. 중서감과 중서령에게 다른 수레를 타게 한 것은 이때부터 시작되었다.

[역주]
① 中書監 : 中書令과 함께 中書省의 장관으로, 魏 文帝 黃初연간(220~226) 이후에 중요한 정무를 관장하기 위하여 監·令 2장관을 설치함.
② 외조부 : 『晉書』 권39 「荀勖傳」에는 "從外祖"라 되어 있음.
③ 孫資·劉放과 같으니 : 원문은 "孫·劉之匹". 魏 文帝 때 유방은 중서감이 되고 손자는 중서령이 되어 국가의 기밀을 관장했으며 다음 明帝 때에도 아첨을 잘하여 신임을 받았는데, 두 사람이 명제의 遺兒 齊王의 후견인이 되어 燕王 曹宇를 물러나게 하고 曹爽·司馬懿 2인을 추천한 것은 위나라 쇠퇴의 한 원인으로 지적됨. 『三國志』 권14 「劉放傳」·「孫資傳」에 보임.

[참고] 『晉書』45.

晉武帝時, 荀勖爲中書監,① 和嶠爲令. 故事, 監·令由來共車. 嶠性雅正, 常疾勖諂諛.② 後公車來, 嶠便登, 正向前坐, 不復容勖. 勖方更覓車, 然後得去. 監·令各給車自此始.③

①▫虞預『晉書』曰; 勖, 字公曾, 潁川潁陰人, 漢司空爽曾孫也. 十餘歲能屬文. 外祖鍾繇曰; "此兒當及其曾祖." 爲安陽令, 民生爲立祠. 累遷侍中·中書監.
②▫王隱『晉書』曰; 勖性佞媚, 譽太子, 出齊王. 當時私議: "損國害民, 孫·劉之匹也. 後世若有良史, 當著佞倖傳."
③▫曹嘉之『晉紀』曰; 中書監·令常同車入朝. 至和嶠爲令, 而荀勖爲監, 嶠意强抗, 專車而坐. 乃使監·令異車, 自此始也.

• 5 : 15 [0300]

산공山公[山濤]의 큰아들[山該]①이 작고 잘록한 고깔을 쓰고② 수레 안에 기대어 있었다. 무제武帝[司馬炎]가 그를 보고 싶어 하자, 산공은 감히 사양하지 못하여 아들에게 물었더니, 아들은 가고 싶지 않다고 했다. 그래서 당시 논자들은 아들이 산공보다 낫다고 평했다.①

① 『진제공찬晉諸公贊』: 산해山該는 자가 백륜伯倫이며, 사도司徒 산도山濤의 큰 아들이다. 기량과 식견이 뛰어났으며 벼슬이 좌위장군左衛將軍에 이르렀다.

[역주]……………………

① 山公[山濤]의 큰아들[山該]: 『晉書』 권43 「山該傳」에는 이 고사의 주인공이 큰 아들 山該가 아니라 셋째아들 山允으로 되어 있음. 山允은 곱사병을 앓아 등이 굽고 왜소했음.

② 작고 잘록한 고깔을 쓰고: 원문은 "著短帢". 宋本에는 "短箸帢"이라 되어 있는데, 이 경우는 '키가 왜소하고 네모 잘록한 고깔을 썼다'로 해석됨. 한편 楊勇은 『世說新語校牋』에서 '短箸帢'을 '未著帢'으로 보아 '고깔을 쓰지 않다'로 해석함. '帢'은 고깔처럼 생긴 모자의 일종으로 네 귀퉁이가 없고 비단으로 만드는데, 曹操가 군사용으로 간편하게 만들었다고 함.

[참고] 『晉書』43.

山公大兒著短帢, 車中倚. 武帝欲見之, 山公不敢辭, 問兒, 兒不肯行. 時論乃云勝山公.①

① 『晉諸公贊』曰; 山該, 字伯倫, 司徒濤長子也. 雄有器識, 仕至左衛將軍.

• 5 : 16 [0301]

상웅向雄이 하내군河內郡의 주부로 있을 때 상웅과 관련도 없는 공무상의 사건이 발생했는데, 태수太守 유회劉淮①가 다짜고짜 화를 내면서 마침내 그를 장형杖刑에 처하여 파면시켰다. 나중에 상웅은 황문랑黃門郎이 되고 유회는 시중侍中이 되었는데 애초에 서로 말조차 하지 않았다. 무제武帝[司馬炎]가 그 일을 듣고 상웅에게 명하여 군신간의 좋은 관계②를 회복하라고 했다. 상웅은 하는 수 없이 유회를 찾아가 재배再拜하고 말했다.

"제가 칙명을 받고서 오긴 했지만 군신간의 도의는 끊어졌으니 어찌하겠습니까?"

그러고는 곧장 떠나버렸다. 무제는 두 사람이 아직도 화해하지 않았다는 소식을 듣고 노하여 상웅에게 물었다.

"내가 경에게 군신간의 좋은 관계를 회복하라고 명했는데 어찌하여 아직도 절교하고 있단 말이오?"①

그러자 상웅이 말했다.

"옛날의 군자는 사람을 등용할 때도 예에 따르고 사람을 물리칠 때도 예에 따랐는데, 지금의 군자는 사람을 등용할 때는 무릎에 앉히는 것처럼 하다가도 사람을 물리칠 때는 연못에 떨어뜨리는 것처럼 합니다. 신이 유하내劉河內[劉淮]에 대하여 '적군의 장수戎首'가 되지 않은 것만 해도 또한 심히 다행스러운 일인데, 어찌 다시 군신간의 좋은 관계를 맺을 수 있겠습니까?"

무제는 그의 말을 인정했다.②

① ▫『한진춘추漢晉春秋』: 상웅은 자가 무백茂伯이며 하내사람이다.

▫『세어世語』: 상웅은 절의와 기개가 있었으며, 벼슬이 황문랑·호군장군護軍將軍③에 이르렀다.

▫ 생각건대: 왕은王隱과 손성孫盛의 「옛 주군과 서로 얘기하지 않는 것에 관한 논의[不與故君相聞議]」에서 말했다.

"지난날 진晉나라 초에 하내군 온현溫縣의 영교領校 상웅이 희우犧牛④를 운송하면서 먼저 군郡의 태수에게 헌정하지 않고 상례常例에 따라 곧장 도성 낙양洛陽으로 운송했는데, 공교롭게도 날씨가 너무 더워서 군에서 도성으로 보내는 소가 대부분 더위를 먹어 죽었다. 주군州郡의 법은 매우 엄중하여 태수 오분吳奮이 상웅을 소환하여 장형에 처했다. 상웅이 장형을 받아들이지 않으며 말했다. '군우郡牛⑤ 또한 죽었으니 정우呈牛⑥ 역시 죽었을 것입니다.' 그러자 오분이 대노하여 상웅을 하옥시키고 장차 엄하게 다스리려 했다. 때마침 사례교위司隸校尉가 상웅을 도관종사都官從事로 초징했고, 상웅은 몇 년 뒤에는 황문시랑이 되었다. 오분은 시중이 되어 같은 성省에서 근무하게 되었지만 서로 피하면서 만나질 않았다. 무제가 그 일을 듣고 상웅에게 술과 예물을 내려주고 오분을 찾아가 화해하도록 하자, 상웅이 이에 칙명을 받들었다."

이렇게 쓰고 있으니 이것에 따르면 유회가 아니라 오분이다.

▫『진제공찬晉諸公贊』: 유회는 자가 군평君平이며 패국沛國 저추杼秋사람이

다. 젊어서 청정清正함으로 이름이 났으며, 하내태수·시중·상서복야尙書僕射·사도司徒를 역임했다.

② ▫『예기禮記』⑦ : 노로魯나라 목공穆公이 자사子思에게 물었다.

"옛 주군을 위해 돌아가 상喪을 치르는 것은 예로부터 있던 예법이오?"

자사가 말했다.

"옛날의 군자는 사람을 등용할 때도 예에 따르고 사람을 물리칠 때도 예에 따랐기 때문에 옛 주군을 위해 돌아가 상을 치르는 예법이 있었지만, 지금의 군자는 사람을 등용할 때는 무릎에 앉히는 것처럼 하다가도 사람을 물리칠 때는 연못에 떨어뜨리는 것처럼 하니, '적군의 장수'가 되지 않는 것만 해도 또한 다행한 일이 아니겠습니까? 그러니 또한 어찌 돌아가 상을 치르는 일이 있을 수 있겠습니까?"

▫ 정현鄭玄의 주注 : 군대의 주장主將이 되어 침공하러 오기 때문에 '적군의 장수'라고 하는 것이다.

[역주]······

① 劉淮 : 『晉書』권48 「向雄傳」에는 "劉毅"라 되어 있음. 楊勇의 『世說新語校牋』에서는 劉淮는 '劉準'의 誤記며 '君平'이라는 字義가 '準'과 어울린다고 주장함.
② 군신간의 좋은 관계 : 원문은 "君臣之好". 지방장관과 그 속관의 관계를 군주와 신하의 관계와 같다고 여겼기 때문에 이렇게 말한 것임.
③ 護軍將軍 : 『晉書』권48 「向雄傳」에는 "征虜將軍"이라 되어 있음.
④ 犧牛 : 제사지낼 때 희생 제물로 사용하는 純色의 소를 말함.
⑤ 郡牛 : 郡에서 都城에 바치는 소를 말함.
⑥ 呈牛 : 郡의 太守에게 바치는 소를 말함.
⑦ 『禮記』: 「檀弓下」에 나옴.

[참고] 『晉書』48, 『白氏六帖』12.

向雄爲河內主簿, 有公事不及雄, 而太守劉淮橫怒, 遂與杖遣之. 雄後爲黃門郎, 劉爲侍中, 初不交言. 武帝聞之, 敕雄復君臣之好. 雄不得已詣劉, 再拜曰; "向受詔而來, 而君臣之義絶, 何如?" 於是卽去. 武帝聞尙不和, 乃怒問雄曰; "我令卿復君臣之好, 何以猶絶?"① 雄曰; "古之君子, 進人以禮, 退人以禮, 今之君子, 進人若將加諸膝, 退人若將隊諸淵. 臣於劉河內, 不爲戎首, 亦已幸甚, 安復爲君臣之好?" 武帝從之.②

①▫『漢晉春秋』曰; 雄, 字茂伯, 河內人.

◦ 『世語』曰; 雄有節槩, 仕至黃門郞·護軍將軍.
◦ 按; 王隱·孫盛「不與故君相聞議」曰; "昔在晉初, 河內溫縣領校向雄, 送御犧牛, 不先呈郡, 輒隨比送洛. 值天大熱, 郡送牛多喝死. 臺法甚重, 太守吳奮召雄與杖, 雄不受杖, 曰; '郡牛者亦死也, 呈牛者亦死也.' 奮大怒, 下雄獄, 將大治之. 會司隸辟雄都官從事, 數年, 爲黃門侍郞. 奮爲侍中, 同省, 相避不相見. 武帝聞之, 給雄酒禮, 使詣奮解, 雄乃奉詔." 此則非劉淮也.
◦ 『晉諸公贊』曰; 淮, 字君平, 沛國杼秋人. 少以淸正稱, 累遷河內太守·侍中·尙書僕射·司徒.

②◦『禮記』曰; 穆公問於子思曰; "爲舊君反服, 古邪?" 子思曰; "古之君子, 進人以禮, 退人以禮, 故有舊君反服之禮. 今之君子, 進人若將加諸膝, 退人若將墜諸淵, 無爲戎首, 不亦善乎? 又何反服之有?"
◦ 鄭玄曰; 爲兵主求攻伐, 故曰戎首也.

• 5 : 17 [0302]

제왕齊王 사마경司馬冏이 대사마大司馬가 되어 조정을 보좌하고 있을 때,① 혜소嵇紹가 시중侍中이 되어 사마경을 찾아가 정사를 자문했다. 그 때 사마경은 연회를 열고 갈여葛旟②와 동애董艾 등③을 불러 함께 시사時事를 논하고 있었다. 갈여 등이 사마경에게 아뢰었다.

"혜시중嵇侍中[嵇紹]은 관현악기에 뛰어나니 공께서 그에게 연주해 보라 하십시오."

그래서 악기를 주었지만 혜소는 거절하고 받지 않았다. 사마경이 말했다.

"오늘은 함께 즐기고자 하는데 경은 어찌하여 거절하시오?"

그러자 혜소가 말했다.

"공께서는 황실을 보좌하고 계시니 하시는 일마다 모범이 되어야 합니다.① 저는 비록 관직이 낮긴 하지만 상백常伯의 직분에 있으며, 관현악기를 다루는 것은 대개 악관樂官의 일이니, 선왕께서 정하신 예복②을 입고 악관의 일을 할 수는 없습니다. 지금 고명하신 명으로 강요하신다면 감히 구차하게 사양할 수는 없으니, 마땅히 예관

禮冠을 벗고 평복으로 갈아입겠습니다. 이것이 저의 마음입니다."

갈여 등은 못마땅해 하면서 물러갔다.

① 우예虞預의 『진서晉書』: 사마경은 자가 경치景治며 제왕 사마유司馬攸의 아들이다. 어려서부터 총명했으며 성장해서는 겸손·검약하고 베풀기를 좋아했다. 조왕趙王 사마륜司馬倫이 제위를 찬탈하자 사마경은 의병을 일으켜 사마륜을 주살함으로써, 대사마로 임명되고 구석九錫③을 받아 정사가 모두 그에 의해서 결정되었다. 그러나 소인배들을 마음대로 등용하고 더 이상 조회를 보지 않다가 마침내 장사왕長沙王[司馬乂]에게 주살당했다.

② 『제왕관속명齊王官屬名』: 갈여는 자가 허여虛輿며 제왕의 종사중랑從事中郎이었다.

　『진양추晉陽秋』: 제왕[사마경]이 의병을 일으켰을 때 갈여는 장사長史로 전임되었으며, 이미 조왕 사마륜을 격파했을 때는 동애 등과 함께 권세를 전횡했다. 사마경이 패했을 때 주살당했다.

③ 『팔왕고사八王故事』: 동애는 자가 숙지叔智며 홍농弘農사람이다. 조부 동우董遇는 위魏나라 시중을 지냈고, 부친 동완董綰④은 비서감秘書監을 지냈다. 동애는 젊어서부터 공명을 좋아했으며 선비로서의 예절을 닦지 않았다. 제왕이 의병을 일으켰을 때 신급령新汲令으로 있던 동애가 군대에 참여하자, 제왕은 동애를 우장군右將軍으로 기용했다. 제왕이 패했을 때 주살당했다.

[역주]······················

① 하시는 일마다 모범이 되어야 합니다: 원문은 "作事可法". 『孝經』 제9장 「聖治」에서 "言思可道, 行思可樂, 德義可尊, 作事可法, 容止可觀, 進退可度."라고 함.

② 先王께서 정하신 예복: 원문은 "先王法服". 『孝經』 제4장 「卿大夫」에서 "非先王之法服, 不敢服. 非先王之法言, 不敢道. 非先王之德行, 不敢行."이라 함.

③ 九錫: 「文學」67 [역주]① 참조.

④ 董綰: 宋本에는 "董綬"라 되어 있음.

[참고] 『晉書』89, 『太平御覽』689.

齊王冏爲大司馬輔政, ① 嵇紹爲侍中, 詣冏咨事. 冏設宰會, 召葛旟②·董艾等, ③ 共論時宜. 旟等白冏; "嵇侍中善於絲竹, 公可令操之." 遂送樂器, 紹推却不受. 冏曰; "今日共爲歡, 卿何卻邪?" 紹曰; "公協輔皇室, 令作事可法. 紹雖官卑, 職備常伯, 操絲比竹, 蓋樂官之事, 不可以先王法服, 爲伶人之業. 今逼高命, 不敢苟辭, 當釋冠冕, 襲私服. 此紹之心也." 旒等不自得而退.
1 。虞預『晉書』曰: 冏, 字景治, 齊王攸子也. 少聰惠, 及長, 謙約好施. 趙王倫篡位, 冏起義
　　兵誅倫, 拜大司馬, 加九錫, 政皆決之. 而恣用羣小, 不復朝覲, 遂爲長沙王所誅.
2 。『齊王官屬名』: 旒, 字虛旒, 齊王從事中郎.
　　。『晉陽秋』曰; 齊王起義, 轉長史. 旣克趙王倫, 與董艾等專執威權. 冏敗, 見誅.
3 。『八王故事』曰: 艾, 字叔智, 弘農人. 祖遇, 魏侍中. 父緩, 秘書監. 艾少好功名, 不修士
　　檢. 齊王起義, 艾爲新汲令, 赴軍, 用艾領右將軍. 王敗, 見誅.

―――――――・ 5 : 18 [0303]

노지盧志가 여러 사람이 모인 자리에서1 육사형陸士衡[陸機]에게 물었다.

"육손陸孫과 육항陸抗①은 당신[君]에게 어떤 사람이오?"2

육사형이 대답했다.

"그대[卿]와 노육盧毓・노정盧珽②의 관계와 같소이다."3

그러자 육사룡陸士龍[陸雲]이 실색했다.34 이미 문을 나선 뒤에 육사룡이 형 육사형에게 말했다.

"어찌하여 그렇게까지 말하셨습니까? 그의 얼굴을 보니 정말 알지 못한 것 같던데요."

육사형이 정색하며 말했다.

"우리 부친과 조부님의 명성은 천하에 알려져 있는데 어찌 모를 리가 있단 말인가? 귀신의 자식이 감히!"5

논자들은 이륙二陸[陸機・陸雲]의 우열을 결정하지 못하고 있었는데, 사공謝公[謝安]이 이 일을 가지고 그들의 우열을 결정했다.

1 。『세어世語』: 노지는 자가 자통子通④이며 범양范陽사람으로, 상서尙書 노정의 막내아들이다. 젊어서부터 이름이 알려졌으며, 업령鄴令으로부터 벼슬을 시작하여 성도왕成都王[司馬穎]의 장사長史, 위위경衛尉卿, 상서랑尙書郎을 역임했다.

2 ▫ 육항陸抗은 이미 나왔다.⑤

　▫ 『오서吳書』: 육손은 자가 백언伯言이며 오군吳郡사람이다. 그의 집안은 대대로 고관을 지낸 가문이었다. 처음에는 해창령海昌令에 임명되었고 신군神君이라 불렸으며 여러 벼슬을 거쳐 승상丞相에 등용되었다.

3 ▫ 『위지魏志』⑥: 노육은 자가 자가子家며 탁涿사람이다. 부친 노식盧植은 세상에 명성이 있었다. 여러 벼슬을 거쳐 이부랑吏部郎과 상서尙書에 등용되었다. 인재를 선발할 때 성품과 행실을 우선하고 언변과 재능을 나중으로 했다. 사공司空으로 승진되었다. 노정은 함희咸熙연간(264~265)에 태산泰山태수가 되었으며, 자는 자홀子笏이고 벼슬은 상서⑦에 이르렀다.

4 ▫ 육운陸雲은 따로 나온다.⑧

5 ▫ 『공씨지괴孔氏志怪』: 노충盧充은 범양사람이다. 집에서 서쪽으로 30리 떨어진 곳에 최소부崔少府⑨의 무덤이 있었다. 노충은 동짓날 하루 전에 집을 나서 서쪽으로 사냥하러 갔다가 노루 한 마리를 발견하고 활을 당겨 쏘았는데 바로 명중했다. 그러나 노루는 쓰러졌다가 다시 일어났다. 노충은 그것을 뒤쫓다가 자기도 모르게 멀리까지 갔다. 문득 북쪽으로 1리쯤 되는 곳에⑩ 관저처럼 보이는 문이 보였으며, 문 안에서 문지기 한 사람이 소리쳤다.

"손님! 어서 오십시오!"⑪

노충이 물었다.

"이곳은 누구의 저택이오?"

문지기가 대답했다.

"소부의 저택입니다."

노충이 말했다.

"나의 의복이 보잘 것 없으니 어떻게 귀인을 뵐 수 있겠소?"

그러자 즉시 어떤 사람이 새 옷 한 벌을 들고 와서 그를 맞이했다. 노충이 그 옷을 입었더니 몸에 꼭 맞았다. 그래서 곧장 들어가 소부를 뵙고 성명을 밝혔다. 술과 고기안주가 몇 차례 나온 뒤 최씨가 말했다.

"근자에 당신 부친의 편지를 받았는데 당신을 위해 나의 막내딸을 신붓감으로 청한다고 하시기에 이렇게 맞이한 것이오."

그러면서 즉시 그 편지를 꺼내 노충에게 보여주었다. 노충은 부친이 돌아가셨을 당시 비록 어렸지만 이미 부친의 필적을 보아서 알고 있으므로 곧장 아무 말 없이 흐느끼면서 탄식했다. 최씨는 즉시 안에 명하여 딸을 잘 단장시키도록 하고 노충을 동쪽 사랑으로 가게 했다. 노충이 도착하자 신부는 이미 수레에서 내려 자리맡에 서 있었으며, 두 사람은 함께 맞절을 했다. 3일간의 혼례가 끝나고 노충이 돌아와 최씨를 뵙자, 최씨가 말했다.

"당신은 돌아가도 좋소. 딸에게 임신기가 있으니 아들을 낳으면 당연히 당신에게 돌려보낼 것이고, 딸을 낳으면 이곳에 남겨두어 양육하겠소."

그런 뒤 수레를 단장하여 손님을 배웅하라고 밖에 명했다. 최씨는 문까지 나와 배웅하면서 손을 잡고 눈물을 흘렸는데, 이별의 정감이 살아있는 사람과 다름이 없었다. 또한 의복 한 벌과 침구 한 벌을 주었다. 노충이 수레에 오르자마자 번개처럼 가서 순식간에 집에 도착했다. 가족들은 그를 보고 슬픔과 기쁨이 교차되었으며 어찌된 영문인지 캐물었다. 그제야 노충은 최씨가 죽은 사람이고 그의 무덤에 들어갔다는 사실을 알고는 뒤늦게 놀라면서 탄식했다. 4년 뒤 삼월 삼짇날 강가에서 계제사 禊祭祀[12]를 지내고 있을 때, 문득 한[두] 대의 소 수레[13]가 떴다 가라앉았다 하는 것이 보였다. 이윽고 그 수레가 강 언덕으로 올라오자 노충이 가서 수레의 뒷문을 열고 보았더니 최씨의 딸과 3살 된 남자아이가 함께 타고 있었다. 노충이 그녀를 보고 기뻐하면서 손을 잡으려 하자, 여인이 손을 들어 뒤 수레를 가리키면서 말했다.

"아버님께서 당신을 만나고자 하십니다."

즉시 최소부가 나타나자 노충은 다가가 그간의 안부를 물었다. 여인은 아이를 안아 노충에게 돌려주면서 또한 황금주발을 주고 이별을 나누었으며, 아울러 다음과 같은 시를 한 수 주었다.

"밝게 반짝이는 영지의 자질, 빛나고 아름답게 얼마나 무성한가!
고운 꽃 때가 되어 피어나니, 경이로움에 신기함 드러내네.
맺은 꽃봉오리 피어보지도 못한 채, 한여름에 서리 맞아 시들었네.
빛나는 영화 길이 어둠 속으로 스러지고, 인생 길 영원히 펼칠 길 없네.
음양의 이치 깨닫지 못했다네, 철인이 홀연 강림할 때까지는.
잠깐의 만남과 빠른 이별도, 모두 천지신명께 달린 것.

무엇을 나의 낭군에게 드릴까? 황금주발로 아이 양육할 수 있다네.
은애함도 이제는 이별이니, 끊어지듯 아픈 이내 간장!"
　노충이 아이와 주발과 시를 받아들었더니 금세 두 수레가 보이지 않았다. 아이를 데리고 돌아오니 좌중의 사람들이 그 아이를 귀신이라고 생각하여 모두 멀리서 침을 뱉었지만 아이의 모습은 변함이 없었다. 아이에게 "누가 너의 아버지니?"라고 물으면 아이는 곧장 노충의 품으로 달려가곤 했다. 사람들은 처음에는 괴이하고 좋지 않게 여겼지만 그 시를 전해 읽은 뒤에는 죽은 자와 산 자 사이의 신비한 교통을 개연히 탄식했다. 노충은 주발을 팔러 시장에 가서 그 값을 높게 부르고 빨리 팔려고 하지 않으면서 그 주발을 알아보는 사람이 나타나기를 기대했다. 난데없이 어떤 늙은 하녀 하나가 와서 노충에게 주발을 얻게 된 연유를 묻고는 돌아가 그 주인에게 알렸는데, 그 주인은 바로 최소부 딸의 이모였다. 그 주인이 사람을 보내 조사하게 했더니⑭ 과연 사실이었다. 그 주인이 노충에게 말했다.
　"나의 조카인 최소부의 딸은 시집도 가기 전에 죽었는데, 가족 친지들이 애통하여 황금주발 하나를 관 속에 넣어주었지요. 지금 당신의 주발을 보니 매우 비슷하군요. 그 주발을 얻게 된 자초지종을 들을 수 있겠습니까?"
　그러자 노충은 사실대로 대답해주었다. 그래서 즉시 아이를 데리러 노충의 집으로 갔는데, 아이는 최씨 딸도 닮고 노충도 닮았었다. 이모가 말했다.
　"내 조카⑮는 3월 말에 태어났는데, 그 아버지가 말하길 '봄은 따스하고 온화하니[煖溫] 훌륭하고 강하게[休強] 키웠으면 한다'라고 하면서 즉시 자를 '온휴溫休'라고 지었지요. '온휴'는 대게 혼령과 결혼한다[幽婚]는 뜻이니⑯ 혼령과 결혼하게 될 조짐이 그 이름에 이미 나타난 것이지요."
　아이는 성장하여 마침내 훌륭한 인물이 되어 여러 군의 태수⑰를 역임했으며 뛰어난 치적을 세웠다. 그 후손으로 노식이 태어나 한漢나라의 상서가 되었고, 노식의 아들 노육은 위魏나라의 사공이 되었으며, 대대로 고관이 되어 지금에 이르렀다.

[역주]..........................
① 陸孫과 陸抗 : 陸機·陸雲 형제의 조부와 부친.

② 盧毓·盧珽 : 盧志의 조부와 부친.
③ 陸士龍[陸雲]이 실색했다 : 옛날에는 남의 부친이나 조부 등의 이름[諱]을 직접 부르는 것이 커다란 실례였는데, 陸機가 盧志에게 맞대응하여 그의 조부와 부친의 이름을 불렀기 때문에 陸雲이 실색한 것임.
④ 子通 : 『晉書』권44 「盧志傳」에는 "子道"라 되어 있음.
⑤ 이미 나왔다 : 「政事」4 劉注②에 나왔음.
⑥ 『魏志』: 『三國志』권22 「魏書·盧毓傳」의 기록.
⑦ 상서 : 『三國志』권22 「魏書·盧毓傳」에 따르면 尚書 벼슬을 한 사람은 盧珽이 아니라 盧毓의 다른 아들 盧欽이 한 것으로 되어 있음.
⑧ 따로 나온다 : 「賞譽」20 劉注①에 나옴.
⑨ 崔少府 : 少府는 縣尉의 별칭.
⑩ 1리쯤 되는 곳에 : 원문은 "一里". 『搜神記』권16에는 "道北一里許"라고 되어 있음. 이것에 따라 번역함.
⑪ 문 안에서 문지기 한 명이 소리쳤다. "손님! 어서 오십시오!" : 원문은 "門中鈴下有唱家前". 鈴下는 鈴閣 아래에서 有事時 鈴을 잡아당겨 알리는 軍卒을 말함. 본문에서는 그냥 문지기로 해석함. 『搜神記』권16에는 이 구절이 "門中一鈴下, 唱客前."이라 되어 있는데, 문맥상 보다 타당하다고 여겨 이것에 따라 번역함.
⑫ 禊祭祀 : 삼월 삼짇날 흐르는 물가에서 몸을 깨끗이 씻고 신에게 빌어 재앙을 없애고 복을 구하는 행사.
⑬ 한두 대의 소 수레 : 원문은 "一犢車". 『搜神記』권16에는 "二犢車"라 되어 있음. 문맥상 후자가 타당함.
⑭ 보내 조사하게 했더니 : 원문은 "遣視之". 『搜神記』권16에는 "遣兒視之"라 되어 있음.
⑮ 조카 : 원문은 "舅生". 『搜神記』권16에는 "外甥"이라 되어 있음. 문맥상 후자가 타당함.
⑯ '온휴'는 대게 혼령과 결혼한다[幽婚]는 뜻이니 : '溫休'의 反切은 '幽'가 되고 '休溫'의 반절은 '婚'이 되기 때문이 합하여 '幽婚'이 됨.
⑰ 태수 : 원문은 "二千石". 二千石은 당시 太守의 俸祿. 태수의 代稱으로 쓰임.
[참고]『晉書』44.

盧志於眾坐①問陸士衡; "陸遜·陸抗是君何物?"② 答曰; "如卿於盧毓·盧珽." ③ 士龍失色.④ 既出戶, 謂兄曰; "何至如此? 彼容不相知也." 士衡正色曰; "我父祖名播海內, 甯有不知? 鬼子敢爾!"⑤ 議者疑二陸優劣, 謝公以此定之.

① ○『世語』曰; 志, 字子通, 范陽人, 尙書斑小子. 少知名. 起家鄴令, 歷成都王長史・衛尉卿・尙書郎.

② ○抗, 已見.
○『吳書』曰; 遜, 字伯言, 吳郡人, 世爲冠族. 初領海昌令, 號神君, 累遷丞相.

③ ○『魏志』曰; 毓, 字子家, 涿人. 父植, 有名於世. 累遷吏部郎・尙書. 選擧, 先性行而後言才. 進司空. 珽, 咸熙中, 爲泰山太守, 字子笏, 位至尙書.

④ ○雲, 別見.

⑤ ○『孔氏志怪』曰; 盧充者, 范陽人. 家西三十里有崔少府墓. 充先冬至一日, 出家西獵, 見一麞, 擧弓而射, 卽中之, 麞倒而復起. 充逐之, 不覺遠. 忽見一里門如府舍, 門中一鈴下有唱家前. 充問: "此何府也?" 答曰: "少府府也." 充曰; "我衣惡, 那得見貴人?" 卽有人提襥新衣迎之. 充著, 盡可體. 便進見少府, 展姓名. 酒炙數行, 崔曰: "近得尊府君書, 爲君索小女婚, 故相延耳." 卽擧書示充. 充, 父亡時雖小, 然已見父手迹, 便獻欷無辭. 崔卽敕內, 令女郎莊嚴, 使充就東廊. 充至, 婦已下車, 立席頭, 共拜. 爲三日畢, 還見崔, 崔曰; "君可歸矣. 女有娠相, 生男, 當以相還, 生女, 當留自養." 敕外嚴車送客. 崔送至門, 執手零涕, 離別之感, 無異生人. 復致衣一襲, 被褥一副. 充便上車, 去如電逝, 須臾至家. 家人相見悲喜, 推問, 知崔是亡人, 而入其墓, 追以懊悅. 居四年, 三月三日臨水戲, 忽見一犢車, 乍浮乍沒. 旣上岸, 充往開車後戶, 見崔氏女與三歲男兒共載. 充見之忻然, 欲捉其手. 女擧手指後車曰; "府君見人." 卽見少府, 充往ód訊. 女抱兒還充, 又與金盌, 別, 幷贍詩曰; "煌煌靈芝質, 光麗何猗猗. 華艶當時顯, 嘉異表神奇. 含英未及秀, 中夏罹霜萎. 榮曜長幽滅, 世路永無施. 不悟陰陽運, 哲人忽來儀. 會淺離別速, 皆由緣與祇. 何以贍余親, 金盌可頤兒. 愛恩從此別, 斷絶傷肝脾." 充取兒盌及詩, 忽不見二車處. 將兒還, 四坐謂是鬼魅, 歛遙唾之, 形如故. 問兒: "誰是汝父?" 兒逕就充懷. 衆初怪惡, 傳省其詩, 愾然歎死生之玄通也. 充詣市賣盌, 高擧其價, 不欲速售, 冀有識者. 欻有一老婢, 問充得盌之由. 還報其大家, 卽女姨也. 遣視之, 果是. 謂充曰; "我姨姊, 崔少府女, 未嫁而亡, 家親痛之, 贈一金盌, 箸棺中. 今視卿盌, 甚似. 得盌本末, 可得聞不?" 充以事對. 卽詣充家迎兒, 兒有崔氏狀, 又似充貌. 姨曰; "我舅甥三月末間産, 父曰: '春煖, 溫也, 願休强也.' 卽字溫休. 溫休, 蓋幽婚也, 其兆先彰矣." 兒遂成爲令器, 歷數郡二千石, 皆著績. 其後生植, 爲漢尙書, 植子毓, 爲魏司空, 冠蓋相承至今也.

• 5 : 19 [0304]

양침羊忱은 성품이 매우 강직했다. 조왕趙王 사마륜司馬倫이 상국相國이 되었을 때 양침은 태부太傅[東海王 司馬越]의 장사長史가 되었는데, 사마륜이 사령辭令①을 내려 양침에게 상국의 군사軍事에 참여케 했다. 사자가 갑자기 도착하자, 양침은 나중에 화를 당할까봐 몹시 두려워서 말에 안장을 얹을 겨를도 없이 말 등에 달라붙어 타고 도망쳤다. 사자가 그를 추격했지만, 양침은 활을 잘 쏘았기 때문에 화살을 좌우로 쏘아대자 사자가 감히 접근하지 못했다. 그리하여 마침내 도망칠 수 있었다.[1]

  [1]◦『문자지文字志』: 양침은 자가 장화長和고 일명 도陶라고도 하며 태산泰山 평양平陽사람②이다. 그의 집안은 대대로 고관을 지낸 가문이었다. 부친 양요羊繇는 거기연車騎掾을 지냈다. 양침은 태부장사와 양주揚州자사를 역임한 뒤 시중侍中으로 전임되었다. 영가永嘉 5년(311)에 난을 만나 살해당했는데 그때 나이 50여 세였다.

[역주]······················
① 辭令 : 원문은 "版". '板'이라고도 쓰며 辭令을 말함. 天子는 누런 종이를 붙인 版을 사용하여 發令하고, 그 밖의 관료는 흰 종이를 붙인 판을 사용함.
② 泰山 平陽사람 : 『晉書』 권34 「羊祜傳」과 汪藻의 『世說敍錄』 「人名譜・羊氏譜」에는 "泰山南城人"이라 되어 있음.

羊忱性甚貞烈. 趙王倫爲相國, 忱爲太傅長史, 乃版以參相國軍事. 使者卒至, 忱深懼豫禍, 不可被馬, 於是帖騎而避. 使者追之, 忱善射, 矢左右發, 使者不敢進. 遂得免.[1]

  [1]◦『文字志』曰; 忱, 字長和, 一名陶, 泰山平陽人. 世爲冠族. 父繇, 車騎掾. 忱歷太傅長史・揚州刺史, 遷侍中. 永嘉五年, 遭亂被害, 年五十餘.

──────── • 5 : 20 [0305]

왕태위王太尉[王衍]는 유자숭庾子嵩[庾敱]과 교제하지 않았는데도[1] 유자숭이 계속 그를 '그대[卿]'①라고 불렀다. 왕태위가 말했다.

"'당신[君]'②은 그러지 마시오."

그랬더니 유자숭이 말했다.

"그대는 나를 당신이라 부르고 나는 그대를 그대라고 부르니, 나는 나의 법을 쓰면 되고 그대는 그대의 법을 쓰면 되지."

  [1]◦왕이보王夷甫[王衍]와 유애庾敱다.

[역주]··························
① 그대[卿] : 卿은 본래 官爵名이었으며 나중에는 상대방에 대한 美稱으로 사용되었으나, 남북조시대에는 '爾'·'汝'와 같은 어감으로 친한 사이의 동년배나 그 이하의 사람에게 사용했음.
② 당신[君] : 卿보다는 정중한 칭호
[참고] 『晉書』50.

王太尉不與庾子嵩交.① 庾卿之不置. 王曰; "君不得爲爾." 庾曰; "卿自君我, 我自卿卿, 我自用我法, 卿自用卿法."
①。王夷甫·庾敳.

─────── • 5 : 21 [0306]

완선자阮宣子[阮修]가 토지신[社]의 나무를 베려고 할 때,① 어떤 사람이 그것을 말리자 완선자가 말했다.
"토지신이 나무라면 나무를 베면 토지신이 없어질 것이고, 나무가 토지신이라면 나무를 베면 토지신이 옮겨갈 것이오."
①。완수阮修는 이미 나왔다.①
。『춘추전春秋傳』② : 공공씨共工氏에게 구룡句龍이라는 아들이 있었는데 그가 후토后土가 되었다. 후토는 토지신이다.
。『풍속통風俗通』③ : 『효경孝經』에서 이렇게 말했다.④
"토지신은 땅이다. 땅은 광대하여 모두 경배할 수 없기 때문에 땅을 돋아 토지신을 만들고 거기에 제사지내는 것이다. 이렇게 하는 것은 땅의 은덕에 보답하는 것이다."
。그런즉 토지신은 자고로 구룡에게 제사지내는 것이지 땅에게 제사지내는 것이 아니다.
[역주]··························
① 이미 나왔다 : 「文學」18 劉注①에 나왔음.
② 『春秋傳』 : 『春秋左氏傳』「昭公29年」條의 기록.
③ 『風俗通』 : 인용된 원문은 "『孝經』稱; 社者, 土也. 廣博不可備敬, 故封土以爲社而祀之, 報功也."인데, 현존하는 『風俗通義』 권8 「社神」에는 "『孝經』說; 社者, 土地

之主. 土地廣博, 不可徧敬, 故封土以爲社而祀之, 報功也."라 되어 있음.
④『孝經』에서 이렇게 말했다 : 현존하는『孝經』에는 이러한 문장이 없음. 여기서 인용한『孝經』은 緯書인『孝經援神契』를 가리킴.

[참고]『晉書』49,『太平御覽』532.

阮宣子伐社樹,① 有人止之, 宣子曰; "社而爲樹, 伐樹則社亡, 樹而爲社, 伐樹則社移矣."

①。阮修, 已見.
  。『春秋傳』曰; 共工氏有子曰句龍, 爲后土. 后土爲社.
  。『風俗通』曰;『孝經』稱; "社者, 土也. 廣博不可備敬, 故封土以爲社, 而祀之. 報功也."
  。然則社自祀句龍, 非土之祭也.

--------- • 5 : 22 [0307]

완선자阮宣子[阮修]가 귀신의 유무에 대해 논하고 있을 때, 어떤 이는 사람이 죽어서 귀신이 된다고 주장했다. 그러나 완선자 혼자만은 귀신 따위는 없다고 주장하면서 말했다.

"지금 귀신을 보았다는 사람들은 귀신이 살아 있을 때의 의복을 입고 있었다고들 말하는데, 만약에 사람이 죽어서 귀신이 된다손 치더라도 의복도 귀신이 된단 말이오?"①

①。『논형論衡』① : 세간에서는 사람이 죽어서 귀신이 된다고들 하는데 틀린 것이다. 사람은 죽더라도 귀신이 되지 않으며, 귀신이 된다 하더라도 의식이 없기 때문에 사람을 해칠 수 없다. 만약에 귀신이 죽은 사람의 혼령이라고 한다면, 사람들이 그것을 볼 때 마땅히 벌거벗은 모습이어야 하고 옷을 입거나 혁대를 두른 모습으로는 보이지 않아야 한다. 왜 그런가 하면 옷에는 혼령이 없기 때문이다. 이러한 관점에서 말한다면 귀신을 볼 때 의복을 입은 모습이 사람의 형상을 하고 있다면 혼령의 형체 역시 사람의 형상을 하고 있는 것이 되니, 사람의 형상을 하고 있다는 것은 죽은 사람의 혼령이 아님을 알 수 있다. 무릇 천지간에는 귀신이라는 것이 있긴 하지만 그것은 죽은 사람의 혼령이 아니다.

[역주]
① 『論衡』: 이 문장은 『論衡』 권20 「論死」의 내용을 요약한 것임.
[참고] 『太平御覽』884.

阮宣子論鬼神有無者, 或以人死有鬼. 宣子獨以爲無, 曰; "今見鬼者云, 箸生時衣服, 若人死有鬼, 衣服復有鬼邪?"[1]

[1] 『論衡』曰; 世謂人死爲鬼, 非也. 人死不爲鬼, 無知, 不能害人. 如審鬼者死人精神, 人見之, 宜從裸袒之形, 無爲見衣帶被服也. 何則? 衣無精神也. 由此言之, 見衣服象人, 則形體亦象人, 象人知非死人之精神也. 凡天地之間有鬼, 非人死之精神也.

• 5 : 23 [0308]

원황제元皇帝[司馬睿]가 이미 제위에 등극한 뒤 정후鄭后를 총애한 나머지 명제明帝[司馬紹]를 제쳐두고 정후의 소생인 간문제簡文帝[司馬昱]를 태자로 세우려 했다. 당시의 논자들이 모두 말했다.

"연장자를 제쳐두고 연소자를 세우는 것은 이미 도의상 윤리에 어긋나며, 게다가 명제는 총명하고 결단력이 뛰어나므로 태자로 삼는 것이 더욱 마땅하다."

주의周顗와 왕도王導를 비롯한 제공諸公들도 모두 간절하게 충간했다.[1] 오직 조현량刁玄亮[刁協] 혼자만 소주少主[司馬昱]를 받들어 원제의 뜻에 아부하려고 했다. 원제는 곧장 시행하려 했으나 제공들이 조칙을 받들지 않을까 염려하여, 먼저 주후周侯[周顗]와 왕승상王丞相[王導]을 불러 입조케 한 뒤 조칙을 내려 조현량[2]에게 넘기려 했다. 주의와 왕도가 이미 입조하여 막 계단 끝에 이르렀을 때, 원제가 미리 어지를 전하는 사자를 파견하여 그들을 막아 세우고 동쪽 곁채로 가게 했다. 주후는 미처 깨닫지 못하고 즉시 물러나 계단을 내려갔다. 그러나 왕승상은 어지를 전하는 사자를 밀쳐내고 곧장 어좌 앞으로 나아가 말했다.

"폐하께서 어찌하여 신을 만나고자 하시는지 모르겠사옵니다."①

원제는 묵묵히 말없이 있다가 마침내 누런 종이에 쓴 조칙을 품속에서 꺼내 찢어버렸다. 이로써 태자의 책봉이 비로소 확정되었다. 주후는 그제야 개연히 부끄러워하면서 탄식했다.

"나는 늘 무홍茂弘[王導]보다 낫다고 스스로 말하곤 했는데, 이제야 비로소 그보다 못하다는 것을 알겠구나!"③

① 『중흥서中興書』: 정태후鄭太后는 자가 아춘阿春이며 형양滎陽사람이다. 어려서 부친을 여의고 일찍 전씨田氏에게 시집갔으나 남편이 죽자 외숙 오씨吳氏에게 의지했다. 당시 중종中宗[元帝 司馬睿]의 경후敬后 우씨虞氏가 먼저 붕어하자 중종은 오씨의 딸을 후궁으로 들이려 했다. 정후가 오씨의 딸과 함께 후원에서 놀고 있을 때 어떤 자가 중종에게 그녀 얘기를 했다. 그래서 중종은 그녀를 후궁으로 들여 부인으로 삼고 매우 총애하여 간문제를 낳았다. 간문제는 즉위한 뒤 그녀를 존숭하여 문선태후文宣太后라고 했다.

② 조현량은 조협刁協이다.

③ 『중흥서』: 원황제는 명제와 낭야왕琅邪王 사마부司馬裒가 모두 경후의 소생이 아니지만, 사마부에게는 대성할 기량이 있어서 명제보다 낫다고 생각했다. 그래서 조용히 왕도에게 물었다.

"태자를 세우는 데는 품덕을 기준으로 하고 연령을 기준으로 하지는 않소. 지금 두 사람 가운데 누가 낫다고 생각하오?"

그러자 왕도가 말했다.

"세자世子[司馬紹]와 선성宣城[司馬裒]②은 모두 총명한 품덕을 지니고 있어서 우열을 가릴 수가 없습니다. 이러하니 마땅히 연령을 기준으로 삼아야 합니다."

그래서 원제는 생각을 바꾸어 사마부를 낭야왕에 봉했다.

▫ 이 기록은 『세설』과 서로 다르다. 그러나 하법성何法盛③도 채록할 때 근거한 자료가 있었을 것이니, 어느 쪽이 사실일까? 또한 조용히 풍간諷諫했다는 것이 도리 상으로 어쩌면 온당할 수도 있다. 왕도가 계단에 올라가서 한 한 마디의 말에는 전혀 특별한 내용이 없었는데도 어찌 원제가 그것 때문에 곧바로 계획을 바꾸었겠는가?

[역주]··························

① 폐하께서~모르겠사옵니다 : 원문은 "不審陛下何以見臣". 汪藻의 『世說敍錄』

「考異」에 수록된 문장에는 "不審陛下何以不見臣"이라 되어 있음.
② 宣城[司馬裒]: 『晉書』 권64 「元四王傳」에 따르면 司馬裒는 일찍이 宣城郡公에 봉해졌음.
③ 何法盛: 『中興書』의 작자.

[참고] 『晉書』 65.

元皇帝旣登阼, 以鄭后之寵, 欲舍明帝而立簡文. 時議者咸謂; "舍長立少, 旣於理非倫, 且明帝以聰亮英斷, 益宜爲儲副." 周 · 王諸公並苦爭懇切.① 唯刁玄亮獨欲奉少主, 以阿帝旨. 元帝便欲施行, 慮諸公不奉詔, 於是先喚周侯 · 丞相入, 然後欲出詔付刁.② 周 · 王旣入, 始至階頭, 帝逆遣傳詔, 遏使就東廂. 周侯未悟, 卽卻略下階. 丞相披撥傳詔, 逕至御牀前, 曰; "不審陛下何以見臣?" 帝默然無言, 乃探懷中黃紙詔裂擲之. 由此皇儲始定. 周侯方慨然愧歎曰; "我常自言勝茂弘, 今始知不如也!"③

①。『中興書』曰; 鄭太后, 字阿春, 滎陽人. 少孤, 先嫁田氏, 夫亡, 依舅吳氏. 時中宗敬后虞氏先崩, 將納吳氏. 后與吳氏女遊後園, 有言之於中宗者. 納爲夫人, 甚寵, 生簡文. 帝卽位, 尊之曰文宣太后.
②。刁協.
③。『中興書』曰; 元皇以明帝及琅邪王裒並非敬后所生, 而謂裒有大成之度, 勝於明帝. 因從容問王導曰; "立子以德不以年, 今二子孰賢?" 導曰; "世子 · 宣城俱有爽明之德, 莫能優劣. 如此, 故當以年." 於是更封裒爲琅邪王.
。而此與『世說』互異. 然法盛采撫典故, 以何爲實? 此從容諷諫, 理或可安. 豈有登階一言, 曾無奇說, 便爲之改計乎?

• 5 : 24 [0309]

왕승상王丞相[王導]이 처음 강남으로 건너왔을 때, 오吳지방 인사들의 도움을 얻고자 하여 육태위陸太尉[陸玩]에게 혼사를 맺자고 청했더니 그가 대답했다.

"작은 언덕에는 소나무와 측백나무가 자라지 않고[培塿無松柏],① 향초와 악초는 같은 그릇에 담을 수 없습니다[薰蕕不同器].②① 제가 비록 재주는 없으나 도의상 윤리를 어지럽히는 시작이 되지는 않을 것입니다."②

1 ▪ 두예杜預의 『좌전左傳』 주③ : 배루培塿는 작은 언덕이고 송백松柏은 큰 나무다. 훈薰은 향초고 유蕕는 악초다.
2 ▪ 육완陸玩은 이미 나왔다.④

[역주]⋯⋯⋯⋯⋯⋯⋯⋯⋯⋯⋯
① 작은 언덕에는 소나무와 측백나무가 자라지 않고[培塿無松柏]: 『左傳』「襄公24年」條에 나오는 구절.
② 향초와 악초는 같은 그릇에 담을 수 없습니다[薰蕕不同器]: 『孔子家語』 권2 「致思」에 "薰蕕不同器而藏"이라는 구절이 있음.
③ 杜預의 『左傳』 주 : 앞부분은 「襄公24年」條에 보이고, 뒷부분은 「僖公4年」條에 보임.
④ 이미 나왔다 : 「政事」13 劉注1에 나왔음.
[참고] 『晉書』77, 『太平御覽』541.

王丞相初在江左, 欲結援吳人, 請婚陸太尉, 對曰; "培塿無松柏, 薰蕕不同器. 1 玩雖不才, 義不爲亂倫之始." 2

1 ▪ 杜預 『左傳』 注曰; 培塿, 小阜. 松柏, 大木也. 薰, 香草. 蕕, 臭草.
2 ▪ 玩, 已見.

──────── • 5 : 25 [0310]

제갈회諸葛恢의 장녀[諸葛文彪]는 태위太尉 유량庾亮의 아들[劉會]에게 시집갔고,1 차녀는 서주徐州자사 양침羊忱의 아들[羊楷]에게 시집갔다.2 유량의 아들이 소준蘇峻에게 살해당하자 제갈회의 장녀는 강반江彪에게 개가했다.3 제갈회의 아들[諸葛衡]은 등유鄧攸의 딸을 아내로 맞았다.4 당시에 사상서謝尙書[謝裒]가 제갈회의 막내딸[諸葛文熊]을 아들의 신부감으로 청하자, 제갈회가 말했다.

"양씨·등씨 집안과는 대대로 혼인을 맺고① 있으며, 강씨 집안의 경우는 우리가 그들을 돌봐주고 유씨 집안의 경우는 그들이 우리를 돌봐주고 있으니, 또다시 사부謝裒의 아들[謝石]과는 혼사를 맺을 수 없습니다."5

제갈회가 죽은 뒤 그의 막내딸은 마침내 사씨 집안으로 시집갔다.⑥ 그래서 왕우군王右軍[王羲之]이 사씨 집안으로 가서 신부를 보니,② 그녀는 여전히 제갈회가 가르친 법도를 지니고 있었는데, 위의威儀가 단정하고 면밀했으며 몸가짐과 옷차림이 정결하고 엄정했다. 왕우군이 감탄했다.

"내가 살아 있을 때 딸을 시집보내더라도 저렇게 키울 수 있을까!"

① ▫『제갈회별전諸葛恢別傳』: 제갈회는 자가 도명道明이며 낭야琅邪 양도陽都 사람이다. 조부 제갈탄諸葛誕은 위魏나라의 사공司空을 지냈고 부친 제갈정諸葛靚 역시 이름이 알려졌다. 제갈회는 어려서부터 훌륭한 명성을 얻어 현명하다고 칭송되었다. 난을 피하여 강남으로 건너온 뒤, 중종中宗[元帝 司馬睿]이 그를 불러 주부主簿에 임명했으며 여러 벼슬을 거쳐 상서령尚書令에 등용되었다.

▫『유씨보庾氏譜』: 유량의 아들 유회庾會는 제갈회의 딸 제갈문표諸葛文彪를 아내로 맞았다.

▫유회는 따로 나온다.③

② ▫『양씨보羊氏譜』: 양해羊楷는 자가 도무道茂다. 조부 양요羊繇는 거기연車騎掾을 지냈고, 부친 양침은 시중侍中을 지냈다. 양해는 벼슬이 상서랑尚書郎에까지 이르렀다. 제갈회의 차녀를 아내로 맞았다.

③ ▫강반은 따로 나온다.④

④ ▫『제갈씨보諸葛氏譜』: 제갈회의 아들 제갈형諸葛衡은 자가 준문峻文이다. 벼슬은 형양滎陽태수에까지 이르렀다.

⑤ ▫『영가류인명永嘉流人名』: 사부는 자가 유유幼儒이며 진군陳郡사람이다. 부친 사형謝衡은 박사博士⑤였다. 사부는 시중·이부상서吏部尚書·오국내사吳國內史를 역임했다.

⑥ ▫『사씨보謝氏譜』: 사부의 아들 사석謝石은 제갈회의 막내딸 제갈문웅諸葛文熊을 아내로 맞았다.

▫『중흥서中興書』: 사석은 자가 석노石奴며 상서령을 역임했다. 세금을 마구 거둬들여 당시에 비난을 받았다.

[역주] ························
① 대대로 혼인을 맺고 : 원문은 "世婚". 『太平御覽』 권541에 인용된 『世說』에는 "平婚"이라 되어 있음. 平婚은 신분이나 지위 따위가 평등한 관계의 혼인을 의미함.
② 신부를 보았더니 : 원문은 "看新婦". 당시에는 3일간의 初婚禮를 치른 뒤 신부가 시부모를 뵈러오면 손님들이 와서 신부를 구경하는 풍습이 있었음.
③ 따로 나온다 : 「雅量」17 劉注①에 나옴.
④ 따로 나온다 : 「方正」42 劉注①에 나옴.
⑤ 博士 : 汪藻의 『世說敍錄』「人名譜・謝氏譜」에는 謝衡이 國子祭酒를 지냈다고 되어 있음.
[참고] 『太平御覽』541, 『事文類聚』後13.

諸葛恢大女適太尉庾亮兒,① 次女適徐州刺史羊忱兒.② 亮子被蘇峻害, 改適江彪. ③ 恢兒娶鄧攸女.④ 于時謝尙書求其小女婚, 恢乃云; "羊・鄧是世婚, 江家我顧伊, 庾家伊顧我, 不能復與謝裒兒婚." 及恢亡, 遂婚.⑥ 於是王右軍往謝家看新婦, 猶有恢之遺法, 威儀端詳, 容服光整. 王歎曰; "我在遣女裁得爾耳!".
①・『恢別傳』曰: 恢, 字道明, 琅邪陽都人. 祖誕, 司空. 父靚, 亦知名. 恢少有令問, 稱爲明賢. 避難江左, 中宗召補主簿, 累遷尙書令.
・『庾氏譜』曰: 庾亮子會, 娶恢女, 名文彪.
・庾會, 別見.
②・『羊氏譜』曰; 羊楷, 字道茂. 祖綝, 車騎掾. 父忱, 侍中. 楷仕至尙書郎. 娶諸葛恢次女.
③・彪, 別見.
④・『諸葛氏譜』曰; 恢子衡, 字峻文, 仕至滎陽太守. 娶河南鄧攸女.
⑤・『永嘉流人名』曰; 裒, 字幼儒, 陳郡人. 父衡, 博士. 裒歷侍中・吏部尙書・吳國內史.
⑥・『謝氏譜』曰; 裒子石, 娶恢小女, 名文熊.
・『中興書』曰; 石, 字石奴, 歷尙書令. 聚斂無厭, 取譏當世.

───── • 5 : 26 [0311]

주숙치周叔治[周謨]가 진릉晉陵태수가 되었을 때 맏형 주후周侯[周顗]와 둘째형 주중지周仲智[周嵩]가 전송하러 갔다. 주숙치가 이별하려 할 때 끊임없이 눈물을 흘리자, 주중지가 화를 내며 말했다.
"이 아녀자 같은 놈! 사람과 이별하면서 훌쩍거리기만 하다니!"

그러고는 곧장 내버려두고 떠났다.① 주후는 혼자 남아 주숙치와 함께 술을 마시면서 얘기를 나누었다. 주숙치가 이별하면서 눈물을 흘리자 주후가 그의 등을 토닥거리면서 말했다.

"아노阿奴! 부디 자중자애自重自愛하거라!"②

① 。 등찬鄧粲의 『진기晉紀』: 주모周謨는 자가 숙치며 주의周顗의 둘째동생이다. 벼슬은 중호군中護軍에까지 올랐다. 주숭周嵩은 자가 중지며 주모의 형이다. 성품이 강직하고 과감하여① 매번 자신의 재기才氣로 남을 능멸하곤 했다. 주의가 왕돈王敦에게 살해당했을 때② 왕돈이 사람을 보내 조문하자 주숭이 말했다.

"돌아가신 형님은 천하에 의로운 사람인데 천하에 의롭지 못한 사람에게 살해당했으니 무슨 조문할 것이 있겠소?"

왕돈은 심히 못마땅했지만③ 그래도 주숭을 종사중랑從事中郞으로 삼았다가, 나중에 사건에 연루되었다고 하여④ 그를 주살했다.

。 『진양추晉陽秋』: 주숭은 부처를 섬겨 사형당할 때에도 불경을 낭송했다.

② 。 아노는 주모의 어릴 적 자字다.⑤

[역주]……………………

① 강직하고 과감하여 : 원문은 "絞直果俠". 宋本에는 "狡直果俠", 『晉書』 권61 「周嵩傳」에는 "狷直果俠"이라 되어 있음.

② 주의가 王敦에게 살해당했을 때 : 王敦은 평소에 周顗의 재능을 시기했는데, 元帝 永昌 원년(322)에 마침내 주의를 체포하여 戴淵과 함께 石頭城의 남문 밖에서 살해했음. 『晉書』 권69 「周顗傳」에 보임.

③ 못마땅했지만 : 『晉書』 권61 「周嵩傳」에는 이 다음에 "懼失人情, 故未加害.[인심을 잃을까봐 두려워 해를 가하지 않았다"라는 구절이 있음.

④ 사건에 연루되었다고 하여 : 明帝 太寧 2년(324)에 王敦은 周嵩과 周莚이 李脫과 함께 역모를 꾀했다고 무고하여 주숭과 주연을 체포하여 軍中에서 살해했음. 『資治通鑑』 권93에 보임.

⑤ 아노는 주모의 어릴 적 字다 : '阿奴'는 동생을 친근하게 부르는 호칭으로 육조시대에 널리 사용되었으므로, 周謨의 어릴 적 字로 한정하는 것은 타당치 않다고 생각함. 「德行」33 [역주]① 참조

周叔治作晉陵太守, 周侯・仲智往別. 叔治以將別, 涕泗不止, 仲智恚之曰;

"斯人乃婦女! 與人別, 唯啼泣!" 便舍去.① 周侯獨留, 與飲酒言話. 臨別流涕, 撫其背曰; "阿奴, 好自愛!"②

① · 鄧粲『晉紀』曰; 周謨, 字叔治, 顗次弟也. 仕至中護軍. 嵩, 字仲智, 謨兄也. 性絞直果俠, 每以才氣陵物. 顗被害, 王敦使人弔焉, 嵩曰; "亡兄, 天下有義人, 爲天下無義人所殺, 復何所弔?" 敦甚銜之, 猶取爲從事中郞, 因事誅嵩.

· 『晉陽秋』曰; 嵩事佛, 臨刑猶誦經.

② · 阿奴, 謨小字.

———— • 5 : 27 [0312]

주백인周伯仁[周顗]이 이부상서吏部尙書로 있을 때, 관청에 있다가 밤에 병이 나서 위독했다. 당시 상서령으로 있던 조현량刁玄亮[刁協]이 애써 간호하면서 매우 친밀함을 보였는데, 한참 뒤 병세가 조금 호전되었다.① 다음 날 아침에 동생 주중지周仲智[周嵩]에게 알렸더니 주중지가 황급히 달려왔다. 주중지가 막 문으로 들어서자 조현량은 침상에서 내려와 그를 향하여 큰 소리로 울면서 주백인이 어젯밤에 처했던 위급한 상황을 설명했다. 주중지가 조현량을 손으로 후려치자 그는 놀래면서 문가로 뒷걸음쳤다. 주중지는 주백인 앞으로 다가가 병세에 대해서는 한 마디도 묻지 않고 다만 말했다.

"당신은 서진西晉 조정에서는 화장여和長輿[和嶠]와 이름을 나란히 했는데, 지금은 어찌하여 아첨배 조협刁協과 친하게 지낸단 말이오?"

그러고는 곧바로 나가버렸다.

① · 우예虞預의 『진서晉書』: 조협은 자가 현량이며 발해渤海 요안饒安사람이다. 젊어서부터 학문을 좋아하여 비록 깊이 연구하지는 않았지만 널리 아는 바가 많았다. 동진東晉의 제도는 모두 조협에 의해 제정되었다. 여러 벼슬을 거쳐 상서령에 등용되었다. 중종中宗[司馬睿]이 그를 매우 신임했다. 왕돈王敦에게 미움을 받자 군대를 일으켜 그를 토벌하려 했으나 패주하여 강남에 이르러 죽었다.①

[역주]······················
① 패주하여 강남에 이르러 죽었다 : 원문은 "奔至江南, 敗死." 宋本에는 "奔至江南, 爲人所殺."이라 되어 있음.

周伯仁爲吏部尙書, 在省內夜疾危急. 時刁玄亮爲尙書令, 營救備親好之至, 良久小損.① 明旦, 報仲智, 仲智狼狼來, 始入戶, 刁下牀對之大泣, 說伯仁昨危急之狀. 仲智手批之, 刁爲辟易於戶側. 旣前, 都不問病, 直云; "君在中朝, 與和長輿齊名, 那與倭人刁協有情?" 逕便出.

① ○ 虞預『晉書』曰; 刁協, 字玄亮, 勃海饒安人. 少好學, 雖不硏精, 而多所博涉. 中興制度, 皆稟於協. 累遷尙書令. 中宗信重之, 爲王敦所忌, 擧兵討之, 奔至江南, 敗死.

————— • 5 : 28 [0313]

왕함王含이 여강군廬江郡의 태수로 있을 때, 독직瀆職함이 심하여 평판이 매우 좋지 않았다. 동생 왕돈王敦이 자기 형을 옹호하려고 일부러 여러 사람이 모인 자리에서 칭찬했다.

"우리 형님은 군에서 틀림없이 정치를 잘하고 계시는 모양이오. 여강의 인사들이 모두 칭송하는 걸 보니."

당시 하충何充은 왕돈의 주부主簿로 있었는데 그 자리에 있다가 정색하며 말했다.

"제가 바로 여강사람인데 소문은 그와 다르던데요."

왕돈은 묵묵히 말이 없었고 주위 사람들은 그 때문에 불안해했으나, 하충은 안색이 태연자약했다.①

① 『중흥서中興書』: 왕돈은 천자를 위협할 정도의 위세를 가지고 현사賢士과 준재를 거두어들이면서 하충을 불러 주부로 삼았다. 하충은 왕돈이 모반의 뜻을 갖고 있는 것을 알았으므로 주저하면서 거리를 두었다. 왕함이 인정仁政을 베풀고 있다고 왕돈이 칭찬했을 때, 온 좌중은 왕돈을 두려워하여 동조할 따름이었으나 하충 혼자만 이의를 제기했다. 그 당시 사람들은 그 때문에 얼굴색이 변했다. 이로 말미암아 하충은 왕돈의 눈 밖에 나서 동해

왕東海王[司馬越]의 문학文學[1]으로 나가게 되었다.
[역주]
① 文學 : 서적교정이나 문서작성을 맡아보는 관직.
[참고] 『晉書』77.

王含作廬江郡, 貪濁狼籍. 王敦護其兄, 故於衆坐稱; "家兄在郡定佳, 廬江人士咸稱之." 時何充爲敦主簿, 在坐, 正色曰; "充卽廬江人, 所聞異於此." 敦默然, 旁人爲之反側, 充晏然神意自若.[1]

[1]。『中興書』曰; 王敦以震主之威, 收羅賢儁, 辟充爲主簿. 充知敦有異志, 逡巡疏外. 及敦稱含有惠政, 一坐畏敦, 擊節而已, 充獨抗之. 其時衆人爲之失色. 由是忤敦, 出爲東海王文學.

------- • 5 : 29 [0314]

고맹저顧孟著[顧顯]가 한번은 주백인周伯仁[周顗]에게 술을 권했으나 주백인이 받질 않았다. 그래서 고맹저는 자리를 옮겨 기둥에게 술을 권하면서 기둥에 대고 말했다.

"어찌 동량棟梁[1]이 되었다고 자처할 수 있겠는가?"

주백인은 그 말을 듣고 매우 기뻐하여 마침내 친한 친구[2]가 되었다.[1]

[1]。서광徐廣의 『진기晉紀』 : 고현顧顯은 자가 맹저며 오군吳郡사람으로, 표기장군驃騎將軍 고영顧榮의 형의 아들이다. 젊어서부터 명성이 높았으며 태흥泰興 연간(318~321)에 기랑騎郎이 되었다. 일찍 죽자 당시 사람들이 그를 애도했다.

[역주]
① 棟梁 : 周顗가 吏部尙書로서 국가의 중요인물이 된 것을 기둥에 걸쳐 있는 대들보에 비유한 것임.
② 친한 친구 : 원문은 '衿契'. 胸襟을 터놓고 얘기할 수 있는 친구를 말함.

顧孟著嘗以酒勸周伯仁, 伯仁不受. 顧因移勸柱, 而語柱曰; "詎可便作棟梁自遇?" 周得之欣然, 遂爲衿契.[1]

[1]。徐廣『晉紀』曰; 顧顯, 字孟著, 吳郡人, 驃騎榮兄子. 少有重名, 泰興中爲騎郎. 蚤卒, 時

爲悼惜之.

• 5 : 30 [0315]

명제明帝[司馬紹]가 서당西堂에서 제공諸公들을 모아놓고 주연을 열었다. 아직 크게 취하지 않았을 때 명제가 물었다.

"오늘 명신名臣들이 모두 모였소. 지금을 요순의 시대와 비교하면 어떻소?"

당시 상서복야尚書僕射로 있던 주백인周伯仁[周顗]이 소리를 높여 말했다.

"지금 비록 군주로서는 같겠지만 또한 어찌 성왕聖王의 치세와 같다고 할 수 있겠습니까?"

명제는 대노하여 내정으로 돌아가 누런 종이 한 장 가득히 직접 조서를 작성한 뒤, 마침내 정위廷尉에게 교부하여 그를 체포하여 죽이려 했다.① 그러나 며칠 뒤 다시 조서를 내려 주백인을 석방하도록 했다. 여러 신하들이 문안하러 갔더니 주백인이 말했다.

"틀림없이 죽지 않으리란 것을 벌써 알고 있었소이다. 나의 죄가 그 정도에 이르기까지는 부족하니까요."

① · 생각건대 : 명제가 즉위하기 전에 주의周顗는 이미 왕돈王敦에게 살해당했으므로 이 고사는 잘못된 것이다.①

[역주]
① 劉孝標의 설이 타당함. 『晉書』 권69 「周顗傳」에 따르면 이 고사는 元帝[司馬睿]와 관계된 것이므로 본문의 明帝를 元帝로 고치는 것이 마땅함.

[참고] 『晉書』 69.

明帝在西堂, 會諸公飲酒, 未大醉, 帝問: "今名臣共集, 何如堯舜?" 時周伯仁爲僕射, 因厲聲曰; "今雖同人主, 復那得等於聖治?" 帝大怒, 還內, 作手詔, 滿一黃紙, 遂付廷尉令收, 因欲殺之.① 後數日, 詔出周. 羣臣往省之, 周曰; "近知當不死, 罪不足至此."

①▫按; 明帝未卽位, 顗已爲王敦所殺, 此說非也.

----- • 5 : 31 [0316]

　　왕대장군王大將軍[王敦]이 장강을 따라 공격하여 내려왔을 때 사람들이 모두 그럴 이유가 없다고 하자, 주백인周伯仁[周顗]이 말하였다.
　　"지금의 군주는 요순이 아니니 어찌 허물이 없을 수 있겠소? 그렇다고 또한 신하가 어찌 군대를 이끌고 조정을 공격할 수 있겠소? 하지만 왕처중王處仲[王敦]은 난폭하고 거칠기 짝이 없소. 왕평자王平子[王澄]는 어디에 있소? [그의 손에 죽지 않았소?]"①

　①▫『주의별전周顗別傳』: 왕돈王敦이 유외劉隗를 토벌했는데, 당시 동궁서자東宮庶子로 있던 온태진溫太眞[溫嶠]이 승화문承華門 밖에서 주의와 만나 말했다.
　　"대장군[王敦]의 이번 거병은 근거한 바가 있으며 의義에서 벗어남이 없다고 봅니다."
　　그러자 주의가 말했다.
　　"그대는 나이가 젊고 세상경험도 적어서 그렇소. 일찍이 이와 같은 신하가 난을 일으키지 않은 적이 없었소. 함께 서로 수년 동안 추대했다가 이런 일을 할 수 있겠소? 그러나 왕처중은 난폭하고 거칠기 짝이 없으니 충분히 그럴 수 있소. 왕평자는 어디에 있소? [그의 손에 죽지 않았소?]"
　▫『진양추晉陽秋』: 왕징王澄이 형주荊州자사로 있을 때 여러 도적떼가 한꺼번에 일어나자 예장豫章으로 도망갔다. 그러나 자신의 지난날 명성만 믿고 오히려 왕돈을 모욕했다. 그래서 왕돈은 용사 노융路戎 등에게 시켜① 그를 목 졸라 죽이게 했다.
　▫『배자裴子』: 왕평자가 형주로부터 장강을 따라 내려오자, 대장군이 그를 죽이려고 했다. 그러나 왕평자의 좌우에는 20명의 용사가 모두 쇠로 만든 방패와 말채찍을 들고 호위하고 있었으며, 왕평자는 비상용 방어무기로 항상 옥 베개를 갖고 있었다. 대장군은 이에 형주의 문관・무관과 20명의 용사에게 술과 음식을 실컷 먹여 모두 거동할 수 없을 정도로 만들었다. 그

러고 나서 왕평자의 옥 베개를 빌려달라고 하여 곧바로 그것을 들고 침상을 내려왔다. 눈치 챈 왕평자가 손으로 대장군을 잡아당기는 바람에 대장군의 혁대가 끊어졌다. 왕평자는 역사와 격투를 벌였는데 몹시 힘이 겨워 지붕 위로 도망갔다가 얼마 뒤 죽었다.

[역주] ······················

① 시켜 : 원문은 "使". 宋本에는 "伏", 袁褧本에는 "仗"이라 되어 있는데 모두 문맥상 어울리지 않음.

[참고] 『晉書』 69.

王大將軍當下, 時咸謂無緣爾, 伯仁曰; "今主非堯舜, 何能無過? 且人臣安得稱兵以向朝廷? 處仲狼抗剛愎. 王平子何在?"①

①. 『顗別傳』曰; 王敦討劉隗, 時溫太眞爲東宮庶子, 在承華門外, 與顗相見曰; "大將軍此擧有在, 義無有濫." 顗曰; "君年少, 希更事. 未有人臣若此而不作亂. 共相推戴數年而爲此者乎? 處仲狼抗而强忌, 平子何在?"

. 『晉陽秋』曰; 王澄爲荊州, 羣賊並起, 乃奔豫章. 而恃其宿名, 猶陵侮敦, 敦使勇士路戎等搤而殺之.

. 『裴子』曰; 平子從荊州下, 大將軍因欲殺之. 而平子左右有二十人, 甚健, 皆持鐵楯馬鞭, 平子恒持玉枕. 大將軍乃犒荊州文武, 二十人積飮食, 皆不能動. 乃借平子玉枕, 便持下牀. 平子手引大將軍帶絶. 與力士鬪, 甚苦, 乃得上屋上, 久許而死.

———————— • 5 : 32 [0317]

왕돈王敦은 이미 장강長江을 따라 내려와 도성으로 진격하면서 배를 석두石頭에 정박하고 명제明帝[司馬紹]를 폐위시킬 생각을 하고 있었다. 빈객이 좌중에 가득 찼을 때, 왕돈은 명제가 총명하다는 것을 알고 있었기 때문에 불효의 죄명으로 그를 폐위시키고자 하여, 매번 명제의 불효한 행실을 말할 때 마다 모두 말했다.

"이것은 온태진溫太眞[溫嶠]이 말한 바이오. 온태진은 일찍이 동궁솔東宮率①을 지냈다가 나중에 나의 사마司馬②가 되었으니 익히 잘 알고 있소."

잠시 뒤 온태진이 도착하자, 왕돈이 곧장 그 위세를 과시하면서 온태진에게 물었다.

"황태자는 인물됨이 어떻소?"

온태진이 말했다.

"소인이 군자를 헤아릴 수는 없습니다."

왕돈은 목소리와 얼굴빛을 모두 매섭게 하여 위력으로 자기 뜻에 따르게 하고자 했다. 그래서 다시 온태진에게 물었다.

"태자는 어떤 점에서 훌륭하다 말할 수 있소?"

그러자 온태진이 말했다.

"심원함을 연구하고 원대함을 궁구하는 것[3]은 대개 천박한 식견으로 헤아릴 수 있는 바가 아닙니다. 하지만 예禮로 부모님을 모시는 것은 가히 효성스럽다고 말할 수 있습니다."[1]

[1]。유겸지劉謙之의 『진기晉紀』: 왕돈이 명제를 폐위시키고자 하여 사람들에게 말했다.

"태자는 자식으로서의 도리에 어긋남이 있소. 온사마溫司馬[溫嶠]가 예전에 동궁에 있었으므로 그 일을 잘 알고 있소."

온교가 이미 바른 말을 하고 나자 왕돈은 화를 내면서도 부끄러워했다.

[역주]……………………
① 東宮率: 황태자의 官屬 가운데 하나. 『晉書』 권67 「溫嶠傳」에 따르면, 明帝가 황태자로 있을 때 溫嶠는 太子中庶子를 지냈음.
② 司馬: 軍府의 官屬으로서 將軍·都督·節度使 밑에서 軍事를 담당함.
③ 심원함을 연구하고 원대함을 궁구하는 것: 원문은 "鉤深致遠". 『周易』 「繫辭傳 上」에 나오는 구절.

王敦既下, 住船石頭, 欲有廢明帝意. 賓客盈坐, 敦知帝聰明, 欲以不孝廢之, 每言帝不孝之狀, 而皆云; "溫太眞所說. 溫嘗爲東宮率, 後爲吾司馬, 甚悉之." 須臾, 溫來, 敦便奮其威容, 問溫曰; "皇太子作人何似?" 溫曰; "小人無以測君子." 敦聲色並厲, 欲以威力使從己, 乃重問溫: "太子何以稱佳?" 溫曰; "鉤深致遠, 蓋非淺識所測. 然以禮侍親, 可稱爲孝."[1]

[1]。劉謙之『晉紀』曰; 敦欲廢明帝, 言於衆曰; "太子道有虧, 溫司馬昔在東宮悉其事." 嶠既正言, 敦忿而愧焉.

• 5 : 33 [0318]

왕대장군王大將軍[王敦]이 이미 반란을 일으켜 석두石頭에 이르렀을 때, 주백인周伯仁[周顗]이 가서 그를 만났다. 왕대장군이 주백인에게 말했다.

"그대는 어찌하여 나를 배반했소[負]①?"

주백인이 대답했다.

"공의 병거兵車가 정의를 짓밟기에 이 하관下官이 외람되게도 육군六軍②을 통솔하여 싸웠으나 천자의 군대가 위세를 떨치지 못했소. 이 점에서 공에게 부담을 준[負] 것이오.③"①

① 『진양추晉陽秋』: 왕돈王敦이 이미 장강을 따라 진격해 내려오자 육군이 맞서 싸웠으나 대패했다. 주의周顗의 장사長史 학하郝嘏와 좌우 문관·무관들이 주의에게 피난하라고 권하자, 주의가 말했다.

"나는 대신大臣의 지위에 있으면서 조정이 위태로운 지경에 처했는데 어찌 초야에서 살기를 구하고자 호로胡虜에게 몸을 맡길 수 있겠는가?"

그러고는 조정의 신하들과 함께 왕돈을 찾아갔더니 왕돈이 말했다.

"근자의 싸움에 아직 남은 힘이 있소?"

주의가 대답했다.

"힘이 부족함을 한탄할 따름이니 어찌 남은 힘이 있겠소?"

[역주]
① 어찌하여 나를 배반했소[負]: 원문은 "何以相負". 『資治通鑑』 권92 「晉紀」14의 胡三省 注에 따르면, 愍帝 建興 元年(313)에 周顗가 杜弢에게 곤욕을 당해 豫章에서 王敦에게 의지하여 그의 도움을 받은 적이 있었으므로 이렇게 말한 것임.
② 六軍: 天子의 軍隊. 1군은 1만 2,500명의 병사를 말함.
③ 이 점에서 공에게 부담을 준[負] 것이오: 원문은 "以此負公". 王敦은 周顗가 은혜를 저버리고 자기에게 대항한다고 생각하여 '배반'이란 말을 썼지만, 주의는 자신이 왕돈에게 걱정거리가 된다고 생각하여 '부담'이란 말을 쓴 것임.

[참고] 『晉書』69.

王大將軍旣反, 至石頭, 周伯仁往見之. 謂周曰; "卿何以相負?" 對曰; "公戎軍犯正, 下官忝率六軍, 而王師不振. 以此負公."[1]

[1] 『晉陽秋』曰; 王敦旣下, 六軍敗績. 顗長史郝嘏及左右文武, 勸顗避難, 顗曰; "吾備位大臣, 朝廷傾撓, 豈可草間求活, 投身胡虜邪?" 乃與朝士詣敦, 敦曰; "近日戰有餘力不?" 對曰; "恨力不足, 豈有餘邪?"

• 5 : 34 [0319]

소준蘇峻이 진격하여 이미 석두石頭에 이르자 문무백관들은 모두 도망쳐버렸고,[1] 오직 시중侍中 종아鍾雅 혼자만① 천자의 곁에 있었다. 어떤 이가 종아에게 말했다.

"괜찮음을 보면 나아가고 어려움을 알면 물러나는 것② 이 예로부터의 도道이오. 당신은 성품이 강직하므로 틀림없이 적군에게 용납되지 못할 것이오. 어찌하여 시의時宜에 따르지 않고 앉아서 죽음을 기다린단 말이오?"

그러자 종아가 말했다.

"나라가 어지러운데도 바로잡을 수 없고 군주가 위태로운데도 구할 수 없으면서③ 각자 도망가 화를 면하길 바라고 있으니, 나는 동호董狐④가 죽간竹簡을 들고⑤ 나아올까 두렵소."

[1] 왕은王隱의 『진서晉書』: 소준은 자가 자고子高며 장광長廣 액掖사람이다. 젊어서부터 재능과 학식이 있었으며, 군군 주부主簿를 지냈고 효렴孝廉에 천거되었다. 중원이 어지러워졌을 때⑥ 유민과 토착민 3천여 가家⑦를 규합하여, 본 현[掖縣]에 보루를 쌓아 왕화王化를 선양하고 죽은 사람의 뼈를 수습하여 매장해주었다. 원근의 사람들이 그의 은덕에 감동하여 모두 그를 종주로 받들었다. 왕돈을 토벌하는 데 공을 세워 소릉공邵陵公에 봉해졌으며 역양歷陽태수⑧로 전임되었다. 소준의 외영外營⑨에 있던 장수가 표表를 올려 아뢰었다.

"북이 저절로 울리고 있습니다."⑩

그러자 소준이 직접 북을 찢으면서 말했다.

"나의 향리에서도 때때로 이런 일이 일어나는데 그럴 때면 성안이 텅 비게 된다."

얼마 뒤 소준을 불러들이라는 조서가 내려오자 소준이 말했다.

"조정⑪에서는 내가 모반하려 한다고 말하는데, 모반했다고 하니 어찌 살아남을 수 있겠는가? 나는 차라리 산마루에서 정위廷尉⑫를 바라볼지언정 정위에게 산마루를 바라보게 할 수는 없다."

이에 난을 일으켰다.

◦『진양추晉陽秋』: 소준이 병사 2만을 이끌고 횡강橫江을 건너 장산蔣山에 이르렀는데, 이와 맞서 싸우던 천자의 군대가 패배했다.

[역주]
① 鍾雅 혼자만 :『晉書』권70「鍾雅傳」에 따르면, 鍾雅는 劉超와 함께 천자를 호위했다고 함.
② 괜찮음을~물러나는 것 : 원문은 "見可而進, 知難而退."『左傳』「宣公12年」條에 나오는 구절.
③ 나라가~없으면서 : 원문은 "國亂不能匡, 君危不能濟."『左傳』「襄公25年」條의 "君昏不能匡, 危不能求, 死不能死."라는 구절을 원용한 것임.
④ 董狐 : 春秋時代 晉나라의 훌륭한 史官.
⑤ 竹簡을 들고 : 원문은 "執簡". 簡은 옛날에 종이 대신 사용한 竹札을 말함. 그것을 들었다는 것은 역사에 기록한다는 뜻임.
⑥ 중원이 어지러워졌을 때 : 西晉 末에 일어났던 永嘉의 亂을 말함.
⑦ 3천여 家 : 宋本에는 "六千餘家",『晉書』권100「蘇峻傳」에는 "數千家"라 되어 있음.
⑧ 歷陽太守 :『晉書』권100「蘇峻傳」에는 "歷陽內史"라 되어 있음.
⑨ 外營 : 本營에 대한 말로 別動隊를 의미함.
⑩ 북이 저절로 울리고 있습니다 : 상서롭지 못한 징조로 變故가 일어날 조짐을 말함.
⑪ 조정 : 원문은 "臺下". 직접적으로는 庾亮을 가리킴.
⑫ 廷尉 : 刑罰과 獄事를 관장하는 관리.

[참고]『晉書』70.

蘇峻旣至石頭, 百僚奔散,① 唯侍中鍾雅獨在帝側. 或謂鍾曰; "見可而進, 知難而退, 古之道也. 君性亮直, 必不容於寇讎. 何不用隨時之宜, 而坐待其弊邪?" 鍾曰; "國亂不能匡, 君危不能濟, 而各遜遁以求免, 吾懼董狐將執簡而進矣."
① ◦王隱『晉書』曰; 峻, 字子高, 長廣掖人. 少有才學, 仕郡主簿, 擧孝廉. 值中原亂, 招合流

舊三千餘家, 結壘本縣, 宣示王化, 收葬枯骨. 遠近感其恩義, 咸共宗焉. 討王敦有功, 封公, 遷歷陽太守. 峻外營將表曰: "鼓自鳴." 峻自斫鼓曰: "我鄕里時有此, 則空城." 有頃, 詔書 徵峻, 峻曰: "臺下云我反, 反, 豈得活邪? 我寧山頭望廷尉, 不能廷尉望山頭." 乃作亂.
ㅇ『晉陽秋』曰; 峻率衆二萬, 濟自橫江, 至於蔣山, 王師敗績.

• 5 : 35 [0320]

유공庾公[庾亮]이 도성을 떠날 때① 종아鍾雅를 돌아보며 말했다.
"후사를 맡기니 잘 부탁하오."
종아가 말했다.
"마룻대가 부러지고 서까래가 무너지는 것②은 누구 책임입니까?"
유량이 말했다.
"오늘의 사태는 더 이상 말하지 마시오. 그대는 마땅히 내가 적을 격파하고 실지失地를 회복하는 공을 세우기만 기대하시오!"
종아가 말했다.
"당신은 순림보荀林父에게 부끄럽지 않다고 생각합니다."1

1 ㅇ『춘추전春秋傳』③ : 초楚나라 장왕莊王이 정鄭나라를 포위했을 때, 진晉나라에서는 순림보에게 군사를 이끌고 가서 정나라를 구하게 했는데, 초나라와 필邲땅에서 싸웠으나 진나라 군사가 패배했다. 환자桓子[荀林父]가 귀국하여 죽음을 청하자, 진 평공平公이 그것을 허락하려 했는데 사정자士貞子가 간언하는 바람에 그만두었다. 나중에 순림보가 곡량曲梁에서 적적赤狄을 격파했을 때, 진왕晉王은 환자에게 적적의 가신家臣 천 호戶를 상으로 주었고, 또한 사백土伯[士貞子]에게도 과연瓜衍의 땅을 하사하면서 말했다.
"내가 적적의 토지를 얻은 것은 그대의 공이오. 그대가 아니었더라면 나는 백씨伯氏를 잃었을 것이오."

[역주]
① 庾公[庾亮]이 도성을 떠날 때 : 蘇峻의 반란으로 도성 建康이 함락되어 庾亮이 피난 갈 때를 말함.
② 마룻대가 부러지고 서까래가 무너지는 것 : 원문은 "棟折榱崩". 『左傳』「襄公31年」條에 鄭나라 子産이 子皮에게 "子於鄭國棟也. 棟折榱崩, 僑將厭[壓]焉."이라고

한 구절이 보임. 여기서는 나라가 망하는 것을 비유함.
③ 『春秋傳』: 『左傳』「宣公12年」條와 「15年」條의 내용을 요약한 것임.
[참고] 『晉書』70.

庾公臨去, 顧語鍾; "後事, 深以相委." 鍾曰; "棟折榱崩, 誰之責邪?" 庾曰; "今日之事, 不容復言. 卿當期克復之效耳!" 鍾曰; "想足下不愧荀林父耳."①
①▫『春秋傳』曰; 楚莊王圍鄭, 晉使荀林父率師救鄭, 與楚戰於邲, 晉師敗績. 桓子歸, 請死, 晉平公將許之, 士貞子諫而止. 後林父敗赤狄于曲梁, 賞桓子狄臣千室, 亦賞士伯以瓜衍之田, 曰; "吾獲狄田, 子之功也. 微子, 吾喪伯氏矣."

———————— • 5 : 36 [0321]

소준蘇峻이 난을 일으켜 도성을 점령했을 때 공군孔羣은 횡당橫塘에서 소준의 부하인 광술匡術에게 협박을 받았다.① 난이 평정되어 광술이 투항하자 왕승상王丞相[王導]이 광술을 보호해주었다.① 여러 사람이 모인 자리에서 왕승상이 농담을 하다가 광술더러 공군에게 술을 권해서 횡당에서의 유감을 풀도록 했더니, 공군이 대답했다.

"덕은 공자에 비할 수 없지만 액은 같은 광인에게 당했습니다.②②
비록 봄기운이 널리 퍼져 매가 뻐꾸기로 변한다 하더라도, 그 정체를 아는 사람은 여전히 그 눈을 싫어합니다."③

①▫『회계후현기會稽後賢記』: 공군은 자가 경휴敬休며 회계 산음山陰사람이다. 조부 공축孔竺은 오吳나라의 예장豫章태수였고, 부친 공혁孔奕은 전초령全椒令이었다. 공군은 지략이 있었으며, 벼슬은 어사중승御史中丞에 이르렀다.
▫『진양추晉陽秋』: 광술이 부릉령阜陵令으로 있었는데 도망치더라도 갈 곳이 없었다. 유량庾亮이 소준을 부르자 광술은 소준에게 유량을 주살하라고 권유하면서④ 마침내 소준과 함께 모반했다. 나중에 완성宛城⑤을 바치고 투항했다.
②▫『가어家語』⑥: 공자가 송宋나라로 가는 도중에 광인匡人 간자簡子가 병사를 풀어 공자를 포위했다. 자로子路가 분노하여 창을 휘두르면서 싸우려고 하자 공자가 말리면서 말했다.

"대저 시詩·서書를 강론하지 않았거나 예禮·악樂을 가르치지 않았다면 그것은 나의 과실이겠지만, 만약에 선왕의 도를 강술했는데도 잘못을 저지른다면 그것은 나의 죄가 아니로다. 천명인가 보다! 노래하여라. 내가 너에게 화창和唱하겠노라."

자로가 칼을 두드리며 노래를 부르자 공자가 그것에 화창했다. 세 곡이 끝나자 광인이 병사의 포위를 풀고 해산했다.

③ ▫『예기禮記』「월령月令」: 중춘仲春 시절에 매[鷹]가 변하여 뻐꾸기[鳩]가 된다.
  ▫ 정현鄭玄의 주 : 구鳩는 뻐꾸기[搏穀]다.
  ▫『하소정夏小正』: 매가 뻐꾸기가 된다. 매라 하는 것은 그것이 작은 새를 잡아먹을 때고, 뻐꾸기라 하는 것은 작은 새를 잡아먹지 않을 때다. 잘 변화하여 인仁으로 나아가므로 그것을[매와 뻐꾸기 양자를] 갖추고 있는 것이다.

[역주]························
① 孔羣은 橫塘에서 소준의 부하인 匡術에게 협박을 받았다 : 『晉書』권78「孔羣傳」에 따르면, 공군이 사촌형 孔愉와 함께 외출했다가 당시 소준의 신임을 받고 있던 광술을 횡당에서 만났는데, 공유는 즉시 광술에게 말을 걸었으나 공군은 쳐다보지도 않았다. 그래서 광술이 격노하여 그를 죽이려 했는데 공유가 사정하여 겨우 화를 면했다고 함. 「方正」38 참조.
② 덕은 공자에 비할 수 없지만 액은 같은 광인에게 당했습니다 : 원문은 "德非孔子, 厄同匡人". 孔子·孔羣의 '孔'자와 匡人·匡術의 '匡'자를 유추하여 비유한 것임. 『論語』「子罕」에도 공자가 광 땅에서 陽虎로 오인 받아 곤욕을 치른 고사가 있음.
③ 敬休 : 『晉書』권78「孔羣傳」에는 "敬林"이라 되어 있음.
④ 광술은 소준에게 유량을 주살하라고 권유하면서 : 『晉書』권100「蘇峻傳」에 따르면, 소준에게 抗命하라고 권유한 사람은 任讓이지 광술이 아님.
⑤ 宛城 : 『晉書』권7「成帝紀」와 권100「蘇峻傳」 등의 관련기록에는 모두 "苑城"이라 되어 있음.
⑥『家語』: 『孔子家語』권5「困誓篇」에 보임.

[참고]『晉書』78.

蘇峻時, 孔羣在橫塘爲匡術所逼. 王丞相保存術.① 因衆坐戲語, 令術勸酒, 以釋橫塘之憾, 羣答曰; "德非孔子, 厄同匡人.② 雖陽和布氣, 鷹化爲鳩, 至於識者, 猶憎其眼."③

① 『會稽後賢記』曰; 轟, 字敬休, 會稽山陰人. 祖竺, 吳豫章太守. 父奕, 全椒令. 轟有智局, 仕至御史中丞.
　○『晉陽秋』曰; 匡術爲阜陵令, 逃亡無行. 庾亮徵蘇峻, 術勸峻誅亮, 遂與峻同反. 後以宛城降.
② 『家語』曰; 孔子之宋, 匡簡子以甲士圍之. 子路怒, 奮戟將戰, 孔子止之曰; "夫詩書之不講, 禮樂之不習, 是丘之過也. 若述先王之道而爲咎者, 非丘罪也. 命也夫! 歌, 予和汝." 子路彈劍, 孔子和之. 曲三終, 匡人解甲罷.
③ 『禮記』「月令」曰; 仲春之月, 鷹化爲鳩.
　○鄭玄曰; 鳩, 播穀也.
　○『夏小正』曰; 鷹則爲鳩. 鷹也者, 其殺之時也. 鳩也者, 非殺之時也. 善變而之仁, 故其之

• 5 : 37 [0322]

소자고蘇子高[蘇峻]의 난이 평정된 뒤,① 왕도王導와 유량庾亮 등 제공諸公들이 공정위孔廷尉[孔坦]를 단양윤丹陽尹①으로 기용하려 했는데,② 난리 끝인지라 백성들이 피폐했으므로 공정위가 탄식하며 말했다.

"지난날 숙조肅祖[司馬紹]②께서 붕어하실 때, 제공들은 직접 어상御床에 올라 모두 은총을 입었고 함께 유조遺詔를 받들었으나,③ 저는 신분이 미천하여 고명顧命④의 반열에 들지 못했습니다. 그런데 이미 어려운 일이 생기고 나서는 미천한 신을 앞세우니, 지금 이것은 도마 위의 썩은 고기를 남의 멋대로 썰고 토막을 치는 것과 같을 따름입니다."

그러고는 이에 옷을 털며 가버리자, 제공들도 그의 임명을 그만두었다.③

① 『영귀지靈鬼志』⑤ 「요징요징謠徵」: 명제明帝[司馬紹] 초년에 "높은 산이 무너지니 바위가 저절로 부서지네[高山崩, 石自破]"⑥라는 속요俗謠가 있었는데, '고산高山'은 소준蘇峻을 말하고 '석石[碩]'은 소준의 동생을 말한다.⑦ 나중에 제공들이 소준을 주살했으나 소석蘇碩은 여전히 석두石頭를 점거하고 있었다. 그 뒤 패배하여 도망치자 제공들이 추격하여 그를 참수했다.

②。 공정위는 공탄孔坦이다.

③。 생각건대 : 왕은王隱의 『진서晉書』에서 "소준의 난이 평정된 뒤, 도간陶侃이 공탄을 예장豫章태수로 기용하려고 하자, 공탄은 모친이 연로하다는 이유로 나아가지 않았다. 조정에서는 그를 오군吳郡태수로 삼으려 했으나, 오군에는 명문벌족이 많았고 공탄의 나이가 젊었기 때문에 오흥내사吳興內史[8]에 임명했다"라고 했으니, 경조윤京兆尹[丹陽尹]에 대해서는 듣지 못하였다.

[역주]
① 丹陽尹 : 당시의 수도 建康 지역의 장관.
② 肅祖[司馬紹] : 肅宗을 말함. 肅宗은 明帝 司馬紹의 廟號.
③ 함께 遺詔를 받들었으나 : 『晉書』 권6 「明帝紀」에 따르면, 당시 遺詔를 받든 사람은 西陽王 司馬羕, 司徒 王導, 尙書令 卞壺, 車騎將軍 郗鑒, 護軍將軍 庾亮, 領軍將軍 陸曄, 丹陽尹 溫嶠 등이었다고 함.
④ 顧命 : 天子가 임종할 때 신하들에게 후사를 부탁하는 명령. 천자의 遺詔를 顧命이라고도 함.
⑤ 『靈鬼志』: 『隋書』 「經籍志」에 "靈鬼志三卷, 苟氏撰."이라고 저록되어 있음.
⑥ 높은 산이 무너지니 바위가 저절로 부서지네[高山崩, 石自破] : 『晉書』 「五行志」에도 이 俗謠가 실려 있는데 다음과 같음. "惻惻力力, 放馬山側. 大馬死, 小馬餓. 高山崩, 石自破."
⑦ '石[碩]'은 소준의 동생을 말한다 : 원문은 "石, 峻弟也." 『晉書』 권100 「蘇峻傳」에는 소준의 아들이 蘇碩이고 동생은 蘇逸이라 되어 있음.
⑧ 吳興內史 : 『晉書』 권78 「孔坦傳」에는 "吳興太守"라 되어 있음.

[참고] 『晉書』78.

蘇子高事平, ① 王·庾諸公欲用孔廷尉爲丹陽, ② 亂離之後, 百姓彫弊, 孔慨然曰; "昔肅祖臨崩, 諸君親升御牀, 並蒙眷識, 共奉遺詔, 孔坦疏賤, 不在顧命之列. 既有艱難, 則以微臣爲先, 今猶俎上腐肉, 任人膾截耳." 於是拂衣而去, 諸公亦止. ③

①。『靈鬼志』「謠徵」曰; 明帝初, 有謠曰; "高山崩, 石自破." 高山, 峻也. 碩, 峻弟也. 後諸公誅峻, 碩猶據石頭, 潰散而途, 追斬之.
②。孔坦.
③。按: 王隱『晉書』, "蘇峻事平, 陶侃欲將坦上用爲豫章太守, 坦辭母老不行. 臺以爲吳郡, 吳郡多名族, 而坦年少, 乃授吳興內史." 不聞尹京.

• 5 : 38 [0323]

　공거기孔車騎[孔愉]가 공중승孔中丞[孔羣]과 함께 출타했다가① 어도御道에서 광술匡術을 만났는데,① 광술을 따르는 빈객과 종자들이 매우 성대했다. 광술이 가서 공거기와 함께 이야기를 나누었는데, 공중승은 애초부터 그를 거들떠보지도 않은 채 다만 말했다.
　"매가 뻐꾸기로 변했다지만② 뭇 새들은 여전히 그 눈을 싫어하지!"
　이 말을 들은 광술이 대노하여 곧장 그를 칼로 베려고 하자, 공거기가 수레에서 내려 광술을 껴안으면서 말했다.
　"사촌동생③이 미쳐서 그러니 경이 나를 봐서라도 용서해주시오!"
　그리하여 비로소 목을 보전할 수 있었다.

① 『공유별전孔愉別傳』: 공유는 자가 경강敬康이며 회계會稽 산음山陰 사람이다. 처음에는 중종中宗[司馬睿]의 참군參軍으로 징초되었다가 화일華軼④을 토벌하는 데 공을 세워 여부정후餘不亭侯에 봉해졌다. 공유는 젊었을 때 일찍이 거북이 한 마리를 잡았다가 여불계餘不溪에 놓아준 적이 있었는데, 거북이가 도중에 여러 번 왼쪽을 돌아보곤 했다. 나중에 인장을 주조해놓고 보니 인장 위에 달려 있는 거북이가 왼쪽을 돌아보는 형상을 하고 있었다.⑤ 다시 주조했으나 여전히 그와 같았다. 인장공이 그 사실을 보고하자 공유는 그제야 깨닫고 그것을 가져다 몸에 찼다. 여러 벼슬을 거쳐 상서좌복야尚書左僕射에 등용되었으며, 거기장군車騎將軍에 추증되었다.

[역주]
① 御道에서 匡術을 만났는데: 『晉書』 권78 「孔羣傳」에는 '橫塘'에서 만났다고 되어 있음. 「方正」36 참조. '御道'는 제왕의 車馬가 통행하는 도로를 말함. 橫塘에는 晉의 御道가 있었음.
② 매가 뻐꾸기로 변했다지만: 원문은 "鷹化爲鳩". 『禮記』 「月令」에 "始雨水, 桃始華, 鷹化爲鳩."라는 구절이 있음.
③ 사촌동생: 원문은 "族弟". 孔羣은 孔奕의 아들이고 孔愉는 孔恬의 아들이며 모두 孔竺의 손자임.
④ 華軼: 華歆의 증손으로 西晉 말에 江州刺史를 역임했으며, 司馬睿[元帝]에게

충성을 보이지 않았다가 주살당함. 『晉書』 권61 「華軼傳」에 보임.

⑤ 거북이가 왼쪽을 돌아보는 형상을 하고 있었다 : 원문은 "龜左顧". 관직에 있는 사람은 龜紐가 달린 인장을 허리에 찼는데, 그 龜紐가 왼쪽을 향하고 있었다는 뜻.
[참고] 『晉書』78.

孔車騎與中丞共行,① 在御道逢匡術, 賓從甚盛. 因往與車騎共語, 中丞初不視, 直云; "鷹化爲鳩, 衆鳥猶惡其眼!" 術大怒, 便欲刃之, 車騎下車抱術曰; "族弟發狂, 卿爲我有之!" 始得全首領.

① · 『孔愉別傳』曰; 愉, 字敬康, 會稽山陰人. 初辟中宗參軍, 討華軼有功, 封餘不亭侯. 愉少時嘗得一龜, 放於餘不溪中, 龜於路左顧者數過. 及後鑄印, 而龜左顧. 更鑄, 猶如此. 印師以聞, 愉悟, 取而佩焉. 累遷尙書左僕射, 贈車騎將軍.

• 5 : 39 [0324]

매이梅頤가 일찍이 도공陶公[陶侃]에게 은혜를 베푼 적이 있었다. 나중에 매이가 예장豫章태수가 되었을 때 사건이 발생하여 왕승상王丞相[王導]이 그를 체포하도록 했더니 도간陶侃이 말했다.

"천자께서 춘추가 어리시어 모든 정령政令이 제후에게서 나오니, 왕공王公[王導]이 이미 체포할 수 있다면 나 도공이 어찌 석방할 수 없겠는가?"

그러고는 사람을 보내 강구江口에서 매이를 빼앗아왔다.① 매이가 도공을 뵙고 배례拜禮하자 도공이 만류했더니 매이가 말했다.

"매중진梅仲眞[梅頤]의 무릎을 어찌 내일 다시 굽힐 수 있겠습니까?"

① · 『진제공찬晉諸公贊』 : 매이는 자가 중진이며 여남汝南 서평西平사람이다.① 젊어서부터 학문을 좋아하여 은거했으며② 진실을 추구하면서 진퇴했다.③

· 『영가류인명永嘉流人名』 : 매이는 영군장군領軍將軍의 사마司馬였다. 매이의 동생 매도梅陶는 자가 숙진叔眞이다.

· 등찬鄧粲의 『진기晉紀』 : 처음에 왕돈王敦에게 도간을 참소한④ 자가 있었다. 그래서 도간 대신에 사촌동생 왕이王廙를 형주荊州자사로 기용하고 도간을 광주廣州로 좌천시켰다. 도간의 문무속관들이 왕이를 거부하고 도간의

유임을 요구하자, 왕돈이 그 사실을 듣고 대노했다. 도간이 광주로 가는 도중에 왕돈의 처소를 지날 때, 왕돈이 병사를 풀어 도간을 해치려 했다. 왕돈의 자의참군諮議參軍 매도가 왕돈에게 간하자, 이내 왕돈은 도간을 해치려는 계획을 그만두고 도간을 후하게 예우하여 임지로 보내주었다.

◦ 왕은王隱의 『진서晉書』도 이와 같다. 두 책에 기술된 것을 살펴보니, 도간에게 은혜를 베푼 사람은 매도이지⑤ 매이가 아니다.

[역주]··························
① 매이는 자가 중진이며 汝南 西平사람이다 : 『尙書』「虞書」의 孔疏에 인용된 『晉書』에는 "始[彦始: 臧曹]授郡守子汝南梅蹟, 字仲眞, 眞爲豫章内史."라고 하여 '梅頤'가 '梅蹟'으로 되어 있음.
② 학문을 좋아하여 은거했으며 : 원문은 "好學隱退". 宋本에는 "以學隱退"라 되어 있음.
③ 진실을 추구하면서 진퇴했다 : 원문은 "求實進止". 宋本에는 "才實進止"라 되어 있음.
④ 도간을 참소한 : 원문은 "讚侃". 宋本에는 "譖侃"라 되어 있음. 문맥상 '譖'자로 하는 것이 타당하므로 그것에 따라 번역함.
⑤ 도간에게 은혜를 베푼 사람은 매도이지 : 『晉書』권66 「陶侃傳」에도 梅陶가 陶侃에게 은혜를 베푼 것으로 기록되어 있음.

梅頤嘗有惠於陶公. 後爲豫章太守, 有事, 王丞相遣收之, 侃曰; "天子富於春秋, 萬機自諸侯出, 王公旣得錄, 陶公何爲不可放?" 乃遣人於江口奪之.① 頤見陶公拜, 陶公止之, 頤曰; "梅仲眞膝, 明日豈可復屈邪?"
①◦『晉諸公贊』曰; 頤, 字仲眞, 汝南西平人. 少好學隱退, 而求實進止.
◦『永嘉流人名』曰; 頤, 領軍司馬. 頤弟陶, 字叔眞.
◦鄧粲『晉紀』曰; 初, 有讚侃於王敦者, 乃以從弟廣代侃爲荊州, 左遷侃廣州. 侃文武距廣而求侃, 敦聞大怒. 及侃將蒞廣州, 過敦, 敦陳兵欲害侃. 敦咨議參軍梅陶諫敦, 乃止, 厚禮而遣之.
◦王隱『晉書』亦同. 按二書所敘, 則有惠於陶, 是梅陶, 非頤也.

왕승상王丞相[王導]이 기녀들에게 가무를 하게 하고 손님들을 위해

걸상과 자리를 마련했는데, 채공蔡公[蔡謨]이 먼저 그 자리에 있다가 불쾌해하면서 가버리자 왕승상도 그를 붙잡지 않았다.①

① 『채사도별전蔡司徒別傳』: 채모蔡謨는 자가 도명道明이며 제양濟陽 고성考城사람①이다. 박학다식했다. 난리를 피하여 강남으로 옮겨온 뒤 좌광록左光祿·녹상서사錄尙書事·양주揚州자사를 역임했다. 죽은 뒤 사공司空에 추증되었다.

[역주]
① 濟陽 考城사람: 『晉書』 권77 「蔡謨傳」에는 "陳留考城人"이라 되어 있고, 『輕詆』6 注①에 인용된 『晉諸公贊』에는 "充[蔡謨 父], 字子尼, 陳留雍丘人"이라 되어 있음.
[참고] 『晉書』77, 『太平御覽』568.

王丞相作女伎, 施設牀席, 蔡公先在坐, 不說而去, 王亦不留.①

① 『蔡司徒別傳』曰: 謨, 字道明, 濟陽考城人. 博學有識. 避地江左, 歷左光祿·錄尙書事·揚州刺史. 薨, 贈司空.

• 5 : 41 [0326]

하차도何次道[何充]와 유계견庾季堅[庾冰] 두 사람이 함께 재상이 되었다.① 성제成帝[司馬衍]가 막 붕어했을 당시에는① 뒤를 이을 군주가 정해져 있지 않았다. 하차도는 적자適子[司馬丕]를 옹립하려 했으나, 유계견과 조정의 신하들은 외적이 바야흐로 강성하고② 적자가 어리다고 하여 강제康帝[司馬岳]를 옹립했다.② 강제가 등극하여 신하들을 모아놓고 하차도에게 말했다.

"짐이 오늘 대업을 계승하게 된 것은 누구의 건 때문이오?"

하차도가 대답했다.

"폐하께서 용이 되어 날게 되신 것은③ 유빙庾冰의 공이오며 신의 힘이 아니옵니다. 당시에 미천한 신의 뜻을 따랐다면 지금 성명盛明한 세상을 보지 못했을 것이옵니다."③

강제는 이 말을 듣고 부끄러운 기색을 띠었다.

① ▫『진양추晉陽秋』: 유빙은 자가 계견이며, 태위太尉 유량庾亮의 동생이다. 젊어서부터 절조節操를 지녀 형 유량이 항상 그를 중히 여겨 "우리 집안의 안평중晏平仲[晏嬰]④이다"라고 말하곤 했다. 여러 벼슬을 거쳐 거기장군車騎將軍과 강주江州자사에 등용되었다.

② ▫『중흥서中興書』: 강제는 휘諱가 악岳이고 자가 세동世同이며 성제의 친동생이다. 성제가 붕어하자 22세에 즉위했다.⑤

③ ▫『진양추』: 처음 현종顯宗[成帝]⑥이 붕어했을 때, 유빙은 연장年長의 군君을 옹립해야 한다고 건의했고 하충何充은 황자皇子를 받들어야 마땅하다고 했다. 논쟁을 벌였으나 받아들여지지 않자, 하충은 스스로 불안해하여 조정에 머물러 있지 않고 외임外任을 요청했다. 나중에 유빙이 조정을 나와 무창武昌을 다스리게 되었을 때, 하충이 경구京口⑦에서 황급히 달려와 강제에게 아뢰었다.

"유빙이 지방으로 나가는 것은 마땅치 않사옵니다. 지난날 폐하께서 용이 되어 날으시어 진晉나라의 덕을 다시 융성케 하신 것은 유빙의 공훈이옵니다. 신은 그 일에 관여한 바가 없사옵니다."

[역주]
① 成帝[司馬衍]가 막 붕어했을 당시에는 : 成帝는 咸康 8년(342) 6월에 죽었음.
② 외적이 바야흐로 강성하고 : 당시 東晉의 북쪽 변경에는 後趙의 石虎가 강대한 세력을 형성하여 晉나라를 위협하고 있었음.
③ 용이 되어 날게 되신 것은 : 원문은 "龍飛". 천자가 되어 제위에 등극한 것을 말함.
④ 晏平仲[晏嬰] : 춘추시대 齊 景公의 재상으로 대대로 '節儉力行'한 인물로 알려짐. 『史記』 권62에 그의 傳이 있음.
⑤ 22세에 즉위했다 : 『晉書』 권7 「康帝紀」에 따르면, 康帝는 咸康 8년(342) 6월에 즉위하여 이듬해에 연호를 建元으로 고치고 建元 2년(344)에 죽었는데 그때 23세였음. 따라서 강제가 즉위한 때는 사실상 21세였음.
⑥ 顯宗[成帝] : 司馬衍의 廟號. 成帝는 그의 諡號임.
⑦ 京口 : 원문에는 "京"이라고만 되어 있는데 이렇게 하면 의미가 통하지 않음. 『晉書』 권77 「何充傳」에 따르면, 당시 何充은 京口를 다스리고 있었으므로 그것에 따라 번역함.

[참고] 『晉書』77, 『太平御覽』99.

何次道·庾季堅二人並爲元輔.① 成帝初崩, 於是嗣君未定. 何欲立嗣子, 庾及朝議以外寇方强, 嗣子沖幼, 乃立康帝.② 康帝登阼, 會羣臣, 謂何曰; "朕今所以承大業, 爲誰之議?" 何答曰; "陛下龍飛, 此是庾冰之功, 非臣之力. 于時用微臣之議, 今不覩盛明之世."③ 帝有慙色.

① 『晉陽秋』曰; 庾冰, 字季堅, 太尉亮之弟也. 少有檢操, 兄亮常器之曰; "吾家晏平仲." 累遷車騎將軍·江州刺史.

② 『中興書』曰; 帝諱岳, 字世同, 成帝同母弟也. 成帝崩, 卽位, 年二十二.

③ 『晉陽秋』曰; 初, 顯宗臨崩, 庾冰議立長君, 何充謂宜奉皇子. 爭之不得, 充不自安, 求處外任. 及冰出鎭武昌, 充自京馳還, 言於帝曰; "冰不宜出. 昔年陛下龍飛, 使晉德再隆者, 冰之勳也. 臣無與焉."

• 5 : 42 [0327]

강복야江僕射[江虨]가 젊었을 때 왕승상王丞相[王導]이 그를 불러 함께 바둑을 두었다. 왕승상의 실력은 항상 강반보다 두 점 정도 떨어졌지만,① 대등하게 두고자② 했다. 어떻게 하나 두고 보았더니 강복야는 매번 곧바로 놓지 못했다. 왕승상이 말했다.

"그대는 어찌하여 두지 못하는가?"

강복야가 말했다.

"아무래도 이렇게 해서는 안될 것 같습니다."①

옆에 있던 손님들이 말했다.

"이 젊은이는 바둑솜씨가 괜찮군!"

그러자 왕승상이 천천히 머리를 들며 말했다.

"이 젊은이는 바둑에만 뛰어난 것이 아니오!"②

① 서광徐廣의 『진기晉紀』: 강반江虨은 자가 사현思玄이며 진류陳留사람이다. 박학하여 이름이 알려졌으며 바둑에도 뛰어났는데 동진에서 으뜸이었다. 여러 벼슬을 거쳐 상서좌복야尙書左僕射와 호군장군護軍將軍에 등용되었다.

② 범왕范汪의 『기품棋品』: 강반과 왕념王恬 등은 바둑에서 제1품에 속하고 왕도王導는 제5품에 속한다.

[역주]······················
① 두 점 정도 떨어졌지만 : 원문은 "不如兩道許". 두 점을 먼저 두고 시작할 정도의 실력차이가 난다는 뜻.
② 대등하게 두고자 : 원문은 "敵道戲". '敵道'는 '對等'의 뜻.

江僕射年少, 王丞相呼與共棊. 王手嘗不如兩道許, 而欲敵道戲. 試以觀之, 江不卽下. 王曰; "君何以不行?" 江曰; "恐不得爾." ① 傍有客曰; "此年少戲酒不惡!" 王徐擧首曰; "此年少非唯圍棊見勝!" ②

①。徐廣『晉紀』曰; 江虨, 字思玄, 陳留人. 博學知名, 兼善弈, 爲中興之冠. 累遷尙書左僕射·護軍將軍.
②。范汪『棊品』曰; 虨與王恬等棊第一品, 導第五品.

• 5 : 43 [0328]

공군평孔君平[孔坦]의 병이 위독했을 때 회계내사會稽內史로 있던 유사공庾司空[庾冰]이 그를 위문했는데,① 위문함이 매우 지극하여 그를 위해 눈물까지 흘렸다. 유사공이 이미 공군평의 병상을 내려가자 공군평이 탄식하며 말했다.

"대장부가 임종하는 마당에 국가안녕의 방책은 묻지 않고 아녀자처럼 위문만 하다니!"

유사공은 그 말을 듣더니 돌아와 사죄하고 그에게 훌륭한 말씀①을 청했다.②

①。유사공은 유빙庾冰이다.
②。왕은王隱의 『진서晉書』 : 공탄孔坦은 방정하고 강직하여 인망을 얻었다.

[역주]······················
① 훌륭한 말씀 : 원문은 "話言". 『詩經』 「大雅·抑」의 "其惟哲人, 告之話言."이란 구절에 대한 毛傳에서 "話言, 古之善言也."라고 함. 여기서는 '遺言'의 뜻으로 쓰임.
[참고] 『晉書』78.

孔君平疾篤, 庾司空爲會稽, 省之.① 相問訊甚至, 爲之流涕. 庾旣下牀, 孔慨

然曰; "大丈夫將終, 不問安國甯家之術, 酒作兒女子相問!" 庾聞, 回謝之, 請其話言.②

①▫ 庾冰.
②▫ 王隱『晉書』曰; 坦方直而有雅望.

━━━━━━━━ • 5 : 44 [0329]

환대사마桓大司馬[桓溫]가 유윤劉尹[劉惔]을 방문했는데, 유윤은 침상에 누워 일어나지 않은 상태였다. 환대사마가 탄환을 장전하여 유윤의 베개에 쏘았더니 탄환이 부서져 침상 이불에 흩어졌다. 유윤이 정색을 하고 일어나 말했다.

"사군使君은 이러한 곳①에서 어찌 전투하여 승리를 구할 수 있겠소②?"①

그러자 환대사마는 몹시 한스러운 모습을 했다.②

①▫『중흥서中興書』: 환온桓溫은 일찍이 서주徐州자사를 지냈다.
▫ 패국沛國이 서주에 속하기 때문에 환온을 사군이라 부른 것이다.③ 전투라고 한 것은 환온이 평북平北장군이었기 때문이다.
②▫ 유윤은 유진장劉眞長[劉惔]이다. 이미 나왔다.④

[역주] ⋯⋯⋯⋯⋯⋯⋯⋯⋯⋯⋯⋯⋯⋯
① 이러한 곳 : 원문은 "如馨地". '馨'은 어조사로서 대개 '如'와 함께 사용되어 '이러한'·'이와 같은'의 뜻으로 쓰임.
② 어찌 전투하여 승리를 구할 수 있겠소 : 桓溫이 平北將軍 겸 徐·兗二州刺史로 있을 때, 太和 4년(369)에 前燕의 慕容垂에게 枋頭에서 패배한 적이 있었는데, 그 일을 가지고 劉惔이 桓溫을 조롱한 것임.
③ 沛國이 서주에 속하기 때문에 환온을 사군이라 부른 것이다 : 沛國은 徐州刺史 桓溫이 다스리던 지역이었으며, '使君'은 통치지역내의 백성과 관리들이 刺史를 높여 부르던 호칭임. 劉惔은 당시 丹陽尹으로 있었지만 출신지가 沛國이었기 때문에 桓溫을 使君이라고 부른 것임.
④ 이미 나왔다 :「德行」35 注①에 나왔음.

桓大司馬詣劉尹. 臥不起. 桓彎彈憚劉枕, 丸迸碎牀褥開. 劉作色而起曰; "使

君如馨地, 甯可鬪戰求勝?"① 桓甚有恨容.②

① 。『中興書』曰: 溫曾爲徐州刺史.
  。沛國屬徐州, 故呼溫使君. 鬪戰者, 以溫爲將也.
② 。劉尹, 眞長. 已見.

━━━━━━━ • 5 : 45 [0330]

후배 젊은이들 중에는 심공深公[竺法深]을 비평하는 자가 많았는데, 심공이 그들에게 말했다.

"젖비린내 나는 어린애①들이 노명사老名士를 논평해서는 안되지! 나는 지난날 일찍이 원元[司馬睿]·명明[司馬紹] 두 제왕, 왕王[王導]·유庾[庾亮] 두 공과 교유했느니라!"①

① 。『고일사문전高逸沙門傳』: 진晉나라의 원제와 명제 두 황제는 현허玄虛한 경지에 뜻을 두고 불도佛道에 마음을 기탁하여 빈우賓友의 예禮로 법사를 대우했다. 왕공王公[王導]과 유공庾公[庾亮]은 심공에 대하여 심복心服하고 존경했으며,② 좋아하는 취향이 같았다.

[역주]┈┈┈┈┈┈┈┈┈┈
① 젖비린내 나는 어린애 : 원문은 "黃吻年少". '黃吻'은 '黃口'와 같은 뜻으로 젖비린내가 채 가시지 않은 어린애를 말함.
② 心服하고 존경하여 : 원문은 "傾心側席". 진심으로 感服하여 우러러 흠모한다는 뜻.

後來年少, 多有道深公者, 深公謂曰; "黃吻年少, 勿謂評論宿士! 昔嘗與元明二帝·王庾二公周旋!"①

① 。『高逸沙門傳』曰; 晉元·明二帝, 游心玄虛, 託情道味, 以賓友禮待法師. 王公·庾公, 傾心側席, 好同臭味也.

━━━━━━━ • 5 : 46 [0331]

왕중랑王中郎[王坦之]이 젊었을 때,① 강반江虨이 복야僕射가 되어 관리를 선발하면서① 그를 상서랑尚書郎에 내정하려 했다. 어떤 사람이 그 소식을 왕중랑에게 알려주었더니 왕중랑이 말했다.

"강남으로 건너온 이래로 상서랑에는 정작 제2류의 인물만을 기용했는데,② 어떻게 나를 내정할 수 있단 말인가!"

강반은 그 말을 듣고 그를 선발하려는 생각을 그만두었다.②

①・왕탄지王坦之는 이미 나왔다.③

②・생각건대 : 『왕표지별전王彪之別傳』에서 "왕표지의 종백부從伯父인 왕도王導가 왕표지에게 말하길 '선관選官이 너를 상서랑으로 기용하려고 하는데, 가능하다면 제왕諸王의 보좌관이 되는 것이 좋겠구나'라고 했다"고 했는데, 이것은 낭관郎官이 한소寒素의 품과品科④임을 알고 한 말이다.

[역주]........................

① 관리를 선발하면서 : 원문은 "領選". 僕射나 尙書令이 관리를 선발하는 것을 '領選'이라 하고, 吏部郞이 선발하는 것을 '參掌'이라 함.

② 강남으로 건너온 이래로 상서랑에는 정작 제2류의 인물만을 기용했는데 : 後漢 때만 해도 상서랑은 '淸望'의 요직으로서 孝廉이나 博士高第의 인물이 기용되었으나, 晉代에 이르러서는 관리 선발의 권세는 점차 없어지고 주로 문서를 기초하는 일을 담당하게 되자, 명문거족들은 이를 번거롭다고 여겨 피하게 되었고, 대신 대부분 출신이 '寒素'한 자가 기용되었음.

③ 이미 나왔다 : 「言語」72 注①에 나왔음.

④ 寒素의 品科 : 寒素科를 말함. 이 품과에는 가문의 권세는 낮지만 훌륭한 인물이 선발되었음.

[참고] 『晉書』75.

王中郞年少時,① 江虨爲僕射, 領選, 欲擬之爲尙書郞. 有語王者, 王曰; "自過江來, 尙書郞正用第二人, 何得擬我!" 江聞而止.②

①・坦之, 已見.

②・按: 『王彪之別傳』曰; "彪之從伯導謂彪之曰; '選曹擧汝爲尙書郞, 幸可作諸王佐邪?'" 此知郞官, 寒素之品也.

----・ 5 : 47 [0332]

왕술王述이 상서령尙書令으로 전임되어 인사발령이 나자 곧바로 부

임했더니, 그의 아들 왕문도王文度[王坦之]가 말했다.

"일부러라도 두씨杜氏나 허씨許氏①에게 양보하는 것이 마땅합니다."

왕람전王藍田[王述]이 말했다.

"너는 내가 이 직분을 감당할 수 없다고 생각하는 것이냐?"

왕문도가 말했다.

"어찌 감당하실 수 없겠습니까? 다만 겸양을 잘 하는 것②은 자고로 훌륭한 일로 여겨지는지라 아마도 빼놓을 수 없는 덕목일 것입니다."

이에 왕람전이 탄식하며 말했다.

"이미 감당할 수 있다고 한다면 어찌 다시 겸양할 필요가 있겠느냐? 사람들은 너를 나보다 낫다고들 하는데 이제 보니 분명 나만 못하구나!"①

① 『왕술별전王述別傳』: 왕술은 항상 사람이 처세할 때는 마땅히 먼저 자기를 헤아려 본 뒤에 행동하고 예의상으로 형식적인 겸양은 하지 않아도 된다고 생각했다. 그래서 사양해야 될 때에도 곧 자기 뜻을 고수했다. 그 곧고 바름에서 벗어나지 않음이 모두 이와 같았다.

[역주]
① 杜氏나 許氏 : 미상.
② 겸양을 잘 하는 것 : 원문은 "克讓". 『書經』 「堯典」에 "允恭克讓"이란 구절이 있음.

[참고] 『晉書』75.

王述轉尙書令, 事行便拜, 文度曰; "故應讓杜·許." 藍田云; "汝謂我堪此不?" 文度曰; "何爲不堪? 但克讓自是美事, 恐不可闕." 藍田慨然曰; "既云堪, 何爲復讓? 人言汝勝我, 定不如我."①

① 『述別傳』曰; 述常以爲人之處世, 當先量己而後動, 義無虛讓, 是以應辭便當固執. 其貞正不踰, 皆此類.

• 5 : 48 [0333]

손흥공孫興公[孫綽]이 「유공庾公[庾亮]에 대한 뇌문誄文[庾公誄]」①을 지었는데, 문장에 자신의 마음을 기탁한 말이 많았다.① 뇌문을 다 짓고 나서 유량의 아들인 유도은庾道恩[庾羲]에게 보여주었더니, 유도은이 보고 탄식하면서 그에게 돌려보내며 말했다.

"선친과 당신은 본래 이러한 관계에까지는 이르지 않았습니다."②

① ▫『손작집孫綽集』②에 실려 있는 뇌문 : 아! 나와 공은, 풍류가 서로 같았네. 공의 인품 헤아려 나의 마음 기탁하노니, 공을 스승처럼 여기네. 군자의 사귐은 서로 사심이 없어야 하는 법. 마음 비우고 옳음 받아들이며, 진실함을 말하고 그릇됨을 충고했네. 나는 비록 진실로 불민하지만, 삼가 수신修身에 힘쓰네.③ 공의 훌륭한 말씀 영원히 간직하며, 마음의 슬픔을 입으로 읊조리네.

② ▫ 유도은은 유희庾羲의 어릴 적 자다.
▫ 서광徐廣의『진기晉紀』: 유희는 자가 숙화叔和④며 태보太保⑤ 유량庾亮의 셋째아들이다. 고상하고 진솔한 인품을 지녔다. 벼슬은 건위장군建威將軍과 오국내사吳國內史를 지냈다.

[역주]··························

① 「庾公[庾亮]에 대한 誄文[庾公誄]」: 庾亮은 咸康 6년(340)에 죽었음. 誄文은 亡者의 생전의 행장을 기록하여 그의 죽음을 애도하는 문장을 말함. 孫綽은 이밖에 庾亮의 碑文도 지었는데,「容止」24 劉注와『藝文類聚』권46「職官部·太尉」에「庾亮碑文」과「太尉庾亮碑」가 각각 인용되어 있음.

② 『孫綽集』:『隋書』「經籍志」에『晉衛尉卿孫綽集』15권이 저록되어 있음.

③ 삼가 修身에 힘쓰네 : 원문은 "敬佩弦韋". '佩弦韋'는 자신의 성격상 결함을 고치려고 노력한다는 뜻. 그 出典은『韓非子』「觀行」의 "西門豹之性急, 故佩韋以自緩. 董安于之心緩, 故佩弦以自急."이란 구절임.

④ 叔和 : 汪藻의『世說敍錄』「人名譜·庾氏譜」에는 "羲叔"이라 되어 있음.

⑤ 太保 : 宋本에는 "太尉"라 되어 있음.『晉書』권73「庾亮傳」을 비롯한 기타 관련 자료에 의하면 '太尉'라고 하는 것이 타당함. 한편 袁褧本에는 "太和"라 되어 있는데 이는 誤記로 보임.

孫興公作「庾公誄」, 文多託寄之辭.① 既成, 示庾道恩, 庾見, 慨然送還之, 曰; "先君與君, 自不至於此."②

① ▫『綽集』載誄文曰; 咨予與公, 風流同歸. 擬量託情, 視公猶師. 君子之交, 相與無私. 虛中納是, 吐誠悔非. 雖實不敏, 敬佩弦韋. 永戢話言, 口誦心悲.

2 。道恩, 庾義小字.
　　。徐廣『晉紀』曰; 義, 字叔和, 太保亮第三子. 拔尚率到. 位建威將軍‧吳國內史.

・ 5 : 49 [0334]

　왕장사王長史[王濛]가 동양東陽태수 직을 청했을 때,① 무군장군撫軍將軍[簡文帝 司馬昱]은 그를 기용하지 않았다.1 나중에 왕장사가 병이 위독하여 임종하게 되자,② 무군장군이 슬피 탄식하며 말했다.
　"내가 중조仲祖[王濛]를 저버릴 뻔했군!"
　이에 그를 기용하라고 명하자 왕장사가 말했다.
　"사람들이 회계왕會稽王[司馬昱]을 멍청하다고 하더니 정말로 멍청하군!"2
　1 。무군장군은 간문제簡文帝다.
　2 。왕몽王濛은 이미 나왔다.③

[역주]……………………
① 王長史[王濛]가 東陽太守 직을 구했을 때 : 王濛이 東陽太守 직을 구한 일은 「政事」21에도 나옴.
② 임종하게 되자 : 王濛은 永和 3년(347)에 39세로 죽었음.
③ 이미 나왔다 : 「言語」66 注1에 나왔음.

[참고] 『晉書』93.

王長史求東陽, 撫軍不用.1 後疾篤, 臨終, 撫軍哀歎曰; "吾將負仲祖!" 於此, 命用之, 長史曰; "人言會稽王癡, 眞癡!"2
　1 。簡文.
　2 。王濛, 已見.

・ 5 : 50 [0335]

　유간劉簡은 환선무桓宣武[桓溫]의 별가別駕①가 되었다가 나중에 동조참군東曹參軍②이 되었는데,1 자못 강직한 성품으로 인해 소외당했다.

한번은 의견을 청취하는 자리③에서 유간은 도무지 말이 없었다. 그래서 환선무가 물었다.

"유동조劉東曹[劉簡]는 어찌하여 의견을 제시하지 않소?"

그러자 유간이 대답했다.

"아마도 채용될 수 없을 것 같아서 그렇습니다."

환선무도 그를 탓하려는 기색이 없었다.

① · 『유씨보劉氏譜』: 유간은 자가 중약仲約이며 남양南陽사람이다. 조부 유교劉喬는 예주豫州자사였으며, 부친 유정劉珽④은 영천穎川태수였다. 유간은 벼슬이 대사마大司馬의 참군에까지 이르렀다.

[역주]··························
① 別駕 : 州 刺史의 속관 가운데 최고 직위.
② 東曹參軍 : 대사마의 참군으로 郡 太守와 속관 및 무관의 임면을 관장함.
③ 의견을 청취하는 자리 : 원문은 "聽記". 宋本에는 "聽訊"이라 되어 있는데 문맥상 타당하다고 여겨 이것에 따라 번역함.
④ 劉珽 : 宋本과 袁裦本 및 『晉書』 권61 「劉喬傳」에는 모두 "劉挺"이라 되어 있는 것으로 보아 '珽'은 '挺'의 오기로 판단됨.

劉簡作桓宣武別駕, 後爲東曹參軍, ① 頗以剛直見疏. 嘗聽記, 簡都無言. 宣武問; "劉東曹何以不下意?" 答曰; "會不能用." 宣武亦無怪色.
① · 『劉氏譜』曰; 簡, 字仲約, 南陽人. 祖喬, 豫州刺史. 父珽, 穎川太守. 簡仕至大司馬參軍.

——————— • 5 : 51 [0336]

유진장劉眞長[劉惔]과 왕중조王仲祖[王濛]가 함께 길을 떠났는데, 날이 저물도록 식사를 하지 못했다. 안면이 있던 어떤 소인①이 그들에게 식사를 대접했는데 음식상이 매우 풍성했지만 유진장은 그것을 사양했다. 왕중조가 말했다.

"잠시 허기만 채우면 되는데 어찌 굳이 사양한단 말이오?"

그러자 유진장이 말했다.

"소인과는 결코 교제할 수 없소!"[1]

[1] 공자孔子가 이르길② "오직 여자와 소인은 기르기가 어렵다. 가까이 하면 불손하고 멀리하면 원망한다"고 했는데, 유윤劉尹[劉惔]의 뜻은 아마도 이 말을 따른 것 같다.

[역주]..........
① 소인 : 晉人들은 '門第'를 매우 중시했는데, 士族階級은 일반백성들을 '小人'이라 지목하고 그들과는 교제하지 않았음.
② 孔子가 이르길 : 다음에 인용된 구절은 『論語』「陽貨」에 나옴.
[참고] 『太平御覽』849.

劉眞長・王仲祖共行, 日旰未食. 有相識小人貽其餐, 肴案甚盛, 眞長辭焉. 仲祖曰; "聊以充虛, 何苦辭?" 眞長曰; "小人都不可與作緣."[1]
[1] 孔子稱; "唯女子與小人爲難養. 近之則不遜, 遠之則怨." 劉尹之意, 蓋從此言也.

• 5 : 52 [0337]

왕수령王脩齡[王胡之]은 일찍이 동산東山①에서 지낼 때 몹시 궁핍했었다.[1] 오정령烏程令으로 있던 도호노陶胡奴[陶範]가[2] 한 배[船]의 쌀을 그에게 보내주었으나, 왕수령은 물리치고 받으려 하지 않으면서 단지 이렇게 답했다.

"나 왕수령이 굶주리게 된다면 당연히 사인조謝仁祖[謝尙]에게 가서 먹을 것을 구할 것이니 도호노의 쌀은 필요 없소."②

[1] 왕사주王司州[王胡之]는 이미 나왔다.③
[2] 호노는 도범陶範의 어릴 적 자다.
  ▫『도간별전陶侃別傳』: 도범은 자가 도칙道則이며 도간의 열째아들이다. 도간의 여러 아들 중에서 가장 이름이 났었다. 상서尚書와 비서감秘書監을 역임했다.
  ▫하법성何法盛④은 그를 도간의 아홉째아들이라고 했다.

[역주]..........
① 東山 : 많은 隱士들이 살던 곳으로 會稽郡에 있음.
② 도호노의 쌀은 필요 없소 : 도호노가 이렇게 경시당했던 데에는 당시에 팽배해

있던 '名士高操'의 관념이 반영되어 있음. 陶侃은 寒門 출신이었기 때문에 비록 큰 공을 세웠다 하더라도 名門望族인 王家나 謝家에 비할 수 없었음. 따라서 그의 아들 도호노까지 경시를 당한 것임.
③ 이미 나왔다: 「言語」81 注①에 나왔음.
④ 何法盛: 『中興書』의 작자.
[참고] 『事文類聚』22.

王脩齡嘗在東山甚貧乏.① 陶胡奴爲烏程令,② 送一船米遺之, 却不肯取, 直答語: "王脩齡若飢, 自當就謝仁祖索食, 不須陶胡奴米."
①。司州, 已見.
②。胡奴, 陶範小字也.
  。『陶侃別傳』曰; 範, 字道則, 侃第十子也. 侃諸子中最知名. 歷尙書・秘書監.
  。何法盛以爲第九子.

─────── • 5:53 [0338]

완광록阮光祿[阮裕]①이 국상國喪에 참석하러① 도성[建康]에 이르렀다가 은殷[殷浩]이나 유劉[劉惔]의 집을 방문하지 않고 일을 마친 뒤 곧장 돌아갔다. 이 소식을 들은 여러 명사들이 함께 그를 뒤쫓아 갔지만, 완광록 또한 명사들이 틀림없이 자기를 뒤쫓아 올 것이라는 것을 알고 걸음을 재촉하여 급히 가는 바람에 방산方山②에 이르도록 따라잡지 못했다.② 유윤劉尹[劉惔]은 당시 회계會稽태수를 청하고 있었는데③ 탄식하며 말했다.

"내가 회계로 들어간다면 필시 사안석謝安石[謝安]이 있는 강가에나 배를 댈 뿐, 완사광阮思曠[阮裕]의 옆에는 감히 가까이 가지도 못할 거야. 그랬다간 그가 곧장 막대기를 들고 후려칠 거야. 쉽지 않은 일이야!"

① 완유阮裕는 이미 나왔다.④
②『중흥서中興書』: 완유는 종일토록 술에 취해 쓰러져 있을 뿐 하는 일이 없었지만,⑤ 사람들은 여전히 그를 존경했다.

[역주]··················
① 國喪에 참석하러 : 원문은 "赴山陵". '山陵'은 제왕의 장례 또는 그 무덤을 말함. 『晉書』권49「阮裕傳」에 따르면, 완유는 당시 成帝[司馬衍]의 장례식에 참석하러 도성에 갔음. 成帝는 咸康 8년(342) 6월에 죽었고 7월에 興平陵에 장례를 치렀음.
② 方山 : 방산은 여러 곳에 있는데, 여기서는 建康[지금의 南京]의 동남쪽에 있는 방산[일명 天印山]을 가리키는 것으로 추정함.
③ 당시 會稽太守를 청하고 있었는데 : 원문은 "時爲會稽". 宋本에는 "時索會稽"라 되어 있음. 『晉書』권75「劉惔傳」에도 유담이 회계태수를 지냈다는 언급이 없으므로 宋本이 타당한 것으로 여겨 그것에 따라 번역함. 당시 阮裕는 剡山에 있었고 謝安은 東山에 있었는데 모두 會稽郡의 경내에 있었으므로 유담이 회계태수를 자청한 것임.
④ 이미 나왔다 : 「德行」32 注①에 나왔음.
⑤ 하는 일이 없었지만 : 원문은 "無所錯綜". 『晉書』「阮裕傳」에는 "無所修綜"이라 되어 있음. 후자가 문맥상 타당하므로 그것에 따라 번역함.
[참고] 『晉書』49.

阮光祿①赴山陵, 至都, 不往殷·劉許, 過事便還. 諸人相與追之, 阮亦知時流必當逐己, 乃遄疾而去, 至方山不相及.② 劉尹時爲會稽, 乃歎曰; "我入, 當泊安石渚下耳, 不敢復近思曠傍. 伊便能捉杖打人. 不易!"
①·阮裕, 已見.
②·『中興書』曰; 裕終日頹然, 無所錯綜, 而物自宗之.

• 5 : 54 [0339]

왕王[王濛]과 유劉[劉惔]가 환공桓公[桓溫]과 함께 복주산覆舟山①에 유람하러 갔다. 술이 거나해진 뒤에 유담劉惔이 발을 뻗어 환공의 목에 얹었더니, 환공은 잠시도 참지 못하고 손을 들어 밀쳐냈다. 돌아온 뒤에 왕장사王長史[王濛]가 유담에게 말했다.

"그런 사람이 어떻게 외양外樣으로 남을 위압할 수 있겠소②?"①

①·『환온별전桓溫別傳』: 환온은 호방하고 고매한 기풍을 지녔다.

[역주]……………………
① 覆舟山 : 龍舟山·玄武山이라고도 함.『元和郡縣志』에 "覆舟山, 終山西足也. 形如覆舟, 故名."이라 함.
② 그런 사람이 어떻게 外樣으로 남을 위압할 수 있겠소 : 원문은 "伊詎可以形色加人不". 즉 겉으로 드러난 외양만으로는 상대방을 위압할 수 없다는 뜻. '加'는 '억누르다'·'위압하다'의 뜻으로 쓰임.

王·劉與桓公共至覆舟山看. 酒酣後, 劉牽脚加桓公頸, 桓公甚不堪, 擧手撥去. 旣還, 王長史語劉曰; "伊詎可以形色加人不?"①
①◦『溫別傳』曰; 溫有豪邁風氣也.

──── • 5 : 55 [0340]

환공桓公[桓溫]이 환자야桓子野[桓伊]에게 물었다.

"사안석謝安石[謝安]은 동생 사만석謝萬石[謝萬]이 북정北征에서 틀림없이 패하리란 것①을 알면서도 어찌하여 말리지 않았을까?"①

환자야가 대답했다.

"틀림없이 범하기 어려워서 그랬을 것입니다."

환공이 정색하며 말했다.

"사만석은 나약하고 무능한 범재凡才인데 무슨 위엄스런 얼굴을 했기에 범하기 어려웠단 말인가?"

①◦자야는 환이桓伊의 어릴 적 자다.
◦『속진양추續晉陽秋』: 환이는 자가 숙하叔夏며 초국譙國 질銍사람이다. 부친 환경桓景은 호군장군護軍將軍을 지냈다. 환이는 젊어서부터 재예才藝가 있었고 음률에도 뛰어났으며 거기다가 총명하고 진솔하여, 왕몽王濛과 유담劉惔의 인정을 받았다. 여러 벼슬을 거쳐 예주자사에 기용되었으며, 우장군右將軍에 추증되었다.

[역주]……………………
① 謝萬石[謝萬]이 北征에서 틀림없이 패하리란 것 :『晉書』권79「謝萬傳」에 따르면, 東晉 穆帝 升平 3년(359) 10월에 謝萬이 詔命을 받들어 郗曇과 함께 燕을 치려고

北征했는데, 치담이 병 때문에 철군하는 것을 燕軍이 막강하여 퇴각하는 것으로 생각하여 철군하는 도중에 燕軍에게 섬멸당했음.

桓公問桓子野; "謝安石料萬石必敗, 何以不諫?" ① 子野答曰; "故當出於難犯耳." 桓作色曰; "萬石撓弱凡才, 有何嚴顏難犯?"

① ◦ 子野, 桓伊小字也.
◦ 『續晉陽秋』曰; 伊, 字叔夏, 譙國銍人. 父景, 護軍將軍. 伊少有才藝, 又善聲律, 加以標悟省率, 爲王濛·劉惔所知. 累遷豫州刺史, 贈右將軍.

• 5 : 56 [0341]

나군장羅君章[羅含]이 일찍이 남의 집①에 간 적이 있었는데, 주인이 그에게 좌중의 손님과 함께 담소하라고 하자 나함이 대답했다.

"알고 있는 사람이 이미 너무 많으니, 번거롭게 더 이상 이렇게 하지 말아주시오!"①

① ◦ 『나부군별전羅府君別傳』: 나함羅含은 자가 군장이며 계양桂陽 조양耒陽② 사람이다. 아마도 초楚나라 웅성씨熊姓氏의 후손이 나국羅國을 개창하여 마침내 그 국명을 씨족명으로 한 것 같다. 나중에는 상수湘水 부근에 거주했기 때문에 계양사람이라고 한다. 나함은 임해臨海태수 나언羅彥의 증손자고 형양滎陽태수 나완羅綏③의 막내아들이다. 환선무桓宣武[桓溫]가 그를 초징하여 별가別駕로 삼았는데, 관청이 시끄럽고 소란스러워 성城의 서쪽 연못에 있는 작은 섬 위에 초막을 지었다. 나무를 베어 침상을 만들고 갈대를 엮어 자리를 만들고 거친 베옷을 입고 거친 밥을 먹었지만 편안한 마음에 여유가 있었다. 환공桓公[桓溫]이 일찍이 여러 사람이 모인 자리에서 말했다.

"이 사람은 강남의 맑고 빼어난 인재이니 어찌 형초荊楚만의 인재일 뿐이겠는가!"

여러 벼슬을 거쳐 산기상시散騎常侍, 정위廷尉, 장사왕長沙王의 상相에 기용되었다. 중산대부中散大夫로 벼슬을 그만두고 나서 대문에 행마行馬④를 설치했다. 나함이 관사에 있을 때는 흰 참새 한 마리가 지붕에 둥지를 틀었고, 벼슬을 그만두고 집으로 돌아왔을 때는 계단과 뜰에서 갑자기 난초와 국화가 곧게 뻗어 자랐으니, 이것이 어찌 지극한 덕행의 표징이 아니겠는가!

[역주]......................
① 남의 집 : 원문은 "人家". 『太平御覽』 권498에 인용된 『語林』에는 "在宣武坐"라고 하여 桓宣武[桓溫]의 집으로 되어 있음.
② 棗陽 : 『晉書』 권92 「羅含傳」에는 "耒陽"이라 되어 있음. 『晉書』 「地理志」에 따르면, 桂陽郡에는 '耒陽'은 있지만 '棗陽'은 없는 것으로 보아, '棗'는 '耒'의 오기로 추정함.
③ 羅綬 : 宋本・袁褧本 및 『晉書』 「羅含傳」에는 "羅綏"라 되어 있음.
④ 行馬 : 대문 앞에 설치하여 人馬의 출입을 막는 울짱. 『琅琊代醉篇』 권36 「行馬」에서 "魏晉以後, 官至貴品, 其門得施行馬. 行馬者, 一木橫中, 兩木互穿, 以成四角, 施之於門, 以爲禁約也."라고 함.

羅君章曾在人家, 主人令與坐上客共語, 答曰; "相識已多, 不煩復爾."①
①。『羅府君別傳』曰; 含, 字君章, 桂陽棗陽人. 蓋楚熊姓之後, 啓土羅國, 遂氏族焉. 後寓湘境, 故爲桂陽人. 含, 臨海太守彦曾孫, 滎陽太守綬少子也. 桓宣武辟爲別駕, 以官廨諠擾, 於城西小洲上立茅芡. 伐木爲牀, 織葦爲席, 布衣蔬食, 晏若有餘. 桓公嘗謂衆坐曰; "此自江左之淸秀, 豈惟荊楚而已!" 累遷散騎常侍・廷尉・長沙相. 致仕中散大夫, 門施行馬. 含自在官舍, 有一白雀棲集堂宇, 及致仕還家, 階庭忽蘭菊挺生, 豈非至行之徵邪!

━━━━━━━━━━ • 5 : 57 [0342]

한강백韓康伯[韓伯]이 병이 들어 지팡이를 짚고 앞뜰을 거닐다가,① 사씨謝氏 가문의 사람들이 모두 부귀를 누리고 요란한 수레소리를 내며① 거리를 오가는 것을 보더니, 탄식하여 말했다.
"이는 왕망王莽 때②와 또한 무엇이 다르겠는가!"②
①。한백韓伯은 이미 나왔다.③
②。『한서漢書』: 왕망의 일족은 무릇 제후가 10명이나 되고 대사마大司馬가 5명이나 되었다.④

[역주]......................
① 요란한 수레소리를 내며 : 원문은 "轟隱". '轟'은 여러 수레가 한꺼번에 지나가

는 소리, '隱'은 육중한 모양을 뜻함. 즉 성대하게 꾸민 육중한 수레가 굉음을 낸다는 뜻.
② 王莽 때 : 『漢書』 권99「王莽傳」에 따르면, 왕망 일족은 前漢 말 元帝의 황후가 된 王皇后[元后]의 외척으로 대두되어, 元后의 소생인 成帝가 즉위하자 원후의 동생인 王鳳·王譚·王崇·王商·王立·王根·王逢이 제후에 책봉되었으며, 원후의 동생이었지만 일찍 죽어 列侯에 책봉되지 못한 王曼의 아들 왕망이 결국 漢나라를 찬탈하고 新나라를 건국했음.
③ 이미 나왔다 :「德行」38 注②에 나왔음.
④ 宋本에는 이 구절 다음에 "外戚莫盛焉" 5'字가 더 들어 있음.

韓康伯病, 拄杖前庭消搖,① 見諸謝皆富貴, 轟隱交路, 歎曰: "此復何異王莽時!"②
①。韓伯, 已見.
②。『漢書』曰; 王莽宗族, 凡十侯·五大司馬.

• 5 : 58 [0343]

왕문도王文度[王坦之]가 환공桓公[桓溫]의 장사長史로 있을 때, 환공이 아들을 위해 왕문도의 딸을 며느릿감으로 청하자, 왕문도는 부친 왕람전王藍田[王述]과 상의한 뒤에 결정하겠다고 했다.① 왕문도가 집으로 돌아오자, 왕람전은 왕문도를 매우 사랑하여 비록 장성했지만 여전히 그를 끌어안아 무릎 위에 앉혔다. 왕문도가 그 기회를 틈타 환공이 자신의 딸을 며느릿감으로 청한다는 말을 했더니, 왕람전이 대노하여 왕문도를 무릎 아래로 밀쳐내며 말했다.

"문도, 네가 이렇게 멍청한 줄을 어찌 알았겠느냐? 환온桓溫의 얼굴을 두려워하느냐? 군인 나부랭이에게 어떻게 딸을 시집보낼 수 있단 말이냐?"

왕문도가 돌아가 보고했다.

"하관下官의 집에서 이미 혼처를 정했다고 합니다."

그러자 환공이 말했다.

"내 그럴 줄 알았어. 그건 그대의 뜻이 아니고 그대의 존부尊父가 허락지 않은 것일 뿐이겠지."

나중에 환공은 결국 자신의 딸을 왕문도의 아들에게 시집보냈다.②

① ◦ 왕탄지王坦之와 왕술王述은 모두 이미 나왔다.①

② 『왕씨보王氏譜』: 왕탄지의 아들 왕개王愷②는 환온桓溫의 둘째딸을 아내로 맞았는데, 그녀는 자가 백자伯子다.

◦ 『중흥서中興書』: 왕개는 자가 무인茂仁이다. 오국내사吳國內史와 단양윤丹陽尹을 역임했으며, 태상太常에 추증되었다.

[역주]⋯⋯⋯⋯⋯⋯⋯⋯⋯⋯⋯

① 이미 나왔다 : 왕탄지는 「言語」72 注①에, 왕술은 「文學」22 注②에 나왔음.

② 王愷 : 실제로 환온의 딸을 아내로 맞은 사람은 왕개가 아니라 그의 동생 王愉임. 『晉書』권75「王愉傳」에서 "愉旣桓氏壻"라고 함.

[참고] 『晉書』75, 『太平御覽』541.

王文度爲桓公長史時, 桓爲兒求王女, 王許咨藍田.① 旣還, 藍田愛念文度, 雖長大, 猶抱著膝上. 文度因言桓求己女婚, 藍田大怒, 排文度下膝曰; "惡見文度已復癡? 畏桓溫面? 兵, 那可嫁女與之?" 文度還報云; "下官家中先得婚處." 桓公曰; "吾知矣. 此尊府君不肯耳." 後桓女遂嫁文度兒.②

① ◦ 王坦之・王述, 並已見.

② ◦ 『王氏譜』曰; 坦之子愷, 娶桓溫第二女, 字伯子.

◦ 『中興書』曰; 愷, 字茂仁. 歷吳國內史・丹陽尹, 贈太常.

──────── • 5 : 59 [0344]

왕자경王子敬[王獻之]이 몇 살 안되었을 때, 한번은 문생門生들이 저포樗蒲①놀이 하는 것을 구경하다가 이미 승부가 나 있는 것을 보고 말했다.

"남쪽 노래는 상대가 되지 못하겠네요.②"①

문생들이 그를 어린 아이라고 깔보고 말했다.

"이 도령은 또한 대롱으로 표범을 살펴보는지라③ 때때로 표범

가죽 무늬의 한 반점만 보는구먼!"

그러자 왕자경이 눈을 부라리며 말했다.

"멀리는 순봉천荀奉倩[荀粲]에게 부끄럽고 가까이는 유진장劉眞長[劉惔]에게 부끄럽소!"

그러고는 마침내 옷을 털면서 가버렸다.②

① □『춘추전春秋傳』④ : 초楚나라가 정鄭나라를 치려고 할 때, 사광師曠⑤이 말했다.

"걱정할 것 없다. 내가 자주 남쪽 노래를 불러보았는데, 죽어 있는 소리가 많아서 남쪽 노래는 상대가 되지 못하니, 초나라는 틀림없이 승리하지 못할 것이다."

□ 두예杜預의 주注 : '노래 부른다'는 것은 율려律呂에 맞춰 팔방의 노래를 읊조리는 것이다. 남쪽의 노래는 그 소리가 미약하기 때문에 '상대가 되지 못한다'고 한 것이다.

② □ 순찬荀粲과 유담劉惔은 이미 나왔다.⑥

[역주]……………………

① 樗蒲 : '㯱蒲'・'摴蒲'・'樗蒱'라고도 씀. 고대 노름의 일종으로 지금의 주사위놀이와 비슷함.

② 남쪽 노래는 상대가 되지 못하겠네요 : 원문은 "南風不競". 이 구절은 王獻之가 『春秋左傳』의 문장을 빌어 남쪽 상대가 질 것이라고 말한 것임.

③ 대롱으로 표범을 살펴보는지라 : 원문은 "管中窺豹". 부분적인 관찰만으로 전체를 추측한다는 뜻. 『莊子』「秋水」의 "是直用管闚天"이란 구절에 근거함.

④ 『春秋傳』:『春秋左氏傳』「襄公18年」에 보임.

⑤ 師曠 : 춘추시대 晉나라의 樂師. 音律에 정통하여 노랫소리를 듣고 길흉을 점쳤다고 함.

⑥ 이미 나왔다 : 荀粲은 「文學」9 注②에, 劉惔은 「德行」35 注①에 나왔음.

[참고] 『晉書』80.

王子敬數歲時, 嘗看諸門生樗蒲, 見有勝負, 因曰; "南風不競."① 門生輩輕其小兒, 酒曰; "此郎亦管中窺豹, 時見一斑!" 子敬瞋目曰; "遠慙荀奉倩, 近愧劉眞長!" 遂拂衣而去.②

① □『春秋傳』曰; 楚伐鄭, 師曠曰; "不害. 吾驟歌南風, 南風不競, 多死聲, 楚必無功."

▫杜預曰; 歌者吹律以詠八風. 南風音微, 故曰不競也.
②▫荀・劉, 已見.

──────── • 5 : 60 [0345]

사공謝公[謝安]이 양수羊綏가 훌륭하다는 말을 듣고 그를 불러오라는 의향을 전했지만, 양수는 끝내 오려고 하지 않았다.① 나중에 양수가 태학박사太學博士가 되고 나서 일 때문에 사공을 만나게 되었는데, 사공은 즉시 그를 주부主簿로 삼았다.

①▫『양씨보羊氏譜』: 양수는 자가 중언仲彦이며 태산太山사람이다. 부친 양해羊楷는 상서랑尚書郎을 지냈다. 양수는 벼슬이 중서시랑中書侍郎에 이르렀다.

謝公聞羊綏佳, 致意令來, 終不肯詣.① 後綏爲太學博士, 因事見謝公, 公卽取以爲主簿.
①▫『羊氏譜』曰; 綏, 字仲彦, 太山人. 父楷, 尚書郎. 綏仕至中書侍郎.

──────── • 5 : 61 [0346]

왕우군王右軍[王羲之]이 사공謝公[謝安]과 함께 완공阮公[阮裕]①을 방문하러 갔는데, 문에 이르러 사공에게 말했다.
"진실로 우리 두 사람은 주인을 추앙해야만 할 것이오."
그러자 사공이 말했다.
"남을 추앙한다는 것은 정말 어려운 일이지요."
①▫완공은 완사광阮思曠[阮裕]이다.

王右軍與謝公詣阮公,① 至門, 語謝; "故當共推主人." 謝曰; "推人正自難."
①▫阮思曠也.

• 5:62 [0347]

태극전太極殿①이 처음 완공되었을 당시,⃞1 왕자경王子敬[王獻之]은 사공謝公[謝安]의 장사長史로 있었다. 사공이 편액扁額의 판을 보내 왕자경에게 제자題字하도록 했더니, 왕자경이 불쾌한 기색을 띠며 사자使者에게 말했다.

"문 밖으로 던져버리시오!"

사공이 나중에 왕자경을 만나 말했다.

"제자하여 궁전에 다는 일은 어찌 되었소? 옛날 위魏나라의 위탄韋誕 등 여러 사람들도 그런 일을 했었소."

그러자 왕자경이 말했다.

"그래서 위나라의 국운②이 오래 가지 못했던 것입니다."

사공은 그 말을 명언이라 생각했다.⃞2

⃞1 ▫ 서광徐廣의 『진기晉紀』: 효무제孝武帝[司馬曜] 영강寧康 2년(374)에 상서령尙書令 왕표지王彪之 등이 새로운 궁전을 지으라고 상주했다. 태원太元 3년(378) 2월에 조정 안팎을 수비하는 병사 6천 명이 건축을 시작하여 7월에 완공했다. 태극전은 높이가 8장丈, 길이가 27장, 넓이가 10장이었다. 공사를 감독했던 상서尙書 사만謝萬③은 관내후關內侯에 봉해졌고, 대장大匠④ 모안지毛安之는 관중후關中侯에 봉해졌다.

⃞2 ▫ 송宋 명제明帝의 『문장지文章志』: 태원太元⑤연간(376~396)에 새로운 궁전이 완공되었는데, 궁전 건축을 건의한 사람들이 왕헌지王獻之에게 편액에 제자하도록 강요하여 만대의 보물로 삼자고 했다. 사안謝安이 왕헌지와 얘기하던 차에 '위나라 때 능운각陵雲閣을 세우면서 편액에 제자하는 것을 잊어버려 위중장韋仲將[韋誕]에게 매달린 사다리⑥ 위에서 제자하도록 했는데, 내려올 즈음에는 수염과 머리가 모두 하얗게 되었고 가쁜 숨을 몰아쉬었으며, 집으로 돌아간 뒤에 자식들에게 "너희들은 마땅히 서예를 그만두어야 한다!"고 했다'는 얘기를 하게 되었다. 사안은 이 얘기를 하여 은근히 왕헌지의 생각을 움직여볼 생각이었다. 그러나 왕헌지는 그 뜻을 알아차리고 정색

하며 말했다.

"그건 이상한 일입니다. 위중장은 위나라의 대신大臣인데 어떻게 그에게 그런 일을 하게 했단 말입니까? 위나라의 국덕國德이 오래 가지 못한 이유를 알겠습니다."

사안은 이내 왕헌지의 속마음을 알아차리고 더 이상 그에게 강요하지 않았다.

[역주]………………………

① 太極殿 : 원래는 魏 明帝가 靑龍 3년(235)에 지은 궁전이름인데, 晉나라 이후에는 천자가 거처하는 正殿을 지칭했음. 『初學記』 권24 「殿」에 보임.
② 위나라의 국운 : 원문은 "魏阼". '阼'를 '祚'로 바꾸는 것이 문맥상 타당함.
③ 謝萬 : 『晉書』 권79 「謝萬傳」에는 사만의 생졸년에 대한 언급은 없고 42세에 죽었다고만 되어 있음. 그러나 그의 형 謝安이 太元 10년(385)에 66세로 죽고 동생 謝石이 太元 13년(388)에 62세로 죽은 것에 의거하면, 太元 3년(378)에는 사만은 이미 죽고 없었음. 또한 사만은 尙書가 된 적이 없음.
④ 大匠 : 大匠卿을 말함. 宮殿·宗廟 등의 건축과 土木·植樹 등을 관장하는 관리를 말함.
⑤ 太元 : 원문에는 "太原"이라 되어 있는데 이는 명백한 誤記이므로 고침.
⑥ 사다리 : 원문은 "梯". 宋本과 『晉書』 권80 「王獻之傳」에는 "橙"이라 되어 있음. '橙'은 등받이가 없는 의자를 말함. '매달린 사다리'보다는 '매달린 의자'라고 하는 것이 문맥상 보다 어울림.

[참고] 『晉書』80.

太極殿始成①, 王子敬時爲謝公長史. 謝送版, 使王題之, 王有不平色, 語信云; "可擲箸門外!" 謝後見王曰; "題之上殿何若? 昔魏阼韋誕諸人, 亦自爲也." 王曰; "魏朝所以不長." 謝以爲名言.②

①。徐廣『晉紀』曰; 孝武甯康二年, 尙書令王彪之等啓改作新宮. 太元三年二月, 內外軍六千人始營築, 至七月而成. 太極殿高八丈, 長二十七丈, 廣十丈. 尙書謝萬監視, 賜爵關內侯, 大匠毛安之, 關中侯.
② 宋明帝『文章志』曰; 太原中, 新宮成, 議者欲屈王獻之題榜, 以爲萬代寶. 謝安與王語次, 因及魏時起陵雲閣忘題榜, 乃使韋仲將縣梯上題之, 比下, 須髮盡白, 裁餘氣息, 還語子弟云; "宜絶楷法!" 安欲以此風動其意. 王解其旨, 正色曰; "此奇事. 韋仲將, 魏朝大臣, 甯可使其若此? 有以知魏德之不長." 安知其心, 迺不復逼之.

• 5 : 63 [0348]

　왕공王恭이 강로노江盧奴[江敳]에게 장사長史가 되어달라고 청하려고 새벽에 강로노를 찾아갔는데, 강로노는 아직 잠자리에 있었다. 왕공은 앉아서 감히 말을 꺼내지도 못했다. 한참 뒤에야 비로소 말을 붙일 수 있었으나, 강로노는 대꾸도 하지 않았다.① 다만 사람을 불러 술을 가져오게 하여 스스로 한 잔을 마실 뿐 왕공에게는 주지도 않았다. 왕공이 웃으면서 말했다.
　"어떻게 혼자 마실 수 있소?"
　강노노가 말했다.
　"당신도 마시고 싶소?"
　그러고는 왕공에게도 술을 따라주라고 했다. 왕공은 술을 다 마시고 나서 분위기가 약간 누그러지자 하고자 했던 말을 하고 떠났다. 그가 문을 나가기도 전에 강로노가 탄식하며 말했다.
　"사람이 자신을 헤아린다는 것은 정말로 어려운 일이야!"②

① ▫ 노노盧奴①는 강애江敳의 어릴 적 자다.
　▫ 『진안제기晉安帝紀』: 강애는 자가 중개仲凱며 제양濟陽사람이다. 조부 강정江正②은 산기상시散騎常侍였고 부친 강반江虨③은 복야僕射였는데, 모두 바른 도의와 소탈한 인품으로 당시에 이름이 알려졌다. 강애는 내외의 관직을 역임하는 동안 대범하고 담백한 인품[簡退]으로 명성이 높았다. 황문시랑黃門侍郞과 표기자의驃騎諮議를 역임했다.

② ▫ 『송서宋書』: 강애는 상주湘州자사 강이江夷의 부친이다. 강이는 자가 무원茂遠이며 상주자사를 지냈다.

[역주]
① 盧奴 : 余嘉錫의 『世說新語箋疏』에서는 『山谷內集』 注에 인용된 문장에 "江虜奴"라 되어 있음을 지적함. 일반적으로 어릴 때의 字는 천하게 지어 별 탈 없이 장성하기를 바랐으므로 '虜奴'라고 하는 것이 설득력 있음.
② 江正 : 『晉書』 권56 「江統傳」에는 "江統"이라 되어 있음. 아마도 劉孝標가 注를

달 때 昭明太子[蕭統]의 諱를 피하여 '統'을 '正'이라 한 것으로 추정함.
③ 江彪: 宋本에는 "江彪"라 되어 있는데 이는 잘못임. 『晉書』 권56에 江虨의 傳이 있음.

王恭欲請江盧奴爲長史, 晨往詣江, 江猶在帳中. 王坐, 不敢卽言. 良久乃得及, 江不應.① 直喚人取酒, 自飮一盌, 又不與王. 王且笑且言; "那得獨飮?" 江云; "卿亦復須邪?" 更使酌與王. 王飮酒畢, 因得自解去. 未出戶, 江歎曰; "人自量, 固爲難!"②

①。盧奴, 江虨小字也.
  。『晉安帝紀』曰; 虨, 字仲凱, 濟陽人. 祖正, 散騎常侍. 父彪, 僕射. 並以義正器素, 知名當世. 虨歷位內外, 簡退箸稱. 歷黃門侍郎・驃騎咨議.
②。『宋書』曰; 虨卽湘州江夷之父也. 夷, 字茂遠, 湘州刺史.

• 5:64 [0349]

효무제孝武帝[司馬曜]가 왕상王爽에게 물었다.
"경을 경의 형과 비교하면 어떻소?"
왕상이 대답했다.
"수려한 풍격은 제가 형[王恭]만 못하지만, 충효만큼은 어찌 남에게 양보할 수 있겠습니까?"①

①。『중흥서中興書』: 왕상은 충효하고 정직했다. 열종烈宗[孝武帝]이 붕어했을 때, 왕국보王國寶가 밤에 궁문을 열고 들어와 유조遺詔를 작성하려 했는데, 황문시랑黃門侍郎으로 있던 왕상이 그를 막으며 말했다.
  "지금 선제先帝께서 붕어하셨고① 태자도 아직 정해지지 않았는데,② 이러한 때에 감히 먼저 들어오는 자가 있다면 참수할 것이오!"
  그러자 왕국보는 겁에 질려 곧 그만두었다.

[역주]
① 先帝께서 붕어하셨고 : 원문은 "大行晏駕". '大行'은 천자가 붕어하여 아직 시호를 정하지 못했을 때 부르는 존칭. 『風俗通義』에 "天子初崩, 未有諡號, 故總其名曰大行皇帝."라고 함. '晏駕'는 宮車가 늦게 나간다는 뜻으로 천자가 붕어한 것을 말함.
② 태자도 아직 정해지지 않았는데 : 원문은 "太子未立". 『晉書』 권93 「王蘊傳」에는

"太子未至[태자께서 아직 도착하지 않으셨다]"라고 되어 있음. 『晉書』 권10 「安帝紀」에 따르면, 太元 12년(388)에 安帝[司馬德宗]는 이미 황태자로 정해졌고 21년(397)에 효무제가 붕어했으므로, "未立"보다 "未至"라고 하는 것이 타당함.

孝武問王爽; "卿何如卿兄?" 王答曰; "風流秀出, 臣不如恭, 忠孝亦何可以假人?"[1]
[1]。『中興書』曰; 爽忠孝正直. 烈宗崩, 王國寶夜開門入, 爲遺詔. 爽爲黃門郞, 距之曰; "大行晏駕, 太子未立, 敢有先入者, 斬!" 國寶懼, 乃止.

• 5 : 65 [0350]

왕상王爽이 사마태부司馬太傅[司馬道子]와 함께 술을 마셨는데, 태부가 취하여 왕상을 '어린아이'라고 불렀더니 왕상이 말했다.

"돌아가신 조부 장사長史[王濛]께서는 간문황제簡文皇帝[司馬昱]와 포의지교布衣之交①를 맺으셨고 돌아가신 고모와 누나는 두 황제의 황후가 되셨는데,② 어떻게 '어린아이'라 할 수 있단 말이오?"[1]

[1]。『중흥서中興書』: 왕몽王濛의 딸은 휘諱가 목지穆之로 애제哀帝[司馬丕]의 황후가 되었고, 왕온王蘊의 딸은 휘가 법혜法惠로 효무제孝武帝[司馬曜]의 황후가 되었다.

[역주]……………………
① 布衣之交 : 빈천한 시절에 맺은 친구로서 신분을 초월한 친한 사이를 말함.
② 두 황제의 황후가 되셨는데 : 원문은 "伉儷二宮". '伉'과 '儷'는 모두 '짝'이라는 뜻으로 배우자를 말함.
[참고] 『晉書』93.

王爽與司馬太傅飮酒, 太傅醉, 呼王爲'小子', 王曰; "亡祖長史, 與簡文皇帝爲布衣之交, 亡姑·亡姊, 伉儷二宮, 何小子之有?"[1]
[1]。『中興書』曰; 王濛女, 諱穆之, 爲哀帝皇后. 王蘊女, 諱法惠, 爲孝武皇后.

• 5 : 66 [0351]

장현張玄과 왕건무王建武[王忱]는 처음에는 서로 모르는 사이였다.[1]

나중에 범예장范豫章[范甯]의 집에서 서로 만나게 되었을 때, 범예장이 두 사람에게 함께 이야기를 나누라고 했다.② 그래서 장현은 단정히 앉아 옷깃을 여미었으나, 왕건무는 한참 동안 찬찬히 바라만 볼 뿐 응대하지 않았다. 장현이 크게 실망하여 곧장 떠나려 하자, 범예장이 한사코 붙잡았으나 그는 결국 머무르려 하지 않았다. 범예장은 왕건무의 외숙부였으므로,③ 왕건무를 책망하며 말했다.

"장현은 오吳의 명사 가운데 수재로서 또한 당세當世에 존경을 받고 있는데, 이러한 지경에 이르게 했으니 정말 이해할 수가 없다!"

왕건무가 웃으며 말했다.

"장조희張祖希[張玄]가 만약 서로 알고 지내려 한다면 당연히 스스로 나의 집으로 만나러 와야지요."

범예장이 급히 장현에게 그 말을 전했더니, 장현은 곧장 의관을 정제하고 그를 만나러 갔다. 마침내 두 사람은 술잔을 들고 함께 얘기를 나누었는데, 손님이나 주인이나 모두 무안해하는 기색이 전혀 없었다.

1 □ 장현은 이미 나왔다.① 왕건무는 왕침王忱이다.
  □ 『진안제기晉安帝紀』: 왕침은 처음 형주荊州자사가 되었다가 나중에 건무장군建武將軍이 되었다.
2 □ 범녕范甯은 이미 나왔다.②
3 □ 『왕씨보王氏譜』: 왕탄지王坦之가 순양군順陽郡의 범왕范汪의 딸을 아내로 맞았는데, 그녀는 이름이 개蓋고 바로 범녕의 여동생이다. 왕침을 낳았다.

[역주]······················
① 이미 나왔다 : 「言語」51 注1에 나왔음.
② 이미 나왔다 : 「言語」97 注1에 나왔음.
[참고] 『晉書』75.

張玄與王建武先不相識.1 後遇於范豫章許, 范令二人共語.2 張因正坐斂衽, 王孰視良久, 不對. 張大失望, 便去, 范苦譬留之, 遂不肯住. 范是王之舅,3 乃讓王曰; "張玄, 吳士之秀, 亦見遇於時, 而使至於此, 甚不可解!" 王笑曰; "張祖希若欲相識, 自應見詣." 范馳報張, 張便束帶造之. 遂擧觴對語, 賓主無愧色.

① ▫張玄, 已見. 建武, 王忱也.
　▫『晉安帝紀』曰; 忱初作荊州刺史, 後爲建武將軍.
② ▫范甯, 已見.
③ ▫『王氏譜』曰; 王坦之娶順陽郡范汪女, 名蓋, 卽甯妹也. 生忱.

제6편

아 량
雅 量
Cultivated Tolerance

본편은 『세상의 참신한 이야기, 세설신어』의 6번째 편으로 총 42조가 실려 있다.

'아량'은 일반적으로 기품 있는 도량을 뜻하는 것인데, 이것은 위진시대에 인물을 감식鑑識할 때 상당히 중요한 표준으로 작용했다.

한편 본편에서는 '아량'이 종종 '태산이 앞에서 무너지더라도 안색조차 변하지 않는다'는 식의 강인한 개성을 의미하는 것으로도 사용되고 있는데, 거기에는 당시의 사회적·정치적 배경이 깔려 있다. 한漢나라 말 이후로 사회가 크게 어지러워져 전통적인 예교가 무너짐과 동시에 사람들의 사상이 해방됨에 따라, 전통적인 도덕에 대한 존중이 인격에 대한 존중으로 변하게 되었다. 또한 어지러운 시대는 영웅을 부르게 되었는데, 그러한 영웅에게 가장 필요한 자질이 바로 강인한 개성이었다. 그러나 이러한 강인한 개성의 표현에는 저마다 다른 요인과 목적이 있었다. 진晉의 사마씨 정권에 협조하지 않아 동시東市에서 처형당할 때 태연히 「광릉산廣陵散」을 연주한 혜강嵇康, 사윗감을 구하러 왔다는 말을 듣고도 전혀 아랑곳하지 않은 채 배를 드러내놓고 누워 있었던 왕희지王羲之, 아들의 사망소식을 접하고도 억지로 태연함을 견지했던 고옹顧雍의 행위 등등은 사실상 우리가 일반적으로 인식하고 있는 '아량'의 범주에 넣기 어려운 경우들이다.

이러한 고사들을 자세히 음미해 보면, '아량'이라는 품목品目에 내재되어 있던 당시의 특수한 기풍을 이해할 수 있을 뿐만 아니라 서로 다른 개성을 지닌 인물들의 내면심리도 파악해낼 수 있을 것이다.

• 6 : 01 [0352]

예장豫章태수 고소顧邵①1는 고옹顧雍의 아들이다. 고소가 예장군에서 죽었을 때, 고옹은 속관들을 성대히 모아놓고 스스로 바둑을 두고 있었다.2 사절이 도착하여 밖에서 아뢰었으나 아들의 서찰은 없었다. 고옹은 비록 안색은 변함이 없었으나 마음속으로는 그 까닭을 알고서, 손톱으로 손바닥을 꼬집어 피가 흘러 자리를 적시었다. 빈객들이 이미 떠난 뒤에야 비로소 탄식하며 말했다.

"이미 연릉延陵의 고고함이 없는데 어찌 실명했다는 질책을 받을 수 있으랴!"3

그리고서 이내 마음을 크게 먹고 슬픔을 떨쳐버렸으며 태연한 안색을 지었다.

1 · 환제環濟의 『오기吳紀』: 고소는 자가 효칙孝則이며 오군吳郡사람이다. 27세에 처음 벼슬하여 예장태수가 되었다. 선행을 장려함으로써 백성을 가르쳐 그 교화가 크게 행해졌다.

2 · 『강표전江表傳』: 고옹은 자가 원탄元歎이다. 일찍이 채백개蔡伯喈[蔡邕]에게 수학했는데, 채백개가 그를 훌륭히 여겨 자신의 이름을 그에게 주었다.②

· 『오지吳志』: 고옹은 여러 벼슬을 거쳐 상서령尙書令에 기용되었으며, 양수향후陽遂鄕侯에 봉해졌는데 양수향후로 임명을 받고 귀가했지만 집안사람들조차 그 사실을 몰랐다. 사람됨이 술을 마시지 않고 과묵했다. 손권孫權이 일찍이 말했다.

"고후顧侯[顧雍]가 자리에 있으면 사람들을 즐겁지 못하게 한다."

벼슬은 승상丞相에까지 이르렀다.

3 · 『예기禮記』③: 연릉의 계자季子[季札]가 제齊나라에 갔다가 돌아오는 길에 그의 큰아들이 죽자 영읍嬴邑과 박읍博邑의 사이에서 장례를 치렀다. 공자가 말했다.

"연릉의 계자는 오吳나라에서 예를 잘 알고 있는 사람이다."

그러면서 가서 그 장례를 보았다. 그 묘혈墓穴의 깊이는 지하의 물이 나오는 데까지 이르지 않았으며, 시신을 염殮할 때도 평상시 입던 의복으로 했다. 매장한 뒤 봉분封墳할 때는 그 폭과 길이④가 묘혈을 덮을 정도였고, 그 높이는 몸을 굽혀야 손이 닿을 정도였다.⑤ 봉분을 마친 뒤에는 왼쪽 어깨를 드러내놓고 오른쪽으로 봉분을 돌면서 3번 곡읍哭泣하며 말했다.

"육신이 땅으로 돌아가는 것은 천명이다. 그렇지만 혼령은 어디든 가지 못하는 곳이 없다."

그리고는 마침내 떠났다. 공자가 말했다.

"연릉의 계자는 예에 있어서 법도에 합당하도다!"

자하子夏가 그 아들을 잃고 너무 비통해한 나머지 실명하고 말았다. 증자曾子가 그를 조문하며 말했다.

"친구가 실명하면 곡읍해야 한다."

증자가 곡읍하자, 자하 또한 곡읍하며 말했다.

"천명이로다! 나에게는 죄가 없다!"

그랬더니 증자가 화를 내며 말했다.

"상商[子夏]! 그대에게 어찌 죄가 없단 말인가? 내가 그대와 함께 수수洙水와 사수泗水 사이에서 선생님을 모셨는데, 그대는 은퇴하여 서하西河 주변에 거하면서 서하 사람들로 하여금 그대를 선생님으로 여기게 했으니, 이것이 그대의 첫 번째 죄이네. 그대의 부친께서 돌아가셨을 때 사람들에게서 그대가 장례를 훌륭히 치렀다는 칭송을 듣지 못했으니, 이것이 자네의 두 번째 죄이네. 그대의 아들이 죽었을 때 그대가 너무 비통해한 나머지 실명했으니, 이것이 그대의 세 번째 죄이네."

그러자 자하가 지팡이를 내던지고 사죄하며 말했다.

"내가 잘못했네! 내가 잘못했어!"

[역주]

① 顧邵 : 宋本과 袁褧本에는 모두 '顧劭'라 되어 있음.

② 자신의 이름을 그에게 주었다 : 蔡邕의 '邕'자를 顧雍의 이름으로 붙여주었다는 뜻. '邕'과 '雍'은 古字에서는 통용되었음. 한편 『三國志』 권52 「顧雍傳」에 인용된 『吳錄』에는 "因以爲字焉"이라고 하여, 채옹이 감탄하여 고옹의 字를 '元歎'이라 했다고 되어 있음.

③ 『禮記』 : 전반부는 「檀弓下」에 보이고, 후반부는 「檀弓上」에 보임.

④ 폭과 길이 : 원문은 "廣輪". '廣'은 가로의 넓이 즉 橫을 말하고, '輪'은 세로의 길이 즉 縱을 말함.
⑤ 몸을 굽혀야 손이 닿을 정도였다 : 원문은 "可隱". '隱'은 '倚'의 뜻으로, 몸을 굽혀야 손이 닿을 정도로 낮다는 뜻임.

[참고] 『太平御覽』518, 『事文類聚』後7.

豫章太守顧邵,① 是雍之子. 邵在郡卒, 雍盛集僚屬自圍棊.② 外啓信至, 而無兒書. 雖神氣不變, 而心了其故, 以爪掐掌, 血流沾褥. 賓客旣散, 方歎曰; "已無延陵之高, 豈可有喪明之責!"③ 於是豁情散哀, 顔色自若.

① 。環濟『吳紀』曰; 邵, 字孝則, 吳郡人. 年二十七, 起家爲豫章太守. 擧善以敎民, 風化大行.
② 『江表傳』曰; 雍, 字元歎. 曾就蔡伯喈, 伯喈賞異之, 以其名與之.
   。『吳志』曰; 雍累遷尙書令, 封陽遂鄕侯, 拜侯還第, 家人不知. 爲人不飮酒, 寡言語. 孫權嘗曰; "顧侯在坐, 令人不樂." 位至丞相.
③ 『禮記』曰; 延陵季子適齊, 及其反也, 其長子死, 葬於嬴·博之閒. 孔子曰; "延陵季子, 吳之習於禮者也." 往而觀其葬焉. 其坎深不至於泉, 其斂以時服. 旣葬而封, 廣輪掩坎, 其高可隱也. 旣封, 左袒, 右還其封, 且號者三, 曰; "骨肉歸復於土, 命也. 若魂氣, 則無不之也." 而遂行. 孔子曰; "延陵季子之於禮也, 其合矣乎!" / 子夏哭其子, 而喪其明, 曾子弔之, 曰; "朋友喪明則哭之." 曾子哭, 子夏亦哭, 曰; "天乎! 予之無罪也." 曾子怒曰; "商, 汝何無罪? 吾與汝事夫子於洙·泗之閒, 退而老於西河之上, 使西河之民, 疑汝於夫子, 爾罪一也. 喪爾親, 使民未有聞焉, 爾罪二也. 喪爾子, 喪爾明, 爾罪三也." 子夏投其杖而拜曰; "吾過矣! 吾過矣!"

─────── • 6 : 02 [0353]

혜중산嵇中散[嵇康]은 동시東市①에서 처형당할 때에도 안색조차 변하지 않은 채, 금琴을 가져오게 하여 타면서 「광릉산廣陵散」②을 연주했다. 곡이 끝나자 말했다.

"원효니袁孝尼[袁準]가 일찍이 이 곡을 배우겠다고 청했으나 내가 못내 아까워하여 전수해주지 않았는데, 「광릉산」이 이제 끊어지게 되었구나!"①

태학생太學生 3천 명이 상소하여 그를 스승으로 모시겠다고 청원

했으나 윤허해주지 않았다. 문왕文王[司馬昭]도 나중에는 그를 처형한 것을 후회했다.②

① ▫『진양추晉陽秋』: 처음에 혜강嵇康은 동평東平의 여안呂安과 친분이 두터웠다. 여안의 친형 여손呂巽③이 여안의 처 서씨徐氏와 간통하자, 여안은 여손을 고소하고 처와 이혼할 작정을 하고 혜강에게 자문했더니, 혜강이 그에게 충고하면서 만류했다. 여손은 속으로 스스로 불안해하다가 여안이 모친을 때렸다고 밀고하여 그를 변방으로 유배시킬 것을 청하는 표문表文을 올렸다. 여안은 유배가게 되었을 때, 자신을 변호하면서 진술하는 중에 혜강의 얘기를 언급했다.

▫『문사전文士傳』: 여안이 사건에 휘말렸을 때 혜강이 법정에 나아가 그 일을 변론했더니, 종회鍾會가 혜강에 대해서 논고했다.

"지금 황도皇道가 밝게 펼쳐져 사해에 그 교화가 널리 미침으로써, 변방에도 남의 선행을 헐뜯거나 남의 악행을 따라하는④ 자가 없고 마을에도 서로 다른 의론이 없다. 하지만 혜강은 위로는 천자께 불충하고 아래로는 왕후를 섬기지 않은 채 시속時俗을 가볍게 여기고 세상에 오만하여 남의 쓰임을 받지 못하니, 지금 세상에 보탬이 되지 않고 미풍양속만 해치고 있다. 옛날 태공太公[呂尙]이 화사華士를 주살하고⑤ 공자가 소정묘少正卯를 죽인 것⑥은 그들이 재주만 믿고 군중을 어지럽히고 미혹시켰기 때문이었다. 지금 혜강을 주살하지 않는다면 왕도王道를 맑고 깨끗하게 할 수 없다."

그리하여 혜강을 체포하여 감옥에 유폐시켰다. 혜강이 처형당하게 되었을 때, 형제와 친족들이 모두 함께 이별을 나누었으나 혜강은 안색조차 변하지 않은 채 그의 형[嵇喜]에게 물었다.

"금琴은 가져왔습니까?"

형이 말했다.

"가져왔다."

혜강은 금을 들고 타면서 「태평인太平引」을 연주했다. 곡이 끝나자 탄식했다.

"「태평인」이 이제 끊어지게 되었구나!"

② ▫ 왕은王隱의 『진서晉書』: 혜강이 하옥되자 태학생 수천 명이 그의 석방을 청원했다. 그 당시에 준걸과 영재들이 모두 혜강을 따라 옥으로 들어갔으나, 혜강은 그들을 모두 잘 타일러 곧 산개시켰다. 혜강은 결국 여안과 함께 주

살당했다.

[역주]

① 東市 : 洛陽城 동쪽에 있었던 牛馬市를 말함. 죄인의 처형장소로도 쓰였음.
②「廣陵散」: 琴曲의 명칭. '散'은 '操'・'弄'・'引' 등과 같은 뜻으로 곡조를 의미함. 『晉書』권49「嵆康傳」에 따르면, 혜강이 밤에 華陽亭에서 묵을 때 자칭 古人이라고 하는 어떤 객이 나타나 혜강에게 그 곡을 가르쳐주면서 절대로 다른 사람에게 전수하지 말라고 맹세하게 했다고 함.
③ 呂遜 : 『文選』「思舊賦」注에 인용된 干寶의 『晉紀』와 『三國志』권21 「王粲傳」注에 인용된 『魏氏春秋』 등에는 모두 "呂巽"이라 되어 있음.
④ 남의 선행을 헐뜯거나 남의 악행을 따라하는 : 원문은 "詭隨". 『詩經』「大雅・民勞」의 "無縱詭隨, 以謹無良."이라는 구절에 대한 毛傳에서 "詭隨, 詭人之善, 隨人之惡."이라 함.
⑤ 太公[呂尙]이 華士를 주살하고 : 이 일은 『韓非子』「外儲說」에 보임.
⑥ 공자가 少正卯를 죽인 것 : 이 일은 『荀子』「宥坐篇」, 『史記』권47「孔子世家」, 『孔子家語』「始誅篇」 등에 보임.

[참고] 『晉書』49.

嵆中散臨刑東市, 神氣不變, 索琴彈之, 奏「廣陵散」. 曲終曰; "袁孝尼嘗請學此散, 吾靳固不與, 「廣陵散」於今絶矣!"① 太學生三千人上書, 請以爲師, 不許. 文王亦尋悔焉.②

① ・『晉陽秋』曰; 初, 康與東平呂安親善. 安嫡兄遜, 淫安妻徐氏. 安欲告遜遣妻, 以咨於康, 康喩而抑之. 遜內不自安, 陰告安撾母, 表求徙邊. 安當徙, 訴自理, 辭引康.
・『文士傳』曰; 呂安罹事, 康詣獄以明之. 鍾會庭論康曰; "今皇道開明, 四海風靡, 邊鄙無詭隨之民, 街巷無異口之議. 而康上不臣天子, 下不事王侯, 輕時傲世, 不爲物用, 無益於今, 有敗於俗. 昔太公誅華士, 孔子戮少正卯, 以其負才亂羣惑衆也. 今不誅康, 無以清潔王道." 於是錄康閉獄. 臨死, 而兄弟親族, 咸與共別. 康顔色不變, 問其兄曰; "向以琴來不邪?" 兄曰; "以來." 康取調之, 爲「太平引」. 曲成, 歎曰; "「太平引」於今絶也!"
② 王隱『晉書』曰; 康之下獄, 太學生數千人請之, 于時豪俊皆隨康入獄, 悉解喩, 一時散遣. 康竟與安同誅.

• 6 : 03 [0354]

하후태초夏侯太初[夏侯玄]가 일찍이 기둥에 기대어 글씨를 쓰고 있었는데, 그때 큰비가 오면서 벼락이 쳐 기대고 있던 기둥이 부서졌다. 그 바람에 그는 의복이 그을렸지만 안색조차 변하지 않았으며 종전 그대로 글씨를 썼다. 그러나 빈객과 좌우사람들은 모두 놀라 자빠져서 안절부절못했다.①

① · 이 고사는 고개지顧愷之의 『서찬書贊』에 보인다.

· 『어림語林』: 하후태초가 위魏나라 황제를 따라 어릉御陵에 참배하러 갔다가 소나무와 측백나무 아래에 배열해 있었다. 그때 폭우가 쏟아지면서 서 있던 나무가 벼락에 맞는 바람에 그의 관冠이 그을려 망가졌다. 좌우사람들은 이것을 보고 모두 엎드렸지만 하후태초는 안색조차 변하지 않았다.

· 장영서臧榮緖의 『진서晉書』에서는 또한 제갈탄諸葛誕의 일①로 여기고 있다.

[역주]⋯⋯⋯⋯⋯⋯⋯⋯⋯⋯⋯

① 諸葛誕의 일 : 『北堂書鈔』 권152 「天部·霹靂」에 인용된 曹嘉之의 『晉紀』에는 "諸葛誕以氣邁稱, 嘗倚柱作書, 雷震其柱, 誕書自若."이라 되어 있으며, 『太平御覽』 권13 「天部·霹靂」에 인용된 曹嘉之의 『晉紀』에는 "諸葛誕以氣邁稱, 常倚柱讀書, 霹靂震其柱, 誕自若."이라 되어 있음.

[참고] 『北堂書鈔』152, 『事類賦』3, 『太平御覽』13·187, 『事文類聚』前4.

夏侯太初嘗倚柱作書, 時大雨, 霹靂破所倚柱, 衣服焦然. 神色無變, 書亦如故. 賓客左右, 皆跌蕩不得住.①

① · 見顧愷之『書贊』.

· 『語林』曰; 太初從魏帝拜陵, 陪列於松柏下. 時暴雨, 霹靂正中所立之樹, 冠冕焦壞. 左右覩之皆伏, 太初顔色不改.

· 臧榮緒又以爲諸葛誕也.

──────── · 6 : 04 [0355]

왕융王戎이 7살 때 일찍이 여러 아이들과 함께 놀다가 길옆 오얏나무를 보았는데, 열매가 많이 열려 있어 가지가 꺾어질 정도였다. 아이들은 다투어 달려가 그것을 땄지만 왕융만은 움직이지 않았다. 어떤 사람이 그 이유를 물었더니 왕융이 대답했다.

"나무가 길옆에 있는데도 열매가 많이 달려 있으니 이는 틀림없이 쓴 오얏일 것입니다."

따서 맛을 보니 과연 그러했다.①

① ▫『명사전名士傳』: 왕융은 이 일로 인해 어려서부터 신동이라는 칭송을 받았다.

[참고] 『晉書』43, 『藝文類聚』68, 『白氏六帖』30, 『太平御覽』385, 『事文類聚』後25.

王戎七歲, 嘗與諸小兒遊, 看道邊李樹多子折枝. 諸兒競走取之, 唯戎不動. 人問之, 答曰; "樹在道邊而多子, 此必苦李." 取之信然.①

① ▫『名士傳』曰; 戎由是幼有神理之稱也.

———————— • 6:05 [0356]

위魏 명제明帝[曹叡]가 선무장宣武場①에서 호랑이의 발톱과 이빨을 자른 뒤 백성들에게 마음껏 구경하도록 했다. 당시 7살이었던 왕융王戎도 구경하러 갔다. 호랑이가 틈을 엿보다가 울타리에 걸터올라 포효하자 그 소리가 땅을 진동시켰다. 구경하던 사람들은 모두 뒤로 물러나다가 넘어지고 엎어지고 야단이었지만, 왕융은 태연히 움직이지도 않았으며 두려운 기색이 전혀 없었다.①

① ▫『죽림칠현론竹林七賢論』: 명제는 누각 위에서 이 광경을 바라보고 있다가, 사람을 보내 왕융의 성명을 묻게 했으며 그를 남다른 인물이라 생각했다.

[역주]⋯⋯⋯⋯⋯⋯⋯⋯⋯⋯⋯⋯⋯
① 宣武場 : 洛陽城 북쪽에 있었던 練兵場. 『水經注』 권16 「穀水」에 인용된 『竹林七賢論』에 따르면, 明帝가 이곳에 울타리를 설치하고 力士들에게 호랑이와 격투하게 하여 백성들에게 구경하도록 했다고 함.

[참고] 『晉書』43.

魏明帝於宣武場上, 斷虎爪牙, 縱百姓觀之. 王戎七歲, 亦往看. 虎承閒攀欄而吼, 其聲震地. 觀者無不辟易顚仆, 戎湛然不動, 了無恐色.①

[1]◦『竹林七賢論』曰; 明帝自閣上望見, 使人問戎姓名, 而異之.

• 6:06 [0357]

왕융王戎이 시중侍中으로 있을 때, 남군南郡태수 유조劉肇가 통 속에 담긴 전포箋布 5단端①을 보내주었다. 왕융은 비록 받지는 않았지만 그에게 답신을 보내 감사를 표했다.[1]

[1]◦『진양추晉陽秋』: 사례교위司隸校尉 유의劉毅가 상주했다.

"남군태수 유조가 베 50필을 다른 물건과 함께 전 예주豫州자사 왕융에게 보내주었으니, 청컨대 호송수레로 그를 소환하여 정위廷尉에 회부하여 죄를 다스리고 종신토록 관적官籍에서 제명해야 하옵니다."

그러나 왕융은 자기가 보낸 답신이 전달되지 않아 사건에 연루되지 않았다.

◦『죽림칠현론竹林七賢論』: 왕융이 유조에게 보낸 답신에 대하여 논자들이 모두 비방했다. 세조世祖[司馬炎]가 그 일을 걱정하여 이윽고 구두로 조서를 내려 말했다.

"왕융과 같은 선비②가 도의상 어찌 사심을 품었겠는가?"

그래서 논자들이 비로소 비방을 그만두었으며, 왕융 역시 사죄하지 않았다.

[역주]
① 통 속에 담긴 箋布 5端 : 원문은 "筒中箋布五端". 『晉書』 권43 「王戎傳」에는 "筒中細布五十端"이라 되어 있음. '筒中箋布'는 통 속에 담겨 있는 품질이 우수한 고운 베로 일명 '黃潤布'라고도 함. '端'은 직물을 세는 단위로 1端은 2丈[20尺]에 해당함.
② 왕융과 같은 선비 : 원문은 "戎之爲士". 『晉書』 「王戎傳」에는 "戎之爲行"이라 되어 있음.

[참고] 『晉書』43.

王戎爲侍中, 南郡太守劉肇遺筒中箋布五端. 戎雖不受, 厚報其書.[1]

[1]◦『晉陽秋』曰; 司隸校尉劉毅奏; "南郡太守劉肇, 以布五十疋・雜物遺前豫州刺史王戎. 請檻車徵付廷尉治罪, 除名終身." 戎以書未達, 不坐.

▫『竹林七賢論』曰; 戎報肇書, 議者僉以爲譏. 世祖患之, 乃發口詔曰; "以戎之爲士, 義豈懷私?" 議者乃息, 戎亦不謝.

──────── • 6 : 07 [0358]

배숙칙裴叔則[裴楷]은 체포되었을 때 안색에 변함이 없었으며 거동도 태연했다. 종이와 붓을 청하여 유서를 썼는데, 유서를 다 쓰고 났더니 그의 구명을 청원하는 사람이 많아져 마침내 사면을 받았다. 나중에 의동삼사儀同三司①의 지위에 올랐다.①

① ▫『진제공찬晉諸公贊』: 배해裴楷의 아들 배찬裴瓚이 양준楊駿의 딸을 부인으로 삼았는데, 양준이 주살당하자② 배해는 인척관계 때문에③ 체포되어 정위廷尉에 회부되었다. 시중 부지傅祗가 배해의 평소 뜻을 증언하여 그로 인해 사면을 받았다.

▫『명사전名士傳』: 초왕楚王[司馬瑋]의 사건④이 일어났을 때, 이조李肇가 배해의 명성이 높은 것을 싫어하여 그를 체포하여 죽이려고 했는데, 배해는 안색에 변함이 없었으며 거동도 태연했다. 여러 사람들이 그의 구명을 청원하여 사면을 받았다.

▫『진양추晉陽秋』: 배해는 왕융王戎과 함께 모두 의동삼사를 수여받았다.

[역주]·······················
① 儀同三司 : '開府儀同三司'의 약칭으로, 府[관청]를 개설하고 儀[예우]가 三司[三公]와 같다는 뜻. 원래는 將軍에게 수여하는 특전이었는데, 晉代 이후에는 문관도 光祿大夫 이상이면 開府할 수 있었음. 『晉書』 권35 「裴楷傳」에는 "加光祿大夫·開府儀同三司"라 되어 있음.
② 양준이 주살당하자 : 晉 惠帝 元康 원년(291)에 賈后가 정치에 참여할 마음을 먹고, 당시의 실력자인 楊駿과 그의 딸인 楊皇太后를 견제하기 위하여 楚王 司馬瑋를 조정에 불러들였으며, 孟觀과 李肇를 시켜 황제에게 양준을 폐출시키라고 강요한 뒤, 양준 일족을 살해했음. 『晉書』 권40 「楊駿傳」에 보임.
③ 배해는 인척관계 때문에 : 원문은 "以相婚黨". 宋本과 袁本에는 "以楷婚黨"이라 되어 있음. 문맥상 후자가 타당하므로 이것에 따라 해석함.
④ 楚王[司馬瑋]의 사건 : 초왕 사마위는 惠帝 元康 원년(291)에 楊駿이 주살당한 직후 이전부터 원한을 품고 있던 太宰 司馬亮과 太保 衛瓘을 주살하고 이어서

모반을 도모하였다가 하루 만에 실패하여 참수당했음. 『晉書』 권59 「楚隱王瑋傳」에 보임. 이로써 외척 賈氏의 정권이 들어섬과 동시에 '八王의 亂'이 시작되었음.

[참고] 『晉書』35.

裴叔則被收, 神氣無變, 擧止自若. 求紙筆作書, 書成, 救者多, 乃得免. 後位儀同三司.[1]

　[1] ◦ 『晉諸公贊』曰; 楷息瓚, 取楊駿女. 駿誅, 以相婚黨, 收付廷尉. 侍中傅祇證楷素意, 由此得免.

　　◦ 『名士傳』曰; 楚王之難, 李肇惡楷名重, 收將害之. 楷神色不變, 擧動自若. 諸人請救, 得免.

　　◦ 『晉陽秋』曰; 楷與王戎, 俱加儀同三司.

──────── • 6 : 08 [0359]

왕이보王夷甫[王衍]가 일찍이 친척에게 어떤 일을 부탁했는데, 시일이 지났는데도 처리해주지 않았다. 어떤 곳의 연회에서 만난 김에 그에게 말했다.

"근자에 당신께 일을 부탁하였는데 어찌하여 처리해 주지 않습니까?"

그 친척이 크게 화를 내면서 곧장 찬합을 들어 그의 얼굴에 던졌다. 왕이보는 아무런 말도 하지 않은 채 얼굴을 다 씻고 나서 왕승상王丞相[王導]의 팔을 잡아끌고 함께 우거牛車를 타고 돌아갔다. 수레 안에서 거울을 비춰보면서 왕승상에게 말했다.

"그대가 보기에 내 눈빛이 분명히 저 소의 등 위를 보고 있지 않은가[1]?"[1]

　[1] ◦ 왕이보는 아마도 자신의 풍격이 빼어나 다른 사람과 다투는 지경에는 이르지 않을 것이라고 스스로 생각한 것 같다.

[역주]··················
① 분명히 저 소의 등 위를 보고 있지 않은가 : 원문은 "迥出牛背上". 단정하게

소의 등을 똑바로 쳐다보면서 방금 전의 일 따위에는 전혀 개의치 않는다는 뜻.
[참고] 『晉書』43, 『太平御覽』759.

王夷甫嘗屬族人事, 經時未行. 遇於一處飮燕, 因語之曰; "近屬尊事, 那得不行?" 族人大怒, 便擧樏擲其面. 夷甫都無言, 盥洗畢, 牽王丞相臂, 與共載去. 在車中照鏡, 語丞相曰; "汝看我眼光, 迺出牛背上." ①
① ◦ 王夷甫蓋自謂風神英俊, 不至與人校.

• 6 : 09 [0360]

배하裵遐가 주복周馥의 처소에 있을 때, 주복이 주인으로서 연회를 마련했다. ① 배하가 다른 사람과 함께 바둑을 두고 있을 때, 주복의 사마司馬가 술을 따라주었는데, 배하는 한창 바둑에 몰두해 있던 터라 금방 마실 수 없었다. 마침내 사마가 화가 나서 배하를 끌고 가서 땅바닥에 내동댕이쳤다. 다시 자리로 돌아온 배하는 거동도 평상시와 같았고 안색도 변함이 없었으며 방금 전 그대로 바둑을 계속 두었다. 나중에 왕이보王夷甫[王衍]가 배하에게 물었다.

"그때에 어떻게 안색조차 변하지 않을 수 있었소?"

그러자 배하가 대답했다.

"단지 승부에만 집착하고① 있었기 때문이지요.[直是闇當故耳]" ②

① ◦ 등찬鄧粲의 『진기晉紀』: 주복은 자가 조선祖宣이며 여남汝南 사람이다. 유회劉淮②를 대신하여 진동장군鎭東將軍이 되어 수양壽陽을 다스렸다. 그는 사방에 격문을 보내 천자懷帝를 받들어 영접하려 했는데, 원황元皇[司馬睿]이 감탁甘卓에게 그를 공격하게 하자, 주복은 도망치다가 도중에 죽었다.

② ◦ "闇故當耳"라 되어 있기도 있고, "眞是鬪將故耳"라 되어 있기도 하다.

[역주]
① 승부에만 집착하고 : 원문은 "闇當". 정확한 뜻은 미상. 양용楊勇의 『世說新語校箋』에서는 '闇當'・'闇故'・'鬪將'을 '鬪變'의 誤記로 추정하고 '개인적인 싸움[私鬪]'의 뜻으로 봄. 陳僅의 『捫燭脞談』권12에서는 '闇當'을 '묵묵히 참아내다[默受]'의

뜻일 것이라고 추정함. 또는 '闇當'을 문자 그대로 풀이하여 '이치에 어두워 타당치 못하다'의 뜻으로 추정하기도 함.
② 劉淮 : 『晉書』 권61 「周馥傳」에는 "劉準"이라 되어 있음.
[참고] 『晉書』35.

裴遐在周馥所, 馥設主人.① 遐與人圍棊, 馥司馬行酒. 遐正戲, 不時爲飮. 司馬恚, 因曳遐墜地. 遐還坐, 擧止如常, 顔色不變, 復戲如故. 王夷甫問遐; "當時何得顔色不異?" 答曰; "直是闇當故耳."②
①。鄧粲 『晉紀』曰; 馥, 字祖宣, 汝南人. 代劉淮爲鎭東將軍, 鎭壽陽. 移檄四方, 欲奉迎天子. 元皇使甘卓攻之, 馥出奔, 道卒.
②。一作 "闇故當耳", 一作 "眞是鬪將故耳".

• 6 : 10 [0361]

유경손劉慶孫[劉輿]이 사마태부司馬太傅[司馬越]의 막부에 있을 때, 당시 인사人士들 가운데 그에게 걸려들어 곤경을 당한 사람이 많았다. 오직 유자숭庾子嵩[庾敳]만은 세상일 밖에 마음을 두었기 때문에 트집을 잡을 만한 여지가 없었다. 나중에 유경손은 유자숭이 성품이 근검하여 집안이 부유하다는 사실을 포착하여, 그에게 천만 냥을 꾸어오게 하라고 사마태부를 설득했는데, 그가 인색함을 보이면 그것을 기회로 삼을 작정이었다.① 그래서 사마태부가 여러 사람이 모인 자리에서 유자숭에게 돈을 꾸어줄 수 있는지를 물었다. 유자숭은 그때 쓰러질 정도로 크게 취했는데, 안석 위에 떨어진 두건에 머리를 들이밀어 쓰고서 천천히 대답했다.

"하관下官의 집에는 물론 2~3천만 냥①이 있으니 공의 마음대로 가져가십시오!"

유경손은 이에 비로소 감복하고 말았다. 나중에 어떤 사람이 유자숭에게 그 일을 말했더니 유자숭이 말했다.

"소인의 생각으로 군자의 마음을 헤아린 격이라고 말할 수 있 겠지[2]!"

① ▫ 『진양추晉陽秋』: 유여劉輿는 자가 경손이며 중산中山사람이다. 의협심과 재략을 지녔으며 사람들과 잘 교제했다. 범양왕范陽王 사마효司馬虓에게 신임을 받았는데, 사마효가 죽자 사마태부가 그를 불러 큰일을 맡기고 장사長史로 기용했다.

▫ 『팔왕고사八王故事』: 사마월司馬越은 자가 원초元超며 고밀왕高密王 사마태司馬泰의 장자[3]다. 젊어서부터 신분에 구애받지 않는 절조를 중시하여 안팎 인물들의 심복心服을 받았다. 여러 벼슬을 거쳐 사공司空과 태부에 기용되었다.

[역주]
① 2~3천만 냥 : 원문은 "兩娑千萬". '娑'는 '三'의 방언. 지금도 북방인은 '三'을 '沙'로 읽고 山西人은 '薩'로 읽기도 함. 한편 劉淇의 『助字辨略』에서는 "兩娑千萬. 娑, 語辭, 猶言兩個千萬"이라고 하여 어조사로 봄.
② 소인의 생각으로 군자의 마음을 헤아린 격이라고 말할 수 있겠지 : 원문은 "可謂小人之慮, 度君子之心". 『晉書』 권50 「庾敳傳」에는 이 말을 司馬越이 한 것으로 되어 있음. 이 말은 『左傳』 「昭公28年」의 "以小人之腹, 爲君子之心."이라는 구절에 근거하고 있음.
③ 장자 : 『晉書』 권59 「東海王越傳」에는 "次子"라 되어 있음.

[참고] 『晉書』50.

劉慶孫在太傅府, 于時人士多爲所構. 唯庾子嵩縱心事外, 無迹可閒. 後以其性儉家富, 說太傅令換千萬, 冀其有吝, 於此可乘.[1] 太傅於衆坐中問庾, 庾時頹然已醉, 幘墮几上, 以頭就穿取, 徐答云; "下官家故可有兩娑千萬, 隨公所取." 於是乃服. 後有人向庾道此, 庾曰; "可謂以小人之慮, 度君子之心."

① ▫ 『晉陽秋』曰; 劉輿, 字慶孫, 中山人. 有豪俠才算, 善交結. 爲范陽王虓所暱, 虓薨, 太傅召之, 大相委仗, 用爲長史.
▫ 『八王故事』曰; 司馬越, 字元超, 高密王泰長子. 少尙布衣之操, 爲中外所歸. 累遷司空·太傅.

• 6 : 11 [0362]

왕이보王夷甫[王衍]는 배경성裴景聲[裴邈]과 지향하는 바나 좋아하는 바가 달랐다. 배경성은 어떻게 해서든지 그를 억누르려고 했지만 끝내 그를 돌려놓을 수가 없었다. 그래서 일부러 왕이보를 찾아가 말을 함부로 하면서 심하게 욕을 했는데, 그것은 왕이보가 자기에게 같은 방법으로 대꾸하면 세상의 비난을 함께 나누려는① 의도였다. 그러나 왕이보는 안색조차 변하지 않은 채 천천히 말했다.

"흰자위를 한 놈②이 드디어 발작하는군!" 1

1·『진제공찬晉諸公贊』: 배막裵邈은 자가 경성이며 하동河東 문희聞喜사람이다. 젊어서부터 통달된 재주를 지니고 있어서, 종형 배위裵頠가 그를 중히 여겨 칭찬했으며, 그와 함께 청담을 나눌 때마다 종일토록 하고도 모자라 새벽까지 가곤 했다. 배막은 논리적인 구성이 대부분 배위와 비슷하다고 스스로 생각하여 매번 그를 꺾어보려 했지만 그를 뛰어넘을 수는 없었다. 사마태부司馬太傅[司馬越]의 종사중랑從事中郎과 좌사마左司馬를 역임했으며, 동해왕東海王[司馬越]의 감군監軍을 지냈다. 젊어서는 문사文士가 되었지만 여러 직무를 경험한 뒤에는 무장武將이 되었다. 비록 무장으로서의 재능은 없었지만 과묵함과 진중함으로 칭송을 받았다.

[역주]······················
① 비난을 함께 나누려는 : 원문은 "分謗". 상대방을 대응하도록 끌어내어 같이 험한 말을 하게 함으로써 자신과 똑같이 세상의 비난을 받게 하겠다는 뜻.
② 흰자위를 한 놈 : 원문은 "白眼兒". 晉나라 阮籍의 白眼故事에서 유래함. 여기서는 화가 나서 눈을 부라리는 사람을 말하는 것으로 裵景聲을 가리킴.

王夷甫與裵景聲志好不同. 景聲惡欲取之, 卒不能回. 乃故詣王, 肆言極罵, 要王答己, 欲以分謗. 王不爲動色, 徐曰; "白眼兒遂作!" 1
1·『晉諸公贊』曰; 邈, 字景聲, 河東聞喜人. 少有通才, 從兄頠器賞之, 每與淸言, 終日達曙. 自謂理構多如, 輒每謝之, 然未能出也. 歷太傅從事中郎·左司馬, 監東海王軍事. 少爲文士, 而經事爲將. 雖非其才, 而以罕重稱也.

• 6:12 [0363]

왕이보王夷甫[王衍]는 배성공裵成公[裵頠]보다 4살 위였는데 서로 아는 사이가 아니었다. 어느 날 한 곳에서 함께 모이게 되었는데, 그곳에 참석한 사람들은 모두 당시의 명사들이었다. 어떤 사람이 왕이보에게 말했다.

"배령裵令[裵頠]의 명망을 어찌 따질 필요가 있겠습니까?"

왕이보가 곧장 배성공을 '자네[卿]'①라고 부르자 배성공이 말했다.

"[당신은 나를 '자네'라고 부름으로써] 스스로 '당신[君]'①의 고상한 뜻을 온전히 할 수 있을 것입니다."①

① · 배위裵頠는 이미 나왔다.②

[역주]
① 자네[卿], 당신[君] : '卿'과 '君'의 호칭사용에 대해서는 「方正」20 [역주]① 참조
② 이미 나왔다 : 「言語」23 劉注③에 나왔음.

王夷甫長裴成公四歲, 不與相知. 時共集一處, 皆當時名士, 謂王曰; "裴令令望何足計?" 王便卿裴, 裴曰; "自可全君雅志."①

①·裴頠, 已見.

--------• 6 : 13 [0364]

형주荊州와 건강建康 사이를 왕래하는 어떤 사람①이 말했다.

"유공庾公[劉亮]이 동쪽으로 내려와 도성을 침공하려는 뜻을 품고 있다."②

그 이야기를 들은 어떤 자가 왕공王公[王導]에게 말했다.

"은밀히 경비를 좀 더 엄중하게 하여 불의의 사태에 대비하는 것이 좋을 것입니다."

그러나 왕공은 말했다.

"나와 유원규庾元規[庾亮]는 비록 모두 조정의 신하이긴 하지만, 본래 신분을 초월한 친분을 지니고 있소. 만약 그가 침공해온다면 나는 각건角巾③을 쓰고 곧장 오의항烏衣巷④으로 돌아가면 될 것이니,①

무엇하러 경비를 좀 더 엄중히 한단 말이오?"②

① •『단양기丹陽記』: '오의'라는 지명의 유래는 삼국시대 오吳나라 때 오의 영烏衣營이 위치했던 곳에서 비롯되었다. 강남에 동진東晉 정권이 처음 들어섰을 때부터는 낭야琅邪 왕씨王氏의 일족이 거주하던 곳이었다.
② •『중흥서中興書』: 그리하여 병란이 저절로 멈추고 조정의 안팎이 화평하게 되었다.

[역주]

① 왕래하는 어떤 사람: 『晉書』 권65 「王導傳」에는 南蠻校尉 陶稱이 그런 말을 했다고 되어 있음.
② 庾公[劉亮]이 동쪽으로 내려와 도성을 침공하려는 뜻을 품고 있다: 유량이 蘇峻의 반란을 진압할 책무를 띠고 도성을 떠나 蕪湖에 주둔한 후로 그가 반란할 것이라는 소문이 퍼졌음.
③ 角巾: 隱者가 쓰는 두건으로, 뒷부분이 뿔처럼 튀어나와 있어서 그렇게 부름.
④ 烏衣巷: 烏衣는 지금의 江蘇省 江寧縣 동남쪽에 있는 지명.

[참고] 『晉書』65.

有往來者云; "庾公有東下意." 或謂王公; "可潛稍嚴, 以備不虞." 王公曰; "我與元規雖俱王臣, 本懷布衣之好. 若其欲來, 吾角巾徑還烏衣,① 何所稍嚴?"②
① •『丹陽記』曰; 烏衣之起, 吳時烏衣營處所也. 江左初立, 琅邪諸王所居.
② •『中興書』曰; 於是風塵自消, 內外緝穆.

———— • 6 : 14 [0365]

왕승상王丞相[王導]의 주부主簿가 막하幕下의 속관들을 감찰하려 하자, 왕공王公[王導]이 주부에게 말했다.

"그대에게 얘기해주고자 하는 것이 있는데, 다른 사람들의 책상머리의 일까지 알려고 하지는 말게!"

王丞相主簿欲檢校帳下, 公語主簿: "欲與主簿周旋, 無爲知人几案閒事."

———— • 6 : 15 [0366]

조사소祖士少[祖約]는 재물을 좋아했고 완요집阮遙集[阮孚]은 나막신을 좋아했다. 모두 항상 자신들이 좋아하는 물건을 수집하느라 여념이 없었으며 둘 다 기벽奇癖을 지니고 있어서 그 우열을 판가름하지 못하고 있었다.① 어떤 사람이 조사소를 찾아갔는데, 그때 그는 한창 재물을 살펴보고 있었다. 손님이 도착했을 때, 그는 미처 재물을 다 치우지 못하여 남은 작은 상자 두 개를 등 뒤에다 놓고 몸을 기울여 그것을 가렸으나 마음이 편할 수는 없었다. 또 어떤 사람이 완요집을 찾아갔는데, 그때 그는 스스로 불을 지펴 초를 녹여 나막신에 초칠을 하다가 탄식했다.

"일생 동안 몇 켤레①의 나막신을 신을 수 있을지 모르겠군!"

그의 안색은 여유 있고 온화했다. 이리하여 그들의 우열이 비로소 가려지게 되었다.②

① ▫『조약별전祖約別傳』: 조약은 자가 사소며 범양范陽 주遒② 사람이다. 여러 벼슬을 거쳐 평서장군平西將軍과 예주豫州자사에 기용되었다. 수양壽陽에 주둔하고 있다가 소준蘇峻과 함께 반란을 일으켰다. 소준이 패하자 조약은 후조後趙의 석륵石勒에게 투항했다. 조약은 본래 유주幽州의 고관집안 출신이었기 때문에 빈객들이 문에 가득했다. 석륵이 높은 누각에 올라가 조약의 병거와 기마를 바라보고는 그 성대함에 크게 놀랐다. 또한 조약은 향리에서 이전부터 살고 있던 사람들의 전답과 토지를 강탈하여 지주들의 원한을 많이 샀다. 석륵은 이를 싫어하여 마침내 조약을 주살했다.

▫『진양추晉陽秋』: 완부阮孚는 자가 요집이며 진류陳留사람으로 완함阮咸의 둘째아들이다. 젊어서부터 재지才智는 있었으나 남다른 뛰어남을 보이지는 않았다. 여러 벼슬을 거쳐 시중侍中·이부상서吏部尚書·광주廣州자사에 기용되었다.

② ▫『완부별전阮孚別傳』: 완부는 풍격이 자유분방하고 방탄放誕적이어서 젊어서부터 완씨 가문의 기풍을 지니고 있었다.

[역주]
① 몇 켤레 : 원문은 "幾量". '量'은 '兩'의 뜻으로 쌍으로 된 물건을 세는 量詞.
② 遒 : 宋本에는 "道"라 되어 있음. 『晉書』「地理志上」에 따르면, 范陽國에는 遒縣은 있지만 道縣은 없으므로, 宋本이 잘못된 것으로 보임.

[참고] 『晉書』49, 『北堂書鈔』136.

祖士少好財, 阮遙集好屐. 並恒自經營, 同是一累, 而未判其得失.① 人有詣祖, 見料視財物, 客至, 屛當未盡, 餘兩小簏箸背後, 傾身障之, 意未能平. 或有詣阮, 見自吹火蠟屐, 因歎曰: "未知一生當箸幾量屐!" 神色閑暢. 於是勝負始分.②

① 『祖約別傳』曰; 約, 字士少, 范陽遒人. 累遷平西將軍‧豫州刺史. 鎭壽陽, 與蘇峻反. 峻敗, 約投石勒. 約本幽州冠族, 賓客塡門. 勒登高望見車騎, 大驚. 又使占奪鄕里先人田地, 地主多恨. 勒惡之, 遂誅約.
　◦『晉陽秋』曰; 阮孚, 字遙集, 陳留人, 咸第二子也. 少有智調, 而無儁異. 累遷侍中‧吏部尙書‧廣州刺史.
② ◦『孚別傳』曰; 孚風韻疏誕, 少有門風.

------- • 6 : 16 [0367]

　　허시중許侍中[許璪]과 고사공顧司空[顧和]이 함께 왕승상王丞相[王導]의 종사從事가 되었는데, 당시에 이미 왕승상으로부터 예우를 받아 연회나 집회에 함께 참석하지 않은 적이 거의 없었다.① 일찍이 밤에 왕승상의 집에 가서 놀았는데, 두 사람이 마음껏 즐기고 나자 왕승상이 곧 자기 침실로 들어가 자라고 했다. 고사공은 새벽까지 뒤척이면서 숙면①을 취할 수 없었는데, 허시중은 침상에 올라가자마자 곧바로 드르렁! 드르렁!② 크게 코를 곯았다. 그래서 왕승상이 여러 손님들을 돌아보면서 말했다.

　　"여기도 잠을 자기 어려운 곳이군요."②

① ◦『진백관명晉百官名』: 허조許璪는 자가 사문思文이며 의흥義興 양선陽羨 사람이다.
　◦『허씨보許氏譜』: 허조의 조부 허염許䫲은 자가 자량子良이고 영흥장永興長을 지냈으며, 부친 허배許裵는 자가 계현季顯이고 오정령烏程令을 지냈다. 허조는 벼슬이 이부시랑吏部侍郞에까지 이르렀다.
② ◦고화顧和는 자가 군효君孝며 젊어서부터 이름이 알려졌다. 친족 고영顧榮이 말했다.

"이 사람은 우리 집안의 준마이니 틀림없이 우리 가문을 홍성케 할 것이다."

고화는 벼슬이 상서령尙書令에까지 이르렀다. 다섯 아들③을 두었는데, 치治·외隗·순淳·이지履之가 그들이다.

[역주]

① 숙면 : 원문은 "快孰". 宋本에는 "快熟"이라 되어 있음. '孰'과 '熟'은 통함.
② 드르렁! 드르렁! : 원문은 "哈臺". 코 고는 소리를 나타내는 의성어.
③ 다섯 아들 : 劉注에는 4명만 나와 있는데, 汪藻의『世說敍錄』「人名譜·吳郡顧氏譜」에는 다섯째아들 '臺民'이 기록되어 있음.

[참고]『事文類聚』後21.

許侍中·顧司空俱作丞相從事, 爾時已被遇, 遊宴集聚, 略無不同.① 嘗夜至丞相許戱, 二人歡極, 丞相便命使入己帳眠. 顧至曉回轉, 不得快孰, 許上牀, 便哈臺大鼾. 丞相顧諸客曰; "此中亦難得眠處."②

①◦『晉百官名』曰; 許璪, 字思文, 義興陽羨人.
 ◦『許氏譜』曰; 璪祖豔, 字子良, 永興長. 父裴, 字季顯, 烏程令. 璪仕至吏部侍郞.
②◦顧和, 字君孝, 少知名. 族人顧榮曰; "此吾家麒麟也, 必興吾宗." 仕至尙書令. 五子, 治·隗·淳·履之.

• 6 : 17 [0368]

유태위庾太尉[庾亮]는 풍모가 뛰어나고 위풍이 당당했으며 행동거지를 가볍게 하지 않았는데, 당시 사람들은 모두 일부러 꾸민 것이라고 생각했다. 유량庾亮에게는 몇 살 안 된 큰아들[庾會]이 있었는데,① 고상하고 장중한 성품이 바로 자연스럽게 그의 부친과 같았다. 그래서 사람들은 그것이 천성이라는 것을 알게 되었다. 온태진溫太眞[溫嶠]이 일찍이 휘장 뒤에 숨어서 그를 놀래준 적이 있었는데, 그 아이는 태연한 안색을 한 채 천천히 무릎을 꿇고 말했다.

"군후君侯께서는 어찌하여 이러십니까?"

논자들은 그가 유량 못지않다고 평했다. 유회庾會는 소준蘇峻의 난

때 살해당했다.② ① 어떤 사람이 말했다.
 "아공阿恭[庾會]을 보면 원규元規[庾亮]가 일부러 꾸미지 않았다는 것을 알 수 있다."②

① · 『유씨보庾氏譜』: 유회는 자가 회종會宗이며 태위 유량의 장자[3]다. 함화咸和 6년(331) 19세에 살해당했다.
② · 아공은 유회의 어릴 적 자字다.

[역주]······················
① 庾亮에게는 몇 살 안된 큰 아들[庾會]이 있었는데 : 원문은 "亮有大兒數歲". 『太平御覽』 권699 「服用部·幔」에 인용된 『世說』에서는 "庾太尉亮有兒年數歲"라고 하여 '大'자가 없음.
② 溫太眞[溫嶠]이~살해당했다 : 『晉書』 권73 「庾彬傳」에는 이 고사의 주인공이 庾彬으로 되어 있음.
③ 유량의 장자 : 『晉書』 권73 「庾亮傳」에는 유량의 세 아들로 彬·羲·龢만 나와 있고 會는 보이지 않음. 이상을 종합해 보면, 庾亮의 장자는 庾會가 아니라 庾彬일 가능성이 높음.

[참고] 『晉書』73, 『藝文類聚』69, 『北堂書鈔』133, 『太平御覽』699.

庾太尉風儀偉長, 不輕擧止, 時人皆以爲假. 亮有大兒數歲, 雅重之質, 便自如此, 人知是天性. 溫太眞嘗隱幔怛之, 此兒神色恬然, 乃徐跪曰; "君侯何以爲此?" 論者謂不減亮. 蘇峻時遇害.① 或云; "見阿恭, 知元規非假."②
① · 『庾氏譜』曰; 會, 字會宗, 太尉亮長子. 年十九, 咸和六年遇害.
② · 阿恭, 會小字也.

------- · 6 : 18 [0369]

저공褚公[褚裒]이 장안령章安令에서 유태위庾太尉[庾亮]의 기실참군記室參軍으로 전임되었는데,① 이름은 이미 널리 알려져 있었지만 직위가 낮아 그를 알아보는 사람이 많지 않았다. 저공은 새 부임지로 가기 위해 동쪽으로 떠나면서 상인의 배를 탔고, 이임자[저공]를 전송하는 관리①도 몇 명뿐이었다. 저공은 전당정錢塘亭에 투숙했다.② 당시 오흥吳興의 심충沈充②이 현령으로 있었는데,③ 마침 손님을 전송하느라

절강浙江[錢塘江]을 건너게 되었다. 현령과 손님이 배에서 나오자, 정리亭吏가 저공을 내쫓아 외양간으로 옮겨가게 했다. 조수가 찼을 때[3] 심현령이 일어나 배회하다가 물었다.

"외양간에 있는 사람은 누구인가?"

정리가 대답했다.

"어제 촌놈[4] 한 명이 와서 정亭에 투숙했는데,[4] 존귀하신 손님이 오셨기에 잠시 그를 옮겨가게 했습니다."

현령이 취기가 돌아 멀리서 물었다.

"어이 촌사람! 떡 먹고 싶은가? 성명은 뭐지? 함께 얘기나 해보세."

그러자 저공이 손을 들어 답했다.

"하남河南의 저계야褚季野[褚裒]올시다."

원근에서 오랫동안 저공의 이름을 들어서 알고 있었으므로 현령은 크게 당황해했다. 현령은 감히 저공을 다시 옮겨가게 할 수 없어서 곧장 외양간으로 가서 명함을 드리고 저공을 뵈었다. 또한 소와 양을 잡아 요리를 만들어 저공 앞에 차려놓은 뒤, 무례함에 대한 사죄의 표시로 정리를 채찍질했다. 저공은 그와 함께 술을 주고받았는데, 말과 안색이 평상시와 다름없었으며 종전의 일 따위는 잊어버린 듯한 모습이었다. 현령은 저공을 현의 경계까지 전송해 주었다.

1 ▫ 생각건대 : 유량庾亮의 『계참좌명啓參佐名』에는 "저부褚裒는 당시 단지 참군이었고 기실은 맡고 있지 않았다"고 되어 있다.

2 ▫ 『전당현기錢塘縣記』: 전당현은 바다에 가까워 조수가 차면 침수되곤 했는데, 현의 호족들이 돈[錢]을 염출하고 인부를 고용하여 흙을 돋아 둑[塘]을 만들었다. 그래서 그렇게 이름 붙였다.

3 ▫ 심충은 미상이다.

4 ▫ 『진양추晉陽秋』: 오吳지방 사람은 중주中州[北方]사람을 '촌놈'이라 불렀다.

[역주]··················

① 이임자를 전송하는 관리 : 원문은 "送故吏". 반대로 신임자를 맞이하는 관리는

‘迎新史'라 함.

② 沈充 : 宋本에는 '充'자가 없음. 「規箴」16 劉注①에도 나오며, 『晉書』 권98에 그의 傳이 실려 있음.

③ 조수가 찼을 때 : 浙江[錢塘江]은 조수가 찼을 때 그 물결과 소리가 굉장하여 예로부터 '浙江觀潮'라고 하여 유명함. 특히 중추절 무렵이 가장 볼 만하므로 음력 8월 18일을 '潮生日'이라 부르며 이를 구경하러 오는 사람이 많음.

④ 촌놈 : 원문은 "傖父". '傖人'이라고도 함. 당시 토착 남방인이 이주해온 북방인을 멸시하여 부르던 말인데, 이런 관념은 西晉이 吳를 멸한 후부터 나타나기 시작하여 東晉代에 심화되었음. 「品藻」29, 「簡傲」17, 「排調」10, 「假譎」11에도 보임.

褚公於章安令遷太尉記室參軍,① 名字已顯而位微, 人未多識. 公東出, 乘估客船, 送故吏數人, 投錢塘亭住.② 爾時吳興沈充爲縣令,③ 當送客過浙江, 客出, 亭吏驅公移牛屋下. 潮水至, 沈令起彷徨, 問; "牛屋下是何物?" 吏云; "昨有一傖父來寄亭中,④ 有尊貴客, 權移之." 令有酒色, 因遙問; "傖父! 欲食飰不? 姓何等? 可共語." 褚因擧手答曰; "河南褚季野." 遠近久承公名, 令於是大遽, 不敢移公, 便於牛屋下修刺詣公. 更宰殺爲饌, 具於公前, 鞭撻亭吏, 欲以謝慙. 公與之酌宴, 言色無異, 狀如不覺. 令送公至界.

①。案; 庾亮『啓參佐名』, 裒時直爲參軍, 不掌記室也.
②。『錢塘縣記』曰; 縣近海, 爲潮漂沒. 縣諸豪姓, 斂錢雇人, 輂土爲塘, 因以爲名也.
③。未詳.
④。『晉陽秋』曰; 吳人以中州人爲傖.

• 6 : 19 [0370]

치태부郗太傅[郗鑒]가 경구京口에 있을 때, 문객을 보내 왕승상王丞相[王導]에게 사윗감을 구한다는 서찰을 전했다. 왕승상이 치태부의 사절에게 말했다.

"당신이 동쪽 사랑채로 가서 마음대로 고르시오."

문객이 돌아와 치태부에게 아뢰었다.

"왕씨 집안의 여러 도령들은 모두 훌륭했습니다. 사윗감을 찾으러 왔다는 말을 듣고는 모두 자긍심을 보였는데, 오직 한 도령만이 평상② 위에서 배를 드러내놓은 채로 누워서③ 아무 말도 듣지 못한 듯했습니다."

그러자 치공郗公[郗鑒]이 말했다.

"바로 그 사람이야!"

찾아가서 보니 바로 왕일소王逸少였다. 그래서 딸을 그에게 시집보냈다.⑴

⑴ □『왕씨보王氏譜』: 일소는 왕희지王羲之의 어릴 적 자字④다. 왕희지의 부인은 태부 치감郗鑒의 딸로서, 이름은 선璿이고 자는 자방子房이다.

[역주] ··················

① 郗太傅:『晉書』권67「郗鑒傳」, 권80「王羲之傳」, 本書「德行」24 劉注에 인용된『郗鑒別傳』,「言語」38,「規箴」14,『世說敍錄』「人名譜·郗氏譜」등에는 모두 "郗太尉"라 되어 있음.

② 평상: 원문은 "牀". 宋本과 袁本에는 "東牀"이라 되어 있음.

③ 배를 드러내놓은 채로 누워서: 원문은 "坦腹臥".『晉書』권80「王羲之傳」에는 "坦腹食"이라 되어 있음.

④ 어릴 적 字:『世說敍錄』「人名譜·琅邪王氏譜」에는 왕희지의 小字가 "阿菟"라 되어 있음.

[참고]『晉書』80,『太平御覽』371·444.

郗太傅在京口, 遣門生與王丞相書, 求女壻. 丞相語郗信; "君往東廂, 任意選之." 門生歸, 白郗曰; "王家諸郞, 亦皆可嘉. 聞來覓壻, 咸自矜持, 唯有一郞, 在牀上坦腹臥, 如不聞." 郗公云; "正此好!" 訪之, 乃是逸少. 因嫁女與焉.⑴

⑴ □『王氏譜』曰; 逸少, 羲之小字. 羲之妻, 太傅郗鑒女, 名璿, 字子房也.

———— • 6 : 20 [0371]

진晉나라의 조정이 처음 강남으로 옮겨와 관직을 임명했을 때, 임명된 사람은 축하객들에게 성대한 음식을 대접했다.① 양만羊曼이 단양윤丹陽尹에 임명되었을 때는, 먼저 온 손님은 모두 훌륭하게 차린 상을 받았으나 시간이 오래될수록 점점 음식이 떨어져 더 이상 맛있는 것을 댈 수 없게 되자, 손님이 도착한 순서에 따를 뿐 그 귀천은 따지지 않았다.1 그러나 양고羊固가 임해臨海태수에 임명되었을 때는, 온종일 모두 훌륭하게 대접하여 비록 늦게 도착한 사람도 또한 성찬을 먹었다. 그래서 당시 논자들은 양고의 풍성함이 양만의 진솔眞率함만 못하다고 생각했다.2

1 ▫『양만별전羊曼別傳』: 양만은 자가 연조延祖②며 태산泰山 남성南城사람이다. 부친 양기羅曁③는 양평陽平태수를 지냈다. 양만은 자유분방하고 활달했으며 술을 마시면서 예절을 무시하여, 진류陳留의 완방阮放 등과 함께 연주兗州 팔달八達④로 불렸다. 여러 벼슬을 거쳐 단양윤에 기용되었으며, 소준蘇峻에게 살해당했다.

2 ▫『명제동궁료속명明帝東宮僚屬名』: 양고는 자가 도안道安이며 태산太山사람이다.

▫『문자지文字志』: 양고의 부친 양탄羊坦은 거기장군車騎將軍의 장사長史를 지냈다. 양고는 초서와 행서에 뛰어나 당시에 명성이 높았다. 난리를 피해 강남으로 건너온 뒤 여러 벼슬을 거쳐 황문시랑黃門侍郎에 기용되었다. 그가 죽자 조정에서 그의 청렴함과 근검함을 기리어 대홍려大鴻臚에 추증했다.

[역주]……………………

① 성대한 음식을 대접했다: 원문은 "興飾供饌". 『晉書』권49「羊曼傳」에는 "相飾供饌"이라 되어 있음. 楊勇의 『世說新語校箋』에서는 '興'를 '與'의 誤記로 보고 '與'와 '相'의 뜻이 서로 비슷하다고 주장했는데, 문맥상으로 보아 타당하다고 여겨져 이것에 따라 번역함.

② 延祖: 『晉書』「羊曼傳」과 『世說敍錄』「人名譜・羊氏譜」에는 모두 "祖延"이라 되어 있음.

③ 羊曁: 宋本에는 "羊監"이라 되어 있음. 그러나 『晉書』「羊曼傳」과 『世說敍錄』「人名譜・羊氏譜」에는 모두 "羊曁"라 되어 있어서 宋本이 잘못된 것으로 보임.

④ 兗州 八達: 『晉書』「羊曼傳」에는 "兗州八伯"이라 되어 있음. '八伯'은 宏伯 阮放, 方伯 郗鑒, 達伯 胡母輔之, 裁伯 卞壺, 朗伯 蔡謨, 誕伯 阮孚, 委伯 劉綏, 黠伯 羊曼을 말함. 한편 『晉書』권49「光逸傳」에는 光逸・胡母輔之・謝鯤・阮放・畢卓・羊曼・桓彝・阮孚를 당시 사람들이 '八達'이라 불렀다고 되어 있음.

[참고] 『晉書』49, 『北堂書鈔』143, 『太平御覽』849.

過江初, 拜官, 輿飾供饌. 羊曼拜丹陽尹, 客來蚤者, 並得佳設, 日晏漸罄, 不復及精, 隨客早晚, 不問貴賤.[1] 羊固拜臨海, 竟日皆美供, 雖晚至, 亦獲盛饌. 時論以固之豐華, 不如曼之眞率.[2]

[1] 『曼別傳』曰; 曼, 字延祖, 泰山南城人. 父曁, 陽平太守. 曼頹縱宏任, 飮酒誕節, 與陳留阮放等號兗州八達. 累遷丹陽尹, 爲蘇峻所害.

[2] 『明帝東宮僚屬名』曰; 固, 字道安, 太山人.
  『文字志』曰; 固父坦, 車騎長史. 固善行草, 著名一時. 避亂渡江, 累遷黃門侍郞. 襃其淸儉, 贈大鴻臚.

• 6:21 [0372]

주중지周仲智[周嵩]가 술을 마시고 취하여 눈을 부라리면서 얼굴을 돌려 주백인周伯仁[周顗]에게 말했다.

"당신은 재주가 이 동생만 못한데도 터무니없이 높은 명성만 얻고 있소!"

잠시 뒤 촛불을 집어 들어 주백인에게 던지자, 주백인이 웃으면서 말했다.

"아우의 화공火攻은 진실로 하책下策에서 나온 것일 뿐이야!"[1]

[1] 『손자병법孫子兵法』: 화공에는 다섯 가지가 있다. 첫째는 병사를 태우는 것이고, 둘째는 군량을 태우는 것이고, 셋째는 병거를 태우는 것이고, 넷째는 적군을 태우는 것이고,① 다섯째는 부대를 태우는 것이다. 무릇 군대는 다섯 가지 화공법의 변화를 반드시 알아야 한다. 그러므로 화공을 쓰면 그 위력이 분명하게 나타난다.

[역주]
① 셋째는 병거를 태우는 것이고, 넷째는 적군을 태우는 것이고: 원문은 "三曰火車, 四曰火軍". 『孫子』 「火攻篇」에는 "三曰火輜, 四曰火庫."라 되어 있음. '輜'는 군수품을 운반하는 수레를 말하고, '庫'는 무기고를 말함.

[참고] 『晉書』69.

周仲智飮酒醉, 瞋目還面, 謂伯仁曰; "君才不如弟, 而橫得重名!" 須臾, 擧蠟燭火擲伯仁, 伯仁笑曰; "阿奴火攻, 固出下策耳!"[1]

[1] ▫『孫子兵法』曰; 火攻有五. 一曰火人, 二曰火積, 三曰火車, 四曰火軍, 五曰火隊. 凡軍必知五火之變. 故以火攻者, 明也.

• 6 : 22 [0373]

고화顧和가 처음 양주종사楊州從事[1]가 되었을 때, 초하룻날 관청에 출근하면서 들어가기 전에 관청문 밖에서 잠시 수레를 멈추었다. 그때 주후周侯[周顗]가 왕승상王丞相[王導]을 만나러 가다가 고화의 수레 옆을 지나갔는데,[1] 고화는 이를 잡으면서 태연히 움직이지 않았다. 주후가 이미 지나쳐 갔다가 다시 돌아와 고화의 가슴을 가리키며 말했다.

"이 속에 무엇이 있는가?"

고화는 변함없이 이를 잡으면서 천천히 대답했다.

"이 속이 가장 헤아리기 어려운 곳입니다."

이윽고 주후가 관청으로 들어가 왕승상에게 말했다.

"당신 주군州郡의 관리 중에 상서령尙書令과 복야僕射가 될 만한 인재가 한 명 있더군요."[2]

[1] ▫『어림語林』: 주후는 술을 마시고 이미 취하여 흰 겹옷을 입고 두 사람의 부축을 받으면서 왕승상을 만나러 왔었다.

[2] ▫『중흥서中興書』: 고화는 지조와 도량을 지니고 있었으며, 약관의 나이에 이름이 알려졌다.

[역주]
① 楊州從事 : 宋本에는 "揚州從事"라 되어 있음. 당시 王導가 揚州刺史로 있었는데, 顧和가 그의 속관이 된 것임.

[참고] 『晉書』83, 『太平御覽』265·444.

顧和始爲楊州從事, 月旦當朝, 未入頃, 停車州門外. 周侯詣丞相, 歷和車邊,[1] 和覓蝨, 夷然不動. 周旣過, 反還, 指顧心曰; "此中何所有?" 顧搏蝨如故, 徐應曰; "此中最是難測地." 周侯旣入, 語丞相曰; "卿州吏中, 有一令·僕才."②
①·『語林』曰; 周侯飮酒已醉, 箸白袷, 憑兩人來詣丞相.
②·『中興書』曰; 和有操量, 弱冠知名.

• 6 : 23 [0374]

　유태위庾太尉[庾亮]가 반란을 일으킨 소준蘇峻과 싸우다가 패하여, 부하 10여 명을 이끌고 작은 배를 타고 서쪽으로 패주했다.①① 반란군이 추격하여 덮치자 유태위의 부하가 그들을 쏜다는 것이 잘못하여 조타수를 맞췄는데,② 슉! 하는 소리와 함께 조타수가 고꾸라졌다. 배 위의 사람들이 모두 대경실색하여 우왕좌왕했지만, 유량은 동요된 기색을 보이지 않고 천천히 말했다.

　"그런 솜씨로 어떻게 적을 맞힐 수 있겠는가?"

　사람들은 이내 안정을 되찾았다.

① ·『진양추晉陽秋』: 소준이 반역을 일으키자, 조정에서 유량庾亮에게 토벌군을 통솔하라고 명하여 유량은 건양문建陽門③ 밖에서 싸웠다. 그러나 관군이 패하자, 유량은 진군陳郡에서 두 동생④을 데리고 온교溫嶠에게 도망갔다.

[역주]
① 서쪽으로 패주했다 : 원문은 "西奔".『太平御覽』권195에 인용된『丹陽記』에는 "南奔"이라 되어 있음. 西와 南은 모두 荊州를 가리킴.
② 유태위의 부하가 그들을 쏜다는 것이 잘못하여 조타수를 맞췄는데 : 원문은 "射誤中柂工".『晉書』권73「庾亮傳」에는 "亮左右射賊, 誤中柂工."이라 되어 있는데, 문맥상 타당하다고 여겨 이것에 따라 번역함.
③ 建陽門:『晉書』권7「成帝本紀」에는 "宣陽門"이라 되어 있음.
④ 두 동생: 宋本에는 "三弟"라 되어 있음. 세 동생은 庾懌·庾條·庾翼을 말함.

[참고]『晉書』73,『太平御覽』195.

庾太尉與蘇峻戰, 敗, 率左右十餘人, 乘小船西奔.① 亂兵相剝掠, 射誤中柂工, 應弦而倒. 擧船上咸失色分散, 亮不動容, 徐曰; "此手那可使箸賊?" 重酒安.
①·『晉陽秋』曰; 蘇峻作逆, 詔亮都督征討, 戰于建陽門外. 王師敗績, 亮於陳攜二弟奔溫嶠.

• 6 : 24 [0375]

유소정서庾小征西[庾翼]①가 한번은 출타했다가 아직 돌아오지 않았다. 장모 완씨阮氏는 유만안劉萬安[劉綏]의 부인이었는데,1 딸과 함께 안릉성安陵城의 누각 위에 올라갔다. 잠시 뒤 유익庾翼이 돌아오고 있었는데, 준마를 채찍질하고 수레와 호위가 성대했다. 완씨가 딸에게 말했다.

"유서방이 말을 잘 탄다고 들었는데 어떻게 하면 볼 수 있을까?"

유익의 부인이 유익에게 말했더니,2 유익은 곧장 길에서 호위대열②을 해산한 뒤 말을 타고 선회했다. 막 두 바퀴를 돌았을 때 말에서 추락하여 땅에 떨어졌으나 안색은 태연자약했다.

1 □ 『유씨보劉氏譜』: 유수劉綏의 부인은 진류陳留 완번阮蕃의 딸이며 자字가 유아幼娥다.
　□ 유수는 따로 나온다.③
2 □ 『유씨전庾氏傳』: 유익은 고평高平 유수의 딸을 부인으로 맞았는데, 그녀는 자가 정녀靜女다.

[역주]·······················
① 庾小征西 : 庾翼과 그의 형 庾亮이 모두 征西將軍을 지냈기 때문에 '小'자를 붙여 형과 구별한 것임.
② 호위행렬 : 원문은 "鹵簿". 본래는 천자의 행렬을 가리키는 말인데, 행차할 때 큰 방패[鹵]로 앞뒤를 호위하고 그 대열의 순서를 장부에 기록했기 때문에 그렇게 부름.
③ 따로 나온다 : 「賞譽」64 劉注2에 나옴.

庾小征西嘗出未還. 婦母阮是劉萬安妻,1 與女上安陵城樓上. 俄頃, 翼歸, 策良馬, 盛輿衛. 阮語女; "聞庾郎能騎, 我何由得見?" 婦告翼,2 翼便爲於道開鹵簿盤馬, 始兩轉, 墜馬墮地, 意色自若.
1 □ 『劉氏譜』曰; 劉綏妻陳留阮蕃女, 字幼娥.
　□ 綏, 別見.
2 □ 『庾氏傳』曰; 翼娶高平劉綏女, 字靜女.

• 6 : 25 [0376]

　환선무桓宣武[桓溫]①가 간문제簡文帝[司馬昱]·태재太宰[司馬晞]①②와 함께 수레를 타고 가다가, 은밀히 사람을 시켜 수레의 앞뒤에서 북을 울리며 크게 소리 지르게 했더니, 호위대열이 놀라 소요騷擾했다. 태재는 두려움에 떨면서 수레에서 내려달라고 요청했지만, 간문제를 돌아보았더니 태연히 편안한 모습이었다. 환선무가 사람들에게 말했다.

"조정에 진실로 또한 이러한 현자가 있다니!"③

① · 환온桓溫이다.
② · 무릉왕武陵王 사마희司馬晞다.
③ · 『속진양추續晉陽秋』: 간문제는 성품이 온후하고 평소에 도량과 기개를 지니고 있었다. 일찍이 환온과 태재 무릉왕 사마희와 함께 수레를 타고 갔는데, 판교板橋②에 이르렀을 때 환온이 은밀히 명령을 내려 아무런 이유도 없이 갑자기 시끄럽게 뿔피리를 불고 북을 울리게 했더니, 호위대열이 모두 놀라 냅다 뛰었다. 환온은 짐짓 크게 놀란 체하고 있었다. 사마희는 두려움에 부들부들 떨었으나, 간문제는 행동거지가 태연자약했으며 목소리나 얼굴색도 변함이 없었다. 환온은 매번 이 일을 가지고 간문제의 덕성과 도량을 칭찬하곤 했다. 그래서 당시 논자들은 환온이 두려움을 잘 탄다고 평했다.

[역주]······················
① 太宰[司馬晞] : 東晉 元帝 司馬睿의 넷째아들 司馬晞는 간문제 司馬昱의 형으로서, 武陵王에 봉해지고 太宰에 임명되었음. '太宰'는 원래 '太師'라고 했는데, 晉 景帝 司馬師의 諱를 피하기 위하여 太宰라고 한 것임. 직위는 三公에 상당하지만 실제권력은 없었음.
② 板橋 : 板橋鎭이라고도 하며, 지금의 江蘇省 江寧縣 서남쪽에 있음.
[참고] 『晉書』9. 『太平御覽』99.

宣武①與簡文·太宰②共載, 密令人在輿前後鳴鼓大叫, 鹵簿中驚擾. 太宰惶怖, 求下輿, 顧看簡文, 穆然淸恬. 宣武語人曰; "朝廷閒故復有此賢!"③

①◦桓溫.
②◦武陵王晞.
③◦『續晉陽秋』曰; 帝性溫深, 雅有局鎭. 嘗與桓溫·太宰武陵王晞同乘, 至板橋, 溫密勅令無因鳴角鼓譟, 部伍並驚馳. 溫陽駭異, 晞大震, 帝擧止自若, 音顔無變. 溫每以此稱其德量. 故論者謂溫服憚也.

---------- • 6 : 26 [0377]

　　왕소王劭와 왕회王薈가 함께 환선무桓宣武[桓溫]를 찾아갔는데,① 환선무의 명을 받고 마침 유희庾希 일가를 체포하러 가는 사신을 만났다.② 왕회는 불안하여 머뭇거리다가 그냥 가려고 했으나, 왕소는 움직이지 않고 꿋꿋이 앉아 체포하러 간 사신이 돌아오기를 기다렸다가 일이 결정 난 것을 보고서야① 떠났다. 그래서 논자들은 왕소가 왕회보다 낫다고 여겼다.

①◦『소회별전劭薈別傳』: 왕소는 자가 경륜敬倫이며, 승상 왕도王導의 다섯째 아들이다. 성품이 고귀하고 담백했으며 심오한 철리를 깊이 궁구했다. 대사마大司馬 환온桓溫이 그를 '봉황의 새끼'라고 칭찬했다. 여러 벼슬을 거쳐 상서복야尙書僕射와 오국내사吳國內史에 기용되었다. 왕회는 자가 경문敬文이며, 승상 왕도의 막내아들이다. 고결한 명성이 있었으며, 온화하고 느긋하여 남과 다투지 않았다. 벼슬은 진군장군鎭軍將軍에까지 이르렀다.

②◦『중흥서中興書』: 유희는 자가 시언始彦이며, 사공 유빙庾冰의 장자다. 여러 벼슬을 거쳐 서徐·연兗 2주 자사를 역임했다. 유희의 형제는 모두 부귀하고 현달했는데, 환온桓溫이 그것을 시기하여 유희를 모함하여 파직시키는 바람에 유희는 마침내 기양醫陽으로 도망갔다. 이전에 곽박郭璞②이 점을 쳤다.

　"유빙의 자손③은 반드시 큰 화를 당할 것이니, 삼양三陽④을 견고히 해야만 후손이 살아남을 수 있다."

　그래서 유희는 산양山陽에 주둔할 것을 청했고, 동생 유우庾友는 동양東陽태수가 되었으며, 유희 자신은 기양에 거주했다. 환온이 유희를 주살하자, 동생 유유庾柔와 유천庾倩은 유희의 변고를 듣고 해릉海陵으로 도망갔다.⑤ 나중에 경구京口로 돌아와 사람들을 규합하려 했으나 일이 실패하여 환온에게 주살당했다.

[역주] ························
① 일이 결정 난 것을 보고서야 : 원문은 "得不定". '不'자는 어조사로서 뜻이 없음.
② 郭璞 : 晉나라 聞喜사람으로 字는 景純. 박학다식하고 재주가 뛰어났으며 占術에도 능했음.
③ 유빙의 자손 : 『晉書』권73 「庾冰傳」에 따르면, 유빙의 아들은 7명으로 希·襲·友·蘊·倩·邈·柔임.
④ 三陽 : 山陽·東陽·曁陽을 말함.
⑤ 환온이 유희를 주살하자~海陵으로 도망갔다 : 『晉書』권73 「庾冰傳」에 따르면, 庾倩과 庾柔가 桓溫에게 주살당한 뒤에 유희가 그 소식을 듣고 동생 庾邈과 아들 庾攸와 함께 海陵으로 도망갔다고 하여, 『中興書』의 내용과 다르게 되어 있음.

[참고] 『晉書』73.

王劭·王薈共詣宣武,① 正値收庾希家.② 薈不自安, 逡巡欲去, 劭堅坐不動, 待收信還, 得不定迺出. 論者以劭爲優.
① 『劭薈別傳』曰; 劭, 字敬倫, 丞相導第五子. 清貴簡素, 硏味玄賾. 大司馬桓溫稱爲鳳雛. 累遷尙書僕射·吳國內史. 薈, 字敬文, 丞相最小子. 有清譽, 夷泰無競. 仕至鎭軍將軍.
② 『中興書』曰; 希, 字始彥, 司空冰長子. 累遷徐·兗二州刺史. 希兄弟貴盛, 桓溫忌之, 諷免希官, 遂奔于曁陽. 初, 郭璞筮; "冰子孫必有大禍, 唯固三陽可以有後." 故希求鎭山陽, 弟友爲東陽, 希自家曁陽. 及溫誅希, 弟柔·倩聞希難, 逃於海陵. 後還京口聚衆, 事敗, 爲溫所誅.

• 6 : 27 [0378]

환선무桓宣武[桓溫]가 치초郗超와 함께 조정의 신하를 숙청할 것을 의논하여 명단이 들어 있는 문서를 이미 작성해 놓고 그날 밤 함께 잠을 잤다.① 다음날 새벽에 일어나 사안謝安과 왕탄지王坦之를 불러 들어오게 하여 그 문서를 던져 보여주었다. 치초는 아직 침대 휘장 속에서 자고 있었다. 사안은 아무 말도 하지 않았지만, 왕탄지는 곧바로 던져 돌려주면서 "많습니다"라고 했다. 환선무가 붓을 들어 일부 명단을 삭제하려 하자, 치초가 어느덧 휘장을 사이에 두고 환선무와 가만히 이야기를 나누었다. 사안이 웃음을 머금고 말했다.

"치생郗生은 가히 장막 속에 들어 있는 손님①이라고 할 만하군요!"②

①·『속진양추續晉陽秋』: 치초는 환온桓溫이 웅대한 무용武勇을 지니고 있어서 틀림없이 사람들로부터 기꺼이 추앙받을 운이 있다고 생각하여 마침내 자신을 그에게 깊이 맡겼다. 환온도 그를 매우 중시했기 때문에 은밀한 계책에 참여시키지 않은 적이 없었다.

②·'휘장[帳]'은 어떤 판본에는 '유帷'라 되어 있다.

[역주]······················

① 장막 속에 들어 있는 손님 : 원문은 "入幕賓". '幕賓'은 幕僚나 幕友와 같은 뜻으로 將帥나 州府의 幕府에서 일하는 참모를 뜻하지만, 여기서는 치초가 휘장 속에 있는 것을 해학적으로 표현하여 한 말임.

[참고] 『晉書』67, 『太平御覽』699.

桓宣武與郗超議芟夷朝臣, 條牒既定, 其夜同宿.① 明晨起, 呼謝安·王坦之入, 擲疏示之. 郗猶在帳內. 謝都無言, 王直擲還, 云; "多." 宣武取筆欲除, 郗不覺竊從帳中與宣武言. 謝含笑曰; "郗生可謂入幕賓也!"②

①·『續晉陽秋』曰; 超謂溫雄武, 當樂推之運, 遂深自委結. 溫亦深相器重, 故潛謀密計, 莫不預焉.

②·'帳', 一作'帷'.

―――――― • 6 : 28 [0379]

사태부謝太傅[謝安]가 동산東山에 은거하고① 있을 때, 손흥공孫興公[孫綽] 등 여러 사람들과 함께 바다에 배를 띄우고 유람했다.① 바람이 불어 파도가 일렁이자, 손흥공과 왕희지王羲之 등은 모두 다급한 기색을 띠면서 곧장 배를 돌리라고 소리쳤다. 그러나 사태부는 분위기가 한창 고조되어 시를 읊조리면서 아무 말도 하지 않았다. 뱃사공은 사태부의 느긋한 모습과 마음으로 즐거워하는 것을 보고 멈추지 않고 계속 갔다. 이윽고 바람이 거세지면서 파도가 더욱 맹렬해지자,

사람들은 모두 소란스럽게 움직이면서 가만히 앉아 있지 못했다. 사태부가 천천히 말했다.

"이래가지고는 아마 살아서 돌아가지 못할 텐데[2]!"

사람들은 이 말이 떨어지자마자 즉시 제자리로 돌아갔다. 그래서 사태부의 기량器量이 충분히 조야朝野를 안정시킬 수 있다는 것을 알게 되었다.

1 ◦ 『중흥서中興書』: 사안謝安은 이전에 회계會稽에 거하면서 지도림支道林·왕희지王羲之·허순許詢과 함께 유람하곤 했다. 집을 나가서는 산과 강에서 고기 잡고 사냥했으며, 들어와서는 담론하고 글을 지었는데, 일찍이 세상에 나가려는 마음을 먹은 적이 없었다.

[역주]·····················
① 은거하고: 원문은 "盤桓". 세상에 나가지 않고 유유자적한 시골생활을 즐기는 것을 말함.
② 아마 돌아가지 못할 텐데: 원문은 "將無歸". '將無'에 대해서는 「文學」18 [역주] ①을 참조하기 바람.

[참고] 『晉書』79, 『太平御覽』392.

謝太傅盤桓東山時, 與孫興公諸人汎海戲.1 風起浪涌, 孫·王諸人色並遽, 便唱使還. 太傅神情方王, 吟嘯不言. 舟人以公貌閑意說, 猶去不止. 旣風轉急, 浪猛, 諸人皆諠動不坐. 公徐云; "如此, 將無歸!" 衆人卽承響而回. 於是審其量, 足以鎭安朝野.

1 ◦ 『中興書』曰; 安先居會稽, 與支道林·王羲之·許詢共遊處. 出則漁弋山水, 入則談說屬文, 未嘗有處世意也.

───── • 6:29 [0380]

환공桓公[桓溫]이 병사를 매복시켜 놓고 잔치를 열어 조정의 인사를 널리 초청했는데, 그것을 기회로 사안謝安과 왕탄지王坦之를 주살하려고 했다.1 왕탄지가 몹시 다급해하면서 사안에게 물었다.

"어떤 계책을 세우는 것이 좋겠소?"

사안은 안색에 변함이 없는 채로 왕문도王文度[王坦之]에게 말했다. "진晉나라 조정의 존망이 이 한 번의 행동에 달렸소!"

그리하여 함께 나아갔는데, 왕탄지는 두려워하는 모습이 표정에 그대로 나타났지만, 사안은 늠름한 태도가 얼굴에 더욱 드러났다. 계단을 바라보고 자리로 가면서 사안이 낙양洛陽 서생의 창법[①]으로 "도도한 저 큰 물결이여[②]"라는 시를 읊었다. 환온은 그의 광대하고 심원한 기품에 주눅이 들어 곧장 복병을 해산시켰다.② 왕탄지와 사안은 예전부터 명성을 나란히 했는데, 이 일을 가지고 비로소 그 우열을 가리게 되었다.

①『진안제기晉安帝紀』: 간문제簡文帝[司馬昱]가 붕어할 때, 환온桓溫에게 유조遺詔를 내려 제갈량諸葛亮과 왕도王導의 고사[③]에 따르도록 했다. 환온은 크게 분노했는데, 그것이 자기의 권력을 빼앗기 위하여 사안과 왕탄지가 건의한 것이라고 생각했다. 도성으로 들어가 선제先帝의 국장國葬에 참석했을 때, 백관들은 길옆에서 그에게 절했으며 지위와 명망이 있는 자들은 두려움에 떨면서 안색이 변했다. 어떤 사람은 이때부터 환온이 왕탄지와 사안을 살해하려고 했다고도 한다.

② ◦ 생각건대 : 송宋 명제明帝의 『문장지文章志』에는 이렇게 기록되어 있다. "사안은 낙양 서생의 창법에 뛰어났는데, 젊었을 때 콧병이 들어서 말소리가 탁했다. 나중에 많은 명사들이 그의 읊조림을 흉내 냈지만 제대로 되지 않자 손으로 코를 잡고 읊곤 했다. 환온이 신정新亭[④]에 머물고 있을 때, 호위병을 단단히 배치해놓고 사안과 왕탄지를 불러들여 그 자리에서 죽이려고 했다. 왕탄지는 들어갈 때 몹시 당황하여 홀笏을 거꾸로 들었으며 흐르는 땀이 옷을 적시었다. 그러나 사안은 태도와 거동이 평상시와 다름없었으며, 눈을 들어 환온 좌우의 호위병을 두루 살펴보고 나서 환온에게 말했다. '제가 듣건대, 제후에게 도道가 있으면 사방의 나라가 지켜준다[⑤]고 했습니다. 그런데 명공明公께서는 무엇하러 이런 무리를 벽 사이에 배치해놓으십니까?' 환온이 웃으며 말했다. '정작 그렇게 하지 않을 수 없기 때문이지.' 그래서 오만하고 독한 마음이 순간적으로 사라졌으며, 좌우의 호위병에게 물러가라고 명한 뒤[⑥] 주연을 재촉하고

술잔을 돌리면서 늦게까지 담소했다."
[역주]……………………
① 洛陽 서생의 창법 : 원문은 "洛生詠". '洛下書生詠'이라고도 함. 당시에 유행하던 창법으로 탁한 鼻音으로 노래함. 「輕詆」26에도 이에 관한 고사가 있음.
② 도도한 저 큰 물결이여 : 원문은 "浩浩洪流".『文選』권24에 실려 있는 嵇叔夜[嵇康]의 시「贈兄喜秀才入軍」5수 중 제3수에 "浩浩洪流, 帶我邦畿."라는 구절이 있음.
③ 諸葛亮과 王導의 고사 : 두 사람 모두 어린 군주를 잘 보필하여 국사를 훌륭하게 처리했음.
④ 新亭 :「言語」31 劉注① 참조.
⑤ 사방의 나라가 지켜준다 : 원문은 "守在四鄰".『左傳』「昭公23年」에 "古者天子守在四夷, 天子卑, 守在諸侯, 諸侯守在四鄰, 諸侯卑, 守在四竟."이라 함.
⑥ 좌우의 호위병에게 물러가라고 명한 뒤 : 원문은 "命部左右". 宋本에는 '部'가 '卻'으로 되어 있는데 문맥상 타당하다고 여겨 이것에 따라 번역함.
[참고]『晉書』79,『太平御覽』302.

桓公伏甲設饌, 廣延朝士, 因此欲誅謝安·王坦之.① 王甚遽, 問謝曰; "當作何計?" 謝神意不變, 謂文度曰; "晉阼存亡, 在此一行!" 相與俱前, 王之恐狀, 轉見於色, 謝之寬容, 愈表於貌. 望階趨席, 方作洛生詠, 諷"浩浩洪流". 桓憚其曠遠, 乃趣解兵.② 王·謝舊齊名, 於此始判優劣.
①。『晉安帝紀』曰: 簡文晏駕, 遺詔桓溫依諸葛亮·王導故事. 溫大怒, 以爲黜其權, 謝安·王坦之所建也. 入赴山陵, 百官拜于道側, 在位望者, 戰慄失色. 或云自此欲殺王·謝.
②。按; 宋明帝『文章志』曰; "安能作洛下書生詠, 而少有鼻疾, 語音濁. 後名流多斅其詠, 弗能及, 手掩鼻而吟焉. 桓溫止新亭, 大陳兵衛, 呼安及坦之, 欲於坐害之. 王入失措, 倒執手版, 汗流霑衣. 安神姿擧動, 不異於常, 擧目徧歷溫左右衛士, 謂溫曰; '安聞諸侯有道, 守在四鄰. 明公何有壁閒著阿堵輩?' 溫笑曰; '正自不能不爾.' 於是矜莊之心頓盡, 命部左右, 促燕行觴, 笑語移日."

―――――― • 6 : 30 [0381]

사태부謝太傅[謝安]가 왕문도王文度[王坦之]와 함께 치초郗超를 찾아갔는데, 날이 저물도록 만나질 못했다. 왕탄지가 그냥 가려 하자 사태부가 말했다.

"목숨을 위한 것인데 그래 잠깐을 참지 못한단 말이오?"①

①。치초는 환온의 두터운 신임을 받아 사람을 죽이고 살리는 권력을 휘둘렀다.①

[역주]························
① 사람을 죽이고 살리는 권력을 휘둘렀다 : 「雅量」27 참조.
[참고] 『晉書』67.

謝太傅與王文度共詣郗超, 日旰未得前. 王便欲去, 謝曰; "不能爲性命忍俄頃?"①

①。超得寵桓溫, 專殺生之威.

--------- • 6 : 31 [0382]

지도림支道林[支遁]이 동쪽으로 돌아가게 되었을 때,① 당시 명현名賢들이 모두 정로정征虜亭에서 송별연을 벌렸다.② 채자숙蔡子叔[蔡系]은 먼저 와서 임공林公[支遁] 가까이에 앉았고,③ 사만석謝萬石[謝萬]은 나중에 와서 약간 멀리 앉았다. 채자숙이 잠시 일어난 틈에 사만석이 그곳으로 옮겨갔다. 채자숙이 돌아와 사만석이 자기 자리에 있는 것을 보더니 방석 째 들어서 사만석을 땅에 내동댕이치고는 다시 자기 자리에 앉았다. 사만석은 갓과 두건이 구겨지고 벗겨졌지만 이내 천천히 일어나 옷을 털고 자리로 갔는데, 안색이 매우 평온했으며 성을 내지도 않았다. 좌정한 뒤에 채자숙에게 말했다.

"그대는 이상한 사람이구먼! 하마터면 내 얼굴을 다치게 할 뻔 했잖소?"

그러자 채자숙이 대꾸했다.

"나는 본래 그대의 얼굴을 겨냥한 것이 아니었소."

그 뒤에 두 사람은 모두 그 일을 전혀 마음에 두지 않았다.

1 ▫『고일사문전高逸沙門傳』: 지둔支遁은 애제哀帝[司馬丕]의 영접을 받아 도성에서 오랫동안 머물렀으나 마음은 옛 산에 있었기 때문에 곧 미련 없이 왕도王都를 떠나 다시 암자로 돌아갔다.
2 ▫『단양기丹陽記』: 태안太安연간에 정로장군征虜將軍 사안謝安이 이 정자를 지었기② 때문에 그것으로 이름을 삼았다.
3 ▫『중흥서中興書』: 채계蔡系는 자가 자숙子叔③이며 제양濟陽사람으로, 사도司徒 채모蔡謨의 둘째아들이다. 문리를 지녔으며 벼슬은 무군장사撫軍長史에까지 이르렀다.

[역주]
① 支道林[支遁]이 동쪽으로 돌아가게 되었을 때 : 『高僧傳』 권4 「支遁傳」에 따르면, 支遁은 哀帝가 즉위했을 때 도성으로 나가 東林寺에서 3년 동안 지낸 뒤 東山으로 돌아갔다고 함.
② 太安연간에 征虜將軍 謝安이 이 정자를 지었기 : '太安'은 西晉 惠帝 司馬衷의 연호(302~303). 한편 『太平御覽』 권194 「居處部·亭」에 인용된 『丹陽記』에는 "謝石創征虜亭, …太元中."이라 되어 있어서 劉注에 인용된 『丹陽記』와 다름. '太元'은 東晉 孝武帝 司馬曜의 연호(376~396).
③ 子叔 : 汪藻의 『世說敍錄』 「人名譜·蔡氏譜」에는 "子正"이라 되어 있음.

[참고] 『晉書』79, 『高僧傳』4.

支道林還東,1 時賢並送於征虜亭.2 蔡子叔前至, 坐近林公,3 謝萬石後來, 坐小遠. 蔡暫起, 謝移就其處. 蔡還, 見謝在焉, 因合褥舉謝擲地, 自復坐. 謝冠幘傾脫, 乃徐起振衣就席, 神意甚平, 不覺瞋沮. 坐定, 謂蔡曰; "卿奇人! 殆壞我面?" 蔡答曰; "我本不爲卿面作計." 其後, 二人俱不介意.
1 ▫『高逸沙門傳』曰; 遁爲哀帝所迎, 遊京邑久, 心在故山, 乃拂衣王都, 還就巖穴.
2 ▫『丹陽記』曰; 太安中, 征虜將軍謝安立此亭, 因以爲名.
3 ▫『中興書』曰; 蔡系, 字子叔, 濟陽人, 司徒謨第二子. 有文理, 仕至撫軍長史.

• 6 : 32 [0383]

치가빈郗嘉賓[郗超]이 도안道安화상의 덕망德望을 흠모하여,1 쌀 천 곡斛을 보내주고 몇 장에 달하는 장문의 편지를 써서 정성스런 마음을 담았다. 그런데 도안은 답장에서 단지 이렇게만 말하였다.

"쌀을 보내주시니 먹을 것에 의지하는 처지[1]가 더욱 번거롭게 느껴집니다."

[1]▫『도안화상전道安和上傳』: 화상 도안은 상산常山 박류薄柳사람으로, 본성은 위씨衛氏다. 12세에 출가했으며, 성품이 총명하고 영민했지만 용모가 매우 추했다. 불도징佛圖澄이 그를 매우 중시했다. 석씨石氏[2]의 난을 만나 육혼산陸渾山에서 나무열매를 먹으면서 학문에 정진했다. 모용준慕容俊[3]에게 쫓겨 양양襄陽에 머물렀다. 불법이 동쪽으로 전해지면서 경전에 오류가 많았는데, 그것을 고쳐 조목과 장절章節을 만들고 편목을 명시하고 주해注解를 달았다. 지도림支道林[支遁]을 비롯하여 모두 그의 교리를 받들었다. 병 없이 살다가 죽었다.

[역주]
① 먹을 것에 의지하는 처지: 원문은 "有待". 이 말은 『莊子』「逍遙遊」의 "夫列子御風而行, 泠然善也. …此雖免乎行, 猶有所待者也."란 구절에 근거한 것임.
② 石氏: 後趙의 石勒·石虎 등을 말함. 이들은 匈奴의 일족인 羯族에 속함.
③ 慕容俊: 前燕의 景昭帝. 字는 宣英이고 廟號는 烈祖며 鄴에 도읍을 정하고 11년 동안 재위함.

[참고]『高僧傳』5, 『藝文類聚』72.

郗嘉賓欽崇釋道安德問,[1] 餉米千斛, 修書累紙, 意寄殷勤. 道安答直云; "損米, 愈覺有待之爲煩."

[1]▫『安和上傳』曰; 釋道安者, 常山薄柳人, 本姓衛. 年十二作沙門, 神性聰敏, 而貌至陋. 佛圖澄甚重之. 值石氏亂, 於陸渾山木食修學. 爲慕容俊所逼, 乃住襄陽. 以佛法東流, 經籍錯謬, 更爲條章, 標序篇目, 爲之注解. 自支道林等皆宗其理. 無疾卒.

• 6 : 33 [0384]

사안남謝安南[謝奉]은 이부상서吏部尙書에서 면직되어 동쪽會稽으로 돌아가고,[1] 사태부謝太傅[謝安]는 환공桓公[桓溫]의 사마司馬로 부임하려고 서쪽荊州으로 가다가 파강破岡에서 서로 만났다. 멀리 떠날 처지에 있었기 때문에 마침내 3일 동안 배를 정박하고 함께 이야기를 나누었다. 사태부는 그가 면직된 것을 위로해주려고 했으나 그럴 때마다 사안남이 문득 다른 화제를 꺼내는 바람에 비록 도중에 이틀 밤을 지냈지만[1] 결국 그 일을 언급하지 못하고 말았다. 사태부는 마음속의 말을 다하지 못하여 몹시 애석해하면서 같이 배를 탄 사람에게 말했다.

"사봉謝奉은 참으로 특이한 사람이야!"

[1] ▫『진백관명晉百官名』: 사봉은 자가 홍도弘道며, 회계會稽 산음山陰사람이다.
  ▫『사씨보謝氏譜』: 사봉의 조부 사단謝端은 산기상시散騎常侍를 지냈고, 부친 사봉謝鳳은 승상丞相[王導]의 주부主簿를 지냈다. 사봉은 안남장군安南將軍·광주廣州자사·이부상서吏部尚書를 역임했다.

[역주]··························
① 이틀 밤을 지냈지만: 원문은 "信宿". 하루 밤을 머무는 것을 '舍', 이틀 밤을 머무는 것을 '信', 그 이상을 머무는 것을 '次'라고 함.

謝安南免吏部尚書還東,[1] 謝太傅赴桓公司馬出西, 相遇破岡. 旣當遠別, 遂停三日共語. 太傅欲慰其失官, 安南輒引以他端, 雖信宿中塗, 竟不言及此事. 太傅深恨在心未盡, 謂同舟曰; "謝奉故是奇士!"

[1] ▫『晉百官名』曰; 謝奉, 字弘道, 會稽山陰人.
  ▫『謝氏譜』曰; 奉祖端, 散騎常侍. 父鳳, 丞相主簿. 奉歷安南將軍·廣州刺史·吏部尚書.

• 6:34 [0385]

대공戴公[戴逵]이 동쪽[會稽]에서 나오자, 사태부謝太傅[謝安]가 그를 만나보러 갔다. 사태부는 본래 대공을 경시했기 때문에 만나서 단지 금琴과 글씨에 대해서만 논했다. 대공은 조금도 언짢은 기색이 없었으며, 금과 글씨에 대해 담론하는 것이 갈수록 오묘했다. 사태부는 자연히 그의 기량器量을 알게 되었다.[1]

[1] ▫『진안제기晉安帝紀』: 대규戴逵는 자가 안도安道며 초국譙國사람이다. 젊어서

부터 고결한 지조를 지녔으며 담백하고 활달하여 유진장劉眞長[劉惔]의 인정을 받았다. 성품이 매우 쾌활하고 편안히 생을 즐겼다. 금 연주를 좋아하고 글을 잘 지었으며, 특히 유람과 연회를 즐겨 대부분 명문가의 풍류재자와 교유했다. 논자들은 그를 고루하지 않은 은자라고 인정했다. 누차 초징招徵의 명을 사양하여 마침내 고상한 인물이라는 칭송을 받았다.

[참고]························
『歷代名畫記』5,『北堂書鈔』109.

戴公從東出, 謝太傅往看之. 謝本輕戴, 見但與論琴書. 戴旣無吝色, 而談琴書愈妙. 謝悠然知其量.⃞1

⃞1 ◦『晉安帝紀』曰; 戴逵, 字安道, 譙國人. 少有淸操, 恬和通任, 爲劉眞長所知. 性甚快暢, 泰於娛生. 好鼓琴, 善屬文, 尤樂遊燕, 多與高門風流者游. 談者許其通隱. 屢辭徵命, 遂箸高尙之稱.

• 6 : 35 [0386]

사공謝公[謝安]이 손님과 바둑을 두고 있었는데, 잠시 뒤 사현謝玄이 회수淮水에서 보낸 사신이 도착했다. 사공은 서찰을 다 보고 나서 묵묵히 아무 말도 하지 않은 채 천천히 바둑판을 향했다. 손님이 회수에서의 승패[1]를 물었더니, 사공이 대답했다.

"조카들이 적을 대파했다는군요."

안색이나 행동거지가 평상시와 다름없었다.⃞1

⃞1 ◦『속진양추續晉陽秋』: 처음에 부견符堅[2]이 남으로 침공해왔을 때 도성이 크게 동요했다. 그러나 사안謝安은 두려워하는 기색도 없이 수레를 준비하라고 명하여 별장으로 나가 형의 아들 사현과 함께 바둑을 두었다. 그날 밤에 돌아와 곧장 부견의 공격에 대한 대비책을 강구하여 며칠 만에 모든 일을 끝냈다. 적을 격파했어도 기뻐하는 기색이 없었다.[3] 그의 높은 기량이 이와 같았다.

◦『사거기전謝車騎傳』: 저족氏族 적장 부견이 전국적으로 대군을 출동시켰는데 그 수가 백만 명이나 되었다. 조정에서 여러 군대를 파견하여 그들을

방어했는데 모두 8만 명에 불과했다. 부견이 수양壽陽에 진주하자 사현이 전봉도독前鋒都督이 되어 사촌동생 사염謝琰과 함께 정예병을 선발하여 결전했다. 부견을 쏘아 부상을 입혔고 수만 명에 달하는 포로를 잡았으며 가짜 천자 수레와 운모거雲母車를 포획했다. 또한 빼앗은 보물이 산처럼 쌓였고 비단과 모직물이 만 단端④이나 되었으며, 소·말·나귀·노새·낙타가 10만 마리나 되었다.

[역주]
① 회수에서의 승패 : 太元 8년(383)에 있었던 淝水戰을 말함.
② 苻堅 : '符堅'이라고도 씀. 前秦의 왕.
③ 적을 격파했어도 기뻐하는 기색이 없었다 :『晉書』권79「謝安傳」에 따르면, 謝安은 승전보를 듣고 집으로 돌아간 뒤 너무 기쁜 나머지 문지방을 건너다가 신발 굽이 부러진 것도 못 느낄 정도였다고 하여, 본문과는 다소 차이가 있음.
④ 端 : 옛날 길이를 재는 단위로 1端은 20尺에 해당함.

[참고]『晉書』79.

謝公與人圍棊, 俄而謝玄淮上信至. 看書竟, 默然無言, 徐向局. 客問淮上利害, 答曰; "小兒輩大破賊." 意色擧止, 不異於常.⬚

⬚ ▫『續晉陽秋』曰; 初, 苻堅南寇, 京師大震. 謝安無懼色, 方命駕出墅, 與兄子玄圍棊. 夜還, 乃處分, 少日皆辦. 破賊又無喜容. 其高量如此.
▫『謝車騎傳』曰; 氐賊苻堅, 傾國大出, 衆號百萬. 朝廷遣諸軍距之, 凡八萬. 堅進屯壽陽, 玄爲前鋒都督, 與從弟琰等選精銳決戰. 射傷堅, 俘獲數萬計, 得僞輦及雲母車. 寶器山積, 錦罽萬端, 牛·馬·驢·騾·駝十萬頭匹.

--------- • 6 : 36 [0387]

왕자유王子猷[王徽之]와 왕자경王子敬[王獻之]이 일찍이 같은 방에 함께 앉아 있었는데, 위에서 갑자기 불이 났다. 왕자유는 황급히 뛰쳐나가 피하느라 신발을 신을 겨를도 없었다.⬚ 그러나 왕자경은 태연한 안색으로 시종을 천천히 불러 부축을 받으면서 밖으로 나왔는데, 평상시와 다름이 없었다.⬚ 세상 사람들은 이 일을 가지고 두 사람의 기품과 기량器量을 결정했다.

① ▫『진백관명晉百官名』: 왕휘지王徽之는 자가 자유다.
  ▫『중흥서中興書』: 왕휘지는 왕희지王羲之의 다섯째아들이다. 성격이 활달하고 거침없었으며 방달放達한 인물이 되고자 했다. 벼슬은 황문시랑黃門侍郎에까지 이르렀다.
② ▫『속진양추續晉陽秋』: 왕헌지王獻之는 비록 세간의 예의규범①을 수양하지는 않았지만 행동거지가 경망스럽지 않았다.

[역주]
① 세간의 예의규범: 원문은 "賞貫". 宋本에는 "常貫"이라 되어 있는데, 문맥상 타당하다고 여겨 이것에 따라 번역함. 常貫은 常格·常事의 뜻으로 일상적인 일이나 예의규범 등을 말함.

[참고] 『晉書』80.

王子猷·子敬曾俱坐一室, 上忽發火. 子猷遽走避, 不惶取屐.① 子敬神色恬然, 徐喚左右, 扶憑而出, 不異平常.② 世以此定二王神宇.
① ▫『晉百官名』曰; 王徽之, 字子猷.
  ▫『中興書』曰; 徽之, 羲之第五子. 卓犖不羈, 欲爲傲達. 仕至黃門侍郎.
② ▫『續晉陽秋』曰; 獻之雖不脩賞貫, 而容止不妄.

─────── • 6:37 [0388]

부견符堅이 국경 부근까지 침탈해오자,①① 사태부謝太傅[謝安]가 왕자경王子敬[王獻之]에게 말했다.

"이 정국의 핵심인물②더러 그곳을 해결하라 하면 좋을 텐데."
① ▫ 부견은 따로 나온다.③

[역주]
① 침탈해 오자: 원문은 "遊魂". 원래는 혼령처럼 정처 없이 마구 떠돌아다닌다는 뜻인데, 여기서는 적군의 침탈행위를 형용한 것임. 당시 符堅은 華北 전역을 손에 넣은 뒤에 東晉의 북쪽 변방까지 세력을 미치고 있었음.
② 이 정국의 핵심인물: 원문은 "當軸". 양국이 국경에서 대치하고 있는 난국을 해결할 수 있는 중추적인 인물을 말함.
③ 따로 나온다: 「識鑒」22 劉注①에 나옴.

符堅遊魂近境,① 謝太傅謂子敬曰; "可將當軸, 了其此處."
①。堅, 別見.

━━━━━━━ • 6 : 38 [0389]

왕승미王僧彌[王珉]와 사거기謝車騎[謝玄]가 함께 왕소노王小奴[王薈]의 집에 모였다.① 왕승미가 술잔을 들어 사거기에게 권하면서 말했다.

"사군使君①께 한 잔 올립니다."

사거기가 말했다.

"그러지."②

왕승미가 갑자기 일어나 얼굴색을 붉히며 말했다.

"본래 오흥吳興 계곡의 낚시꾼②에 불과한 그대가 어찌 감히 망언③을 하는가!"③

사거기가 천천히 박수를 치면서 웃으며 말했다.

"위군衛軍[王薈],④ 승미가 남달리 버릇이 없더니 결국 상국上國⑤을 능멸하는구려!"

①。왕민王珉과 사현謝玄은 모두 이미 나왔다.⑥ 소노는 왕회王薈의 어릴 적 자다.
②。사현이 일찍이 서주徐州자사를 지냈기 때문에 '사군'이라고 부른 것이다.
③。사현의 숙부 사안謝安이 일찍이 오흥吳興태수를 지냈는데, 사현이 젊었을 때 그를 따라 유람했기 때문에 왕민이 그렇게 말한 것이다.

[역주]……………………
① 使君 : 州刺史에 대한 존칭.
② 낚시꾼 : 원문은 "釣碣". '釣碣'은 원래 고기를 낚을 때 딛는 물속의 받침돌을 뜻하지만, 여기서는 '낚시꾼'의 의미로 쓰였음. 또는 '碣'을 비천한 사람의 옷을 뜻하는 '褐'의 오기로 보아 '釣褐'을 '비천한 낚시꾼'으로 해석하기도 함. 『太平御覽』 권834 「資産部・釣」에 인용된 謝玄의 「與兄書」에서 "擧家大都無所爲, 正以垂綸爲事, 足以永日."이라고 한 기록을 보면, 謝玄이 평생 낚시를 몹시 좋아했음을 알 수 있음. 한편 '碣'을 謝玄의 兒名인 '羯'['世說新語'에는 '遏'이라 되어 있음]의 오기로 보아, 그의 아명에 경멸의 뜻을 담았다고 보는 설도 있음.
③ 망언 : 원문은 "譸張". 터무니없는 망언을 뜻함.

④ 衛軍[王薈] : 『晉書』권65 「王薈傳」에 따르면, 王薈는 浙江東五郡左將軍・會稽內史・鎭軍將軍・散騎常侍를 역임했으며 죽은 뒤에 衛將軍에 추증되었으므로 본문에서 그를 '衛軍'이라 부른 것은 타당치 않음.
⑤ 上國 : 원래는 춘추시대 中原의 諸侯國을 가리키는 말이었으나, 나중에는 지위가 높거나 세력이 강대한 제후국을 가리키게 되었음. 여기서는 지위와 명망을 갖춘 사람을 비유함.
⑥ 이미 나왔다 : 王珉은 「政事」24 劉注②에, 謝玄은 「言語」78 劉注③에 각각 나왔음.

王僧彌・謝車騎共王小奴許集.① 僧彌擧酒勸謝云; "奉使君一觴." 謝曰; "可爾."② 僧彌勃然起, 作色曰; "汝故是吳興溪中釣碣耳, 何敢譸張!"③ 謝徐撫掌而笑曰; "衛軍, 僧彌殊不肅省, 乃侵陵上國也!"
① ◦ 王珉・謝玄並已見. 小奴, 王薈小字也.
② ◦ 謝玄曾爲徐州, 故云使君.
③ ◦ 玄叔父安, 曾爲吳興, 玄少時從之遊, 故珉云然.

• 6 : 39 [0390]

왕동정王東亭[王珣]이 환선무桓宣武[桓溫]의 주부主簿가 되었는데, 이미 가문의 명예를 이어받은데다가 훌륭한 명성까지 지니고 있어서, 환공桓公[桓溫]은 그의 인품과 가문이 온 부府의 명망을 받고 있는 것을 매우 존경했다.① 왕동정은 처음 환공을 만나 인사할 때 예의절차에 실수를 범했지만 안색은 태연자약했다. 좌중의 빈객들이 그의 실수를 보고 즉시 비꼬면서 웃자 환공이 말했다.

"그렇지 않소. 그의 표정과 모습을 보니 틀림없이 평범한 인물은 아닐 것이오. 내가 마땅히 시험해 보겠소."

나중에 매월 초하루에 열리는 조회에서 환공의 속관들이 관청 앞에 엎드려 있을 때, 환공이 안에서 말을 타고 곧장 돌진해 나왔다. 좌우의 사람들은 모두 피하다가 넘어졌으나 왕동정은 꼼짝도 하지 않았다. 이에 명성이 크게 높아져 사람들이 모두 말했다.

"재상②이 될 만한 그릇이야!"①

① 『속진양추續晉陽秋』: 왕순王珣이 처음 대사마大司馬[桓溫]의 속관[掾]이 되었을 때, 환온桓溫이 그를 매우 중히 여겨 항상 칭찬했다.

"왕연王掾[王珣]은 틀림없이 젊어서 삼공三公의 지위에 오를 것이니,③ 쉽게 얻을 수 없는 인재다."

[역주]························
① 존경했다: 원문은 "欲". 沈寶硏의 校本에는 "敬"이라 되어 있는데, 문맥상 타당하다고 여겨 이것에 따라 번역함.
② 재상: 원문은 "公輔". 三公[太尉·司徒·司空]과 四輔[太師·太傅·太保·少傅]를 함께 부르는 말. 일반적으로 재상을 뜻함.
③ 젊어서 三公의 지위에 오를 것이니: 원문은 "爲黑頭公". '黑頭公'은 '黑頭三公'이라고도 하는데, 머리카락이 검은 젊은이 중에서 삼공의 지위에 오른 사람을 말함. '黑頭相'·'黑頭尙書' 등도 이것과 같은 류의 명칭임.

王東亭爲桓宣武主簿, 旣承藉有美譽, 公甚欲其人地爲一府之望. 初見謝失儀, 而神色自若. 坐上賓客, 卽相貶笑, 公曰; "不然. 觀其情貌, 必自不凡. 吾當試之." 後因月朝閣下伏, 公於內走馬直出突之. 左右皆宕仆, 而王不動. 名價於是大重, 咸云; "是公輔器也!"①

① 『續晉陽秋』曰; 珣初辟大司馬掾, 桓溫至重之, 常稱; "王掾必爲黑頭公, 未易才也."

----------- • 6 : 40 [0391]

태원太元①연간(376~396) 말에 장성長星②이 출현하자, 효무제孝武帝[司馬曜]는 마음속으로 그것을 몹시 꺼려했다.① 밤에 화림원華林園③에서 술을 마시다가 잔을 들어 장성에게 권하며 말했다.

"장성! 그대에게 술 한 잔 권하노니, 자고로 어느 시대에 만세의 천자가 있더이까?"

① 서광徐廣의 『진기晉紀』: 태원泰元④ 20년(395) 9월에 솜털처럼 날리는 봉성蓬星⑤이 나타나 동남쪽으로 진행하여 수녀성須女星⑥을 지나 앙성央星⑦에 이르렀다.

▫생각건대 : 태원연간 말에는 단지 이러한 변괴만 있었을 뿐이니, 장성에 대해서는 들어보지 못했다. 또한 한漢 문제文帝 8년(172)에 "장성이 동쪽에 출현했다"⑧라고 기록되어 있고, 이것에 대한 문영文穎의 주注에서 말했다.

"장성에는 빛발이 있으며 그 길이가 하늘까지 뻗치기도 하고 10장丈 또는 2~3장 되기도 하여 일정하지 않다. 이 별이 나타나면 병란이 많이 일어난다."

그 후 16년이 지나 문제가 붕어했다. 따라서 대개 장성이 천자의 수명과는 관련이 없음을 알 수 있으니, 『세설』의 이야기는 헛된 것이다.

[역주]························
① 太元 : 東晉 孝武帝 司馬曜의 연호(376~396).
② 長星 : 꼬리가 달린 혜성을 말함.
③ 華林園 : 建康城 안에 있던 정원. 「言語」61 [역주]① 참조.
④ 泰元 : '太元'과 같음.
⑤ 蓬星 : 『晉書』권12 「天文志」에 따르면, 蓬星은 그 크기가 2말쯤 되는 그릇만하고 흰 색이며 일명 王星이라고도 한다 함. 이 별이 北斗星에 나타나면 帝王이나 大臣이 죽임을 당한다 함.
⑥ 須女星 : 織女星의 남쪽에 있는 네 별을 말함. 『開元占經』권86과 『太平御覽』권875에 인용된 何法盛의 『中興記』 및 『晉書』권12 「天文志」에는 모두 "女虛"라 되어 있음. '虛'는 28宿(수) 가운데 하나인 虛宿를 말함.
⑦ 央星 : 『開元占經』권86과 『太平御覽』권875에 인용된 何法盛의 『中興記』 및 『晉書』권12 「天文志」에 모두 "哭星"이라 되어 있는 것으로 보아 '央'은 '哭'의 오기로 추정함. 哭星은 虛宿의 남쪽에 있는 두 별로 '死哭'을 주관한다고 함.
⑧ 장성이 동쪽에 출현했다 : 이 기록은 『漢書』권4 「文帝本紀」에 나옴.

[참고] 『晉書』9.

太元末, 長星見, 孝武心甚惡之.① 夜, 華林園中飮酒, 擧梧屬星云; "長星! 勸爾一梧酒, 自古何時有萬歲天子?"

①▫徐廣『晉紀』曰; 泰元二十年九月, 有蓬星如紛絮, 東南行, 歷須女, 至央星.
▫按; 太元末, 唯有此妖, 不聞長星也. 且漢文八年"有長星出東方." 文穎注曰; "長星有光芒, 或竟天, 或長十丈, 或二三丈, 無常也. 此星見, 多爲兵革事." 此後十六年, 文帝乃崩. 蓋知長星非關天子, 『世說』虛也.

• 6:41 [0392]

  은형주殷荊州[殷仲堪]가 아는 사람이 부賦를 지었는데, 그것은 속석束晳의 유희적인 문장과 같은 부류였다.① 은형주는 그 사람의 글재주가 뛰어나다고 생각하여 왕공王恭에게 말했다.

  "근자에 참신한 문장을 보았는데 매우 볼 만합니다."

  그러면서 곧장 수건함에서 그 문장을 꺼냈다. 왕공이 읽는 동안 은형주는 웃음을 참을 수가 없었다. 그러나 왕공은 다 보고 나서 웃지도 않고 좋다 나쁘다는 말도 하지 않은 채, 다만 여의如意①로 그것을 눌러놓을 뿐이었다. 이것을 보고 은형주는 머쓱해 하면서 실망했다.

① 『문사전文士傳』: 속석은 자가 광미廣微며 양평陽平 원성元城사람으로, 한漢나라 때 태자태부太子太傅를 지낸 소광疎廣의 후손이다. 왕망王莽 말년에 소광의 증손 소맹달疎孟達이 난리를 피하여 동해東海에서 원성으로 온 뒤 성을 바꾸었는데, '소疎'자에서 '족足'을 떼버리고 '속束'으로 성을 삼았다.

  속석은 박학다식하여 어떠한 질문에도 대답하지 못하는 것이 없었다. 원강元康②연간(291~299)에 어떤 사람이 숭고산嵩高山 아래에서 죽간竹簡③ 한 쪽을 발견했는데, 그 위에는 과두문자科斗文字④가 두 줄로 씌어 있었다. 사공司空 장화張華가 그것을 속석에게 물었더니 속석이 말했다.

  "이것은 한나라 명제明帝의 현절릉顯節陵에서 나온 책문策文입니다."

  조사해보니 과연 그러했다. 속석은 일찍이 「병부餠賦」등의 문장을 지었는데 매우 해학적이다. 39세에 죽자⑤ 원성에서는 그를 위하여 하루 동안 철시撤市했다.

[역주]
① 如意: 스님이 說法하거나 讀經할 때 손에 들고 있는 작은 막대기로, 節文이나 祝辭 등을 잊지 않도록 그 위에 적어놓음. 또는 사람 손 모양으로 만든 등긁개라고도 하는데, 손이 닿지 않는 부분을 마음대로 시원하게 긁어준다는 뜻에서 '如意'라고 함.

② 元康: 西晉 惠帝 司馬衷의 연호(291~299). 『太平御覽』 권606 「文部・簡」에 인용

된 『文士傳』에는 "太康"이라 되어 있음. 太康은 西晉 武帝 司馬炎의 연호(280~289).
③ 竹簡 : 『逸周書』・『穆天子傳』・『竹書紀年』 등의 汲冢書를 말함. 汲縣에 있는 魏 安釐王[襄王이라고도 함]의 묘에서 不準이라는 사람이 발견하고, 荀勖・衛恒・束晳・和嶠 등이 정리함. 그것이 발견된 시기는 『晉書』「武帝紀」에는 咸寧 5년(279), 「律曆志」에는 太康 원년(280), 「束晳傳」에는 太康 2년(281)이라 되어 있어서 서로 다름.
④ 科斗文字 : "蝌蚪文字"라고도 함. 중국 고대의 문자 가운데 하나로 올챙이 모양과 같다고 해서 붙여진 명칭임.
⑤ 39세에 죽자 : 『晉書』 권51 「束晳傳」에는 "年四十卒"이라 되어 있음.
[참고] 『太平御覽』391・703.

殷荊州有所識, 作賦, 是束晳慢戲之流.① 殷甚以爲有才, 語王恭; "適見新文, 甚可觀." 便於手巾函中出之. 王讀, 殷笑之不自勝. 王看竟, 旣不笑, 亦不言好惡, 但以如意帖之而已. 殷悵然自失.
①。『文士傳』曰; 晳, 字廣微, 陽平元城人, 漢太子太傅踈廣後也. 王莽末, 廣曾孫孟達自東海避難元城, 改姓, 去踈之足以爲束氏. 晳博學多識, 問無不對. 元康中, 有人自嵩高山下, 得竹簡一枚, 上兩行科斗書. 司空張華以問晳, 晳曰; "此明帝顯節陵中策文也." 檢校果然. 曾爲「餠賦」諸文, 文甚俳諧. 三十九歲卒, 元城爲之廢市.

• 6 : 42 [0393]

양수羊綏의 둘째아들 양부羊孚는 젊어서부터 뛰어난 재능을 지니고 있었으며, 사익수謝益壽[謝混]와 서로 친한 사이였다.① 한번은 이른 아침에 사익수의 집을 방문하여 아직 식사를 하기 전이었는데, 잠시 뒤에 왕제王齊[王熙]와 왕도王睹[王爽]가 왔다.② 이전에 서로 안면이 없었기 때문에 두 왕씨는 양부의 자리를 향해 유쾌하지 못한 안색을 띠면서 양부가 떠나기를 바랐다. 양부는 전혀 거들떠보지도 않고 다만 안석 위에 발을 걸친 채로 태연히 시를 읊조리면서 둘러보고 있었다. 사익수는 두 왕씨와 몇 마디 인사말만 나누고 나서 다시 양부와 즐겁게 담론했다. 두 왕씨는 그제야 비로소 양부가 뛰어난 인물임을 깨닫고 곧 합석하여 함께 이야기했다. 잠시 뒤 식사가 나왔는

데 두 왕씨는 전혀 먹지도 못하고 오직 양부에게 음식을 권하느라
겨를이 없었지만, 양부는 시큰둥하게 대하면서 실컷 먹고 나서 식사
가 끝나자마자 곧장 가려고 했다. 한사코 붙잡았지만 양부는 결코
머무르려 하지 않으면서 다만 이렇게 말했다.

"아까 떠나라는 명령을 따를 수 없었던 것은 나라 안이 비었기①
때문이었소."

두 왕씨는 왕효백王孝伯[王恭]의 두 동생이다.

① · 익수는 사혼謝混의 어릴 적 자다.

② · 왕도는 이미 나왔다.②

· 제는 왕희王熙의 어릴 적 자다.

· 『중흥서中興書』: 왕희는 자가 숙화叔和며 왕공王恭의 둘째동생이다. 파양
공주鄱陽公主③에게 장가들었으며 태자세마太子洗馬를 지냈는데 일찍 죽었다.

[역주]..............

① 나라 안이 비었기 : 원문은 "中國尙虛". '中國'은 뱃속을 비유하는 것으로 당시
   사람들의 隱語로 보임. 즉 식사를 하지 못해서 시장하다는 뜻.
② 이미 나왔다 :「文學」101 劉注①에 나왔음.
③ 鄱陽公主 : 簡文帝 司馬昱의 딸.

羊綏第二子孚, 少有儁才, 與謝益壽相好.① 嘗蚤往謝許, 未食, 俄而王齊·王
睍來.② 旣先不相識, 王向席, 有不說色, 欲使羊去. 羊了不眄, 唯脚委几上, 詠
矚自若. 謝與王敍寒溫數語畢, 還與羊談賞. 王方悟其奇, 乃合共語. 須臾食
下, 二王都不得餐, 唯屬羊不暇. 羊不大應對之, 而盛進食, 食畢便退. 遂苦相
留, 羊義不住, 直云; "向者不得從命, 中國尙虛." 二王是孝伯兩弟.

① · 益壽, 謝混小字也.
② · 王睍, 已見.

· 齊, 王熙小字也.

· 『中興書』曰; 熙, 字叔和, 恭次弟. 尙鄱陽公主, 太子洗馬, 早卒.

제7편

식 감
識 鑒

Insight and Judgment

본편은 『세상의 참신한 이야기, 세설신어』의 7번째 편으로 총 28조가 실려 있다.

 '식감'은 인물의 품격과 재능에 대한 인식과 감정을 뜻한다. 본편은 다음의 「상예賞譽」·「품조品藻」편과 함께 한말漢末에서 위진魏晉까지의 인물품평과 직접적으로 연관되어 있는데, 이 두 시기에 성행한 식감기풍의 서로 다른 특징을 살펴볼 수 있다. 한대의 인물식감은 관료를 선발하는 데 직접적으로 활용되었다. 한말의 대명사大名士이었던 교현喬玄이 청년 조조曹操를 "난세의 영웅이요, 치세의 간적姦賊이다"고 평하면서 그가 나중에 반드시 부귀영달할 것이라고 단언했는데, 『삼국지三國志』와 『후한서後漢書』 등의 사서에서도 증명하고 있듯이 조조는 확실히 교현 등의 명사들로부터 존중을 받고 나서 입신출세하기 시작했다. 이것을 보면 명사들의 평어評語가 한말 문사의 벼슬길에 중요한 작용을 했음을 알 수 있다. 한대의 식감방법은 주로 골상법骨相法에 의한 것이었다. 본편에서는 이러한 식감방법이 거의 나타나지 않지만, 반양중潘陽仲이 왕돈王敦의 눈과 목소리를 근거로 그를 품평한 것을 보면 한대의 골상법이 서진西晉 때까지 여전히 남아 있었음을 알 수 있다.

 동진東晉에 이르러서는 인물식감의 방법에 많은 변화가 있었다. 더 이상 단순히 인물의 외모에 의하여 그 사람의 내심을 판별하지 않고, 인물의 평소 언행과 태도에 중점을 두어 그 사람의 품행과 재능의 고하高下를 감별했다. 유담劉惔이 환온桓溫이 도박할 때 "반드시 이길 수 없으면 하지 않는" 것을 보고 그가 서정西征에서 반드시 촉蜀을 격파할 것이라고 단언한 경우, 치초郗超가 사현謝玄이 평소에 인물을 잘 파악하여 적재적소에 임명하는 것을 보고 그가 북벌北伐에서 반드시 공을 세울 것이라고 단언한 경우 등을 그 예로 들 수 있다. 이러한 식감방법은 한대의 골상법에 비하여 비교적 객관적이고 타당하다고 할 수 있다.

———— • 7:01 [0394]

조공曹公[曹操]이 젊었을 때 교현喬玄①을 만났는데, 교현이 말했다. "천하가 바야흐로 어지러워져서 영웅호걸들이 호랑이처럼 다투고 있으니, 이러한 난을 평정하여 통치할 수 있는 인물은 그대가 아니겠는가? 그러나 그대는 진실로 난세의 영웅이요, 치세治世의 간적姦賊이로세! 내가 늙어서 그대의 부귀한 모습을 보지 못하는 것이 안타까울 뿐이네. 훗날 나의 자손을 잘 부탁하네." 1

1 ▫『속한서續漢書』: 교현은 자가 공조公祖며 양국梁國 휴양睢陽사람이다. 젊어서『예기禮記』와『엄씨춘추嚴氏春秋』②를 연구했으며, 여러 벼슬을 거쳐 상서령尚書令에 기용되었다. 교현은 엄정·공명하고 재략이 있었으며, 사람을 알아보는 데 뛰어났다. 처음 위魏 무제武帝[曹操]가 유생儒生이 되어 아직 이름이 알려지지 않았을 때에 교현은 그를 매우 훌륭한 인물이라 여겼다.

▫『위서魏書』: 교현이 태조太祖[曹操]를 보고 말했다. "내가 많은 선비를 보았지만 아직 그대와 같은 이는 없었네. 천하가 장차 어지러워지려 하니, 일세의 탁월한 인재가 아니면 바로잡을 수가 없네. 이를 안정시킬 수 있는 인물은 바로 그대로세!"

▫ 생각건대 :『세어世語』에서는 "교현이 태조에게 말했다. '그대는 아직 이름이 알려지지 않았으니 허자장許子將[許劭]③과 교유하는 것이 좋겠네'라고 하자, 태조가 곧 허자장을 찾아갔더니 허자장이 그를 받아들였다"고 했으며, 손성孫盛의『잡어雜語』④에서는 "태조가 일찍이 허자장에게 물었다. '나는 어떠한 사람입니까?'라고 했으나 허자장은 대답하지 않았다.⑤ 한사코 물었더니 나중에 허자장이 대답했다. '치세의 능신能臣이요 난세의 간웅姦雄이오'라고 하자, 태조가 크게 웃었다"고 했으니,『세설』에서 말한 바는 잘못된 것이다.

[역주]······················
① 喬玄 :『後漢書』권51 本傳과『三國志』「魏書·武帝紀」에는 "橋玄"이라 되어 있음.
②『嚴氏春秋』: 漢代 嚴彭祖의『春秋』를 말함. 嚴彭祖는 자가 公子며 下邳사람임.

顔安樂과 함께 眭孟에게서 『公羊春秋』를 배웠는데, 여기에서 『公羊春秋』에 安嚴
學이 생겨남.
③ 許子將[許劭] : 許劭는 後漢 平輿사람으로, 종형 許靖과 함께 매월 초하루에 향
리의 인물을 품평했는데 이것을 '汝南의 月旦評'이라 함.
④ 『雜語』: 『三國志』「魏書·武帝紀」에 인용된 注에는 "異同雜語"라 되어 있음.
⑤ 허자장은 대답하지 않았다 : 원문은 "子將不答". 이 구절은 원문에는 없으나
문맥이 잘 통하도록 『三國志』「魏書·武帝紀」注에 인용된 『異同雜語』에 근거하
여 보충함.

[**참고**] 『三國志』1.

曹公少時見喬玄, 玄謂曰; "天下方亂, 羣雄虎爭, 撥而理之, 非君乎? 然君實
亂世之英雄, 治世之姦賊! 恨吾老矣, 不見君富貴. 當以子孫相累." ①

①·『續漢書』曰; 玄, 字公祖, 梁國睢陽人. 少治『禮』及『嚴氏春秋』, 累遷尙書令. 玄嚴明有
才略, 長於知人. 初, 魏武帝爲諸生, 未知名也, 玄甚異之.
·『魏書』曰; 玄見太祖曰; "吾見士多矣, 未有若君者! 天下將亂, 非命世之才, 不能濟也.
能安之者, 其在君乎!"
·按『世語』曰; "玄謂太祖; '君未有名, 可交許子將.' 太祖乃造子將, 子將納焉." 孫盛『雜語』
曰; "太祖嘗問許子將; '我何如人?' 固問, 然後子將答曰; '治世之能臣, 亂世之姦雄' 太祖
大笑." 『世說』所言, 謬矣.

---------- • 7 : 02 [0395]

조공曹公[曹操]이 배잠裴潛에게 물었다.

"그대는 이전에 유비劉備와 함께 형주荊州에 있었으니 잘 알 것이
오. 그대는 유비의 재능이 어떠하다고 생각하오?"

배잠이 말했다.

"만일 중원中原에 거한다면 세상을 어지럽힐 수는 있어도 통치할
수는 없을 것입니다. 만약 변방에 처하여 요새를 지킨다면 충분히
한 지역의 우두머리가 될 수는 있을 것입니다." ①

①·『위지魏志』① : 배잠은 자가 문행文行이며 하동河東사람이다. 난을 피하여
형주로 갔더니, 유표劉表가 그를 빈객의 예로 대우했다. 배잠이 사적私的으로

왕찬王粲과 사마지司馬芝에게 말했다.

"유목劉牧[劉表]②은 패왕霸王의 재목이 아닌데도 서백西伯[文王]으로 자처하려 하니 머지않아 패망할 것입니다."

그러고는 마침내 남도南渡하여 장사長沙로 갔다.③

[역주]
① 『魏志』: 『三國志』 「魏書・裴潛傳」에 나옴.
② 劉牧[劉表]: 劉表가 荊州牧으로 있었기 때문에 그렇게 부른 것임.
③ 마침내 南渡하여 長沙로 갔다: 원문은 "遂南渡適長沙". 宋本에는 이 구절이 없고 대신 "累遷尙書令, 贈太常."의 구절이 있음.

[참고] 『三國志』23.

曹公問裴潛曰; "卿昔與劉備共在荊州, 卿以備才如何?" 潛曰; "使居中國, 能亂人, 不能爲治. 若乘邊守險, 足爲一方之主." ①
① 『魏志』曰; 潛, 字文行, 河東人. 避亂荊州, 劉表待之賓客禮. 潛私謂王粲・司馬芝曰; "劉牧非霸王之才, 而欲以西伯自處, 其敗無日矣." 遂南渡適長沙.

• 7:03 [0396]

하안何晏・등양鄧颺・하후현夏侯玄이 모두 부하傅嘏①에게 교유하기를 구했으나 부하는 끝내 허락하지 않았다.① 그들이 순찬荀粲을 통하여 교유하도록 설득하자, 순찬이 부하에게 말했다.

"하후태초夏侯太初[夏侯玄]는 한 시대의 명사로서 마음을 비운 채로 그대와 교유하고자 하는데, 그대는 교유할 수 없다는 생각을 품고 있소. 교유하면 일이 잘 이루어질 것이고 교유하지 않으면 사이가 벌어질 것이오. 그대가 이 두 현사賢士와 화목하게 지낸다면 그건 나라의 경사가 될 것이니, 이것이 바로 인상여藺相如가 염파廉頗에게 머리를 숙인 까닭이오."②

그러자 부하가 말했다.

"하후태초는 뜻은 크지만 능력이 부족하여 애만 쓰고 있으며 헛된 명성에 영합할 뿐이니, 진실로 이른바 매끄러운 말솜씨로 나라를 망하게 하는 인물②이오. 하안과 등양은 이루어놓은 일은 있지만 조급하고, 박식하기는 하지만 요체가 부족하며,③ 밖으로는 이득을 좋아하고 안으로는 자신을 단속함④이 없소. 또한 자기와 뜻이 같은 자는 귀하게 여기고 자기와 뜻이 다른 자는 미워하며, 말이 너무 많고 자기보다 앞선 자를 질투하니, 말이 많으면 다투는 일이 많고 앞선 자를 질투하면 친한 사람이 없는 법이오. 내가 살펴보건대 이 세 현사는 모두 덕을 어그러뜨리는 사람일 뿐이니, 멀리하더라도 오히려 화禍에 말려들까 두려운데 하물며 친할 수 있겠소?"

나중에 모두 그의 말대로 되었다.⑤ ③

1 ・『위략魏略』: 등양은 자가 현무玄茂며 남양南陽 완宛사람으로, 등우鄧禹의 후손이다. 젊어서 학사學士로서 명성을 얻었다. 위魏 명제明帝[曹叡] 때 중서랑中書郎⑥이 되었으나, 이승李勝 등과 함께 경박한 행동을 하여 배척당했다. 정시正始연간(240~249)에 시중상서侍中尙書로 전임되었다. 사람됨이 재물을 좋아했기 때문에 장애臧艾가 부친의 첩을 등양에게 주고 높은 관직을 얻은 일이 있었는데, 도성에서 이를 두고 논하기를 "관직을 재부와 바꾼⑦ 등현무"라고 했다. 하안이 인선人選을 잘못한 것은 대개 등유의 말을 따랐기 때문이었다. 조상曹爽의 일당이라고 지목되어 주살당했다.

2 ・『사기史記』⑧: 인상여는 큰 공을 세웠으므로 상경上卿에 임명되어 그 지위가 염파보다 위에 있었다. 염파가 분노하여 그를 욕보이려고 했으나, 인상여는 매번 병을 핑계대고 조회에 참석하지 않았으며 멀리서 염파를 바라보고는 수레를 돌려 피해 숨곤 했다. 이것을 지켜본 인상여의 사인舍人이 그를 떠나려고 하자 인상여가 말했다.

"대저 진왕秦王의 위세 앞에서도 나는 조정에서 그를 질책했거늘 어찌 염장군을 두려워하겠느냐? 생각해보면, 진나라는 강하고 조趙나라는 약하지만 진나라는 우리 두 사람이 있기 때문에 감히 조나라에 출병하지 못하는 것이다. 그런데 지금 두 호랑이가 서로 다툰다면 둘 다 살아남지 못할 형세가 되고 만다. 나는 국가가 위급하기 때문에 사사로운 원한은 뒤로 미루고 있는 것이다."

염파가 그 말을 듣고 인상여에게 사죄했다.

③·『부자傅子』: 이때에 하안은 뛰어난 재능과 논변으로 외척세가들 사이에서 유명했다. 등양은 사람들과 교제를 잘하고 도당徒黨을 결성하여 세간에서 명성이 자자했다. 하후현은 명문세가의 자제로서 젊어서부터 명성이 높았다. 이들이 모두 부하에게 교유하기를 구했으나 부하는 받아들이지 않았다. 부하의 친구 순찬은 고결한 식견과 심원한 뜻을 지니고 있었지만 오히려 부하에게 그들과 교유하라고 권했다고 한다.

[역주]......................
① 傅嘏 : 「文學」9 劉注① 참조. 傅嘏는 司馬氏를 지지하여 何晏·鄧颺·夏侯玄 등의 曹爽 옹립파와 대립하는 입장을 보였음.
② 이른바 매끄러운 말솜씨로 나라를 망하게 하는 인물 : 원문은 "所謂利口覆國之人". 『論語』「陽貨」에 "惡利口之覆邦家者"라는 구절이 있음. 한편 『三國志』 권21 「傅嘏傳」의 裴松之 注에 인용된 『傅子』에는 이 말이 何晏에 대한 것으로 되어 있음.
③ 박식하기는 하지만 요체가 부족하며 : 원문은 "博而寡要". 『史記』 권130 「太史公自序」에 실려 있는 司馬談의 「論六家要旨」에서 "儒者, 博而寡要, 勞而功少."라고 함.
④ 단속함 : 원문은 "關籥". '關'은 빗장을 말하고, '籥'은 '鑰'[열쇠]과 통함.
⑤ 그의 말대로 되었다 : 何晏과 鄧颺은 曹爽의 추방에 반대하다가 249년 司馬懿에게 주살당했고, 夏侯玄도 司馬師에게 대항하다가 254년에 살해당했음.
⑥ 中書郎 : 『三國志』 권9 「曹爽傳」의 裴松之 注에 인용된 『魏略』에는 "尙書郎"이라 되어 있음.
⑦ 관직을 재부와 바꾼 : 원문은 "以官易富". 『三國志』 권9 「曹爽傳」의 裴松之 注에 인용된 『魏略』에는 "以官易婦"라 되어 있음. 이 경우의 '婦'는 臧艾 부친의 첩을 뜻하는데, 문맥상으로도 '富'라고 하는 것보다 타당한 것으로 여겨짐.
⑧ 『史記』 : 『史記』 권81 「廉頗藺相如傳」에 나옴.

[참고] 『三國志』21注, 『太平御覽』410.

何晏·鄧颺·夏侯玄並求傅嘏交, 而嘏終不許.① 諸人乃因荀粲說合之, 謂嘏曰; "夏侯太初, 一時之傑士, 虛心於子, 而卿意懷不可. 交合則好成, 不合則致隙. 二賢若穆, 則國之休, 此藺相如所以下廉頗也."② 傅曰; "夏侯太初, 志大心勞, 能合虛譽, 誠所謂利口覆國之人. 何晏·鄧颺有爲而躁, 博而寡要, 外好利而內無關籥. 貴同惡異, 多言而妬前, 多言多釁, 妬前無親. 以吾觀之, 此三賢者,

皆敗德之人耳, 遠之猶恐罹禍, 況可親之邪?" 後皆如其言.③

① 『魏略』曰; 鄧颺, 字玄茂, 南陽宛人, 鄧禹之後也. 少得士名. 明帝時, 爲中書郎, 以與李勝等爲浮華被斥. 正始中, 遷侍中尙書. 爲人好貨, 戚艾以父妾與颺, 得顯官. 京師爲之論曰; "以官易婦鄧玄茂." 何晏選擧不得人, 頗由颺. 以黨曹爽誅.

② 『史記』曰; 相如以功大拜上卿, 位在廉頗右, 頗怒, 欲辱之. 相如每稱疾, 望見, 引車避匿. 其舍人欲去之, 相如曰; "夫以秦王之威而吾廷叱之, 何畏廉將軍哉? 顧秦彊趙弱, 秦以吾二人故, 不敢加兵於趙. 今兩虎鬪, 勢不俱生, 吾以公家急而後私讎也." 頗聞, 謝罪.

③ 『傅子』曰; 是時何晏以才辯顯於貴戚之間. 鄧颺好交通, 合徒黨, 鬻聲名於閭閻. 夏侯玄以貴臣子, 少有重名. 皆求交於嘏, 嘏不納也. 嘏友人荀粲有淸識遠志, 然猶勸嘏結交云.

• 7 : 04 [0397]

진晉 무제武帝[司馬炎]가 [군대 해산을 기념하기 위하여] 선무장宣武場[1]에서 열병을 했는데, 무제는 군비軍備를 그만두고 문교文敎를 시행하려는[2] 생각으로 친히 행차하여 여러 신하들을 모두 소집했다. 그러나 산공山公[山濤]은 그렇게 해서는 옳지 않다고 생각하여, 여러 상서尙書[3]들과 함께 손자孫子・오자吳子의 용병의 본뜻을 토론하면서 모든 논의를 다 펼쳤다. 온 좌중에 감탄하지 않는 사람이 없었으며 모두들 말했다.

"산소부山少傅[山濤]의 논의는 천하의 명언이다!"①

나중에 여러 왕들이 교만하고 사치하여 망령되이 화란禍亂을 일으켰다.[4] 그래서 도적이 곳곳에서 개미떼처럼 들고일어났지만 군국郡國은 대부분 무방비 상태였기 때문에 그들을 제압할 수 없어서 마침내 그 세력이 점점 강성해졌는데, 모두 산공이 말한 대로 되었다. 당시 사람들이 생각했다.

"산도山濤는 손자와 오자의 병법을 배우지 않았지만 암암리에 그 이치에 통달했다."

또한 왕이보王夷甫[王衍]도 감탄했다.

"산공은 암암리에 도道에 합치되었도다!"②

①·『사기史記』⑤ : 손무孫武는 제齊나라 사람이고 오기吳起는 위衛나라 사람인데, 모두 병법에 뛰어났다.

·『죽림칠현론竹林七賢論』 : 함녕咸寧연간(275~279)에 오吳나라가 이미 평정되자, 상장上將[司馬炎]은 도림桃林과 화산華山의 고사⑥를 본받아 전쟁을 멈추고 군대를 해산함으로써 크게 안정되었음을 천하에 내보였다. 그래서 주군州郡에서 모두 군대를 해산하여 대군大郡에는 무관 100명을, 소군小郡에는 50명만을 남겨놓았다. 당시 도성에서도 군대 해산을 기념하여 열병하고 있었기 때문에 산도가 손자·오자의 용병의 본뜻을 논한 것이다. 산도는 사람됨이 대범하고 과묵했으며, 대개 나라를 다스리는 자는 전쟁을 잊어서는 안 된다고 생각했기 때문에 그러한 논급을 한 것이다.

·『명사전名士傳』 : 산도는 위魏·진晋의 사이에서 살았으며 이름을 드러냄⑦이 없었다. 일찍이 상서 노흠盧欽과 함께 용병의 본뜻을 언급했는데, 무제가 그것을 듣고 말했다.

"산소부의 논의는 명언이다."

②·『죽림칠현론』 : 영녕永寧연간(301) 후에 여러 왕들이 화란을 조성하자 호족들이 갑자기 일어났는데, 모두 산도의 말대로 되었다.

·『명사전』 : 왕이보가 산도에 대해 찬탄했다.

"암암리에 도에 합치되니 그 심오함을 헤아릴 수 없도다!"

·산도에 대한 논평은 모두 이와 같았다.

[역주]··························
① 宣武場 : 洛陽城 북쪽에 있었던 練兵場. 「雅量」5 [역주]① 참조.
② 軍備를 그만두고 文敎를 시행하려는 : 원문은 "偃武修文". 『尙書』 「武成篇」에 나오는 구절.
③ 尙書 : 尙書省 六部[吏·戶·禮·兵·刑·工]의 각 장관.
④ 여러 왕들이~禍亂을 일으켰다 : 이른바 '八王의 亂'을 말함. 290년 武帝가 죽고 나이 어린 惠帝가 즉위하자 무제의 황후 楊氏는 선황의 유조遺詔라 하여 그녀의 아버지 楊駿을 재상으로 앉히고 국정을 전횡함. 혜제의 황후 賈氏는 汝南王 司馬亮과 楚王 司馬瑋를 도성으로 불러들여 양씨 일족을 살해하게 한 뒤, 구실을 만들어 사마량과 사마위를 죽이고 스스로 국정을 장악하여 가씨 일족이 득세함. 301년 趙王 司馬倫은 가씨 일당을 살해하고 혜제를 폐한 뒤 스스로 제위에 올랐

으나, 齊王 司馬冏과 成都王 司馬穎의 공격을 받아 자살하고 혜제가 복위함. 이후 長沙王 司馬乂, 東海王 司馬越, 河間王 司馬顒도 군사를 일으켜 정권을 다투었음. 그 후 사마월이 사마영과 사마옹을 죽이고, 혜제가 죽자 懷帝를 즉위시켜서 정권은 사마월에게 돌아왔으며(306), 16년에 걸친 내란도 일단락 됨. 그러나 여러 왕들이 병력보급을 위하여 끌어들인 匈奴와 鮮卑 등 북방민족은 그 후 華北 각지에서 세력을 키워 이른바 五胡十六國이 흥기하게 됨.

⑤ 『史記』:『史記』 권65 「孫子吳起列傳」에 나옴.

⑥ 桃林과 華山의 고사 : 『尙書』「武成篇」에 따르면, 周 武王이 殷 紂王을 멸한 뒤에 군대를 해산하여 말은 華山의 남쪽으로 돌려보내고 소는 桃林의 들녘에 놓아주었다고 함.

⑦ 이름을 드러냄 : 원문은 "標明". 宋本에는 "標名"이라 되어 있는데, 문맥상 보다 타당하다고 여겨 이것에 따라 번역함.

晉武帝講武於宣武場, 帝欲偃武修文, 親自臨幸, 悉召羣臣. 山公謂不宜爾, 因與諸尙書言孫·吳用兵本意, 遂究論. 擧坐無不咨嗟, 皆曰; "山少傅乃天下名言!"① 後諸王驕汰, 輕遘禍難. 於是寇盜處處蟻合, 郡國多以無備, 不能制服, 遂漸熾盛, 皆如公言. 時人以謂; "山濤不學孫·吳, 而闇與之理會." 王夷甫亦歎云; "公闇與道合!"②

① ▫ 『史記』曰; 孫武, 齊人. 吳起, 衛人. 並善兵法.
▫ 『竹林七賢論』曰; 咸寧中, 吳旣平, 上將爲桃林·華山之事, 息役弭兵, 示天下以大安. 於是州郡悉去兵, 大郡置武吏百人, 小郡五十人. 時京師猶講武, 山濤因論孫·吳用兵本意. 濤爲人常簡默, 蓋以爲國者不可以忘戰, 故及之.
▫ 『名士傳』曰; 濤居魏·晉之間, 無所標明. 嘗與尙書盧欽言及用兵本意, 武帝聞之曰; "山少傅名言也."

② ▫ 『竹林七賢論』曰; 永甯之後, 諸王構禍, 狡虜歘起, 皆如濤言.
▫ 『名士傳』曰; 王夷甫推歎濤: "晻晻爲與道合, 其深不可測!"
▫ 皆此類也.

왕이보王夷甫[王衍]의 부친 왕예王乂가 평북장군平北將軍으로 있을 때 공무상의 사건이 발생하자, 사자를 도성에 파견하여 소청하게 했으나 효과가 없었다. 당시 왕이보는 도성에 있었는데 수레를 채비하라

명하여 상서복야尙書僕射 양호羊祜와 상서 산도山濤를 만나러 갔다. 당시 청년이었던 왕이보는 풍채가 수려하고 재능이 남달랐는데, 논변이 매우 명쾌했으며 내용이 훌륭한데다가 조리까지 갖추고 있었다. 산도는 그를 매우 뛰어난 인물이라고 생각하여, 그가 이미 물러난 뒤에도 그의 뒷모습을 계속 바라보면서 감탄했다.

"아들을 낳으면 왕이보처럼은 되어야 하지 않겠는가!"

그러나 양호는 이렇게 말했다.

"천하를 어지럽히는 자①는 틀림없이 이 아이일 것입니다."1

1 □『진양추晉陽秋』: 왕이보의 부친 왕예는 자신을 탄핵하는 명령서②를 받고 장차 관직에서 파면될 처지에 있었다. 당시 17살③이었던 왕이보가 계모의 사촌오라비인 양호를 찾아가 부친의 사정을 호소했는데, 그 언사가 매우 준걸찼다. 그러나 양호가 그것을 인정해주지 않자 왕이보는 옷을 털면서 일어나 가버렸다. 양호가 빈객들을 돌아보면서 말했다.

"이 사람은 틀림없이 장차 훌륭한 명성을 얻어 당대의 고관이 되겠지만, 그러나 양속良俗을 무너뜨리고 교화를 해치는 자도 틀림없이 이 사람일 것이오."

□『한진춘추漢晉春秋』: 처음에 양호가 군법에 따라 왕이보의 사촌인 왕융王戎을 참수하려 했었고,④ 왕이보는 또한 양호가 자신이 반드시 실패할 것이라고 말한 것에 분을 품고 있었기 때문에 양호를 존경하지 않았다. 이 때문에 세간에서 말했다.

"두 왕씨王氏[王戎·王衍]가 조정에 있는 한 세상 사람들은 감히 양공羊公[羊祜]의 덕을 칭찬할 수 없다."

[역주]······················
① 천하를 어지럽히는 자 : 나중에 王衍의 실정으로 인하여 西晉이 石勒과 劉曜의 공격을 받고 망하게 되었음.
② 명령서 : 원문은 "簡書". 원래는 종이 대신 竹簡에 기록한 서찰을 말하는데, 여기서는 탄핵의 명령서를 말함.
③ 17살 : 『晉書』 권43 「王衍傳」에는 "年十四"라 되어 있음.
④ 군법에 따라 왕이보의 사촌인 王戎을 참수하려 했었고 : 吳나라 鳳凰 원년(272)에 일어난 '步闡의 선생'에서 王戎이 실패하자 그를 군법으로 다스리려 한 것을

말함. 『三國志』권58 「陸抗傳」에 따르면 吳나라의 西陵督 步闡이 西晉에 투항하자 그를 토벌하려 한 吳나라의 장수 陸抗과 그를 구출하려 한 西晉의 장수 羊祜가 서로 맞붙었는데, 이것을 '보천의 전쟁'이라 함.
[참고] 『晉書』34·43.

王夷甫父乂, 爲平北將軍, 有公事, 使行人論, 不得. 時夷甫在京師, 命駕見僕射羊祜·尙書山濤. 夷甫時總角, 姿才秀異, 敍致旣快, 事加有理. 濤甚奇之, 旣退, 看之不輟, 乃歎曰; "生兒不當如王夷甫邪!" 羊祜曰; "亂天下者, 必此子也."①
①◦『晉陽秋』曰; 夷甫父乂, 有簡書, 將免官. 夷甫年十七, 見所繼從舅羊祜, 申陳事狀, 辭甚俊偉. 祜不然之, 夷甫拂衣而起. 祜顧謂賓客曰; "此人必將以盛名處當世大位, 然敗俗傷化者, 必此人也."
◦『漢晉春秋』曰; 初, 羊祜以軍法欲斬王戎, 夷甫又忿祜言其必敗, 不相貴重. 天下爲之語曰; "二王當朝, 世人莫敢稱羊公之有德."

• 7 : 06 [0399]

반양중潘陽仲[潘滔]이 어린 시절의 왕돈王敦을 보고 평했다.

"자네는 벌 같은 눈은 이미 튀어나왔지만 승냥이 같은 목소리는 아직 내지 못하니, 틀림없이 남을 잡아먹을 수도 있지만 또한 남에게 잡아먹힐 수도 있네."①

①◦『진양추晉陽秋』: 반도潘滔는 자가 양중이며 형양滎陽사람으로, 태상太常 반니潘尼의 조카다. 문재文才와 학식을 갖추었으며, 영가永嘉연간(307~313) 말에 하남윤河南尹이 되었다가 살해당했다.
◦『한진춘추漢晉春秋』: 처음에 왕이보王夷甫[王衍]가 동해왕東海王 사마월司馬越에게 진언하여 왕돈을 양주楊州자사①로 전임시켰다. 반도가 막 태부太傅[司馬越]의 장사長史가 되었을 때 태부에게 말했다.

"왕처중王處仲[王敦]은 벌 같은 눈은 이미 튀어나왔지만 승냥이 같은 목소리는 아직 내지 못하니, 지금 그를 강 밖②에 두어 그의 사납고 거친 마음을 멋대로 부리게 한다면, 이는 그를 도적으로 키우는 것입니다."
◦『진양추』: 왕돈은 태자사인太子舍人으로서 반도와 동료였기 때문에 이러한 말이 나오게 되었다.

▫ 습착치習鑿齒의 『한진춘추』와 손성孫盛의 『진양추』의 두 설이 약간 다르다.
▫ 『춘추전春秋傳』③: 초楚나라 영윤令尹 자상子上이 세자 상신商臣을 평했다. "벌 같은 눈에 승냥이 같은 목소리를 갖고 있으니 잔인한 사람이다."

[역주]··························
① 楊州刺史: 宋本에는 "揚州"라 되어 있음. '楊'은 '揚'의 오기로 보임.
② 강 밖: 원문은 "江外". 長江 이남 지역을 가리킴.
③ 『春秋傳』: 『左傳』「文公元年」에 나옴.

[참고] 『晉書』 98.

潘陽仲見王敦小時, 謂曰; "君蜂目已露, 但豺聲未振耳. 必能食人, 亦當爲人所食!" ①

① ▫ 『晉陽秋』曰; 潘滔, 字陽仲, 滎陽人, 太常尼從子也. 有文學才識. 永嘉末, 爲河南尹, 遇害.
▫ 『漢晉春秋』曰; 初, 王夷甫言東海王越, 轉王敦爲楊州. 潘滔初爲太傅長史, 言於太傅曰; "王處仲蜂目已露, 豺聲未發, 今樹之江外, 肆其豪彊之心, 是賊之也."
▫ 『晉陽秋』曰; 敦爲太子舍人, 與滔同僚, 故有此言.
▫ 習·孫二說, 便小遷異.
▫ 『春秋傳』曰; 楚令尹子上謂世子商臣; "蜂目而豺聲, 忍人也."

─────── • 7:07 [0400]

석륵石勒이 글을 몰라서① 부하에게 『한서漢書』를 읽게 했는데, 역이기酈食其가 육국六國의 후손을 왕으로 세우라고 [한 고조 유방劉邦에게] 진언하자 유방이 그 진언을 받아들여 인장을 새겨 장차 그들에게 주려고 하는 대목을 듣고는 크게 놀라 말했다.

"이 방법은 실수가 분명하다. 그런데도 어떻게 천하를 얻을 수 있었단 말인가?"

잠시 후 유후留侯[張良]가 그 진언을 저지하는 대목에 이르러서는 이내 말했다.

"이 사람이 있었기에 가능했군!"②

① ▫ 『석륵전石勒傳』: 석륵은 자가 세룡世龍이며 상당上黨 무향武鄕사람으로

흉노족의 후예다. 용감무쌍하고 말타기와 활쏘기를 좋아했다. 진晉나라 원강元康② 연간(291~299)에 중원③을 방랑하다가 평원平原 치평茌平사람인 사환師歡의 집에 고용되었는데, 귀에 항상 전쟁 때 쓰는 북·뿔나팔·말안장북④·방울소리가 들려 석륵은 혼자 이상하게 생각했다. 처음 석륵의 고향 마을에 있는 북원산北原山의 땅속에서 돌 하나가 매일 자라나 철기병과 같은 모습을 하고 있었으며,⑤ 나라 안⑥에서 인삼이 자라났는데 그 꽃과 잎이 매우 무성했다. 당시 마을의 나이 든 어른들이 그를 보고 모두 말했다.

"이 호인胡人은 용모가 범상치 않으며 알 수 없는 뭔가가 있는 것 같다."

그러면서 마을사람들에게 그를 후하게 대우해주라고 권했으나 사람들은 대부분 웃어넘기며 믿지 않았다. 영가永嘉연간(307~313) 초에 호걸들이 다투어 봉기하자 석륵은 호인 왕양王陽 등 18기騎와 함께 급상汲桑에게 나아가 좌전독左前督⑦이 되었다. 급상이 패하자 모두 석륵을 우두머리로 추대했다. 석륵은 주현을 점령하고 양국襄國에 도읍을 정했다. 나중에는 황제를 참칭했으며, 죽은 뒤 명황제明皇帝라는 시호를 받았다.

②·등찬鄧粲의 『진기晉紀』: 석륵은 글자를 쓰지도 못했고 읽을 줄도 몰랐다. 그래서 매번 군중에서 부하에게 책을 읽게 했는데, 들으면 모두 그 뜻을 이해했다.

·『한서漢書』⑧: 항우項羽가 형양滎陽에서 한왕漢王[劉邦]을 급습하여 포위하자, 한왕이 역이기와 함께 초楚의 병권을 교란시킬 계책을 논의했다. 역이기가 육국의 후손을 왕으로 세우라고 진언하자, 한왕이 곧장 인장을 새기게 했다. 장량張良이 들어와 그렇게 해서는 안 된다고 간언했더니, 한왕은 식사를 하다 말고 입에 든 음식을 뱉으면서 역이기를 욕했다.

"서생 나부랭이가 나라의 대사를 거의 망칠 뻔했군!"

그리고는 곧장 인장을 녹여버리라고 했다.

[역주]
① 六國 : 韓·魏·趙·齊·燕·楚를 말함.
② 元康 : 『太平御覽』 권338 「兵部·角」에 인용된 『石勒別傳』에는 "永康"(300)이라 되어 있음.
③ 중원 : 원문은 "山東". 函谷關 또는 華山의 동쪽. 즉 중원지역을 가리킴.
④ 말안장북 : 원문은 "鞞". 적을 공격할 때 말안장에 달고서 두드리는 북.
⑤ 석륵의~있었으며 : 원문은 "勒鄉里原上地中, 生石日長, 類鐵騎之象." 『晉書』 권104

「石勒載記」에는 "所居武鄕北原山下草木, 皆有鐵騎之象."이라 되어 있음. 본문의 '原上'은 의미가 명확하지 않기 때문에 『晉書』의 기록에 따라 '北原山'으로 해석함.
⑥ 나라 안 : 원문은 "國中". 『晉書』 권104 「石勒載記」에는 "家園中"이라 되어 있는데, 문맥상 보다 타당하다고 여겨짐.
⑦ 左前督 : 『晉書』 권104 「石勒載記」에는 "前隊督"이라 되어 있음.
⑧ 『漢書』 : 『漢書』 권40 「張良傳」에 나옴.

[참고] 『晉書』105, 『太平御覽』338.

石勒不知書, ① 使人讀『漢書』, 聞酈食其勸立六國後, 刻印將授之, 大驚曰; "此法當失, 云何得遂有天下?" 至留侯諫, 乃曰; "賴有此耳!" ②

① ▫『石勒傳』曰; 勒, 字世龍, 上黨武鄕人, 匈奴之苗裔也. 雄勇好騎射. 晉元康中, 流宕山東, 與平原茌平人師歡家庸, 耳恒聞鼓角鞞鐸之音, 勒私異之. 初, 勒鄕里原上地中, 生石日長, 類鐵騎之象. 國中生人參, 葩葉甚盛. 于時父老相者皆云; "此胡體貌奇異, 有不可知." 勸邑人厚遇之, 人多哂而不信. 永嘉初, 豪傑並起, 與胡王陽等十八騎詣汲桑, 爲左前督. 桑敗, 共推勒爲主. 攻下州縣, 都於襄國. 後僭正號, 死, 諡明皇帝.

② 鄧粲『晉紀』曰; 勒手不能書, 目不識字. 每於軍中令人誦讀, 聽之, 皆解其意.
 ▫『漢書』曰; 項羽急圍漢王於滎陽, 漢王與酈食其謀撓楚權. 食其勸立六國後, 王令趣刻印. 張良入諫, 以爲不可. 輟食吐哺, 罵酈生曰; "豎儒, 幾敗乃公事!" 趣令銷印.

──────── • 7 : 08 [0401]

위개衛玠는 5살 때 재사才思가 뛰어나 사랑받을 만했다. 조부 위태보衛太保[衛瓘]가 말했다.

"이 아이는 발군拔群의 재주를 지녔지만, 내가 늙었기에 그의 장성한 모습을 보지 못하겠구나!" ①

① ▫『진제공찬晉諸公贊』: 위관衛瓘은 자가 백옥伯玉이며 하동河東 안읍安邑사람이다. 젊어서부터 명철한 식견과 성실함으로 칭송받았다. 부하傅嘏가 그를 매우 귀중하게 여겨 그를 영무자甯武子[甯兪]①라고 불렀다. 벼슬은 태보에까지 이르렀으며, 초왕楚王 사마위司馬瑋에게 살해당했다.

 ▫『위개별전衛玠別傳』: 위개는 소탈한 성품과 뛰어난 풍격을 지녔으며, 무리 중에서 남다른 명망을 얻었다. 조부 위대보가 5살 때 위개를 보고 말했다.

"이 아이는 기상이 시원하고 총명하여 보통사람들과는 크게 다르다. 아무래도 내가 늙었기에 그의 장성한 모습을 보지 못하겠구나!"

[역주]............
① 衛武子[衛兪] : 춘추시대 衛나라의 大夫로 이름은 兪고 시호는 武. 어리석고 무도한 成公을 잘 보필한 인물로 알려져 있음.『論語』「公冶長」에서 孔子가 그를 평하여 "衛武子, 邦有道則知, 邦無道則愚, 其知可及也, 其愚不可及也."라고 함.

[참고]『晉書』36.

衛玠年五歲, 神衿可愛. 祖太保曰; "此兒有異, 顧吾老, 不見其大耳!"[1]

[1]『晉諸公贊』曰; 瓘, 字伯玉, 河東安邑人. 少以明識淸允稱. 傅嘏極貴重之, 謂之甯武子. 仕至太保, 爲楚王瑋所害.

◦『玠別傳』曰; 玠有虛令之秀, 淸勝之氣, 在羣伍之中, 有異人之望. 祖太保見玠五歲曰; "此兒神爽聰令, 與衆大異. 恐吾年老, 不及見爾."

---------• 7 : 09 [0402]

유월석劉越石[劉琨]이 말했다.

"화언하華彦夏[華軼]는 식견과 재능은 부족하지만, 강인함과 과감함은 남음이 있다."[1]

[1]◦ 우예虞預의『진서晉書』: 화일華軼은 자가 언하며 평원平原사람으로, 위魏나라 태위太尉 화흠華歆의 증손이다. 여러 벼슬을 거쳐 강주江州자사에 기용되었다. 사인士人들에게 마음을 기울이고 겸손했기 때문에 사인들의 환심을 많이 얻었다. 원황元皇[司馬睿]의 명령을 따르지 않아 주살당했다.①

◦『한진춘추漢晉春秋』: 유곤劉琨은 화일이 반드시 실패하리라는 것을 알았으며, 화일이 스스로 자초한 것이라고 생각했다.

[역주]............
① 주살당했다 :『晉書』권61「華軼傳」에 따르면, 永嘉의 亂 때 화일은 洛陽에 고립되어 있던 懷帝에 대해 신하의 충절을 끝까지 지키기 위하여 琅邪王 司馬睿[元帝]의 명령을 따르지 않다가 주살당함.

劉越石云; "華彦夏識能不足, 彊果有餘."[1]

① 。虞預『晉書』曰; 華軼, 字彥夏, 平原人, 魏太尉歆曾孫也. 累遷江州刺史. 傾心下士, 甚得士歡心. 以不從元皇命見誅.

。『漢晉春秋』曰; 劉琨知軼必敗, 謂其自取之也.

• 7 : 10 [0403]

장계응張季鷹[張翰]이 제왕齊王[司馬冏]의 동조연東曹掾으로 초징되어 낙양洛陽에 있을 때, 가을바람이 부는 것을 보고 고향 오吳의 고채국과 농어회① 생각이 간절하여 말했다.

"인생에서 가장 귀한 것은 자신의 뜻에 만족함을 얻는 것인데, 어찌하여 수천 리 떨어진 곳에서 벼슬하면서 명예와 직위를 구할 수 있단 말인가!"

그러고는 마침내 수레를 채비하라 명하여 곧장 고향으로 돌아갔다.② 얼마 뒤 제왕이 거사했다가 실패하자, 당시 사람들은 모두 장계응이 조짐을 예견했기 때문이라고 말했다.①

① 『문사전文士傳』: 장한張翰은 자가 계응이다. 부친 장엄張儼은 오吳나라의 대홍려大鴻臚였다. 장한은 뛰어난 재능과 훌륭한 명망을 지니고 있었으며, 박학하고 작문作文에 뛰어나 즉석에서 곧바로 짓곤 했는데 문사文辭와 내용이 모두 청신했다. 대사마大司馬 제왕 사마경司馬冏이 그를 초징하여 동조연으로 삼았다. 장한이 같은 군郡의 고영顧榮에게 말했다.

"천하가 분분하게 어지러워 끊임이 없으니, 대저 사해의 명성을 지닌 자는 물러나고자 해도 진실로 어렵소. 나는 본래 산림에 살던 사람으로 세상에 바라는 것이 없어진 지 오래되었소. 그대는 현명하게 지난 일을 잘 방비하고 지혜롭게 앞으로 닥칠 일을 염려하시오."

그러자 고영이 그의 손을 붙잡고 슬퍼하며 말했다.

"나도 그대와 함께 남산南山의 고사리를 캐고 삼강三江③의 물을 마시고 싶소!"

장한이 병을 핑계대고 고향으로 돌아가자, 관청에서는 즉시 그의 이름을 관적官籍에서 삭제했다. 장한은 성품이 지극히 효성스러워 모친상을 당했을 때 예법에 지나칠 정도로 슬퍼하여 몸이 수척해졌다. 스스로 늙었다는 것을 이유로 세상일에 간여하지 않았으며, 집에서 병으로 죽었다.

[역주]······················
① 고채국과 농어회 : 원문은 "菰菜羹・鱸魚膾". '고채국'은 줄풀의 줄기로 만든 나물국을 말함. 『太平御覽』 권25 「時序部・秋」에 인용된 『世說』에는 "蓴菜羹・鱸魚膾"라 되어 있으며, 『晉書』 권92 「張翰傳」에는 "菰菜・蓴羹・鱸魚膾"라 되어 있음. 『太平御覽』 권862 「飮食部・膾」에 인용된 『春秋佐助期』에서 "八月雨後, 菰菜生於洿下地中, 作羹臛甚美. 吳中以鱸魚作膾[原作'鱸'], 菰菜爲羹, 魚白如玉, 菜黃若金, 稱爲金羹玉鱸, 一時珍食."이라 함.
② 돌아갔다 : 『歲華紀麗』 권3에 따르면, 張翰이 "秋風起兮木葉飛, 吳江水兮鱸正肥. 三千里兮家未歸, 恨難禁兮仰天悲."라는 「鱸魚歌」를 부르면서 고향으로 돌아갔다고 함.
③ 三江 : 吳지역에 있던 松江・婁江・東江의 세 강을 말함.

[참고] 『晉書』92, 『藝文類聚』3, 『北堂書鈔』145, 『白氏六帖』12, 『事類賦』5・29, 『太平御覽』25・862・937.

張季鷹辟齊王東曹掾, 在洛, 見秋風起, 因思吳中菰菜羹・鱸魚膾, 曰; "人生貴得適意爾, 何能羈宦數千里以要名爵!" 遂命駕便歸. 俄而齊王敗, 時人皆謂爲見機.①

① 『文士傳』曰; 張翰, 字季鷹. 父儼, 吳大鴻臚. 翰有淸才美望, 博學善屬文, 造次立成, 辭義淸新. 大司馬齊王冏辟爲東曹掾. 翰謂同郡顧榮曰; "天下紛紛未已, 夫有四海之名者, 求退良難. 吾本山林閒人, 無望於時久矣. 子善以明防前, 以智慮後." 榮捉其手, 愴然曰; "吾亦與子採南山蕨, 飮三江水耳!" 翰以疾歸, 府以輒去除吏名. 性至孝, 遭母艱, 哀毁過禮. 自以年宿, 不營當世, 以疾終于家.

──────── • 7 : 11 [0404]

제갈도명諸葛道明[諸葛恢]이 처음 강남으로 건너왔을 때 스스로 '도명'이라고 이름을 지었는데, 그 명성이 왕王[王導]과 유庾[庾亮]의 다음갔다.① 이전에 임기령臨沂令으로 있을 때 왕승상王丞相[王導]이 말했다.

"명부明府①는 틀림없이 검은 머리의 재상②이 될 것이오."②

① 『중흥서中興書』: 제갈회諸葛恢는 병란을 피하여 강남으로 건너온 뒤, 영천

穎川의 순도명荀道明[荀闓]과 진류陳留의 채도명蔡道明[蔡謨]과 함께 모두 명성이 높아 '중흥의 삼명三明'③이라 불렀다. 당시 사람들이 그들을 두고 말했다.
"도성에 삼명이 있는데 각각 유명하다네. 채씨는 학자다운 아량 있고 순씨·제갈씨는 고상하다네."

② ▫『어림語林』: 왕승상이 사공司空에 임명되었을 때 제갈도명이 그 자리에 있었는데, 왕승상이 자신의 관모官帽를 가리키면서 말했다.
"당신도 틀림없이 이것을 쓰게 될 것이오."

[역주]
① 明府 : 縣令·刺史·太守 등의 지방장관에 대한 존칭.
② 검은 머리의 재상 : 원문은 "黑頭公". '黑頭'는 젊은이를 뜻하고 '公'은 三公[재상]을 뜻함. 즉 젊은이로서 삼공의 지위에 오른 자를 말함. 諸葛恢는 나중에 재상에 해당하는 尙書左僕射가 되었음.
③ 중흥의 三明 : '中興'은 東晉을 말하고, '三明'은 諸葛恢·荀闓·蔡謨의 字가 모두 道明이기 때문에 그렇게 부른 것임.

[참고]『晉書』77,『太平御覽』364.

諸葛道明初過江左, 自名道明, 名亞王·庾之下.① 先爲臨沂令, 丞相謂曰; "明府當爲黑頭公."②

① ▫『中興書』曰; 恢避難過江, 與穎川荀道明·陳留蔡道明俱有名譽, 號曰'中興三明'. 時人爲之語曰; "京都三明, 各有名. 蔡氏儒雅, 荀·葛淸."
② ▫『語林』曰; 丞相拜司空, 諸葛道明在公坐, 指冠冕曰; "君當復著此."

———— • 7 : 12 [0405]

왕평자王平子[王澄]는 평소에 왕미자王眉子[王玄]를 알아주지 않았는데, 왕미자에 대해 말했다.
"뜻이 그 기량器量보다 커서① 결국에는 틀림없이 흙 보루② 사이에서 죽을 것이다."①

① ▫『진제공찬晉諸公贊』: 왕현王玄은 자가 미자며 왕이보王夷甫[王衍]의 아들이다. 동해왕東海王 사마월司馬越이 그를 초정하여 속관으로 삼았다. 나중에 진류陳留태수가 되어 엄한 형벌을 대대적으로 시행하다가 보루 경비대에게

살해당했다.③

[역주]··························

① 뜻이 그 器量보다 커서 : 원문은 "志大其量". 宋本에는 "志大無量"이라 되어 있는데, 이 경우는 "뜻이 한량없이 크다"로 해석됨.
② 흙 보루 : 원문은 "塢壁". 도적을 방비하기 위하여 흙을 쌓아 만든 작은 보루를 말함. 『通鑑』 권87 「晉紀」9에 "河內督將郭默收整餘衆, 自爲塢主."라는 구절이 있고, 그것에 대한 胡三省의 注에서 "城之小者曰塢. 天下兵爭, 聚衆築塢以自守."라고 함.
③ 보루 경비대에게 살해당했다 : 원문은 "爲塢人所害". '塢人'은 흙 보루를 수비하는 경비대를 말함. 한편 『晉書』 권43 「王衍傳」에서는 "玄素名家, 有豪氣, 荒弊之時, 人情不附. 將赴祖逖, 爲盜所害焉."이라고 하여, 도적에게 살해당한 것으로 되어 있음.

王平子素不知眉子, 曰; "志大其量, 終當死塢壁間."①
①▪『晉諸公贊』曰; 王玄, 字眉子, 夷甫子也. 東海王越辟爲掾. 後行陳留太守, 大行威罰, 爲塢人所害.

• 7 : 13 [0406]

왕대장군王大將軍[王敦]이 처음 도성 건강建康을 공격해 내려가려 했을 때, 양랑楊朗이 한사코 간언했으나 듣지 않았다. 양랑은 결국 왕대장군을 위해 힘을 바치기로 하고 중명운로거中鳴雲露車①를 타고 곧장 앞으로 나아가 말했다.

"하관下官의 북소리를 듣고 진격하시기만 하면 승리할 것입니다."
왕대장군은 그때 그의 손을 잡고 말했다.
"일이 성공되기만 하면 틀림없이 그대를 형주荊州자사로 등용할 것이오."

그러나 나중에는 그 약속을 잊고 양랑을 남군南郡태수②로 삼았다.㈀ 왕대장군이 실패한 뒤에 명제明帝[司馬紹]가 양랑을 체포하여 죽이려고 했으나, 명제가 얼마 뒤 붕어하는 바람에 사면을 받았다. 그

후 삼공三公을 겸임하면서 수십 명을 속관으로 채용했는데, 그 사람들은 당시에는 전혀 이름이 알려지지 않았으나 나중에는 모두 중용重用되었다. 그래서 당시 사람들이 그를 평하여 사람을 알아보는 안목을 지녔다고 했다.

1 ▫『진백관명晉百官名』: 양랑은 자가 세언世彦이며 홍농弘農사람이다.

▫『양씨보楊氏譜』: 양랑의 조부 양효楊囂는 전군교위典軍校尉였고, 부친 양회楊淮[3]는 기주冀州자사였다.

▫ 왕은王隱의『진서晉書』: 양랑은 식견과 재량才量을 지녔으며 당시에 뛰어난 능력을 보였다. 벼슬은 옹주雍州자사에까지 올랐다.

[역주]

① 中鳴雲露車: '雲露車'는 雲車 또는 樓車라고도 하는데, 수레 위에 망루를 설치하여 적의 진퇴를 살피는 戰車 가운데 하나임. '中鳴'은 雲車 안에 특별히 설치한 북과 종을 쳐서 아군의 진퇴를 지휘하는 것을 말함.
② 南郡太守: '南郡'은 湖北省의 동부와 남부지역을 말함.
③ 楊淮:『三國志』권19「陳思王傳」 注에 인용된『世語』와 汪藻의『世說叙錄』「人名譜・楊氏譜」 등에는 "楊準"이라 되어 있음. 한편 宋本에는 이 글자가 빠져 있음.

王大將軍始下, 楊朗苦諫, 不從. 遂爲王致力, 乘中鳴雲露車, 逕前曰; "聽下官鼓音, 一進而捷." 王先把其手曰; "事克, 當相用爲荊州." 旣而忘之, 以爲南郡.1 王敗後, 明帝收朗, 欲殺之, 帝尋崩, 得免. 後兼三公, 署數十人爲官屬, 此諸人當時並無名, 後皆被知遇. 于時稱其知人.

1 ▫『晉百官名』曰; 朗, 字世彦, 弘農人.

▫『楊氏譜』曰; 朗祖囂, 典軍校尉. 父淮, 冀州刺史.

▫ 王隱『晉書』曰; 朗有器識才量, 善能當世. 仕至雍州刺史.

———— • 7 : 14 [0407]

주백인周伯仁[周顗]의 모친이 동짓날에 술잔을 들어 세 아들에게 주면서 말했다.

"나는 처음 장강長江을 건너왔을 때 발붙일 곳이 없을 것이라고 생각했는데, 너희 집안에 복록이 있어서 너희들이 모두 훌륭하게 장성하여 내 앞에 늘어서 있으니 더 이상 무엇을 걱정하겠느냐?"

둘째아들 주숭周嵩이 일어나 한참 동안 무릎을 꿇고 있다가 울면서 말했다.

"어머니의 말씀과 같지는 않습니다. 형 백인은 사람됨이 뜻은 크지만 재주가 부족하고 명성은 높지만 식견이 어두우며 남의 결점을 이용하기 좋아하니, 이것은 자신을 보전하는 길이 아닙니다.① 소자 숭은 성품이 드세고 강직하여 또한 세상에 용납되지 못합니다.② 오직 동생 아노阿奴[周謨]③만은 평범하므로 틀림없이 어머니의 눈앞에 오랫동안 있을 것입니다."①

① ▫ 등찬鄧粲의 『진기晉紀』: 아노는 주숭의 동생 주모周謨다.
　▫ 주씨 삼형제는 모두 이미 나왔다.④

[역주]‥‥‥‥‥‥‥‥‥‥‥‥‥‥
① 자신을 보전하는 길이 아닙니다 : 周顗는 永昌 원년(322)에 王敦의 미움을 받아 살해당함.
② 세상에 용납되지 못합니다 : 周嵩도 2년 뒤인 太寧 2년(324)에 王敦에게 살해당함.
③ 阿奴[周謨] : 「방정」26 [역주]⑤ 참조.
④ 이미 나왔다 : 周顗는 「言語」30 劉注①에, 周嵩과 周謨는 「方正」26 劉注①에 각각 나왔음.

[참고] 『晉書』96.

周伯仁母, 冬至擧酒賜三子曰; "吾本謂度江託足無所, 爾家有相, 爾等並羅列吾前, 復何憂?" 周嵩起, 長跪而泣曰; "不如阿母言. 伯仁爲人, 志大而才短, 名重而識闇, 好乘人之弊, 此非自全之道. 嵩性狼抗, 亦不容於世. 唯阿奴碌碌, 當在阿母目下耳."①

①▫ 鄧粲『晉紀』曰; 阿奴, 嵩之弟周謨也.
　▫ 三周, 並已見.

——————— • 7 : 15 [0408]

왕대장군王大將軍[王敦]이 거사에서 실패하여 죽자 왕대장군의 양자 왕응王應은 왕세유王世儒[王彬]에게 의탁하고자 했는데, 왕세유는 강주江州자사로 있었다. 왕응의 친부 왕함王含은 왕서王舒에게 의탁하고자 했는데, 왕서는 형주荊州자사로 있었다. 왕함이 왕응에게 말했다.

"대장군이 평소에 왕강주王江州[王彬]와 사이가 어떠했느냐? 그런데도 너는 그에게 의탁하려 하느냐?"

왕응이 말했다.

"그것이 바로 그에게 가는 것이 마땅한 이유입니다.① 왕강주는 남王敦이 강성했을 때에도 항명抗命하여 이견을 내세울 수 있었으니, 이것은 보통사람이 행할 수 있는 것이 아닙니다. 그러니 쇠망하고 위급함에 처한 우리의 처지를 보면, 반드시 연민의 정을 가질 것입니다.② 그러나 왕형주王荊州[王舒]는 법률만을 지키는① 사람이니, 어찌 의외의 일을 행할 수 있겠습니까?"

그러나 왕함은 왕응의 말에 따르지 않고 마침내 함께 왕서에게 의탁했는데, 왕서는 과연 왕함 부자를 강에 빠뜨려 죽이고 말았다.③ 왕빈王彬은 왕응이 당연히 찾아올 것이라는 소문을 듣고 은밀히 배를 준비하여 기다렸으나 결국 오지 않자 깊이 한스럽게 생각했다.④

① 『진양추晉陽秋』: 왕응은 자가 안기安期며 왕함의 아들이다. 왕돈王敦은 아들이 없어서 그를 양자로 들여 후사로 삼아 무위장군武衛將軍에 임명하고 부관으로 기용했다. 나중에 왕서에게 주살당했다.

② 『왕빈별전王彬別傳』: 왕빈은 자가 세유며 낭야琅邪사람이다. 조부 왕람王覽과 부친 왕정王正은 모두 덕망이 있었다. 왕빈은 고상한 기상이 출중했으며 아정한 풍격을 지니고 있었다. 원제元帝[司馬睿]와는 외사촌지간이었으며 제업帝業을 보좌하여 여러 벼슬을 거쳐 시중侍中에 등용되었다. 사촌형 왕돈이 석두石頭로 공격해 내려가서 주백인周伯仁[周顗]을 살해하자, 왕빈은 주의周顗와 평소에 친한 사이였으므로 찾아가서 그의 시체에 엎드려 곡을 했는데 매우 비통해했다. 나중에 왕돈을 만났는데, 왕돈이 그가 슬퍼하는 모습을 이상하게 여겨 물었더니 왕빈이 대답했다.

"종전에 주백인을 위해 곡을 했는데 그 슬픈 감정을 누를 수 없어서 그렇습니다."

왕돈이 말했다.

"주백인이 스스로 형륙을 자초한 것인데 네가 다시 어떻게 하겠다는 것이냐?"

왕빈이 말했다.

"주백인은 고결한 명예를 지닌 인물인데 무슨 죄가 있단 말입니까?"

이어서 왕돈의 죄를 열거하면서 말했다.

"형님은 반역의 깃발을 내걸고 주상을 범했고 충성스럽고 어진 사람을 살육했습니다!"

그 언사에 비분이 차 있었으며 눈물까지 흘렸다. 왕돈이 격노하자, 왕승상王丞相[王導]이 그 자리에 있다가 왕빈을 대신해서 걱정해주면서 왕빈에게 명했다.

"엎드려 사죄하거라!"

왕빈이 말했다.

"발이 아픕니다. 근자에 천자를 알현할 때에도 배례拜禮하려 하지 않았는데 어떻게 무릎을 꿇으란 말입니까?"

왕돈이 말했다.

"다리가 아픈 것이 어찌 목이 아픈 것②과 같겠느냐?"

그러나 왕돈은 친척이기 때문에 그를 죽이지는 않았다. 왕빈은 여러 벼슬을 거쳐 강주자사와 좌복야左僕射③에 기용되었으며, 위장군衛將軍에 추증되었다.

3ㆍ『왕서전王舒傳』④ : 왕서는 자가 처명處明이며 낭야瑯邪사람이다. 조부 왕람은 명성이 알려졌으며, 부친 왕회王會는 어사御史을 지냈다. 왕서는 성품이 소박했으며 문무文武의 재간이 있었다. 중종中宗[元帝 司馬睿]이 그를 북중랑장北中郞將ㆍ형주자사ㆍ상서복야로 등용했다. 회계會稽태수⑤로 나가게 되었는데, 부친의 이름이 '회會'였기 때문에 누차 상소하여 다른 군郡으로 전임시켜 달라고 진정했다.⑥ 소준蘇峻을 토벌하는 데 공을 세워 팽택후彭澤侯에 봉해졌으며, 거기대장군車騎大將軍에 추증되었다.

4ㆍ 왕함이 왕서에게 의탁하러 갔을 때 왕서가 군대를 파견하여 내모는 바람에 왕함 부자는 강물에 투신하여 죽었다. 옛날 역기酈寄는 친구를 팔았다⑦

고 해서 비난을 받았는데, 하물며 형제를 팔아 안전을 도모함에랴! 왕서는 사람도 아니다!

[역주]························

① 법률만을 지키는 : 원문은 "守文". '文'은 成法, 즉 규정된 법률을 말함.
② 목이 아픈 것 : 목을 베어 죽이겠다는 뜻이 암시되어 있음.
③ 左僕射 : 『晉書』 권76 「王彬傳」에는 "右僕射"라 되어 있음.
④ 「王舒傳」: 원문은 「傳」이라고만 되어 있음. 宋本과 袁褧本에는 모두 「王舒傳」이라 되어 있는데, 의미상 명확하므로 이것에 따름.
⑤ 會稽태수 : 『晉書』 권75 「王舒傳」에는 "會稽內史"라 되어 있음.
⑥ 부친의 이름이 '會'였기 때문에 누차 상소하여 다른 郡으로 전임시켜 달라고 진정했다 : 『晉書』 권75 「王舒傳」에 따르면, 왕서가 누차 上書하자 조정에서 '會稽'의 '會'자를 '鄶'자로 바꾸었더니 왕서는 하는 수 없이 부임했다고 함.
⑦ 酈寄은 친구를 팔았다 : 酈寄는 한나라 초의 장군 酈商의 아들임.『史記』 권95 「樊酈滕灌列傳」과『漢書』 권41「樊酈滕灌傅靳周傳」에 따르면, 역기는 北軍을 장악하고 있던 呂祿과 친구 사이였는데 太尉 周勃의 꼬임에 넘어가 여록을 속이고 呂氏 일족을 죽였다고 함.

[참고]『晉書』76.

王大將軍旣亡, 王應欲投世儒, 世儒爲江州. 王舍欲投王舒, 舒爲荊州. 含語應曰; "大將軍平素與江州云何? 而汝欲歸之?" 應曰; "此迺所以宜往也.① 江州當人彊盛時, 能抗同異, 此非常人所行. 及覩衰危, 必興愍惻.② 荊州守文, 豈能作意表行事?" 含不從, 遂共投舒, 舒果沈含父子於江.③ 彬聞應當來, 密具船以待之, 竟不得來, 深以爲恨.④

① 『晉陽秋』曰; 應, 字安期, 含子也. 敦無子, 養爲嗣, 以爲武衛將軍, 用爲副貳. 伏誅.
② 『王彬別傳』; 彬, 字世儒, 琅邪人. 祖覽·父正, 並有名德. 彬爽氣出儕類, 有雅正之韻. 與元帝姨兄弟, 佐佑皇業, 累遷侍中. 從兄敦下石頭, 害周伯仁, 彬與顗素善, 往哭其尸, 甚慟. 旣而見敦, 敦怪其有慘容, 而問之, 答曰; "向哭周伯仁, 情不能已." 敦曰; "伯仁自致刑戮, 汝復何爲者哉?" 彬曰; "伯仁淸譽之士, 有何罪?" 因數敦曰; "抗旌犯上, 殺戮忠良!" 音辭忼慨, 與淚俱下. 敦怒甚, 丞相在坐, 代爲之解, 命彬曰; "拜謝!" 彬曰; "有足疾. 比來見天子尙不欲拜, 何跪之有?" 敦曰; "脚疾何如頸疾?" 以親故不害之. 累遷江州刺史·左僕射. 贈衛將軍.
③ 『傳』曰; 舒, 字處明, 琅邪人. 祖覽, 知名. 父會, 御史. 舒器業簡素, 有文武幹. 中宗用爲北中郞將·荊州刺史·尙書僕射. 出爲會稽太守, 以父名會, 累表自陳. 討蘇峻有功, 封彭澤侯, 贈車騎大將軍.

④ 。舍之投舒, 舒遣軍逆之, 舍父子赴水死. 昔鄭寄賣友見譏, 況販兄弟以求安! 舒非人矣!

• 7 : 16 [0409]

무창武昌의 맹가孟嘉가 유태위庾太尉[庾亮]의 주종사州從事가 되었는데, 이미 명성이 알려져 있었다. 저태부褚太傅[褚裒]는 사람을 알아보는 감식력이 있었는데, 예장豫章태수를 그만두고 돌아오는 길에 무창에 들렀다가 유태위에게 물었다.

"맹종사孟從事[孟嘉]가 훌륭하다고 들었는데 지금 여기에 있습니까?"

유태위가 말했다.

"그대가 직접 찾아보시오."

저태부가 한참 동안 둘러보고 나서 맹가를 가리키며 말했다.

"이 사람이 약간 남다르니 혹시 이 사람이 아닙니까?"

그러자 유태위가 크게 웃으며 "맞소!"라고 말했다. 당시 사람들은 저태부의 뛰어난 감식력①에 감탄했으며, 또한 맹가가 칭송받은 것을 기뻐했다.①

① 。『맹가별전孟嘉別傳』: 맹가는 자가 만년萬年이며 강하江夏 맹鄳사람이다. 증조부 맹종孟宗은 오吳나라 사공司空이었으며, 조부 맹읍孟揖은 진晉나라 여릉廬陵태수였다. 맹종이 무창의 양신현陽新縣에 묻히자 자손들이 그곳에서 살았다. 맹가는 젊어서부터 고상한 절조節操로 이름이 알려졌다. 태위 유량庾亮이 강주江州를 다스릴 때 맹가를 초징하여 여릉종사에 배속시켰다. 맹가가 임지로 갔다가 돌아오자,② 유량이 불러 그 지방의 풍속이 어떠한지를 물었더니 대답했다.

"기다리시면 돌아가서 종사從事에게 물어보겠습니다."

유량이 주미麈尾를 들어 입을 가리고 웃으면서 동생 유익庾翼에게 말했다.

"맹가는 진실로 훌륭한 덕을 지닌 인물이야!"

그러고는 그를 권학종사勸學從事로 전임시켰다. 태부 저부褚裒는 사람을 알아보는 감식력이 있었는데, 유량이 정월 초하루에 조회를 열었을 때 저부가 유량에게 물었다.

"강주에 맹가가 있다고 들었는데 어디에 있습니까?"

유량이 말했다.

"이 자리에 있으니 그대가 직접 찾아보시오."

저부가 한동안 사람들을 차례대로 살펴보다가 맹가를 가리키며 말했다.

"혹시 이 사람이 아닙니까?"

유량은 흔연히 웃으면서 저부가 맹가를 알아본 것을 기뻐하고 맹가가 저부에게 인정받은 것을 훌륭하게 여겨 더욱 그를 중시했다. 나중에 맹가는 정서장군征西將軍 환온桓溫의 참군參軍이 되었는데, 9월 9일[3]에 환온이 용산龍山을 유람할 때 막료들이 모두 모였으며, 그때 좌사佐史[4]들은 모두 군복을 입고 있었다. 바람이 불어 맹가의 모자가 떨어졌는데, 환온은 좌우사람들에게 말해주지 말라고 주의시킨 뒤 그의 행동거지를 살펴보았다. 맹가는 처음부터 모자가 떨어진 것을 느끼지 못했으며 한참 뒤에 화장실에 갔다. 환온은 그제야 모자를 그에게 돌려주라 명한 뒤, 손성孫盛에게 그를 조롱하는 문장을 짓게 하여 완성되자 그 문장을 맹가의 자리에 놓아두었다. 맹가가 돌아와서 그 문장을 보고 즉시 답을 하자, 좌중의 사람들이 모두 감탄했다. 맹가는 유쾌하게 술을 잘 먹었는데 아무리 많이 먹어도 흐트러지지 않았다. 환온이 물었다.

"술에 어떤 좋은 점이 있기에 그대는 그것을 좋아하는가?"

맹가가 말했다.

"명공明公께서는 술의 참맛을 모르고 계십니다."

환온이 다시 물었다.

"기악伎樂을 들어보면 현악은 관악만 못하고 관악은 육성肉聲만 못하니 어째서 그런가?"

맹가가 대답했다.

"점점 자연에 가까워지기 때문입니다."

맹가는 종사중랑從事中郎에 전임되었다가 장사長史로 옮겨갔다. 53세에 죽었다.[5]

[역주]······················

① 뛰어난 감식력 : 원문은 "默識". 말하지 않고 마음속으로 깨닫는 것을 말함.

여기서는 어떤 사람을 한 번 보면 금방 그 器量을 파악할 줄 아는 眼目을 뜻함. 『論語』「述而」에 "默而識之, 學而不厭, 誨人不倦, 何有於我哉?"라는 구절이 있음.
② 임지로 갔다가 돌아오자: 원문은 "下都還". 陶淵明의 「晉故征西大將軍長史孟府君傳」에는 "下郡還"이라 되어 있는데, 문맥상 타당하므로 이것에 따라 번역함. 한편『晉書』권98「孟嘉傳」에는 "嘉還都"라 되어 있음.
③ 9월 9일: 重陽節로서 높은 산에 오르는 登高의 풍습이 있음.
④ 佐史: 幕僚의 屬官.
⑤ 53세에 죽었다: 陶淵明의 「晉故征西大將軍長史孟府君傳」에는 "51세에 죽었다"고 되어 있음.

[참고]『晉書』98.

武昌孟嘉作庾太尉州從事, 已知名. 褚太傅有知人鑒, 罷豫章還, 過武昌, 問庾曰; "聞孟從事佳, 今在此不?" 庾云; "卿自求之." 褚眄睞良久, 指嘉曰; "此君小異, 得無是乎?" 庾大笑曰; "然!" 于時旣歎褚之默識, 又欣嘉之見賞.①
①·『嘉別傳』曰; 嘉, 字萬年, 江夏鄳人. 曾祖父宗, 吳司空. 祖父揖, 晉廬陵太守. 宗葬武昌陽新縣, 子孫家焉. 嘉少以淸操知名. 太尉庾亮領江州, 辟嘉部廬陵從事. 下都還, 亮引問風俗得失, 對曰; "待還, 當問從事史." 亮擧麈尾掩口而笑, 語弟翼曰; "孟嘉故是盛德人!" 轉勸學從事. 太傅褚裒有器識, 亮正旦大會, 裒問亮; "聞江州有孟嘉, 何在?" 亮曰; "在坐, 卿但自覓." 裒歷觀久之, 指嘉曰; "將無是乎?" 亮欣然而笑, 喜裒得嘉, 奇嘉爲裒所得, 乃益器之. 後爲征西桓溫參軍, 九月九日, 溫遊龍山, 參寮畢集, 時佐史並著戎服. 風吹嘉帽墮落, 溫戒左右勿言, 以觀其擧止. 嘉初不覺, 良久如廁. 命取還之, 令孫盛作文嘲之, 成, 箸嘉坐. 嘉還卽答, 四坐嗟歎. 嘉喜酣暢, 愈多不亂. 溫問; "酒有何好, 而卿嗜之?" 嘉曰; "明公未得酒中趣爾." 又問; "聽伎, 絲不如竹, 竹不如肉, 何也?" 答曰; "漸近自然." 轉從事中郎, 遷長史. 年五十三而卒.

• 7 : 17 [0410]

대안도戴安道[戴逵]가 10여 살 때 와관사瓦官寺에서 그림을 그리고 있었는데, 왕장사王長史[王濛]가 그를 보고 말했다.

"이 아이는 그림에 뛰어날 뿐만 아니라① 또한 결국에는 틀림없이 명성을 드날리게 될 것이다. 내가 늙었기에① 그의 전성기를 보지 못하는 것이 유감일 뿐이다!"

① □ · 『속진양추續晉陽秋』: 대규戴逵는 그림에 뛰어났으며 단청丹靑②의 오묘한 이치를 궁구했다.

[역주]..........................
① 늙었기에 : 『晉書』 권93 「王濛傳」에 따르면, 그는 39세에 요절했으므로 본문에서 늙었다고 한 것은 이치에 맞지 않는다고 생각함.
② 丹靑 : 붉은색과 푸른색의 물감. 넓은 의미로 회화의 뜻으로 쓰임.
[참고] 『歷代名畫記』5, 『太平廣記』210.

戴安道年十餘歲, 在瓦官寺畫, 王長史見之曰; "此童非徒能畫,① 亦終當致名. 恨吾老不見其盛時耳!"

① · 『續晉陽秋』曰; 逵善圖畫, 窮巧丹靑也.

———————— · 7 : 18 [0411]

왕중조王仲祖[王濛] · 사인조謝仁祖[謝尙] · 유진장劉眞長[劉惔]이 함께 단양丹陽에 있는 은호殷浩 모친의 묘소로 가서 은양주殷揚州[殷浩]를 조문했는데, 은양주는 은거하려는 확고한 뜻을 갖고 있었다.① 돌아온 뒤에 왕중조와 사인조가 서로 말했다.

"은연원殷淵源[殷浩]이 산에서 나오지 않으니 백성들을 어찌 한단 말이오?"

그러면서 깊이 근심하고 탄식하자 유진장이 말했다.

"그대들은 정말로 은연원이 산에서 나오지 않을 것을 근심하시오?"

① · 『중흥서中興書』: 은호殷浩는 여러 해 동안 은거하면서① 누차 초빙되었지만 나아가지 않았다.

[역주]..........................
① 여러 해 동안 은거하면서 : 殷浩는 모친상을 당해 약 336년부터 346년까지 10년 동안 丹陽에서 시묘살이를 함. 당시 재상 司馬昱은 桓溫의 압력을 물리칠 수 있는 유일한 수단은 은호를 기용하는 것이라고 생각하고 있었는데, 나중에 은호는 결국 그의 초빙을 받아들여 揚州刺史가 됨.

[참고] 『晉書』77.

王仲祖·謝仁祖·劉眞長俱至丹陽墓所省殷揚州, 殊有確然之志. ① 旣反, 王·謝相謂曰; "淵源不起, 當如蒼生何?" 深爲憂嘆, 劉曰; "卿諸人眞憂淵源不起邪?" ① 。『中興書』曰; 浩棲遲積年, 累聘不至.

• 7 : 19 [0412]

소유小庾[庾翼]^①가 임종할 때 아들 유원객庾園客[庾爰之]을 형주荊州자사의 후임자로 임명해달라는 표문表文을 스스로 올렸다. ① 조정에서는 다른 사람을 임명하면 유원객이 명령에 따르지 않을까 걱정했지만 누구를 파견해야 할지 몰랐다. 그래서 함께 논의한 끝에 환온桓溫을 임용하기로 했더니 유윤劉尹[劉惔]이 말했다.

"그를 보낸다면 틀림없이 서초西楚 지역^②을 평정할 수는 있겠지만, 더 이상 그를 제어할 수 없게 될까 걱정입니다." ②

① 。원객은 유원지庾爰之의 어릴 적 자字다.
  。『유씨보庾氏譜』: 유원지는 자가 중진仲眞이며 유익劉翼의 둘째아들이다.
  。『중흥서中興書』: 유원지는 부친 유익의 풍격을 지니고 있었다. 환온이 그를 예장豫章으로 옮겨가게 했다. 36세에 죽었다.
② 。『도간별전陶侃別傳』: 유익이 죽게 되었을 때 그의 아들 유원지를 형주자사의 후임자로 임명해달라는 표문을 올렸더니 하충何充이 말했다.

"도공陶公[陶侃]은 많은 공훈을 세웠지만 임종할 때 고결하게 사양했으며,^③ 왕승상王丞相[王導]이 죽기 전에 그의 아들 왕경예王敬豫[王恬]는 4품장군四品將軍^④으로 있었는데 지금까지 변동이 없습니다. 또한 유익의 친족으로는 유도은庾道恩[庾羲]이 있지만^⑤ 산기시랑散騎侍郎에 머물러 있습니다. 그러니 그와 같은 파격적인 등용은 아직 없었습니다."

그래서 서주徐州자사 환온을 안서장군安西將軍·형주자사에 임명했다.
  。송宋 명제明帝[劉彧]의 『문장지文章志』: 유익이 그의 아들을 후임자로 임명해달라는 표문을 올리자, 조정에서는 그 일을 걱정했다. 논자들은 환온을

임명하고자 했는데, 당시 정치를 보좌하고 있던 간문제簡文帝[司馬昱]도 그것에 찬성했다. 유담劉惔이 말했다.

"환온이 부임하면 틀림없이 서초 지역을 평정할 수는 있겠지만, '더이상 그를 제어할 수 없게 될까 걱정입니다. 원컨대 대왕⑥께서 친히 장강의 상류 지역⑦을 다스리십시오. 저는 종군사마從軍司馬가 되기를 청합니다."

하지만 간문제가 허락하지 않았다. 환온은 나중에 과연 유담이 예상했던 대로 되었다.

[역주]······························
① 小庾[庾翼] : 형 庾亮에 대하여 동생 庾翼을 지칭함. 유익은 東晉 穆帝 永和 원년(345)에 죽음.
② 西楚 지역 : 당시의 도읍 建康의 서쪽에 있던 荊州 지역을 말함.
③ 임종할 때 고결하게 사양했으며 : 원문은 "臨終高讓". 죽음에 임하여 자신의 직위·품계·印綬 등을 조정에 완전히 반납하는 것을 말함.
④ 四品將軍 : 『晉書』 권65 「王導傳」에 附載되어 있는 「王恬傳」에 따르면, 그는 後將軍으로 있었다고 함. 후장군은 後軍將軍으로 中軍將軍과 함께 四品에 해당함.
⑤ 친족으로는 庾道恩[庾羲]이 있지만 : 道恩은 庾羲의 어릴 적 字. 明帝 司馬紹의 황후 庾文君은 庾亮과 庾翼의 누이동생이자 庾亮의 아들 庾羲의 숙모였음.
⑥ 대왕 : 당시 簡文帝 司馬昱이 會稽王으로 있었기 때문에 이렇게 부른 것임.
⑦ 상류 지역 : 長江 상류의 荊州, 즉 西楚 지역을 말함.

[참고] 『晉書』75.

小庾臨終, 自表以子園客爲代.① 朝廷慮其不從命, 未知所遣. 乃共議用桓溫, 劉尹曰; "使伊去, 必能克定西楚, 然恐不可復制."②

① · 園客, 爰之小字也.
　· 『庾氏譜』曰; 爰之, 字仲眞, 翼第二子.
　· 『中興書』曰; 爰之有父翼風. 桓溫徙于豫章, 年三十六而卒.
② · 『陶侃別傳』; 庾翼薨, 表其子爰之代爲荊州, 何充曰; "陶公重勳也, 臨終高讓. 丞相未薨, 敬豫爲四品將軍, 于今不改. 親則道恩, 優游散騎, 未有超卓若此之授." 乃以徐州刺史桓溫, 爲安西將軍·荊州刺史.
　· 宋明帝『文章志』曰; 翼表其子代任, 朝廷畏憚之, 議者欲以授桓溫. 時簡文輔政, 然之. 劉惔曰; "溫去, 必能定西楚, 然恐不能復制. 願大王自鎭上流, 惔請爲從軍司馬." 簡文不許. 溫後果如惔所算也.

• 7 : 20 [0413]

환공桓公[桓溫]이 장차 촉蜀을 정벌하려 할 때 정사를 맡고 있던 여러 인사들은 이세李勢가 오랫동안 촉에 있으면서 대대로 선조의 세력을 이어받았고 게다가 지형상으로도 장강 상류의 삼협三峽①을 점거하고 있기 때문에 쉽게 격파할 수 없을 것이라고 모두들 생각했다. 그러나 오직 유윤劉尹[劉惔]은 이렇게 말했다.

"그는 틀림없이 촉을 격파할 수 있을 것입니다. 그가 도박하는 것②을 보니 반드시 이길 수 없으면 덤벼들지 않더군요."[]

[] ▫『화양국지華陽國志』: 이세는 자가 자인子仁이며 낙양洛陽③ 임위臨渭사람인데, 본래는 파서巴西④ 탕거宕渠 종족賨族⑤이었다. 그의 선조 이특李特[成漢始祖 景帝]이 진晉나라의 병란을 틈타 촉을 점거했으며,⑥ 이특의 아들 이웅李雄이 성도成都에서 칭제稱帝했다. 이세의 조부 이양李驤은 이특의 동생이다. 이양이 이수李壽를 낳았으며 이수가 제위를 찬탈하여 스스로 등극했는데, 이세는 바로 이수의 아들이다. 진晉나라의 안서장군安西將軍[桓溫]이 촉을 정벌했을 때 이세가 투항하자 그를 양주揚州[建康]로 송치했다. 성한成漢이 흥기하여 망하기까지는 6대 37년⑦간이었다.

▫『환온별전桓溫別傳』: 처음에 조정에서는 촉 땅이 멀고 험준한데다가 환온이 적은 규모의 병력으로 후방의 지원군도 없이⑧ 적진에 깊이 들어갔으므로 매우 걱정했다. 그러나 환온은 곧장 성도를 목표로 진격하여 이세를 체포했다.⑨

▫『어림語林』: 유윤은 환공이 매번 내기할 때마다 반드시 이기는 것을 보고 말했다.

"그대는 이렇게 이기기를 좋아하니 어찌 머리를 그을지⑩ 않겠소?"
▫ 환온이 촉을 정벌하게 되었기 때문에 이 말을 한 것이다.

[역주]
① 三峽 : 長江 상류의 四川省과 湖北省의 경계에 있는 瞿塘峽・巫峽・西陵峽의 험준한 세 협곡을 말함.
② 도박하는 것 : 원문은 "蒲博". 樗蒲와 博弈을 말함. 樗蒲는 고대 노름의 일종으

로 지금의 주사위 놀이와 비슷하고, 博弈은 장기의 일종임. 「政事」16 [역주④·⑤] 참조.

③ 洛陽 : 『華陽國志』권9와 『晉書』권120 「李特載記」에 "略陽"이라 되어 있고, 『晉書』권14 「地理志」에도 "略陽郡統縣四, 臨渭·平襄·略陽·淸水."라 되어 있는 것으로 보아, 본문의 '洛'은 '略'의 誤記로 보임.

④ 巴西 : '巴'는 지금의 四川省 重慶 지역에 해당함.

⑤ 賨族 : 巴州의 이민족을 말함. 成漢의 李氏는 氐族에 속함. 『晉書』권120 「李特載記」에 따르면, 秦始皇이 천하를 통일한 뒤 巴人에게 해마다 40전의 세금을 부과했는데, 巴人들은 세금[賦]을 '賨'이라고 불렀기 때문에 그런 명칭이 생겼다고 함.

⑥ 晉나라의 병란을 틈타 蜀을 점거했으며 : 『晉書』권120 「李特載記」에 따르면, 晉나라의 益州刺史 趙廞이 李特의 힘을 빌려 蜀에서 자립했다가 오히려 이특에게 추방당했으며, 나중에 이특은 益州牧都督梁益二州諸軍事라고 자칭하고 독립함.

⑦ 37년 : 『晉書』권120 「李特載記」에는 46년이라 되어 있고, 『華陽國志』권9에는 47년이라 되어 있음. 사실상 成漢의 존속기간은 李特이 晉 惠帝 太安 원년(302)에 거병하여 독립한 뒤부터 李勢가 晉 穆帝 永和 3년(347)에 桓溫에게 투항한 때까지 이므로 '46년'이 타당함.

⑧ 후방의 지원군도 없이 : 원문은 "縣軍". 宋本에는 "懸軍"이라 되어 있는데 문맥상 타당하므로 이것에 따라 번역함. 懸軍은 후방의 지원군 없이 단독으로 적진에 깊이 침투하는 군대를 말함.

⑨ 체포했다 : 원문은 "面縛". 양손이 뒤로 묶인 채 앞을 향해 있는 상태를 말함. 여기서는 투항하다는 뜻으로 쓰임.

⑩ 머리를 그을리지 : 원문은 "焦頭". 그 출전은 『漢書』권68 「霍光傳」의 "焦頭爛額" 고사임. 화재를 미연에 방지하라고 충고한 사람은 홀대받고 불이 이미 난 뒤에 그것을 끄느라고 머리를 그을리고 이마를 데인 사람은 후대받는 것을 말함.

桓公將伐蜀, 在事諸賢咸以李勢在蜀旣久, 承藉累葉, 且形據上流三峽, 未易可克. 唯劉尹云; "伊必能克蜀. 觀其蒲博, 不必得則不爲."①

① 『華陽國志』曰; 李勢, 字子仁, 洛陽臨渭人. 本巴西宕渠賨人也. 其先李特, 因晉亂據蜀, 特子雄, 稱號成都. 勢祖驤, 特弟也. 驤生壽, 壽簒位自立, 勢卽壽子也. 晉安西將軍伐蜀, 勢歸降, 遷之揚州. 自起至亡, 六世三十七年.

◦『溫別傳』曰; 初, 朝廷以蜀處險遠, 而溫衆寡少, 縣軍深入, 甚以憂懼. 而溫直指成都, 李勢面縛.

◦『語林』曰; 劉尹見桓公每嬉戲必取勝, 謂曰; "卿乃爾好利, 何不焦頭?"

◦ 及伐蜀, 故有此言.

• 7 : 21 [0414]

사공謝公[謝安]이 동산東山^①에서 기녀들과 함께 생활하자 간문제簡文帝[司馬昱]가 말했다.

"안석安石[謝安]은 반드시 산에서 나올 것이다. 이미 사람들과 함께 즐기고 있으니^② 또한 사람들과 함께 근심하지 않을 수 없을 것이다."[1]

[1] ▫ 송宋 명제明帝[劉彧]의 『문장지文章志』 : 사안은 세상일 밖에 마음을 놓아두고 세간의 예절에는 신경 쓰지 않은 채 기녀들과 함께 생활하면서 그들을 데리고 마음대로 유람했다.

[역주]⋯⋯⋯⋯⋯⋯⋯⋯⋯⋯⋯

① 東山 : 지금의 浙江省 上虞縣 서남쪽에 있는 산으로, 당시 많은 隱士들이 이곳에 거처했음.

② 사람들과 함께 즐기고 있으니 : 원문은 "與人同樂". 『孟子』 「梁惠王下」의 "與民同樂"이라는 구절에 근거함.

[참고] 『晉書』79.

謝公在東山畜妓, 簡文曰; "安石必出. 旣與人同樂, 亦不得不與人同憂."[1]

[1] ▫ 宋明帝 『文章志』曰; 安縱心事外, 疎略常節, 每畜女妓, 攜持遊肆也.

• 7 : 22 [0415]

치초郗超는 사현謝玄과 사이가 좋지 않았다. 부견苻堅이 장차 동진을 병탄할 작정으로^① 이미 양梁‧기岐 지역^②을 승냥이처럼 집어삼키고 또한 회수淮水 남쪽^③을 호시탐탐 넘보고 있었다.[1] 당시 조정에서는 사현을 파견하여 북벌하기로 결의했지만 논자들 사이에서는 자못 찬반양론이 엇갈렸다. 그러나 오직 치초만은 이렇게 말했다.

"그는 반드시 일을 성공시킬 것입니다. 내가 옛날에 그와 함께 환선무桓宣武[桓溫]의 막부에 있을 때 보았는데, 그는 사람들의 재능을 모두 남김없이 발휘하도록 하여 비록 미천한 자④일지라도 또한 자신의 임무를 해낼 수 있게 했습니다. 이것으로 미루어보면 틀림없이 공훈을 세울 수 있을 것입니다."

나중에 사현이 과연 큰 공을 세우자, 당시 사람들은 모두 치초의 선견지명에 감탄했으며, 또한 그가 자신의 애증愛憎의 감정으로 남의 장점을 덮어버리지 않는 것을 높이 평가했다.②

①▫ 차빈車頻의 『진서秦書』: 부견은 자가 영고永固며 무도武都의 저족氐族이다. 본성은 포씨蒲氏였지만 조부 부홍符洪이 도참문圖讖文을 사칭하여 부씨로 바꾸었는데,⑤ 그것은 자신이 하늘의 부명符命에 응하여 왕이 될 것이라는 뜻이었다.

부견이 처음 태어날 때 붉은빛이 그의 집으로 흘러들었는데, 탄생한 뒤에 보니 등에 붉은색으로 전서체篆書體의 문자⑥ 같은 것이 희미하게 돋아 있었다. 부견은 어려서부터 훌륭한 기량을 지니고 있었다. 석호石虎의 사례교위司隸校尉로 있던 서정徐正⑦은 사람을 알아보는 안목으로 유명했다. 부견이 6살 때 한번은 길에서 놀고 있었는데 서정이 그를 보고 남다르다고 생각하여 물었다.

"부랑符郞! 이곳은 관리들이 통행하는 대로인데 어린아이가 놀고 있으니 잡혀갈까 두렵지 않니?"

부견이 말했다.

"관리는 죄 있는 사람만 잡아가지 어린아이는 잡아가지 않습니다."

서정이 좌우사람들에게 말했다.

"이 아이는 왕자王者나 패자霸者가 될 상相을 지녔다."

석씨石氏가 난을 일으키자 백부 부건符健과 부친 부웅符雄이 서쪽 관중關中으로 들어갔다. 부견이 꿈을 꾸었는데 붉은 의관을 착용한 천신의 사자가 견두肩頭를 용양장군龍驤將軍에 임명하는 것이었다. 견두는 부견의 어릴 적 자다. 부견은 즉시 그를 용양장군에 임명하여 천신의 명에 부응했다. 나중에 부견이 황제를 참칭하다가 죽자 아들 부생符生이 즉위했는데, 매우 포악했으므로 신하들이 그를 죽이고 부견을 옹립했다.

부견은 재위한 지 15년에⑧ 맏 서자庶子인 장락공長樂公 부비符조를 파견하여 양양襄陽을 공략했다. 19년에는 대대적으로 군대를 일으켜 동진東晉 정벌에 나섰는데, 군병은 백만 명을 헤아렸고 수륙 양방으로 진격하여 항성項城에 진을 쳤다. 항성에서 장안長安에 이르기까지 연이은 깃발이 천 리나 되었으며 앞뒤가 끊이지 않았다. 마침내 사자를 파견하여 동진에 고했다.

"이미 동진의 군주를 위해 장안성 안에 광대한 저택⑨을 지어놓았소. 따라서 이제 대거 강남으로 건너가 맞이할 것이니 날짜를 택하여 저택에 들도록 하시오."

② 『중흥서中興書』: 당시에 저적氐賊이 강성해지자, 조정에서는 북방을 평정할 수 있는 문무에 뛰어난 장군을 찾고 있었는데, 위대장군衛大將軍 사안謝安이 말했다.

"형의 아들 사현이라면 이 일을 맡길 수 있습니다."

중서랑中書郎 치초가 그 말을 듣고 감탄했다.

"사안이 중론을 어기고 친족을 추천한 것은 현명한 일이다. 사현은 반드시 그의 추천을 저버리지 않을 것이다!"

[역주]........................

① 동진을 倂呑할 작정으로 : 원문은 "問晉鼎". 『左傳』「宣公3年」의 기록을 보면, 춘추시대 楚王이 周나라로 가서 帝位傳承의 보물로 전해진 鼎의 무게를 물어보았다는 고사가 있음. 여기서는 부견이 동진을 찬탈할 의도가 있음을 뜻함. 당시 前秦의 부견은 長安을 중심으로 전성기를 맞이하여 그 여세를 몰아 동진을 병탄하려고 남하를 시도했음. 그러나 太元 8년(383)에 淝水의 전쟁에서 동진의 장군 謝玄에게 대패함.
② 梁·岐 지역 : 지금의 河南省 남부에서 湖北省 북부에 있던 梁州와 岐州 지역을 말함.
③ 淮水 남쪽 : 원문은 "淮陰". 지금의 江蘇省에 淮陰郡이 있었지만, 여기서는 그냥 淮水의 남쪽의 뜻으로 쓰였음.
④ 미천한 자 : 원문은 "履屐之閒". 신분이 미천하여 下官末職에 있는 사람을 뜻함.
⑤ 圖讖文을 사칭하여 부씨로 바꾸었는데 : 『晉書』 권112 「苻洪載記」에서 "洪亦以讖文有'艸付應王', 又其孫堅背有'艸付'字, 遂改姓苻氏."라고 함. 이것에 따르면 부견을 비롯한 부씨 일족의 성은 '符'가 아니라 '苻'가 타당함. 宋本에도 모두 '苻'라 되어 있음.
⑥ 篆書體의 문자 : 『晉書』 권113 「苻堅載記」에 따르면, 부견의 등에 붉은색으로

"艸付, 臣又土, 王咸陽."이라는 글자가 돋아 있었다고 함. '艸付'는 '苻'의 破字이고, '臣又土'는 '堅'의 破字임.

⑦ 徐正:『晉書』권113「苻堅載記」와 현재 통행되는『十六國春秋』에는 "徐統"이라 되어 있음. 아마도 劉孝標가 注를 달 때 昭明太子 蕭統의 諱를 피하여 '統'을 '正'이라 한 것으로 추정함.

⑧ 재위한 지 15년에 : 원문은 "立十五年". 부견은 晉 穆帝 升平 원년(357)에 大秦天王이라 칭하고 永興으로 改元했으며, 升平 3년(359)에는 甘露로 개원하고 哀帝 興寧 3년(365)에 다시 建元으로 개원했음. 建元 15년은 晉 孝武帝 太元 4년(379)으로 바로 이때에 苻丕가 襄陽을 함락했는데, 당시 부견은 재위한 지 이미 23년이 되었음. 따라서 원문의 "立十五年"은 "建元十五年"으로 고치는 것이 타당함. 다음 문장의 "十九年"도 마찬가지임.

⑨ 광대한 저택 : 원문은 "廣夏". '夏'는 '廈'와 통하며, 크고 넓은 저택을 뜻함.

[참고]『晉書』79.

郗超與謝玄不善. 苻堅將問晉鼎, 既已狼噬梁·岐, 又虎視淮陰矣.① 于時朝議遣玄北討, 人間頗有異同之論. 唯超曰; "是必濟事. 吾昔嘗與共在桓宣武府, 見使才皆盡, 雖履屐之間, 亦得其任. 以此推之, 容必能立勳." 元功既舉, 時人咸歎超之先覺, 又重其不以愛憎匿善.②

① ◦ 車頻『秦書』曰; 苻堅, 字永固, 武都氐人也. 本姓蒲, 祖父洪, 詐稱讖文, 改曰苻. 己己當王, 應符命也. 堅初生, 有赤光流其室, 及誕, 背赤色, 隱起若篆文. 幼有美度. 石虎司隸徐正名知人, 堅六歲時, 嘗戲於路, 正見而異焉, 問曰; "苻郞, 此官街, 小兒行戲, 不畏縛邪?" 堅曰; "吏縛左罪, 不縛小兒." 正謂左右曰; "此兒有王霸相." 石氏亂, 伯父健及父雄西入關, 健夢天神使者朱衣冠, 拜肩頭爲龍驤將軍. 肩頭, 堅小字也. 健卽拜爲龍驤, 以應神命. 後健僭帝號, 死, 子生立, 凶暴, 羣臣殺之而立堅. 堅立十五年, 遣長樂公丕攻沒襄陽. 十九年, 大興師伐晉, 衆號百萬, 水陸俱進, 次於項城. 自項城至長安, 連旗千里, 首尾不絶. 乃遣告晉曰; "已爲晉君於長安城中建廣夏之室. 今故大擧渡江相迎, 克日入宅."

② ◦『中興書』曰; 于時氐賊彊盛, 朝議求文武良將可鎭靖北方者, 衛大將軍安曰; "唯兄子玄可任此事." 中書郎郗超聞而歎曰; "安違衆擧親, 明也. 玄必不負其擧!"

• 7 : 23 [0416]

한강백韓康伯[韓伯]은 사현謝玄과 그다지 깊은 친교가 없었다. 사현이 북정北征①에 나선 뒤 여론은 그가 승전하지 못할까 의심했지만, 한강백은 이렇게 말했다.

"그 사람은 명성을 좋아하니 반드시 전쟁을 잘 치를 것이오."[1]

나중에 사현이 그 말을 듣고 몹시 분노하여, 한번은 여러 사람이 모인 자리에서 얼굴을 붉히면서 말했다.

"대장부가 천 명의 군대를 이끌고 사지死地에 뛰어든 것은 군주와 부모를 섬기기 위해서 한 일이니, 더 이상 명성을 위한 것이라고 말할 수는 없다!"

[1] •『속진양추續晉陽秋』: 사현은 시국에 대한 식견이 바르고 정확했으며, 국가를 경영할 재략을 지니고 있었다.

[역주]..........................

① 北征: 晉 孝武帝 太元 8년(383)에 謝玄이 苻堅을 치기 위하여 북정한 것을 말함. 사현은 결국 淝水의 전쟁에서 부견을 패배시켰음.

韓康伯與謝玄亦無深好. 玄北征後, 巷議疑其不振, 康伯曰; "此人好名, 必能戰."[1] 玄聞之甚忿, 常於衆中廣色曰; "丈夫提千兵, 入死地, 以事君親故發, 不得復云爲名!"

[1] •『續晉陽秋』曰; 玄識局貞正, 有經國之才略.

• 7 : 24 [0417]

저기생褚期生[褚爽]이 젊었을 때 사공謝公[謝安]이 그를 높이 인정하여 항상 말했다.

"저기생이 만약 훌륭한 인물이 되지 않는다면, 나는 다시는 인물을 품평하지 않겠노라!"[1]

[1] • 기생은 저상褚爽의 어릴 적 자字다.

•『속진양추續晉陽秋』: 저상은 자가 무홍茂弘①이며 하남河南사람으로, 태부太傅 저부褚裒의 손자이자 비서감祕書監 저소褚韶②의 아들이다. 태부 사안謝安이 그를 젊었을 때 보고 감탄했다.

"만약 저기생이 훌륭하게 되지 않는다면, 나는 다시는 인물을 논하지 않겠노라!"

장성해서는 과연 준일하고 호매豪邁한 기풍이 있었다. 노장老莊의 말을 좋아하여 당세當世의 영예 따위는 달가워하지 않았다. 오직 은중감殷仲堪과 친하게 지냈다. 여러 벼슬을 거쳐 중서랑中書郞과 의흥義興태수에 등용되었다. 딸[褚靈媛]은 공제恭帝[司馬德文]의 황후가 되었다.

[역주]⋯⋯⋯⋯⋯⋯⋯⋯⋯⋯
① 茂弘 : 『晉書』 권93 「褚爽傳」과 汪藻의 『世說敍錄』 「人名譜・褚氏譜」에는 모두 "弘茂"라 되어 있음.
② 褚韶 : 『晉書』 권93 「褚爽傳」과 汪藻의 『世說敍錄』 「人名譜・褚氏譜」에는 모두 "褚歆"이라 되어 있음.

[참고] 『晉書』93.

褚期生少時, 謝公甚知之, 恒云; "褚期生若不佳者, 僕不復相士!"①
①。期生, 褚爽小字也.
。『續晉陽秋』曰; 爽, 字茂弘, 河南人, 太傅袁之孫, 秘書監韶之子. 太傅謝安見其少時, 歎曰; "若期生不佳, 我不復論士!" 及長, 果俊邁有風氣. 好老莊之言, 當世榮譽, 弗之屑也. 唯與殷仲堪善. 累遷中書郞・義興太守. 女爲恭帝皇后.

━━━━━━━━ • 7 : 25 [0418]

치초郗超는 부원傅瑗과 친하게 교유했다. 부원이 자기의 두 아들을 치초에게 인사시켰는데, 당시 그들은 모두 소년①이었다. 치초가 그들을 한참 동안 보고 나서 부원에게 말했다.

"작은놈[傅亮]은 재능과 명성이 모두 훌륭하겠소. 그러나 그대의 가문을 지키는 것은 결국 큰놈[傅迪]에게 달렸소."

부원의 두 아들은 바로 부량傅亮 형제다.①

①。『부씨보傅氏譜』: 부원은 자가 숙옥叔玉이며 북지北地 영주靈州사람이다. 호군장사護軍長史와 안성安城태수②를 역임했다.
。『송서宋書』③: 부적傅迪은 자가 장유長猷며 부원의 장자다. 관직은 오병상서五兵尙書④에까지 이르렀으며, 태상太常에 추증되었다.

◦ 구연지丘淵之의 『문장록文章錄』: 부량은 자가 계우季友며 부적의 동생이다. 상서령尙書令을 역임하고 광록대부光祿大夫를 지냈다.⑤ 원가元嘉 3년(426)에 죄를 지어 주살당했다.⑥

[역주]........................
① 소년 : 원문은 "總髮". '總角'과 같은 뜻. 머리를 길게 땋아 뒤로 늘어뜨린 것으로, 冠禮를 치르기 전의 소년을 말함.
② 安城태수 : 『宋書』 권43 「傅亮傳」에는 "安成太守"라 되어 있음.
③ 宋書 : 권43 「傅亮傳」에 나옴.
④ 五兵尙書 : 尙書省에서 軍事를 관장하는 兵部의 장관으로, 中兵・外兵・騎兵・別兵・都兵의 五兵을 통솔함.
⑤ 光祿大夫를 지냈다 : 원문은 "仕光祿大夫". '仕'자는 宋本에는 '左'로 되어 있고, 袁褧本에는 '任'으로 되어 있음.
⑥ 죄를 지어 주살당했다 : 『資治通鑑』 권120에 따르면, 宋 文帝 元嘉 3년(426)에 傅亮은 徐羨之・謝晦 등과 함께 營陽王 劉義符와 廬陵王 劉義眞을 살해한 죄로 주살당함.

[참고] 『宋書』43, 『南史』15.

郗超與傅瑗周旋. 瑗見其二子, 竝總髮. 超觀之良久, 謂瑗曰; "小者才名皆勝, 然保卿家, 終當在兄." 卽傅亮兄弟也.[1]
[1] ◦『傅氏譜』曰; 瑗, 字叔玉, 北地靈州人. 歷護軍長史・安城太守.
  ◦『宋書』曰; 迪, 字長猷, 瑗長子也. 位至五兵尙書, 贈太常.
  ◦ 丘淵之『文章錄』曰; 亮, 字季友, 迪弟也. 歷尙書令, 仕光祿大夫. 元嘉三年, 以罪伏誅.

• 7 : 26 [0419]

왕공王恭이 부친[王蘊]을 따라서 회계에 머물러 있을 때,① 왕대[王忱]②가 도성에서 성묘하러 오자[1] 왕공이 잠시 묘소로 찾아가서 그를 만났다. 두 사람은 평소에 사이가 좋았기 때문에 왕공은 마침내 10여 일이 지난 뒤에야 비로소 돌아왔다. 부친이 왕공에게 물었다.
"어찌하여 여러 날을 지체했느냐?"
왕공이 대답했다.

"아대阿大[王忱]와 담론하다 보니 계속 이어지는③ 바람에 돌아올 수 없었습니다."

부친이 그에게 말했다.

"아마도 아대는 너의 친구가 아닌 것 같으니, 결국에는 우정이 깨지고 말 것이다."

나중에 과연 그의 말대로 되었다.②

①▫ 왕공의 부친 왕온王蘊과 왕침王忱은 모두 이미 나왔다.④

②▫ 왕침과 왕공은 왕서王緖에 의해 사이가 갈라져 결국에는 원한을 맺게 되었다. 따로 나온다.⑤

[역주]
① 會稽에 머물러 있을 때 : 『晉書』권93 「王蘊傳」에 따르면 왕온은 당시 會稽內史로 있었음.
② 王大[王忱] : 王忱은 어릴 적 字를 佛大라고 했기 때문에 王大로 불림.
③ 계속 이어지는 : 원문은 "蟬連". '蟬聯'이라고도 함. 매미의 울음소리처럼 끊임없이 계속 이어지는 것을 말함.
④ 이미 나왔다 : 王忱은 「德行」44 劉注①에 보이지만, 王蘊은 全書의 어디에도 보이지 않음. 아마도 원래는 있었다가 나중에 망실된 것으로 추정함.
⑤ 따로 나온다 : 「賞譽」153 劉注①에 나옴.

[참고] 『晉書』93, 『藝文類聚』21, 『事文類聚』前24.

王恭隨父在會稽, 王大自都來拜墓.① 恭暫往墓下看之. 二人素善, 遂十餘日方還. 父問恭; "何故多日?" 對曰; "與阿大語, 蟬連不得歸." 因語之曰; "恐阿大非爾之友, 終乖愛好." 果如其言.②
①▫ 恭父蘊·王忱, 並已見.
②▫ 忱與恭爲王緖所閒, 終成怨隙. 別見.

─────── • 7 : 27 [0420]

차윤車胤의 부친[車育]이 남평군南平郡의 공조功曹①로 있을 때, 태수太守 왕호지王胡之가 사마무기司馬無忌의 화②를 피하여 군의 치소를 풍음

鄲陰③으로 옮겼다. 이때에 차윤은 10여 살쯤 되었는데, 왕호지가 외출할 때마다 울타리 너머로 그를 보고 남다르다고 생각하여, 차윤의 부친에게 말했다.

"이 아이는 틀림없이 높은 명성을 이룰 것이오!"

그 후로 나들이 모임이 있을 때마다 항상 그를 참석시키곤 했다. 차윤은 장성하여 또한 환선무桓宣武[桓溫]의 인정을 받았다. 명사들의 사회에서 청아하고 달통한 인물로 알려졌으며, 관직은 선조상서選曹尙書④에 이르렀다.⬜

⬜ ▫『속진양추續晉陽秋』: 차윤은 자가 무자武子며 남평南平사람이다. 부친 차육車育은 군의 주부主簿였다. 태수 왕호지는 인물을 알아보는 식견을 지니고 있었는데, 차윤을 보고 나서 그의 부친에게 말했다.

"이 아이는 틀림없이 그대의 가문을 빛낼 것이니, 마땅히 학문에 힘쓰도록 뒷받침해주어야 할 것이오."

차윤은 학업에 임하여 성실하고 부지런했으며, 학문을 널리 섭렵하고 게으르지 않았다. 집안이 가난하여 항상 등잔기름을 얻지는 못했으므로, 여름철에는 베로 만든 주머니⑤에 수십 마리의 반딧불을 담아 그 불빛으로 공부하면서 밤을 새웠다. 장성해서는 풍모가 훌륭하고 재기가 민첩했다. 환온桓溫이 형주荊州자사로 있을 때 그를 불러 종사從事로 삼았는데, 1년 만에 치중治中⑥에까지 이르렀다. 차윤은 박학다식한데다 또한 남에 대한 고상한 칭찬에 뛰어났으므로, 당시에 성대한 모임이 있을 때마다 차윤이 반드시 동석했다. 그래서 사람들이 모두 말했다.

"차공車公이 없으면 즐겁지 않다."

태부太傅 사공謝公[謝安]은 나들이 모임이 있는 날이면 자리를 마련해놓고 그를 기다렸다. 여러 벼슬을 거쳐 단양윤丹陽尹・호군장군護軍將軍・이부상서吏部尙書에 등용되었다.

[역주]························

① 南平郡의 功曹:『晉書』권83「車胤傳」에 따르면, 車胤의 부친 車育은 南平郡의 主簿를 지냈다고 되어 있으며, 劉注에 인용된 檀道鸞의『續晉陽秋』도『晉書』와 같음.

② 司馬無忌의 화:『晉書』권37「司馬承傳」과「司馬無忌傳」에 따르면, 司馬無忌의

부친인 閔王 司馬承이 王敦과의 싸움에서 패하여 체포되어 송치되는 도중에 王敦의 명을 받은 王胡之의 부친 王廙에게 살해당했는데, 司馬無忌는 부친의 원수를 갚기 위해 王廙의 아들인 王胡之와 王耆之를 살해하려고 했음. 「仇隙」3에 이 고사가 실려 있음.

③ 酆陰 : 宋本에는 "澧陰"이라 되어 있음. 『晉書』권14 「地理志」에는 '酆陰'이나 '澧陰'이란 지명은 보이지 않고 대신 '澧陽'은 보이는데, 澧陽은 당시 武陵郡에 속했으며 南平郡과의 경계에 있었음.

④ 選曹尙書 : 吏部尙書를 말함. 문관인사를 관장하는 吏部의 장관.

⑤ 베로 만든 주머니 : 원문은 "練囊". 『晉書』 83 「車胤傳」에는 "練囊"이라 되어 있음. '練囊'은 굵은 갈포로 만든 주머니를 말함.

⑥ 治中 : 治中從事史의 약칭.

[참고] 『晉書』83.

車胤父作南平郡功曹, 太守王胡之避司馬無忌之難, 置郡于酆陰. 是時胤十餘歲, 胡之每出, 嘗於籬中見而異焉, 謂胤父曰; "此兒當致高名!" 後遊集, 恒命之. 胤長, 又爲桓宣武所知. 清通於多士之世, 官至選曹尙書.①

① 。 『續晉陽秋』曰; 胤, 字武子, 南平人. 父育, 爲郡主簿. 太守王胡之有知人識裁, 見謂其父曰; "此兒當成卿門戶, 宜資令學問." 胤就業恭勤, 博覽不倦. 家貧不常得油, 夏月則練囊盛數十螢火以繼日焉. 及長, 風姿美劭, 機悟敏率. 桓溫在荊州取爲從事, 一歲至治中. 胤旣博學多聞, 又善於激賞. 當時每有盛坐, 胤必同之, 皆云; "無車公不樂." 太傅謝公遊集之日, 開筵以待之. 累遷丹陽尹·護軍將軍·吏部尙書.

─────── • 7 : 28 [0421]

왕침王忱이 죽고 나서 서쪽[荊州]을 다스릴① 후임자가 아직 정해지지 않았을 때, 조정의 고관귀족들은 모두 자신이 임명되기를 희망하고 있었다. 당시 은중감殷仲堪은 문하성門下省②에 있었는데, 비록 기밀을 맡은 요직에 있었지만 자질과 명망이 낮았기 때문에 사람들은 그를 나라를 수호할 수 있는 지방장관③으로 인정해주지 않았다. 진晉 효무제孝武帝[司馬曜]는 측근의 심복 중에서 발탁하려고 생각하여 마침내 은중감을 형주자사로 내정했다. 일은 결정되었지만 조서가 아직 발부되지 않았을 때, 왕순王珣이 은중감에게 물었다.

"섬서陝西[荊州]④의 장관은 어찌 아직까지 결정되지 않는 것이오?"

은중감이 말했다.

"이미 사람이 결정되었소이다."

왕순이 공경公卿의 이름을 차례대로 열거하면서 물었으나 은중감은 모두 아니라고 말했다. 왕순은 재능과 가문으로 볼 때 당연히 자기가 임명될 것이라고 스스로 생각하여 다시 물었다.

"내가 아니오?"

은중감이 대답했다.

"그 또한 아닌 듯합니다."

그날 밤에 조서가 발부되어 은중감이 임명되었다. 왕순이 친구에게 말했다.

"어찌 황문랑黃門郞에게 그러한 대임大任을 맡길 수 있단 말인가? 이번에 은중감을 기용한 것은 바로 나라가 망할 징조다!"[1]

[1] ▫ 『진안제기晉安帝紀』: 효무제는 자신이 붕어한 뒤의 일을 깊이 고려하여, 왕침의 후임자로 은중감을 발탁하여 형주자사로 삼았다. 은중감은 비록 훌륭한 명성이 있었지만 논자들은 그를 나라를 수호할 수 있는 지방장관으로 인정해주지 않았다. 이미 은중감이 효무제의 심복으로서의 신임을 받아 장강長江 상류의 요충지를 다스릴 중임重任을 맡았지만, 논자들은 그것을 위태로운 일이라고 생각했다. 결국 은중감은 환현桓玄에게 패배했다.⑤

[역주]
① 서쪽[荊州]을 다스릴 : 형주자사를 말함. 당시 형주는 북방 胡族의 침략으로부터 東晉을 방호할 수 있는 요충지였음.
② 門下省 : 황제의 직속 고문기관으로 국가의 기밀을 관장함.
③ 지방장관 : 원문은 "方嶽". '方伯嶽牧'의 줄임말로서, 요충지를 잘 방비하여 국가를 수호할 수 있는 지방장관을 가리킴.
④ 陝西[荊州] : 옛날 周나라 때 陝 땅을 경계로 하여 周公이 陝東을 다스리고 召公이 陝西를 다스렸다고 한 데서 비롯됨.『資治通鑑』권130 「宋紀」의 胡三省 注 참조. 여기서는 도성 建康의 서쪽에 있던 형주를 가리킴.

⑤ 桓玄에게 패배했다 : 晉 安帝 隆安 3년(399)에 江州刺史 桓玄이 荊州를 공략하여 殷仲堪을 살해했으며, 元興 2년(402)에는 建康에 입성하여 禪讓이라는 미명 아래 安帝로부터 동진의 정권을 찬탈했음.

王忱死, 西鎭未定, 朝貴人人有望. 時殷仲堪在門下, 雖居機要, 資名輕小, 人情未以方嶽相許. 晉孝武欲拔親近腹心, 遂以殷爲荊州. 事定, 詔未出, 王珣問殷曰; "陝西何故未有處分?" 殷曰; "已有人." 王歷問公卿, 咸云非. 王自計才地必應在己, 復問: "非我邪?" 殷曰; "亦似非." 其夜詔出用殷. 王語所親曰; "豈有黃門郞而受如此任? 仲堪此擧, 迺是國之亡徵!"[1]

[1]ㆍ『晉安帝紀』曰; 孝武深爲晏駕後計, 擢仲堪代王忱爲荊州. 仲堪雖有美譽, 議者未以方嶽相許也. 旣受腹心之任, 居上流之中, 議者謂其殆矣. 終爲桓玄所敗.